Médecin Inspecteur TROUSSAINT

# LA DIRECTION

## DU

# Service de Santé

## EN CAMPAGNE

*Directeurs et Chefs de service dans les principales*
*situations de guerre*
*depuis la mobilisation jusque après la bataille*

### 4ᵉ Édition.

Ouvrage couronné par l'Académie des Sciences. — Prix Larrey, 1912.

**PARIS**
ʀɪ **CHARLES-LAVAUZELLE**
Éditeur militaire
*124, Boulevard Saint-Germain, 124*
MÊME MAISON A LIMOGES
1915

# LA DIRECTION

DU

# SERVICE DE SANTÉ EN CAMPAGNE

Médecin Inspecteur TROUSSAINT

# LA DIRECTION

## DU

# Service de Santé

## EN CAMPAGNE

*Directeurs et Chefs de service dans les principales
situations de guerre
depuis la mobilisation jusque après la bataille*

**4e Édition.**

Ouvrage couronné par l'Académie des Sciences. — Prix Larrey, 1912.

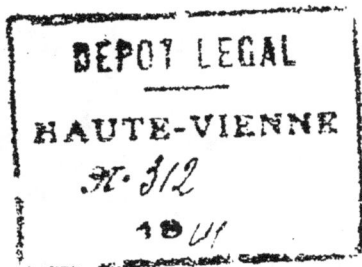

**PARIS**
Henri **CHARLES-LAVAUZELLE**
Éditeur militaire
*124, Boulevard Saint-Germain, 124*
MÊME MAISON A LIMOGES
1914

# AVANT-PROPOS

### de la 1ʳᵉ édition.

## Aperçu général du rôle et des attributions de la direction du service de santé en campagne.

### I

La direction du service de santé en campagne est exercée par des médecins du cadre actif.

C'est une des conséquences heureuses de l'autonomie du corps de santé, mais c'est aussi la plus lourde, la plus grosse de responsabilités et d'imprévu, à la préparation de laquelle il semble que l'on doit consacrer toute l'attention désirable.

Si nous avons perfectionné notre technicité, constitué un corps de santé dont la valeur s'affirme chaque jour davantage et dont les efforts se multiplient en proportion des exigences excessives et toujours croissantes du service en temps de paix, nous sommes, pour ainsi dire, restés en marge du mouvement militaire qui, depuis vingt ans, transforme l'armée et modifie son organisation et ses besoins. L'ampleur de cette évolution nous est demeurée étrangère, masquée à notre esprit par les préoccupations plus immédiates de nos fonctions techniques grandissantes, l'absence d'une orientation nécessaire par la participation effective, aujourd'hui encore embryonnaire, aux jeux de la guerre, aux exercices de cadres, participation ignorée aux manœuvres. Nous sommes restés cantonnés dans l'étude des opérations et du fonctionnement techniques de notre service, sans voir le développement imposé à la direction dont ils sont le corollaire et que nous avons, jusqu'ici, plus improvisée que préparée.

Or, à considérer l'organisation complexe des armées modernes, la rapidité des opérations d'entrée en campagne, les conditions faites aux divers services par la mise en mouvement de ces masses humaines, la tactique actuelle, la bataille et ses suites, on sent que la direction du service de santé ne comporte pas seulement l'application des règles de l'hygiène et de l'épidémiologie militaires, de la chirurgie d'armée, la connaissance d'un matériel technique et du fonctionnement intérieur des formations. Elle exige des connaissances militaires spéciales, qui s'acquièrent de longue main par une préparation mûrie, soutenue, en collaboration avec le commandement et les états-majors, sans laquelle les directeurs seront impuissants à actionner vraiment cet organisme complexe qu'est le service de santé des armées actuelles.

La direction ne s'improvise pas; elle ne doit pas compter sur l'inspiration, née des événements, pour faire face à des exigences pressantes, nombreuses. On ne fait très bien à la guerre que ce que l'on sait bien pour l'avoir bien appris. Il faudra penser vite, parce que l'on n'aura pas le loisir de penser longtemps avant de prendre une décision, et, pour que celle-ci soit judicieuse, l'esprit doit y être préparé par une gymnastique spéciale qui lui a permis d'envisager de nombreux cas d'espèce. Il en est là comme en clinique, où le meilleur clinicien est celui qui possède la plus grande habitude du malade. Il se joue des difficultés déjà rencontrées et trouve, par analogie, des solutions élégantes à celles non encore entrevues.

On n'improvise pas davantage un directeur qu'un clinicien. Dès le début, la rapidité des opérations d'entrée en campagne ne permettra pas de parfaire une instruction incomplète; le désarroi causé d'emblée par une direction malhabile ou inexperte se transformerait bien vite en un désordre absolu paralysant les meilleures volontés et annihilant toute valeur technique.

Compter, d'autre part, sur la durée des opérations pour acquérir l'expérience nécessaire est une erreur grosse de mécomptes : c'est se condamner d'emblée à être inférieur à sa tâche. Il faut avoir, dès le temps de paix, un personnel préparé à son rôle, familiarisé avec les moyens qu'il doit mettre en œuvre.

On l'a bien compris à l'étranger, où cette préparation existe, notamment en Allemagne et au Japon. Le programme de perfectionnement des médecins militaires japonais à l'Ecole militaire de Tokio fait une place à ces connaissances militaires.

L'instruction ministérielle du 12 juillet 1909 sur nos cours de perfectionnement au Val-de-Grâce en tient compte dans la mesure compatible avec leur durée. Nul doute qu'elles devraient faire l'objet d'une épreuve spéciale à l'examen pour l'avancement au choix qui termine ces cours.

Nous ne pouvons espérer la constitution et la maturation d'une réserve de direction, si nous n'instruisons à l'avance les directeurs futurs. On ne peut évidemment qualifier de préparation les rares exercices sur la carte ou de cadres qui, stériles pour la plupart, parce que non précédés d'une instruction militaire préliminaire, ne peuvent suffire à compléter, pour nos directeurs et chefs de service actuels, l'enseignement imparfait des anciens exercices spéciaux du service de santé. Ne parlons pas des manœuvres, qui sont pour les autres services une excellente école d'application et sont inexistantes pour nous. Nos directeurs y figurent dans certains quartiers généraux, divisions, corps d'armée, où ils se contentent de suivre les états-majors, de résumer les situations sanitaires des échelons inférieurs pour renseigner le commandement sur l'état sanitaire des troupes, sans avoir à faire œuvre de direction et se préoccuper du fonctionnement de leur service, n'ayant aucun élément sanitaire sous leurs ordres, aucune prévision à établir, aucune proposition à faire.

Nous voyons fonctionner tous les services, excepté le nôtre, aux grandes manœuvres.

Chacun s'y instruit des modifications utiles, des améliorations nécessaires, s'y heurte aux difficultés pratiques, qui ne nous seront pas ménagées dans la réalité et que nous ne demandons même pas à la fiction de nous faire soupçonner. Cela nous est cependant aussi indispensable, sinon davantage, qu'au service administratif par exemple, en raison même de notre mode de recrutement. Les fonctionnaires de l'intendance ont une communauté d'origine qui leur permet de s'instruire, pendant de longues années, avant d'entrer dans les services administratifs, des questions militaires, de partager la vie effective des officiers, de posséder sur l'organisation de l'armée, la stratégie, la tactique, le fonctionnement des divers services, des notions qui, pour nous, demeurent rudimentaires. Malgré cela, nous les voyons pendant dix-huit mois, à l'Ecole des stagiaires de l'intendance, subir une préparation intensive en vue de leur technicité future, de leurs rapports avec le commandement, de la direction de leur service, prendre part aux voyages d'état-major de l'Ecole de guerre sous la direction du sous-intendant chargé du cours d'administration à cette Ecole et y apprendre cette collaboration féconde de l'état-major avec les services.

Les temps ne sont plus de ce compartimentage étroit, où chacun travaillait isolément dans son alvéole, sans souci des contingences qui rendent aujourd'hui nécessaire la collaboration de tous les éléments appelés, à des titres divers, à la préparation et à l'élaboration des intentions du commandement. Il n'y a pas dans l'armée moderne une simple juxtaposition du commandement, de l'état-major, des troupes et des services. Il existe une cohésion parfaite des divers éléments, une fusion matérielle et morale qui cimente cette organisation complexe, lui donne la vie et les qualités requises pour répondre aux exigences si variées de la guerre.

Jamais, la comparaison, faite par Wellington, de l'armée avec l'organisme humain n'a été plus vraie et ne s'est étendue davantage.

Le cerveau commande; le système nerveux périphérique, l'état-major, exprime, traduit, transmet la volonté du commandement au système musculaire, les troupes, agent d'exécution. Cet organisme fondamental a groupé autour de lui, pour les besoins de sa vie, ses échanges, sa réparation, une série de systèmes organiques, que représentent les services de l'armée assurant toutes ses fonctions. Ce sont : le service des communications sous ses modalités multiples, le service de l'artillerie, du génie, de l'intendance, de santé, etc. Il n'y a pas jusqu'aux phénomènes intimes de la biologie dont le parallèle ne puisse se poursuivre avec les services, véritables glandes à sécrétion interne qui ne valent que par la qualité des produits qu'elles déversent dans l'armée et dont la viciation ou le fonctionnement défectueux frappe de déchéance l'organisme tout entier. Il ne faut pas voir seulement, dans les directions de ces services, des centres médullaires dont la marche est réglée par un automatisme réflexe, sans participation à l'élaboration initiale qui prépare les décisions du commandement. Elles représentent de véritables circonvolutions à spécialisation haute du cerveau générateur, dont l'inhibition paralyse tout un département exécutif sans espoir qu'elles puissent, dans un avenir plus ou moins prochain, être suppléées par des cellules ou des circonvolutions voisines étroitement adaptées à d'autres fonctions.

Peut-on, dès lors, concevoir aujourd'hui le travail isolé, sinon stérile, de l'un de ces éléments dont le fonctionnement est commandé par les autres, et ne voit-on pas la nécessité d'une organisation méthodique de cette préparation des médecins militaires de carrière à la direction de notre service de guerre?

Qu'on le veuille ou non, au cours de cette préparation une sélection doit s'imposer, destinée à créer pour certains une spécialisation de fonctions qui permettra de choisir, parmi eux, des chefs d'emploi et leurs adjoints bien adaptés à leur rôle de direction.

Cette idée n'est pas pour surprendre des médecins, qui voient la spécialisation se généraliser de plus en plus dans le monde médical, où les progrès scientifiques et l'étendue des connaissances l'imposent à chaque pas.

Elle existe dans les états-majors, où des spécialistes des chemins de fer, des renseignements, des tactiques diverses

ont leur place marquée sans détourner cependant leurs titulaires des études générales nécessaires à tous les officiers
d'état-major. Il ne s'agit point — moins encore pour les
médecins que pour eux — de créer des spécialisations de
carrière et de faire des médecins d'état-major qui ne seraient
plus médecins. Cela équivaudrait à placer à la tête de notre
service des officiers d'état-major incapables de le diriger
comme il convient, parce que non techniciens; mais il faut
choisir, parmi les techniciens, ceux dont les aptitudes à la
direction se sont révélées ou affirmées à l'occasion des études
militaires préparatoires au fonctionnement de notre service
de guerre.

## II

La direction du service de santé en campagne est placée
auprès du commandement comme organe de prévision et de
préparation pour toutes les mesures concernant le service de
santé. Elle base ses actes « sur les conséquences certaines
d'événements probables que le commandement prévoit » (1);
là est sa caractéristique commune avec la direction des autres services.

Pour répondre aux intentions et à la volonté du commandement, elle a besoin, au même titre que les états-majors,
de *savoir, pouvoir, vouloir,* — trois conditions indispensables qu'elle doit toujours réaliser, mais dont la dernière
seule est une constante. Il lui faut, en effet, en dernière analyse, épouser toujours étroitement la volonté du chef et lui
sacrifier son opinion personnelle, non sans lui en avoir toutefois exposé les raisons; il y a là une obligation inéluctable.
Mais la direction n'est pas toujours en état de régler son
œuvre de prévision, si elle ignore les événements que le commandement doit lui faire connaître, pas plus qu'elle n'est à
même de préparer les moyens d'exécution, s'ils sont insuffisants ou si elle n'en dispose pas en temps opportun.

Pour prévoir et préparer l'action de son service, l'union
et la collaboration intimes avec l'état-major, chargé d'expri-
mer et de transmettre les intentions et la volonté du chef,
s'imposent donc à la direction. C'est par l'état-major qu'elle
sera mise au courant des événements, qu'elle en mesurera les
conséquences, la répercussion sur son service, et propor-
tionnera l'effort à demander aux besoins probables; pourra
faire des propositions opportunes, régler les mouvements de
ses formations, parer à leur insuffisance, assurer les réap-

(1) Lieutenant-colonel Toulorge, *Cours d'Et. t-Major de l'Ecole de guerre.*

provisionnements, concevoir le plan des évacuations, en étudier les bases et la réalisation; en somme, réduire au minimum la part de l'imprévu et dégager le commandement du souci de toutes les questions sanitaires.

L'œuvre de prévision varie dans sa nature suivant le moment, le lieu, les circonstances. Ses objectifs diffèrent avant, pendant et après la bataille.

En dehors de la période de combat, la pensée directrice s'oriente vers les mesures à prendre pour l'hygiène des cantonnements, la prophylaxie des maladies contagieuses et épidémiques, la surveillance des eaux, le contrôle des denrées alimentaires, les accidents, conséquences des marches, des intempéries; — elle influe sur le choix des camps et des bivouacs. A ce moment, tout ce qui concerne les évacuations quotidiennes est automatiquement réglé par le service des trains journaliers aux gares de ravitaillement ou par les convois aux têtes d'étapes; les prévisions sont réglées par le fonctionnement normal de tout l'ensemble, qu'il s'agisse du mouvement des formations, des approvisionnements, des réquisitions, du remplacement du personnel, etc.

Pendant la période préparatoire au combat, c'est-à-dire celle qui précède immédiatement l'engagement, la prévision se base sur les conséquences des événements prévus par le commandement; elle s'élargit et se complique en proportion de l'ampleur et des difficultés possibles de la bataille; elle embrasse toutes les parties du service, dispose les organes sanitaires, assure l'échelonnement, la répartition, l'emploi des formations entre les unités, la constitution des réserves, la reconnaissance, la réquisition des ressources de toute nature de la zone occupée, l'utilisation de toutes les voies d'évacuation dans l'hypothèse tactique admise, l'organisation des points de rassemblement de blessés, d'hospitalisation, d'évacuation, les demandes, les propositions, les ordres nécessités par telles éventualités commandées par le développement de l'action.

Pendant la bataille, la prévision fait place à la décision et à l'action. Le commandement, hanté par le but qu'il poursuit, se repose sur la direction du soin de parer aux événements, en lui laissant la libre disposition de tous les moyens dont elle a escompté l'emploi. Ici, c'est l'imprévu qui va apporter des modifications au plan établi.

Lorsque l'issue de la lutte a confirmé, par la victoire, les dispositions prises par le commandement, l'exactitude des prévisions de la direction peut se trouver mise en défaut par le prix élevé dont la victoire a été achetée. Mais là encore, il n'y a place que pour des mesures urgentes; il y a des décisions, nouvelles à prendre; ce n'est pas l'heure des prévisions. La défaite, qui annihile les efforts, anéantit du même coup et les espoirs du chef et la combinaison de la direction; elle l'oblige aux décisions hâtives qui sauvegardent les blessés et la prive aussi d'une partie de ses éléments techniques restés pour un temps aux mains de l'ennemi. Rien n'a sur les objectifs de la prévision une influence plus grande que les événements imprévus, si fréquents dans notre service. C'est même là une de ses caractéristiques qui ne se retrouve pas dans les autres et qui oblige notre direction à envisager et à solutionner vite des problèmes avec lesquels elle doit être familiarisée.

Combien différente est, en effet, notre situation en regard de celle des services administratifs, dont l'activité se donne libre carrière sur des bases fermes toujours : la connaissance quotidienne des effectifs, pendant les périodes antérieure et postérieure à la bataille, mais doit céder la place, pendant la période critique, à l'action prédominante d'interventions plus urgentes. À tous les moments l'imprévu guette notre service, et les mesures proposées ou prises pour y faire face sont toujours pressantes et délicates. Une seule certitude nous est acquise, c'est que la guerre donne des malades et des blessés, dont la qualité et l'abondance subissent de telles fluctuations qu'elles peuvent échapper, par leur irrégularité même, à la prévoyance la mieux avertie.

Tel engagement qui ne paraissait pas devoir être très meurtrier amoncelle sur un point des blessés en grand nombre qui immobilisent les ressources sanitaires d'une division entière; — telles épidémies à diffusion rapide éclosent dans les cantonnements et nécessitent la création d'organisations hospitalières sur place, dans une région dépourvue d'installations propices ou d'adaptation facile; — les accidents dus aux marches, à la chaleur, au froid vont accumuler les éclopés, décimer les colonnes et obliger la direction du service de santé à proposer au commandement des mesures pour le groupement et le traitement des hommes laissés par les troupes.

Que dire de la bataille et de ses suites? C'est le domaine de l'imprévu par excellence, plus encore pour notre service que pour le commandement. C'est ici que l'esprit d'organisation et de décision rapide doit présider à toutes les mesures prises par la direction, qui, accoutumée à envisager inopinément des situations complexes, a la vision claire des besoins multiples qu'elles engendrent, sait par la rédaction et la transmission exacte d'ordres nets, clairs, concis, assurer la répartition et l'emploi des réquisitions de toute sorte, les mouvements des formations et du personnel, les réapprovisionnements, l'échelonnement, le groupement et l'utilisation de ses ressources et de ses réserves. C'est l'imprévu qui commande la constitution de ces *réserves* dont notre direction a l'emploi pendant et après la bataille, et la guerre actuelle, guerre d'armée, a obligé à posséder des *organes techniques d'armée* prélevés sur les dotations normales des corps d'armée. Ce sont, à proprement parler, des *organes de secours* à la disposition du médecin d'armée pour les grosses unités de manœuvres, les corps d'armée, dont les directeurs prévoient ou accusent des pertes hors de proportion avec leurs ressources sanitaires normales.

L'imprévu ne cesse pas avec la bataille, même victorieuse; pour moins immédiates, sinon moins impérieuses, que soient ses exigences, elles nécessitent de la direction des qualités d'organisation méthodique, sans quoi l'hospitalisation sur place, les évacuations, les inhumations, les multiples opérations sanitaires du champ de bataille, qui sont l'épilogue du drame militaire, restent en souffrance.

Jamais la direction n'est assez prévoyante, et « pour bien prévoir, il lui faut bien savoir », c'est-à-dire connaître non seulement les besoins constants ou éventuels, mais la vie intime de l'armée, ne rien ignorer de ses rouages, de leur fonctionnement et de leur adaptation au but final : la *bataille* et la *victoire*.

Voilà largement esquissée l'œuvre de prévision, qui prélude à celle non moins importante qui précède l'exécution. L'activité psychique, qui y a présidé, va se traduire maintenant par les actes de la préparation.

Ici la nature des moyens qu'emploie la direction exige un dressage particulier, une habitude spéciale; car ils sont, sous des formes diverses, l'application de règles et de principes, où se mêlent étroitement les questions d'ordre militaire et d'ordre technique.

Ce sont :

1° Les *propositions* au commandement, dont la multiplicité et la variété rendraient ici l'énumération sans intérêt. La direction doit les établir de telle sorte qu'elles puissent être immédiatement rendues exécutoires par l'acceptation de l'état-major, qui les fait entrer dans la contexture de l'ordre général ou les transmet comme ordre particulier. Il faut pour cela les rendre militairement et techniquement réalisables, sous peine d'obliger le commandement à les rectifier dans le sens militaire, souvent au détriment du sens technique.

Une proposition qui concerne un mouvement de personnel technique doit s'inspirer de l'éloignement de ce person-

nel, des moyens de transport, du jour, de l'heure et du lieu
où sa présence est utile : c'est le côté militaire; — du but
auquel il est destiné qui impose un choix de spécialisation
(bactériologistes, médecins, chirurgiens, infirmiers, brancardiers) : c'est l'appréciation technique de la direction. Il est
bien évident que, si la proposition ne tient pas compte de
la distance, du temps nécessaire au transport, des marches
de trains, de convois pouvant amener le personnel, — connaissances militaires, — la proposition sera rejetée comme
inexécutable et le service technique non assuré en temps
utile.

S'il s'agit de matériel à faire venir, soit d'une station-magasin, soit de l'intérieur, la méconnaissance des règles qui
président aux réapprovisionnements, à la filière suivie par
les demandes, — règles et principes d'ordre militaire, —
rend illusoires les indications techniques sur la nature et la
qualité du matériel demandé par la direction. L'ignorance
du fonctionnement du service des chemins de fer, de l'utilisation des gares, de leur rendement, de la composition et de
la marche des trains, du rôle de la gare régulatrice, — notions militaires, — conduira la direction à des choix et des
propositions erronés en matière de points d'évacuation, alors
qu'elle aura, par ailleurs, techniquement estimé d'une façon
précise les besoins de son service.

Ces exemples font ressortir la liaison nécessaire dans l'application des données militaires et des données techniques
en matière de propositions. On pourrait les multiplier et les
étendre à chaque direction particulière, et en varier l'espèce.
Ils amèneraient à des conclusions identiques et montrent la
nécessité d'une éducation spéciale.

2° Les *ordres*, le plus direct des moyens de préparation,
quels qu'en soient la nature et l'objet, ont une caractéristique commune avec les ordres du commandement. Ils doivent unir la précision à la clarté et à la concision. Si le fac-
teur individuel intervient dans leur conception et leur expression, il ne saurait suppléer au manque d'habitude de
la rédaction et de la méthode, qui permet de n'oublier aucun
détail essentiel ou important. Indépendamment des qualités
militaires de ses ordres, la direction a l'obligation de connaître leur mode de transmission, directe ou indirecte, et il
y a lieu de faire remarquer à ce propos l'insuffisance de ses
agents de liaison, insuffisance qui s'accuse davantage encore
avec l'augmentation du nombre des formations prévues par
le nouveau règlement. Pour la direction du service de santé,
principalement à l'avant et pendant le combat, l'importance
de la liaison est très grande.

3° *Demandes.* — C'est par elles que la direction saisit l'autorité supérieure militaire ou technique des besoins de son service et des moyens d'y satisfaire en vue de l'exécution; leur forme varie avec leur nature (mais jamais de demandes verbales, non confirmées par une demande écrite), à l'exception de celles périodiquement présentées qui revêtent le caractère d'états ou de situations d'un modèle déterminé par les règlements. Elles sont adressées aux chefs hiérarchiques, au commandement, au Ministre, et la forme (télégraphique par exemple), comme la filière qu'elles empruntent, influent sur la rapidité avec laquelle il leur est donné satisfaction. L'erreur de transmission a ici des conséquences dont la portée ne saurait se mesurer; car les échelons intermédiaires ne sont pas toujours à même de faire la rectification de destination opportune, leur doute se traduit parfois par le retour de la demande à l'autorité expéditrice, ce qui est le mieux, ou le classement dans les « affaires à éclaircir » d'une pièce dont ils ignorent l'importance et la destination réelle, ce qui est le pire. Ce sont les manœuvres de cadres, où tous les échelons sont représentés dans le commandement et dans les services, qui constituent le meilleur dressage pour l'étude et la transmission des demandes. Là ressortent, pour le plus grand bien de l'instruction, toutes les erreurs de rédaction et d'orientation; car elles se traduisent par l'imperfection ou l'absence de réponse qui appelle des rectifications ou des recherches de la part de la direction intéressée et gravent dans son esprit la leçon qui en résulte.

4° *Établissement des situations relatives aux mutations de personnel, de matériel, à l'avancement, etc.* — C'est par ces moyens que peuvent être comblés ou réparés les vides prévus. Ils contribuent donc à l'œuvre de préparation. Ce sont essentiellement des actes de la direction, qui ne diffèrent pas tellement de la procédure habituelle du temps de paix qu'il soit utile d'y insister davantage.

5° *Tenue des journaux de marche et opérations et des graphiques spéciaux.* — Ces documents, en dehors de la valeur historique qu'ils possèdent, jouent un rôle considérable dans l'œuvre de préparation; c'est grâce à eux que la direction peut établir en connaissance de cause, sans aucune chance d'erreur, ses propositions, ses demandes; c'est par eux qu'elle est tenue d'une façon précise au courant de la situation de son service et peut renseigner instantanément le commandement sur les ressources disponibles, les besoins actuels ou éventuels. Elle a donc le devoir de tenir ces journaux de marches et opérations avec le plus grand soin. Nous montrerons dans le cours de ce volume comment l'emploi de certain graphique portatif peut compléter et suppléer le *Journal des marches et opérations* et permet à la direction de connaître ses ressources et de renseigner à toute heure le commandement sur leur utilisation.

## III

Au cours de cinq années d'enseignement du service de santé en campagne à l'Ecole supérieure de guerre, j'eus maintes fois l'occasion de vérifier l'importance et le bien fondé des considérations qui précèdent et d'apprécier les résultats de la méthode de travail qui fait participer les services à l'élaboration de l'œuvre du commandement, les place dans leurs fonctions exactes de collaborateurs techniques conformant aux intentions du chef l'application des moyens mis à leur disposition sans autre préoccupation que celle du but à atteindre.

J'ai vu que la direction du service de santé, à tous ses échelons, ne pouvait remplir utilement son rôle sans une étroite union avec l'état-major, qui veut qu'elle soit familiarisée avec certaines notions d'état-major et de tactique, voire un langage particulier encore trop ignorés des médecins de l'armée.

C'est une lacune de l'instruction militaire des médecins du cadre actif appelés à assumer un rôle de direction du service de santé en temps de guerre. Elle m'engagea à faire profiter mes camarades du gouvernement militaire de Paris des enseignements que j'avais recueillis moi-même. En 1908 et en 1909, beaucoup d'entre eux sacrifièrent leurs rares loisirs d'hiver à l'étude, sur la carte, d'une série d'opérations de guerre où le service de santé dût répondre aux obligations que lui réservent les situations diverses des armées en campagne : mobilisation, marches, stationnement, période préparatoire au combat, la bataille, après la bataille, etc.

Les nombreux problèmes, les multiples questions soulevées au cours de ces études furent pour beaucoup une révélation et montrèrent à tous la nécessité d'une méthode de travail et d'une doctrine appliquées à notre service comme le font le commandement et les autres services.

Pour faciliter la tâche, il parut dès lors utile à mes auditeurs de voir condenser sous un petit format les connaissances essentielles à tous les éléments directeurs ainsi que leurs obligations dans les diverses situations de guerre.

Ce fut là l'origine de ces pages. Je les dédie à mes chefs, à mes amis et à mes camarades du corps de santé de l'armée active et des réserves. En les écrivant j'ai répondu au désir qu'ils m'ont maintes fois exprimé avec la profonde conviction de leur être utile. Elles n'ont pas la prétention de se substituer aux règlements divers, qui doivent être familiers à tous les médecins de l'armée, et qui règlent les détails de fonctionnement du service, détails dans lesquels mon cadre ne me permettait pas d'entrer. Elles visent surtout l'action directrice qui conditionne tout le reste.

L'attente du nouveau règlement avait seule retardé la réalisation de mon projet. Sa publication récente me permet d'en faire état.

Ce livre est divisé en deux parties :

La 1re partie est relative aux notions générales d'ordre militaire, administratif, médico-militaire, nécessaires à tous les directeurs et chefs de service. Elle est développée en trois titres correspondant à la division ci-dessous :

Titre    I. Notions militaires;
Titre   II. Notions administratives;
Titre  III. Notions médico-militaires.

La 2e partie envisage les connaissances et obligations spéciales à chaque directeur et chef de service dans les diverses situations de guerre. Elle est divisée en cinq titres :

Le titre I traite des directeurs;
Le titre II, des chefs de service;
Le titre III, des chefs de formations sanitaires;
Le titre IV, des médecins chefs de corps de troupe;
Le titre V, des renseignements statistiques résumés se rapportant au service de santé.

Toute la partie tactique est due à la plume d'officiers brevetés auxquels j'adresse ici l'expression de toute ma reconnaissance.

A leur tête se place :

M. le général de Maud'huy, ancien professeur de l'Ecole supérieure de guerre, dont la grande et légitime autorité dans toutes les questions de tactique n'a d'égale que l'élévation de son caractère, son amour de l'armée et le désir d'être utile à ses camarades, qui a bien voulu synthétiser, pour les médecins, les notions de tactique d'infanterie.

M. le chef d'escadron d'artillerie de Charodon, pour la tactique d'artillerie;

M. le chef de bataillon d'infanterie Colonna-Ceccaldi, pour la tactique générale;

M. le capitaine de cavalerie Pomier-Layrargues, pour la tactique de cavalerie,

Ont rivalisé de simplicité, de clarté, de précision dans l'exposé de questions difficiles à mettre au point pour des lecteurs dépourvus des notions de tactique.

### Note additionnelle pour la 4ᵉ édition.

La nécessité de faire une 4ᵉ édition de ce livre démontre qu'il répondait à un besoin réel et que nos camarades y ont trouvé la documentation et les directives nécessaires à la préparation de leur rôle en temps de guerre.

Depuis le jour de sa publication, certaines questions ont été résolues ou soulevées, qui ont légitimé quelques modifications dans le texte et l'addition d'une annexe où le lecteur trouvera tous les renseignements utiles sur la composition du personnel et du matériel des organes et formations sanitaires, indispensables au chef chargé de prévoir les besoins et de faire face aux éventualités.

Je ne saurais, en terminant, trop remercier M. le médecin principal de 2ᵉ classe Bassères, médecin-chef de l'Ecole supérieure de guerre, d'avoir bien voulu mettre au point la présente édition.

Pourvu, par mes soins, de la documentation complémentaire d'une part, vivant, d'autre part, dans ce même milieu de l'Ecole supérieure de guerre où l'idée de ce livre a été conçue, continuateur émérite d'une doctrine et d'une tradition que son lumineux esprit travaille à élargir et perfectionner, il était qualifié plus que personne pour mener à bien cette tâche profitable à tous nos camarades.

Je dois dire aussi mes sentiments de reconnaissance à mon excellent éditeur et ami, M. Henri Charles-Lavauzelle, dont la grande et légitime notoriété est basée sur sa conscience parfaite et son désir de faire toujours mieux. Cette édition prouve, comme ses aînées, qu'il sait présenter la pensée qu'on lui confie sous une forme et un aspect irréprochables.

Troussaint.

# Iʳᵉ PARTIE

## TITRE Iᵉʳ
## Notions générales d'ordre militaire nécessaires à tous les directeurs et chefs de service.

### CHAPITRE Iᵉʳ
#### ORGANISATION GÉNÉRALE DE L'ARMÉE — NOTIONS D'ÉTAT-MAJOR
#### LES ORDRES

### I
### Organisation générale de l'armée.

Une armée est constituée par la réunion de plusieurs corps d'armée et d'un certain nombre d'éléments indépendants des corps d'armée.

Le corps d'armée comprend, en principe :

Le quartier général,
Des divisions d'infanterie,
1 cavalerie de corps,
1 artillerie de corps (4 groupes de 3 batteries),
1 parc d'artillerie,
1 compagnie du génie de corps,
1 compagnie d'équipage de pont,
1 compagnie de parc du génie,
Eventuellement, des brigades autonomes d'infanterie.
8 ambulances (1).
6 sections d'hospitalisation,
1 groupe de brancardiers de corps,
1 section sanitaire automobile (2).
1 convoi administratif (2 sections),
1 service des subsistances des éléments non endivisionnés,
1 troupeau de ravitaillement des éléments non endivisionnés,

---

(1) Règlement sur le S. S. C. du 26 avril 1910.
(2) Une S. S. auto. est affectée *organiquement* à chaque C. d'A. ou D. R. par le directeur de l'arrière (D. A.), qui dispose de l'ensemble des équipages automobiles formés dans les centres d'organisation.

1 parc de bétail de corps d'armée,
1 réserve de commis et ouvriers d'administration,
1 dépôt de remonte mobile,
Eventuellement, des avions.
La division comprend :

1 quartier général,
2 brigades d'infanterie (ou 3),
1 artillerie divisionnaire (3 groupes de 3 batteries),
1 escadron divisionnaire,
1 compagnie divisionnaire du génie,
2 ambulances (détachées du groupe des 8 ambulances du corps
    d'armée),
1 groupe divisionnaire de brancardiers,
1 service des subsistances,
La brigade d'infanterie comprend :

1 état-major,
2 régiments d'infanterie.
La brigade de cavalerie comprend :

1 état-major,
2 régiments (1).
Certains des éléments constitutifs des diverses unités sont échelonnés en arrière en une série de groupements dans l'ordre suivant pour le corps d'armée.

a) *Trains de combat* (T. C.) (approvisionnement en munitions et
matériel sanitaire nécessaires sur le champ de bataille). — Les
troupes suivies de leur train de combat constituent la colonne de
combat.

b) *Trains régimentaires* (T. R.); transportent des vivres et les
bagages des diverses unités qui font partie de la colonne.

c) Les *parcs et convois* transportent un complément d'approvisionnement de première ligne.

Indépendamment de ceux énumérés ci-dessus, il existe dans une
armée des éléments spéciaux relevant directement et exclusivement
du commandant de l'armée, savoir :

1 quartier général de l'armée (1 état-major, 1 direction des
    étapes et services),
Des sapeurs aérostiers,
Des sapeurs télégraphistes,
1 groupe d'avions,
1 ou plusieurs artilleries lourdes (éventuellement),
Des divisions de réserve (2) (éventuellement),
1 ou plusieurs divisions de cavalerie,
1 grand parc d'artillerie d'armée,
1 parc du génie d'armée,
*n* sections de convoi auxiliaire (3 ou 4 sections par corps d'ar-
    mée entrant dans la composition de l'armée),

---

(1) Le règlement sur le S. S. C. affectait une ambulance n° 2 à la brigade de
cavalerie; elle a été supprimée dans le règlement du S. S. C. du 26 avril 1910.
(2) Les divisions de réserve (ou les divisions actives isolées) ont les dotations
suivantes, en formations sanitaires : 3 ambulances, 2 sections d'hospitalisation,
1 groupe de brancardiers ; et, comme formations d'armée : 2 amb. (dont 1 non
attelée) et 2 SHos. (dont 1 non attelée). Il leur sera, de plus, affecté des
réserves de personnel et de matériel sanitaires et 1 St. magasin de type réduit.

1 convoi administratif d'armée (2 sections par corps d'armée entrant dans la composition de l'armée),

1 boulangerie d'armée (1 boulangerie de campagne par corps d'armée),

1 ou plusieurs compagnies lourdes automobiles,

1 ou plusieurs compagnies légères automobiles (destinées au ravitaillement des divisions de cavalerie; 1 par division),

(à l'étude : 1 convoi sanitaire automobile d'armée avec voitures aménagées pour le transport des blessés couchés),

8 ambulances, dont 4 non attelées à la G. R. (par corps d'armée entrant dans la composition de l'armée),

6 sections d'hospitalisation, dont 3 non attelées à la G. R. (par corps d'armée entrant dans la composition de l'armée),

n hôpitaux d'évacuation (1 par corps d'armée entrant dans la composition de l'armée),

1 réserve de personnel du service de santé,

1 réserve de matériel sanitaire de la G. R.

Des stations magasins,
Le personnel des commandements d'étapes,
Des troupes d'étapes.

La division de cavalerie comporte :

1 quartier général,
3 brigades de cavalerie de 2 régiments,
1 groupe d'artillerie à cheval.
1 service des subsistances,
1 ambulance.

La présence de plusieurs armées sur le même théâtre d'opérations constitue le « groupe d'armées », placé sous un commandement unique.

L'*ordre de bataille*, c'est-à-dire la formation des troupes en corps d'armée, armée, groupe d'armées, est déterminé par le Ministre, qui règle aussi l'affectation des brigades, divisions ou corps de cavalerie (réunion de plusieurs divisions de cavalerie) aux corps d'armée, armée ou groupe d'armées.

A chaque armée faisant partie d'un groupe d'armées est attachée une direction des étapes et des services.

A chaque groupe d'armées est attachée une direction de l'arrière indépendante de la direction des étapes et services de chaque armée.

Dans une armée opérant isolément, le directeur des étapes et services est en même temps directeur de l'arrière.

### Commandement.

Le commandant de toutes les troupes réunies sur un même théâtre d'opérations a le titre de *commandant en chef*.

Le commandant de chaque armée a le titre de *commandant d'armée*.

Le commandant d'une armée qui opère isolément, prend le titre de *commandant en chef*.

Tout commandant en chef peut, au cours de la campagne, modifier l'ordre de bataille. Il peut effectuer, parmi les généraux sous ses ordres, les mutations que les pertes ou le bien du service rendent nécessaires.

### Pouvoirs administratifs.

En campagne, l'administration est centralisée par armée.

A) En cas de formation d'armées, la délégation des crédits nécessaires à chaque armée est faite, pour tous les services, à l'intendant d'armée. Celui-ci les sous-délègue, au fur et à mesure des besoins, aux directeurs des services intéressés, sur l'ordre du directeur des étapes et des services de l'armée, qui reçoit, à cet effet, les instructions du général commandant l'armée.

B) En cas de formation d'armées, le Ministre délègue ses pouvoirs administratifs, dans les limites nécessaires, à chaque général commandant d'armée, lequel représente alors le Ministre vis-à-vis des commandants de corps d'armée.

Le général commandant l'armée est assisté, dans l'administration de son armée, par un général de division qui relève directement de lui dans les mêmes conditions que les commandants de corps d'armée et qui exerce la haute surveillance et la direction d'ensemble de tous les services de l'armée. Cet officier général prend le titre de *directeur des étapes et des services* de telle armée ou de *directeur de l'arrière* de cette armée si elle opère isolément.

Il est responsable vis-à-vis du commandant de l'armée.

Le directeur des étapes et des services de l'armée a autorité sur les chefs supérieurs des services de l'armée. Il leur donne tous les ordres et toutes les instructions nécessaires. Il reçoit leurs propositions et leurs demandes.

Les chefs supérieurs des services exercent, sous l'autorité du directeur des étapes et des services, la surveillance et l'inspection technique des services dans les corps d'armée.

Les directeurs des services des corps d'armée correspondent avec le directeur des étapes et des services de l'armée dans les mêmes limites qu'avec le Ministre en temps de paix.

## II
### États-majors et quartiers généraux.

Un état-major est placé auprès du commandant en chef, auprès de chaque commandant d'armée, de corps d'armée, de division, auprès des commandants de l'artillerie et du génie d'un corps d'armée, auprès du directeur de l'arrière, auprès du directeur de l'arrière d'une armée opérant isolément ou encadrée. La composition de ces états-majors est fixée suivant l'importance de ces commandements.

Dans chaque état-major, l'ensemble du service est dirigé par un *chef d'état-major*.

L'état-major d'un groupe d'armées est désigné sous le nom de *Grand état-major général*. Le chef de cet état-major est un officier général qui a le titre de *major général*; il a sous ses ordres des officiers généraux qui portent le titre d'*aides-majors généraux*.

L'état-major d'une armée est désigné sous le nom d'*état-major général*, et son chef porte le nom de *chef d'état-major général*.

La réunion de l'état-major et des personnels divers qui sont attachés à un même commandement forme le quartier général.

Les fonctions générales d'un chef d'état-major consistent :

1° A transmettre les ordres du général et à exécuter ou à faire exécuter ceux qu'il en reçoit pour toutes les parties du service;

2° A donner aux chefs des différents services les instructions qui leur sont nécessaires;

3° A entretenir des relations suivies avec les différents chefs de service et avec les corps, afin de connaître leur situation dans tous ses détails et d'entretenir le général exactement informé;

4° A tenir le journal des marches et des opérations; à fournir au commandement supérieur et, s'il y a lieu, au Ministre de la guerre, les tableaux de la force et de l'emplacement des corps de troupe, les rapports sur les marches et opérations; en un mot, tous les renseignements utiles.

### Grand quartier général d'un groupe d'armées.

Il comprend :

Le commandant en chef;
Le grand état-major général;
La direction de l'arrière;
Les grands services placés sous l'autorité du major général (service de l'artillerie, service du génie, service de l'intendance, service de santé, service de la trésorerie et des postes);
Les services divers du grand quartier général.

### Quartier général d'armée.

Le quartier général forme deux groupes :

#### 1ᵉʳ GROUPE.
##### Etat-major d'armée.

Commandant d'armée;
Chef et sous-chef d'état-major;
Etat-major;
Poste automobile de T. S. F.;
Escadrilles d'avions;
Compagnie de sapeurs télégraphistes;
Imprimerie, force publique, escorte.

#### 2ᵉ GROUPE.
##### Direction des étapes et services (D. E. S.).

Directeur des étapes et services;
Les services :

Administratif (intendant de l'armée);
Santé (médecin de l'armée);
Génie;
Vétérinaire;
Prévôté;
Télégraphie;
Trésors et postes;
Justice militaire.

# III
## Le service des états-majors en campagne.

Le service des états-majors fait l'objet d'une instruction en date du 20 février 1900, revisée le 9 août 1909 et modifiée le 29 novembre, 1912. Parmi les modifications apportées par cette nouvelle édition au service des états-majors en campagne, il importe de signaler la création, dans les états-majors d'armée et de corps d'armée, d'une section spéciale, dite « section du courrier », chargée de la réception et de la transmission des pièces. D'autres visent le rôle du 2° bureau, dont les fonctions sont mieux précisées, l'introduction, dans le texte de l'instruction, de modèles d'ordres généraux d'armée, d'étapes, de corps d'armée, etc.

## A

### Rôle de l'état-major. — Attributions du chef et du sous-chef d'état-major.

#### Rôle de l'état-major. Chef et sous-chef d'état-major.

L'état-major, aide du commandement, exerce son action sous une forme impersonnelle.

Le rôle d'un état-major en campagne est :

1° De préparer pour le général les éléments de ses décisions;

2° De traduire ces décisions sous forme d'instructions et d'ordres;

3° De compléter les instructions et les ordres par toute mesure de détail nécessaire que le général n'aurait pas arrêtée lui-même;

4° D'assurer la transmission des instructions et des ordres et, le cas échéant, d'en contrôler l'exécution.

Le *chef d'état-major* a, vis-à-vis du personnel placé sous ses ordres, les attributions d'un chef de corps. Il en a tous les droits et tous les devoirs.

Il règle l'action de l'état-major, coordonne celle des services et dirige l'ensemble du quartier général.

Dans l'état-major, il répartit entre les officiers sous ses ordres les fonctions dont le Ministre n'a pas désigné les titulaires, ainsi que les diverses missions à remplir.

*Il dirige personnellement* l'organisation et le fonctionnement du service des renseignements et du service de la télégraphie.

Le *sous-chef d'état-major* seconde, en toutes circonstances, le chef d'état-major. Il doit être à même de le remplacer ou de le suppléer à tout moment. Il est employé en particulier par le chef d'état-major à coordonner les détails du service à l'intérieur de l'état-major.

# B

## Service extérieur.

Dans leurs rapports avec les troupes, les officiers d'état-major représentent le commandement. Par leur attitude calme et mesurée, ils doivent s'efforcer d'inspirer à tous une confiance absolue dans le succès.

## Missions des officiers d'état-major.

Les officiers d'état-major peuvent être chargés de toutes les missions que le commandement juge à propos de leur confier.
Ils peuvent notamment :

Etre envoyés dans les cantonnements et bivouacs, les ambulances, les hôpitaux, les centres de distributions ou les centres de ravitaillement, etc.;

Etre employés aux reconnaissances du terrain et de l'ennemi;

Etre détachés auprès des troupes pour les guider, assurer l'ordre aux points de formation ou de croisement des colonnes, déterminer et indiquer les emplacements de grand'halte, répartir les cantonnements ou bivouacs, reconnaître l'installation des avant-postes, etc.;

Porter des ordres importants, s'assurer de leur exécution, suivre la marche d'une action;

Etre envoyés en mission à l'ennemi.

L'officier d'état-major chargé d'une mission a le droit de demander, dans la limite de ses instructions, aux commandants de troupe ou aux chefs de service, tous les renseignements et tous les moyens (escortes, chevaux, etc.) nécessaires à l'exécution de sa mission. Ceux-ci ont le devoir de lui donner toute l'assistance en leur pouvoir pour en faciliter l'accomplissement.

A grade égal, l'officier d'état-major chargé d'une mission exerce le commandement sur tous les autres officiers employés à la même mission.

Toute mission doit être suivie d'un compte rendu écrit.

## Officiers détachés en liaison.

Les liaisons ont pour objet de coordonner les efforts en assurant la continuité des relations entre les commandants d'unité qui participent à une même opération.

En principe, le commandant d'une grande unité fait usage des ressources dont il dispose pour établir ses liaisons, en évitant d'opérer des prélèvements sur les moyens des unités subordonnées.

Matériellement, les liaisons sont réalisées par l'établissement de communications de diverses natures.

Elles sont complétées par l'envoi d'officiers d'état-major, agents de liaison, dans tous les cas qui présentent une importance particulière ou peuvent exiger des explications complémentaires.

Notamment, l'officier de liaison est indispensable dans toutes les circonstances où le chef qui l'envoie veut être renseigné d'une manière *exacte* et *suivie* sur les événements qui se passent dans une unité subordonnée.

L'officier d'état-major détaché en liaison n'a pas d'observations à formuler et ne doit pas s'immiscer dans la conduite de la troupe ou le fonctionnement du service auprès duquel il est accrédité.

Mais il a qualité pour demander ou fournir, au nom du chef qu'il représente, toute explication ou information utile. Sa mission consiste à voir et à rendre compte à son chef.

Il fait usage, pour transmettre ses comptes rendus, des moyens matériels de communication dont il dispose; au besoin, après épuisement de ces moyens, il en demande d'autres à l'autorité près de laquelle il est accrédité.

### Officiers porteurs d'ordres.

Les instructions et les ordres sont toujours donnés par écrit.

L'observation de cette règle précise la responsabilité respective du chef et des subordonnés, en même temps qu'elle donne une garantie contre les inexactitudes d'interprétation.

L'officier porteur d'un ordre écrit doit, autant que possible, être initié à son contenu; il pourra le transmettre verbalement s'il est forcé de détruire en route le pli qui lui a été confié.

Si la situation à laquelle se rapportait l'ordre s'est modifiée ou n'est pas celle que la supposait le commandement, l'officier n'en transmet pas moins l'ordre qu'il a reçu; il y ajoute ensuite les explications nécessaires au sujet du but que se proposait son chef au moment où il l'a quitté.

Si l'ordre comporte une exécution immédiate, l'officier assiste, ordinairement, au commencement de l'exécution, afin d'en rendre compte.

Lorsque, par exception, et seulement à l'échelon de la brigade ou au-dessous, un ordre est, pour une raison impérieuse, donné verbalement, l'officier qui le porte le répète pour donner à son chef l'assurance qu'il a bien entendu et bien compris.

### Missions à l'ennemi.

Les missions à l'ennemi ne sont ordonnées que par les généraux en chef, les généraux commandant d'armée, les commandants des places de guerre investies, les commandants des corps de siège et les commandants des détachements isolés.

L'officier qui en est chargé porte le nom de parlementaire.

Il est accompagné d'un sous-officier ou d'un brigadier et d'un trompette porteur d'un drapeau blanc.

# C

## Service des bureaux.

---

### Affectation des officiers et répartition des affaires.

L'affectation des officiers aux divers états-majors est faite par le Ministre. Dans chaque état-major, l'attribution des fonctions, quand elle n'est pas fixée par le Ministre, est déterminée par le chef d'état-major, à qui il appartient également de répartir les missions entre les officiers.

Dans les états-majors d'armée et de corps d'armée, les affaires sont réparties, par espèce, entre trois bureaux :

1" bureau. — Personnel et matériel;
· 2° bureau. — Renseignements et affaires politiques;
3° bureau. — Opérations et mouvements.

De plus, une section spéciale, dite « du courrier », est chargée de la réception et de la transmission des pièces.

Dans les états-majors où le nombre restreint des officiers ne permet pas de les répartir effectivement en bureaux, l'organisation par bureau n'est plus que conventionnelle, c'est-à-dire qu'elle n'est observée que pour l'établissement et l'enregistrement de la correspondance.

### 1° *Service particulier de chaque bureau.*

---

### Attributions du 1" bureau.

Le 1" bureau a dans ses attributions les questions ci-après :

1° Organisation, situation, effectifs, prises, pertes, évacuations, remplacement, mutations, remontes, avancement et récompenses, police et discipline, justice militaire, prisonniers de guerre, prévôté, sauvegardes, état civil;

2° Munitions, vivres, matériel de tout genre, constitution, consommation et renouvellement des approvisionnements.

Il rédige les ordres ou parties d'ordres concernant les questions énumérées ci-dessus et est chargé des relations et de la correspondance à entretenir avec les différents services.

L'établissement ou le relevé des situations de prise d'armes, situations-rapports des cinq jours, états de pertes, ressortit également au 1" bureau, qui se conforme, à cet effet, aux prescriptions suivantes :

a) *Situation de prise d'armes.* — La situation de prise d'armes a pour objet de faire connaître, chaque jour, au commandement, la situation des combattants, des vivres et des munitions. Elle est établie à la date du jour et transmise d'urgence, au réveil, par les moyens les plus rapides, en utilisant au besoin le télégraphe.

Les situations établies par les corps sont remises à la brigade, qui les envoie immédiatement à la division. Celle-ci les envoie à l'état-major du corps d'armée. Les troupes non embrigadées et les brigades non endivisionnées envoient directement leurs situations à l'état-major du corps d'armée.

L'état-major du corps d'armée fait immédiatement un relevé de ces situations, qu'il adresse à l'armée, ordinairement par voie télégraphique.

b) *Situation-rapport des cinq jours.* — La situation-rapport des cinq jours a pour objet de faire connaître le nombre des hommes et des chevaux présents à l'armée. Elle renseigne le commandement sur les variations d'effectifs, sur les mutations des officiers, l'état sanitaire, la situation des vivres et des munitions, etc.

Les chefs de corps et de détachements, les chefs des différents services du corps d'armée, les établissent dans la soirée des 1er, 6, 11, 16, 21 et 26 de chaque mois, à la date de ces jours, et les transmettent le plus tôt possible par la voie hiérarchique.

Les chefs de service et les commandants d'unités qui ne font partie ni d'une brigade, ni d'une division, envoient directement leurs situations à l'état-major du corps d'armée.

Les généraux de brigade ajoutent, sur la situation de l'un des corps sous leurs ordres, les renseignements concernant leur état-major; ils envoient les situations qui leur sont adressées à l'état-major de la division, ou, directement, à l'état-major du corps d'armée, si leurs troupes ne sont pas endivisionnées.

Les généraux de division font établir et transmettent la situation-rapport de leur division.

Ces situations-rapports servent à l'établissement de la situation-rapport des corps d'armée, qui est adressée tous les cinq jours au commandant de l'armée.

Tous les cinq jours, également, le chef d'état-major général de l'armée établit la situation-rapport des cinq jours de l'armée, d'après les situations-rapports des corps d'armée et des troupes et services non compris dans les corps d'armée. Cette situation est envoyée au Ministre par l'intermédiaire du commandant du groupe d'armées, ou directement, si l'armée est isolée.

c) *États de pertes.* — Les états de pertes et les états des militaires ennemis faits prisonniers sont établis chaque fois qu'il y a lieu et adressés à l'échelon supérieur.

### Attributions du 2ᵉ bureau.

Le 2ᵉ bureau est chargé :

1° Du service des renseignements;
2° Du service des affaires politiques;
3° Du service topographique.

Il transmet, condense, exploite les renseignements qu'il recueille et rédige les bulletins ou parties d'ordres ayant pour objet de résumer la situation. Il chiffre et déchiffre les télégrammes relatifs aux affaires politiques ou aux renseignements sur la situation de guerre et sur l'ennemi.

Les officiers qui le composent roulent entre eux pour assurer un service de jour et de nuit.

a) *Service des renseignements*. — Dans le service des renseignements rentre tout ce qui concerne :

La détermination de l'ordre de bataille de l'ennemi, de ses emplacements, de ses mouvements;

L'utilisation, à cet effet, de personnels spéciaux de recherches, l'interrogatoire des déserteurs et prisonniers de guerre, le dépouillement des correspondances saisies, etc.;

La surveillance des personnes indiquées par le commandement;

Les mesures à prendre contre l'espionnage adverse.

Des fonds secrets destinés à rémunérer les agents, guides, courriers, etc., sont confiés au chef d'état-major, qui acquitte ou fait acquitter toutes les dépenses relatives au service des renseignements.

b) *Service des affaires politiques*. — Dans le service des affaires politiques rentrent les relations éventuelles avec l'ennemi, les relations avec les autorités civiles des pays occupés, la surveillance du personnel des formations sanitaires laissées par l'ennemi, les relations éventuelles avec la presse et, en général, toutes les questions de service courant qui incomberaient au 2ᵉ bureau.

Les relations éventuelles avec l'ennemi ont trait à l'envoi de parlementaires, à l'établissement de cartels d'échange pour les prisonniers, à l'application des dispositions de la convention de La Haye et de celle de Genève pour les blessés et les formations sanitaires, à la conclusion des conventions militaires, suspensions d'armes, armistices, etc.

Les relations avec les autorités civiles, les fonctionnaires et les habitants des territoires occupés sont réglées conformément aux ordres du général en chef et aux dispositions générales du règlement sur le service des étapes.

Elles comportent notamment les contributions de guerre et les réquisitions.

c) *Service topographique*. — Le service topographique rassemble et coordonne tous les renseignements concernant le terrain de la zone d'opérations et les ressources du pays. Il utilise, à cet effet, en dehors des cartes et notices statistiques, les levés topographiques qui peuvent être ordonnés, les comptes rendus fournis par la cavalerie, les renseignements recueillis auprès des habitants, les documents trouvés dans le pays, etc.

Il doit d'ailleurs faire, à cet égard, les prévisions nécessaires et provoquer l'exécution des mesures qu'elles comportent.

Dans un état-major d'armée, le service topographique tient à jour des cartes générales d'opérations sur lesquelles sont, autant que possible, portés journellement :

1ᵉ Les emplacements des forces ennemies d'après les renseignements recueillis par le 2ᵉ bureau;

2° Les emplacements des troupes de l'armée, d'après les renseignements fournis par le 3° bureau.

Dans les états-majors de corps d'armée, de division et de brigade, il n'est pas tenu de cartes générales d'opérations; on se borne à reporter chaque jour, sur une carte, la position des principaux éléments du corps d'armée, de la division ou de la brigade et la position des grandes unités voisines.

Le service aéronautique est rattaché au 2° bureau.

### Attributions du 3° bureau.

Le 3° bureau est chargé de tout ce qui est relatif aux opérations et aux mouvements des troupes. Il rédige les instructions, ordres ou parties d'ordres concernant ces opérations et mouvements.

Il établit le compte rendu quotidien de situation et d'opérations qui doit être adressé, par les moyens les plus rapides, à l'échelon supérieur.

Les reconnaissances spéciales jugées nécessaires (reconnaissances d'officiers d'état-major, du génie, etc.) rentrent également dans ses attributions.

Le 3° bureau chiffre, s'il y a lieu, et déchiffre les télégrammes relatifs aux opérations.

Il fixe et transmet le mot d'ordre, tient le journal des marches et opérations et s'occupe enfin de tout ce qui est relatif aux revues et cérémonies.

### Installation des bureaux.

Les bureaux des états-majors doivent être établis, en principe, dans les mairies ou dans les bâtiments d'un accès facile.

Leur installation doit comporter, autant que possible, des pièces séparées : pour le chef d'état-major, pour les officiers de chaque bureau, pour les officiers des services, pour les secrétaires et pour les plantons.

Les chefs d'état-major doivent prendre toutes les mesures nécessaires pour prévenir les indiscrétions et assurer la sécurité des bureaux.

Ils donnent, à cet effet, les instructions les plus formelles à tout le personnel sous leurs ordres. L'entrée des bureaux est absolument interdite à toute personne étrangère; l'officier de permanence à la section du courrier peut seul, dans la limite fixée par le chef d'état-major, être autorisé à répondre aux demandes de renseignements; il reçoit ces demandes et y répond en dehors des pièces réservées aux bureaux.

Lors d'un changement de cantonnement, tous les papiers, cartes, etc., abandonnés dans les bureaux, doivent être brûlés et réduits en cendres.

Les documents relatifs aux opérations sont conservés sous clef, gardée par un officier.

### Etablissement et enregistrement de la correspondance dans les bureaux.

Les prescriptions réglementaires relatives à l'établissement et à l'enregistrement de la correspondance dans les états-majors en temps de paix sont appliquées en campagne.

Toutes les pièces doivent porter l'indication du bureau ou du service d'où elles proviennent et celle du bureau ou du service auquel elles sont destinées.

Les ordres, avis, comptes rendus, etc., relatifs aux opérations ou au service des renseignements, doivent toujours porter la mention de la date, de l'heure et du lieu d'expédition.

L'indication de la date et de l'heure d'arrivée est inscrite sur toute dépêche au moment de sa réception.

Les pièces importantes ou confidentielles doivent être toujours écrites ou dactylographiées de la main des officiers ou sous leur surveillance immédiate. Le collationnement des ordres concernant les opérations est fait par un officier, autant que possible celui qui les a rédigés et qui en surveille également la reproduction.

Les dépêches et les documents reçus sont classés et conservés par les bureaux compétents.

L'enregistrement se fait sur des registres réduits au nombre strictement nécessaire et il est avantageux d'employer à cet effet des registres copie-lettres. Tous les ordres concernant les opérations sont enregistrés sur un registre spécial, lequel peut d'ailleurs être remplacé par un registre à onglets.

### Archives.

Les archives sont classées et conservées distinctement dans chaque bureau.

Afin d'éviter l'encombrement des archives, les chefs d'état-major évacuent sur l'intérieur, tous les mois, au moins, les documents devenus inutiles.

### Pièces soumises à la signature du général.

Le chef d'état-major présente à la signature du général toutes les pièces adressées au Ministre ou au commandement supérieur. Il présente également à sa signature, quelle que soit l'autorité à laquelle elles sont adressées, les pièces qui traitent des questions d'ordre supérieur, celles qui engagent l'action judiciaire ou qui contiennent soit une décision de principe, soit un blâme ou des éloges.

### Pièces signées par le chef d'état-major.

Les chefs d'état-major signent, par ordre, le reste de la correspondance.

Les majors généraux peuvent déléguer, pour cette signature, les aides-majors généraux.

Les sous-chefs d'état-major peuvent être autorisés par les généraux à signer par ordre et pour le chef d'état-major empêché.

Les chefs d'état-major signent encore pour ampliation et pour copie conforme :

*Pour ampliation :* les expéditions des ordres, après en avoir fait approuver la minute par le général;

*Pour copie conforme :* les copies ou extraits textuels des documents à communiquer.

Enfin, ils signent, en leur propre nom, les pièces relatives aux questions de service, rentrant dans les attributions personnelles qui leur sont conférées par les règlements.

## Pièces signées par les généraux de brigade.

Dans les brigades, toutes les pièces doivent être signées par le général lui-même.

## Correspondance télégraphique et téléphonique.

Dans chaque quartier général, le chef d'état-major règle, par une instruction générale, les conditions d'emploi du télégraphe, du téléphone et de la télégraphie sans fil, pour les correspondances relatives aux opérations et aux services.

Les chefs de service, dans les quartiers généraux, sont autorisés à employer le télégraphe.

Aucun télégramme présenté à un bureau télégraphique de quartier général ne peut être expédié sans le visa du chef ou du sous-chef d'état-major délégué qui lui donne, s'il y a lieu, un ordre d'urgence et qui peut également en ajourner ou même refuser l'expédition. Avis de cet ajournement ou de ce refus est donné au signataire.

Un officier de l'état-major peut être détaché au bureau télégraphique du quartier général par le chef d'état-major pour régler l'expédition des télégrammes et veiller à leur transmission dans l'ordre d'urgence.

Les bureaux télégraphiques ouverts en dehors des quartiers généraux reçoivent et expédient les télégrammes dans les conditions fixées par l'instruction générale sur le fonctionnement du service.

Les télégrammes doivent être rédigés de la manière la plus concise, mais sans nuire à la clarté, ni prêter à fausse interprétation. En principe, un télégramme ne doit pas comprendre plus de 50 mots, adresse comprise. Au cas contraire, il est transmis en deux parties, ce qui peut présenter certains inconvénients. Quand des télégrammes importants doivent être chiffrés, il y a intérêt à ce qu'ils le soient complètement. Si le temps manque, on devra s'astreindre à chiffrer par alinéas complets. Un alinéa ne doit jamais être rédigé partie en langage clair, partie en langage secret.

Tous les télégrammes sont confirmés par écrit. La confirmation des télégrammes chiffrés peut également être chiffrée. Si elle est rédigée en clair, le texte sera une paraphrase très différente comme forme de la reproduction du télégramme correspondant.

Les communications téléphoniques sont utilisées dans la mesure du possible, mais tous les ordres ou renseignements relatifs aux opérations transmis par ce moyen, et, d'une manière générale, toutes les décisions qui engagent la responsabilité de l'autorité dont elles émanent, sont confirmés par écrit.

En général, il y a peu d'avantages à transmettre sous forme de message téléphoné un télégramme à expédier ensuite par un bureau ou un poste télégraphique. Il est souvent plus rapide de faire porter directement le télégramme au poste télégraphique.

# D

## Section du courrier.

---

### Attributions de la section du courrier.

Dans chaque état-major de groupe d'armées, d'armée et de corps d'armée, est constituée, en dehors des bureaux, une section spéciale, dite « *du courrier* », ayant à sa tête un officier d'état-major, et, pour attributions générales, la réception et la transmission, de jour et de nuit, de toutes les pièces qui arrivent à l'état-major ou qui en émanent.

La section du courrier, à laquelle est rattaché le service du quartier général, dispose, en conséquence, des organes de transmission affectés organiquement à cet état-major (estafettes, automobilistes, motocyclistes, bicyclistes, etc.). Elle en règle l'emploi.

### Expédition, réception et enregistrement de la correspondance.

Il appartient au chef de la section du courrier de prendre toutes dispositions utiles à la bonne exécution de son service.

A cet effet, il établit, entre les officiers et secrétaires dont il dispose, le roulement nécessaire au service de jour et de nuit. Il organise un service de plantons destinés à diriger les arrivants sur le quartier général. Il fait placer, s'il y a lieu, les écriteaux nécessaires, et, de nuit, la lanterne distinctive de l'état-major. Il fait reconnaître par les estafettes et les automobilistes, motocyclistes, etc., les sorties du lieu où est installé le quartier général et les chemins qui relient ce lieu aux emplacements des quartiers généraux avec lesquels les relations doivent être établies. Il délivre aux porteurs d'ordres un carnet de reçus où sont portés l'itinéraire à suivre, le jour et l'heure de l'expédition. Il se fait présenter, au retour, le carnet de reçus; il fait classer avec le plus grand soin les reçus des pièces importantes.

Toute la correspondance reçue ou à expédier est remise à la section du courrier. Par ses soins, les pièces reçues sont dirigées, après enregistrement au *Carnet des entrées*, sur les bureaux ou services qu'elles concernent. Les pièces émanant des différents bureaux et services sont, de même, enregistrées au *Carnet des sorties* avant d'être remises aux porteurs désignés. Dans certaines circonstances, ces porteurs peuvent être des officiers des différents bureaux de l'état-major, commandés spécialement à cet effet par le chef d'état-major.

### Service au quartier général. Permanence.

Quand le quartier général se transporte d'un point à un autre, la permanence du service de réception et de transmission est assurée au point quitté jusqu'à ce que le quartier général soit installé au nouveau gîte.

Dans ce cas, le chef d'état-major peut, s'il le juge utile, prescrire à la section du courrier de se dédoubler; une fraction marche avec le quartier général, l'autre reste en place jusqu'à ce que soit faite l'installation au nouveau gîte.

L'officier chargé d'assurer la permanence de nuit doit apprécier l'importance des communications qu'il reçoit (1). Il en réfère immédiatement au chef d'état-major, s'il le juge utile, ou seulement aux officiers de service de chacun des bureaux.

### Service au poste de commandement.

Quand l'action s'engage, le général fixe son poste de commandement, c'est-à-dire le point sur lequel seront dirigées et d'où partiront toutes les communications relatives au combat.

En ce point stationneront, en conséquence, la majeure partie de l'état-major et tout ou partie du service du courrier.

L'installation matérielle du poste de commandement est du ressort du chef de ce service.

L'emplacement de ce poste doit être défilé aux vues, marqué par le fanion et placé de préférence sur une grand'route, à un carrefour permettant des communications faciles dans tous les sens.

L'officier d'état-major chargé d'installer le poste de commandement aura à fixer les emplacements où se tiendront les organes de transmission (automobilistes, motocyclistes, bicyclistes, estafettes) et les agents de liaison envoyés par les unités voisines ou subordonnées; à assurer le service de liaison avec le poste télégraphique d'armée et avec le terrain d'atterrissage des aéroplanes, à établir un service de sûreté et de police suffisant; à placer aux voies d'accès des plantons chargés de diriger les arrivants, etc.

Il lui appartient encore, si le chef s'est porté à un poste d'observation voisin, de prendre les mesures nécessaires pour être constamment en liaison avec lui.

### Officiers de jour et de piquet.

Dans les états-majors où le nombre restreint des officiers ne permet pas l'organisation d'une section du courrier, un officier et un secrétaire au moins sont commandés de service de jour à tour de rôle. Ce service est de vingt-quatre heures. L'officier et le secrétaire de jour couchent au bureau. Un autre officier est commandé de piquet. Il est prêt à remplacer et à assister l'officier de jour. L'officier de piquet prend le service de jour le lendemain.

Il reçoit du chef d'état-major les instructions relatives à l'ouverture, à la distribution et à l'expédition des dépêches.

L'officier de jour tient un carnet d'entrée sur lequel il inscrit le numéro et l'heure d'arrivée de toutes les dépêches, notes et commu-

---

(1) Pour l'appréciation de l'importance des communications, les officiers de réserve qui constituent la section du courrier pourront, pendant la nuit, prendre conseil auprès des officiers du 2ᵉ bureau en service.

nications écrites ou verbales, relatives aux opérations, reçues à l'état-major, tant en station qu'en mouvement. Les carnets, une fois terminés, seront remis au 1ᵉʳ bureau, qui les conservera.

En cas de mouvement, l'officier quittant le jour veille au départ du personnel et du matériel des bureaux et rejoint le chef d'état-major.

### Fonctions du commandant du quartier général.

Le service du quartier général, rattaché à la section du courrier, comprend le commandement et l'administration du quartier général.

Le chef de la section du courrier exerce, en même temps, les fonctions de commandant du quartier général.

Il dispose, à cet effet, de tout le personnel du quartier général (officiers de gendarmerie, chefs du détachement d'escorte, du train, etc., etc.); il les utilise comme il le juge convenable pour la bonne exécution du service.

Il peut être autorisé à signer toutes les pièces concernant son service. Ces pièces sont enregistrées sur un registre particulier sous le timbre de : « Commandement du quartier général. »

Les fonctions du commandant du quartier général sont les suivantes :

En marche, comme au stationnement, il assure la police, la discipline, le service intérieur des petits personnels rattachés à l'état-major et aux services.

Il assure la mise en route du quartier général dans les conditions fixées par le chef d'état-major. Il arrête, en conséquence, et s'il y a lieu, les heures de départ des différents échelons du quartier général, le lieu et l'heure du rassemblement de ces différents échelons, du train régimentaire du quartier général, et les fait connaître au vaguemestre et au commandant de la force publique.

Il est chargé du cantonnement de l'ensemble du quartier général, et prend, à cet effet, les mesures nécessaires : mise en route des campements, installation des bureaux, affichage de l'état de cantonnement, mesures relatives à la sécurité du quartier général, consignes aux sergents plantons, gardes à demander aux corps voisins, emplacements des postes, surveillance à exercer aux abords des bureaux.

Il assure le logement et la nourriture des officiers en liaison ou en mission au quartier général, ainsi que de leurs ordonnances et de leurs chevaux.

Il prescrit la mise en subsistance dans le détachement du train du quartier général ou dans un corps voisin, des détachements ou isolés, qui doivent séjourner au quartier général.

Il règle, dans les conditions indiquées par le chef d'état-major, le service médical et le service vétérinaire, fixe les heures de distribution des fourrages et les appels journaliers auxquels doivent assister tous les ordonnances et les cavaliers de l'escorte.

Il surveille le service de la prison installée par le service de la gendarmerie du quartier général, et il transmet, chaque jour, la situation sommaire au chef d'état-major.

Enfin, il tient les états nominatifs (officiers) et numériques (troupes) de tout le personnel attaché au quartier général, dont il fait assurer l'administration et l'alimentation par le sous-intendant du quartier général, ainsi que les contrôles des chevaux, voitures et du matériel.

### Officiers d'approvisionnement du quartier général.

Dans chaque quartier général, un officier d'administration est désigné pour remplir les fonctions d'officier d'approvisionnement. Dans les états-majors de brigade, l'officier de réserve du service d'état-major fait fonctions d'officier d'approvisionnement.

# E

## Relations entre les états-majors et les services.

### Rapport journalier.

En principe, chaque commandement ou service envoie, tous les jours, à l'heure fixée par l'ordre, au quartier général ou à l'état-major dont il relève directement, un officier, fonctionnaire ou agent assimilé.

Dans cette réunion, qui prend le nom de « *Rapport journalier* », le chef d'état-major fixe la situation, règle toutes les questions pendantes et coordonne l'action des services.

Les officiers ou fonctionnaires venus au rapport apportent en conséquence les pièces et documents qu'ont à fournir les unités qu'ils représentent; ils doivent être en mesure de donner les renseignements complémentaires qui peuvent leur être demandés.

A leur retour, ils emportent les ordres, instructions et renseignements destinés à l'autorité qui les a envoyés.

Les services sont, avec l'état-major, les aides du commandement. Il faut établir tout d'abord la distinction entre les « opérations » et le « fonctionnement d'un service ».

Les *opérations de service* sont toutes celles qui préparent le fonctionnement de ce service (déplacements d'organes, sectionnement de formations, réapprovisionnements, etc.).

Le *fonctionnement d'un service* comprend toutes les mesures nécessaires à obtenir de ce service le maximum de rendement. Les opérations de service, au point de vue service de santé, sont d'ordre militaire; le fonctionnement est d'ordre technique.

Les opérations de service dépendent de l'état-major, qui a pour rôle principal d'ajuster le jeu des services aux besoins de l'armée en concordance avec la pensée du général.

Le fonctionnement incombe aux directeurs et chefs de service. Ceux-ci en sont responsables vis-à-vis du commandement administrateur de l'armée.

Les directeurs ne peuvent ordonner des opérations du service; mais ils ont le devoir de les provoquer, à moins de délégation spéciale qui sera la règle pendant le combat, le commandement laissant aux directeurs le soin de prescrire des opérations de service en fonction des situations diverses qui en commandent les modalités de fonctionnement.

Il faut que l'état-major mette les services au courant des événements; les directeurs en mesurent la répercussion sur leurs services.

L'état-major doit connaître la limite d'emploi des services, pour n'ordonner que des opérations possibles.

Les directeurs, conseillers et collaborateurs techniques responsables doivent épouser la volonté du chef et bien connaître les conditions faites à leurs services par la guerre moderne. Une collaboration intime doit exister entre les états-majors et les services. Le rendement maximum ne peut être obtenu que par une union parfaite qui cimente l'organisation et fait de l'état-major le grand régulateur des services.

# F

## Des instructions. — Ordres. — Comptes rendus et rapports.

### Principes généraux.

Les décisions du commandement sont notifiées aux exécutants sous forme d'instructions ou d'ordres.

Les instructions ou ordres reçus à chaque échelon de la hiérarchie sont transformés à l'usage des subordonnés immédiats, soit en nouvelles instructions et nouveaux ordres, soit en nouveaux ordres seulement : en effet, la substance et la forme des prescriptions du commandement varient avec la nature et l'importance des unités auxquelles elles s'adressent.

Tous les efforts doivent tendre à diminuer la durée de la transformation.

Les instructions sont dites *générales* ou *particulières*, suivant qu'elles s'adressent à la totalité ou seulement à une fraction des éléments placés sous le commandement de l'autorité qui les donne.

Il en est de même des ordres qui sont dits *généraux* ou *particuliers.*

Les instructions et les ordres reçoivent un numérotage spécial dans chacune des catégories.

Les généraux et chefs de corps ou de services ont l'obligation de faire enregistrer les instructions et ordres qu'ils donnent.

### Des instructions.

L'instruction fixe le but à atteindre, prévoit des éventualités, exprime des intentions. Son objet est de fournir aux chefs en sous-ordre les indications indispensables pour agir, en toute circonstance, conformément aux vues et aux projets du commandement.

En raison des indications qu'elles donnent sur les intentions du chef, les instructions relatives aux opérations qui émanent du commandant d'une grande unité ont essentiellement le caractère secret. Elles ne doivent être communiquées qu'aux personnes ayant qualité pour en prendre connaissance.

Une instruction est plus ou moins détaillée suivant la situation et suivant l'autorité à laquelle elle s'adresse. Dans tous les cas, elle contient obligatoirement les indications suivantes :

Renseignements sur l'ennemi et hypothèses plausibles qui s'en déduisent;

Intentions du chef, but à atteindre;

Mission de l'unité à laquelle s'adresse l'instruction et missions des unités voisines.

Les instructions sont généralement complétées par des ordres fixant les conditions d'exécution de l'opération prescrite.

Ce procédé est la règle habituelle dans l'armée; il peut parfois trouver sa place dans le corps d'armée, où, le plus habituellement, il suffira d'un ordre.

### Des ordres. De l'ordre préparatoire.

L'ordre, au contraire de l'instruction, contient des *prescriptions formelles* applicables dans des conditions de temps et d'espace nettement déterminées.

Il comporte tout ce qui est nécessaire aux subordonnés pour l'exécution de leur mission et rien de plus. Le chef qui le donne ne doit pas laisser à ses inférieurs la charge de prescrire les mesures dont la responsabilité lui incombe normalement.

Par contre, il évitera d'entraver leur initiative en précisant les moyens d'exécution.

L'ordre préparatoire a pour objet de définir succinctement et plus tôt les conditions initiales du mouvement des unités subordonnées.

Son emploi s'impose lorsque les circonstances font craindre que l'ordre général ou particulier ne parvienne pas en temps opportun.

L'envoi de l'ordre préparatoire ne dispense pas de l'établissement de l'ordre général, qui doit toujours parvenir aux exécutants avant le début des mouvements qu'il prépare et coordonne.

### Des comptes rendus et rapports.

Le compte rendu est une relation sommaire d'un fait ou d'une situation, établie au moment même où les événements se sont produits.

Le rapport est une relation détaillée, rédigée aussitôt que possible après les événements qu'elle relate.

Les comptes rendus, comme les rapports, sont écrits. Par exception, un compte rendu peut être verbal quand il est fait de chef à chef, sans intermédiaire.

Tout commandant d'unité doit tenir son chef au courant de ce qu'il sait de l'ennemi, de la situation et des opérations de son unité A cet effet, il lui doit des comptes rendus; les uns sont

périodiques et leur fréquence est déterminée par le commandement; les autres sont envoyés dès que les circonstances justifient
une transmission spéciale.

En particulier, tout état-major adresse le plus tôt possible à
l'état-major dont il relève son compte rendu quotidien de situation
de fin de journée; la transmission est faite par la voie la plus
rapide, quand il se peut, par l'officier envoyé au rapport.

Tous les événements importants font l'objet d'un rapport destiné
à confirmer les comptes rendus antérieurs, en les complétant, en
les coordonnant.

### Rédaction des instructions, ordres et télégrammes.

Les officiers chargés de rédiger des instructions ou des ordres
doivent apporter la plus sérieuse attention à traduire exactement
et sans déformation aucune les intentions du commandement.

La rédaction des ordres doit être claire, avant toute autre chose,
concise autant que possible (1).

En principe, le 3ᵉ bureau de chaque état-major est chargé de
réunir et de relier, dans l'ordre général, les parties de cet ordre
qui sont établies par les autres bureaux. L'ordre terminé ne porte
que l'attache du 3ᵉ bureau.

Les bulletins de renseignements portent toujours l'attache du
2ᵉ bureau.

La rédaction claire et non ambiguë des télégrammes demande
une attention toute particulière (2).

Dans la rédaction des instructions, ordres, comptes rendus et
rapports, il y a lieu, en outre, de tenir compte des recommanda-
tions suivantes :

Orthographier correctement les noms des localités, les donner
complets, et, au besoin, dans les deux langues des pays fron-
tières.

Indiquer la carte dont on s'est servi pour rédiger l'ordre;

Préciser, par l'indication de points faciles à trouver sur la carte,
la situation de ceux qui n'y figureraient pas en caractères bien
apparents; procéder de même à l'égard des cotes employées comme
moyen de détermination d'un emplacement à occuper ou d'une direction à suivre;

Employer les termes d'orientation de préférence aux expressions :
« à droite, à gauche, en avant, en arrière »;

---

(1) La méthode suivante de rédaction des ordres est à recommander : Un
officier — autant que possible toujours le même — rédige l'ordre en s'aidant,
s'il le juge utile, du cadre-memento dont il est parlé plus loin; un second
officier suit la carte, définit les directions, les itinéraires, épelle les noms,
signale les omissions, etc. En opérant de cette façon, le travail est fait très
rapidement et le contrôle nécessaire assuré. La rédaction collective par plus
de deux officiers est à rejeter absolument.

(2) Un procédé à recommander consiste à écrire le télégramme sans ponctua-
tion et sans abréviations autres que celles communément admises, puis à soumettre cette minute pour vérification à un officier non au courant de la question traitée. Cette dernière précaution est d'ailleurs indispensable à prendre
d'une manière générale pour toutes les instructions et tous les ordres.

Eviter les expressions imprécises : « à l'aube, à la pointe du jour, etc. »;

Ecrire en chiffres et en toutes lettres les dates et heures importantes, celles-ci se comptant de 0 à 24.

### Signature. Tirage et transmission des ordres.

Les instructions ou ordres préparés dans les bureaux sont soumis au chef d'état-major, qui les présente à la signature du général. La minute, signée par le général, porte, à titre de renseignement, l'heure de la signature.

Cette heure ne sera pas reportée sur l'ordre expédié, qui ne comportera que l'heure de l'expédition.

Tout ordre recopié pour le tirage (1) doit être collationné avant d'être tiré.

Dès que l'ordre est tiré, il est daté et mis sous enveloppe.

L'expédition est assurée, comme il a été dit, par la section du courrier.

La transmission est assurée normalement par les officiers venant au rapport (page 36).

Si ces officiers ont été autorisés à repartir ou s'ils n'ont pu se présenter à l'état-major pour une cause quelconque, les ordres d'opérations sont portés aux destinataires, soit par un officier appartenant à l'état-major du commandement dont ces ordres émanent (armée, corps d'armée), soit par plantons, estafettes, bicyclistes, motocyclistes (division et échelons subordonnés).

Autant que possible, tout ordre d'opérations est communiqué par l'autorité dont il émane, d'une part à l'autorité supérieure, d'autre part aux autorités voisines.

La transmission des instructions et des ordres doit suivre la voie hiérarchique, sans omission d'aucun intermédiaire, excepté en cas d'urgence. Dans ce cas, le chef qui ordonne informe l'autorité intermédiaire, et celui qui reçoit l'instruction ou l'ordre en rend compte sans retard à son chef immédiat.

Les instructions et les ordres présentant une importance particulière sont expédiés en plusieurs exemplaires, chacun par une voie différente.

### Intructions et ordres d'armée.

Les instructions émanant de l'armée sont établies conformément aux principes posés plus haut (Des instructions).

Les ordres d'armée règlent les conditions d'exécution des décisions du commandant de l'armée. Ils s'adressent aux commandants des grandes unités composant l'armée. Ils sont communiqués à la D. E. S. et aux commandants des armées voisines. Ils sont transmis au commandant du groupe d'armées.

Les ordres d'armée visent la période des marches pour la bataille, l'engagement général, les mouvements consécutifs à la ba-

---

(1) Un des procédés les plus sûrs et les plus rapides consiste à faire dicter l'ordre à un secrétaire par un officier, qui épelle les noms de lieux et surveille la copie au fur et à mesure de la dictée.

Dans les états-majors bien entraînés et dans de bonnes conditions d'installation, il faut compter pour la copie, le tirage de 25 exemplaires, la mise sous enveloppe, 1 h. 15 à 1 h. 30 au minimum.

taille, ces différentes phases des opérations faisant l'objet d'ordres spéciaux ou pouvant éventuellement se trouver comprises dans le même ordre.

Ils sont donnés sous forme d'ordres généraux ou d'ordres particuliers. Dans le second cas, un ordre général est habituellement donné ensuite à titre de confirmation et pour orienter les chefs des diverses grandes unités sur l'ensemble du mouvement.

Les ordres généraux ne sauraient être tous établis d'après un modèle invariable, car il importe que les prescriptions réglant l'opération y figurent dans un ordre rationnel.

a) *Mouvement*. — Les ordres réglant un mouvement d'armée peuvent porter sur une période de plusieurs journées (1). Dans ce cas, il peut être avantageux, au point de vue de la clarté et de la concision, de présenter, dans l'ordre, le mouvement de l'armée sous forme de tableau.

Pour la rédaction d'ordres de cette nature, il est utile de ne pas perdre de vue une sorte de cadre memento qui permet d'éviter bien des erreurs ou des omissions (2).

---

(1) Il semble, toutefois, que cette période sera rarement supérieure à deux jours, durée pendant laquelle seront vraisemblablement survenues dans la situation générale ou particulière de l'armée des modifications nécessitant une nouvelle intervention du commandant de l'armée.

(2) Cadre d'ordre donné à titre d'indication :

## Ordre général n°

### Iʳᵉ PARTIE

Renseignements sur l'ennemi (font en général l'objet d'un bulletin de renseignements spécial ou se trouvent dans une instruction).
But général de l'opération (se trouve en principe dans une instruction).
Missions de l'aéronautique (s'il y a lieu).
Mission de la cavalerie d'armée (préciser, s'il y a lieu, par des instructions particulières).
Communications avec la cavalerie d'armée.
Mouvement de grandes unités :

    *a*) Heures de départ des avant-gardes ou de passage sur une ligne;
    *b*) Fronts à atteindre;
    *c*) Zones ou routes de marche;
    *d*) Prescriptions particulières;
    *e*) Emplacement des quartiers généraux.

Mouvement de l'artillerie lourde.
Mouvement et emplacement du quartier général de l'armée (1ᵉʳ groupe).
Rapport de l'armée (heure) (s'il y a lieu).
S'il y a lieu : Prescriptions concernant les trains, parcs et convois.
Communications :

    *a*) Postes télégraphiques d'armée;
    *b*) Postes de T. S. F.;
    *c*) Postes de correspondance.

### 2ᵉ PARTIE

Limite avant de la zone des étapes.
Gares ou centres de ravitaillement.
S'il y a lieu : Réapprovisionnements en munitions.
Organisation des lignes d'étapes.
Mouvement du quartier général de l'armée (2ᵉ groupe).

b) *Stationnement.* — Le stationnement de l'armée ne peut être réglé que dans la période des marches. Il est déterminé, dans ce cas, par la fixation, dans l'ordre de mouvement, des emplacements des quartiers généraux, des zones de marche et de la profondeur du stationnement.

Quand l'armée est engagée, le stationnement résulte de la situation même des corps engagés. Le commandement en a connaissance par les comptes rendus de situation qui lui sont normalement adressés par les corps.

c) *Engagement.* — L'engagement général qui doit résulter des décisions prises par le chef en vue de la bataille, c'est-à-dire d'un plan d'engagement, comportera nécessairement des ordres particuliers aux chefs des grandes unités ou un ordre général pour l'engagement.

Il n'est pas possible de préciser la contexture des ordres particuliers pour l'engagement.

Mais l'ordre général — qu'il sera toujours utile de donner pour renseigner les chefs subordonnés sur l'ensemble de l'opération — ne différera pas sensiblement dans son cadre d'ensemble de celui de l'ordre pour le mouvement. Il précisera, en particulier, s'il y a lieu, l'emplacement et l'heure du poste de commandement, ainsi que les postes télégraphiques desservant les postes de commandement des chefs des grandes unités subordonnées.

d) *Poursuite.* — Un ordre pour la poursuite consiste surtout dans la régularisation et la coordination des mesures déjà prises par l'initiative des unités inférieures. Il a un caractère particulier de brièveté, de simplicité et d'urgence.

### Instructions et ordres de la direction des étapes et des services.

La direction des étapes et des services arrête par des instructions *les dispositions* qui ont trait au fonctionnement du service et, par des ordres, les mesures d'exécution.

Les instructions qui peuvent être générales ou particulières auront, en conséquence, pour objet de préciser l'action des services d'armée et des services d'étapes pendant une période déterminée. Elles ne sauraient donc ni revêtir la forme, ni avoir le caractère des instructions générales relatives aux opérations.

Elles s'adressent, suivant le cas, aux commandants de corps d'armée, aux chefs de service d'armée ou des étapes. Elles sont communiquées à la direction de l'arrière.

Les ordres de la D. E. S. viseront soit le mouvement des éléments sur route dans la zone des étapes, soit le mouvement par voie ferrée ou par convois d'éléments de ravitaillements ou d'évacuations, soit enfin l'organisation de commandement d'étapes (1).

---

(1) Ordres donnés à titre d'indication :

### I. — Ordre général d'étapes n°

(Mouvement des éléments sur route pour la journée du            .)

Renseignements généraux. Mouvements de l'armée.
Limite avant de la zone des étapes.

## Ordres de corps d'armée.

Dans le corps d'armée, les opérations sont réglées, en principe, par un ordre général quotidien, et, s'il y a lieu, par des ordres particuliers ou des instructions particulières.

Les ordres de corps d'armée ont pour bases les instructions et les ordres d'armée. Ils règlent, selon la période des opérations, le mouvement, le stationnement, l'engagement du corps d'armée.

L'ordre général s'adresse aux généraux commandant les divisions (ou les colonnes), aux commandants des éléments non endivisionnés, aux commandants de l'artillerie et du génie du corps d'armée, aux commandants du train de combat, du groupe des parcs et du groupe des convois.

Il est communiqué, pour ce qui les concerne,, aux directeurs des services auxquels il appartient de donner les ordres techniques qu'il implique.

L'ordre général comporte nécessairement deux parties, l'une relative au mouvement ou au stationnement des éléments combattants; l'autre, relative au fonctionnement des différents services, cette partie établie, en tenant compte, s'il y a lieu, des propositions des directeurs des services.

Il arrivera parfois, que la seconde partie de l'ordre ne pourra être prête en même temps que la première; dans ce cas, elle sera envoyée ultérieurement en une ou plusieurs fois.

Des ordres particuliers ou instructions particulières sont adressés, s'il y a lieu, en même temps que l'ordre général aux chefs de certaines unités qui ont à accomplir une mission spéciale, tels que le commandant de la cavalerie, le commandant de l'avant-garde, le commandant d'un détachement.

Ces ordres ou instructions précisent la mission qui n'a été indiquée dans l'ordre général que d'une façon sommaire et signalent les points qui doivent fixer l'attention du destinataire pour qu'il remplisse cette mission conformément aux vues du commandement.

Ils sont, en principe, adressés à leurs destinataires par la voie hiérarchique. En cas d'envoi direct, les chefs dont dépendent les destinataires doivent en recevoir communication par les soins de l'autorité de laquelle ces ordres émanent.

---

Mouvement de la D. E. S.
Mouvement des éléments d'étapes. Mouvement des troupes d'étapes. Détachements de police. Communications : postes télégraphiques d'étapes desservant les groupements. Ravitaillement des éléments d'étapes.
Commandement d'étapes à ouvrir, à fermer (à compléter par un ordre particulier)

## II. — Ordre particulier d'étapes n°

(Ouverture d'un commandement d'étapes.)

Lieu, date, heure d'ouverture. Zone d'action.
Organisation du commandement. Chef, services, troupes.
Mise en route des personnels.
Prescriptions particulières (avances de vivres, convois à organiser, etc.).
S'il y a lieu : Contact du chef avec l'état-major de la D. E. S.

Le général commandant la brigade de cavalerie, le. général commandant l'artillerie, le colonel commandant le génie, et les différents directeurs de service du corps d'armée, communiquent aux troupes qu'ils commandent, ou aux services dont ils ont la direction, la partie des ordres de corps d'armée qui concerne ces troupes ou services. Ils y ajoutent les prescriptions qu'ils jugent nécessaires pour en assurer l'exécution.

a) *Mouvement*. — En principe, les ordres pour le mouvement ne sont établis que pour une seule journée, même quand l'ordre de l'armée règle le mouvement d'ensemble pour plusieurs jours.

« Il n'y a généralement pas intérêt à fixer le stationnement qui doit suivre la marche, dans l'ordre même qui règle le mouvement. Il vaut mieux ne donner l'ordre pour le stationnement qu'en cours de route. » On évite ainsi les modifications qu'il y aurait lieu d'y apporter comme conséquence soit de renseignements nouveaux sur l'ennemi, soit de l'état même des cantonnements, soit encore d'un changement de direction de marche (1).

b) *Stationnement*. — L'ordre qui règle le stationnement doit, tout d'abord, en affirmer la portée tactique. Ce principe prend d'autant plus d'importance que l'on se rapproche davantage de l'ennemi.

En conséquence, l'ordre pour le stationnement précisera, en premier lieu, ce que l'on sait de l'ennemi au moment où l'ordre est établi et les dispositions de sûreté à prendre en conséquence; il définira, ensuite, avec le plus grand soin, les zones de cantonne-

---

(1) Cadre d'ordre donné à titre d'indication :

### Ordre général n°

#### 1re PARTIE

Renseignements sur l'ennemi (dans le cadre du corps d'armée, en raison des besoins des subordonnés, sans sortir de ce qui les intéresse directement).

(Il est exceptionnel pour le corps d'armée que ce paragraphe soit remplacé par un bulletin de renseignements.)

But du mouvement.
Mission de la cavalerie.
Exécution du mouvement. Colonnes : composition (troupe et train de combat, commandement, itinéraires, heures de départ, prescriptions particulières).
Mouvements du Q. G. Heure du rapport. Permanence.
Communications :
    Postes télégraphiques d'armée;
    Postes T. T. de corps d'armée;
    Postes de correspondance (brigade de cavalerie).
Rendez-vous aux liaisons.

#### 2e PARTIE

Prescriptions relatives à l'alimentation.
Chargement des voitures à viande. Zones de réquisition.
Gares de ravitaillement.
Mouvements des trains régimentaires (sections de distribution et de réserve; sections de ravitaillement). Mouvements des parcs et convois.
S'il y a lieu : Ravitaillement en munitions.
Prescriptions diverses (évacuations, dépôts d'éclopés et de chevaux malades, etc.)

ment affectées aux grandes unités, de manière à éviter les conflits; fixera les emplacements des quartiers généraux et arrêtera le système de communications reliant le quartier général du corps d'armée avec les commandants des éléments principaux, divisions, avant-gardes, détachements, etc. Il pourra être complété par certaines prescriptions concernant les trains régimentaires (à maintenir dans les cantonnements après distribution ou à refouler si la situation militaire le commande, ou même à ne pas faire pénétrer dans les cantonnements) (1).

c) *Engagement et attaque.* — L'ordre pour l'engagement vise l'entrée en action des avant-gardes et les dispositions générales à prendre en vue du développement ultérieur du combat, tel que le commandant de corps d'armée l'a conçu dans son plan de bataille. Cet ordre s'adresse aux troupes et aux services (2).

L'ordre pour l'attaque faisant état, s'il y a lieu, des renseignements qu'aurait pu procurer l'engagement des avant-gardes, précise les conditions de l'attaque générale.

Il suit de là que ces ordres seront simples.

Leur forme d'ailleurs ne saurait être précisée.

L'ordre pour l'attaque, à la différence de l'ordre pour l'engagement, ne s'adresse qu'aux troupes (3).

---

(1) Il est à recommander de placer, toutes les fois qu'il sera possible de le faire, les quartiers généraux de division à portée du quartier général du corps d'armée, de manière à accélérer leurs transmissions.

Il sera avantageux, dans le même ordre d'idées, d'avoir un Q. G. de division au contact même du Q. G. de C. A.

(2) Cadre d'ordre donné à titre d'indication :

### Ordre général n°

Renseignements sur l'ennemi. Mission du C. A.
Zone d'action du C. A. Mission des avant-gardes.
Dispositions concernant les gros.
Emplacement du poste de commandement.
Communications.
Prescriptions concernant les services.

Les prescriptions concernant les services visent plus particulièrement les mouvements des unités de ravitaillement en munitions et des formations sanitaires. Elles peuvent être résumées comme il suit :

*Prescriptions concernant les services.*

Itinéraires suivis par les éléments des services de l'artillerie et de santé du train de combat, points où ces éléments sont mis à la disposition des chefs de service.
Mesures analogues pour les formations de même nature du groupe des parcs.
Routes réservées aux ravitaillements, aux évacuations, aux mouvements des trains régimentaires.
Stationnement du groupe des parcs et du groupe des convois.

(3) Cadre d'ordre donné à titre d'indication :

### Ordre général n°

Situation. Renseignements sur l'ennemi.
Décisions. Direction générale, composition, front des attaques. Premiers objectifs et objectifs ultérieurs à atteindre.

d) *Ordre préparatoire.* — Le commandant du corps d'armée a, le plus fréquemment, avantage à envoyer des ordres préparatoires dès qu'il a pris sa décision sur le mouvement du lendemain. Cette décision peut résulter, soit de la connaissance de l'ordre d'armée, soit, en l'absence d'ordre d'armée, des instructions antérieures du commandant de l'armée. Mais elle ne doit jamais être retardée sous prétexte d'attendre l'ordre de l'armée. L'état-major du corps d'armée est responsable de l'arrivée, en temps utile, aux troupes, des ordres préparatoires.

### Ordres de division et de brigade.

Les ordres de division et de brigade correspondent respectivement aux ordres pour le mouvement, le stationnement, l'engagement ou l'attaque du corps d'armée ou de la division. Ils sont établis en partant des mêmes bases et d'après les mêmes principes.

Il y aura lieu toutefois de tenir compte, dans leur établissement, des observations suivantes, qui ont une grande importance, surtout en ce qui concerne la division :

a) *Mouvement.* — Dans les ordres de la division pour le mouvement, on devra apporter un soin particulier à la détermination des itinéraires, au calcul des heures de passage de ses éléments principaux au point initial choisi.

b) *Stationnement.* — L'état-major de la division n'a pas à fixer le stationnement de tous les éléments de la division. Mais il doit déterminer avec le plus grand soin les zones ou localités affectées aux cantonnements des brigades, de la cavalerie, de l'artillerie et du génie divisionnaires, du train de combat divisionnaire. L'attention apportée à cette répartition évite des conflits toujours regrettables.

De même, l'état-major de la brigade, celui de l'artillerie fixeront à leur tour les cantonnements des éléments qui relèvent d'eux et avec un souci égal de la précision.

L'ordre de division doit préciser les emplacements des états-majors de brigade et de l'artillerie divisionnaire. Les ordres des généraux de brigade et du colonel commandant l'artillerie divisionnaire doivent de même préciser les emplacements des états-majors des régiments et des groupes. Sans cette précaution, la transmission des ordres est difficile à effectuer rapidement (1).

c) *Engagement et attaque.* — Les indications données à ce sujet pour le corps d'armée s'appliquent, toutes proportions gardées, à

---

Liaison entre les attaques et avec les corps voisins.
Couverture des attaques (s'il y a lieu).
Emplacement des réserves. Leur dispositif articulé.
Rôle de la cavalerie.
Emplacement du poste de commandement.

(1) Enfin, pour accélérer encore et économiser les transmissions, il y a lieu de cantonner systématiquement, toutes les fois qu'on le peut, l'E.-M. de l'artillerie et un E.-M. de brigade au contact même du quartier général de division; un E.-M. de régiment au contact d'un E.-M. de brigade, etc.

Par ce procédé, le nombre des transmissions est diminué de moitié et toute une série d'autorités sont instantanément informées.

la division et à la brigade. Les ordres se simplifient et se précisent à mesure que l'on descend l'échelle.

# G

## Des renseignements.

### Nature des renseignements.

La recherche d'indications aussi précises que possible sur la force, la situation, l'état matériel et moral de l'ennemi, tend à faciliter la direction des opérations en limitant le champ des hypothèses.

Le commandement est seul en mesure de déterminer les informations qui lui permettraient d'éliminer telle ou telle éventualité envisagée tout d'abord, et de développer ainsi son plan de manœuvre, malgré l'ennemi.

Les renseignements sont toujours demandés sous forme de questions précises et simples.

### Recherche des renseignements.

La recherche des renseignements, suivant le plan du chef, est organisée dans chaque état-major : la responsabilité en incombe au chef d'état-major, chargé personnellement de provoquer et d'orienter cette recherche.

Il dispose, à cet effet, des moyens d'information ressortissant au 2° bureau de son état-major (y compris, s'il y a lieu, les observations des aéronautes et aviateurs dont le service est précisé dans des documents spéciaux).

Ces moyens s'ajoutent à ceux qui relèvent directement du commandement et qui résultent de l'exploration et du combat lui-même.

### Transmission des renseignements.

Un renseignement n'a de valeur que s'il arrive en temps utile à l'autorité qui l'a demandé.

Il est donc nécessaire d'assurer et d'accélérer la transmission des renseignements.

Il appartient au chef d'état-major de prendre toutes dispositions utiles à cet égard. Il organisera avec le plus grand soin les procédés de transmission, en ayant recours, suivant les cas, et autant que possible concurremment, aux divers moyens (réseaux télégraphique, téléphonique, optique, T. S. F., automobiles, cyclistes, estafettes, pigeons).

En règle générale, tout renseignement important reçu à un échelon quelconque doit être transmis sans délai :

1° A l'état-major supérieur;
2° Aux états-majors voisins.

Les renseignements affluent ainsi, sous forme de *comptes rendus*, aux états-majors chargés de les exploiter.

## Exploitation des résultats.

Le soin de centraliser, de contrôler, de comparer les renseignements incombe aux états-majors d'armée, qui reçoivent à ce sujet des instructions spéciales.

En effet, il est rare qu'un renseignement isolé ait un caractère certain : le degré de confiance à lui attribuer dépend en premier lieu de la source ou de la personnalité dont il émane, et, en second lieu, de la confirmation qu'il reçoit de l'ensemble des autres renseignements. Toutes les sources de renseignements doivent donc être exploitées à fond et avec le plus grand soin.

Le résultat du travail de rapprochement, ainsi élaboré dans les 2⁰ˢ bureaux des états-majors d'armée, est adressé à l'autorité supérieure sous forme de *comptes rendus* ou de *rapports;* aux unités subordonnées et aux unités voisines, sous forme de *bulletins de renseignements.*

# CHAPITRE II

## TACTIQUE D'INFANTERIE

## I

## Notions générales.

L'infanterie forme la masse principale de l'armée; elle combat à pied, par l'arme blanche et par le feu. Seule, elle est apte à la fois à acquérir et à conserver. Aussi, de son succès dépend le succès général, et les autres armes travaillent pour elle.

La valeur de l'infanterie dépend de la valeur de l'homme qui est sa matière (l'arme n'étant qu'un accessoire), donc, de la valeur de la nation et de la race. La valeur de l'infanterie est fonction de la valeur de la nation.

Cette valeur dépend aussi, et pour une forte part, de l'organisation et de la discipline. La discipline est plus nécessaire à l'infanterie qu'aux autres armes; elle y est aussi plus difficile à maintenir.

Dans la cavalerie, il faut que le cavalier fasse un effort pour empêcher son cheval de suivre les autres dans la charge; dans l'artillerie, le canonnier est rivé à sa pièce, qui fait sa force, et sans laquelle il se sent impuissant. Dans ces deux armes, la proportion des cadres est plus forte, l'homme est plus sous l'œil du chef.

Dans l'infanterie, chaque homme doit lutter à chaque instant, contre la fatigue et contre la peur, pour suivre le mouvement en avant; perdu dans la foule, pouvant facilement se terrer dans un fossé, se cacher derrière un buisson pour rester en arrière avec les blessés, il a besoin d'être fortement animé par l'honneur, le patriotisme, la discipline. Il a besoin d'être connu des chefs et des camarades qui l'entourent.

Aussi, la valeur de l'infanterie est-elle infiniment variable, suivant son degré d'organisation et de discipline. Une troupe d'infanterie où les liens d'organisation et de discipline n'existent pas ou sont brisés par des fatigues, des pertes, des dangers trop grands, n'a aucune valeur militaire.

Une des difficultés du combat moderne pour l'infanterie est l'augmentation du front des unités et l'action individuelle du soldat dans le combat; de plus en plus, le fantassin échappe à l'influence immédiate du chef; cette influence immédiate doit être remplacée par l'influence dominatrice, prise en temps de paix.

Le fantassin arrive au combat dans un état de fatigue plus grand que le soldat des autres armes. Il souffre plus au stationnement, parce qu'il y est plus serré; il souffre plus en marche, parce qu'il doit se porter lui-même et porter son sac et ses armes.

L'état de fatigue physique, l'état de confiance ou de dépression morale dans lequel se trouve le fantassin au combat exerce la plus grande influence, car la valeur de l'infanterie, bien plus encore que celle des autres armes, dépend de son état moral et de son état physique, ces deux états réagissant d'ailleurs l'un sur l'autre.

Le feu de l'infanterie est moins précis que celui de l'artillerie, parce que l'affût du fusil, c'est l'homme avec ses émotions et ses faiblesses, et aussi parce que l'infanterie, voyant rarement les points de chute de ses balles, ne peut rectifier son tir.

La portée du fusil est moindre que celle du canon; elle est cependant considérable, car elle atteint 2.500 à 3.000 mètres. La balle du fusil a une pénétration très supérieure à celle des éclats et des balles des obus; elle peut traverser trois hommes. Enfin, le tir de l'infanterie est presque instantané, tandis que celui de l'artillerie exige une minutieuse préparation.

Le mouvement de l'infanterie est moins rapide que celui de la cavalerie, mais tandis que celui de la cavalerie ne donne un résultat effectif que s'il arrive jusqu'au choc, le mouvement de l'infanterie produit souvent son effet, même sans aller jusqu'au choc vers lequel il tend, parce que ce mouvement, en rapprochant les fusils, en augmentant leur puissance, suffit souvent pour déterminer la retraite de l'adversaire.

D'autres caractéristiques de l'infanterie sont : son pouvoir de dispersion, bien supérieur à celui des autres armes; une unité d'infanterie bien organisée et bien commandée peut se partager en une foule d'éléments très petits dispersés dans l'espace, mais unis, par la volonté du chef et le rôle qui leur est donné; la facilité qu'elle a de se dissimuler derrière le moindre abri, son aptitude à combattre dans tous les terrains et par tous les temps.

## II

### Les unités d'infanterie. — Les formations.

La plus grande unité d'infanterie est la brigade, composée normalement de deux régiments. Le régiment se compose ordinairement de trois bataillons. Le bataillon a quatre compagnies comprenant, en France, quatre sections, en Allemagne, trois pelotons; les sections se subdivisent en demi-sections et en escouades.

Les différentes unités d'infanterie peuvent être placées en ligne, c'est-à-dire les unes à côté des autres, ou en colonne, c'est-à-dire les unes derrière les autres.

La compagnie a comme formations fondamentales :

1° La ligne déployée sur deux rangs;

2° La colonne de compagnie (les 4 sections sur deux rangs, placées à 6 pas l'une derrière l'autre);

3° La ligne de sections, les sections par 4, placées normalement à 6 pas l'une à côté de l'autre, mais avec possibilité d'augmenter les intervalles.

Le bataillon peut placer ses compagnies les unes à côté des autres, les compagnies étant elles-mêmes en lignes déployées, en colonne ou en ligne de sections. Il peut aussi les placer les unes derrière les autres; c'est alors le bataillon en masse si les compagnies sont en ligne, la colonne de bataillon si les compagnies sont en colonne ou en ligne de section par quatre. Il peut aussi se former en colonne double, c'est-à-dire avec deux colonnes de demi-bataillon, les intervalles et les distances étant variables.

Dans le régiment et la brigade, les bataillons, formés comme il est dit plus haut, sont disposés dans un ordre quelconque.

Sur les routes, la formation est la colonne de route, ordinairement par quatre, sur le côté droit de la route.

## III
### L'infanterie en marche. — Avant-garde.

Loin de l'ennemi, l'infanterie marche ordinairement sur les routes.

Elle se couvre par des avant-gardes, des flancs-gardes, des arrière-gardes.

L'avant-garde, troupe interposée entre le gros de la colonne et l'ennemi, dans le sens de la marche, se fractionne en unités d'autant plus petites qu'elles sont plus rapprochées de la direction supposée de l'ennemi; en effet, le premier devoir de chaque élément est de donner à celui qui le suit le temps de prendre ses dispositions de combat en dehors des vues et des coups de l'ennemi, et ce temps est d'autant plus long que l'unité est plus forte.

Ainsi, un bataillon en avant-garde poussera en avant de lui à une distance variable (800 à 1.000 m.), une compagnie; cette compagnie détache en avant d'elle (à 500 ou 600 m.) une section; la section (à 400 ou 500 m.) une escouade ou des éclaireurs.

Si de la cavalerie est attachée à l'avant-garde, l'infanterie peut rester plus groupée.

Les flancs-gardes sont fixes ou mobiles; fixes, elles tiennent des points de terrain protégeant la route de la colonne; mobiles, elles suivent des chemins parallèles.

L'arrière-garde est peu considérable dans les marches en avant; au contraire, dans les retraites, elle a une force et un échelonnement analogues à celui de l'avant-garde dans les marches en avant (fig. 1).

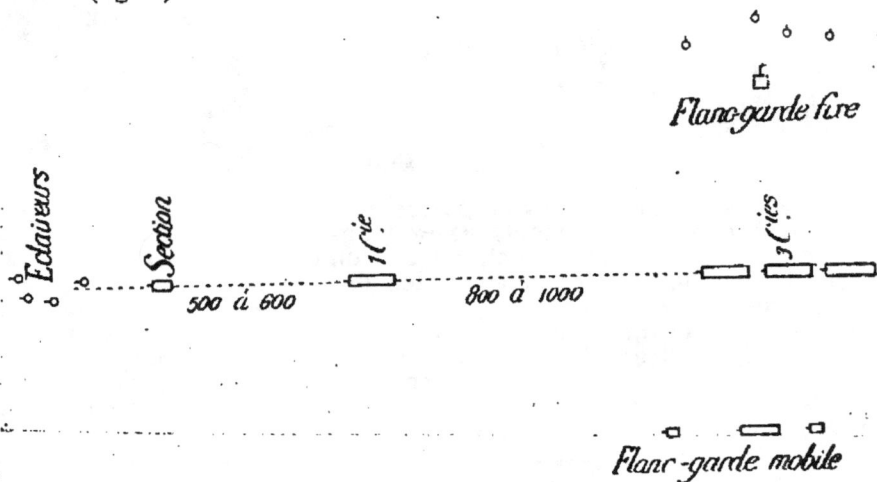

# IV

## L'infanterie au stationnement. — Avant-postes.

L'infanterie stationne au bivouac, au cantonnement ou au cantonnement-bivouac, mélange des deux systèmes.

Elle est toujours gardée d'autant plus loin et d'autant plus fortement que son effectif est plus considérable, et l'ennemi plus rapproché.

La profondeur de la zone et la force de la troupe aux avant-postes sont calculées sur le temps nécessaire au gros pour prendre ses dispositions de combat.

De jour, les avant-postes sont ordinairement fournis par l'infanterie et la cavalerie, la nuit par l'infanterie seule.

La troupe d'avant-postes est ordinairement une partie de l'avant-garde dont le reste sert de réserve.

Un bataillon aux avant-postes est normalement fractionné en réserve (une ou deux compagnies) et grand'gardes, formées ordinairement de compagnies entières. Les compagnies détachent en avant d'elles des petits postes (section ou demi-section); les petits postes se couvrent par des sentinelles. De plus, des patrouilles parcourent le terrain en avant et des rondes circulent à l'intérieur pour surveiller l'exécution du service.

**Dispositif normal d'un bataillon aux avant-postes** (1).

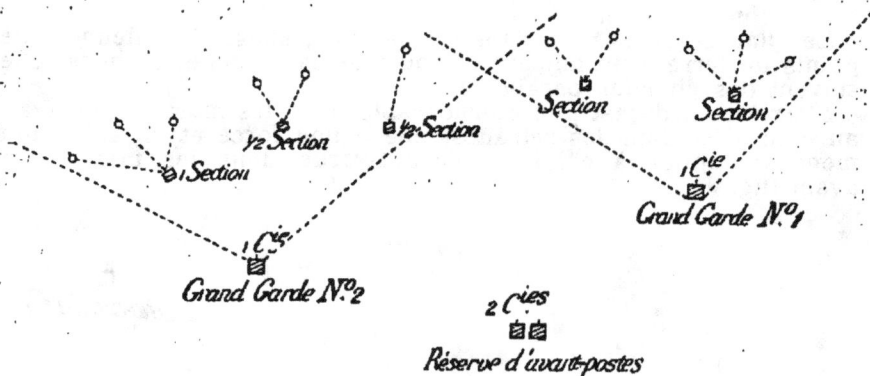

Le réseau complet d'avant-postes n'est constitué ordinairement que pour des stationnements assez longs à proximité de l'ennemi. Pour un court stationnement, on se contente, pendant la nuit, de garder les chemins, en portant des détachements sur les principales voies d'accès; ceux-ci placent des postes de 4 hommes, ou postes à la cosaque, en avant d'eux et sur les flancs. Pendant le jour, on garde les voies d'accès et les positions dominantes.

Au contact de l'ennemi, on prend des avant-postes de combat, c'est-à-dire que les troupes stationnent en formation de combat, prêtes à reprendre la lutte à tout moment.

---

(1) Fig. n° 2.

## V
### L'infanterie au combat.

L'infanterie combat par le choc et par le feu. Mais le feu est devenu tellement puissant que le mouvement ne peut se produire s'il n'est accompagné par le feu.

Aux grandes distances, où l'infanterie ne peut agir par son feu, mais où elle n'a à craindre que l'artillerie ennemie, son mouvement est rendu possible :

a) Par le terrain; elle suit les couloirs défilés;

b) Par la formation; elle sépare ses éléments pour qu'ils soient moins vulnérables;

c) Par le feu de l'artillerie amie.

Aux petites distances, elle continue à demander le même secours au terrain, à la formation, au feu de l'artillerie, mais elle doit aussi, la plupart du temps, recourir à son propre feu pour diminuer la puissance de celui de l'ennemi.

Le feu ne pouvant être exécuté que par des hommes placés les uns à côté des autres, on voit que l'infanterie doit se déployer en largeur pour pouvoir tirer; elle doit aussi conserver de la profondeur pour remplacer les pertes, renforcer la première ligne et l'entraîner au moment de l'assaut, lui donner pendant tout le combat un appui moral.

Si l'on prend comme exemple un régiment en colonne de route et, prenant ses dispositions préparatoires de combat, on le verra généralement rassembler ses bataillons en colonnes doubles, plus ou moins ouvertes, et disposer ses bataillons sur plusieurs lignes en profondeur.

Les dispositifs qu'il prendra se rapprocheront de ceux ci-dessous (fig. 3).

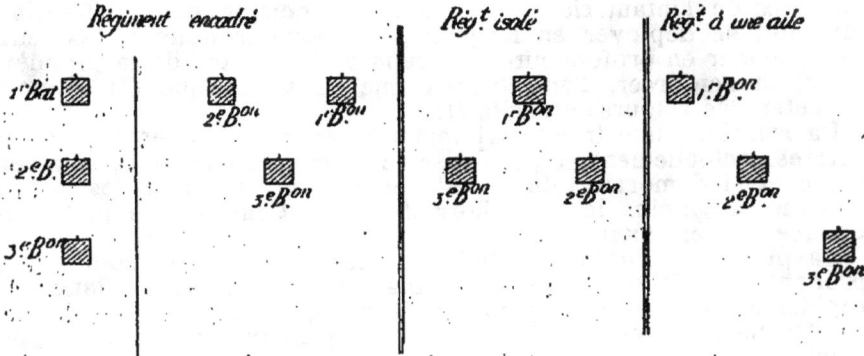

Les dispositifs d'un bataillon avec ses compagnies, d'une compagnie avec ses sections sont analogues.

C'est dans ces formations qu'on arrive à la deuxième zone, celle des feux de l'infanterie. Alors, les unités de première ligne, une ou plusieurs compagnies des bataillons de tête, se déploient en groupes de tirailleurs qui ouvrent le feu.

La marche continue alors sous la protection du feu; au début, on marchera souvent par échelons, les unités immobiles protégeant par leur feu les unités qui marchent. La marche par échelons deviendra très difficile quand on se rapprochera à petite distance de l'ennemi; la ligne augmentera de plus en plus de densité par l'afflux des renforts venant de l'arrière; elle arrivera à constituer une ligne presque pleine d'hommes coude à coude.

Le combat de l'infanterie, à ce moment qui précède l'assaut, ne comporte plus de règles; les fractions les plus vigoureuses, les plus favorisées par le terrain, après un feu violent qui forcera l'adversaire à se terrer, chercheront à faire un bond peut-être très court, une trentaine de mètres; elles se coucheront alors; d'autres se porteront à leur hauteur de la même façon.

Mais il ne faut pas se dissimuler que l'attaque de front sera très difficile et très risquée, *en face de troupes de même valeur*, si elle n'est pas aidée par un feu de flanc d'infanterie ou appuyée par le feu de l'artillerie, qui forcera le défenseur à rester tapi derrière ses abris, sans pouvoir tirer autrement qu'en l'air.

A un moment donné, à une distance qui ne peut être évaluée d'avance, mais qui souvent sera celle où l'artillerie ne peut plus appuyer son infanterie, c'est-à-dire dans les environs de 300 à 400 mètres, l'infanterie de l'attaque marquera un temps d'arrêt, le temps d'arrêt préparatoire à l'assaut. A ce moment, on renforcera la première ligne avec des hommes arrivant de l'arrière, cartouchières remplies; on fera un feu très violent, puis on se jettera à corps perdu sur l'adversaire, avec le sentiment que si l'on s'arrête on est perdu.

Les troupes d'assaut seront immédiatement appuyées par des troupes fraîches venues de l'arrière, chargées d'entraîner la première ligne, de parer aux contre-attaques et aux retours offensifs, d'exploiter le succès.

Les procédés de l'infanterie dans la défensive se rapprochent de ceux de l'infanterie dans l'offensive; comme dans l'offensive, elle doit se déployer en largeur pour pouvoir donner des feux, s'échelonner en profondeur pour réparer les pertes de la première ligne, la renforcer, l'entraîner à une contre-attaque (1) et pour exécuter des retours offensifs (1).

La retraite d'une troupe d'infanterie, engagée en terrain découvert est actuellement si périlleuse, et sera probablement si meurtrière et si démoralisante, qu'elle entraînera, sinon la destruction absolue, au moins la mise hors de combat morale de la troupe obligée de l'exécuter.

La puissance du feu est telle que les combats de front seront probablement longs et opiniâtres, mais une action sur un flanc fera rapidement reculer des troupes déjà engagées dans un combat de front; aussi cherchera-t-on souvent la décision dans l'enveloppement.

On cherchera à parer à l'enveloppement ordinairement par des

_____

(1) Contre-attaque. — Attaque exécutée par les troupes de la défense, contre les troupes assaillantes, avant que celles-ci abordent la position.

Retour offensif. — Attaque exécutée par les troupes de la défense, dans le but de chasser les troupes assaillantes du terrain qu'elles viennent de conquérir. (Règlement de manœuvres de l'infanterie.)

échelons qui prendront en flanc, à leur tour, les troupes ennemies chargées de l'enveloppement (fig. 4).

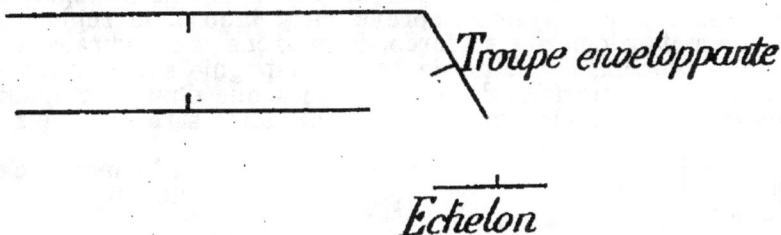

*Troupe enveloppante*

*Echelon*

La fortification de campagne sera d'un usage constant. En quelques heures, grâce aux nombreux outils dont elle dispose actuellement, l'infanterie pourra organiser très solidement la zone de terrain où elle s'arrêtera.

En face de positions fortifiées, le combat de l'infanterie prendra une allure plus lente et plus méthodique, analogue à la marche d'un siège à phases raccourcies.

La puissance du feu amènera non à des batailles de nuit qui sont impossibles parce qu'elles ne peuvent être conduites, mais à des opérations de nuit.

Les attaques de nuit seront entreprises contre des postes, des positions restreintes, qu'on aura pu reconnaître soigneusement à l'avance.

Les opérations de nuit consisteront ordinairement à traverser, grâce à l'obscurité, des zones battues par le feu ennemi, de façon à s'établir sans pertes à distance rapprochée de l'adversaire pour, de là, partir à l'attaque aux premières lueurs du jour.

## VI

### Les forces morales.

Les forces morales sont le premier élément de combat de l'infanterie.

La lutte de deux infanteries est une lutte de moral.

De deux régiments marchant l'un contre l'autre, lequel triomphera ? Est-ce celui qui fera le moins de pertes ? Non, pas nécessairement, car ses pertes, il ne les connaîtra que plus tard et, en tout cas, il ne connaît pas les pertes du régiment opposé. Celui qui triomphera, c'est celui qui conservera la supériorité morale; celui qui sera vaincu, celui qui aura l'infériorité morale.

Mais, sur la condition morale, influent non seulement des facteurs moraux, mais des facteurs matériels.

Les facteurs moraux les plus importants sont : le patriotisme, la discipline, le sentiment de l'honneur, l'esprit de corps, l'amour-propre, la confiance dans le chef, etc.

Les facteurs matériels qui influent sur la condition morale pour la diminuer, sont : la fatigue; tout homme déprimé physiquement, tend à l'être moralement; la faim, la soif, les intempéries, etc., mais surtout les pertes : les pertes ne sont pas grand'chose par elles-mêmes; elles ne valent que par leur influence sur le moral.

Supposons que dans un régiment une compagnie disparaisse en entier par un cataclysme imprévu mais ignoré; le régiment aura perdu un douzième de sa force. Supposons au contraire que, en vue du régiment, la moitié de cette compagnie soit détruite par le feu; la perte matérielle de force ne sera que d'un vingt-quatrième, mais la perte morale pour le régiment entier sera bien plus considérable.

Ce qui importe n'est pas de tuer beaucoup à l'ennemi, c'est de l'effrayer beaucoup, et si on cherche à tuer beaucoup, c'est surtout pour effrayer beaucoup.

Les pertes infligées ont donc un effet très inégal, suivant les conditions dans lesquelles elles se produisent.

Les pertes seront surtout terribles quand elles se produiront dans un moment où on se croira en sécurité (effet de surprise), quand elles se produiront dans un laps de temps très court (répétition de l'émotion); quand elles se produiront sous une forme effrayante; la mort d'un homme déchiqueté par un obus fera plus d'effet que celle de dix qui, atteints par les balles dans une marche en avant, rouleront comme s'ils avaient rencontré une pierre.

Les pertes produiront moins d'effet dans l'offensive, parce que les blessés et les morts seront laissés derrière, tandis que dans la défensive, ils resteront à côté des combattants.

Pour comprendre les phénomènes du combat d'infanterie, il ne faut jamais perdre de vue les facteurs moraux, seuls importants, seuls décisifs. C'est pour cela que l'étude de l'infanterie, si simple en apparence, est en réalité complexe et difficile.

Général DE MAUD'HUY.

# CHAPITRE III

## TACTIQUE DE L'ARTILLERIE

### I

## Données sommaires sur l'organisation de l'artillerie de campagne.

#### I. — *Organisation générale.*

L'artillerie de campagne est organisée en *batteries*, *groupes* et *régiments*.

La plupart des *batteries* sont des batteries montées, armées chacune de 4 canons de 75; il existe aussi un certain nombre de batteries à cheval, de batteries de montagne et de batteries lourdes, armées de canons de 155. Sauf indication contraire, il ne sera question ci-dessous que des batteries montées de 75.

Le *groupe* comprend, en général, 3 batteries.

Le *régiment* comprend un nombre variable de groupes. Il existe, en principe, dans chaque corps d'armée :

*a)* Par division d'infanterie, 1 régiment divisionnaire à 3 groupes montés de 75;

*b)* 1 régiment de corps à 4 groupes montés de 75,

Soit au total, pour le corps d'armée normal à 2 divisions, 10 groupes, ou 30 batteries, ou 120 canons.

Indépendamment des batteries, l'artillerie comprend encore, en campagne, des *sections de munitions* et des *sections de parc*, groupements de voitures chargées de munitions, qui suivent les troupes pour les réapprovisionner.

#### II. — *Organisation intérieure de la batterie sur pied de guerre.*

Le personnel de la batterie montée est réparti en 9 pelotons de pièce, commandés chacun par un sous-officier et formant trois groupements :

*a)* La *batterie de tir*, personnel et matériel (canons et caissons) emmenés sur la ligne de feu, sous les ordres du lieutenant de l'armée active;

*b)* L'*échelon de combat*, personnel et matériel (caissons et voitures diverses) laissés en arrière, à proximité de la batterie de tir, sous les ordres du lieutenant de réserve.

*c)* Le *train régimentaire* (voitures à vivres et à bagages) ne paraissant pas sur le champ de bataille, sous les ordres d'un sous-officier.

III. — *Formations de l'artillerie sur le champ de bataille.*

*a)* Sur les routes, hors de la proximité de l'ennemi, l'artillerie prend la *formation de marche*, dans laquelle chaque batterie de tir est immédiatement suivie de son échelon de combat.

*b)* A proximité de l'ennemi, l'artillerie prend la *formation préparatoire de combat*, dans laquelle l'échelon est séparé de la batterie de tir, et se conforme à ses mouvements en se maintenant à une distance inférieure, en principe, à 500 mètres.

*c)* Pour entrer en action, l'artillerie prend la *formation de combat*, dans laquelle :

Les pièces sont en batterie;

Les avant-trains sont réunis, plus ou moins loin des pièces;

L'échelon de combat est arrêté sur un emplacement en relations faciles avec les pièces, mais abrité, autant que possible, des vues et des coups de l'ennemi. (Voir la figure 5.)

Lorsque — ce qui est le cas général — les batteries opèrent par groupe, les trois échelons de combat du groupe sont, après leur séparation des batteries de tir, réunis sous les ordres d'un officier de réserve, adjoint au chef d'escadron.

## II
### Emploi de l'artillerie au combat (1).

Les règles d'*emploi de l'artillerie* au combat sont déterminées par les *conséquences tactiques* qui résultent des *propriétés caractéristiques* de cette arme.

Ces *propriétés* sont :

Sa puissance de destruction, considérable sur les buts vivants non abrités, effective encore contre certains obstacles, et qui peut être exercée de loin, très rapidement, par surprise, et sans se montrer à l'ennemi;

Sa mobilité;

Sa faculté de garder sa liberté d'action, même après l'ouverture du feu, lorsqu'elle est défilée aux vues;

Sa résistance à l'usure, due à ses boucliers;

La possibilité de tirer par-dessus d'autres troupes;

Mais, par contre :

Sa vulnérabilité lorsqu'elle est exposée aux vues, principalement au moment de l'occupation des positions;

Son absence de pouvoir défensif propre, lorsqu'elle est surprise en formation de marche, ou attaquée brusquement sur ses flancs ou ses derrières.

Les *conséquences tactiques* de ces propriétés sont les suivantes :

L'artillerie occupera de préférence des positions masquées ; les

---

(1) Ce qui suit n'est qu'un résumé succinct des chapitres I et II du titre V du Règlement de manœuvre de l'artillerie en campagne, du 8 septembre 1910.

batteries forcées de s'établir à découvert seront protégées par d'autres batteries défilées.

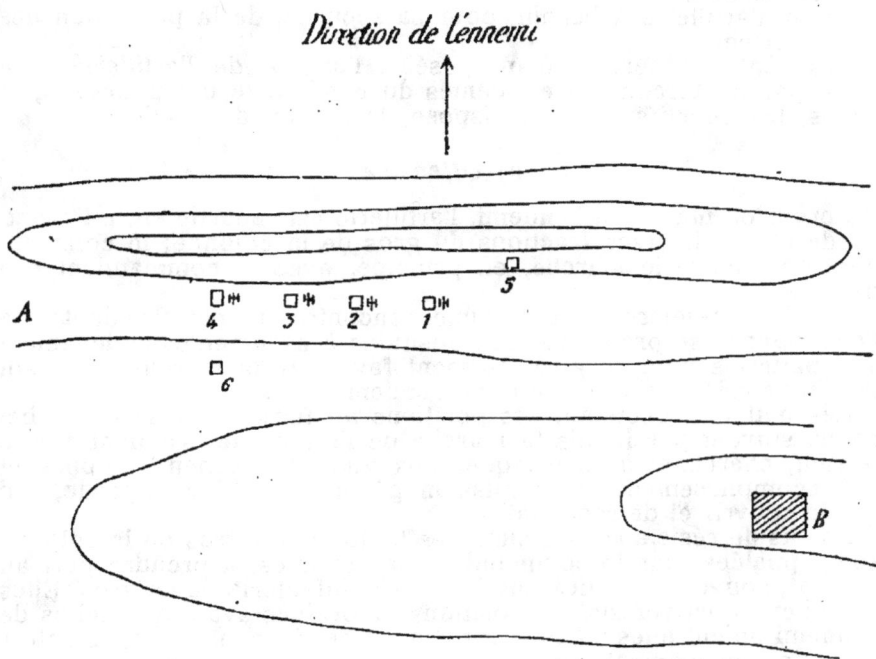

FIG. 5. — BATTERIE EN FORMATION DE COMBAT.

*Légende :*

A. — Batterie de tir en position derrière une crête (figurée par des courbes de niveau).

    1, 2, 3, 4 : Pièces en batterie.
    5 : Caisson-observatoire du capitaine.
    6 : Caisson de ravitaillement.

B. — Avant-trains abrités par un pli de terrain.

C. — Echelon de combat, abrité derrière un couvert (bouquet de bois), à 500 ou 1.000 mètres de la batterie de tir.

Le résultat des luttes de deux artilleries ne sera généralement pas décisif :

On recherchera activement la priorité d'occupation des positions;

au cours du combat, les changements de position ne seront ordonnés qu'en vue d'obtenir des avantages certains;

On ne fera tirer que le nombre de batteries nécessité par les objectifs, au fur et à mesure des besoins;

Les tirs pourront être lents ou rapides, continus ou intermittents, l'artillerie cherchant, suivant les circonstances, soit à détruire l'ennemi, soit seulement à le neutraliser, et la consommation des munitions étant étroitement surveillée ;

L'artillerie utilisera dans certaines conditions le tir par-dessus les troupes amies;

Enfin, l'artillerie a besoin, pour sa sécurité, de la protection des autres armes.

Ces règles générales étant posées, l'*emploi de l'artillerie* sera dicté par les circonstances mêmes du combat, le but poursuivi, le temps, les effectifs dont on dispose, le terrain de l'action.

## a) *Offensive.*

Lorsqu'on marche à l'ennemi, l'artillerie est répartie entre l'avant-garde et les diverses fractions du gros de la colonne; le commandant de l'artillerie marche, en principe, avec le commandant des troupes.

Dès les premiers indices d'une rencontre, le commandant de l'avant-garde se préoccupe des positions à assigner éventuellement aux batteries pour qu'elles puissent favoriser la marche en avant de l'infanterie et arrêter celle de l'ennemi.

Les' batteries occupent ces positions au fur et à mesure des besoins, suivant par bonds la marche de l'infanterie, s'étalant sur le terrain, cherchant à se masquer aux vues de l'ennemi, coopérant à l'accomplissement de la mission générale de l'avant-garde, qui est de couvrir et de reconnaître.

En cas de résistance sérieuse, les batteries du gros de la colonne sont appelées, par le commandant des troupes, à prendre part au combat; souvent elles doivent devancer l'infanterie de ce gros. Elles cherchent à arriver sur les positions favorables avant que celles de l'ennemi soient elles-mêmes postées, et se tiennent prêtes à entrer en action au moment voulu.

Si les débuts du combat obligent l'adversaire à subir l'attaque, il faut prononcer cette attaque sur tout le front pour le fixer avec le minimum de forces. Le rôle de l'artillerie est alors d'aider de tous ses moyens la progression de l'infanterie, seule capable de forcer l'ennemi à la retraite. Pour cela, l'artillerie doit détruire devant l'infanterie les obstacles matériels et surtout empêcher de tirer sur elle toutes les troupes (infanterie et artillerie) qui la prennent pour objectif ; et son intervention doit se produire à des moments et en des points précis, ce qui implique une liaison aussi étroite que possible entre l'infanterie et l'artillerie. Mais les batteries qui assument cette tâche sont elles-mêmes prises à partie par les canons ennemis et il en résulte une lutte d'artillerie, rarement décisive et sans cesse renaissante.

En raison de ces obligations multiples de l'artillerie, l'économie doit présider à l'emploi des batteries, et celles dont le tir n'est plus indispensable doivent être reprises en main, de manière que le commandement en ait toujours de disponibles. D'autre part, pour ménager les munitions, la durée des tirs est restreinte aux seuls moments où ils sont utiles, et, dans les intervalles, un tir lent ou de brèves rafales entretiennent seuls le moral de l'infanterie arrêtée.

Pendant cette période de combat, des changements de position peuvent être nécessaires pour assurer une liaison plus intime avec l'infanterie, ou pour donner plus de précision au tir.

Au moment de l'assaut, l'artillerie fait converger sur l'objectif les feux du plus grand nombre possible de batteries. Le point attaqué est lui-même battu jusqu'au dernier moment; les flancs sont surveillés pour parer aux contre-attaques; l'intérieur et l'arrière de la position sont fouillés par des tirs en profondeur pour empêcher l'action des réserves.

Une fraction de l'artillerie accompagne, par bonds, l'infanterie assaillante, pour arriver sur la position conquise aussitôt que possible après elle, afin de s'opposer à tout retour offensif. Les autres batteries la rejoignent, les unes pour poursuivre de leur feu l'ennemi en retraite, les autres pour tirer sur les points d'appui encore occupés, ou sur l'artillerie qui voudrait s'opposer au débouché de l'infanterie victorieuse.

Si les succès partiels obtenus dans le combat de front n'entraînent pas la retraite de l'adversaire, le commandement porte son effort principal sur un point, afin de réaliser contre lui une supériorité écrasante de feux.

Le mode d'action des masses engagées ne diffère de celui qui vient d'être exposé que par leur capacité offensive plus grande, et par l'audace avec laquelle toutes les armes — en particulier l'artillerie — doivent alors se prodiguer sans compter.

### Rôle des chefs de l'artillerie.

Le *commandant des troupes* indique les objectifs à enlever, désigne les troupes qui en sont chargées, règle l'ordre des diverses attaques.

Près de lui, le *commandant de l'artillerie* est à la source des renseignements, prend part aux reconnaissances, se tient constamment au courant de la situation.

Il reçoit du commandant des troupes des ordres concernant la participation de l'artillerie à l'action générale.

Il répartit en conséquence les batteries dont il dispose, désigne celles qui appuieront spécialement telle ou telle attaque, celles qui auront un rôle général de surveillance, celles qui resteront disponibles; il modifie cette répartition au cours du combat, prépare les changements de position, provoque des ordres à leur sujet, en donne lui-même en cas d'urgence.

Les *commandants de groupe* sont responsables de l'exécution des missions qu'ils ont reçues du commandant de l'artillerie; ils fixent les emplacements des batteries, les engagent au fur et à mesure des besoins, assurent la direction des feux en assignant aux batteries des objectifs, et en réglant l'activité de leur tir.

Les *commandants de batterie*, ayant reçu leurs objectifs, développent contre eux leur puissance, conformément aux règles techniques de l'arme.

Quand une fraction de l'artillerie a pour mission d'appuyer spécialement une attaque déterminée, son chef se met au préalable en rapport avec le commandant de l'infanterie chargée d'exécuter l'attaque, et s'efforce ensuite de rester constamment en liaison avec lui. Quelquefois — par exemple si l'opération a lieu sur un théâtre nettement séparé — l'infanterie et l'artillerie qui y coopèrent sont groupées en une unité tactique temporaire sous les ordres d'un seul chef.

## b) *Défensive.*

Avant le combat, le défenseur exécute tous les travaux susceptibles de rendre son feu plus efficace : terrassements, créations de communications, de débouchés ou d'observatoires, mesures de distances, etc. Le déploiement initial des batteries est ordonné d'après les renseignements recueillis sur l'adversaire et les projets du commandement; il peut être modifié ultérieurement.

Quand l'ennemi s'approche, l'artillerie doit entraver sa marche d'aussi loin que possible, sans toutefois déceler prématurément les dispositions prises par le défenseur ; le tir à grandes distances est particulièrement indiqué sur les détachements avancés.

Le rôle de l'artillerie dans la défensive consiste essentiellement à concourir avec l'infanterie à briser la volonté offensive de l'ennemi; son action se règle donc surtout d'après les mouvements de ce dernier.

Aux grandes distances, quelques batteries battant de larges fronts suffisent à obliger l'adversaire à se diluer et à perdre du temps; toutes les autres, fortement défilées, restent disponibles pour agir contre l'artillerie.

Aux petites distances, l'infanterie assaillante, renforcée, constitue des objectifs suffisamment vulnérables, qui doivent être pris à partie par des batteries battant bien le terrain des approches. Si ce terrain est en angle mort, le procédé le plus avantageux consiste à le prendre d'enfilade par des pièces installées en flanquement, dérobées le plus longtemps possible aux vues et aux coups de l'ennemi; tandis que le reste de l'artillerie est reporté sur une position plus en arrière.

En cas de retraite, l'artillerie exécute son mouvement par bonds et par échelons; les échelons en arrière protégeant la retraite ou appuyant des retours offensifs. Pour faire gagner au commandement tout le temps dont il a besoin, il peut être nécessaire que l'artillerie continue le combat jusqu'à ne plus pouvoir se retirer. Une artillerie qui perd ses pièces au feu ne peut être incriminée quand, au prix de cette perte, elle a pu remplir sa mission, ou qu'elle a tiré parti de son matériel jusqu'à la dernière cartouche et jusqu'au dernier homme.

Le *rôle des chefs* est, en principe, le même que dans l'offensive.

Le *commandant des troupes* prévoit et ordonne; c'est en particulier lui qui, en principe, fixe les conditions d'ouverture du feu, et celles dans lesquelles, en cas de retraite, l'artillerie quitte ses positions successives.

Le *commandant de l'artillerie* assure l'exécution des ordres du commandant des troupes; répartit entre les groupes qu'il met en ligne les emplacements à occuper et le terrain à surveiller, assignant, dans le même secteur de surveillance, aux uns pour objectif l'infanterie, aux autres l'artillerie; et, au cours de l'action, modifie cette répartition de manière que l'attaque la plus menaçante soit toujours la plus vivement combattue.

Le *commandant du groupe* place ses batteries en tenant compte du terrain en même temps que de leur mission, et dirige leurs feux comme dans l'offensive.

### c) *Artillerie à cheval des troupes de cavalerie.*

Avant le combat de cavalerie, l'artillerie se conforme à la marche des escadrons, en gagnant une place telle, qu'elle puisse s'engager instantanément sans gêner leurs mouvements.

Son objectif principal est, au début, la première ligne de la cavalerie adverse.

Si elle a pu se placer assez tôt en surveillance derrière une crête, elle se trouve en bonne position pour saisir de loin cette cavalerie; mais, pour bien battre le terrain de la rencontre, elle est généralement obligée de se porter en avant.

En cas de succès, une fraction de l'artillerie poursuit l'ennemi par son feu; le reste se porte en avant pour appuyer de plus près sa cavalerie victorieuse. En cas de revers, l'artillerie tire à outrance pour permettre le ralliement des cavaliers.

En dehors du combat de cavalerie, l'artillerie à cheval opère en liaison avec la cavalerie comme l'artillerie montée avec l'infanterie. Elle est éminemment propre à surprendre de loin les colonnes de toutes armes de l'ennemi, à les poursuivre dans leur retraite, à déborder leurs flancs.

### d) *Artillerie lourde.*

L'artillerie lourde (canons de 155) est capable de produire sur des points déterminés, contre des obstacles très résistants, des effets matériels et surtout moraux considérables, et d'atteindre, par son tir courbe, des objectifs qui seraient en angle mort pour l'artillerie de campagne; son emploi dépend donc en grande partie du terrain. Aussi, dans l'offensive, si la position ennemie n'est pas reconnue d'avance, la ferait-on marcher en queue de colonne, pour la diriger ensuite là où elle pourra être utile; et dans la défensive, sa place est-elle en deuxième ligne, pour battre les espaces qui resteraient en angle mort pour les batteries de première ligne.

Commandant DE CHARODON.

# CHAPITRE IV

## TACTIQUE DE CAVALERIE

Le rôle de la cavalerie est défini par le règlement sur le service en campagne de la cavalerie (art. 96) :

« A la guerre, la cavalerie *renseigne* et *combat*. C'est là son rôle général, qu'elle soit cavalerie d'exploration, ou cavalerie de corps d'armée, ou cavalerie divisionnaire. »

Comment elle renseigne, comment elle combat, tels sont les deux points qui vont faire l'objet de cette étude sommaire.

## I

### La cavalerie renseigne.

La nature du renseignement que la cavalerie doit fournir diffère selon la mission confiée au chef de la troupe dont elle dépend; mais, qu'elle soit chargée de rechercher l'ennemi (exploration), qu'elle soit chargée de s'assurer de l'absence de l'ennemi (sûreté), la manière d'opérer est toujours la même.

La mission se résume toujours à ces quelques questions :

L'ennemi a-t-il paru aux points A, B, C, D? A quelle heure? Venant d'où? Marchant vers? Quelle est sa force?

L'ennemi, c'est le gros des forces ennemies, les colonnes de toutes armes, les forces qu'il réserve pour la bataille et qu'il protège avec soin par des yeux lancés au loin (cavalerie), par des bras tendus dans les directions dangereuses (avant-gardes, couverture).

Comment répondre aux questions posées, relatives aux points A, B, C, D? Un officier muni de bons yeux sur chacun de ces points, quelques cavaliers pour rapporter au chef les rapports successifs par lesquels l'officier fera connaître ce qu'il a vu, ce qu'il continue à voir. C'est la *reconnaissance d'officier*.

En pays ennemi, s'il y a une zone de terrain à battre, si de nombreuses patrouilles ennemies sont à craindre, on adjoindra à cette reconnaissance un petit élément destiné à l'appuyer et la secourir au besoin. C'est le *détachement de découverte* : un peloton, un escadron.

Enfin, si aucun de ces moyens ne réussit à donner le renseignement espéré, c'est le gros de la cavalerie qui, après avoir suivi de loin les éléments qu'il a détachés, foncera dans la direction où l'ennemi est supposé le plus faible, et conquerra par la force la réponse aux questions qui lui ont été posées (fig. 6).

Mais, en marchant sur les points A, B, C, D, tous les éléments sont exposés à rencontrer l'ennemi, qui a une volonté contraire à la nôtre et des intérêts diamétralement opposés.

Lui aussi a lancé des yeux très loin devant lui (sa cavalerie).

Lui aussi a étendu ses bras dans les directions dangereuses (avant-gardes ou avant-postes), sortes de tampons destinés à amortir les chocs possibles.

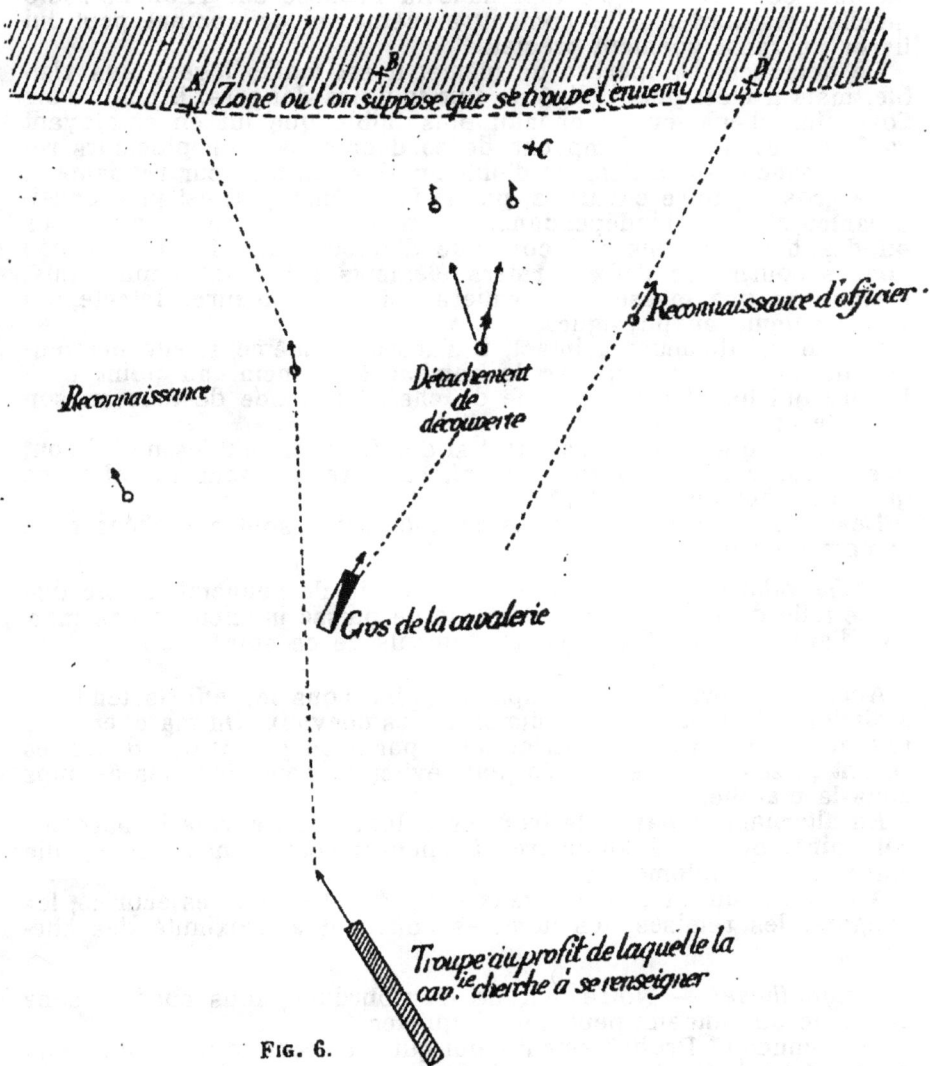

Fig. 6.

Lui aussi se déplace secrètement derrière ces abris provisoires, prêt à la défense et préparant l'attaque.

Que vont devenir nos organes de renseignement dans le dédale d'obstacles ou d'embuscades qu'il faut traverser pour trouver le renseignement décisif?

La reconnaissance d'officier, enfant perdu, loin de tous, agira par ruse : elle s'efforcera de ne pas se faire voir, s'arrêtant, repar-

Serv. de santé. 3

tant, l'œil inquisiteur, l'oreille au guet, se glissant par les ravins jusqu'au belvédère d'où elle verra et comptera.

Poursuivie, elle fuira à tire-d'aile, pour revenir peu après; elle bondira comme un tigre tapi dans la brousse sur l'homme isolé qu'elle fera parler; elle combattra même, si ce combat peut lui livrer un renseignement précieux.

Le détachement opérera de même; il est moins léger, plus visible, mais il n'est plus obligé de fuir tous les dangers; il peut avoir l'occasion d'enlever un ennemi plus faible que lui en employant sa force, et rien ne l'empêche de se décomposer en plusieurs reconnaissances s'il a l'espoir d'obtenir ainsi un meilleur rendement.

Le gros de notre cavalerie, par le fait même qu'il est plus considérable, n'a pas l'indépendance, la mobilité des reconnaissances ou des détachements : il constitue d'ailleurs une force réservée pour secourir ces deux derniers éléments s'ils sont impuissants, c'est-à-dire une masse de cavaliers qui doit demeurer intacte, au moral comme au physique.

Son moral demeurera intact, il s'accroîtra même si elle manœuvre de manière à imposer le combat à l'ennemi au point et à l'heure qui lui plaira. Besogne du chef. Confiance de tous en son habileté et sa valeur.

Son physique demeurera intact si des fatigues inutiles ne lui sont pas imposées, si, malgré l'ennemi, elle exécute dans le calme ce que son chef aura voulu.

Les mesures à prendre dans ce double but sont englobées sous le nom de sûreté.

1re *hypothèse*. — Nous sommes très loin de l'ennemi; à une distance telle qu'aucun de ses éléments ne puisse inquiéter notre marche d'aujourd'hui, ni nos cantonnements de ce soir.

Quelles mesures prendre?

Aucun danger; c'est le temps de paix. Tous les efforts tendront à diminuer la fatigue des hommes et des chevaux. On marchera sur une ou plusieurs routes, en colonne par 2 ou par 4; des distances seront prises entre les unités pour éviter la poussière, les à-coups dans la marche.

En alternant le pas et le trot, les colonnes de cavalerie parcourront ainsi de 6 à 9 kilomètres à l'heure; l'étape moyenne oscille entre 25 et 35 kilomètres.

A l'arrivée au gîte, les chevaux sont répartis dans les écuries, les hangars, les remises; les hommes couchent à proximité des chevaux.

2e *hypothèse*. — Notre marche d'aujourd'hui nous conduit dans une zone où l'ennemi peut nous inquiéter.

Quel ennemi? Probablement celui qui a marché le plus vite, celui qui renseigne. C'est de la cavalerie qui est à craindre.

A craindre? « Nous ne craignons qu'une chose, c'est que le ciel ne nous tombe sur la tête », disaient nos pères. « L'ennemi peut nous atteindre? » Et nous, ne l'atteindrons-nous pas? « Je ne désire rien tant qu'une grande bataille », écrit Napoléon. Quel bonheur si notre mission exige que nous passions au travers de l'ennemi! Mais nous n'avons pas le droit d'aller le chercher; nous sommes rivés à notre mission, qui est de renseigner.

Espérons cependant que l'ennemi se présentera, car nous voulons le battre.

Que faut-il pour cela ? Etre plus fort que lui ; avoir, avant lui, toutes nos forces rassemblées et les précipiter d'un seul élan. Rassemblons donc nos forces et marchons en formation de combat dans la direction fixée par notre mission. Si l'ennemi nous gêne, nous lui passerons sur le corps.

Mais, si nous ne le rencontrons pas, notre marche va être bien pénible et fatigante pour cette masse de cavaliers assujettis à marcher presque en ligne pour taper tous ensemble, c'est-à-dire à marcher en dehors des routes, à travers pays ! Que de forces perdues avant le moment décisif. Or, à la guerre, « il faut plus d'habileté souvent pour rendre des forces à sa troupe que pour les user », a écrit de Brack.

Ne pourrions-nous pas marcher sur la route, si nous étions prévenus de la présence de l'ennemi assez à l'avance pour avoir le temps de prendre nos dispositions de combat ?

Essayons ce moyen ; entourons-nous de renseignements en avant et sur nos flancs ; lançons des reconnaissances, des patrouilles, à une distance telle que nous ayons le temps de rassembler toutes nos forces sur le terrain qui nous conviendra entre le moment où nous recevrons le renseignement et celui où l'ennemi sera à notre portée.

Doublons ce réseau d'avertisseurs par des tampons interposés entre l'ennemi et nous : avant-gardes, flancs-gardes, puis avançons sans crainte, mais prudemment, car il faut qu'à tout instant la queue de la colonne puisse serrer sur la tête pour constituer ce râteau colossal dont le déclanchement balaiera l'ennemi (fig. 7).

A cet effet, plus de distances ; réduction de la longueur de la colonne ; le plus grand ordre ; les impedimenta rejetés loin en arrière. Plus de liberté dans les allures ; la marche d'un seul bloc, quelle que soit la fatigue résultante.

De la sorte, nous serons prêts à attaquer quand il le faudra.

A attaquer ?... Je dis bien. Notre force réside dans la terreur produite, par la menace du choc, impression d'autant plus puissante qu'elle est plus imprévue.

Fonçons donc sur l'ennemi de toute la vitesse de nos chevaux, avant qu'il ait pu prendre son élan pour fondre sur nous. Réduisons-le à se défendre presque sur place, car la cavalerie est impropre à ce service. Quand elle est acculée à cette nécessité, elle renvoie ses chevaux, saisit ses carabines et fait de son mieux pour imiter l'infanterie.

Eclairée et gardée comme elle l'est, notre colonne de cavalerie marchant sur la route dépense le minimum de forces ; néanmoins, la fatigue, la nuit, vont nous imposer l'arrêt et la réparation des forces usées.

Réparer ses forces, c'est desseller et panser les chevaux, boire, manger et dormir, toutes fonctions qui exigent du temps. Et, pendant ce temps, on ne sera pas prêt à attaquer.

Comment gagner l'heure nécessaire pour remonter à cheval et prendre du champ ?

Nous obtiendrons ce résultat en nous faisant prévenir assez tôt de l'arrivée de l'ennemi, et en retardant sa marche.

Encore des reconnaissances et patrouilles, avertisseurs veillant au loin sur notre sommeil, doublées par des éléments envoyés sur les points de passage obligés de l'ennemi, ponts, défilés, qu'il est facile de défendre quelques instants, à coups de fusil, contre un ennemi bien supérieur. Forcé d'attaquer ou de faire un détour, l'ennemi sera retardé dans sa marche. A nous de calculer le nombre de fusils nécessaires pour que le retard soit suffisant.

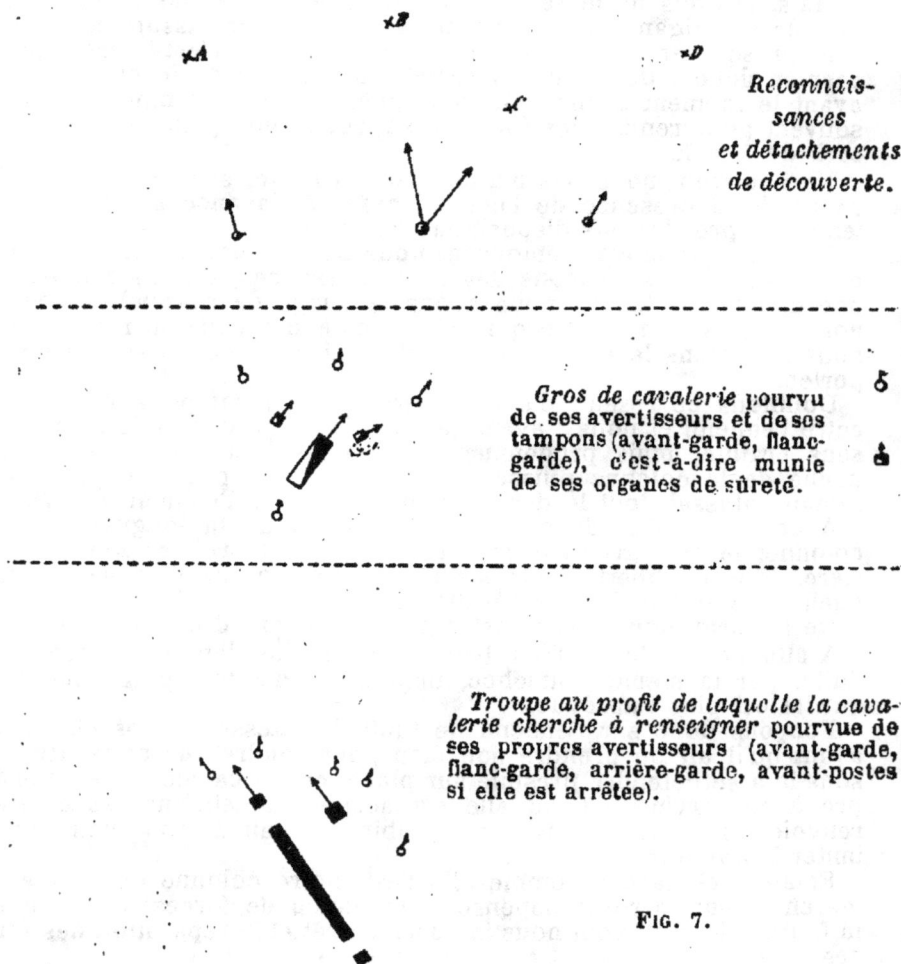

*Reconnaissances et détachements de découverte.*

*Gros de cavalerie* pourvu de ses avertisseurs et de ses tampons (avant-garde, flanc-garde), c'est-à-dire munie de ses organes de sûreté.

*Troupe au profit de laquelle la cavalerie cherche à renseigner* pourvue de ses propres avertisseurs (avant-garde, flanc-garde, arrière-garde, avant-postes si elle est arrêtée).

Fig. 7.

Enfin, pour plus de sécurité, barricadons l'accès des villages qui nous abritent, et faisons garder ces barricades par l'unité la plus rapprochée. Quelques coups de fusil rendront l'ennemi plus circonspect.

S'il n'y a pas de villages dont on puisse disposer, on s'installera en plein champ, près de l'eau, dans un endroit difficilement accessible pour l'ennemi, hors des vues et des grandes routes. On tendra les cordes à fourrages dont sont munis les cavaliers; à ces cordes seront attachés les chevaux. En arrière, les selles; derrière les selles, les cavaliers reposeront. Mais, dans ces conditions, le repos est peu réparateur pour les hommes et les chevaux; le meilleur bivouac ne vaut pas le plus mauvais cantonnement.

3ᵉ *hypothèse*. — L'ennemi signalé à proximité nous gêne dans notre mission.

Il faut l'atteindre et le battre.

Le combat faisant l'objet du chapitre suivant, nous n'envisagerons ici que son résultat.

Battus, nos unités dispersées ont disparu à l'horizon; plus de masse pour frapper. Notre confiance, notre cohésion, notre résolution ont sombré dans le désastre, et avec elles l'espoir de remplir la mission qui nous était confiée. Désormais le chef des troupes est aveugle; il marche à l'aventure, observé de toutes parts par nos vainqueurs, auxquels n'échappe ni un de nos mouvements, ni un de nos secrets.

Vainqueurs, nous revenons à notre mission primitive, à la recherche des renseignements.

Cette cavalerie ennemie, qui rendait la tâche si ardue à nos premières reconnaissances, nous l'avons battue; ses chefs lui promettaient la victoire, elle est dispersée; à sa confiante conviction a succédé un profond découragement.

Nos cavaliers, au contraire, sont grisés par leur succès. Désormais plus d'appréhension, plus d'impossibilité pour eux; ils attaqueront dix contre cent, sûrs du succès; ils feront des prodiges dignes de leurs aïeux du premier Empire : dans leurs rangs vont se révéler de nouveaux Curély et de nouveaux Lasalle.

Au travail donc! Allons chercher les réponses aux questions posées naguère. Et, tandis qu'une partie de nos troupe achèvera l'œuvre du combat par une poursuite opiniâtre, de nouvelles reconnaissances, de nouveaux détachements vont aller chercher les renseignements que nous n'avons encore pu obtenir. Derrière eux, à une allure plus modérée, suivra le reste de la cavalerie, toujours pourvue de ses avertisseurs et de ses tampons.

Une nouvelle phase commence, celle des résultats.

Devant nous le terrain est presque libre; les détachements de cavalerie ennemie n'osent plus affronter le combat; ils se replient, cherchant la protection de leur infanterie.

Et déjà arrivent des renseignements. Ce sont nos éléments de découverte qui ne peuvent atteindre les points A, B, C, D qui leur étaient fixés. Sur les points A', B', C', D', ils sont reçus à coups de fusil; ils essaient bien de passer, mais réussiront-ils? (fig. 8).

A', B', C', D' occupés, voilà des renseignements précieux pour le chef de la troupe au profit duquel nous opérons! N'est-ce pas en ces points que l'ennemi a placé ses tampons, avant-gardes, avant-postes, sur la ligne desquels nous arrivons? N'est-ce pas son contour apparent?

Cette ligne franchie, les masses nous apparaîtront au grand jour; nous pourrons voir, compter, rendre compte.

Mais pourrons-nous la franchir de force avec notre seule cavalerie? Il n'y faut pas compter. Rusons. Cherchons le trou qui se produit toujours par moments à la suite de fatigues, de fautes dans les ordres donnés, de fautes dans leur exécution. Sondons, scrutons partout.

Utilisons notre mobilité et l'ascendant moral que nous avons su prendre par le combat. Multiplions les reconnaissances; poussons des pointes en tous lieux, à propos et hors de propos; accrochons-nous à cet ennemi sans le perdre de vue; bourdonnons à ses oreilles; fusillons-le par-ci, canonnons par-là, menaçons d'un choc ailleurs; harcelons-le sans cesse en restant hors de portée; énervons-le par de continuelles alertes; fatiguons sa surveillance; émoussons sa sensibilité par notre activité.

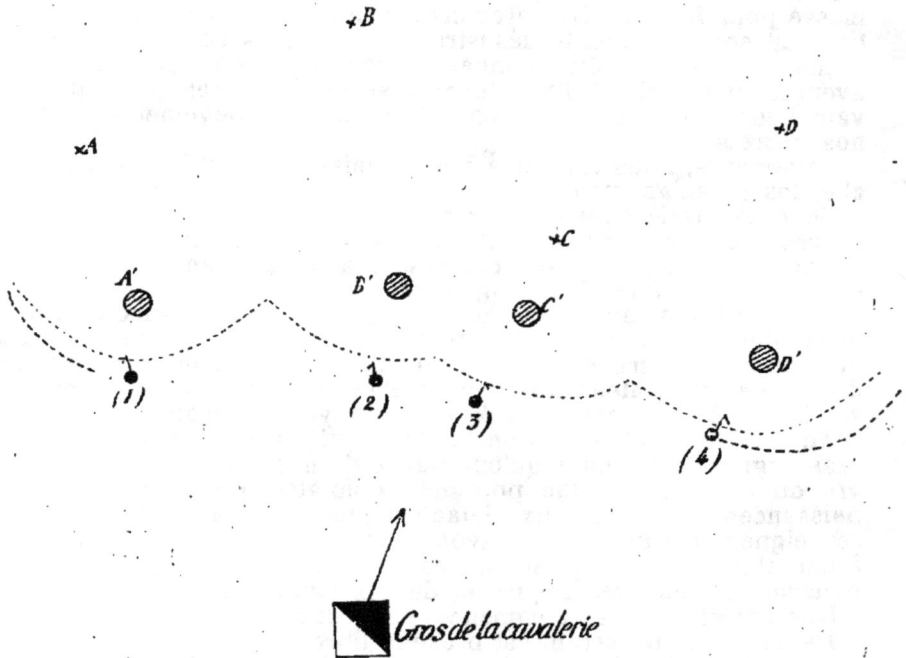

FIG. 8.

Les organes légers envoyés aux renseignements arrivent aux premières lignes de l'ennemi, qu'ils ne peuvent franchir, pour atteindre A, B, C, D.

(1) pourra peut-être atteindre A en contournant A' ⎫ Mais ces points A' et D'
(4)        —              D   —           D' ⎬ sont-ils les limites de la
                                            ⎭ zone que garde l'ennemi?
Mais (2) et (3) ne peuvent y songer. Le détour serait trop grand.
Le gros de la cavalerie va chercher à leur ouvrir le passage.

Des occasions naîtront où, profitant du moindre terrain libre, nous pourrons pousser des yeux jusqu'au cœur de l'ennemi. Ce sont ces yeux qui verront, qui compteront, qui fourniront les renseignements que le chef des troupes a demandés à sa cavalerie.

Mais voir n'est rien : il faut encore rendre compte, écrire et faire porter le rapport de reconnaissance. Il n'existe pas d'autre moyen pratique que des estafettes utilisant des chemins différents, ou quelquefois des pigeons voyageurs dont l'officier a été muni au départ.

Ces estafettes atteindront-elles en temps utile le chef des troupes ? Que va devenir un cavalier seul, en pays inconnu, hors des routes qui fourmillent d'ennemis, lorsqu'il devra traverser, au retour, les dangers évités à grand'peine une première fois ?

Ces pigeons voyageurs arriveront-ils sans encombre au colombier lointain, d'où le renseignement sera télégraphié ? Possible pour une armée qui dispose de lignes télégraphiques. Impossible pour un détachement même important.

L'expérience a montré que, si les reconnaissances voient quelquefois, les renseignements arrivent bien rarement en temps utile. Aussi, le plus souvent, les adversaires en sont venus aux mains avant de s'être reconnus. Le combat seulement permet à chacun de deviner les forces auxquelles il s'est heurté. « Pour reconnaître une armée, il faut une armée. »

La télégraphie, ou téléphonie, sans fil, encore dans l'enfance, donnera peut-être plus tard de nouveaux moyens de transmission rapide des renseignements. En tout cas, l'aéroplane, qui méprise les périls terrestres, qui peut remplir à la fois les rôles de transporteur rapide, d'observateur clairvoyant, d'estafette imprenable, est appelé dès aujourd'hui à assurer la dernière partie de la mission de la cavalerie, celle qui consiste à franchir les premières lignes de l'ennemi et à dévoiler le secret de ses mouvements.

## II

### La cavalerie combat.

Dans la recherche de nos renseignements, nous pouvons rencontrer de la cavalerie, de l'infanterie, de l'artillerie.

Ennemis différents que nous combattrons par des procédés différents.

### Combat contre la cavalerie.

Ici, nous combattons à armes égales ; comme nous, l'ennemi se servira de la vitesse de ses chevaux, de ses lances et de ses sabres. A celui des adversaires qui en fera le meilleur usage appartiendra la victoire.

Galopons donc plus vite que lui et, pour taper tous ensemble, formons-nous en ligne épaisse, en muraille hérissée de pointes, impétueusement lancée, au choc de laquelle rien ne doit résister.

Aussi, dès que l'ennemi nous est signalé à proximité, abandonnons la route qui ne permet pas de surgir à l'improviste d'une direction imprévue ; prenons à travers terrain, en formation dense mais souple (1), pour pouvoir passer partout ; puis, à mesure que la distance se réduit entre l'ennemi et nous, réduisons la longueur de notre colonne en la coupant en morceaux marchant parallèlement, à la même hauteur, avec ou sans intervalles ; détaillons-la en nombreuses petites colonnes si courtes que quelques foulées de galop suffiront pour mettre leurs queues à hauteur de leurs têtes et

(1) Par exemple : en colonne de pelotons.

former ainsi la ligne de bataille pour le moment suprême (1) (voir plus loin les formations de la cavalerie).

Nous sommes prêts à combattre. Les colonnes s'avanceront ainsi par des cheminements reconnus d'avance, à l'abri du tir de l'artillerie ennemie qu'il faut toujours craindre, environnées d'éléments légers (patrouilles de combat, escadrons de sûreté) dont la présence à nos côtés évitera pour nous-mêmes la surprise que nous ménageons à l'ennemi.

Puis, par bonds successifs, elles s'élanceront de couvert à couvert, jusqu'au dernier abri où le déploiement complet sera suivi d'une charge enthousiaste, effrénée, « à tombeau ouvert ». Il faut tout renverser.

Il est rare, affirme l'histoire militaire, que deux murailles de cavaliers se choquent en pleine vitesse. Le plus souvent l'un des adversaires — le moins résolu — hésite et tourne bride. Dans le cas contraire, aucune des lignes ne renverse l'autre. Les difficultés du terrain, les fautes de toute nature inhérentes à la manœuvre en présence de l'ennemi ont pour effet de briser la cohésion théorique des longues lignes de bataille. Les lignes s'incurvent, se fractionnent, s'échelonnent, se resserrent ou s'étendent, présentent des cassures vers lesquelles, instinctivement, les chevaux de l'adversaire emmènent leurs cavaliers. Des coincements se produisent, ralentissant l'élan primitif, changeant sa direction. De toutes parts, on se pénètre, on s'embrouille; c'est la mêlée où chacun attaque et se défend, lutte d'estoc et de taille, en piétinant presque sur place. Il en résulte une cohue indistincte d'amis et d'ennemis, avançant, reculant, tourbillonnant sur le même terrain, sans tendance marquée vers le succès ou l'échec. D'autres causes doivent intervenir pour déterminer la crise, sous forme de nouvelles lignes qui, lancées sur cette masse, détermineront par leur poussée le reflux de l'un des adversaires. Perdant du terrain, cet adversaire se croira battu; de ce fait, il le sera.

De là résulte la nécessité, pour le chef de la cavalerie, de réserver des forces, qu'il lancera personnellement au moment opportun.

Et comme l'adversaire agit dans le même sens, le chef sera conduit à engager ses troupes successivement, avec la volonté bien arrêtée d'avoir encore une réserve quand l'ennemi n'en aura plus.

Attaques et contre-attaques se suivant avec rapidité, telle est donc la physionomie du combat contre la cavalerie.

Il appartient au chef d'avoir un plan d'engagement, sorte de division préconçue du travail dans un but déterminé, à l'accomplissement duquel tendront toutes les forces ensemble ou successivement.

L'adversaire qui cède le terrain est poursuivi avec opiniâtreté. Ne pas le laisser se rallier, compléter sa dispersion et, par suite, son impuissance, telle doit être la pensée de tous. Et, pendant que les uns galoperont à sa suite, l'épée dans les reins, les autres ralliés dans la main du chef suivront de loin les traces des poursuivants, prêts à combattre à nouveau, méthodiquement et avec ordre.

---

(1) Par exemple : la colonne de pelotons sera quadruplée, formant ainsi la masse ou la colonne de masses, suivant l'effectif; la colonne de masses pourra elle-même devenir ligne de masses, avec ou sans distances et intervalles, etc.

## *Combat contre l'infanterie.*

En combattant la cavalerie, nous avons trouvé devant nous un adversaire courageux et loyal, avec lequel nous avons comparé nos forces franchement, dans un duel à armes égales.

Nous faisons face maintenant à un ennemi sournois, innombrable et invisible, qui, sans l'avouer jamais, tremble d'être abordé. Une nappe de plomb jaillit de ses fusils, une grêle de fer tombe de ses canons, une large zone de mort s'étend autour de lui.

Inutile d'essayer de l'atteindre s'il nous attend : ce serait l'hécatombe certaine pour un résultat nul.

Mais, pour qu'il nous attende, il faut qu'il ait été prévenu, ce qui suppose qu'il est bien gardé. A cette condition seule, il pourra « conserver son sang-froid, rester dans la main de ses chefs, faire bon usage de son feu » (Règlement d'infanterie, art. 288).

Or, dans bien des cas, les vieilles troupes de Napoléon, que des années de campagnes avaient habituées à tous les dangers, blasées sur toutes les émotions de la guerre, n'ont su ni se garder ni conserver leur sang-froid.

N'est-il pas logique de penser que les masses européennes actuelles, jeunes, sans expérience, jetées sans préparation en plein drame meurtrier où tout danger est décuplé par l'imagination, aux prises avec la fatigue, les privations, avec la peur qu'inspirent les armes du xx° siècle, seront plus sujettes aux émotions que les grognards de l'Empire? N'est-il pas certain même que bien souvent cette infanterie sera peu ou mal gardée (troupes exténuées, ordres non reçus, mal donnés, mal exécutés), qu'elle perdra son sang-froid d'autant mieux qu'elle sera plus nombreuse et énervée, que parfois même les munitions lui feront défaut, etc.?

Autant d'occasions où l'infanterie sera incapable de se servir de ses armes, où nous pourrons et devrons l'aborder.

Point n'est besoin de masses de cavalerie pour obtenir des résultats incalculables : l'escadron du capitaine Bechtoldshemi a mis en déroute une brigade d'infanterie à Custozza. De petites unités se faufilant dans le terrain, rapides, invisibles, débouchant à l'improviste des couverts avoisinants, surgissant tout à coup de directions diverses, fonçant droit devant elles sur l'objectif le plus proche. Le désordre organisé. Des cavaliers partout pour disperser le tir de l'ennemi, à toute vitesse pour franchir la zone dangereuse avec un minimum de pertes. Des formations diluées d'abord, parce que, moins vulnérables ainsi, elles constituent la cible offerte au feu de l'ennemi. Derrière ce rideau, qui accapare les projectiles plus ou moins compacts, des « lignes » de cavaliers emballés, des hordes déchaînées dans tous les sens, chevauchée fantastique et désordonnée, qui se rue sur tout ce qui tire, qui balaie sous les fers des chevaux tout ce qui essaie de résister. Il faut créer cette impression d'épouvante instinctive, qui transforme en troupeau affolé la troupe la plus vigoureuse; entretenir cette impression par une poursuite sauvage et sans quartier, coupant ce troupeau fuyard de tous les abris où il trouverait protection. Démoralisé et à bout de souffle, le troupeau ne songe plus à se défendre. Il jette ses armes, fuit encore, se désagrège et se rend à discrétion.

*Combat contre l'artillerie.*

De deux choses l'une : ou bien l'artillerie est « en b'atterie », en mesure de se défendre par ses propres moyens; ou bien elle constitue une colonne de voitures en marche ou en station, placée sous la protection de troupes d'autres armes.

Dans ce dernier cas, une attaque contre l'artillerie revient à combattre de l'infanterie ou de la cavalerie, hypothèses déjà envisagées, l'artillerie restant la proie du vainqueur.

Si l'artillerie est en batterie, le succès d'une attaque dépend de la méthode et de la dextérité avec lesquelles l'attaque a été conduite.

L'artillerie à tir rapide actuelle peut, en effet, être considérée comme rivée à l'objectif qui lui a été désigné. Tandis que, derrière la crête protectrice, les exécutants du tir aperçoivent à peine quelques mètres de terrain en avant de leurs pièces, les chefs ont toutes leurs facultés occupées par l'observation de leurs coups et les rectifications du tir. Leur attention est figée sur la mince bande de terrain au-dessus de laquelle planent leurs projectiles; le plus souvent même, le terrain embrassé par leurs regards est encore limité par l'objectif des lunettes, dont ils sont obligés de faire un usage constant. Leur champ de bataille est un détail ; l'ensemble leur échappe.

Que la cavalerie se présente dans l'objectif de la lunette, marchant droit sur les canons aux abords de la bande surveillée, et elle entrera tout à coup dans le barrage meurtrier qu'un seul commandement de l'artilleur peut constituer en avant d'elle et sur sa direction de marche. Elle n'en ressortira pas.

Mais qu'elle vienne au contraire obliquement, hors de cette bande, en s'aidant du terrain, et elle passera inaperçue; si elle est signalée, elle force l'adversaire à déclouer du sol la crosse de ses canons, à les tourner sur place pour les diriger sur elle, à changer le genre de tir, toutes opérations qui exigent du temps et ne seront pas toujours exécutées avec le calme du temps de paix.

On conçoit donc pour la cavalerie la possibilité d'arriver sur les pièces avant d'avoir été décimée par un tir bien réglé. Mais ces pièces ne peuvent fuir comme l'infanterie épouvantée ! A qui s'attaquer?

Après le dernier coup de canon tiré, les servants ont disparu entre les roues de leur matériel; de là, ils fusillent de tous côtés les cavaliers qui tournent autour des pièces cherchant à frapper : le sabre est trop court, la hampe de la lance se brise dans les rayons des roues...

Mettre pied à terre? C'est donner à l'ennemi le temps de se ressaisir et de nous couvrir de mitraille à bout portant ! On ne peut y penser...

Mais si, pendant que les menaces de nos cavaliers maintiennent les artilleurs accroupis sous leurs caissons, d'autres éléments ont pu mettre pied à terre pour venir clouer les servants à leur poste, mettre le matériel hors de service; si d'autres éléments ont pu galoper jusqu'à l'échelon de combat qui se trouve sans défense à quelque distance des batteries, le disperser, l'anéantir, ou même le forcer à venir atteler les pièces, alors l'interruption momentanée du feu obtenue par notre charge sur les pièces se prolongera; la dispersion des avant-trains et de l'échelon supprimera la possibilité du ravitaillement en munitions et des changements de position; leur prise mettra définitivement l'artillerie hors de combat.

Les considérations qui précèdent montrent comment une pareille attaque doit être préparée, de quelle façon la troupe doit être divisée en vue d'obtenir le maximum de rendement.

Tel élément attaquant de front, très dilué pour réduire la vulnérabilité, fixera l'attention des artilleurs ennemis et la position de leurs canons.

Tel autre, se glissant dans le terrain, attaquera de flanc ou à revers, plus considérable que le premier, car il doit fournir une fraction pour forcer les servants à disparaître sous leur matériel, une deuxième pour mettre pied à terre, une troisième pour chercher l'échelon, une quatrième pour servir de réserve prête à tout événement et constituer le noyau de ralliement en cas de revers.

Il ne faut pas se dissimuler qu'une pareille opération réussit rarement, mais les résultats que l'on obtient parfois peuvent avoir sur le sort d'une bataille une influence si considérable, qu'il serait coupable, en prétextant les sacrifices probables, de ne jamais courir les risques d'une attaque contre l'artillerie.

### Combat à pied.

Dans certains terrains impraticables, dans certaines conditions de guerre, il est avantageux pour la cavalerie de combattre à pied.

Dans ce but, elle cache ses chevaux, gardés par quelques cavaliers à pied ou à cheval, surveillés par quelques fractions qui restent à cheval; elle décroche ses carabines et, sans avoir la prétention d'égaler l'infanterie, dont elle n'a ni la mentalité ni le nombre, elle fait de son mieux pour l'imiter.

A pied, le cavalier n'est pas à l'aise; il aime bien tirer des coups de fusil, mais sans trop s'éloigner du cheval sur lequel, tôt ou tard, il faudra remonter et, le plus souvent, dans des circonstances critiques. Il n'est pas toujours facile d'enfourcher rapidement une selle paquetée : le cheval est introuvable au milieu de tant d'autres; il s'agite, impatient de repartir; l'étrier est bien haut, chacun est pressé, des selles tournent! S'il ne se sent pas d'une extraordinaire agilité, le cavalier s'inquiète en pensant à la rupture du combat. De plus, habitué à voir le terrain fuir sous les pas de son cheval, il éprouve au contact du sol la sensation pénible et démesurément grossie du fantassin qui enfonce dans la terre meuble au sortir d'une route soigneusement macadamisée : il lui semble qu'il piétine sur place, qu'il n'avance pas... Ah ! s'il avait son cheval ! Aussi regarde-t-il derrière lui, vers le secours que son cheval lui procurera plus tard... mais il faudra courir le chercher loin derrière, ce secours !

Le fantassin, au contraire, l'attend sur place; il lui vient automatiquement sous la forme de camarades accourant à la rescousse; derrière eux, d'autres encore, parce que derrière il y a le nombre qui permet l'effort incessamment renouvelé, l'opiniâtreté d'une poussée lente et continue.

Dans la cavalerie, le nombre n'existe pas.

Un régiment de 600 hommes fournira rarement plus de 350 à 400

cavaliers à pied, défalcation faite des unités employées à la garde
et à la surveillance des chevaux ! Pas tout à fait deux compagnies
d'infanterie ! Comment conserver les ressources nécessaires pour
entretenir un effort incessant?

Aussi ne recherche-t-on pas la poussée lente et continue. On
s'approchera à cheval le plus possible de la position d'où il faudra
tirer; puis, du premier coup, on mettra en ligne tous les fusils pour
produire un maximum d'effet dans un temps minimum.

Si la surprise consécutive à une attaque aussi soudaine ne donne
pas les résultats désirés, on courra se remettre en selle avant que
l'ennemi soit en mesure de riposter, et on prendra du champ pour
se mettre hors de portée et aller tenter ailleurs un nouveau coup
de main.

Dans le cas contraire, les fractions restées à la garde des chevaux entameront la poursuite pendant que les combattants à pied
remonteront à cheval... pour venir poursuivre à leur tour l'avantage qu'ils ont acquis.

Hors le cas de défensive absolue, où la cavalerie saura se faire
tuer sur place comme l'infanterie, telle est la forme générale du
combat à pied.

Il est bien évident que la cavalerie pied à terre peut s'employer
contre cavalerie, infanterie, artillerie; comme elle peut aussi agir
à cheval, le chef de cavalerie dispose, dans toutes les circonstances
de guerre, de deux moyens d'action, le mouvement et le feu. En
employant tantôt l'un, tantôt l'autre, tantôt l'un et l'autre à la fois,
la cavalerie russe a obtenu en Mandchourie des résultats inespérés.

Il est vraisemblable que, dans les guerres de l'avenir, l'historique
de la cavalerie s'enrichira de nouveaux faits d'armes.

### La cavalerie dans la bataille.

La cavalerie ne fait pas la guerre toute seule; si elle est souvent
isolée, c'est que les autres armes ne peuvent pas la suivre; elle y
supplée dans la mesure de ses moyens et s'efforce de coopérer au
but général, qui est la destruction de l'ennemi. Or, ce but est atteint par la bataille générale : il convient donc de rechercher quelle
part aura la cavalerie dans la bataille.

C'est par la supériorité de son feu que l'infanterie peut progres-
ser et gagner les batailles. C'est par la supériorité du mouvement
que la cavalerie obtient des résultats décisifs.

En accolant les deux armes, on forme un tout complet suscepti-
ble de supériorité de feu, de supériorité de mouvement.

Or, c'est le mouvement qui permet de sauter à la gorge de l'adversaire, de le forcer à reculer.

Un premier but à atteindre dans la bataille est donc d'obtenir la
supériorité du feu avec le moindre effectif, en conservant pour le
mouvement un effectif maximum. Une quantité supérieure d'artillerie utilisable sur le champ de bataille permet d'obtenir cette supériorité de feu en économisant les armes de mouvement (infanterie,
cavalerie).

Les trois armes se complètent donc mutuellement.

Voilà pourquoi il faut qu'elles agissent ensemble sur le champ
de bataille ou, suivant le terme consacré, en liaison.

Aussi la cavalerie qui a opéré en avant des troupes refluera-t-elle sur le champ de bataille : la plus grosse partie aux ailes, assurant la sécurité des flancs contre l'enveloppement et les mouvements tournants; le reste, morcelé par petites unités dans les lignes de l'infanterie, épiant l'occasion d'agir pour concourir au but commun.

Plus que jamais, au milieu de la nervosité générale, de la tension exténuante de toutes les facultés, de l'hébétement qui en résulte, son apparition subite provoquera des crises dont l'infanterie profitera pour gagner du terrain. Mais les occasions sont fugitives et le moment opportun doit être saisi sur le vif. Donc, pas d'ordres à attendre : initiative absolue pour chaque chef partiel. « L'inaction seule est infamante. »

Après l'assaut, c'est elle qui prolongera l'action des feux de l'infanterie en s'acharnant à la poursuite de l'ennemi en retraite. Plus de jour, plus de nuit, plus de repos, plus de sommeil, tant que les chevaux pourront marcher. Et quand ils crèveront, on poursuivra encore avec les chevaux pris à l'ennemi. Sabre à la main, des éperons solides. *Delenda est Carthago.*

Enfin, si la victoire a trahi notre espérance, c'est à la cavalerie que revient le suprême devoir de sauver les autres armes.

Pour arrêter quelques instants l'infanterie triomphante, elle s'offrira à ses coups d'autant plus menaçante qu'elle a fait d'avance le sacrifice de sa vie; pour retarder quelques minutes la cavalerie poursuivante, elle se précipitera à sa rencontre, rage au cœur et sabre au clair. Seule sur le champ de bataille d'où fuient les autres armes, elle fera tête à l'ennemi, décidée à mourir en vendant chèrement sa vie.

Descendants des « Braves Gens » du Calvaire d'Illy, nos cavaliers ne failliront pas à leur devoir; ils attaqueront encore résolument, se rallieront inlassablement pour repartir au combat, recommençant, désespérément, de nouvelles charges, « tant qu'il en restera un ».

### III

Dans les pages qui précèdent, on a exposé les principes de la tactique de cavalerie, ses procédés d'action, sans tenir compte des effectifs à mettre en œuvre.

Il y aura, en France, lorsque la loi des cadres, récemment votée, sera mise en application :

1° Dix divisions de cavalerie;

2° Par corps d'armée : un régiment de cavalerie à six escadrons.

Mais dès l'entrée en campagne, les diverses unités de cavalerie pourront être affectées irrégulièrement aux armées, aux corps d'armée, aux divisions, aux détachements.

Une ou plusieurs divisions de cavalerie constitueront la cavalerie d'une armée.

Telle mission confiée à un détachement des trois armes comportera une grosse quantité de cavalerie; pour telle autre, au contraire, quelques cavaliers suffiront.

Il appartient au chef de proportionner ses exigences aux effectifs dont il dispose, tantôt refusant un combat que l'infériorité de ses forces ne lui permet pas d'affronter, tantôt l'imposant s'il a la certitude du succès.

Mais, quels que soient les effectifs, le rôle de la cavalerie reste toujours le même : renseigner et combattre.

# IV

## Annexe.

### I. — Formations usuelles de la cavalerie (Fig. 9).

L'unité tactique de la cavalerie est l'escadron, qui se compose de quatre pelotons.

Le peloton est constitué par deux rangs de 12 ou 16 cavaliers; il se forme en bataille ou en colonne par 4 (par 2, par 1).

Suivant la disposition respective de ces pelotons les uns par rapport aux autres, l'escadron sera formé en :

A) *Colonne par quatre* (1);

B) *Ligne par quatre* (2);

C) *Colonne de pelotons* (3);

D) *Ligne de bataille* (4), c'est-à-dire que l'escadron dispose des mêmes formations que le peloton, plus la ligne de pelotons par quatre et la colonne de pelotons.

Le groupe, ou demi-régiment, se compose de deux escadrons. Il dispose des mêmes formations que l'escadron, plus (5) la *colonne de demi-régiment* (deux escadrons en colonne de pelotons juxtaposés).

(6) *La ligne de colonnes* (les mêmes escadrons juxtaposés, mais à 64 mètres l'un de l'autre, intervalle de déploiement), la (7) *colonne d'escadrons*, deux escadrons en bataille l'un derrière l'autre.

Le régiment se compose de deux groupes.

Il dispose des mêmes formations que ce dernier, plus (8) *la masse*, juxtaposition de deux groupes en colonne double.

La brigade se compose de deux régiments (quelquefois trois) et d'une section de mitrailleuses.

Elle dispose des mêmes formations, plus :

(9) *La colonne de masses* (deux régiments en masse l'un derrière l'autre);

(10) *La ligne de masses* (deux régiments en masse juxtaposés).

La division de cavalerie se compose de deux ou trois brigades et d'un groupe d'artillerie de deux batteries à cheval.

Elle dispose des mêmes formations, plus :

(11) *La ligne de colonnes de masses* (juxtaposition des brigades en colonne de masses).

(12) *La colonne de lignes de masses* (les brigades l'une derrière l'autre, en ligne de masses).

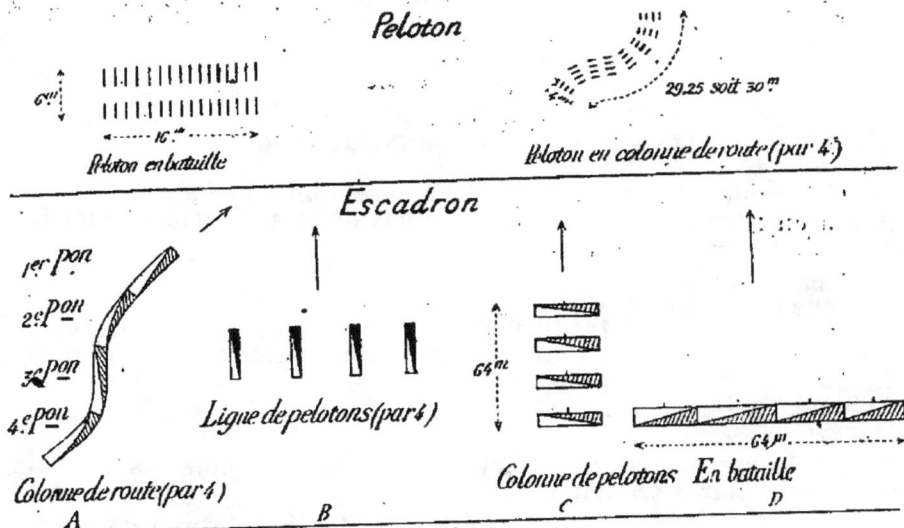

**Peloton**

29,25 soit 30ᵐ

Peloton en bataille

Peloton en colonne de route (par 4)

**Escadron**

1er Pᵒⁿ

2ᵉ Pᵒⁿ

3ᵉ Pᵒⁿ

4ᵉ Pᵒⁿ

Ligne de pelotons (par 4)

64ᵐ

Colonne de pelotons    En bataille

64ᵐ

Colonne de route (par 4)

A    B    C    D

**Groupe ou demi régiment**

FIG. 9.

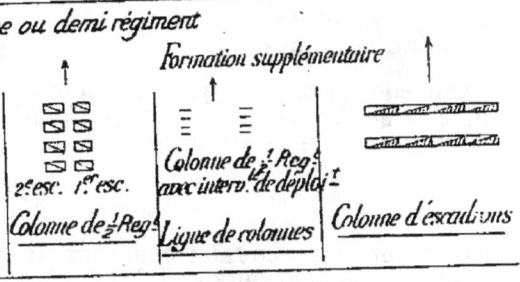

Mêmes formations, mais avec
8 pelotons au lieu de 4 pour :

1 Colonne de route.
2 Ligne par quatre.
3 Colonne de pelotons.
4 Ligne de bataille.

Formation supplémentaire

2ᵉ esc. 1er esc.

Colonne de ½ Rég.ᵗ

Colonne de 1ᵉʳ Rég.ᵗ
avec interv. de déploi.ᵗ

Ligne de colonnes

Colonne d'escadrons

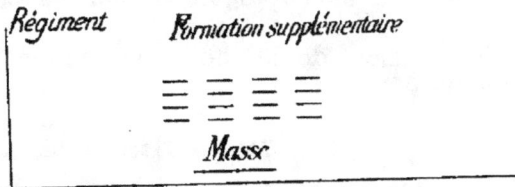

Mêmes formations mais avec
4 escadrons au lieu de 2, c.-à-d. :
1, 2, 3, 4 plus
5 Colonne de 1/2 régiment.
6 Ligne de colonnes.
7 Colonnes d'escadrons.

**Régiment**

Formation supplémentaire

Masse

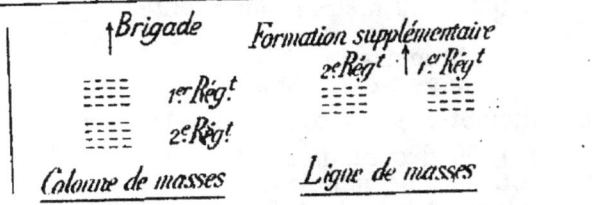

**Brigade**

Formation supplémentaire

2ᵉ Rég.ᵗ 1ᵉʳ Rég.ᵗ

1ᵉʳ Rég.ᵗ

2ᵉ Rég.ᵗ

Mêmes formations.

1, 2, 3, 4, 5, 6, 7.

Colonne de masses

Ligne de masses

**Division**

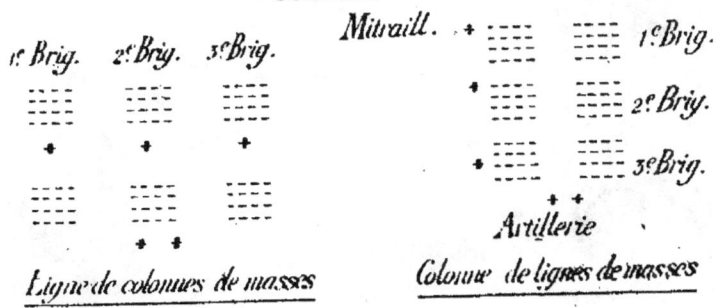

Mitraill.

1ʳᵉ Brig. 2ᵉ Brig. 3ᵉ Brig.

1ᵉ Brig.

2ᵉ Brig.

3ᵉ Brig.

Artillerie

Ligne de colonnes de masses

Colonne de lignes de masses

## II. — Emploi de ces formations.

Sur les routes, la cavalerie marche en colonne par quatre.

A travers champs, vers l'ennemi, la cavalerie se forme suivant le terrain en :

Colonne de pelotons,
Colonne de demi-régiment,
Masse,
Colonne de masses,
Colonne de lignes de masses.
} réduisant ainsi de plus en plus la longueur des colonnes, c'est-à-dire de plus en plus prête à se déployer.

Quand le combat est imminent, la cavalerie emploie les formations préparatoires de combat :

Ligne de pelotons par quatre ou ligne de colonnes.......... } Elle n'a plus besoin que de quelques secondes pour être « en bataille ».

Quand elle n'est plus qu'à quelques centaines de mètres de l'ennemi, elle se forme *en bataille*. Quand elle arrive à 60 mètres de lui, elle pousse ses chevaux au galop le plus vite : c'est la charge.

## III. — Longueur des colonnes.

Les colonnes de cavalerie sur route ont, en chiffres ronds, une longueur en mètres égale à leur effectif en hommes, c'est-à-dire que :

Un régiment de 600 hommes occupe sur la route 600 mètres en colonne par 4.

## IV. — Vitesse des allures.

Pas : 100 à 110 mètres par minute.
Trot : 240 mètres.
Galop : 340 mètres.
Galop allongé : 440 mètres.

Le kilomètre est parcouru par la cavalerie (chiffres ronds) :

Au pas, en dix minutes;
Au trot, en cinq minutes;
Au galop, en trois minutes.

Capitaine POMIER-LAYRARGUE.

# CHAPITRE V.

## TACTIQUE GÉNÉRALE

---

## I

Les quelques notions exposées dans ces pages ne constituent pas un cours de tactique générale; leur but est plus modeste : il consiste simplement à donner, sous une forme aussi concise que possible, les principes essentiels appliqués par les grandes unités pour *marcher, stationner* et *combattre*, principes exposés dans les différents règlements, et notamment dans le *Décret sur le service des armées en campagne*, auquel le lecteur pourra se reporter pour plus de détails.

## II
### Marches.

---

**Différentes marches. — Principes appliqués dans chaque cas.**

Les marches s'exécutent suivant des règles qui varient avec la situation militaire, et notamment avec la distance de l'ennemi.

A ce point de vue, on les distingue en :

Marches loin de l'ennemi, exécutées en toute sécurité;

Marches à proximité de l'ennemi, pendant lesquelles on peut être exposé à une rencontre ;

Marches à l'ennemi en vue d'un combat immédiat.

### 1° *Marches loin de l'ennemi* (1).

Lorsque la marche s'exécute à une distance telle de l'ennemi que toute *rencontre puisse être considérée comme impossible*, on s'attache surtout à faciliter le mouvement des troupes et à diminuer les fatigues.

Les distances entre les éléments sont augmentées de façon à donner plus d'indépendance à la marche des grandes unités.

Les trains régimentaires sont intercalés dans la colonne, en totalité ou en partie, à la suite des unités auxquelles ils appartiennent, de manière à assurer les distributions des vivres et des bagages dès l'arrivée au gîte.

Les convois sont rapprochés de la colonne.

A la fin de la marche, les cantonnements sont échelonnés en profondeur sur la route suivie et à courte distance de part et d'autre

---

(1) Article 62 du Décret sur le service des armées en campagne.

de cette route, de manière à éviter les mouvements latéraux et à permettre pour le lendemain la mise en route presque simultanée de tous les éléments de la colonne.

### 2ᵉ *Marches à proximité de l'ennemi* (1).

Dès qu'en raison de la proximité de l'ennemi, une rencontre devient possible, les troupes marchent dans l'ordre commandé par l'urgence de leur arrivée sur le champ de bataille.

On diminue la profondeur des colonnes en réduisant les distances entre les grandes unités, en utilisant au besoin toute la largeur de la route pour faire marcher les hommes et les voitures.

On rejette en arrière tous les impedimenta : les trains régimentaires marchent groupés à la queue des colonnes, et on peut même, s'il est nécessaire, leur affecter des routes distinctes de celles qui sont suivies par les troupes. Les convois sont maintenus en arrière et on leur fixe une limite qu'ils ne doivent pas dépasser.

A la fin de la marche, la profondeur de la zone des cantonnements est réduite, et étendue en largeur au besoin, de façon que les troupes soient plus concentrées dans la main de leur chef, et, par conséquent, dans une situation plus favorable pour agir en cas d'attaque. Cette disposition des cantonnements permet aussi de multiplier les colonnes, pour la marche du lendemain, si l'on doit marcher à l'ennemi en vue d'un combat immédiat.

### 3ᵉ *Marches à l'ennemi en vue d'un combat immédiat* (2).

Lorsqu'on marche à l'ennemi en vue d'un combat immédiat, toute considération cède le pas à la nécessité de pouvoir s'engager avec tous ses moyens d'action; les troupes doivent, à cet effet, être aussi concentrées que possible dans la main du commandement.

On multiplie les colonnes, en utilisant toutes les voies de communication dont on dispose. Au besoin, on réserve les routes à l'artillerie et aux voitures, et les colonnes d'infanterie suivent à travers champs des pistes reconnues par des officiers d'état-major, et préparées par des détachements de travailleurs.

Si le terrain le permet, les grandes unités peuvent être amenées à marcher à travers champs, en formation de manœuvre.

Les trains régimentaires et les convois sont maintenus ou renvoyés en arrière. Le commandement leur assigne des points de rassemblement, où ils se tiennent prêts à se mettre en route au premier ordre, pour aller ravitailler les troupes dès que les circonstances le permettent.

### Règles générales applicables à toutes les marches.

Si nous essayons maintenant de nous rendre compte de la marche d'une armée, composée par exemple de trois corps d'armée et d'une division de cavalerie quittant sa zone de concentration pour

---

(1) Article 63 du Décret sur le service des armées en campagne.
(2) Article 64 du Décret sur le service des armées en campagne.

marcher contre un ennemi encore éloigné, nous aurons le tableau suivant (voir croquis n° 10).

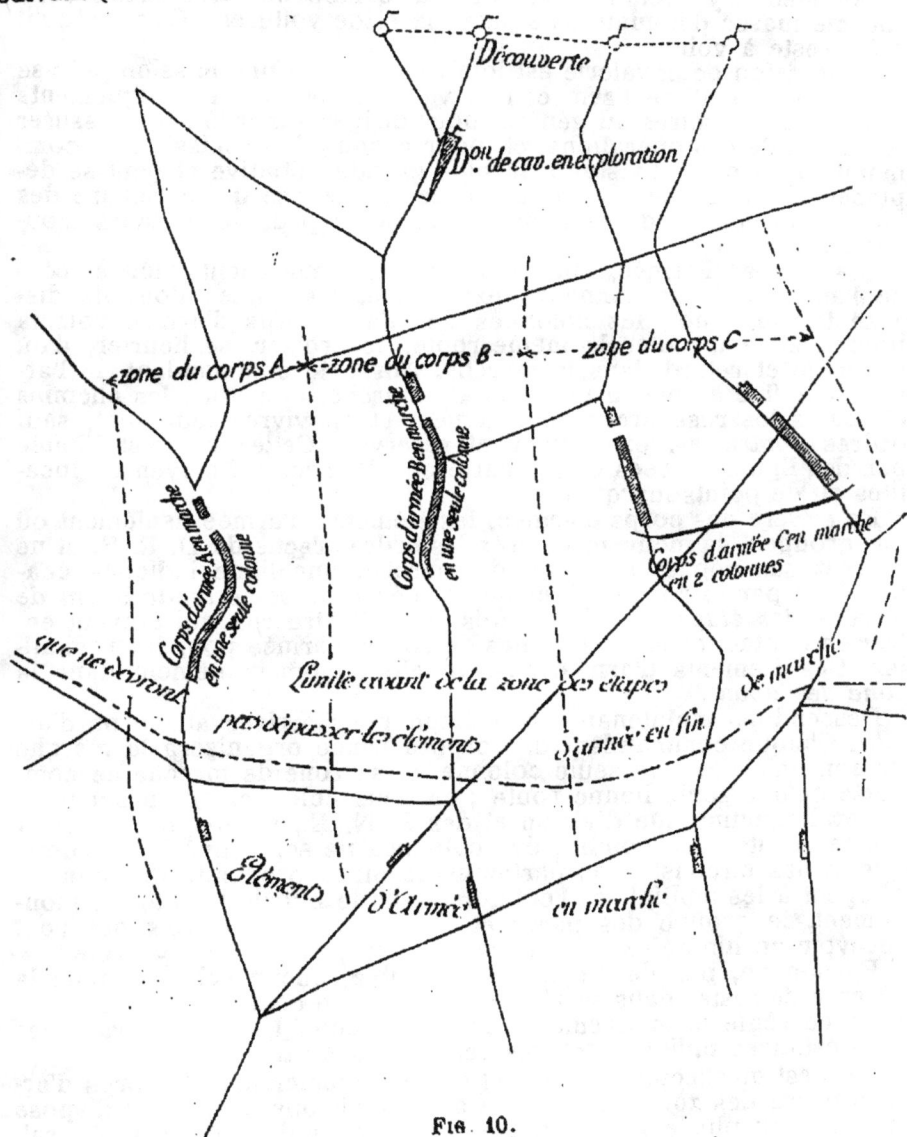

Fig. 10.

En avant de l'armée, ou sur un des flancs, et à une assez grande distance, la division de cavalerie, en exploration; les trois corps d'armée, que nous supposerons marchant l'un à côté de l'autre, l'un d'eux cependant, celui du milieu par exemple, ayant une certaine avance sur les deux autres et constituant ce que l'on appelle l'avant-garde générale de l'armée.

En arrière des corps d'armée, les éléments d'armée.

Comment s'y prendra-t-on pour faire mouvoir avec ordre cette énorme masse d'hommes, de chevaux et de voitures? C'est ce qu'il nous reste à voir.

La division de cavalerie est loin ; elle a reçu une mission précise du commandant de l'armée; elle va chercher les renseignements qui sont nécessaires au général pour diriger ses troupes et assurer le succès de ses opérations; et, pour accomplir sa mission, le commandant de cette division a la plus grande initiative et peut se déplacer en toute liberté. En raison de la distance qui la sépare des corps d'armée, la division de cavalerie ne peut gêner leurs mouvements.

Les corps d'armée, au contraire, qui marchent l'un à côté de l'autre, doivent connaître exactement les routes dont ils disposent; sans quoi, les colonnes des deux corps d'armée voisins pourraient emprunter la même route, se croiser, se heurter, d'où désordre et retard dans la marche. Aussi, le commandant de l'armée leur fixe à chacun une *zone de marche*, dont tous les chemins et toutes les ressources en logement et en vivres leur sont, sauf ordres contraires, exclusivement réservés. Cette zone est limitée par des lignes tracées sur la carte et jalonnées au moyen de localités ou de points marquants.

En arrière des corps d'armée, les éléments d'armée, isolément ou par groupes, se meuvent d'après les ordres reçus du D. E. S. et ne doivent pas dépasser, en fin de marche, une ligne indiquée chaque jour par le commandant de l'armée et appelée *limite avant de la zone des étapes*, sauf toutefois ceux d'entre eux qui doivent entrer en contact avec les organes de corps d'armée pour les ravitailler. Ces éléments d'armée passent alors momentanément dans la *zone de l'avant*.

Descendons maintenant un échelon pour arriver au corps d'armée. Chaque commandant de corps d'armée organisera la marche de son unité, en une seule colonne, si sa zone de marche ne comporte qu'une seule bonne route ; en deux colonnes comprenant en général chacune une division et des E. N. E., s'il dispose de deux bonnes routes. Le nombre des colonnes ne sera supérieur à deux que si des circonstances particulières ou la proximité de l'ennemi obligent à les multiplier. Toutefois, dans le but de faciliter le mouvement, le groupe des parcs et le groupe des convois pourront recevoir un itinéraire particulier, si le réseau routier s'y prête.

En somme, pas de dispositif intangible, aucun schéma; sous la réserve de rester dans sa zone de marche, le commandant de corps d'armée règle le mouvement comme il l'entend, en s'inspirant des circonstances militaires et des ressources du terrain.

Ce n'est qu'exceptionnellement que le commandant de corps d'armée fixera des zones de marche à ses divisions, même s'il dispose de deux ou plusieurs routes pour son corps d'armée. En général, il indiquera le ou les itinéraires, la composition de la colonne ou des colonnes, ordre de marche des éléments, s'il y a lieu, *le point initial* et l'heure à laquelle chaque élément y passera (ainsi que l'itinéraire qu'il suivra pour s'y rendre, s'il y a lieu), ou, si les troupes sont cantonnées en profondeur le long de leur route de marche, l'heure à laquelle la tête de chaque grande unité devra se mettre en marche.

Ces indications, avec des renseignements sur l'ennemi, constituent la substance d'un *ordre de mouvement* de corps d'armée ou de division (1). Dans les marches loin de l'ennemi, on y ajoutera des prescriptions pour le stationnement en fin de marche et pour l'alimentation. Dans le cas où ces dernières prescriptions ne pourraient trouver place dans l'ordre de mouvement, elles feraient l'objet d'un ordre spécial, donné seulement à la fin ou au cours de la marche, et appelé *ordre de stationnement*.

Le corps d'armée en marche présentera l'aspect suivant :

En avant, à une distance plus ou moins grande, qui pourra aller jusqu'à une journée de marche, la brigade de cavalerie, éclairant le corps d'armée dans sa zone de marche, et constituant la *sûreté de première ligne* (2). Cette cavalerie pourra, dans certains cas, être *soutenue* par des détachements d'infanterie et d'artillerie.

En arrière, l'avant-garde (ou les avant-gardes s'il y a plusieurs colonnes), composée de la majeure partie de la cavalerie divisionnaire, d'infanterie, d'artillerie, d'une compagnie du génie.

A une distance pouvant varier de 1 à 2 kilomètres, la colonne (ou les colonnes) de combat, comprenant l'infanterie, l'artillerie, le génie et le train de combat du corps d'armée, suivis chacun, loin de l'ennemi, de leur train régimentaire.

Derrière le train de combat, l'arrière-garde, composée, dans une marche en avant, d'une fraction d'infanterie (bataillon pour un corps d'armée) et de quelques cavaliers.

Enfin, à des distances plus ou moins grandes, suivant les circonstances :

Le groupe des parcs;
Les trains régimentaires, s'il y a lieu;
Le groupe des convois.

Un corps d'armée d'aile, ou placé dans certaines circonstances, pourra en outre avoir sur son flanc des *flancs-gardes*.

L'avant-garde, l'arrière-garde, les flancs-gardes constituent la *protection immédiate* des colonnes.

Dans une marche en retraite, les impedimenta (convois, trains régimentaires, parcs) sont en avant, et on cherche à les pousser le plus loin possible pour qu'ils n'encombrent pas les routes; l'avant-garde est moins forte que dans une marche en avant et, par contre, l'arrière-garde, qui a pour mission de tenir l'ennemi éloigné du gros de la colonne, a la même composition qu'une avant-garde dans une marche en avant, et peut même être renforcée en artillerie et en cavalerie.

Les croquis nos 11 et 12 donnent des exemples de marches d'un corps d'armée qui ne doivent pas être pris pour des schémas : il n'existe pas de schémas et, seules, les circonstances servent à dé-

---

(1) Dans le cas envisagé ci-dessus, l'ordre d'armée comprendrait, en gros : des renseignements sur l'ennemi, la mission de la cavalerie, les zones de marche, le but ou le point à atteindre en fin de marche. Les ordres d'armée peuvent être donnés pour plusieurs jours.

(2) Les brigades de cavalerie de corps d'armée peuvent être réunies en divisions provisoires qui agissent alors d'après les ordres directs du commandant de l'armée, à moins que ce dernier ne les mette à la disposition d'un commandant de corps d'armée.

Brig. de cav.

8 patrouilles

Distance 20 Km.

Escadron divisionnaire
Pointe d'avant-garde (1er Cie)
Reste d'avant-garde 1er Cie 1 div. 1 Cie du génie
2 Bataillons d'inf.
2 Bataillons d'inf.
1 groupe d'art. div.
1 groupe d'art. div.
1 groupe d'art. div.
1 Bataillon d'inf.
Ambulance

Avant-garde

Gros de l'Avant-garde

Distance
1 Km.500

Etat Major du corps d'armée
Cie du Génie de corps

1 Brig. d'inf.

Quartier Gal du corps d'armée
1 Ambulance
1 groupe div. de brancardiers

Artillerie de corps

Cie du génie de la 2e Don

1 Brigade d'inf.

Artillerie divisionnaire
de la 2e Don

1 Brigade d'inf.

2 Ambulances
1er groupe divisionnaire de bran (?)
1er échelon du Parc d'artillerie

Train de combat

2 Amb.
2 Sections hospitalisation
1er groupe de brancardiers du corps
Batton d'arrière garde

Distance 1 Km.500

2e et 3e échelons du Parc d'art.
Cie de Parc de génie
Cie d'équipage de pont
2 Amb.
4 Sections d'hospitalisation

Groupe
des Parcs

Distance 1 Km.

2 Sections de convoi administratif
Dépot de remonte mobile
Parc de bétail

Groupe
des convois

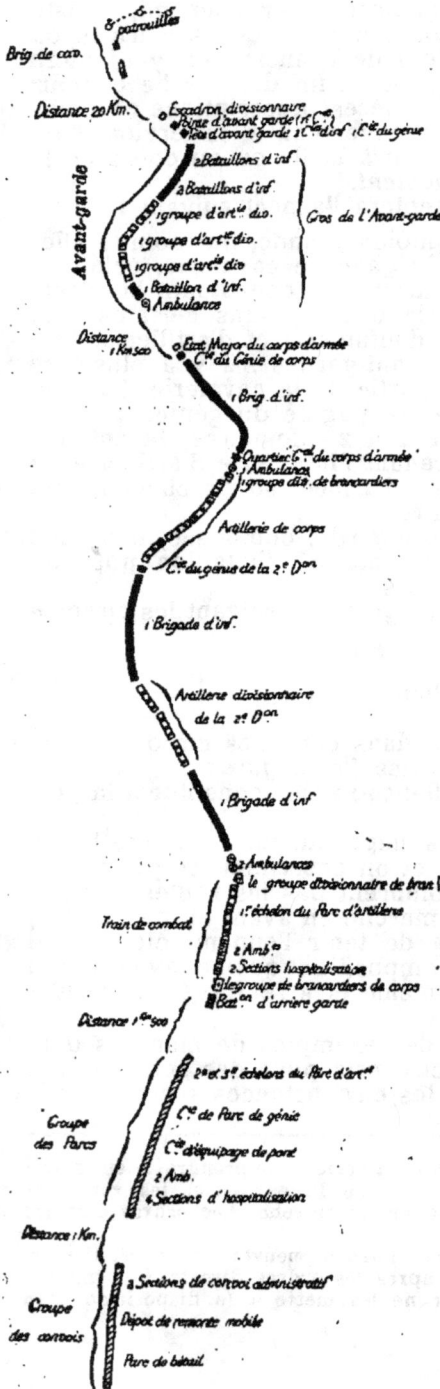

CORPS D'ARMÉE EN MARCHE
SUR UNE SEULE COLONNE.

Longueurs.

Colonne de combat, de
la pointe d'avant-garde
à la queue du bataillon
d'arrière-garde ....... 32 kil.

Groupe des parcs...... 5 kil. 500

Groupe des convois.... 4 kil.
Longueur totale, avec
les distances......... 41 kil. 500

Dans l'exemple donné, on a supposé que les trains régimentaires
marchaient avec leurs corps.

Echelle $\frac{1}{300.000}$ environ.

FIG. 11.

Zone de marche

Brig. de cav.

Distance 10 Km

Esc. div.
Pointe Av.g. (1 Cᵉ)
Tête Av.g. (3 Cᵉ Génie)
État major de la Dᵒⁿ
pons d'inf.
2 Bⁿˢ d'inf. moins 1 Cᵉ

avant-garde

Gros de l'A. N. 6.

2 groupes d'artⁱᵉ div

1 Cⁱᵉ d'inf.
1 amb.
1 groupe de brancardiers

Distance 1 Km 5

État-Major du Corps d'Armée
Cⁱᵉ du Génie du Corps.
1 Batᵒⁿ
1 Groupe d'Artⁱᵉ div

2 Batⁱᵒⁿˢ

2 groupes d'Artⁱᵉ de corps

gros de la colonne

1 Brig. d'inf.
(moins 1 Batᵒⁿ)

2 Groupes d'Art.
de corps

1 Cⁱᵉˢ d'inf.
1 amb.

Train de combat du corps
1ᵉ échelon du Parc d'artⁱᵉ
2 ambulances
2 sections d'hospitᵒⁿ
groupe de branᵈˢ de corps
2 Cⁱᵉˢ d'arrière-garde

Trains régⁿᵉˢ
et troupeau de ravⁿᵗ
sous les ordres du
vaguemestre de la Dᵒⁿ
2500 ᵐ

Groupe
des convois

Esc. div.
Pointe Av.g. (1 Cᵉ)
Tête d'Av.g. (3 Cⁱᵉˢ d'inf. et 1 Cⁱᵉ du Génie)
État major de la Dᵒⁿ
2 Bᵒⁿˢ d'inf. (moins 1 Cⁱᵉ)
1 Groupe d'artⁱᵉ div.
1 Cⁱᵉ d'inf.
1 amb.
1 Groupe div. de brancardiers

Distance 1 Km 2

1 Régᵗ d'inf.

2 groupes d'artillerie div.

1 Brig. d'inf.
moins 2 Cⁱᵉˢ

1 amb.
2 Cⁱᵉˢ d'arrière-garde

Groupe des Parcs
2ᵉ et 3ᵉ échelons du Parc d'artⁱᵉ
Cⁱᵉ du Parc du Génie
Cⁱᵉ d'équipage des ponts
2 Ambulances
4 Sections d'hospitalisation

QG de la Dᵒⁿ

Trains régimentaires
y compris ceux du groupe
des parcs et troupeau de
ravit. sous les ordres du
vaguemestre de la Dᵒⁿ

Longueur
2000 ᵐ

QG. du Corps et
de la Dᵒⁿ

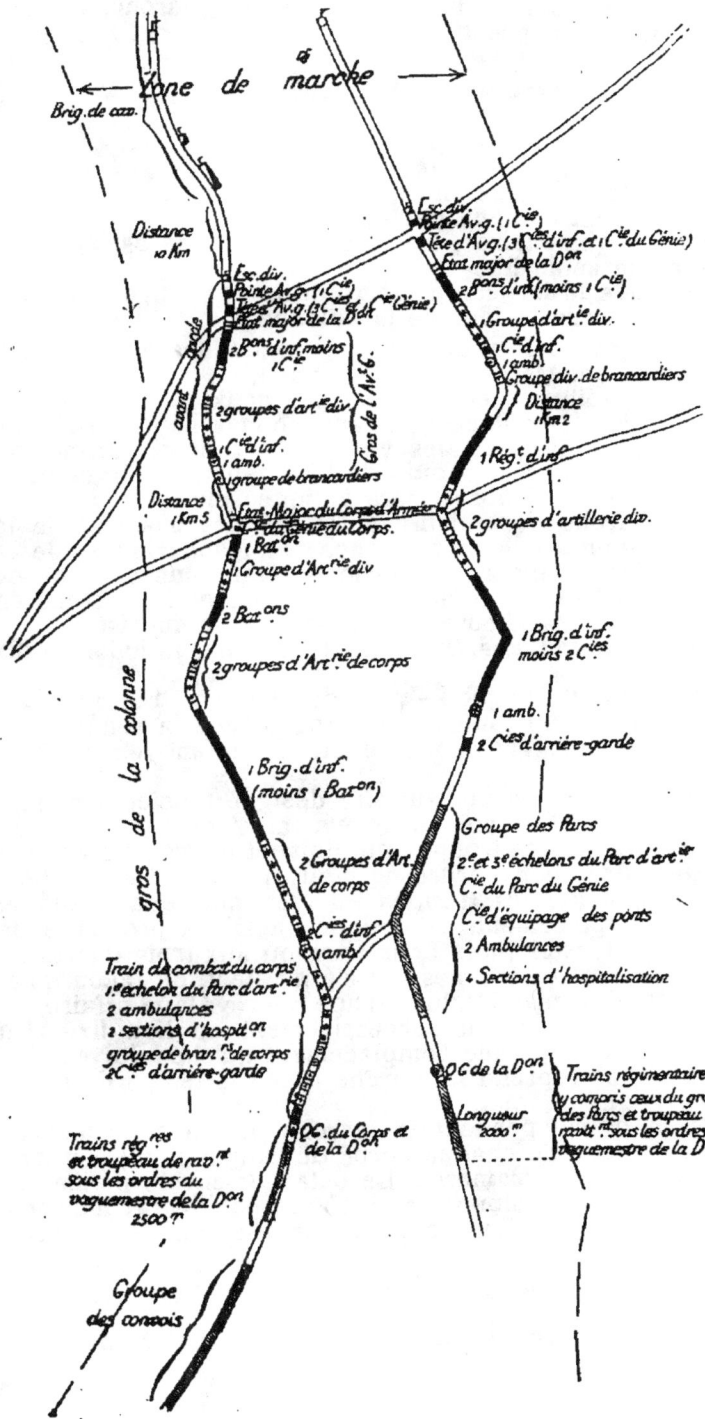

FIG. 12. — CORPS D'ARMÉE EN MARCHE SUR DEUX COLONNES. (Échelle au 1/100.000ᵉ environ.)

Longueurs des colonnes de combat (non compris les T. R. parcs et convois).

Colonne de gauche .................. 20 km. 500    Colonne de droite .................. 13 km.

Dans les T. R. on a supposé que les deux sections et les sections de réserve étaient dans la colonne. En général une des sections des T. R. sera au ravitaillement à la G. Rav., ou dans un centre de ravitaillement, ce qui réduira la longueur de la colonne de moitié environ.

terminer, dans chaque cas particulier, l'ordre de marche, les distances, les précautions à prendre, etc.

### Exécution de la marche.

La marche s'exécute :

Pour l'infanterie, en colonne par 4;

Pour l'artillerie, les voitures en une seule file;

Pour la cavalerie, en colonne par 4;

Pour les trains régimentaires, trains de combat, parcs, convois, les voitures sur une seule file.

Cependant, lorsque la largeur de la route le permet, et qu'il y a intérêt à diminuer la profondeur de la colonne :

L'infanterie peut marcher en colonne par escouades ou par demi-sections, à distance entière ou à demi-distance;

L'artillerie et les voitures, en colonne par deux.

Une colonne qui serait organisée, l'infanterie marchant en colonne par escouades à demi-distance, les voitures par deux, aurait une longueur totale inférieure à la moitié de la longueur de la colonne ordinaire ; l'utilité de ce dispositif sera indiquée plus loin.

La vitesse de marche dépend de la fatigue des troupes, de la longueur de la colonne, des circonstances atmosphériques, de la nature des routes. Elle s'établit d'elle-même. Dans une colonne de toutes armes, cette vitesse est celle de l'infanterie et on l'estime en moyenne à 4 kilomètres à l'heure, haltes horaires comprises.

Toutes les cinquante minutes, en effet, il est fait une halte de dix minutes.

Lorsque la marche est longue — plus de 24 kilomètres en général — si la température ou toute autre circonstance la rendent nécessaire, il est fait une grand'halte, d'une durée moyenne d'une heure.

Dans les longues colonnes, il peut être désigné plusieurs emplacements de grand'halte. Ces emplacements, ainsi que la durée de la halte et la désignation des troupes qui doivent s'arrêter à chaque emplacement, sont fixés par l'ordre de mouvement.

Pendant la grand'halte, les troupes mangent un repas froid et font le café. Les emplacements sont donc choisis à proximité de l'eau et, autant que possible, aux deux tiers ou aux trois quarts du chemin à parcourir par les troupes qui s'y arrêtent, de façon qu'après la grand'halte elles n'aient plus qu'une courte étape à faire.

Les unités désignées arrivent successivement au lieu fixé. Un officier d'état-major leur indique l'emplacement qu'elles doivent occuper. Chacune d'elles reprend la marche après le temps de repos prescrit.

Pour assurer la police pendant la marche, un détachement de police marche à la suite de chaque corps de troupe et a pour mission de faire rejoindre les traînards. Le détachement de police qui marche le dernier dans la colonne est renforcé par des gendarmes; il visite les localités traversées, arrête les maraudeurs et les traînards.

### Marches forcées.

Lorsqu'il y a lieu, en raison de la situation militaire, de hâter l'arrivée des colonnes, les troupes exécutent des marches forcées pendant lesquelles le mouvement se continue nuit et jour.

La durée de ces marches ne peut, en général, être prolongée au-delà de trente-six heures. On fait alterner, s'il y a lieu, des périodes de mouvement comportant elles-mêmes des haltes horaires et des grand'haltes, avec des longs repos d'au moins trois heures, pendant lesquels les troupes peuvent manger et dormir. Ces longs repos sont organisés d'après les mêmes principes que les grand'haltes.

### Marches de nuit.

Les marches de nuit imposent aux troupes des fatigues exceptionnelles. Néanmoins, il est souvent nécessaire d'y avoir recours, soit pour l'exécution de marches forcées, soit en raison d'autres circonstances, telles que l'obligation de dissimuler ses mouvements à l'ennemi. La puissance de l'armement moderne obligera de plus en plus à employer les marches de nuit pour l'exécution des marches d'approche, dans la zone efficace du feu de l'artillerie et même de l'infanterie. On pourra ainsi se trouver, au lever du jour, sans avoir subi de pertes, à courte distance de l'ennemi.

Dans les marches de nuit, on doit prendre toutes les mesures qui peuvent assurer la régularité du mouvement dans la direction prescrite : des guides sont attachés aux principaux éléments, les distances sont diminuées, afin de faciliter les liaisons, des gradés jalonnent la route à suivre et sont relevés successivement par les divers corps.

## III
### Le stationnement.

### Généralités.

Les divers modes de stationnement en campagne sont :

Le cantonnement ;
Le bivouac;
Les camps.

Ce dernier mode de stationnement est exceptionnel et ne s'applique qu'à des cas spéciaux : troupes baraquées occupant un territoire, troupes investissant une place forte, etc. Nous ne nous en occuperons pas.

Le cantonnement est le mode normal de stationnement en campagne.

Le bivouac, en raison des inconvénients qu'il présente pour la santé des troupes, ne doit être employé que si la situation militaire l'exige ou s'il y a lieu de concentrer des effectifs considérables dans une zone déterminée dont les ressources ne permettent pas de cantonner la totalité des troupes.

### Cantonnement.

Le cantonnement est l'installation d'une troupe dans un lieu habité. On peut utiliser, pour abriter les hommes et les animaux, toute la superficie couverte, à condition toutefois de ne jamais déloger les habitants de la chambre et du lit où ils ont l'habitude de coucher.

## Préparation du cantonnement. — Campement.

Pour qu'une troupe puisse s'établir sans désordre dans une localité, il est indispensable que son installation soit préparée avant qu'elle y pénètre.

Cette préparation incombe à un personnel, réuni sous le commandement d'un officier, et qu'on appelle *campement*.

La composition de ce campement est donnée par les règlements spéciaux à chaque arme ou service. En principe, le campement se compose :

Pour un régiment d'infanterie, d'un officier, d'un adjudant par bataillon et, par compagnie, du fourrier, d'un caporal et de deux soldats;

Pour un régiment de cavalerie, un groupe de batteries, d'un officier, d'un adjudant et, par escadron ou batterie, d'un brigadier et de deux soldats;

Pour un quartier général, pour les services, pour les éléments d'armée ou de corps d'armée, d'un officier assisté d'un ou plusieurs soldats.

Les campements sont, en outre, renforcés par les fractions (sections, pelotons, demi-sections, escouades) destinées à constituer *les gardes de police* du cantonnement, dont nous verrons plus loin l'utilité.

Lorsque plusieurs corps de troupe ou services doivent être concentrés dans un même cantonnement, l'ensemble des campements est commandé par l'officier le plus ancien dans le grade le plus élevé. Toutefois, si un quartier général fait partie des troupes réunies dans le cantonnement, le commandement appartient, à grade égal, à l'officier d'état-major qui commande le campement du quartier général.

Les campements doivent arriver dans la localité à occuper avant les troupes; le desideratum que l'on ne pourra pas toujours réaliser est que le campement ait terminé la préparation avant l'arrivée de la troupe, de façon à lui éviter une attente énervante à la porte de son cantonnement.

En pays absolument sûr et très loin de l'ennemi, les campements pourront être envoyés à l'avance; en pays hostile, ou à proximité de l'ennemi, les cantonnements opéreront sous la protection de l'avant-garde et pourront par conséquent marcher groupés derrière elle. Toutefois, dans les longues colonnes — une colonne de corps d'armée par exemple — les campements des premières unités de la colonne, seuls, marcheront derrière l'avant-garde; ceux des unités suivantes marcheront groupés en tête de cette unité (1).

_____

(1) Exemple : Dans la colonne représentée par le croquis n° 11, les campements de la division de tête et de l'artillerie de corps pourraient marcher derrière l'avant-garde; ceux de la 2ᵉ division, en tête de cette division; ceux du train de combat, en tête de ce groupe; ceux du groupe des parcs et du groupe des convois, en tête du groupe des parcs.

Si une rencontre avec l'ennemi est possible, les cantonnements ne pourront être indiqués d'avance, et les campements resteront avec leurs unités. Dans ce cas, ils seront envoyés lorsque les circonstances le permettront, d'après les ordres du commandement, en général dès que l'*ordre de stationnement* sera donné. Il en sera de même, *a fortiori*, en cas de rencontre avec l'ennemi.

### Répartition du cantonnement.

En arrivant dans la localité où le corps de troupe doit cantonner, le campement se rend directement à la mairie. L'officier qui le commande requiert le concours de la municipalité et procède à la répartition du cantonnement, d'après les renseignements qui lui sont donnés et les plans de la localité, en l'explorant rapidement, si cela est nécessaire, et en faisant prendre par ses subordonnés tous les renseignements utiles.

Si plusieurs corps ou services doivent occuper la localité, le chef des campements (plus ancien officier ou officier d'état-major) la répartit entre ces corps ou services. Dans le lot qui lui est attribué, le commandant de chaque campement fait à son tour une répartition entre les unités (bataillons, batteries, escadrons). Les groupes de maisons sont ensuite sous-répartis par les adjudants, fourriers ou gradés, de façon que chaque unité, jusqu'à la plus petite, ait sa part fixée au moment où elle arrivera pour s'installer.

Les règles principales auxquelles doit se conformer tout officier chargé de la préparation d'un cantonnement ou d'une partie de cantonnement sont les suivantes :

Placer, dès son arrivée, des sentinelles aux issues du cantonnement pour intercepter toute communication des habitants avec l'extérieur et empêcher ainsi l'espionnage. C'est surtout dans ce but que la garde de police marche avec le campement.

Assigner à chaque unité ou service un quartier spécial délimité avec le plus grand soin;

Affecter, autant que possible, les deux côtés d'une rue à une même unité;

Etablir les unités montées à proximité des abreuvoirs;

Installer les parcs (voitures dételées et rangées en ordre) soit dans le cantonnement, soit hors du cantonnement, mais toujours hors des rues et des routes;

Loger les états-majors à proximité des locaux leur servant de bureau (en général la mairie).

Le commandant du campement doit aussi :

Fixer l'emplacement de la garde de police, au centre;

Reconnaître ou faire reconnaître les abreuvoirs, ainsi que les endroits où les hommes prendront l'eau et ceux où ils devront laver leur linge;

Faire faire au besoin les travaux nécessaires pour rendre ces endroits facilement abordables.

### Installation au cantonnement.

Cette préparation terminée, le commandant du campement se rend au-devant de la troupe qui, sous aucun prétexte, ne doit entrer au cantonnement avant son retour.

Il communique au commandement, au moyen d'un tableau, les renseignements utiles; le commandement y ajoute ses ordres, puis les unités, guidées par leurs fourriers, se rendent dans les locaux qui leur ont été assignés. Tout se passe ainsi rapidement, avec ordre et méthode.

### Capacité de cantonnement.

Toutes les fois qu'on le peut, on s'efforce de donner aux troupes des cantonnements larges, autrement dit de ne placer que peu de troupes dans une même localité. Les hommes, ayant ainsi plus d'espace, se reposent mieux, sont plus à leur aise pour nettoyer leurs effets, préparer les aliments; il sera plus facile de trouver sur place du bois, de la paille et du foin, des légumes frais, toutes conditions favorables pour réparer les forces et entretenir la vigueur et la santé.

La capacité de cantonnement d'une localité ne dépend pas que du nombre des habitants : la nature des cultures, les occupations des habitants, la richesse du pays, l'époque de l'année la font varier d'une manière sensible.

On peut admettre qu'il est possible de loger 10 hommes par habitant dans les régions agricoles, et 5 à 6 dans les villes et localités industrielles.

Dans les cantonnements-bivouacs dont nous allons parler maintenant, lorsqu'on serre les troupes le plus possible, la capacité d'un cantonnement est augmentée dans des proportions considérables, surtout si le pays contient de grandes propriétés.

*Cantonnement-bivouac.* — Lorsque les ressources en cantonnement sont insuffisantes pour abriter la totalité des troupes, au lieu d'installer une partie en cantonnement, l'autre au bivouac, on a recours au cantonnement-bivouac.

La répartition d'un cantonnement-bivouac se fait comme celle d'un cantonnement ordinaire, c'est-à-dire que, pour un régiment d'infanterie, par exemple, la localité sera répartie entre les bataillons, le lot de chaque bataillon entre les compagnies. Mais, dans une compagnie, la totalité des hommes ne pourra pas être abritée dans les locaux. Ceux-ci seront réservés par le capitaine pour les hommes malades ou fatigués, pour l'installation des cuisines, s'il pleut ou si la température ne permet pas de faire la soupe en plein air. Les hommes pourront ainsi manger, à l'abri, des aliments bien préparés, et c'est déjà beaucoup. Au besoin, les différentes fractions pourront venir successivement s'abriter pour nettoyer leurs armes et leurs effets, et se reposer. Les hommes qui ne pourront trouver place dans les locaux s'installeront dans les cours et les jardins (jamais dans les rues) et pourront, plus facilement que dans un bivouac en pleins champs, se construire des abris au moyen des ressources trouvées dans les maisons. En somme, le cantonnement-bivouac vaut encore mieux que le bivouac.

Mais, en raison de l'accumulation de troupes nombreuses sur un espace restreint, il faut prendre des mesures pour éviter l'encombrement et faciliter la circulation.

Le commandant du cantonnement répartit les abreuvoirs, fontaines et puits entre les différents corps et services.

Des mesures spéciales sont prises pour faciliter les communications, régler la circulation des voitures, éviter les incendies, empêcher les gaspillages d'eau et les exigences illégitimes des hommes vis-à-vis des habitants.

*Cantonnement d'alerte.* — Lorsqu'une troupe cantonne près de l'ennemi, ou qu'il est nécessaire de lui donner le moyen de se préparer à sortir rapidement du cantonnement, on l'installe en cantonnement d'alerte.

Ce mode de cantonnement sera celui des avant-postes; il ne faut pas le confondre avec le cantonnement-bivouac, dans lequel l'accumulation de troupes nombreuses dans une localité est, au contraire, peu favorable à un rassemblement rapide. Le cantonnement-bivouac ne pourra donc être pratiqué que par des troupes couvertes par d'autres troupes, et, dans le cas où il faudrait absolument avoir de grosses unités rassemblées à proximité de l'ennemi, on en sera réduit à employer le bivouac.

Dans les cantonnements d'alerte, au lieu d'utiliser toute la superficie couverte, on emploie de préférence les rez-de-chaussée et on réunit les troupes par fractions constituées dans de grands locaux qu'on éclaire la nuit.

Les portes des habitations occupées sont maintenues ouvertes; au besoin, on pratique des issues supplémentaires. Les rues sont éclairées, la nuit, au moyen des ressources fournies par la municipalité ou requises.

Les hommes couchent tout habillés, prêts à prendre les armes, les cavaliers à côté de leurs chevaux, les officiers au milieu de leur troupe.

Si la situation le comporte, les chevaux peuvent rester sellés et bridés, et être réunis dans les cours, sur les places.

Dans chaque local, un homme est désigné à tour de rôle pour veiller, entretenir la lumière et donner le signal d'alerte.

*Bivouacs.* — Le bivouac est l'installation des troupes en pleins-champs, sous des abris improvisés (branchages, paille, etc.) ou, pour les troupes qui en sont pourvues, sous la petite tente-abri. On y a recours dans les circonstances déjà indiquées.

La disposition des bivouacs est subordonnée à la forme du terrain, à la dimension des espaces libres sur lesquels on veut les établir, et surtout aux exigences tactiques du moment.

Autant que possible, les bivouacs sont établis à l'abri des vues de l'ennemi et sur des terrains secs offrant des débouchés faciles dans toutes les directions, à portée des ressources en eau, en bois et en fourrages.

Lorsque les bois remplissent ces conditions, et que les communications y sont faciles, on peut les utiliser comme emplacement de bivouac; on a ainsi l'avantage de dissimuler la présence de la troupe qui les occupe.

Lorsqu'une grande unité doit bivouaquer (brigade, division), il est préférable de la répartir en plusieurs bivouacs, afin de mieux utiliser le terrain et de faciliter les rassemblements en cas d'alerte.

Le commandement indique d'une manière générale les positions à occuper par le bivouac; les emplacements exacts des bivouacs sont reconnus par les campements.

Ceux-ci opèrent, pour le bivouac, d'après les règles générales déjà données pour les cantonnements.

Ils partent à l'avance.

L'officier qui commande l'ensemble des campements des unités réunies dans un même bivouac répartit le terrain entre les divers corps de troupe et services.

Chaque chef de campement fait jalonner les limites du bivouac qui lui est assigné et détermine, d'après la forme du terrain, la formation de bivouac à employer (en ligne, en colonne), reconnaît les fontaines, abreuvoirs, lavoirs; fait exécuter les travaux d'appropriation nécessaires, puis se porte au-devant de sa troupe. Celle-ci, guidée par le personnel du campement, se porte sur l'emplacement qui lui est assigné et s'y installe.

Les formations de bivouac sont indiquées par les règlements spéciaux à chaque arme ou service.

Les officiers bivouaquent avec leurs troupes.

Autant que possible les quartiers généraux et les ambulances sont établis dans des habitations.

Les quartiers généraux sont installés vers le centre et à proximité des troupes, dans le voisinage des grandes voies de communication.

### Superficie des bivouacs.

Bataillon en colonne double : front, 115 mètres; profondeur, 115 mètres;

Bataillon en ligne de colonnes de compagnies : front, 250 mètres; profondeur, 100 mètres;

Batterie : front, 50 mètres; profondeur, 150 mètres;

Régiment de cavalerie en colonne : front, 240 mètres; profondeur, 180 mètres;

Régiment de cavalerie en bataille : front, 280 mètres; profondeur, 200 mètres.

### Mesures d'ordre et de sécurité dans les cantonnements et bivouacs.

D'une manière générale, les règles contenues dans le règlement sur le service dans les places de guerre et villes de garnison, et dans le service intérieur, sont applicables dans les cantonnements et bivouacs.

Dans tout lieu de stationnement, l'officier le plus élevé en grade prend le titre de *commandant du cantonnement ou bivouac*. Ses attributions sont analogues à celles du commandant d'armes du temps de paix, c'est-à-dire qu'il a la direction des services généraux, de la police, de la surveillance, et, au besoin, de la défense du cantonnement.

Lorsqu'il est du grade de général, et que plusieurs corps ou services sont réunis dans le même cantonnement ou bivouac, il est secondé par un officier supérieur qui prend le nom de *major du cantonnement ou bivouac*.

Chaque corps de troupe a une *garde de police*, placée autant que possible au centre du cantonnement ou du bivouac. Lorsque plusieurs corps sont réunis dans un même cantonnement ou bivouac, la garde de police de l'un d'eux, renforcée au besoin, est désignée comme poste central de police du cantonnement ou bivouac. Les corps de troupe et services y détachent des plantons pour la transmission des ordres du commandant du cantonnement.

Les gardes de police assurent l'ordre dans les lieux de stationnement, y font observer les règles de police, surveillent les équipages et les munitions, y gardent les hommes punis (1); elles fournissent les sentinelles et patrouilles nécessaires à cet effet.

Toute batterie ou sonnerie est interdite dans les cantonnements ou bivouacs, sauf dans le cas d'une alerte, dont le signal est donné par le commandant du cantonnement, qui fait battre ou sonner la générale.

Au cantonnement, comme au bivouac, les troupes doivent être constamment en état de prendre les armes. Le paquetage doit être fait tous les soirs, prêt à être complété et chargé rapidement; les selles et les harnais doivent être disposés de manière à être mis promptement sur les chevaux.

Il est essentiel de ne pas troubler le repos des hommes pendant la nuit pour la transmission des ordres. Dans ce but, si les ordres pour le départ du lendemain ne sont pas arrivés avant l'heure fixée pour la rentrée des hommes dans les cantonnements ou bivouacs (heure à laquelle ils doivent commencer à se reposer et à dormir), le commandement fixe une heure à laquelle les troupes devront être prêtes à marcher le lendemain, et on ne réveille pendant la nuit que les fractions qui seraient appelées à partir avant l'heure ainsi fixée.

La sécurité des cantonnements ou bivouacs est assurée au moyen des mesures suivantes :

Le commandant du cantonnement ou du bivouac fait garder par des postes et des sentinelles les *issues* et les *abords immédiats* du cantonnement. Cette mesure, ainsi que nous l'avons déjà dit, a pour but d'empêcher l'espionnage et d'éviter une surprise par des petits groupes ennemis qui auraient réussi à franchir sans être vus la ligne des avant-postes.

Le commandant du cantonnement ou du bivouac fait en outre dégager les voies de communication et préparer au besoin des débouchés supplémentaires à l'intérieur et à l'extérieur des cantonnements; il prescrit les travaux de défense qu'il juge nécessaires en raison de la situation militaire. Il communique aux chefs de corps les dispositions à prendre en cas d'attaque pour la défense du cantonnement ou du bivouac.

En pays ennemi, il peut, s'il le juge utile, prendre des otages, interdire aux habitants de dépasser les postes qu'il a fait placer aux issues, et exiger qu'ils restent chez eux à partir d'une heure déterminée.

Dès l'arrivée au cantonnement, chaque commandant de compagnie ou d'escadron indique, vers le centre du cantonnement, un *point de ralliement* (2) que tous les hommes doivent connaître, afin

(1) Un poste de discipline, placé sous la surveillance de la garde de police, est spécialement chargé de leur garde.
(2) Au bivouac, ce point de ralliement est la ligne des faisceaux.

de pouvoir s'y rendre isolément au premier signal; c'est sur ces points que doivent être faites les réunions pour les départs, les appels, etc.

Le point de ralliement des batteries et unités des parcs et convois est l'endroit où les voitures sont parquées.

Les unités ainsi réunies sont conduites sur un ou plusieurs points de rassemblement, indiqués par les chefs de corps (régiments, groupes de batteries).

Les commandants des grandes unités (divisions, corps d'armée) peuvent désigner, s'ils le jugent nécessaire, à proximité des divers cantonnements ou bivouacs occupés par ces unités, des *places d'armes* où elles doivent se rassembler en cas d'alerte. Une place d'armes doit être choisie de telle sorte qu'elle soit couverte par les avant-postes et qu'elle présente des débouchés commodes dans tous les sens. Les chefs de corps reconnaissent cette place d'armes aussitôt après leur arrivée au cantonnement ou au bivouac.

### Avant-postes.

Indépendamment des mesures qui viennent d'être indiquées pour la sécurité, les cantonnements et bivouacs sont toujours couverts, du côté de l'ennemi, par des troupes qui prennent le nom d'avant-postes.

Dans une grande unité, ces troupes sont disposées sur plusieurs lignes qui sont, lorsque le réseau est aussi complet que possible en raison de la proximité de l'ennemi et en partant de la troupe à couvrir :

*a)* La réserve d'avant-postes, fournie par l'avant-garde;

*b)* La ligne des grand'gardes, établie en général sur la position où les avant-postes devraient résister en cas d'attaque, la réserve, établie en arrière se portant sur le point ou les points les plus menacés;

*c)* Les petits postes, destinés à fournir les sentinelles et des patrouilles;

*d)* Les sentinelles doubles, chargées d'observer le terrain.

La mission des avant-postes est de renseigner la troupe qu'ils couvrent pour lui éviter toute surprise et, en cas d'attaque, d'arrêter l'adversaire et de gagner du temps pour permettre aux troupes en arrière de prendre leurs dispositions. Ils sont composés d'infanterie et de cavalerie; exceptionnellement, de l'artillerie peut être placée aux avant-postes pour garder des points importants par lesquels l'ennemi doit forcément passer (un pont par exemple).

Leur effectif est variable. Dans le cas d'un réseau d'avant-postes très complet, il sera du quart au sixième de l'infanterie de la troupe à couvrir, et les avant-postes formeront alors une ligne continue, dans les mailles de laquelle aucune troupe ne pourra passer sans être vue; mais, dans bien des cas, lorsqu'on ne sera pas au contact immédiat de l'ennemi, on se contentera d'occuper et de surveiller par des détachements et des postes isolés, les routes et les chemins conduisant à l'ennemi, afin de n'employer au service d'avant-postes, très fatigant, que le minimum de troupes.

### Stationnement des grandes unités.

Chaque jour, le commandement fixe les *zones de stationnement* attribuées aux différentes unités. Pendant les périodes de marche, et pour les grandes unités (corps d'armée et divisions s'il y a lieu), ces zones de stationnement sont comprises dans les *zones de marche.*

Le commandant de l'armée fixera alors, par exemple, le point ou la ligne que l'avant-garde de chaque corps d'armée devra atteindre dans sa zone de marche et, s'il le juge utile, la profondeur des cantonnements à occuper. Chaque commandant de corps d'armée, arrêtant son avant-garde sur le point ou la ligne indiquée, répartira les cantonnements en arrière, compris dans sa zone de marche, entre les différentes unités de son corps d'armée, de façon que celui-ci occupe la profondeur indiquée.

La disposition d'ensemble des cantonnements dépend de la situation tactique, de la marche du jour et des projets ultérieurs du commandement.

Loin de l'ennemi, les zones de cantonnement peuvent être étendues de manière à assurer aux hommes des abris convenables. De plus, les cantonnements seront échelonnés le long de la route de marche; cette disposition, en supprimant les mouvements latéraux, a l'avantage d'éviter des fatigues aux troupes, aussi bien à la fin de la marche du jour que pour la reprise de la marche le lendemain. De plus, si les troupes cantonnent le long de la route de marche, sur une profondeur égale à la longueur de la colonne, tous les éléments peuvent s'arrêter à peu près en même temps; le lendemain, ils se remettront également en marche en même temps, puisque la colonne a stationné pour ainsi dire toute formée. Il y a donc économie de temps et de kilomètres, ce qui permet de faire exécuter des marches longues, sans trop de fatigues.

Mais si l'on approche de l'ennemi et si, en raison d'une rencontre ou d'une attaque possible, on est obligé de concentrer les troupes, il est nécessaire de réduire considérablement la profondeur des cantonnements; un corps d'armée ne peut plus rester échelonné sur 32 kilomètres de profondeur (longueur de la colonne de combat). Il faudrait, en effet, aux éléments de queue une forte étape pour venir renforcer les éléments de tête; autrement dit, il faudrait toute une journée pour déployer la colonne. On est, par suite, amené à occuper des cantonnements plus resserrés, et disposés en largeur, dans le sens du front.

Conclusion : Pendant les périodes de marche loin de l'ennemi on occupera des cantonnements étendus et échelonnés en profondeur le long des routes suivies. A mesure qu'on se rapprochera de l'ennemi, les cantonnements seront plus resserrés et les zones de stationnement moins profondes.

Lorsqu'on arrivera au contact, les troupes occuperont des zones de stationnement en largeur, et on pourra être amené à les établir en cantonnement-bivouac ou au bivouac; il en sera de même entre deux journées de combat.

*Exemples.* — Si nous appliquons ces principes aux colonnes r

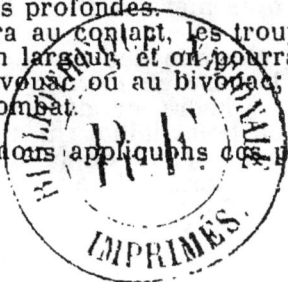

Serv. de santé.                                                                4

présentées par les croquis n°° 11 et 12, nous aurons les dispositions suivantes :

Croquis n° 13 : Représente le stationnement d'une colonne de corps d'armée (celle du croquis n° 11) en période de marche, loin de l'ennemi.

Croquis n° 14 : Représente le stationnement d'un corps d'armée qui a marché en deux colonnes et qui occupe une zone de stationnement d'une profondeur inférieure à la longueur des colonnes.

Croquis n° 13 : La marche s'exécutant loin de l'ennemi, l'ordre de mouvement donne aussi les cantonnements en fin de marche.

Les indications pour les cantonnements seront :

Emplacement et mission de la brigade de cavalerie;
Emplacement du quartier général du corps d'armée;
Zones de cantonnement attribuées : à l'avant-garde, à la 1ʳᵉ division et aux E. N. E. du 1ᵉʳ groupe, à la 2ᵉ division, au train de combat, au groupe des parcs et au groupe des convois;
Mission et emplacement des avant-postes.

Pour les E. N. E., 1ᵉʳ groupe, bien qu'ils cantonnent dans la zone attribuée à la 1ʳᵉ division, l'ordre du corps d'armée fixera le cantonnement à occuper par chacun d'eux, et l'effectif des troupes que la division pourra cantonner avec eux.

Exemples : quartier général du corps d'armée à F, avec deux bataillons; deux groupes d'artillerie de corps à I, avec un bataillon.

L'ordre du corps d'armée fixera également l'emplacement des quartiers généraux des divisions, de façon à le connaître tout de suite en vue de la communication des ordres. C'est d'ailleurs une règle générale que chaque échelon fixe l'emplacement du commandant de l'échelon immédiatement inférieur.

Les zones attribuées à chaque grande unité par l'ordre du corps d'armée seront sous-réparties par le commandant de cette grande unité, d'après les principes qui viennent d'être indiqués.

Le croquis n° 13 indique le détail des cantonnements pour la 2ᵉ division.

Pour la mise en marche, le lendemain, d'une colonne stationnée comme l'indique ce croquis, l'ordre du corps d'armée se bornera à fixer l'heure de départ des grandes unités.

Exemple : Le gros de l'avant-garde passera au carrefour X à... .heure du matin.
La tête de la 1ʳᵉ division passera au carrefour Y à... heure du matin (la place de la compagnie du génie de corps et de l'artillerie de corps seront indiquées).
La tête de la 2ᵉ division passera au carrefour 500 mètres sud-est du village I, à... heure du matin.
Le train de combat présentera sa tête à l'entrée sud du village N, à... heure du matin, etc.

Le commandant de chacune des grandes unités donnera à son tour les ordres pour la mise en marche des unités subordonnées, soit en leur fixant une heure de départ, soit en leur indiquant l'heure de passage à un point initial : il n'y a pas de règle uniformément applicable; tout dépend de la disposition des cantonnements par rapport à la route à suivre.

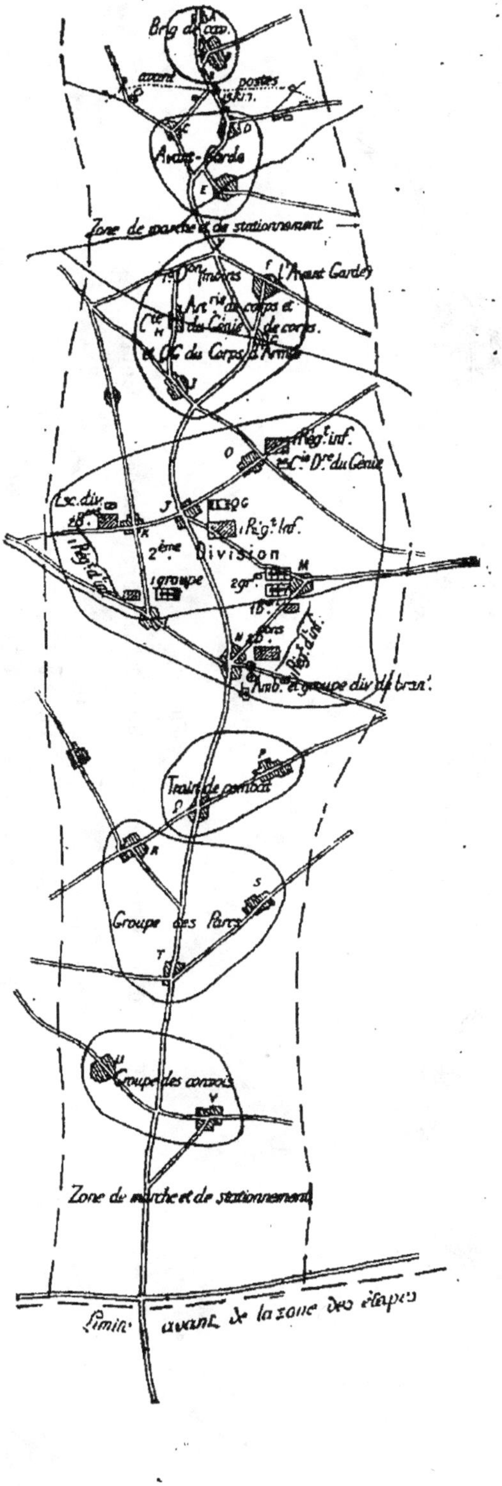

Fig. 13.

Corps d'armée cantonné le long de sa route de marche sur une profondeur égale à la longueur de la colonne (celle de la figure 11).

Échelle $\frac{1}{100.000}$ environ.

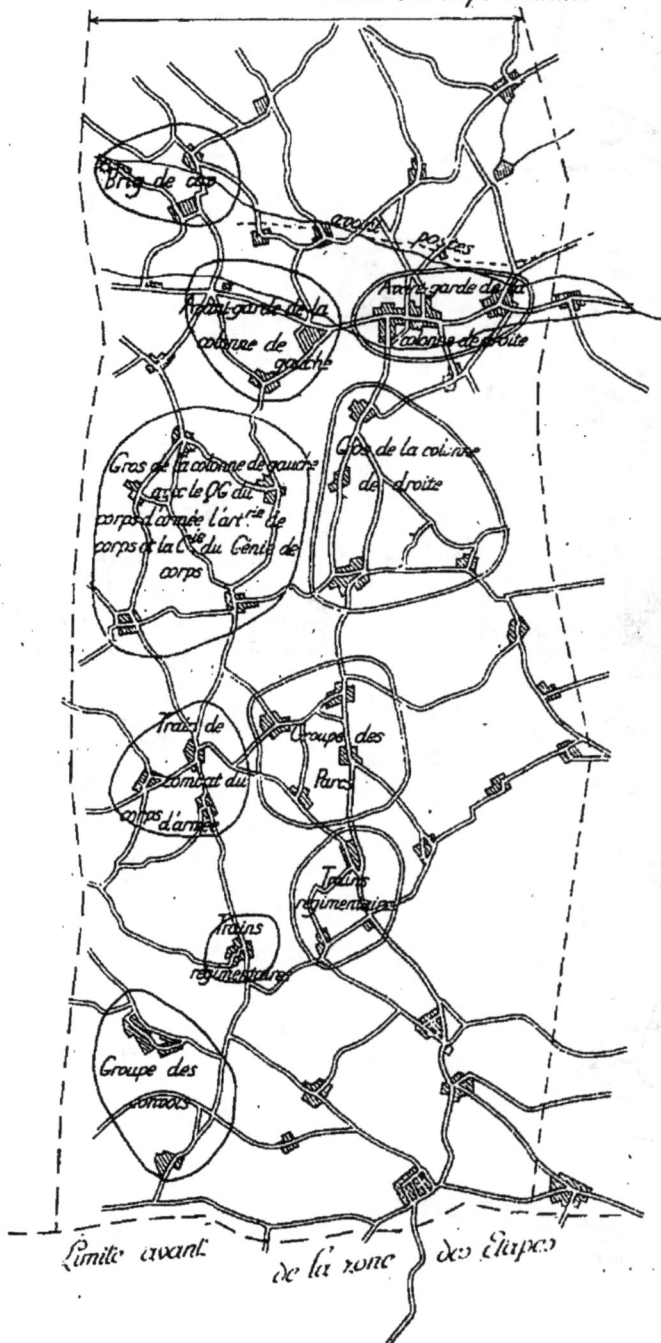

Zone de marche et de stationnement du Corps d'Armée

Brig. de cav.

Avant-postes

Arrière-garde de la
colonne de
gauche

Avant-garde de la
colonne de droite

Gros de la colonne de gauche
avec le QG du
corps d'armée, l'art.ie de
corps et la C.ie du Génie de
corps

Gros de la colonne
de droite

Train de
combat du
corps d'armée

Groupe des
Parcs

Trains
régimentaires

Trains
régimentaires

Groupe des
convois

Limite avant    de la zone    des Étapes

FIG. 14.

Corps d'armée stationné à la suite d'une marche en deux colonnes.

Echelle $\frac{1}{100.000}$ environ.

Dans le croquis n° 14, deux colonnes (celles données par le croquis n° 12) sont stationnées le long des routes qu'elles suivaient, mais la zone de stationnement *des colonnes de combat* est inférieure à la longueur de ces colonnes.

Les impedimenta, trains régimentaires (sauf ceux qui ont pu être envoyés dans les cantonnements pour ravitailler les troupes), convois, et même certains éléments du groupe des parcs sont, au contraire, laissés en arrière, de façon à ne pas encombrer les troupes en cas d'attaque par l'ennemi.

En résumé, si l'on ne tient compte que des troupes, la profondeur des cantonnements occupés, de l'avant-garde à la queue de la 2° division, est :

Croquis n° 13, 24 kilomètres;
Croquis n° 14, 10 kilomètres.

# IV
## Le combat.

### Généralités. — Préliminaires du combat.

Dans les notions relatives aux marches, nous avons essayé de donner une idée du dispositif d'ensemble d'une armée en mouvement.

Si nous considérons maintenant deux armées ennemies marchant l'une contre l'autre, et si nous les situons tout d'abord à une assez grande distance, en les faisant peu à peu se rapprocher jusqu'au moment où elles se heurteront, nous serons amenés à envisager les événements successifs qui pourront se produire jusqu'à l'acte décisif de la bataille.

Ainsi que nous l'avons dit, les deux armées s'avanceront, *éclairées* par les divisions de cavalerie, chargées de prendre le contact de l'adversaire, de déterminer ses lignes de marche, la force de ses colonnes et tous autres renseignements utiles à leur commandant d'armée, pour aborder l'adversaire dans les conditions les plus favorables et conduire sa manœuvre. Au cours de cette mission, les divisions de cavalerie peuvent être amenées à se heurter à la cavalerie adverse ou même à des colonnes de toutes armes dont elles ont reçu mission de retarder la marche. Il est impossible de préciser toutes les missions qui peuvent incomber à la cavalerie d'exploration : elles varieront dans chaque cas particulier; mais on peut prévoir que ce sont les divisions de cavalerie qui imposeront le premier contact à l'adversaire, ou subiront le sien.

Comment se dérouleront ces premiers combats ? Les principes donnés dans le chapitre relatif à la tactique de cavalerie le feront comprendre.

Les deux armées continuant à se rapprocher l'une de l'autre, les divisions de cavalerie, ou bien se replieront sur les ailes, — et ce sera le cas le plus fréquent, — ou bien se rapprocheront des têtes de colonnes de l'infanterie, ce qui les amènera à rejoindre la cavalerie des corps d'armée, ou cavalerie de sûreté de 1re ligne; elles opéreront alors comme cette dernière, dont la mission est ainsi définie par le titre XIV du Décret sur le service des armées en campagne :

« La cavalerie des corps d'armée et la cavalerie divisionnaire éclairent et renseignent le commandement dont elles dépendent, *dans la zone qui leur est précisée* (1). Elles doivent écarter la cavalerie ennemie, garantir les colonnes contre toute surprise, couvrir les déploiements et, pendant le combat, rechercher constamment l'occasion d'intervenir utilement dans l'action. »

La cavalerie de sûreté de 1ʳᵉ ligne, dans une zone plus restreinte que celle où peut évoluer la cavalerie d'exploration, joue donc, au profit des commandants de corps d'armée, un rôle de *renseignement* analogue à celui que remplissent les divisions de cavalerie pour le général commandant l'armée; mais, en plus, elle a un rôle de protection, rôle qui n'incombe qu'exceptionnellement aux divisions de cavalerie.

Dans l'accomplissement de sa mission, la cavalerie de sûreté de 1ʳᵉ ligne aura des contacts, et pourra même en arriver à des chocs avec la cavalerie adverse ou avec des détachements de toutes armes.

La distance entre les têtes de colonne diminuant de plus en plus, la cavalerie de sûreté de 1ʳᵉ ligne, rejointe par l'avant-garde, opérera avec elle, puis enfin se repliera dans un intervalle lorsque les deux infanteries se trouveront en présence. Elle sera alors chargée de surveiller un flanc, d'assurer une liaison avec des unités voisines, ou restera tout simplement en arrière de l'infanterie, mais à proximité des combattants, surveillant le développement de l'action et cherchant le moment propice pour intervenir dans le combat.

Cette première phase terminée, les commandants des corps d'armée de 1ʳᵉ ligne, fixés sur la mission à remplir par l'ordre de l'armée, renseignés sur l'ennemi par la cavalerie (2), prendront leurs dispositions pour aborder l'adversaire et donneront des ordres en conséquence.

Le commandant, ou les commandants des avant-gardes auront alors à entamer l'action. Cet engagement constitue encore un des préliminaires du combat; car l'avant-garde, en obligeant l'ennemi à un premier déploiement, complétera les renseignements déjà obtenus. Sa mission est de procurer au commandement l'espace et le temps nécessaires pour réunir les moyens d'action et les renseignements définitifs qu'il lui faut pour agir en connaissance de cause. Tant que les avant-gardes seules sont en présence, le commandement doit rester libre de refuser le combat ou de l'engager.

Le commandant de l'avant-garde, averti de la présence de l'ennemi à courte distance, des points où la cavlerie l'a vu, ou bien souvent seulement des points où la cavalerie a reçu des coups de fusil, continuera à faire avancer prudemment ses premiers échelons, fera déboîter à droite et à gauche les échelons suivants, et cherchera à s'assurer la possession de points d'appui solides (villages, groupes de maisons, lisières de bois, crêtes rapidement mises en

--------

(1) En principe, la zone de marche de leur unité.
(2) Ou tout autre moyen : ballons, aéroplanes, espions, correspondances interceptées, etc.

état de défense, etc.) dont l'occupation est jugée nécessaire pour le développement ultérieur du combat, qui se poursuivra d'après les principes donnés au chapitre qui traite de la tactique de l'infanterie.

L'artillerie de l'avant-garde viendra prendre position sur les points les plus favorables pour appuyer son infanterie et entrera en action immédiatement, ou restera provisoirement en position *d'attente* ou de *surveillance*, attendant le moment favorable pour intervenir dans le combat.

L'avant-garde ayant, comme nous l'avons dit, un rôle de reconnaissance, agira généralement avec ses seules ressources, en infanterie tout au moins; car, dans beaucoup de cas, on la renforcera assez rapidement en artillerie; elle combattra sur un front très étendu, afin de forcer l'adversaire à se déployer et à montrer ses forces, ce qui l'obligera souvent à s'engager tout entière dès le début du combat. La puissance de l'armement actuel et la résistance dont sont susceptibles les points d'appui, lui permettent de rester sans danger dans un isolement relatif.

La prise de contact est une phase importante et délicate. Les renseignements fournis par l'engagement de l'avant-garde auront, en effet, la plus grande influence sur la détermination du chef. Elle sera longue en général : la puissance du feu d'infanterie et d'artillerie ne permet pas la marche en formation dense sur des terrains découverts; les différentes armes devront donc commencer à se déployer assez loin de l'ennemi, plus loin dans les terrains découverts que dans les terrains coupés et accidentés; les unités devront se porter en avant par des cheminements défilés aux vues et aux coups de l'ennemi et reconnus à l'avance. Toutes ces opérations prendront du temps.

Pendant que l'avant-garde s'engagera pour fixer l'adversaire et chercher à reconnaître ses intentions et ses forces, le commandement s'occupera de *réunir ses forces* pour le développement ultérieur de l'action. Donc, les têtes de colonnes s'arrêteront assez loin en arrière de la ligne de feu, — et c'est pour cela qu'on laisse une distance entre l'avant-garde et la tête du gros de la colonne,— pendant que les éléments de queue serreront sur la tête; les unités se rassembleront ainsi en des points convenablement choisis, abrités et à proximité de cheminements qui leur permettront ultérieurement de se porter en avant ou de manœuvrer sans être vues.

Il est évident que plus les colonnes sont longues, plus le rassemblement, la réunion dans la main du chef de ses moyens d'action, demandera de temps. Et c'est pour cela que, lorsqu'on marche à la bataille, on s'efforce de multiplier les colonnes, afin de diminuer leur longueur et que, même lorsque le terrain s'y prête et que la marche à exécuter pour aborder l'adversaire n'est pas trop longue, on peut faire marcher des unités massées à travers champs.

Bien entendu, dès que le combat s'engage, on s'efforce de se débarrasser de tous les impedimenta; les convois, trains régimentaires, et la partie du groupe des parcs non immédiatement utilisable sur le champ de bataille sont arrêtés, si ce n'est déjà fait, ou même renvoyés en arrière.

Le croquis n° 15 donne une idée de ce que *pourra* être la situation

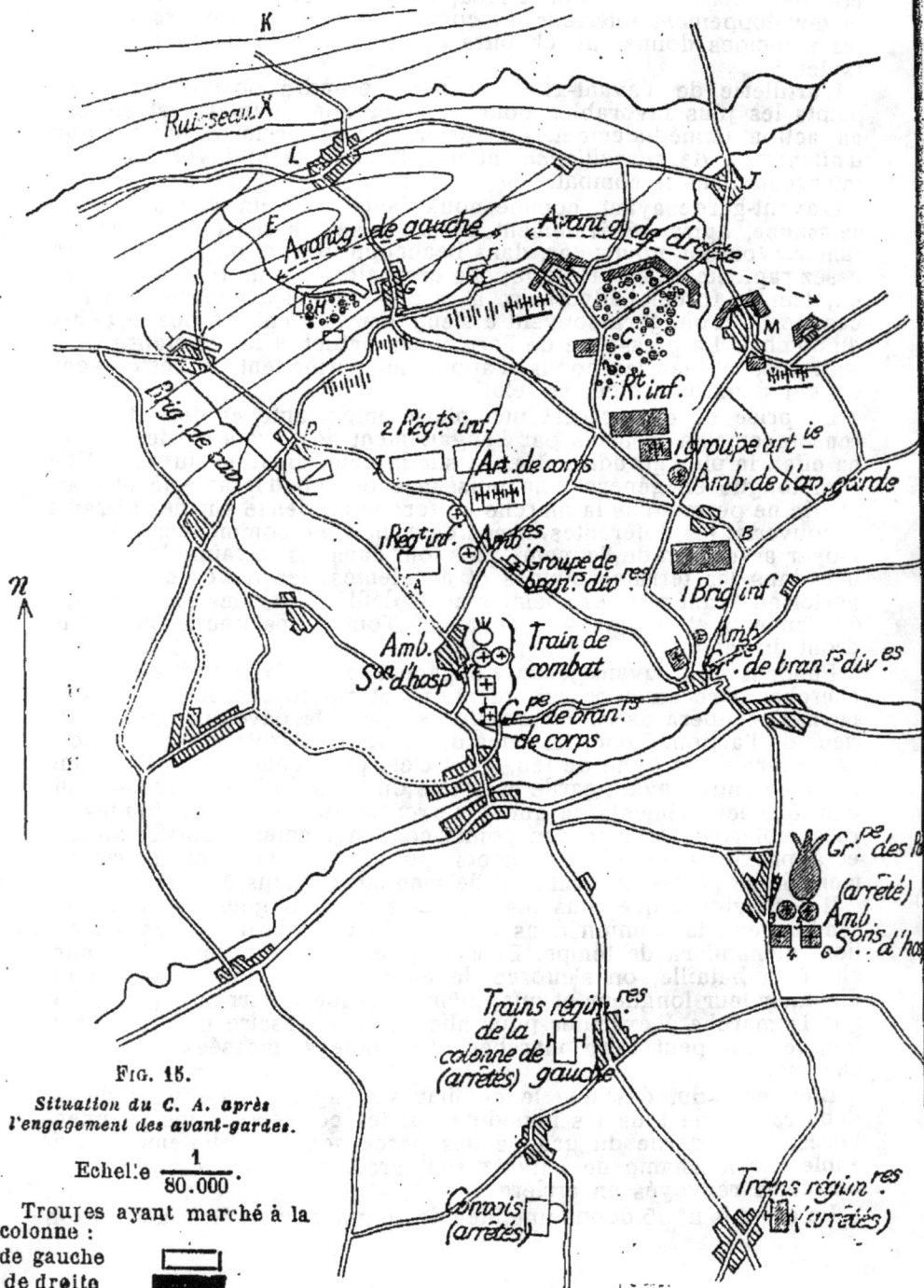

K

Ruisseau X

L

E

J

Avant.g de gauche ← Avant.g de droite

G

H

C

M

1. R.t inf.

2 Reg.ts inf.

Art. de corps

1 groupe art.ie

Amb. de l'av.garde

B

1 Reg.t inf. Amb.

Groupe de
bran.rs div.res

1 Brig inf.

Brig. de pau

Amb.
S.on d'hosp

Train de
combat

Amb.
Gr. de bran.rs div.es

G.pe de bran.rs
de corps

Gr.pe des P.
(arrêté)

Amb.
S.ons d'hosp

Trains régim.res
de la
colonne de
(arrêtés) gauche

Trains régim.res
(arrêtés)

Convois
(arrêtés)

n

FIG. 15.

*Situation du C. A. après
l'engagement des avant-gardes.*

Echelle $\dfrac{1}{80.000}$.

Trou es ayant marché à la
colonne :

de gauche

de droite

d'un corps d'armée, ayant marché à l'ennemi en deux colonnes, vers la fin de cette première phase. Nous disons *pourra* et non *sera*, car, pas plus au combat que pour la marche ou le stationnement, il ne peut être question de schéma.

### Le combat.

Le moment est venu, pour le chef, de prendre une décision : s'il n'accepte pas le combat, ses troupes se déroberont pendant que l'avant-garde contiendra l'ennemi; cette avant-garde se retirera ensuite à son tour, manœuvrant alors comme une arrière-garde.

Mais ce cas n'est pas à envisager dans l'hypothèse où nous nous sommes placés de deux armées marchant l'une contre l'autre avec la volonté de s'aborder. L'engagement de l'avant-garde ayant fourni un complément de renseignements, il s'agira de déterminer les mesures à prendre pour poursuivre le combat et « briser par la force la volonté de l'ennemi et lui imposer la sienne », but suprême de la bataille.

La bataille, ainsi qu'on l'a dit souvent, est, en effet, un conflit de deux volontés, celles des généraux en chefs opposés, et la victoire reviendra à celui qui aura su, ou pu, poursuivre avec le plus de ténacité le plan qu'il avait conçu.

Ce principe fait intervenir dans la bataille un élément, impondérable dans un règlement ou dans un exercice du temps de paix, mais qui résulte de l'instruction et de l'éducation données au soldat en garnison : « Les forces morales sont prépondérantes à la guerre », répétait constamment le général Maillard.

Si le chef, en effet, a confiance dans ses troupes, s'il sait pouvoir leur demander des efforts et des sacrifices considérables avec la certitude de les obtenir, il osera aborder franchement l'ennemi et mettre en œuvre tous ses moyens d'action, sans hésitation. Le chef, à son tour, doit inspirer confiance à ses subordonnés; il faut que, lorsqu'il aura fait connaître sa volonté, cette volonté devienne celle de tous, que tous emploient leur énergie à la faire triompher, car, dit le règlement, « la victoire dépend plus encore de la vigueur et de la ténacité dans l'exécution que de l'habileté des combinaisons ».

Quelles pourront être ces combinaisons ? Il est impossible de le dire. Elles varieront dans chaque cas particulier. Des principes généraux serviront cependant à les établir.

Ces principes, indiqués par le Décret sur le service des armées en campagne, sont les suivants :

« Opposer à l'ennemi, sur tous les points où il montre des troupes, le minimum de forces nécessaires pour le contenir, l'immobiliser et l'user, en le tenant à tout instant sous la menace d'une crise décisive : c'est *le combat de préparation;*

« Réserver une partie des forces pour produire un effort violent et concentré sur le point décisif : c'est l'acte principal de la lutte, *l'attaque décisive;*

« Garder une réserve, tenue soigneusement à l'abri des émotions de la lutte, jusqu'à la solution définitive de l'affaire, pour compléter le succès ou limiter l'insuccès : c'est *la poursuite à outrance* ou *le rétablissement de l'ordre.*

« Ces phases n'ont pas toujours la même importance relative :
tantôt la préparation sera courte et énergique, quand on se trouvera en mesure d'écraser par surprise des troupes ennemies, de
tomber sur une aile ou un flanc de l'adversaire avec des forces su-
périeures; tantôt, au contraire, les deux adversaires, bien renseignés, s'aborderont avec toutes leurs forces, et alors elle prendra
tout son développement. »

Il ne faudrait pas croire, d'après cela, qu'une grande bataille se
déroulera comme une pièce de théâtre, avec un prologue, l'engagement des avant-gardes, et trois actes, plus ou moins longs, mais
nettement séparés. Non, une grande bataille, sur un front énorme,
en raison de l'immensité des effectifs en présence, comportera des
alternatives de revers et de succès partiels : sur un point on avan-
cera, dans une offensive vigoureuse; ailleurs, au contraire, l'offensive sera enrayée et on passera à la défensive, en attendant l'arrivée de renforts qui permettront de reprendre le mouvement en
avant. La lutte se poursuivra ainsi pendant des heures, pendant des
jours, avec mille incidents divers, jusqu'au moment où l'un des
adversaires, épuisé, son moral déprimé, s'avouera vaincu et le sera
alors réellement.

« Il n'est d'ailleurs pas nécessaire, pour être victorieux, d'anéantir — matériellement ou moralement — tous les éléments de l'ennemi. La destruction soudaine, au moment voulu, d'une partie de
ses forces, suffira généralement pour briser sa volonté. »

Comment et par qui pourra être produite cette destruction soudaine ? Peut-être par un des éléments engagés dans le combat de
préparation qui, profitant d'un succès partiel, saura poursuivre
énergiquement son action, et arrivera ainsi à créer, dans la longue ligne ennemie, un trou que celui-ci, faute de réserves bien
placées, ne pourra pas boucher; plus probablement cependant par
l'entrée en scène de la troupe réservée pour l'attaque décisive,
soit qu'elle intervienne sur l'un des flancs, ou sur les deux, soit
qu'elle agisse sur un point de la ligne ennemie où le combat de
préparation aura montré que l'adversaire est plus particulièrement
vulnérable.

Ce sera le talent du chef de savoir discerner le point faible de
l'ennemi et de lancer en temps opportun sur ce point la troupe réservée; talent considérable, si l'on songe que cette troupe réservée sera peut-être un corps d'armée pour une armée, une armée
pour un groupe d'armées. Pour déplacer de pareilles masses, il
faudra du temps, et l'on comprend alors que le combat de préparation sera long.

C'est lui qui, en usant peu à peu l'ennemi, permettra de déterminer ses points faibles. Mais quel sang-froid et quelle netteté
d'esprit il faudra au général en chef pour discerner la vérité au
milieu de tous les renseignements qu'il recevra par le télégraphe,
par des estafettes, des cavaliers, des vélocipédistes, des automobilistes de tous les points du champ de bataille! Et quelle audace lorsque, son opinion faite, il lui faudra décider d'engager sa réserve,
espoir suprême, dernier atout, dont l'entrée en ligne déterminera la
victoire.... ou n'empêchera pas la défaite! Moment psychologique,
qu'il ne faudra pas laisser échapper, où il faudra résolument savoir

prendre à temps une décision. Oui, la bataille est bien un conflit de deux volontés.

Il n'est pas possible, nous l'avons dit, d'indiquer les combinaisons tactiques à faire sur le champ de bataille. Nous pouvons cependant essayer de nous rendre compte de ce qui se passerait, dans les grandes lignes, pour un corps d'armée encadré, c'est-à-dire ayant d'autres troupes à sa droite et à sa gauche.

Ce corps d'armée, c'est celui que nous avons déjà suivi dans ses marches, ses stationnements et l'engagement de ses avant-gardes.

Si nous lui appliquons les principes énoncés plus haut, nous verrons que l'obligation de produire des efforts successifs de plus en plus violents et la nécessité d'avoir des réserves amèneront son général à *échelonner ses troupes en profondeur*. C'est cette disposition qui est indiquée sur le croquis n° 13.

Le corps d'armée étant en liaison à droite et à gauche avec d'autres troupes, concentrera tous ses efforts sur son front, ce qui ne veut cependant pas dire qu'il n'aura pas à exécuter des attaques de flanc sur certaines parties de la ligne qui lui est opposée, pour faire tomber successivement les points d'appui de l'ennemi.

Quoi qu'il en soit, le commandant du corps d'armée répartira le front de combat du corps d'armée entre ses divisions, — ici ce pourrait être le front sur lequel chaque avant-garde est déjà engagée, — indiquera à chacune les points d'appui successifs à enlever ou déterminera la direction générale de son attaque, fera connaître les troupes qui doivent rester à sa disposition — dans notre exemple, ce pourraient être le régiment A et un régiment du groupement B, ou la brigade B seule; — mettra l'artillerie de corps à la disposition des généraux de division ou lui fixera lui-même sa mission. Si, à l'est du bois C, le terrain est peu favorable à l'action de l'artillerie, toute l'artillerie de corps pourra être envoyée pour renforcer l'artillerie déjà en position entre le bois C et le village D, avec mission de concourir à l'enlèvement des hauteurs E par la division de gauche (rouge).

Le commandant de corps d'armée garde une troupe à sa disposition, une réserve, avons-nous dit. L'action engagée, le seul moyen efficace qu'il ait pour continuer à donner son impulsion, c'est l'emploi qu'il fait de ses réserves, infanterie ou artillerie de corps et cavalerie, pour les faire intervenir où et quand il le juge nécessaire, en tout ou en partie; il ne doit pas, en effet, après leur avoir donné leur mission, entraver l'initiative de ses subordonnés en se substituant à eux dans le choix des moyens à employer pour remplir cette mission.

La division rouge, chargée d'enlever les hauteurs E, cherchera à déboucher des abris qu'elle occupe — moulin F, village G, bois H, — et à gagner du terrain en avant.

La puissante artillerie qui soutient cette attaque a pour mission d'empêcher l'artillerie ennemie de gêner le mouvement en avant de son infanterie, et, en tirant sur les abris occupés par l'infanterie ennemie, d'obliger celle-ci à rester à couvert et, par conséquent, à ne pas faire usage de son feu, ou du moins à n'exécuter qu'un feu peu efficace. Pour atteindre ce résultat, une partie des batteries contrebattra l'artillerie ennemie, l'autre partie s'attaquera à l'infanterie ennemie pour l'obliger à se terrer. Sous la protection de cette artillerie, l'infanterie débouchera de ses couverts et se portera en avant, par petites fractions, d'abri en abri; elle progressera ainsi peu à peu, péniblement, renforcée de temps à autre par des unités d'abord maintenues en arrière, jusqu'au moment où, une ligne suffisamment dense étant parvenue à courte distance de l'adversaire, derrière un dernier abri, en débouchera pour donner l'assaut.

Il est peu probable que cette attaque puisse être conduite par les troupes de l'avant-garde seule; le général de division les fera renforcer, par exemple, par un régiment de la brigade I. Il faut d'ailleurs remarquer qu'en débouchant des points d'appui F, G, H, on y laissera des troupes, une garnison, pour les défendre dans le cas où l'attaque des hauteurs E échouerait et où l'ennemi, poursuivant son avantage, tenterait de les attaquer.

C'est, en effet, un principe général que tout point d'appui conquis doit être immédiatement mis en état de défense pour s'en assurer la possession, et limiter le mouvement de recul en cas d'échec partiel.

Les hauteurs E conquises, les ouvrages qui y ont été construits par l'ennemi seront immédiatement occupés et retournés contre lui; l'infanterie le poursuivra de ses feux et une partie de l'artillerie viendra, le plus rapidement possible, la rejoindre pour lui prêter son appui en cas de contre-attaque.

Ce premier succès obtenu, le village J a grande chance d'être abandonné par l'ennemi, menacé sur son front par la division bleue, sur son flanc par la division rouge. Si l'ennemi ne se retire pas de lui-même, l'attaque sera faite comme il a été indiqué ci-dessus.

Nous avons supposé précédemment que l'artillerie trouvait difficilement à se placer à l'est du bois C, et que, pour cette raison, elle ne pouvait donner un appui efficace à l'infanterie pour l'attaque du village J. La situation a changé maintenant que nous sommes maîtres des hauteurs E. Tandis qu'une partie de l'artillerie qui est venue couronner ces hauteurs contrebattra l'artillerie ennemie installée sur les hauteurs K de la rive gauche du ruisseau, l'autre partie, prenant position au nord du moulin F, sur la pente défilée aux vues de l'artillerie établie en K, prendra d'enfilade les défenseurs du village J; l'infanterie de la division bleue les attaquera de front. Cette infanterie, ce sera une partie de l'avant-garde renforcée au besoin par un ou deux bataillons du régiment rassemblé au sud du bois C.

Le village J tombe entre nos mains; mais, peu après, l'artillerie ennemie établie en K, considérablement renforcée, reprend l'avantage; des troupes d'infanterie nombreuses attaquent les hauteurs E et finissent par nous en chasser, mais sont arrêtées par les garnisons des points d'appui F, G, H dont nous restons maîtres. Il va falloir reconquérir les hauteurs E.

Les troupes qui ont conduit la première attaque sont exténuées et à bout de souffle : c'est donc un autre régiment qui conduira cette nouvelle attaque, le régiment qui restait disponible en I. Pendant que ce régiment frais débouchera des couverts F, G, H, les bataillons de la première attaque, après avoir été dépassés, se rassembleront et passeront en réserve.

Les hauteurs E seront reprises et l'ennemi, sérieusement atteint cette fois et poursuivi, abandonnera aussi le village L que nous nous empresserons de mettre en état de défense.

Le terrain de la rive droite du ruisseau nous est acquis; il faut s'emparer maintenant des hauteurs de la rive gauche : nouvelle série d'efforts que nous entreprendrons après nous être solidement installés dans les villages L et J et sur les hauteurs situées entre eux, et après avoir rapproché nos réserves vers D, H, G, M.

Pour donner une idée de ce que pourra être un combat, nous avons imaginé un petit roman. A vouloir le pousser plus loin, nous risquerions de tomber dans des invraisemblances. Ce que nous avons dit suffit d'ailleurs. La lutte se poursuivra ainsi sur tout le front avec des alternatives de succès et de revers, d'offensive et de défensive, jusqu'au moment où l'ennemi se décidera à la retraite. Ce ne sera peut-être qu'après deux ou trois jours, ou même plus, de résistance, et alors, chaque soir, lorsque la nuit viendra interrompre le combat, chacun, en attendant l'aube du lendemain, couchera sur ses positions. C'est là un mode de stationnement un peu particulier, dont il convient de dire un mot.

### Stationnement et avant-postes en fin de combat.

Entre deux journées de bataille, on stationnera en formation de combat, les troupes prêtes à reprendre la lutte. Les unités des différentes armes bivouaqueront donc à la place où elles se trouvent lorsque la lutte cesse, ou à peu près. Cependant, s'il y a des villages à proximité, on les fera occuper, car il y a évidemment le plus grand intérêt à faire reposer les hommes et les chevaux le mieux possible entre deux journées fatigantes. Dans ce but, on pourra même renvoyer en arrière, si la situation tactique ne s'y oppose pas, certaines fractions, l'artillerie notamment, qui est inutile pendant la nuit et qui a besoin d'eau pour ne pas laisser dépérir ses attelages.

Si nous supposons que le corps d'armée déjà suivi pendant le combat possède en fin de journée toute la rive droite du ruisseau X, l'ennemi occupant les hauteurs de la rive gauche, le stationnement pourrait être le suivant (croquis n° 16) :

Le long du ruisseau, en gardant tous les passages praticables, la ligne de combat, aussi réduite que possible, afin de donner du repos à toutes les fractions qu'il n'est pas indispensable de conserver au contact immédiat de l'ennemi.

Les fractions laissées le long du ruisseau se garderont au moyen de sentinelles, placées à courte distance et se relieront au moyen de patrouilles. Des mitrailleuses pourront être placées aux points de passage importants (ponts, gués).

En arrière, mais à proximité de cette première ligne, et prêtes à la renforcer à la première alerte, des fractions abritées dans les villages, hameaux, ou derrière des accidents du sol.

Sous la protection de cette première ligne, les divisions stationneront, échelonnées dans la zone qui leur est affectée; le quartier général du corps d'armée, l'artillerie de corps, la compagnie du génie de corps, d'après les ordres du corps d'armée, resteront en général dans la zone des divisions.

Dans notre exemple, le quartier général du corps d'armée est en

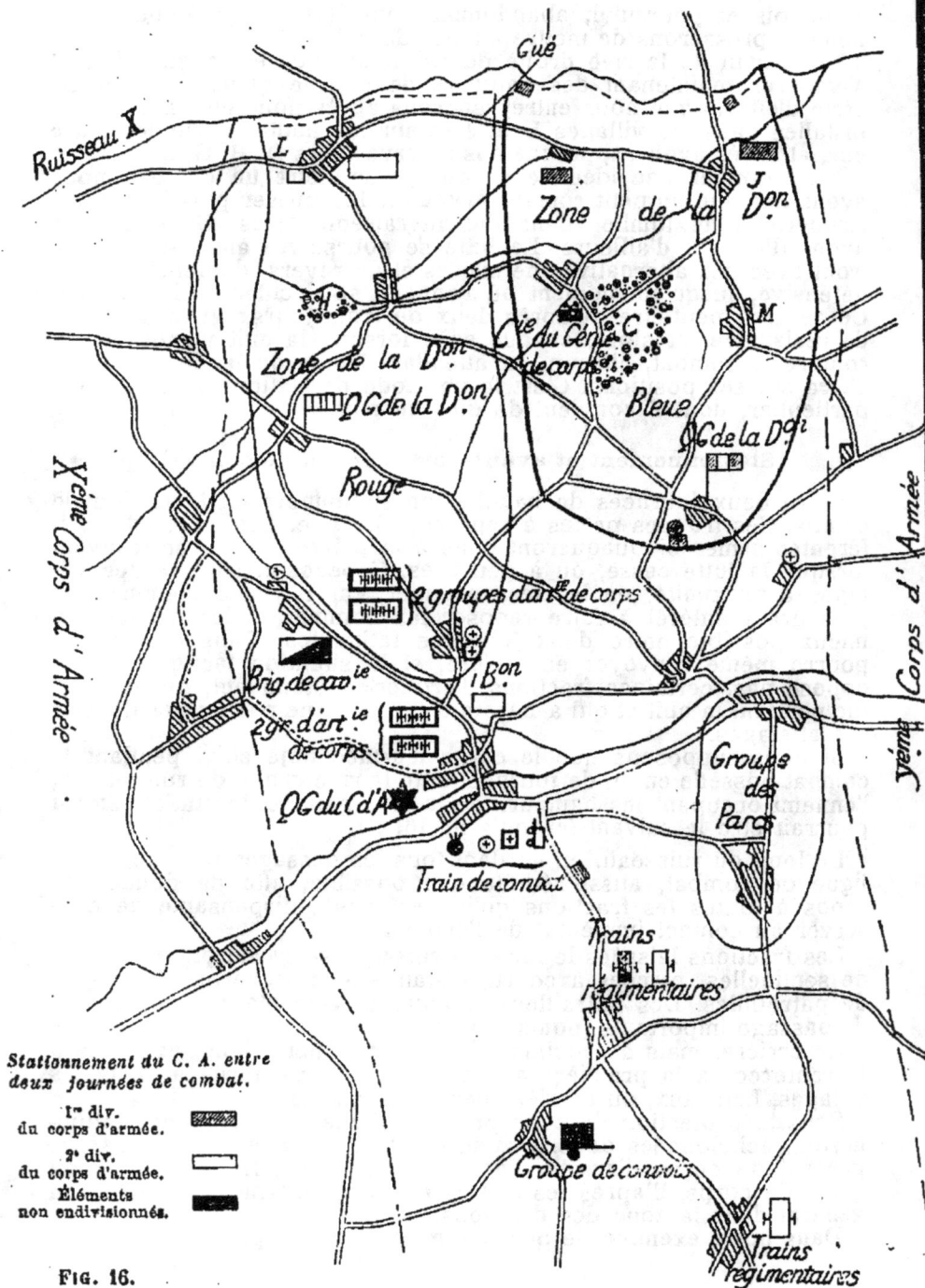

Ruisseau X

Gué

L

Zone de la D°ⁿ

J D°ⁿ

H

M

Zone de la D°ⁿ

C^ie du Génie de corps C

OG de la D°ⁿ

Bleue

OG de la D°ⁿ

Rouge

X^ème Corps d'Armée

Y^ème Corps d'Armée

2 groupes d'art^ie de corps

Brig de cav^ie

I B°ⁿ

2 gr d'art^ie de corps

Groupe des Parcs

OG du Cd'A.

Train de combat

Trains régimentaires

Stationnement du C. A. entre
deux journées de combat.

1^re div.
du corps d'armée.

2^e div.
du corps d'armée.

Éléments
non endivisionnés.

Groupe de convois

Trains régimentaires

FIG. 16.

dehors de la zone des divisions; il cantonne avec deux groupes d'artillerie de corps et un bataillon détaché auprès de lui pour assurer sa sécurité.

Pour la reprise du combat le lendemain, on n'aurait pas à organiser de colonne. L'ordre du corps d'armée indiquerait : aux deux divisions leur première mission, les troupes qu'elles devraient laisser en réserve à la disposition du commandant du corps d'armée, ainsi que leur emplacement; la mission ou le point de rassemblement assigné à l'artillerie de corps, à la brigade de cavalerie, à la compagnie du génie de corps, au train de combat. Une deuxième partie de l'ordre indiquerait les mesures à prendre pour le ravitaillement en munitions et en vivres, les évacuations, ainsi que les mouvements à exécuter par les parcs, trains régimentaires et convois.

### Combats de nuit.

Les combats de nuit ont surtout pour but de tenter par surprise, et sur un terrain connu, une attaque que l'on jugerait devoir être trop meurtrière pendant le jour, ou de profiter d'une circonstance favorable. Le combat de nuit revêt donc un caractère particulier : il ne sera exécuté que par l'infanterie — la cavalerie et l'artillerie ne pouvant intervenir utilement qu'à la pointe du jour — et par des fractions peu importantes, qui n'auront pas à manœuvrer, afin d'éviter le désordre et la confusion. Ces fractions recevront un objectif nettement déterminé et reconnu à l'avance, sur lequel elles marcheront en suivant une ligne du terrain bien tracée : route, chemin, lisière, etc.; l'attaque à la baïonnette y jouera le principal rôle, le feu étant peu efficace la nuit. L'action sera entamée, en général, dans les dernières heures de la nuit, de façon à pouvoir exploiter le succès dès le lever du jour.

En somme, c'est un coup de main que l'on tente; s'il réussit, tant mieux; s'il échoue, on se rallie sous la protection des troupes qui occupent les points d'appui en arrière, et on attend le lever du jour pour reprendre les opérations.

### Défensive.

Tout ce qui précède a en vue le combat offensif; mais les mêmes principes sont applicables dans la défensive, car, si la défensive est destinée à « attirer l'ennemi sur un terrain où l'on croit pouvoir lutter dans de bonnes conditions, elle doit, comme le combat offensif, avoir pour but de battre l'adversaire et, il y a lieu de le répéter, de briser par la force sa volonté » (1).

Donc, au lieu de marcher à la rencontre de l'adversaire, on l'attendra sur un terrain reconnu à l'avance, dont les points d'appui auront été renforcés par des travaux de campagne et où l'on en aura même créé de toutes pièces. Mais, comme dans l'offensive, la cavalerie devra éclairer et renseigner. Des détachements de toutes armes pourront même être envoyés au-devant de l'ennemi, avec mission de prendre le contact, et, en manœuvrant en retraite, de l'attirer sur le terrain où l'on veut combattre.

(1) Décret sur le service des armées en campagne.

L'action engagée entre les deux infanteries, le combat se déroulera comme nous l'avons indiqué pour l'offensive, car « seule l'offensive permet d'obtenir des résultats décisifs. La défensive passive est vouée à une défaite certaine ».

Nous avons dit, précédemment, qu'une bataille présenterait des alternatives d'offensive et de défensive. En somme, le combat défensif est un combat dans lequel la première période est défensive, mais avec l'intention bien arrêtée de passer à l'offensive lorsque le moment favorable sera arrivé.

## Poursuite.

L'ennemi battu, l'infanterie et l'artillerie le poursuivent de leurs feux aussi longtemps que possible. La cavalerie se lance sur lui pour changer sa retraite en déroute et l'empêcher de se rallier; elle s'attache à ses pas, de façon à ne lui laisser ni trève ni repos.

Cette poursuite, dans une armée, sera d'abord entreprise par la cavalerie qui se trouvait répartie en arrière de la ligne de bataille, puis continuée par les divisions de cavalerie, appuyées à courte distance par les troupes qui n'auront pas pris part à la bataille ou par les troupes les moins fatiguées.

Si l'ennemi s'arrête pour résister à nouveau, la cavalerie cherchera à tourner ses flancs, tandis que l'infanterie et l'artillerie, profitant de la supériorité morale que leur donne la victoire, l'attaqueront avec vigueur.

La poursuite se continuera ainsi jusqu'à la désorganisation totale des forces de l'adversaire. Il ne suffit pas, en effet, de remporter la victoire : il faut encore exploiter le succès par la poursuite; sans quoi on s'expose à voir les forces ennemies, momentanément brisées, se reconstituer, prêtes à reprendre la lutte.

## Retraite.

En cas de revers, la retraite s'exécute sous la protection des dernières troupes conservées en réserve. Ces troupes prennent une position qui leur permette d'arrêter, ou tout au moins de ralentir, la poursuite de l'ennemi, afin de donner aux troupes qui se retirent le temps de se reformer et de se soustraire sans désordre à l'étreinte de l'ennemi. La cavalerie se sacrifie totalement s'il le faut pour donner aux autres armes le temps d'échapper.

Lorsque le gros des troupes a pu s'éloigner, la fraction qui a protégé la retraite se retire à son tour, soit par échelons si elle est trop vivement pressée par l'ennemi, soit tout entière si son mouvement de recul est favorisé par les circonstances, l'arrivée de la nuit par exemple.

Elle rejoint alors le gros des colonnes qui se sont retirées et formées sous sa protection et devient leur arrière-garde.

Ainsi que nous l'avons dit au chapitre des marches, cette arrière-garde aura la composition d'une avant-garde dans une marche en avant; mais pourra être renforcée en cavalerie et artillerie. La cavalerie, en surveillant les flancs, empêchera l'arrière-garde d'être coupée du gros des troupes; l'artillerie, en forçant l'ennemi à se déployer à grande distance, et à perdre ainsi du temps, ralentira la poursuite, tout en permettant à l'infanterie de ne pas se laisser accrocher. Il est certain, en effet, que, lorsque deux infanteries se trouvent à une centaine de mètres par exemple l'une de l'autre, celle qui se retire ne peut le faire qu'en désordre et en essuyant des pertes considérables : elle est accrochée. Si on se retire, au contraire, lorsque l'ennemi est encore à 500 ou 600 mètres, pour peu que le terrain soit couvert ou accidenté, il est possible d'abandonner sa position en ordre et de se soustraire assez rapidement aux vues et aux coups de l'adversaire. Dans une retraite bien conduite, c'est donc l'artillerie qui jouera le principal rôle, l'infanterie lui servant pour ainsi dire d'escorte. Toutes les fois qu'une position favorable le lui permettra, l'artillerie, soutenue par l'infanterie, s'arrêtera, et tirera sur les colonnes poursuivantes. Celles-ci, obligées de se déployer et de manœuvrer pour se soustraire à ce feu, perdront du temps. Dès qu'elles deviendront dangereuses, l'arrière-garde continuera son mouvement de retraite pour aller recommencer le même jeu plus loin, jusqu'au moment où le gros des troupes qui se retirent étant hors des atteintes de l'ennemi, l'arrière-garde elle-même cherchera à se dérober complètement à la poursuite, en général à la faveur de la nuit.

Commandant COLONNA-CECCALDI.

# CHAPITRE VI

## LE THÉATRE DES OPÉRATIONS

Le théâtre des opérations est la *zone territoriale dans laquelle opèrent les armées placées sous un même commandement.*

### Zone de concentration.

La guerre déclarée, tous les réseaux ferrés passent, *ipso facto*, sous l'autorité directe du Ministre de la guerre, et les transports de mobilisation ont lieu immédiatement.

Les chemins de fer transportent les troupes dans la *zone de concentration*, conformément aux prévisions établies dès le temps de paix. Chaque corps d'armée dispose d'un certain nombre de *gares de débarquement* dans la zone qui lui est destinée et, chaque jour, les troupes débarquées vont occuper les *cantonnements de concentration*, également prévus dès le temps de paix. C'est de cette zone, immense place de rassemblement, que les armées s'ébranlent pour se porter vers l'ennemi.

Le Ministre de la guerre délimite la zone du territoire qui sera placée sous l'autorité du général commandant en chef, de façon qu'il puisse y organiser, en toute indépendance, tous les mouvements de troupes et les opérations des services de l'arrière.

### Zone de l'intérieur. — Zone des armées.

La *ligne de démarcation* fixée par le Ministre sépare la *zone de l'intérieur*, qui reste sous son autorité, et la *zone des armées*, sous les ordres du général commandant en chef. Cette ligne de démarcation est forcément une limite administrative (département, canton, commune) et non une limite naturelle (fleuve, route, etc.), car c'est l'exercice du droit de réquisition qui détermine la nature de cette limite, et ce droit s'exerce par commune. Cette limite administrative est doublée de celle qui sépare le réseau des voies ferrées de l'intérieur aux *stations de transition* du réseau des armées.

La zone des armées se divise en deux parties : la *zone de l'avant*, qui est celle occupée et exploitée par les troupes d'opérations, et la *zone de l'arrière*, située en arrière de la précédente et occupée par tous les services de l'arrière.

### Zone de l'avant.

Dans la zone de l'avant se trouvent les troupes et tout ce qui leur est immédiatement nécessaire pour subsister et combattre.

Par troupes, il faut entendre les corps d'armée qui constituent les grandes unités tactiques capables de vivre et de combattre avec leurs seules ressources. Leurs organes de ravitaillement sont, pour chacun d'eux, le *train de combat*, le *groupe des parcs*, le *groupe des convois*.

*a*) Le train de combat d'un corps d'armée comprend :

Des ambulances en nombre variable (deux ou quatre suivant les besoins probables);

Des sections d'hospitalisation (deux ou quatre suivant les besoins);

Un groupe de brancardiers de corps;

Le 1ᵉʳ échelon du parc d'artillerie.

*b*) Le groupe des parcs comprend :

Les 2ᵉ et 3ᵉ échelons du parc d'artillerie;

Le parc du génie;

Des ambulances en nombre variable, suivant qu'il y en a plus ou moins au T. C.;

Des sections d'hospitalisation en nombre variable, suivant qu'il y en a plus ou moins au T. C.

*c*) Le groupe des convois comprend :

Le convoi administratif (deux sections);

Le parc de bétail (un jour);

Le dépôt de remonte mobile;

La réserve de commis et ouvriers d'administration.

Ces trois organes de ravitaillement de corps d'armée s'échelonnent en arrière des troupes, sur une profondeur variable suivant les circonstances, et les suivent dans leurs mouvements.

Ils constituent en arrière des troupes une colonne de 12 kilomètres qui, malgré qu'elle soit scindée en trois groupements, n'est pas d'un maniement facile.

### Zone de l'arrière.

Cette zone, commune à toutes les armées opérant sur le même théâtre d'opérations, est placée sous les ordres du *directeur de l'arrière*, qui est un général de division ne relevant que du général commandant en chef le groupe d'armées. Il a, pour le seconder dans l'organisation et le fonctionnement des chemins de fer, un officier général ou supérieur appelé *directeur des chemins de fer*.

### Zone des étapes.

La zone des étapes est cette portion de la zone de l'arrière spéciale à chaque armée. Elle avoisine la zone de l'avant et joue dans les ravitaillements et les évacuations un rôle prépondérant. C'est dans cette zone que se trouvent la plupart des divers organes qui, en dehors du service des chemins de fer dont le fonctionnement est indépendant, constituent les *services de l'arrière*, immense organisme ayant sa vie propre, mais dont le but unique est d'assurer celle de l'armée en la reliant constamment avec les sources de production du territoire national. Ce sont eux qui ont mission de lui expédier tout le personnel et le matériel dont elle a besoin, comme de la débarrasser des éléments inutiles qui risqueraient de l'encombrer.

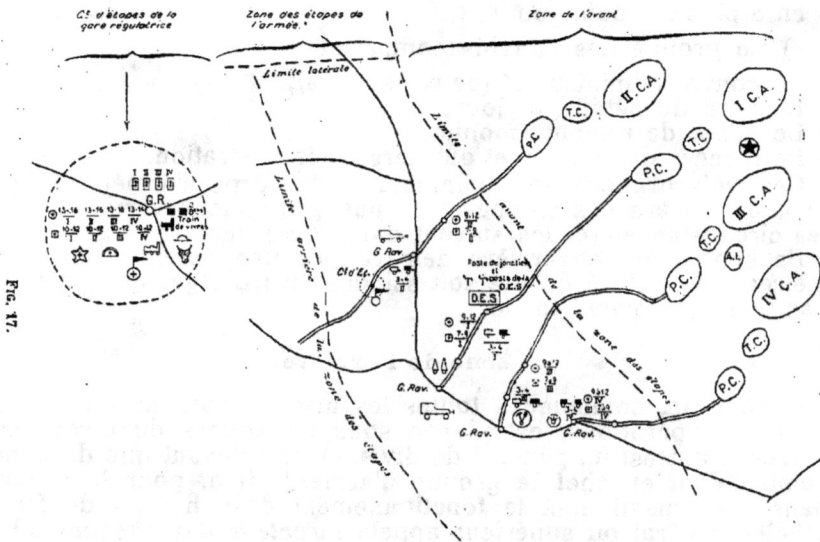

Fig. 17.

NOTA. — Les formations sanitaires d'armée attelées (4 ambulances et 3 S. Hos. par C. A.) font partie des groupes de marche dont les autres éléments d'étapes sont figurés dans ce croquis. Ici, ces groupes sont au nombre de 4; ils peuvent n'être que de 3 ou de 2 pour une armée de 4 C. A. — Les formations non attelées figurent à la G. R.

ORGANES DE LA ZONE DES ÉTAPES D'UNE ARMÉE

| | | vide |
|---|---|---|
| | Convoi administratif d'armée (sections 3 et 4 de chaque corps d'armée)................ | |
| | | pleine |
| Intendance............ | Boulangerie d'armée (1 par corps d'armée)................ | |
| | Parc de bétail d'armée (quand il est constitué)................ | |
| | Entrepôt de bétail de la G. R................ | |
| | Ambulances d'armée (8 par corps d'armée dont 4 attelées)................ | |
| | Sections d'hôpital d'évacuation (6 par corps d'armée dont 3 attelées)................ | |
| | Hôpitaux d'évacuation (1 par corps d'armée)................ | |
| | Réserve de personnel sanitaire d'armée................ | |
| Service de santé...... | Réserve de matériel sanitaire d'armée................ | |
| | Ambulances et sections d'hospitalisation immobilisées (éventuellement)................ | |
| | Dépôts d'éclopés................ | |
| | Dépôts d'éclopés et de convalescents................ | |
| | Les trains sanitaires................ | |
| Service des transports (organes d'armée). | Convois auxiliaires................ | |
| | Convois éventuels................ | |
| | Compagnie lourde automobile................ | |
| Artillerie............ | Echelon sur route................ | |
| Génie................ | Parc du génie d'armée................ | |

— 117 —

Zone des Armées (Réseau des Armées).

**Zone de l'intérieur.**

(Réseau de l'intérieur).

Zone de l'arrière

Zone de l'avant 1ᵉC.

Zone de l'arrière proprement dite.

Zone des étapes de la 1ʳᵉ Armée

G.R.O.

6. de rassembl du 1ᵉ C.

Ligne de communication de la 1ʳᵉ Armée

Inf. de gare

Poste de jonction

St. Mag. de la 1ʳᵉ Armée

Halte-repas

L. C.

G.R.O.

St de démarcation

Poste de la Dir. des Et.

G.R.

Gare de répartition du 1ᵉ C.

Limite intérieure de la zone des étapes.

Ligne de communication de la 2ᵉ Armée

Zone des étapes de la 2ᵉ Armée

2ᵉ Armée

St de démarcation

G.R.

Zone des étapes de la 3ᵉ Armée

St de démarcation

3ᵉ Armée

Ligne de communication de la 3ᵉ Armée

G.R.

St de transition

Schéma des lignes de communication et des zones du théâtre d'opérations.

Les principes généraux qui doivent présider au fonctionnement des services de l'arrière découlent des caractéristiques suivantes :

1° Il faut que les services de l'arrière soient en liaison intime avec les services de l'avant pour que ceux-ci reçoivent satisfaction sans retard;

2° Il faut aux services de l'arrière une organisation qui permette au commandement de n'avoir point le souci direct du ravitaillement et d'avoir la certitude de pouvoir utiliser en toutes circonstances ses organes de l'avant, constamment entretenus en état par l'arrière.

A ces conditions seulement l'armée peut conserver sa liberté d'action.

Les organes du service de l'arrière existant dans la zone des étapes sont (1) :

Les convois administratifs d'armée;
Le parc de bétail d'armée;
Les boulangeries de campagne d'armée;
Les ambulances d'armée;
Les sections d'hospitalisation d'armée;
La réserve de personnel sanitaire d'armée;
La réserve de matériel sanitaire;
Les hôpitaux d'évacuation;
Les ambulances immobilisées;
Le parc d'artillerie d'armée;
Le parc du génie d'armée;
Les trains sanitaires;
Les convois, auxiliaires, éventuels, automobiles.

Le mouvement, l'alimentation, le stationnement de ces organes sont réglés par le directeur des étapes et des services de chaque armée.

La zone des étapes est organisée, dans chaque armée, peu après que les troupes d'opérations ont quitté la zone de concentration. Les limites arrière et latérales de cette zone sont fixées par le directeur de l'arrière. La limite avant de la zone des étapes est fixée par chaque commandant d'armée. Il faut remarquer la nature différente de ces diverses limites.

Les limites arrière et latérales sont des limites administratives parce qu'elles ont pour but de séparer les zones dans lesquelles doit s'exercer le droit de réquisition pour chaque armée; la limite avant a pour but de délimiter la zone des cantonnements entre les troupes et services des corps d'armée de ceux affectés aux services dépendant de l'armée, afin d'éviter un double emploi. Comme cette limite intéresse seulement chaque armée en particulier, elle est fixée par le commandant de chaque armée, qui prend une limite naturelle (route, rivière, chemin de fer) plus aisée à déterminer sur la carte qu'une limite administrative, qui ne se voit pas sur le terrain. Ces limites sont modifiées souvent, puisque la zone des étapes avoisine la zone de l'avant qui se déplace suivant le mouvement des troupes.

---

(1) Voir le croquis n° 17, Organisation de la zone des étapes.

## Directeur des étapes et des services.

Il a été dit plus haut que, sous l'autorité du général commandant le groupe d'armées, le directeur de l'arrière avait la haute
direction dans la zone de l'arrière du groupe d'armée. Dans chaque
armée ce rôle incombe au directeur des étapes et des services
dans la portion de la zone de l'arrière qui constitue la zone des
étapes de cette armée. Si celle-ci opère isolément, son directeur
des étapes et services remplit en même temps les fonctions de
directeur de l'arrière et en prend le titre. Le directeur des étapes
et services d'une armée est un général de division qui relève directement du général commandant l'armée au même titre que les
commandants de corps d'armée.

Il a une double fonction :

Comme directeur des étapes, il a le commandement territorial
de la zone d'étapes de l'armée.

1° Il doit assurer l'alimentation et le cantonnement de tous les
organes de l'armée qui séjournent dans la zone d'étapes;

2° Il est chargé d'organiser les dépôts d'éclopés et convalescents
en groupant les éclopés laissés par l'armée dans les *dépôts d'éclopés* de la zone de l'avant, d'organiser également des dépôts de
chevaux malades;

3° Il exploite les ressources locales de la zone des étapes pour
renouveler les approvisionnements de l'armée et crée, s'il y a lieu,
des magasins dans cette zone;

4° Il entretient les routes et crée les communications télégraphiques nécessaires;

5° Il organise les routes d'étapes lorsque l'armée s'éloigne du
chemin de fer ou que ceux-ci deviennent inutilisables pour une
raison quelconque;

6° Il assure la sûreté des derrières de l'armée avec le concours
de la gendarmerie et des troupes d'étapes;

7° Il a le commandement sur tous les organes d'étapes situés
sur la ligne de communication de l'armée.

Pour faire face à ces multiples obligations, il est secondé par
des intermédiaires qui sont les *commandants d'étapes*, qu'il installe au fur et à mesure des besoins et auxquels il fixe les limites
du territoire et leur commandement.

Ces officiers remplissent les fonctions de commandants d'armes
et disposent des troupes d'étapes. Celles-ci comprennent de l'infanterie, de la cavalerie, du génie, du train (1).

Comme directeur des services, le directeur des étapes et des
services assume la lourde tâche de diriger tous les services de
l'armée.

Il a la haute surveillance et la direction d'ensemble de tous les
services de l'armée, tant dans la zone de l'avant que dans celle
des étapes, à l'exception toutefois des services de l'artillerie et du
génie de l'avant, qui relèvent directement du commandant de l'armée et de celui de la télégraphie militaire de première ligne, qui

---

(1) Voir, à la fin du chapitre, le tableau du personnel des commandements
d'étapes, tiré du *Vade-mecum de l'officier d'état-major.*

relève du chef d'état-major de l'armée. Il reçoit donc toutes les demandes de ravitaillement ou d'évacuation émanant des corps d'armée et y donne satisfaction.

Ces nombreuses et importantes fonctions ne peuvent être remplies que par un organe de commandement· puissamment outillé; aussi le directeur des étapes et des services est-il secondé par un personnel important. Indépendamment de son état-major il a auprès de lui les directeurs des grands services et les chefs des petits services.

Le service de santé est représenté à la direction des étapes et des services par le *médecin de l'armée*, qui est à la fois directeur du service de santé de l'armée et directeur du service de santé des étapes. Toutefois, dans ces dernières fonctions, il est secondé par un médecin principal de 1ʳᵉ classe, chef du service de santé des étapes et un médecin-major de 1ʳᵉ classe éventuellement destiné à remplir les fonctions de médecin chef du commandement d'étapes de champ de bataille. Le médecin de l'armée joue, auprès du directeur des étapes et des services, le même rôle que le directeur du service de santé d'un corps d'armée auprès du commandant du corps d'armée.

L'intendance est représentée d'une manière analogue, ainsi que tous les autres services, artillerie, génie, service vétérinaire, télégraphie, prévôté, trésorerie et postes.

La place normale du directeur des étapes et des services et de son état-major est avec le premier groupe du quartier général de l'armée. Il est ainsi à la source même des renseignements et fait prévoir toutes les mesures que créeront les diverses situations. Quant à son quartier général, qui comprend la plus grande partie du personnel des services, il sera le plus souvent en arrière dans la zone des étapes, mais en relations continuelles avec lui par le poste de la direction des étapes et des services et le poste de jonction.

### Service des chemins de fer aux armées.

Le service des chemins de fer est dirigé par un officier général ou supérieur, qui prend le titre de *directeur des chemins de fer* et exerce ses attributions sous l'autorité du *directeur de l'arrière* sur tout le réseau des armées. Il est assisté d'un ingénieur des chemins de fer, d'un personnel technique et d'un personnel militaire.

Il assure le service :

1° Par l'intermédiaire des commissions de réseau sur toutes les lignes où peut être employé le personnel des compagnies nationales;

2° Par l'intermédiaire des commissions du chemin de fer de campagne, sur toutes les autres lignes, à l'aide des troupes de chemin de fer.

Les stations dites *stations de transition* sont les points où se fait la substitution du personnel militaire à celui des compagnies.

Les *gares de ravitaillement* sont les points de contact entre les équipages des armées et le service des chemins de fer.

### Ligne de communication et ses organes principaux.

La division du théâtre des opérations en plusieurs zones assure le commandement territorial dans des conditions favorables à la vie des armées. Mais la continuité des relations avec le territoire national se fait au moyen d'une ligne de communication par voie ferrée qui relie chaque armée à l'intérieur du pays.

Les divers organes échelonnés sur la ligne de communication sont les *gares de rassemblement*, les *stations haltes-repas*, les *infirmeries de gare*, les *stations-magasins*, les *stations de transition*, les *gares de débarquement*, les *gares de ravitaillement*, les *gares origine d'étapes*, les *gares de répartition*, les *gares d'évacuation*, les *gares régulatrices*.

L'attention doit se fixer surtout sur les organes suivants :

*Stations-magasins.* — Ce sont les entrepôts d'approvisionnements destinés aux armées, intermédiaires entre le pays producteur et les armées consommateurs. Les quatre grands services (intendance, santé, artillerie, génie) y ont leurs approvisionnements lotis dans des hangars distincts et d'après les fixations arrêtées par le Ministre.

La station-magasin envoie sans ordres, chaque jour, à la gare régulatrice (G. R.) des trains de vivres portant un jour de pain, petits vivres, lard et avoine pour l'effectif de l'armée et toutes les autres denrées qui lui sont demandées.

Elle s'alimente elle-même, pendant la durée de la guerre, aux arsenaux et aux magasins centraux ou directement aux sources mêmes de production par l'envoi des denrées amassées par les comités départementaux de ravitaillement.

L'officier supérieur qui commande la station-magasin est placé sous les ordres du directeur des étapes et des services, et comme il est, en outre, commissaire militaire de la gare à la station-magasin, il dépend du service des chemins de fer et reçoit à ce titre, de la commission régulatrice, toutes les indications relatives aux trains à mettre en mouvement.

*Gare régulatrice.* — C'est un organe de grande importance dont le rôle principal est d'assurer tous les transports à destination ou en provenance de l'armée. C'est une gare terminus pour les expéditions venant de l'intérieur; c'est une gare de formation et d'expédition pour les ravitaillements vers l'avant ou les évacuations sur l'intérieur. Toutes les commandes viennent y converger et deux organes importants y ont leur siège, l'un pour coordonner les demandes, l'autre pour en assurer le transport. Ce sont : la *commission régulatrice* et le *commandement d'étapes de la G. R.*

*Commission régulatrice.* — C'est uniquement un organe de chemin de fer. Elle est composée comme une sous-commission de réseau (1 officier supérieur, commissaire militaire; 1 agent technique de l'exploitation; 1 officier d'état-major). Elle est chargée de régler tous les transports demandés à la gare régulatrice. Son action s'étend exclusivement sur les voies ferrées dont l'usage a été réservé à l'armée desservie par la gare régulatrice et qui ont été fixées, aussitôt après la concentration, par le directeur de l'arrière. C'est ce que l'on nomme la zone d'action de la commission régulatrice.

Il ne faut pas confondre cette commission avec la *commission de gare de la gare régulatrice*, qui n'est qu'un organe local d'exécution, composée d'un officier appelé commissaire militaire et du chef de gare. Le commissaire militaire est l'intermédiaire obligé entre les autorités militaires et le personnel de la gare, mais son pouvoir ne dépasse pas les limites de la gare.

*Commandement d'étapes de la G. R.* — Le deuxième organe important placé à la gare régulatrice est le commandement d'étapes de gare régulatrice. C'est, comme le nom l'indique, un organe de commandement territorial fonctionnant à côté de la commission régulatrice, organe de chemin de fer.

Le commandant d'étapes dispose d'un personnel de tous les services d'étapes : intendance, santé, artillerie, génie, etc., et des troupes d'étapes (voir, à la fin du chapitre, le tableau du personnel des divers commandements d'étapes).

Il a un triple rôle :

1° Assurer le service de la localité et des gares voisines, véritables annexes de la gare régulatrice, comme un véritable commandant d'armes;

2° Le service de la gare en fournissant à la commission de gare le personnel de corvées et de police qui lui est nécessaire pour le chargement des trains et l'emmagasinement des denrées;

3° Le service des G. de R. par l'envoi du personnel des divers services et de corvée qui accompagnent chaque jour les trains de ravitaillement quotidien aux G. de R.

Il est en outre le délégué du directeur des étapes et des services et, à ce titre, chargé d'assurer le renouvellement des vivres qui doivent exister en permanence (sur wagon) à la G. R. ou dans les gares voisines en correspondant directement avec la station-magasin pour les envois de vivres.

Les chefs des divers services lui adressent les demandes relatives à leur service. L'intendance doit toujours avoir à la G. R. *des trains de vivre prêts à partir, à raison d'un jour de vivres pour toute l'armée*, indépendamment *des trains de ravitaillement quotidiens.*

L'artillerie y a son échelon de G. R. Le service de santé y a des sections d'hôpital d'évacuation ou des hôpitaux d'évacuation entiers et des trains sanitaires permanents et improvisés prêts à être dirigés vers l'avant, des ambulances et sections d'hospitalisation, une réserve de personnel, une réserve de matériel sanitaire.

Chaque service possède ses voies, ses halles de transbordement, ses wagons en manutention. Les divers en-cas mobiles, trains de vivres, de munitions, y stationnent.

La G. R. n'est pas cependant un entrepôt intermédiaire entre les stations-magasins et l'armée, car le personnel et le matériel ne font que transiter; on n'y place que le matériel et les denrées dont les armées peuvent avoir un besoin immédiat. C'est un centre administratif très actif où se font des mouvements de matériel et de trains incessants et on estime à 8 kilomètres le nombre de voies nécessaires pour assurer ces divers services.

### Gares de ravitaillement.

Au delà de la G. R. se trouvent les stations désignées sous le nom de gares de ravitaillement, gares d'évacuation, gares origines d'étapes.

Les gares de ravitaillement sont les gares où les équipages du corps d'armée prennent le contact avec les services de l'arrière pour le ravitaillement ou les évacuations. Elles changent donc chaque jour en suivant le mouvement de l'armée; c'est pourquoi leur organisation n'est que transitoire. Leur chef, le commandant d'étapes de G. de R., n'entre en fonction qu'à l'arrivée du train, qui l'a d'ailleurs amené et le ramène le même jour à la G. R.

### Gares origines d'étapes.

Les gares origines d'étapes sont le point de départ des routes d'étapes lorsque les armées s'éloignent des voies ferrées; elles deviennent alors le centre d'un commandement d'étapes, et une partie des services qui fonctionnaient à la G. R. y sont transportés pour constituer un dépôt plus proche de l'armée.

### Têtes d'étapes.

Les différentes localités qui jalonnent la route d'étapes d'une armée se nomment gîtes d'étapes ou gîtes principaux d'étapes et enfin tête d'étapes, point où s'établit le contact entre les organes de l'arrière et les services de l'avant qu'il s'agit de ravitailler.

Gares de ravitaillement et têtes d'étapes ont donc le même rôle : elles établissent le point de contact des services de l'avant et de l'arrière, soit que les ravitaillement se fassent directement par les voies ferrées, soit par l'intermédiaire des routes d'étapes à l'aide des convois administratifs, auxiliaires ou éventuels.

Le service des transports par eau sur le réseau navigable des armées est centralisé, sous la haute direction du directeur de l'arrière, par une commission permanente dite *commission de navigation de campagne*.

Lorsqu'une partie du réseau navigable est mise à la disposition d'une armée, le service y est dirigé par une *sous-commission de navigation de campagne* sous la haute direction du directeur des étapes et services de cette armée.

Toutes les données précédentes sont schématisées dans les croquis n°° 18 et 19 ci-joints.

# ORGANISATION DES LIGNES DE COMMUNICATION D'UNE ARMÉE

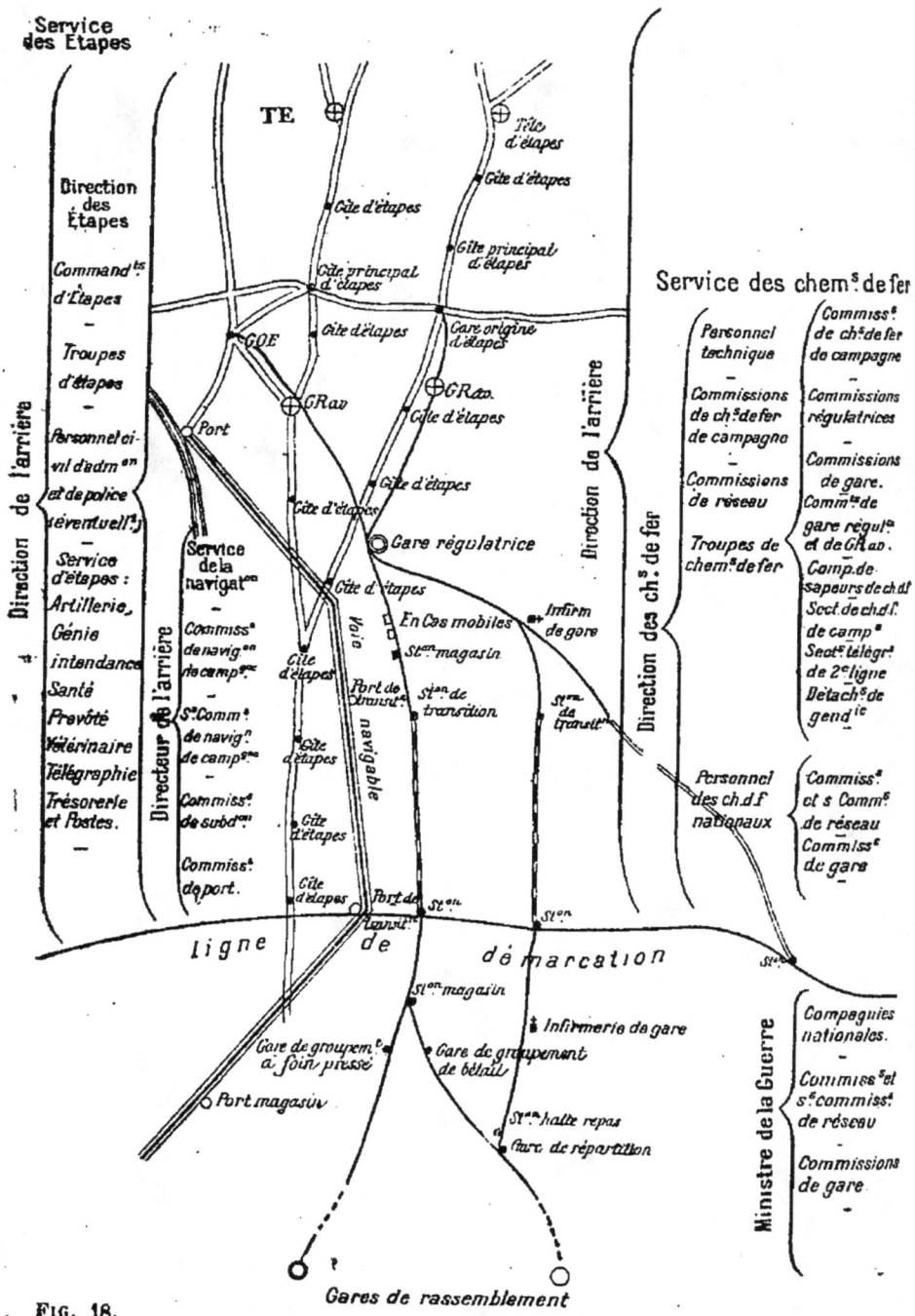

Service des Étapes

TE

Direction des Étapes

Command<sup>ts</sup> d'Étapes

Troupes d'étapes

Personnel civil d'adm<sup>on</sup> et de police (éventuell<sup>t</sup>)

Service d'étapes :
Artillerie, Génie
Intendance
Santé
Prévôté
Vétérinaire
Télégraphie
Trésorerie et Postes.

Direction de l'arrière

Directeur de l'arrière

Service de la navigat<sup>on</sup>

Commiss<sup>e</sup> de navig<sup>on</sup> de camp<sup>e</sup>

S<sup>s</sup>.Comm<sup>e</sup> de navig<sup>on</sup> de camp<sup>gne</sup>

Commiss<sup>e</sup> de subd<sup>on</sup>

Commiss<sup>e</sup> de port.

GOE

Port

GRav

Voie

Voie navigable

Tête d'étapes
Gîte d'étapes
Gîte d'étapes
Gîte principal d'étapes
Gîte principal d'étapes
Gîte d'étapes
Gare origine d'étapes
GRav
Gîte d'étapes
Gîte d'étapes
Gîte d'étapes
Gare régulatrice
Gîte d'étapes
En Cas mobiles
St<sup>on</sup> magasin
Port de transit
St<sup>on</sup> de transition
Gîte d'étapes
Gîte d'étapes
Gîte d'étapes
Port de transit
St<sup>on</sup>
St<sup>on</sup> magasin

Infirm de gare
St<sup>on</sup> de transit
St<sup>on</sup>

ligne de démarcation

Gare de groupem<sup>t</sup> à foin pressé
Port magasin
Gare de groupement de bétail
Infirmerie de gare
St<sup>on</sup> halte repas
Gare de répartition

Direction de l'arrière
Direction des ch<sup>s</sup> de fer

Service des chem<sup>s</sup> de fer

Personnel technique

Commissions de ch<sup>s</sup> de fer de campagne

Commissions de réseau

Troupes de chem<sup>s</sup> de fer

Commiss<sup>t</sup> de ch<sup>s</sup> de fer de campagne

Commissions régulatrices

Commissions de gare.
Comm<sup>e</sup> de gare régul<sup>e</sup> et de GRav.

Camp. de sapeurs de ch. d. f.
Sect. de ch. d. f. de camp<sup>e</sup>
Sect<sup>e</sup> télégr<sup>e</sup> de 2<sup>e</sup> ligne
Détach<sup>ts</sup> de gend<sup>ie</sup>

Personnel des ch. d. f nationaux

Commiss<sup>t</sup> et s Comm<sup>e</sup> de réseau
Commiss<sup>e</sup> de gare

Ministre de la Guerre

Compagnies nationales.

Commiss<sup>s</sup> et s<sup>s</sup> commiss<sup>t</sup> de réseau

Commissions de gare.

Gares de rassemblement

FIG. 18.

# COORDINATION DES SERVICES DES CHEMINS DE FER ET DES ÉTAPES.

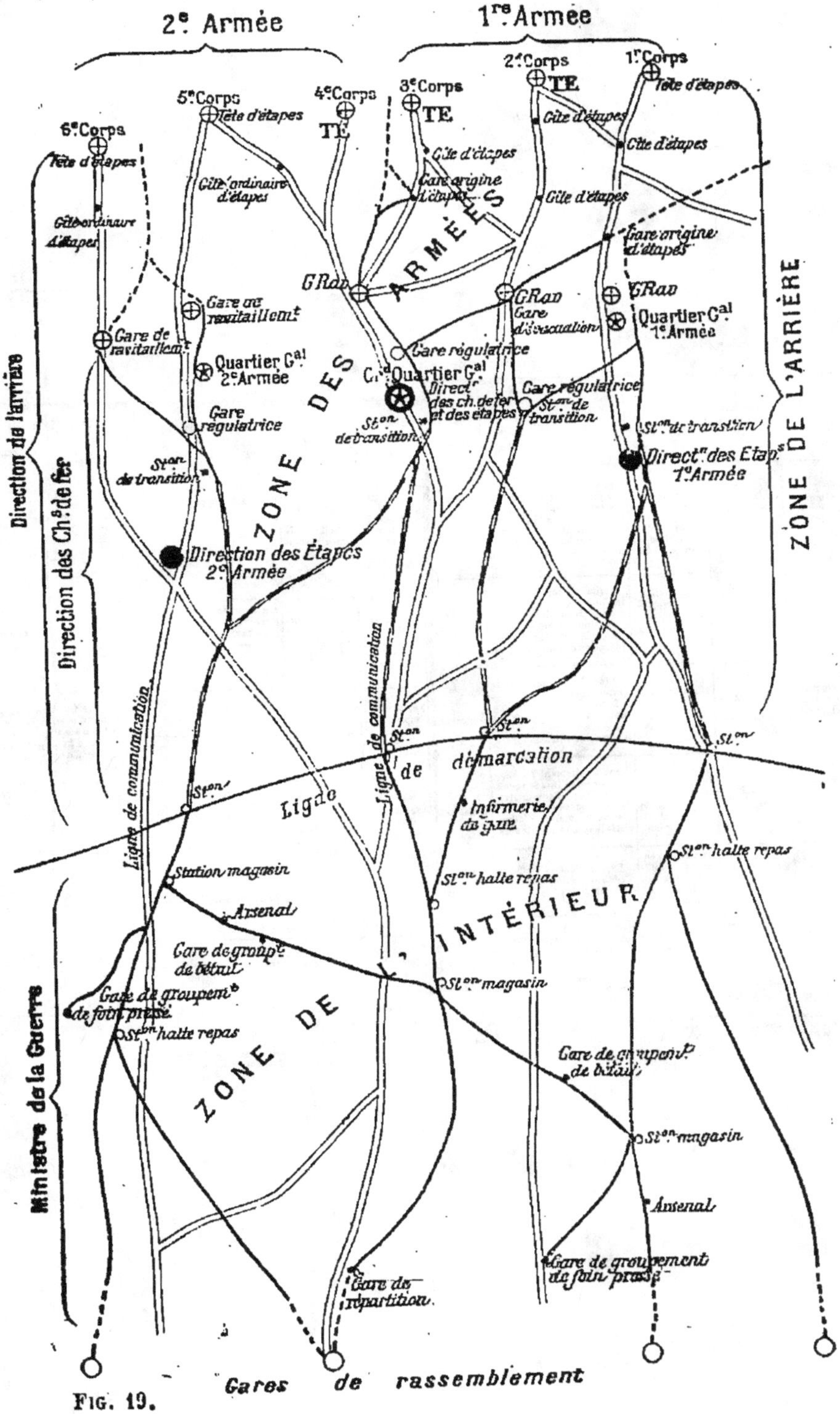

FIG. 19.

### Personnel des commandements d'étapes.

| COMMANDEMENTS D'ÉTAPES. | COMMANDANTS d'étapes et adjoints. (b) | GÉNIE. | INTENDANCE. | PRÉVÔTÉ. | TRÉSORERIE et postes. | ARTILLERIE. | TROUPES D'ÉTAPES. (b) | SERVICE de SANTÉ. | SERVICE de LA TÉLÉGRAPHIE militaire. |
|---|---|---|---|---|---|---|---|---|---|
| 1 | 2 | 3 | 4 | 5 | 6 | 7 | 8 | 9 | 10 |
| Commandement d'étapes de gare régulatrice. (A) | 10 à 14 officiers. | 1 chefferie [1 (ou 2) officiers d'administration du génie]. | 2 fonctionnaires de l'intendance. 2 (ou 4) officiers d'administration des bureaux de l'intendance et de l'habillement et du campement. 2 à 5 officiers d'administration des subsistances militaires. | 8 à 15 gendarmes. | 6 à 9 agents supérieurs et agents. 6 à 12 sous-agents. | Échelon de gare régulatrice. | De 4 à 8 compagnies d'infanterie. Éventuellement 1 peloton de cavalerie. De 25 à 150 commis et ouvriers militaires d'administration. | Un centre hospitalier : 1 ou plusieurs hôpitaux (ou sections d'hôpital) d'évacuations. | Les bureaux d'étapes sont organisés (territoire national) avec les ressources existantes et renforcés au besoin par du personnel détaché des sections techniques de télégraphie. En territoire ennemi, le personnel des bureaux sera constitué avec le personnel des sections précitées. |
| Commandement d'étapes d'origine d'étapes. | 2 à 3 officiers. | 1 chefferie (1 ou 2 officiers, 2 ou 3 officiers d'administration). | 1 (ou 2) fonctionnaires de l'intendance. 1 (ou 2) officiers d'administration des bureaux. 2 ou 3 officiers d'administration des subsistances. | 5 à 10 gendarmes. | 3 à 5 agents supérieurs et agents. 3 à 6 sous-agents. | Un détachement de l'échelon de gare régulatrice. | 2 à 4 compagnies d'infanterie. Éventuellement 1 peloton de cavalerie. 30 à 100 commis et ouvriers militaires d'administration. | Id. | |
| Commandement d'étapes de tête d'étapes. (c) | 10 à 14 officiers. | 1 (ou 2) officiers, 2 ou 3 officiers d'administration. | 2 (ou 4) fonctionnaires de l'intendance. 2 ou 3 officiers d'administration des bureaux. 3 à 5 officiers d'administration des subsistances. | 5 à 12 gendarmes. | 3 ou 4 agents supérieurs et agents. 3 à 4 sous-agents. | » | 2 à 4 compagnies d'infanterie. 1 à 2 pelotons de cavalerie. 50 à 100 commis et ouvriers militaires d'administration. | 1 ou plusieurs hôpitaux d'évacuations ou sections d'hôpital d'évacuation. | |
| Commandement d'arrondissement ou de gîte principal d'étapes. | 2 à 3 officiers. | Éventuellement 1 chefferie (1 officier, 1 [ou 2] officiers d'administration). | Éventuellement : 1 fonctionnaire de l'intendance. 1 officier d'administration des bureaux. 1 ou 2 officiers d'administration des subsistances. | 3 à 5 gendarmes. | 3 ou 4 agents et sous-agents. | Éventuellement petit détachement de l'échelon de gare régulatrice. | 1 à 2 compagnies d'infanterie, éventuellement 1 peloton de cavalerie. Un petit détachement d'ouvriers d'administration. | Une infirmerie d'étapes, éventuellement un hôpital du pays ou hôpital auxiliaire. | |
| Commandement d'étapes (gîte ordinaire). | 1 (ou 2) officiers. | Éventuellement 1 officier d'administration du génie. | Éventuellement 1 officier d'administration des subsistances. | Éventuellement 2 à 4 gendarmes. | Éventuellement 2 agents, 1 ou 2 sous-agents. | » | 1/4 à 1 compagnie d'infanterie. | Id. | |
| Commandement d'étapes de champ de bataille. | La composition du commandement d'étapes organisé pour l'occupation d'un champ de bataille, est essentiellement variable ; ce commandement comprend notamment, indépendamment du commandant d'étapes et de ses adjoints, des personnels des services de l'artillerie, de santé, prévôté, etc..., un ou plusieurs bataillons d'infanterie, un ou plusieurs escadrons de cavalerie. | | | | | | | | |

(A) Les effectifs maxima des colonnes 2, 4, 5, 6, 8, correspondent au cas où l'armée étant desservie par les voies ferrées, le service des G. kir. est assuré par le personnel du commandement d'étapes de gare régulatrice.

(b) À chaque officier (porté dans la colonne [3]) correspond un groupe de 4 à 7 hommes de troupe.

(c) Les effectifs varient suivant qu'il est organisé une ou deux routes d'étapes et que, par suite, 1 ou 1 têtes d'étapes et 1 ou plusieurs origines d'étapes.

(D) Indépendamment des troupes d'infanterie et de cavalerie portées dans cette colonne, les troupes d'étapes peuvent comprendre des unités d'artillerie, du génie et du train des équipages.

Serv. de santé.

5

# CHAPITRE VII

## TÉLÉGRAPHIE — TRÉSOR ET POSTES AUX ARMÉES

## I

### Télégraphie militaire.

Le service de la télégraphie militaire aux armées a pour objet l'organisation et le fonctionnement, en vue des besoins du commandement, des communications électriques et optiques nécessaires pour relier le grand quartier général avec le territoire et avec les armées; chaque armée avec le territoire et avec les armées voisines, et enfin les différents organes d'une même armée entre eux.

Les formations télégraphiques de campagne sont organisées :

*Par groupes d'armées :*

Un personnel militarisé de l'administration des postes et des télégraphes, placé sous l'autorité du directeur de l'arrière et relevant du fonctionnaire supérieur militarisé de cette administration;

Des postes radiotélégraphiques mobiles, placés sous l'autorité du major général et dirigés par un officier supérieur du génie.

*Par armée :*

Un service de 2ᵉ ligne, placé sous l'autorité du directeur des étapes et des services, dirigé par un fonctionnaire supérieur, militarisé, des postes et télégraphes, chef de service;

Un service de 1ʳᵉ ligne, fonctionnant sous l'autorité directe du chef d'état-major général, dirigé par un officier supérieur du génie chef de service.

*Par corps d'armée :*

Service fonctionnant sous l'autorité directe du chef d'état-major du corps d'armée, et dirigé par l'officier commandant le détachement de sapeurs télégraphistes.

*Par division de cavalerie :*

Service fonctionnant sous l'autorité du chef d'état-major de la division et dirigé par un officier du génie.

Le réseau télégraphique militaire ne doit comprendre que les communications indispensables.

Les communications ne doivent être utilisées que pour la transmission des télégrammes en provenance ou à destination des autorités désignées respectivement par les généraux commandants d'armée ou les généraux commandants de corps d'armée.

Les consignes particulières de chaque poste indiquent les destinations pour lesquelles les télégrammes peuvent être acceptés par le poste.

Pendant la période de combat, les troupes engagées ou au contact immédiat de l'ennemi, et en tout temps, les organes de renseignements peuvent utiliser les bureaux civils ou postes militaires les plus à leur portée.

Les télégrammes, et tout particulièrement les radiotélégrammes, doivent être aussi concis que possible. Pour des raisons techniques (collationnement, transit, etc.), il y a intérêt à ne pas dépasser cinquante mots environ. Si la dépêche doit être longue, il y a avantage à la scinder en plusieurs parties transmises séparément suivant un ordre d'urgence.

Tout télégramme doit être remis au chef de poste, rédigé par écrit et revêtu de la signature et, si possible, du cachet de l'autorité qui l'expédie. Il est formellement interdit à un télégraphiste d'écrire un télégramme sous la dictée.

L'heure de dépôt des télégrammes est comptée de 0 à 24, de minuit à minuit, les indications « matin », « soir », ne sont pas employées.

Lorsqu'il y a affluence de télégrammes dans un poste, il convient d'y détacher temporairement un officier d'état-major qui a pour mission de diriger le fonctionnement du poste, de classer par ordre d'urgence les télégrammes à expédier et d'en faire assurer la transmission dans l'ordre voulu.

### Service télégraphique de groupes d'armées.

Le réseau télégraphique d'un groupe d'armées comprend normalement les communications télégraphiques, téléphoniques et optiques nécessaires pour relier :

1° Le grand quartier général d'une part avec le siège du gouvernement (Ministre), d'autre part avec les armées et les places fortes ou détachements spécialement désignés;

2° Les armées entre elles et chacune d'elles avec le territoire.

Le directeur de l'arrière traite les questions concernant l'organisation et le fonctionnement des communications télégraphiques et téléphoniques du réseau du groupe d'armées.

Le major général fait connaître au directeur de l'arrière :

1° L'emplacement des quartiers généraux d'armée, etc., avec lesquels le grand quartier général doit être relié;

2° Les places, villes du territoire, à comprendre dans le réseau des armées.

Le directeur de l'arrière délimite le réseau des communications télégraphiques et téléphoniques du groupe d'armées (réseau permanent de l'arrière) en fixant :

a) Pour chaque armée, les points dits *points de raccordement* auxquels le service télégraphique de 2° ligne viendra se souder en vue d'assurer les communications du quartier général de l'armée avec le grand quartier général et avec les quartiers généraux des autres armées.

b) Pour chaque détachement indiqué par le major général ou désigné directement par le directeur de l'arrière comme intéressant son service : un poste ou bureau par lequel seront acheminés les télégrammes à destination ou en provenance du grand quartier général.

Il indique en outre, au directeur des étapes et des services de chaque armée, les fils à employer pour les liaisons de l'armée avec les divers organes de la ligne de communication situés en dehors de la zone des étapes, et, le cas échéant, les limites dans lesquelles le service des étapes pourra utiliser le réseau électrique spécial des chemins de fer.

## Service télégraphique d'armée.

Le réseau télégraphique d'une armée comprend normalement les communications télégraphiques et téléphoniques, nécessaires pour relier le quartier général de l'armée, d'une part, avec le réseau télégraphique du groupe d'armées, les éléments du service des étapes et les organes de la ligne de communication de l'armée, d'autre part, avec les grandes unités entrant dans la composition de l'armée.

Eventuellement, le réseau peut comprendre des communications radiotélégraphiques et optiques.

## Communications télégraphiques et téléphoniques.

*Organisation d'ensemble.* — Le réseau des communications télégraphiques et téléphoniques d'une armée se subdivise en :

a) *Réseau de la zone d'étapes*, organisé et exploité par le service de deuxième ligne;

b) *Réseau de l'avant*, organisé et exploité par le service de première ligne.

La jonction des deux réseaux se fait en un poste appelé *poste de jonction.* C'est toujours ce poste qui est relié au réseau du groupe d'armées par l'intermédiaire de l'un des points de raccordement désignés pour l'armée.

L'exploitation est assurée en avant de ce point par les sections télégraphiques d'armée; en arrière, par les sections télégraphiques d'étapes.

Le commandant de l'armée fixe l'emplacement du *poste de jonction* et arrête la répartition, entre les services de première et de deuxième ligne, des fils télégraphiques et téléphoniques du réseau existant dans la zone de l'armée, abstraction faite des fils réservés pour le réseau du groupe d'armées.

Le commandant de l'armée arrête, en outre, les mesures générales ou ayant un caractère permanent concernant le fonctionnement du service, telles que celles relatives à l'emploi du réseau de l'armée, aux consignes militaires du personnel de l'administration des postes et des télégraphes, aux consignes relatives à la télégraphie privée (1), à la mention à porter sur certains télégrammes pour assurer la priorité de la transmission, etc...

*Réseau de la zone d'étapes.* — D'après les indications qu'il reçoit, d'une part, du directeur de l'arrière, et, d'autre part, du comman-

_____

(1) En principe, dans la zone de l'avant, tous les bureaux et postes télégraphiques et téléphoniques civils et militaires sont interdits à la télégraphie privée.

dant de l'armée, le directeur des étapes et des services donne au chef du service télégraphique de deuxième ligne toutes les instructions nécessaires pour l'organisation et le fonctionnement du réseau de la zone d'étapes.

Le décret du 25 mars 1908, portant organisation générale des services de l'arrière aux armées, fixe (art. 87 à 95 inclus) les règles générales d'organisation et de fonctionnement du service de deuxième ligne.

En outre des bureaux ou postes télégraphiques et téléphoniques destinés à assurer les communications dans la zone des étapes, le service de deuxième ligne organise deux postes spéciaux :

1° Le poste dit « *poste de la direction des étapes et des services* », qui sert à relier le directeur des étapes et des services, d'une part, avec le commandant de l'armée, d'autre part, avec les organes mis à sa disposition et avec le réseau du groupe d'armées;

2° La partie du *poste de jonction* appartenant au réseau de la zone d'étapes.

*Réseau de l'avant.* — Le réseau de l'avant comprend normalement les communications nécessaires pour relier le « *poste du quartier général de l'armée* » :

1° Au poste de jonction;

2° A des postes dits « *postes d'armée* ».

Les postes d'armée, établis en nombre variable d'après les ressources disponibles et la situation militaire, ont pour objet d'assurer les communications télégraphiques et téléphoniques entre le quartier général de l'armée, d'une part, les quartiers généraux de corps d'armée ou autres grandes unités et les organes de renseignements ou d'observation relevant directement du commandant de l'armée, d'autre part (1);

3° A certains points spéciaux du territoire compris dans la zone de l'armée (places fortes, forts isolés, postes optiques, etc.).

Le réseau de l'avant comprend, en outre, éventuellement :

Les communications qu'il peut être nécessaire d'établir pour relier personnellement le commandant de l'armée, soit à son quartier général, soit directement à des éléments de l'armée.

Enfin, toutes les fois que cela est possible, il est établi une communication directe entre le poste du quartier général et celui de chacune des armées voisines. Ces communications directes, desservies par les services de première ligne des armées intéressées, sont indépendantes de celles qui sont assurées normalement, entre les quartiers généraux d'armée, par l'intermédiaire du réseau du groupe d'armées (art. 14). Les services de première ligne s'entendent entre eux, deux à deux, pour fixer celui des deux services qui aura la responsabilité de l'exploitation de la ligne reliant directement les quartiers généraux dont ils dépendent.

*Poste du quartier général de l'armée.* — Toutes les communications à destination ou en provenance du quartier général de l'armée sont centralisées en ce poste; il est établi dans la localité où

---

(1) Indépendamment des postes d'armée, les organes au contact de l'ennemi devront utiliser, pour la transmission des renseignements, le réseau existant, toutes les fois que le tracé et l'état de ce réseau permettront de le faire avec avantage.

stationne le quartier général de l'armée et dans un local aussi voisin que possible de celui où est installé ce quartier général.

Un officier d'état-major y est généralement détaché.

*Poste de jonction.* — Le poste de jonction comprend deux parties distinctes, généralement installées dans le même local et dépendant respectivement, comme personnel et matériel, du service de deuxième ligne et du service de première ligne.

Il fonctionne en poste de transit. Les télégrammes venant de l'arrière et qui sont à destination de l'avant sont reçus au poste de jonction par le personnel du service de deuxième ligne, puis remis par ses soins au personnel du service de première ligne qui en assure la réexpédition; inversement, les télégrammes venant de l'avant et qui sont à destination de l'arrière sont reçus par le personnel du service de première ligne et remis au personnel de deuxième ligne qui en assure la réexpédition.

Lorsque le poste du quartier général de l'armée et le poste de la direction des étapes et des services sont dans la même localité, l'ensemble des deux postes constitue le poste de jonction.

Dans le cas contraire, le poste de jonction peut être installé soit au poste du quartier général de l'armée, soit à celui de la direction des étapes et des services si ce dernier poste n'est pas à une distance du poste du quartier général de l'armée, supérieure à une étape, soit à un emplacement intermédiaire.

*Postes d'armée.* — Les postes d'armée destinés à assurer les communications du quartier général de l'armée avec les quartiers généraux de corps d'armée ou autres grandes unités sont installés autant que possible à l'emplacement de ces quartiers généraux ou en des points rapprochés, et sont reliés directement au poste du quartier général de l'armée.

*Ordres relatifs au service télégraphique.* — L'ordre général d'opérations fixe les emplacements des postes du réseau de l'avant (poste du quartier général, poste de jonction, postes d'armées, et, s'il y a lieu, points spéciaux du territoire à comprendre dans le réseau).

*Communications radiotélégraphiques.* — Les postes radiotélégraphiques mobiles, affectés d'une manière normale ou temporaire à une armée ou à des éléments dépendant de cette armée, font partie du réseau radiotélégraphique du groupe d'armées.

Sous réserve de l'observation des consignes générales arrêtées par le général commandant le groupe d'armées, le service de ces postes est réglé par le chef d'état-major de l'armée, qui en fixe l'emplacement sur la proposition du chef du service télégraphique de première ligne de l'armée.

*Communications optiques.* — Le chef d'état-major général détermine, s'il y a lieu, sur la proposition du chef de service de première ligne, le réseau des communications optiques à établir pour compléter le réseau des communications électriques de l'armée.

## SERVICE TÉLÉGRAPHIQUE DE CORPS D'ARMÉE.

Les communications électriques ou optiques à établir par le service télégraphique d'un corps d'armée ont pour but de faciliter les liaisons du général commandant le corps d'armée, d'une part, avec le général commandant l'armée et avec les généraux commandant les corps d'armée voisins, d'autre part, à l'intérieur du corps d'armée, avec les éléments dont l'éloignement et l'importance peuvent nécessiter l'emploi de ces communications.

*Liaison avec le général commandant l'armée.* — Les communications télégraphiques et téléphoniques de l'armée à destination du corps d'armée sont dirigées sur celui des postes d'armée dont l'emplacement est notifié au commandant du corps d'armée.

*Liaison avec les généraux commandant les corps d'armée voisins.* — Les communications téléphoniques ou télégraphiques avec les généraux commandant les corps d'armée voisins se font, en principe, par l'intermédiaire du réseau de l'armée.

Dans certains cas, ces communications pourront se faire directement au moyen des fils du réseau existant ou des lignes de campagne spécialement établies à cet effet.

*Communications à l'intérieur du corps d'armée.* — Ces communications sont destinées à relier, s'il y a lieu :

I. — Le commandant du corps d'armée :

*a)* Avec son quartier général;

*b)* Avec certains éléments du corps d'armée (généraux de division, cavalerie de sûreté, avant-postes, commandants de détachements ou postes spéciaux, officiers d'état-major, observateurs, etc.).

Les communications avec ces éléments sont assurées suivant les besoins, soit directement, soit par l'intermédiaire du poste installé auprès du quartier général.

II. — Le quartier général avec certains services (parcs, convois).

Les diverses communications sont réalisées, soit au moyen des ressources du détachement télégraphique du corps d'armée, soit en utilisant les communications du réseau existant qui ne sont pas réservées pour le service de l'armée.

*Ordres relatifs au service télégraphique.* — L'ordre du corps d'armée fixe les emplacements des postes desservant les communications du corps d'armée, l'heure approximative à laquelle ces postes seront en état de fonctionner et, le cas échéant, leur affectation aux différents organes du corps d'armée.

*Liaison des unités subordonnées.* — Les autorités indiquées dans l'ordre du corps d'armée, sans attendre qu'il leur soit rendu compte de l'installation et du fonctionnement des postes du corps d'armée, doivent prendre, pour se relier à ces postes, les mesures qu'elles jugent convenables.

*Communications radiotélégraphiques.* — Un ou plusieurs postes radiotélégraphiques peuvent être affectés à un corps d'armée, d'une manière normale ou temporaire.

*Communications optiques.* — Le chef d'état-major du corps d'armée notifie, le cas échéant, au chef du détachement télégraphique, les instructions du commandant de l'armée au sujet des postes optiques qui devront être installés et desservis par le détachement en vue des besoins de l'armée. Il détermine, en outre, s'il y a lieu, le réseau de postes optiques à établir pour les communications dans l'intérieur du corps d'armée et fait connaître leurs emplacements aux autorités intéressées, notamment au général commandant la brigade de cavalerie, en vue des liaisons avec le service de la télégraphie légère.

*Fonctionnement du service dans une division de cavalerie.* — Le service de la télégraphie légère a notamment pour but, ainsi que le spécifie cette instruction, d'assurer les relations télégraphiques entre le commandant de la cavalerie et le commandant de l'armée.

L'exécution de cette mission lui sera facilitée toutes les fois qu'il lui sera possible d'organiser des communications télégraphiques entre le commandant de la cavalerie et les postes d'armée, lesquels sont eux-mêmes directement reliés au quartier général de l'armée. Ceux des postes télégraphiques d'armée desservis par des communications ainsi établies jouent le rôle de centres de renseignements si, d'autre part, leur emplacement a été convenablement choisi à ce point de vue.

*Vitesse de transmission des dépêches.* — Il ne faut pas compter sur une vitesse de transmission de plus de 400 mots à l'heure, de poste à poste.

*Télégraphie optique.* — Les appareils de campagne sont de 10, 14 et 24 centimètres; ayant les portées respectives suivantes : nuit : 20, 25 et 40 kil.; jour avec lampe à pétrole : 10, 12 et 20 kil.; jour avec lumière solaire : 20, 30 et 50 kil.

La vitesse de transmission est au maximum de 150 mots à l'heure. Cette vitesse diminue considérablement quand la dépêche doit être réexpédiée par des postes intermédiaires.

*Réseau téléphonique.* — L'utilisation du réseau téléphonique est réglée par des instructions du directeur général des chemins de fer et des étapes.

## II

### Service de la trésorerie et des postes.

Le service de la trésorerie et des postes est assuré, dans chaque armée, par un payeur général, chef supérieur du service de la trésorerie et des postes, qui relève du directeur des étapes et des services.

Il est chargé :

1° D'opérer, à l'exclusion de tous les autres services, les recettes provenant du Trésor public, ou faites pour le compte de l'Etat;

2° De pourvoir à l'acquittement de toutes les dépenses régulièrement ordonnancées ou assignées sur ses caisses au compte, soit du budget de l'Etat, soit des services spéciaux rattachés pour ordre à ce budget, soit des opérations de trésorerie ou autres;

3° De faire pour le compte de la Caisse des dépôts et consignations et de la Légion d'honneur toutes les recettes et dépenses concernant ces deux services;

4° D'exécuter le service des postes.

L'administration de la trésorerie et des postes aux armées relève du Ministre des finances pour le personnel, l'alimentation des caisses, la comptabilité et la partie professionnelle ou technique du service. Pour toutes les autres mesures, telles que la marche générale du service, la discipline, l'emplacement des caisses et des bureaux, les ordres de route, de campement, d'expédition et de sûreté des courriers, elle est placée sous les ordres du commandement militaire.

Le personnel comprend :

1° Un payeur général au quartier général de chaque armée;

2° Un payeur principal au quartier général de chaque corps d'armée;

3° Un payeur particulier au quartier général de chaque division;

4° Des agents et sous-agents qui pourvoient à l'organisation des bureaux et des caisses nécessaires au service.

*Dispositions spéciales au service des postes.* — La direction générale des postes assure par ses propres moyens le service postal jusqu'aux gares de ravitaillement. Elle établit à chacune de ces stations un bureau qui échange ses correspondances avec les bureaux du service de la trésorerie et des postes aux armées.

Ces derniers bureaux exécutent, au delà des gares de ravitaillement, le service des postes pour les armées, corps d'armée, divisions, brigades ou services auprès desquels ils sont placés.

*Exécution du service de 1re ligne.* — Il est affecté un bureau de trésorerie et postes à chaque quartier général d'armée, de corps d'armée, de division. Quant aux brigades de cavalerie de corps, en principe, elles sont desservies par les bureaux des quartiers généraux de corps d'armée. Eventuellement lorsqu'une de ces brigades est appelée à opérer isolément, il peut lui être affecté un service de la trésorerie et des postes.

Les dépêches, aussi bien en provenance qu'à destination de l'arrière, transitent par le bureau du quartier général de corps d'armée le plus rapproché ou des bureaux têtes d'étapes. De ce dernier point elles sont acheminées à destination par les soins du payeur principal et d'après les indications du commandement.

Entre le bureau de ce quartier général et les bureaux d'étapes, elles sont transportées par les *malles-postes*.

Entre ce même bureau et les bureaux de première ligne, le mode de transmission diffère suivant les cas.

Les dépêches en provenance, à destination ou en transit des quartiers généraux d'armée et de corps d'armée voisins sont transportées au moyen des *fourgons de correspondance*.

Celles originaires des deux divisions d'infanterie du corps d'armée ou destinées à ces divisions sont expédiées à l'aide des voitures dites *tilburys*.

Celles de ou pour une brigade de cavalerie de corps opérant isolément sont envoyées par *estafettes*.

Quant aux dépêches originaires ou à destination d'une division de cavalerie indépendante, elles sont dirigées, en principe, sur celui des quartiers généraux d'armée auquel cette division est rattachée, et il est pourvu à leur transmission en utilisant, au besoin, pour ce service, les cavaliers qui fournissent les postes de correspondance.

Enfin, lorsqu'il y a lieu de créer un service de transmission directe de division à division dans un même corps d'armée, ce service s'exécute par estafettes.

En principe, surtout pendant les périodes de marche, le service des voitures chargées du transport des dépêches est alternatif. Dès le premier jour du fonctionnement du service, les dépêches arrivantes sont envoyées par le bureau du quartier général de corps d'armée aux bureaux des divisions au moyen des deux til-burys dudit quartier général et les dépêches partantes sont expé-diées par les bureaux des divisions au bureau du quartier général, à l'aide des deux tilburys divisionnaires. Ces voitures, au lieu de rebrousser chemin le jour même, restent temporairement attachées aux bureaux qu'elles viennent de rallier. Le lendemain, chacune d'elles rejoint son poste respectif, en exécutant en sens inverse le service de la veille.

*Réception du courrier.* — Les heures normales d'arrivée des courriers sont affichées dans les bureaux de trésorerie.

L'arrivée du courrier dans un bureau en dehors des heures nor-males est immédiatement signalée au chef d'état-major, qui fait donner avis dans les corps de troupe et services de l'heure à la-quelle aura lieu la distribution.

*Distribution des correspondances.* — Aussitôt après le dépouil-lement du courrier, le payeur fait porter par estafette les lettres et objets de correspondance de toute nature adressés au général commandant et au chef d'état-major. Les correspondances ainsi envoyées sont remises aux destinataires eux-mêmes ou aux per-sonnes autorisées à les recevoir.

La distribution des correspondances autres que celles ci-dessus spécifiées s'effectue aux guichets mêmes des bureaux entre les mains des vaguemestres ou autres parties prenantes dûment ac-créditées. Les vaguemestres sont tenus de se présenter chaque jour au bureau de la trésorerie à l'heure ou aux heures prescrites par le commandement. Ces heures concordent autant que pos-sible avec celles d'arrivée et de départ des courriers.

*Expédition du courrier.* — Les correspondances émanant des troupes cantonnées dans la même localité qu'un bureau du service de la trésorerie et des postes sont déposées par les expéditeurs dans la boîte aux lettres de ce bureau. Celles originaires des au-tres cantonnements sont déposées aux mains des vaguemestres et transmises par ces derniers audit bureau.

*Périodes de marche.* — Afin d'assurer dans la mesure du pos-sible la régularité des relations postales, chaque payeur, pendant les périodes de marche, envoie au point initial une estafette char-gée, au moment du passage des troupes à ce point, d'échanger avec les vaguemestres les lettres en instance de distribution et de départ.

*Franchise postale.* — Les lettres adressées aux militaires en cam-pagne ou expédiées par eux jouissent de la franchise postale, à la condition que leur poids n'excède pas 20 grammes.

Les correspondances de service doivent porter sur la suscription le contreseing de l'officier ou fonctionnaire expéditeur. Cette dis-position, qui a pour objet de distinguer les dépêches de service des correspondances privées, leur assure la franchise, quel que soit leur poids, ainsi que la priorité pour l'expédition et la distri-bution.

# CHAPITRE VIII

RÉCOMPENSES ET PUNITIONS

I

**Récompenses.**

### Avancement. — Récompenses.

En campagne, le temps de service exigé pour passer d'un grade à l'autre peut être réduit à :

Trois mois de service comme soldat pour passer caporal;

Trois mois de service comme caporal pour passer sous-officier;

Un an de service comme sous-officier pour passer sous-lieutenant;

Un an de service comme sous-lieutenant pour passer lieutenant;

Un an de service comme lieutenant pour passer capitaine;

Deux ans de service comme capitaine pour passer commandant;

Un an et demi de service comme commandant pour passer lieutenant-colonel;

Un an de service comme lieutenant-colonel pour passer colonel;

Un an et demi de service comme colonel pour passer général de brigade;

Un an et demi de service comme général de brigade pour passer général de division.

Aucune condition de temps de service n'est exigée dans les cas ci-après :

1° Action d'éclat dûment justifiée et mise à l'ordre de l'armée (à la proposition doivent être joints un extrait de l'ordre de l'armée et une copie du rapport de l'officier sous les yeux duquel le fait s'est passé, visé par le général de brigade et le général de division);

2° Lorsqu'il est impossible de pourvoir autrement aux vacances dans les corps qui sont en présence de l'ennemi (la proposition doit indiquer le cas).

Il n'est pas dressé de tableau d'avancement en campagne.

En ce qui concerne les grades d'officier, les propositions sont faites :

Pour l'avancement aux grades de sous-lieutenant, lieutenant et capitaine, par les chefs de corps, après avoir pris l'avis des chefs de bataillon et du lieutenant-colonel, s'il est présent;

Pour l'avancement au grade de chef de bataillon, par le général de brigade, après avoir pris l'avis des chefs de corps de sa brigade;

Pour l'avancement au grade de lieutenant-colonel, par le général

de division, après avoir pris l'avis des chefs de corps et des généraux de brigade de sa division;

Pour l'avancement aux grades de colonel et de général de brigade, par le général commandant en chef, après avoir pris, pour
le grade de général de brigade, l'avis des généraux de division;
pour le grade de colonel, celui des généraux de brigade et de division.

Il est présenté trois candidats pour chaque vacance; le nombre
de candidats peut être réduit pour les grades de lieutenant-colonel,
de colonel et de général de brigade.

Dans les corps qui sont en présence de l'ennemi, l'avancement
est donné : à l'ancienneté, la moitié des grades de lieutenant et de
capitaine; au choix du chef de l'Etat, la totalité des grades de chef
de bataillon et au-dessus.

Il n'est pourvu au remplacement des caporaux et sous-officiers
tombés au pouvoir de l'ennemi que d'après l'ordre du commandant
en chef et lorsque les besoins du service l'exigent.

Les officiers prisonniers de guerre ne sont remplacés dans leur
emploi que lorsque les besoins du service l'exigent impérieusement, et d'après l'ordre du Ministre de la guerre.

Les officiers rentrant de captivité qui ne trouvent plus vacant
l'emploi qu'ils occupaient sont mis en non-activité.

Un militaire qui, avant d'être fait prisonnier de guerre, aurait
fait une action d'éclat mise à l'ordre de l'armée, peut être promu
au choix, quoique au pouvoir de l'ennemi.

Les actions d'éclat dûment justifiées et mises à l'ordre du jour
de l'armée, ainsi que les blessures graves, peuvent dispenser des
conditions exigées pour l'admission ou l'avancement dans la Légion
d'honneur. Il en est de même pour la médaille militaire.

### Citations à l'ordre de l'armée. — Actions d'éclat.

Les citations à l'ordre sont accordées dans les conditions indiquées par l'article 141 du décret du 28 mai 1895 sur le service des
armées en campagne.

L'inscription sur les pièces matricules ne doit être faite que sur
le vu de l'original ou d'une copie de l'ordre; la copie sera certifiée
par le chef d'état-major de la formation.

Elle est faite de la manière suivante :

« Cité à l'ordre de...       le...       pour avoir, le...
(indiquer textuellement les faits cités dans l'ordre). »

Le fait d'avoir eu, en combattant, un cheval tué sous soi, ne donne
pas lieu à mention.

## II

### Punitions.

---

#### Droit de punir.

Un décret du 14 mai 1912 a modifié, sur ce point, le décret du 25 mai 1910, portant règlement sur le service intérieur des corps de troupe.

Ce décret restitue à tous les supérieurs, et dans des limites déterminées, le droit de punir qui avait été enlevé à certains d'entre eux par le décret du 14 mai 1910; il maintient l'application du sursis et, en ce qui concerne les punitions des officiers, rétablit la punition d'arrêts simples telle qu'elle était définie par les règlements antérieurs à celui de 1910.

En ce qui concerne l'exercice du droit de punir, l'article 189 porte que « tout supérieur a le droit de punir, en toute circonstance de temps et de lieu, les militaires appartenant, même provisoirement, au même corps ou service que lui; il possède également ce droit, dans les bâtiments et établissements de la guerre et dans l'intérieur des détachements, à l'égard de tout militaire, même appartenant à un corps ou service différent du sien ».

Les fautes commises dans une place en dehors d'un établissement de la guerre, et constatées par un supérieur d'un autre corps ou service que le militaire fautif, donnent lieu à une demande de punition dans les conditions fixées par l'article 47 du décret du 1ᵉʳ octobre 1909 sur le service de place.

**Art. 198. — Tableau des punitions qui se décomptent (§ 1) par jour (sous-officiers, caporaux et soldats).**

| DÉSIGNATION DES AUTORITÉS. POUVANT INFLIGER DES PUNITIONS. | MAXIMUM DE DURÉE DES PUNITIONS POUVANT ÊTRE INFLIGÉES AUX | | OBSERVATIONS. |
|---|---|---|---|
| | Caporaux-fourriers, Sous-officiers. | Caporaux, soldats. | |
| Caporal et caporal fourrier............... | » | 2 j. de consigne. | (1) Peuvent être prononcées seulement par les adjudants de semaine dans leur service spécial ou par les adjudants dans leur compagnie. |
| Sous-officier................................. | 2 j. d'arrêts simples.... | 4 j. de consigne. 2 j. de salle de police (1). | |
| Sous-lieutenant............................ Lieutenant ................................. Capitaine (hors la compagnie............. | 4 j. d'arrêts simples... | 8 j. de consigne. 4 j. de salle de police. | (2) En dehors de leur unité les officiers supérieurs n'ont droit de prononcer que des punitions de durée moitié moindre (3 j. pour les arrêts simples et la salle de police). |
| Capitaine (dans la compagnie) .......... Chef de bataillon (dans son unité)........ Lieutenant-colonel (dans son régiment) (2). | 18 j. d'arrêts simples ... 8 j. d'arrêts de rigueur. | 30 j. de consigne. 15 j. de salle de police. 8 j. de prison. | |
| Officier supérieur (chef de corps) .......... Officier général (hors de son commandement). | 30 j. d'arrêts simples... 15 j. d'arrêts de rigueur. | 30 j. de consigne. 30 j. de salle de police. 15 j. de prison. | Dont 8 de cellule pour les soldats seulement. |
| **Dans son commandement :** | | | |
| Le général commandant la brigade peut infliger au total ..................... | 20 j. d'arrêts de rigueur. | 20 j. de prison. | Dont 10 de cellule pour les soldats seulement. |
| Le général commandant la division peut infliger au total (3 ..................... | 25 j. d'arrêts de rigueur. | 25 j. de prison. | Dont 12 de cellule pour les soldats seulement. |
| Le général commandant le corps d'armée peut infliger au total................... | 30 j. d'arrêts de rigueur. | 30 j. de prison. | Dont 15 de cellule pour les soldats seulement. (3) Les droits existant pour le général commandant une division d'infanterie à l'égard de son artillerie divisionnaire. |

De plus, les soldats, caporaux et sous-officiers, autorisés à sortir du quartier après l'appel du soir, peuvent être privés de cette faculté par le capitaine dans sa compagnie et par les officiers supérieurs pour une durée n'excédant pas 30 jours.

ART. 208. — **Durée des punitions à infliger aux officiers.**

| DÉSIGNATION DES OFFICIERS<br><br>POUVANT PRONONCER LES ARRÊTS. | NATURE ET DURÉE DES ARRÊTS<br><br>POUVANT ÊTRE INFLIGÉS. |
|---|---|
| Lieutenants ou (éventuellement) sous-lieutenants ............. | 2 jours d'arrêts simples. |
| Capitaine ou officier supérieur hors de son unité ............. | 4 jours d'arrêts simples. |
| Capitaine ou officier supérieur dans son unité................ | 8 jours d'arrêts simples. |
| Officier supérieur chef de corps. | 30 jours d'arrêts simples. |
| Officier général hors de son commandement.................. | 15 jours d'arrêts de rigueur. |
| Général de brigade dans l'étendue de son commandement.... | 30 jours d'arrêts simples ou de rigueur.<br>8 jours d'arrêts de forteresse. |
| Général de division dans l'étendue de son commandement.... | 30 jours d'arrêts simples ou de rigueur.<br>15 jours d'arrêts de forteresse. |
| Général commandant le corps d'armée dans l'étendue de son commandement.............. | 30 jours d'arrêts simples, de rigueur ou de forteresse. |

### Exécution des punitions.

Les arrêts sont gardés dans les limites du cantonnement ou du bivouac de la compagnie, de l'escadron ou de la batterie; toutefois, l'officier puni prend ses repas avec ses commensaux habituels.

Dans chaque corps, un poste de discipline, placé sous la surveillance de la garde de police, remplace les salles de discipline des corps et reçoit les hommes punis de salle de police ou de prison.

Les militaires susceptibles d'être jugés par un conseil de guerre sont remis à la gendarmerie, pour être conduits à la prison du quartier général.

Pendant les marches, les officiers punis et les hommes de troupe punis de salle de police reprennent leur rang dans les colonnes. Les sous-officiers et les soldats punis de prison marchent : dans les troupes à pied, sous la garde du poste de discipline; dans les troupes à cheval, avec les équipages, ou sous la surveillance du chef du détachement des hommes à pied.

### Droit de modifier ou de faire cesser les punitions.
### Rétrogradations. — Cassations.

Le commandant d'unité (en ce qui concerne les détachements de son unité), le commandant de groupe, le chef de corps, les officiers généraux sous les ordres desquels le corps est placé, peuvent modifier ou faire cesser les punitions infligées par leurs subordonnés. Ils peuvent aussi accorder le sursis; dans ce cas, la punition est suspendue pendant un délai dont la durée est fixée par l'autorité qui accorde le sursis. Lorsque, pendant ce délai, le militaire ne commet aucune faute entraînant une répression de même nature ou plus grave, la première punition est annulée. Dans le cas contraire, la punition qui a donné lieu au sursis devient définitive, s'ajoute à la dernière et toutes deux sont inscrites et subies effectivement.

Le colonel ou le chef de détachement ayant eu qualité pour nommer prononce le renvoi des soldats de la 1re à la 2e classe ou le renvoi de l'emploi spécial.

Les généraux de brigade prononcent la rétrogradation des sous-officiers et la cassation des caporaux.

Les généraux de division prononcent la cassation des sergents et des sergents-majors.

Le général commandant le corps d'armée prononce la cassation des adjudants.

Les sous-officiers rétrogradés changent de groupe; dans les groupes formant corps, ils changent d'unité; lorsqu'ils appartiennent à une unité formant corps, ils changent de corps.

Les sous-officiers et caporaux cassés changent de corps.

La rétrogradation, la cassation des gradés rengagés ou des gradés non rengagés décorés de la Légion d'honneur ou de la médaille militaire, la suspension des effets de la commission, la révocation ou la mise à la retraite d'office des gradés ou soldats commissionnés sont prononcées d'après les règles ci-après :

Par le Ministre, sur l'avis du conseil d'enquête : chefs armuriers (rétrogradation ou révocation); sous-officiers, caporaux et soldats décorés de la Légion d'honneur ou de la médaille militaire.

Par le général commandant le corps d'armée, sur l'avis du conseil d'enquête : sous-officiers rengagés ou commissionnés, caporaux rengagés ou commissionnés et soldats commissionnés.

Les autorités qui statuent en matière de rétrogradation ou cassation par mesure de discipline se prononcent également sur les demandes des gradés tendant, soit à revenir à un grade ou emploi inférieur, soit à faire la remise complète de leur grade. Dans aucun cas, l'application de cette mesure ne comporte la convocation d'un conseil d'enquête ou de discipline.

### Envoi aux sections spéciales.

Les soldats des différents corps de troupe ne peuvent être envoyés aux sections spéciales que par décision du Ministre de la guerre.

# CHAPITRE IX (1)

## DES PRISONNIERS DE GUERRE (2)

**Désignation et classement des prisonniers de guerre.**

*Catégorie des individus considérés et traités comme prisonniers de guerre.* — Sont considérés comme prisonniers de guerre, lorsque le sort des armes les a fait tomber au pouvoir des armées françaises :

1° Tous les individus appartenant soit à l'armée proprement dite, soit aux corps auxiliaires reconnus comme belligérants;

2° Les individus, même n'ayant pas perdu la qualité de sujets d'une puissance neutre, régulièrement employés dans les armées ennemies, ainsi que ceux autorisés à suivre ces armées et porteurs d'un titre justifiant leur identité;

3° Les individus, militaires ou non militaires, capturés sur mer dans les conditions prévues par les lois et règlements en vigueur en France pour la guerre maritime.

*Déserteurs et otages.* — Sont également considérés comme prisonniers de guerre :

1° Les déserteurs ennemis;

2° Les otages.

*Personnel et matériel neutralisés par la Convention de Genève.* — Par exception aux dispositions qui précèdent et conformément à l'article 9 de la Convention de Genève du 6 juillet 1906, le personnel du service de santé accompagnant les troupes sur le champ de bataille est considéré comme neutre tant qu'il fonctionne et tant qu'il reste des blessés à relever ou à secourir.

Le matériel employé dans les mêmes conditions est également neutralisé.

*Signes distinctifs du personnel et du matériel neutralisés par la Convention de Genève.* — Le personnel ainsi neutralisé doit être porteur d'un brassard à croix rouge sur fond blanc délivré par l'autorité militaire, ainsi que d'un titre permettant de constater l'identité de chaque individu.

Les établissements où sont soignés des militaires blessés ou malades, ainsi que les voitures servant à leur transport, sont signalés par le drapeau blanc à croix rouge, accompagné du drapeau national, ou par les mêmes insignes peints sur les voitures.

*Blessés et malades prisonniers de guerre.* — Les blessés et les

---

(1) D'après le *Vade-mecum de l'officier d'état-major.*
(2) Voir, en outre, *Conférence de La Haye,* 1re partie, titre III, chap. VIII.

malades en traitement dans les ambulances et hôpitaux tombés au pouvoir des armées françaises ou recueillis sur le champ de bataille sont prisonniers de guerre.

*Situation particulière du personnel neutralisé n'accompagnant pas les troupes sur le champ de bataille.* — Le personnel du service de santé régulièrement attaché aux évacuations, aux ambulances, hôpitaux et autres établissements sanitaires, n'accompagnant pas les troupes sur le champ de bataille est également neutralisé.

Lorsque ce personnel est autorisé par le commandant en chef à se retirer, il ne peut emporter que les objets et effets qui sont sa propriété particulière.

*Egards dus aux prisonniers de guerre.* — Les prisonniers de guerre ne doivent jamais être insultés, maltraités ou dépouillés; chacun d'eux est traité avec les égards dus à son rang.

*Mesures générales à prendre vis-à-vis des prisonniers de guerre au moment de leur capture.* — Les prisonniers de guerre sont immédiatement désarmés après leur capture.

Leurs armes et leurs munitions sont versées au service de l'artillerie, leurs équipements au service de l'intendance et leurs chevaux avec leurs harnachements au service de la remonte.

*Dispositions spéciales en ce qui concerne les officiers et assimilés faits prisonniers de guerre.* — Le commandant en chef peut autoriser les officiers et assimilés à conserver leur sabre ou leur épée, ainsi que les autres armes qui sont leur propriété particulière.

Toutefois, les armes à feu ne peuvent leur être restituées qu'après avoir été déchargées et que leurs munitions ont été livrées.

*Echanges de prisonniers de guerre valides.* — En principe, les échanges de prisonniers de guerre valides ne peuvent être effectués qu'après autorisation du Ministre de la guerre.

# CHAPITRE X

## FANIONS ET LANTERNES (1)

*Général commandant en chef un groupe d'armées.* — Fanion tricolore en forme de pavillon, avec cravate blanche à frange d'or nouée au fer de lance de la hampe. Le fer de lance et la hampe jusqu'à la partie inférieure du pavillon sont dorés (I de la planche);

Lanterne à quatre faces planes garnies d'un verre blanc sur lequel se trouve dessinée une étoile bleue inscrite dans une bande circulaire rouge.

*Major général d'un groupe d'armées.* — Fanion tricolore en forme de pavillon, bordé sur trois de ses côtés (celui de la hampe excepté) par une bande blanche et par une bande écarlate. Cravate tricolore nouée au fer de lance de la hampe (II);

Lanterne avec verre blanc ou incolore.

*Général commandant d'armée.* — Fanion tricolore en forme de pavillon, avec une cravate tricolore (III);

Lanterne avec verre blanc ou incolore.

*Général commandant l'artillerie ou le génie d'une armée.* — Fanion en forme de pavillon, écarlate et bleu de ciel assemblés en diagonale, le rouge au sommet et le bleu à la base (IV);

Lanterne avec verre rouge.

*Général commandant un corps d'armée.* — Fanion tricolore en forme de pavillon (V);

Lanterne avec verre blanc ou tricolore.

*Général commandant la 1ʳᵉ division d'infanterie d'un corps d'armée.* — Fanion écarlate en forme de pavillon, divisé sur son milieu et verticalement par une bande blanche (VI);

Lanterne avec verre rouge.

*Général commandant la 2ᵉ division d'infanterie d'un corps d'armée.* — Fanion écarlate en forme de pavillon, divisé verticalement par deux bandes blanches (VII);

Lanterne avec verre rouge.

*Général commandant la 3ᵉ division d'infanterie d'un corps d'armée.* — Fanion écarlate en forme de pavillon, divisé verticalement par trois raies blanches (VIII);

Lanterne avec verre rouge.

*Général commandant une division d'infanterie non comprise dans un corps d'armée.* — Fanion écarlate en forme de pavillon, divisé horizontalement par une raie blanche (XI);

Lanterne avec verre rouge.

*Général commandant la brigade d'artillerie d'un corps d'armée.* —

---

(1) D'après le *Vade-mecum de l'officier d'état-major* (H. Charles-Lavauzelle).

Fanion en forme de flamme, mi-partie écarlate et bleu de ciel; l'écarlate au sommet, le bleu de ciel à la base (IX);
Lanterne avec verre de couleur verte.

*Général commandant la brigade de cavalerie d'un corps d'armée.* — Fanion en forme de flamme, mi-partie bleu de ciel et blanc; le bleu au sommet, le blanc à la base (X);
Lanterne avec verre de couleur verte.

*Général commandant un corps de cavalerie.* — Fanion en forme de pavillon, écarlate et blanc, assemblés en diagonale, l'écarlate au sommet (XII);
Lanterne avec verre blanc ou incolore.

*Général commandant une division de cavalerie.* — Fanion en forme de pavillon, bleu de ciel et blanc assemblés en diagonale; le bleu au sommet, le blanc à la base (XIII);
Lanterne avec verre rouge.

*Caissons de bataillons.* — Fanion en forme de pavillon, de couleur jaune (XIV);

*Sections de parc de corps d'armée.* — Fanion en forme de pavillon de couleur bleue (XV);
Lanterne avec verre bleu.

*Ambulances et hôpitaux.* — Deux fanions en forme de pavillon, l'un tricolore, l'autre fond blanc, bordé écarlate, avec croix de même nuance en son milieu (XVI);
Deux lanternes dont une à verre blanc et l'autre à verre rouge.
Les formations temporairement immobilisées destinées à l'isolement et au traitement des hommes atteints de maladies épidémiques ou contagieuses sont signalées, en outre, par un fanion jaune.

*Postes télégraphiques.* — Fanion en forme de pavillon, fond blanc bordé bleu de ciel avec un T de même nuance en son milieu (XVII);
Lanterne avec verre blanc portant un T bleu et une bordure de même couleur.

*Service de la poste aux armées.* — Fanion en forme de pavillon, fond blanc bordé de vert olive, avec P vert olive sur son milieu (XIX);
Lanterne carrée avec verre blanc, portant un P vert olive et une bordure de même couleur.

Les fanions et lanternes sont délivrés contre remboursement aux officiers généraux.
La flamme des fanions, la botte de lance et la lanière de bras sont fournies par le service de l'habillement et du campement, et la lance par le service de l'artillerie.
Les fanions des généraux sont portés par un cavalier de l'escorte. Les généraux de brigade d'infanterie n'en ont pas, non plus que les généraux de brigade des divisions de cavalerie (fig. 20).

## XX. — Brassards.

### Officiers du service d'état-major.

*État-major particulier du Président de la République.* — Tricolore, avec foudres (le bleu en haut).

*État-major particulier du Ministre de la guerre.* — Blanc, avec foudres.

*État-major de l'armée.* — Blanc et rouge, avec foudres (le blanc en haut).

*État-major général de l'armée.* — Blanc et rouge, avec foudres (le blanc en haut).

*État-major de corps d'armée.* — Tricolore, avec foudres et n° du corps d'armée (le bleu en haut).

*État-major de division d'infanterie.* — Rouge, avec grenade et numéro.

*État-major de division de cavalerie.* — Rouge, avec étoile et numéro.

*État-major de brigade d'infanterie.* — Bleu, avec grenade et numéro.

*État-major de brigade de cavalerie.* — Bleu avec étoile et numéro (en chiffres arabes pour les brigades de cavalerie de corps, en chiffres romains pour les brigades des divisions de cavalerie).

*État-major de l'artillerie d'une armée.* — Rouge avec canons croisés.

*État-major de l'artillerie d'un corps d'armée.* — Bleu avec canons croisés et numéro du corps d'armée.

*État-major du génie d'une armée.* — Rouge, avec cuirasse surmontée d'un casque.

*État-major du génie d'un corps d'armée.* — Bleu, avec cuirasse surmontée d'un casque et numéro du corps d'armée.

*État-major des gouverneurs de places fortes.* — Rouge ou bleu (suivant que le gouverneur est général de division ou général de brigade), avec foudres.

### Vélocipédistes.

(Portent, tous, deux vélocipèdes cousus au revers du collet de la vareuse.)

*Brassard en drap du fond, avec numéros ou attributs :*

Garance..........
- Chiffres romains pour les quartiers généraux de corps d'armée;
- Chiffres arabes pour les corps de troupe d'infanterie;
- Chiffres arabes (surmontés du numéro de corps d'armée en chiffres romains) pour les divisions et brigades d'infanterie;
- Pot en tête et cuirasse pour le génie.

Bleu de ciel pour la cavalerie.

> Chiffres romains surmontés d'une étoile pour les divisions, attributs spéciaux des subdivisions d'arme en dessous.
>
> Chiffres arabes surmontés des attributs spéciaux des subdivisions d'arme, pour les régiments.
>
> (Les brigades de corps ont une étoile surmontée du numéro de corps d'armée en drap garance.)

Jonquille. — Chiffres arabes pour les chasseurs à pied.

*Infirmiers régimentaires et tout le personnel militaire ou non de toutes les formations sanitaires.* — Brassard blanc à croix rouge (avec timbre du Ministère de la guerre, numéro d'ordre et lettre spéciale à chaque société, pour les sociétés civiles).

*Conducteurs de voitures régimentaires et d'état-major.* — Brassard en drap du fond avec passepoil distinctif et attributs de l'arme.

*Brancardiers des corps de troupe.* — Brassard de la Convention de Genève.

*Télégraphistes.* — Brassard en drap bleu avec étoile et foudres brodés en blanc.

*Personnel du service de la trésorerie et des postes.* — Brassard en drap gris de fer avec passepoil garance portant l'inscription *trésorerie et postes*.

*Conducteurs d'animaux et de voitures de réquisition, hommes employés dans le service d'alimentation.* — Brassard cachou, avec plaque métallique portant l'inscription : *réquisitions militaires*.

*Garde des voies de communication.* — Brassard en toile bleue, avec l'inscription G. C.

*Personnel des commissions de réception du service du ravitaillement.* — Brassard vert.

(Tous les brassards, sauf ceux de la convention de Genève, sont fournis par le service de l'habillement et du campement.)

## XXI. — Couleurs distinctives.

*Infanterie.* — Les couleurs distinctives dans l'infanterie sont : le bleu foncé pour le 1er bataillon, le garance pour le 2e, le jonquille pour le 3e, le vert pour le 4e. Les bataillons formant corps ont un fanion mi-partie bleu foncé et jaune.

*Cavalerie.* — Les couleurs distinctives dans la cavalerie sont : le bleu foncé pour le 1er escadron, le cramoisi pour le 2e, le vert foncé pour le 3e, le bleu de ciel pour le 4e, le jonquille pour le 5e, l'orangé pour le 6e (dans les corps où cet escadron est formé).

# CHAPITRE XI

### ORIENTATION — APPRÉCIATION DES DISTANCES
### LECTURE DES CARTES — TENUE DES CARTES

## I

### Orientation.

L'orientation est la recherche de la direction nord-sud.
Les principaux procédés d'orientation sont :

*Le soleil :* il se trouve à l'est à 6 heures du matin, au sud-est à 9 heures du matin, au sud à midi, au sud-ouest à 3 heures du soir, à l'ouest à 6 heures du soir.

*La lune :* va de l'est à l'ouest en passant par le sud.

|  | 6 h. m. | Midi. | 6 h. s. | Minuit. |
|---|---|---|---|---|
| Pleine lune. . . . . . . . | Ouest | » | Est | Sud |
| Premier quartier. . . . | » | » | Sud | Ouest |
| Dernier quartier. . . . | Sud | » | » | Est |
| Nouvelle lune. . . . . . | (Invisible.) | | | |

*La boussole* (s'éloigner de tout objet de fer capable d'influencer l'aiguille; se tenir à 12 mètres d'un canon en acier et à 2 ou 3 mètres d'une arme portative).

*L'étoile polaire.*

*La montre :* la tenir horizontalement à la main, tournée de façon que la petite aiguille soit dans la direction de l'ombre de l'observateur. La bissectrice de l'angle formé par cette aiguille et le rayon qui aboutit à XII heures donne sensiblement la direction du nord.

Pour se diriger avec la carte, placée horizontalement, l'orienter de façon à diriger le nord de la carte vers le nord du lieu, déterminé par l'un des procédés ci-dessus. Vérifier par le nivellement de la carte, à l'aide de certains accidents ou certains points saillants du terrain (clocher, signal, piton, etc.) pris comme repères, si toutes les lignes de la carte sont bien parallèles aux lignes du terrain représenté.

## II

### Appréciation des distances à la vue.

Une vue normale distingue :

Les clochers des églises à 15 kilomètres;
Les moulins à vent, les tours, les châteaux à 10 kilomètres;
Les cheminées des maisons, les fenêtres à 4 kilomètres;
Les gros troncs d'arbres à 2 kil. 500;
Les poteaux télégraphiques à 1 kilomètre.

A 1.500 mètres, l'infanterie forme une ligne noire, la cavalerie une ligne noire dentelée légèrement à sa partie supérieure;

A 1.200 mètres on perçoit les files de l'infanterie, on reconnaît les cavaliers pied à terre; on distingue les pièces d'artillerie et leurs attelages;

A 800 mètres on voit les mouvements des jambes et des bras;

A 600 mètres on peut compter le nombre des files;

A 450 mètres on distingue la tête des hommes et la forme des coiffures;

A 300 mètres on reconnaît les ornements brillants et les parements de couleur.

## III

### Lecture de la carte.

La carte est la reproduction figurée sur un plan horizontal du terrain dont l'image est réduite d'après une constante appelée l'*échelle*, qui permet d'obtenir immédiatement la distance entre deux points en tenant compte des accidents du terrain indiqués par le nivellement également représenté sur la carte.

Les principales échelles sont :

Le 1/80.000°, dans laquelle 1 mètre représente 80.000 mètres du terrain; le centimètre = 800 mètres;

Le 1/50.000°, dans laquelle 1 mètre représente 50.000 mètres; le centimètre = 500 mètres;

Le 1/20,000°, où 1 mètre correspond à 20.000 mètres; le centimètre = 200 mètres;

Le 1/320.000°, où 1 mètre correspond à 320.000 mètres; le centimètre = 3.200 mètres.

La lecture de la carte consiste non seulement à apprécier grâce à l'échelle la distance horizontale qui sépare deux points, mais à distinguer les objets différents qu'elle représente et la configuration du terrain.

Les premiers sont figurés à l'aide de la planimétrie, la seconde grâce au nivellement.

*Planimétrie.* — Les signes et dessins conventionnels suivants sont employés à la représentation des lignes et accidents naturels ou artificiels du sol :

## Signes conventionnels pour la carte au 1/80.000.

**Ville Fortifiée.**

**Ville Fermée et Anc.ⁿ Fort.**

**Fort nouveau, Bat.ᵉ et Retranchements.**

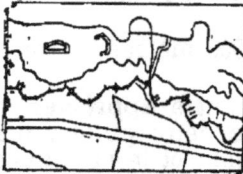

**Ville Ouverte.**

**Bourg ou Village.**

**Bois.**

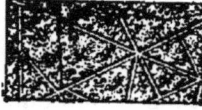

**Broussailles.**

**Vignes.**

**Prés.**

**Vergers.**

**Haies et Jardins.**

**Tourbières.**

**Marais.**

**Marais Salants.**

**Bruyères et Landes. - Falaises.**

**Dunes et Sables.**

**Rochers Plats**
*dans la Mer.*

**Montagnes.**

## Signes conventionnels pour la carte au 1/80.000 (suite).

### Chemins de Fer.

Gares        St^on        H^e. A^b

Escarpements :
Déblai        Remblai

Tunnel , Viaduc, Ponceau.

Passages :
en dessus, en dessous, à niveau.

Ch^in de fer à voie étroite
et Tramway à vapeur

Ch^in carrossable en tout temps .
(régulièrement entretenu.)

Ch^in non carrossable en tout temps .
(irrégulièrement entretenu.)

Chemin en sol naturel
et Chemin muletier .

Sentier pour piétons .

Laie forestière .

Vestiges d'ancienne Voie .

### Routes .

Route Nationale .

Route Départementale

Route
encaissée , en chaussée.

### Clôtures .

Clôtures en pierre .

Clôtures en fossés .

Clôtures en levée de terre .

Clôtures en haie .

Rangée d'arbres isolés . . . . . .

# Signes conventionnels pour la carte au 1/80.000 (suite).

## Hydrographie.

Fleuve, ou Rivière importante.

Rivière, moins de 10 mètres.

Ruisseau, à sec en été.

Cascade ___ Cades

Grand Canal navigable.

Écte

Canal navigable.
P. Gare
Tunnel pt.

Canal d'irrigation.

Aqueduc:
à ciel ouvert. souterrain.

Fossé. Digue.

Système
de Canaux et Digues.

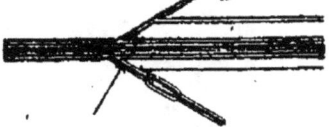

Pont fixe, tournant, etc. Pont de Bateaux.
P de Bat.

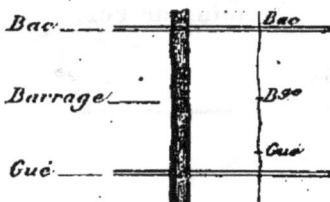

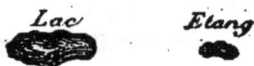

Bac ___ Bac
Barrage ___ Bge
Gué ___ Gué

Lac       Étang

Mare, Réservoir, Citernes.

## Signes Administratifs.

Limite d'État.

Limite de Département.

Limite d'Arrondissement.

Limite de Canton.

Limite de Commune.

PRÉFECTURE PF

SOUS-PRÉFECT. SP

CANTON ___ CT

Commune ___ o

Ces signes et dessins conventionnels ne suffisent pas à représenter le relief et les formes du terrain sur le plan topographique. Ce résultat est obtenu par le nivellement.

*Nivellement.* — Le nivellement permet d'apprécier, en même temps que la configuration du sol, les différentes cotes ou altitudes au-dessus du niveau de la mer.

Cette représentation graphique des reliefs du sol s'obtient par le procédé des *courbes de niveau* ou des *hachures.*

Les courbes de niveau représentent les lignes de section horizontale du terrain par une série de plans horizontaux équidistants, séparés par un intervalle de 10 mètres. Ces lignes épousent les sinuosités du terrain au niveau du plan de section et en reproduisent le contour et l'aspect. Grâce à leur écartement, on peut apprécier la rapidité des pentes, qui sont d'autant plus raides que les courbes sont plus rapprochées.

Comme tous les points d'une courbe sont au même niveau au-dessus du niveau de la mer, il suffit d'indiquer sur le plan la cote de l'un d'eux, ainsi qu'il est figuré ci-dessous :

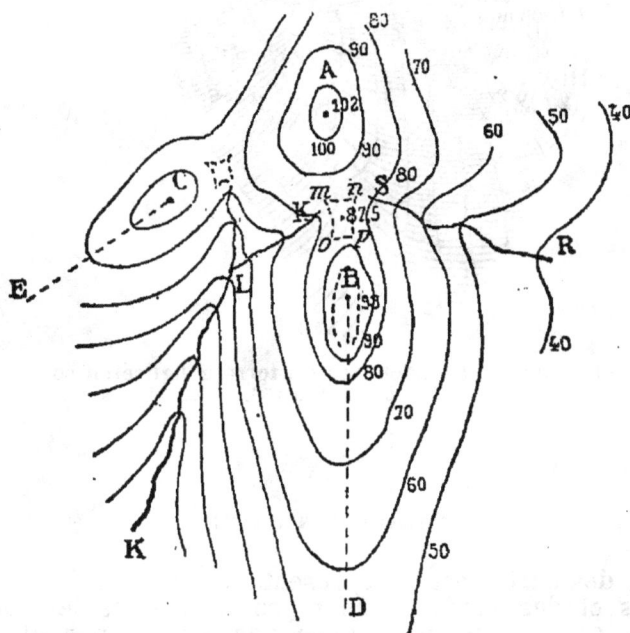

Représentation en courbes d'un terrain (mamelons A. B. C — vallées R S, L K — lignes de faîte B D, C E).
Voir le même mouvement représenté en hachures page 157.

Les hachures donnent une idée plus nette que les courbes du relief et de la forme du terrain et de la raideur des pentes. Les hachures sont les lignes de plus grande pente reliant deux courbes; elles indiquent la direction suivie par une goutte d'eau, glissant sur une surface unie, d'un point d'une courbe à la courbe immédiatement sous-jacente. Les hachures sont d'autant plus longues que l'intervalle entre deux courbes est plus grand, et inversement, de telle sorte que les pentes les plus raides sont indiquées par les hachures les plus courtes. Le dessin espace les hachures du quart de leur longueur et grossit leurs traits à mesure que la pente se raidit, de telle sorte que sur la carte le relief du sol ressort de l'intensité même des teintes diverses produites par les hachures ainsi que le montre le croquis ci-dessous :

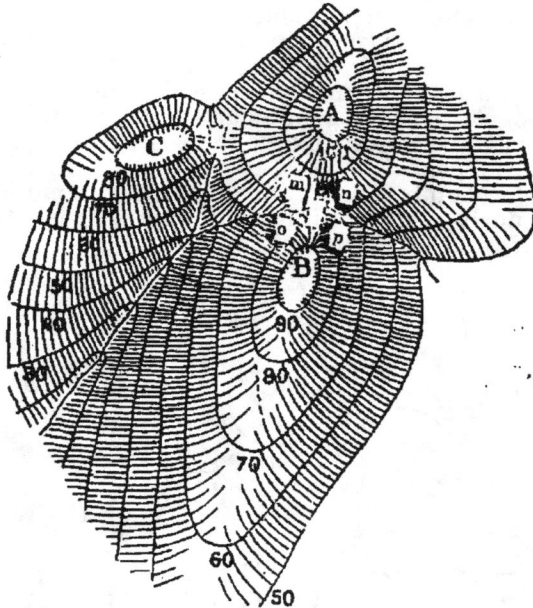

Représentation en hachures du terrain figuré en courbes à la page 156.

## IV

### Tenue des cartes.

La tenue des cartes est la représentation, à l'aide des signes conventionnels et des abréviations reproduites dans les tableaux ci-joints, des emplacements occupés par les troupes et les divers organes constitutifs de l'armée. Elle permet d'embrasser d'un coup d'œil la situation tactique et de se rendre compte immédiatement de l'étendue et de la nature des mouvements à faire exécuter aux divers éléments pour modifier le dispositif.

On choisira des crayons de couleur différente pour représenter les corps d'armée de la même armée, et, dans chaque corps d'armée, les divisions seront figurées en bleu et en rouge pour la 1ʳᵉ et la 2ᵉ, les éléments non endivisionnés en noir. Chaque régiment, brigade, division sera circonscrit par un trait de la couleur adoptée pour cette dernière, de telle sorte que les grosses unités apparaissent dans leur groupement respectif (1). Il en sera de même pour les éléments d'armée indépendants des corps d'armée et qui ne peuvent figurer que sur les cartes à petite échelle en raison de leur échelonnement très espacé dans la zone des étapes.

Il sera souvent nécessaire, afin d'éviter des chevauchements d'organes qui rendraient la lecture de la carte très difficile sinon impossible, d'employer des calques sur lesquels seront figurés les divers éléments. Cette nécessité se comprend pour les dispositifs échelonnés en longueur, où le déplacement d'un corps d'armée, par exemple, amène en fin de marche les éléments de queue dans les cantonnements occupés la veille par les éléments de tête.

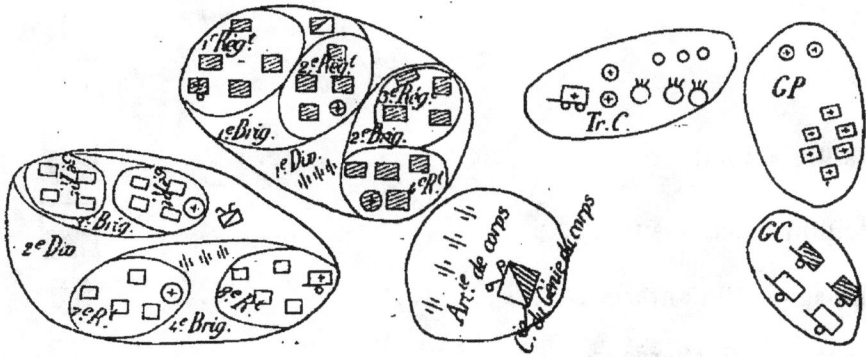

Fig. 21.

(1) Les divers groupements des unités du corps d'armée représentés par des colorations différentes limitent le contour de leurs emplacements. (Fig. 21.)

## SIGNES CONVENTIONNELS

Sur les cartes et croquis à grande échelle, les troupes sont, autant que possible, figurées à l'échelle. Sur les cartes à échelle moyenne ou petite, on augmente les dimensions relatives des signes conventionnels, de façon à conserver des indications claires.

### 1° Troupes.

Bataillon d'infanterie............................

Bataillon de chasseurs..........................

Compagnie d'infanterie..........................

Compagnie de chasseurs.........................

Groupe de 3 batteries...........................

Groupe de 2 batteries...........................

Batterie..... ....................................

Régiment de cavalerie...........................

Escadron........................................

Compagnie du génie.............................

Colonne d'infanterie.................

Colonne de cavalerie................

Colonne d'artillerie.................

Colonne composée de troupes de toutes
armes.........................................

## 2° Etats-majors.

Quartier général d'armée ....................................

Quartier général de corps d'armée ...................

État–major général d'armée ...................

État-major de corps d'armée ...................

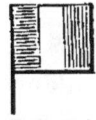

État-major de la 1ʳᵉ division d'infanterie d'un corps d'armée ....................................

État-major de la 2° division d'infanterie d'un corps d'armée ....................................

État-major de la 3ᵉ division d'infanterie d'un corps d'armée ....................................

État-major d'une division n'appartenant pas à un corps d'armée ....................................

État-major de corps de cavalerie ou de division de cavalerie ....................................

État-major de brigade d'infanterie ...................

État-major de brigade de cavalerie ...................

### 3° Services.

Section de munitions d'infanterie....................

Section de munitions d'artillerie....................

Section de parc d'artillerie de corps d'armée.........

Grand parc d'artillerie d'armée... .................

Équipage de pont......................................

Convoi administratif d'un corps d'armée.............
Ambulance............................................
Section d'hospitalisation............................
Groupe de brancardiers divisionnaires..............
Groupe de brancardiers de corps....................
Ambulance d'une division de cavalerie.............

Parc du génie d'un corps d'armée........... ......

Parc du génie d'armée ...........................

Section technique de télégraphie ...................

Parc de compagnie d'aérostiers ...................

Dépôt de remonte mobile.........................
Boulangerie de campagne.........................
Réserve de matériel sanitaire....................
Réserve de personnel sanitaire...................
Hôpital d'évacuation...... .................
Parc de bétail et troupeaux de ravitaillement........

Serv. de santé.

6

## ABRÉVIATIONS

En principe, on doit éviter l'emploi d'abréviations. Cependant, les circonstances obligent souvent à y avoir recours, par exemple pour les comptes rendus sur le terrain, les ordres urgents écrits sous la dictée. Le défaut de temps ou de place en nécessite aussi l'emploi.

Les abréviations indiquées ci-dessous peuvent être employées sans inconvénient, en pareil cas, parce qu'elles sont d'un usage courant et qu'elles ne prêtent pas, par suite, à confusion.

| | |
|---|---|
| **Inf.** ......... | Infanterie. |
| **Cav.** ........ | Cavalerie. |
| **Art.** ......... | Artillerie. |
| **C. A.** ........ | Corps d'armée. |
| **Div.** ......... | Division. |
| **Br.** .......... | Brigade. |
| **Rég.** ........ | Régiment. |
| **Bat.** ......... | Bataillon. |
| **Cie** .......... | Compagnie. |
| **Esc.** ......... | Escadron. |
| **Gr.** ..... .... | Groupe. |
| **Bie** ......... | Batterie. |
| **Art. C.** ..... | Artillerie de corps |
| **Art. 1. Div.** | Artillerie de la 1re division. |
| **Esc. 2. Div.** | Escadron divisionnaire de la 2e division. |
| **S. M. I.** .... | Section de munitions d'infanterie. |
| **S. M. A.** .... | Section de munitions d'artillerie. |
| **Amb.** ........ | Ambulance. |
| **Sect. hôp.** ... | Section d'hospitalisation. |
| **G. Br. div.** .. | Groupe de brancardiers divisionnaires. |
| **G. Br. C.** ... | Groupe de brancardiers de corps. |
| **Hôp. év.** .... | Hôpital d'évacuation. |
| **R. P. S.** .... | Réserve personnel du service de santé. |

| | |
|---|---|
| **R. S. M.** .... | Réserve sanitaire de matériel. |
| **Tr. C** ...... | Train de combat. |
| **Tr. R** ...... | Train régimentaire. |
| **E N E** ..... | Eléments non endivisionnés. |
| **G. P** ........ | Groupe des parcs. |
| **P. Art** ..... | Parc d'artillerie. |
| **D. E. S.** .... | Directeur des étapes et des services. |
| **Gal** ......... | Général. |
| **Cel** .......... | Colonel. |
| **Comt** ........ | Commandant. |
| **Cap.** ........ | Capitaine. |
| **Lt** .......... | Lieutenant. |
| **S. Lt** ....... | Sous-lieutenant. |
| **Off** ......... | Officier. |
| **Q. G.** ....... | Quartier général. |
| **E. M** ........ | État-major. |
| **Av. G** ...... | Avant-garde. |
| **Ar. G** ...... | Arrière-garde. |
| **Fl. G** ...... | Flanc-garde. |
| **Av. P** ....... | Avant-poste. |
| **G. G.** ....... | Grand'garde. |
| **Rec. d'off.** ... | Reconnaissance d'officier. |
| **O/O** ........ | Ordre. |
| **P. O.** ....... | Par ordre. |
| **P. I.** ........ | Point initial. |
| **Détt** ........ | Détachement. |
| **G. Rav.** ..... | Gare de ravitaillement. |
| **G. O. E.** ..... | Gare origine d'étapes. |
| **T. E.** ....... | Tête d'étapes. |
| **Ch. de F.** ... | Chemin de fer. |
| **G. R.** ....... | Gare régulatrice. |
| **St** .......... | Station. |

# Signes conventionnels du service de santé.

| Règlement de 1910. | Aide-mémoire de l'officier d'état-major en campagne. |
|---|---|

| | | | |
|---|---|---|---|
| ⚕ | Poste de secours. | ⚕ | Poste de secours. |
| ⊕ | Ambulance. | 6₊ˣˣ | Ambulance 6 du XX° C. A. |
| ⊞ | S. d'hospitalisation. | 5⊞ˣᴵⱽ | S. Hos. 5 du XIV° C. A. |
| ⊕ | Amb. immobilisée. | | . . . . . . . . . . . . . . . . . . . . . . . . |
| ⊞ | Groupe branc. div. | 2⊞21 | 2° S. du gr. de branc. 21° Div. |
| ⊞ | Groupe branc. de c. | 2⊞ˣ | 2° S. du gr. de branc. X° C. A. |
| ✛ | Amb. de caval. | ✛ | Amb. de cavalerie. |
| ⚲ | Dépôt d'éclopés. | △III | Dépôt d'éclopés du III° C. A. |
| ⊕ | Dépôt de conval. et d'éclopés. | △Et. | Dépôt d'éclopés d'étapes. |
| | . . . . . . . . . . . . . . . . . . . . . . . . . . . . | ⊞🛒 | Sⁱᵒⁿ sanitaire auto. |
| ⊞ | Hôpital d'évacuation. | ⊞ᴵˣ | HôE (mobilisé par IX° C. A.). |
| ⊞ | Sⁱᵒⁿ d'Hôp. d'évacuation. | ⊞ | S. HôE. |
| ⊞ | Hôp. de contagieux. | | . . . . . . . . . . . . . . . . . . . . . . . |
| ☆ | Réserve de personnel. | ⊕ | Réserve do personnel. |
| ⌓ | Réserve de matériel. | ⌓ | Réserve de matériel. |
| △ | Infirmerie de gtte d'ét. | | . . . . . . . . . . . . . . . . . . . . . . . . |
| △ | Infirmerie de gare. | A | Infirmerie de gare. |
| △ | Infirmerie de port. | | . . . . . . . . . . . . . . . . . . . . . . . . |

# TITRE II

## Notions générales d'ordre administratif nécessaires à tous les directeurs et chefs de service.

---

### CHAPITRE Ier

#### DES RÉQUISITIONS

Les généraux ont autorité pour imposer par voie de réquisition aux populations l'obligation de fournir les denrées, matières, logements, moyens de transport et, d'une manière générale, tous les objets ou services nécessaires aux besoins de l'armée. Ils peuvent déléguer le droit de requérir aux fonctionnaires de l'intendance et aux commandants des corps de troupe ou des détachements.

Aucune réquisition ne peut être exécutée qu'en vertu d'un ordre écrit et signé, émanant d'une autorité militaire ayant qualité pour requérir. Toute autorité militaire qui ordonne une réquisition a l'obligation de donner reçu des prestations fournies.

Le commandement, à tous les degrés de la hiérarchie, a le devoir d'assurer le maintien de l'ordre et de la discipline dans l'exécution des réquisitions. Tout abus d'autorité et tout acte de pillage doivent être punis avec la dernière rigueur.

Le commandant en chef assigne à chaque armée la zone dans laquelle elle a le droit d'exercer des réquisitions; chaque commandant d'armée opère de même pour les corps d'armée sous ses ordres et chaque commandant de corps d'armée pour ses divisions. Les zones de réquisition se confondent, en principe, avec les zones de marche et de stationnement.

En général, dans chaque corps d'armée ou division, les généraux confient aux fonctionnaires de l'intendance le soin de requérir les approvisionnements généraux nécessaires à l'ensemble des corps de troupe et services. Les corps de troupe n'exercent directement le droit de réquisition que pour la satisfaction de leurs besoins urgents et journaliers.

Quand plusieurs corps de troupe sont réunis dans un même cantonnement, les ordres de réquisition sont transmis par l'intermédiaire du commandant de cantonnement.

En toutes circonstances, les autorités militaires qui ont qualité pour requérir ne doivent pas perdre de vue qu'il est avantageux, pour retenir ou attirer les ressources, de ne recourir à la réquisition qu'à défaut de tous autres moyens tels que les achats directs ou les conventions amiables.

Les ordres de réquisition sont adressés par l'autorité militaire aux municipalités ou, à leur défaut, aux notabilités locales.

Les ordres et reçus de réquisition doivent toujours mentionner l'espèce, la qualité et, s'il y a lieu, la durée des prestations fournies.

Les ordres et reçus sont détachés de carnets à souches, dont doivent être pourvus les officiers chargés des réquisitions.

Exceptionnellement, tout commandant de troupe ou chef de détachement opérant isolément peut, même sans être porteur d'un carnet de réquisition, requérir les prestations nécessaires aux besoins de sa troupe; mais il a l'obligation d'en rendre compte par la voie hiérarchique au commandant du corps d'armée.

Si les autorités locales refusent de déférer aux ordres de réquisition, l'autorité militaire a recours à la force pour saisir les denrées ou matières dont elle a besoin. Les ordres les plus sévères sont donnés pour que les saisies soient exactement limitées aux prestations nécessaires et les détachements chargés de leur exécution sont, autant que possible, commandés par des officiers.

D'une manière générale les principes et règles exposés ci-dessus sont applicables en pays ennemi, comme sur le territoire national.

### Des contributions en argent.

Dans certaines circonstances, il peut être nécessaire, en *pays ennemi*, de remplacer la *réquisition* des prestations en *nature* par des *contributions en argent*.

Ces contributions ne peuvent être ordonnées que par le commandant en chef.

### Extrait de la loi relative aux réquisitions militaires.

#### I. — Conditions générales dans lesquelles s'exerce le droit de réquisition.

Art. 1er. En cas de mobilisation partielle ou totale de l'armée, ou de rassemblement de troupes, le Ministre de la guerre détermine l'époque où commence, sur tout où partie du territoire français, l'obligation de fournir les prestations nécessaires pour suppléer à l'insuffisance des moyens ordinaires d'approvisionnement de l'armée.

Art. 2. Toutes les prestations donnent droit à des indemnités représentatives de leur valeur, sauf dans les cas spécialement déterminés par l'article 15 de la présente loi.

Art. 3. Le droit de requérir appartient à l'autorité militaire.

Les réquisitions sont toujours formulées par écrit et signées.

Elles mentionnent l'espèce et la quantité des prestations imposées et, autant que possible, leur durée.

Il est toujours délivré un reçu des prestations fournies.

**Art. 4.** Un règlement d'administration publique détermine les conditions d'exécution de la présente loi, en ce qui concerne la désignation des autorités ayant qualité pour ordonner ou exercer les réquisitions, la forme de ces réquisitions et les limites dans lesquelles elles pourront être faites.

Ce règlement détermine également les personnes auxquelles le droit de réquisition est délégué à raison soit de leurs fonctions, soit de fonctions spéciales. (Mobilisation.)

## II. — Des prestations à fournir par voie de réquisition.

**Art. 5.** Est exigible, par voie de réquisition, la fourniture des prestations nécessaires à l'armée, et qui comprennent notamment :

1° Le logement chez l'habitant et le cantonnement, pour les hommes et pour les chevaux, mulets et bestiaux, dans les locaux disponibles, ainsi que les bâtiments nécessaires pour le personnel et le matériel des services de toute nature qui dépendent de l'armée;

2° La nourriture journalière des officiers et soldats logés chez l'habitant, conformément à l'usage du pays;

3° Les vivres et le chauffage pour l'armée, les fourrages pour les chevaux, mulets et bestiaux, la paille de couchage pour les troupes campées ou cantonnées;

4° Les moyens d'attelage et de transport de toute nature, y compris le personnel;

5° Les bateaux ou embarcations qui se trouvent sur les fleuves, rivières, lacs et canaux;

6° Les moulins et les fours;

7° Les matériaux, outils, machines et appareils nécessaires pour la construction ou la réparation des voies de communication, et, en général, pour l'exécution de tous les travaux militaires;

8° Les guides, les messagers, les conducteurs, ainsi que les ouvriers pour tous les travaux que les différents services de l'armée ont à exécuter;

9° Le traitement des malades ou blessés chez l'habitant;

10° Les objets d'habillement, d'équipement, de campement, de harnachement, d'armement et de couchage, les médicaments et moyens de pansement;

11° Tous les autres objets et services dont la fourniture est nécessitée par l'intérêt militaire.

Hors le cas de mobilisation, il ne pourra être fait réquisition que des prestations énumérées aux cinq premiers paragraphes du présent article. Les moyens d'attelage et de transport, bateaux et embarcations, dont il est question aux §§ 4 et 5, ne pourront également être requis chaque fois, hors le cas de mobilisation, que pour une durée maximum de vingt-quatre heures.

**Art. 6.** Les réquisitions relatives à l'emploi d'établissements industriels pour la fourniture de produits autres que ceux qui résultent de leur fabrication normale, ne pourront être exercées que sur un ordre du Ministre de la guerre ou d'un commandant d'armée ou de corps d'armée.

### III. — Du logement et du cantonnement.

Art. 8. . . . . . . . . . . . . . . . . . . . . . . . . . .

Le cantonnement des troupes, en station ou en marche, est l'installation des hommes, des animaux et du matériel dans les maisons, établissements, écuries, bâtiments ou abris de toute nature appartenant soit aux particuliers, soit aux communes ou aux départements, soit à l'État, sans qu'il soit tenu compte des conditions d'installation attribuées, en ce qui concerne le logement défini ci-dessus, aux militaires de chaque grade, aux animaux et au matériel, mais en utilisant, dans la mesure du nécessaire, la contenance des locaux, sous la réserve toutefois que les propriétaires ou détenteurs conservent toujours le logement qui leur est indispensable.

Art. 10. Il sera fait par les municipalités un recensement de tous les logements, établissements et écuries, que les habitants peuvent fournir pour le logement ou le cantonnement des troupes.
Ce recensement sera communiqué à l'autorité militaire.

Art. 11. Dans tous les cas où les troupes devront être logées ou cantonnées chez l'habitant, l'autorité militaire informera les municipalités du jour de leur arrivée.

Art. 12. . . . . . . . . . . . . . . . . . . . . . . . . . .
Seront néanmoins dispensés de fournir le logement dans leur domicile les détenteurs de caisses publiques déposées dans ledit domicile, les veuves et filles vivant seules et les communautés religieuses de femmes. Mais les uns et les autres sont tenus d'y suppléer en fournissant le logement en nature chez d'autres habitants, avec lesquels ils prendront des arrangements à cet effet; à défaut de quoi, il y sera pourvu à leurs frais par les soins de la municipalité.

Art. 13. . . . . . . . . . . . . . . . . . . . . . . . . . .
Les habitants ne seront jamais délogés de la chambre et du lit où ils ont l'habitude de coucher; ils ne pourront, néanmoins, sous ce prétexte, se soustraire à la charge du logement selon leurs facultés.
Hors le cas de mobilisation, le maire ne pourra envahir le domicile des absents; il devra loger ailleurs à leurs frais.
Les établissements publics ou particuliers requis préalablement par l'autorité militaire, et effectivement utilisés par elle, ne seront pas compris dans la répartition du logement ou du cantonnement.

Art. 14. Les troupes seront responsables des dégâts et dommages occasionnés par elles dans leurs logements ou cantonnements. Les habitants qui auront à se plaindre, à cet égard, adresseront leurs réclamations, par l'intermédiaire de la municipalité, au commandant de la troupe, afin qu'il y soit fait droit, si elles sont fondées.
Lesdites réclamations devront être adressées et les dégâts constatés, à peine de déchéance, avant le départ de la troupe, ou, en temps de paix, trois heures après, au plus tard; un officier sera laissé, à cet effet, par le commandant de la troupe.
Art. 16. En toutes circonstances, les troupes auront droit, chez l'habitant, au feu et à la chandelle.

### IV. — De l'exécution des réquisitions.

Art. 19. Toute réquisition doit être adressée à la commune; elle est notifiée au maire. Toutefois, si aucun membre de la municipalité ne se trouve au siège de la commune, ou si une réquisition urgente est nécessaire sur un point éloigné du siège de la commune et qu'il soit impossible de la notifier régulièrement, la réquisition peut être adressée directement par l'autorité militaire aux habitants.

Les réquisitions exercées sur une commune ne doivent porter que sur les ressources qui y existent, sans pouvoir les absorber complètement.

Art. 20. Le maire, assisté, sauf le cas de force majeure ou d'extrême urgence, de quatre membres du conseil municipal appelés dans l'ordre du tableau, répartit les prestations exigées entre les habitants et les contribuables, alors même que ceux-ci n'habitent pas la commune et n'y sont pas représentés.

Cette répartition est obligatoire pour tous ceux qui y sont compris.

Il est délivré par le maire, à chacun d'eux, un reçu des prestations fournies.

Le maire prendra les mesures nécessitées par les circonstances, pour que, dans le cas d'absence de tout habitant ou contribuable, la répartition, en ce qui le concerne, soit effective.

Au lieu de procéder par voie de répartition, le maire, assisté comme il est dit ci-dessus, peut, au compte de la commune, pourvoir directement à la fourniture et à la livraison des prestations requises; les dépenses qu'entraîne cette opération sont imputées sur les ressources générales du budget municipal, sans qu'il soit besoin d'autorisation spéciale.

Dans les cas prévus par le premier paragraphe de l'article 19, ou lorsque les prestations requises ne sont pas fournies dans les délais prescrits, l'autorité militaire fait d'office la répartition entre les habitants.

Art. 21. Dans le cas de refus de la municipalité, le maire, ou celui qui en fait fonctions, peut être condamné à une amende de vingt-cinq à cinq cents francs.

Si le fait provient du mauvais vouloir des habitants, le recouvrement des prestations est assuré, au besoin, par la force; en outre, les habitants qui n'obtempèrent pas aux ordres de réquisitions sont passibles d'une amende qui peut s'élever au double de la valeur de la prestation requise.

En temps de guerre, quiconque abandonne le service pour lequel il est requis personnellement est, par application des dispositions portées à l'article 62 du Code de justice militaire, traduit devant le conseil de guerre, et peut être condamné à la peine de l'emprisonnement de six jours à cinq ans, dans les termes de l'article 194 du même Code.

Art. 22. Toute personne qui, en matière de réquisitions, abuse des pouvoirs qui lui sont conférés, ou qui refuse de donner reçu des quantités fournies, est punie de la peine de l'emprisonnement, dans les termes de l'article 194 du Code de justice militaire; toute personne qui exerce des réquisitions sans avoir qualité pour le faire est punie, si ces réquisitions sont faites sans violence, conformément au cinquième paragraphe de l'article 248 du Code de justice militaire.

Si ces réquisitions sont exercées avec violence, le coupable est puni conformément à l'article 250 du même Code.

Le tout sans préjudice des restitutions auxquelles il peut être condamné.

## Extrait du décret (1) portant règlement d'administration publique pour l'exécution de la loi sur les réquisitions militaires.

### I. — Conditions générales dans lesquelles s'exerce le droit de réquisition.

Art. 1er. En cas de mobilisation totale de l'armée, l'autorité militaire peut user du droit de requérir les prestations nécessaires à l'armée, depuis le jour de la mobilisation jusqu'au moment où l'armée est remise sur le pied de paix.

Art. 2. En cas de mobilisation partielle ou de rassemblement de troupes, pour quelque cause que ce soit, des arrêtés du Ministre de la guerre déterminent l'époque où pourra commencer et celle où devra se terminer l'exercice du droit de réquisition, ainsi que les portions de territoire où le droit de réquisition pourra être exercé.

Ces arrêtés sont publiés dans les communes.

Art. 3. Lorsque la mobilisation totale est ordonnée, les généraux commandant des armées, des corps d'armée, des divisions ou des troupes ayant une mission spéciale peuvent de plein droit exercer des réquisitions.

Ils peuvent déléguer le droit de requérir aux fonctionnaires de l'intendance ou aux officiers commandant des détachements.

Art. 4. En cas de mobilisation partielle ou de rassemblement de troupes, la faculté d'exercer les réquisitions, dans les limites prévues à l'article 2 du présent décret, n'appartient de plein droit qu'aux généraux commandant les corps d'armée mobilisés ou les rassemblements de troupes.

Le droit de requérir peut être délégué par eux aux fonctionnaires de l'intendance ou aux officiers commandant des détachements.

Art. 5. Les ordres de réquisition sont détachés d'un carnet à souche qui est remis à cet effet entre les mains des officiers appelés à exercer des réquisitions.

Art. 6. Les généraux désignés dans les articles 3 et 4 du présent décret peuvent remettre aux chefs de corps ou de service des car-

---

(1) Ce décret a subi les modifications qui y ont été apportées par les décrets des 23 novembre 1886 et 3 juin 1890.

Nota. — Les quatre derniers alinéas de l'article 23 et les articles 30 et 33 nouveaux provenant du décret du 23 novembre 1886, introduits dans le présent décret, ont fait l'objet d'une instruction portant la même date.

nets à souche d'ordres de réquisition contenant délégation du droit de requérir, pour être délivrés par ces chefs de corps ou de service aux officiers sous leurs ordres qui pourraient être éventuellement appelés à exercer des réquisitions.

Art. 7. Les reçus délivrés par les officiers chargés de la réception des prestations fournies sont extraits d'un carnet à souche qui est fourni par l'autorité militaire, comme les carnets d'ordres de réquisition.

Art. 8. Exceptionnellement et seulement en temps de guerre, tout commandant de troupe ou chef de détachement opérant isolément peut, même sans être porteur d'un carnet de réquisitions, requérir, sous sa responsabilité personnelle, les prestations nécessaires aux besoins journaliers des hommes et des chevaux placés sous ses ordres.

Art. 9. Les réquisitions ainsi exercées sont toujours faites par écrit et signées; elles sont établies en double expédition, dont l'une reste entre les mains du maire et l'autre est adressée immédiatement, par la voie hiérarchique, au général commandant le corps d'armée. Il est donné reçu des prestations fournies.

## II. — Des prestations à fournir par voie de réquisition.

Art. 12. Lorsque les troupes sont logées chez l'habitant et que celui-ci est requis de leur fournir la nourriture, il ne peut être exigé une nourriture supérieure à l'ordinaire de l'individu requis.

Art. 13. L'officier commandant un détachement qui réquisitionne dans une commune des fournitures en vivres, denrées ou fourrages pour la nourriture des troupes ou des chevaux sous ses ordres, doit mentionner sur la réquisition la quantité de rations requises et la quotité de la ration réglementaire.

Art. 14. Quand il y a lieu de requérir des chevaux, voitures ou harnais pour des transports qui doivent amener un déplacement de plus de cinq jours avant le retour des chevaux et voitures, il est procédé, avant la prise de possession, à une estimation contradictoire faite par l'officier requérant et le maire.

Art. 15. Si des chevaux ou voitures, requis pour accompagner un détachement ou convoi, sont perdus ou endommagés, le chef du détachement ou convoi doit délivrer au conducteur un certificat constatant le fait.

Il y joint son appréciation des causes du dommage, et, si l'estimation préalable n'a pas eu lieu, une évaluation de la perte subie.

Art. 16. En cas de refus de l'officier chef du détachement ou du convoi de délivrer les pièces mentionnées à l'article précédent, le conducteur des chevaux et voitures endommagées devra s'adresser immédiatement au juge de paix, ou, à défaut du juge de paix, au maire de la commune où s'est produit le dommage, pour en faire constater les causes et la valeur.

Art. 17. Toutes les fois qu'il est fait une réquisition d'outils, matériaux, machines, bateaux, embarcations en dehors des eaux maritimes, etc., pour une durée de plus de huit jours, il est procédé, avant l'enlèvement desdits objets, à une estimation faite contradictoirement par l'officier requérant et le maire de la commune.

S'il est, plus tard, restitué tout ou partie desdits objets, procès-verbal est dressé de cette restitution, ainsi que des détériorations subies, et mention en est faite sur le reçu primitivement délivré, auquel le procès-verbal est annexé.

Art. 18. Si la réquisition de moulins a pour objet d'en attribuer temporairement à l'autorité militaire l'usage exclusif, il est procédé, avant et après la prise de possession, à une constatation sommaire par l'officier requérant et le maire de la commune.

Art. 19. Les chefs de détachements qui requièrent des guides ou conducteurs pour accompagner les troupes doivent pourvoir à leur nourriture, ainsi qu'à celle des chevaux, comme s'ils faisaient partie de leur détachement, pendant toute la durée de la réquisition.

Art. 20. Les guides, les messagers, les conducteurs et les ouvriers qui sont l'objet de réquisitions reçoivent, à l'expiration de leur mission, un certificat qui en constate l'exécution et qui est délivré : pour les guides, par les commandants de détachements; pour les messagers, par les destinataires; pour les conducteurs, par les chefs de convois, et pour les ouvriers, par les chefs de service compétents.

Art. 21. Lorsqu'il y a lieu de requérir le traitement de malades ou blessés, les maires fournissent des locaux spéciaux pour le traitement desdits malades ou blessés et, à défaut de locaux spéciaux, les répartissent chez les habitants; mais s'il s'agit de maladies contagieuses, ils doivent pourvoir aux soins à donner dans les bâtiments où les malades puissent être séparés de la population et qui, au besoin, sont requis à cet effet.

En cas d'extrême urgence, et seulement sur des points éloignés du centre de la commune, l'autorité militaire peut requérir directement des habitants le soin des malades ou blessés; mais cette réquisition, faite directement, ne peut jamais s'appliquer à des malades atteints de maladies contagieuses.

Art. 22. Si des communes ou des habitants sont requis de recevoir des malades ou des blessés, et si ces derniers ne peuvent pas être soignés par les médecins de l'armée, les visites des médecins civils peuvent donner droit à une indemnité spéciale.

Cette indemnité est fixée par la commission d'évaluation, sur la note du médecin, certifiée par l'habitant qui a logé le malade ou le blessé, ou, si faire se peut, par ce dernier lui-même, et visée par le maire de la commune.

### III. — Du logement et du cantonnement.

Art. 23. Les maires dressent, tous les trois ans, en double expédition, sur les modèles qui leur sont transmis par les commandants de régions, un état des ressources que peut offrir leur commune pour le logement et le cantonnement des troupes.

Cet état doit distinguer l'agglomération principale et les hameaux détachés; il doit indiquer approximativement :

1° Le nombre de chambres et de lits qui peuvent être affectés au logement des officiers et le nombre d'hommes de troupe qui peuvent être logés chez l'habitant, à raison d'un lit par sous-officier et d'un lit ou au moins d'un matelas et d'une couverture pour deux soldats.

Le nombre de chevaux, mulets, bestiaux et voitures qui peuvent être installés dans les écuries, étables ou remises;

2° Le nombre d'hommes qui peuvent être cantonnés dans les maisons, établissements, écuries, bâtiments, ou abris de toute nature appartenant soit aux particuliers, soit aux communes ou aux départements, soit à l'Etat, sous la seule réserve que les propriétaires ou détenteurs conserveront toujours les locaux qui leur sont indispensables pour leur logement et celui de leurs animaux, denrées et marchandises.

Sur l'état des ressources pour le cantonnement, les maires ne tiennent compte que de ces dépendances.

Art. 24. Les états dressés en exécution de l'article précédent sont adressés aux commandants de régions.

Art. 25. Après la revision, qui a été faite en temps utile, des tableaux récapitulatifs sont imprimés ou autographiés par les soins de l'autorité militaire, et tenus à la disposition des officiers généraux, ainsi que des intendants militaires et des commissions de règlement des indemnités. Un extrait est envoyé par les commandants de régions aux maires des communes intéressées.

Art. 26. Lorsque les maires ont reçu l'extrait mentionné à l'article précédent, ils dressent, avec le concours des conseillers municipaux, un état indicatif des ressources de chaque maison pour le logement ou le cantonnement des troupes, d'après le nombre fixé par le tableau indiqué à l'article précédent.

Lorsqu'ils sont requis de loger ou de cantonner des militaires, ils suivent le plus exactement possible l'ordre de cet état indicatif.

Art. 28. S'il est reconnu que des dégâts ont été commis chez un ou plusieurs habitants par des soldats qui y étaient logés ou cantonnés, procès-verbal en est dressé contradictoirement par le maire de la commune et par l'officier chargé d'examiner la réclamation.

S'il s'agit de passage de troupes en temps de paix, le procès-verbal est remis à l'habitant, qui adresse sa réclamation à l'autorité militaire.

En cas de mobilisation, le procès-verbal sert à l'intéressé comme une réquisition ordinaire, et l'indemnité à allouer est réglée comme en matière de réquisition.

Art. 29. En temps de guerre et en cas de départ inopiné des troupes logées chez l'habitant, si aucun officier n'a été laissé en arrière pour recevoir les réclamations, tout individu qui croit avoir à se plaindre de dégâts commis par les soldats logés chez lui et qui n'a pu faire sa réclamation avant le départ de la troupe, porte sa plainte au juge de paix, ou, à défaut de juge de paix, au maire de la commune.

Cette plainte doit être remise moins de trois heures après le départ de la troupe.

Le juge de paix ou le maire se transporte immédiatement sur les lieux, fait une enquête et dresse un procès-verbal qui est remis à la personne intéressée, pour faire valoir ses droits comme en matière de réquisition.

## IV. — De l'exécution des réquisitions.

Art. 34. Lorsque des détachements de différents corps ou des troupes de différentes armes se trouvent à la fois dans une commune, des réquisitions ne peuvent être ordonnées que par l'officier auquel le commandement appartient en vertu des règlements militaires (1).

Cette disposition ne s'applique pas aux réquisitions qui peuvent être ordonnées pour les besoins généraux de l'armée, ou pour la constitution des approvisionnements de la population des places de guerre, par les officiers généraux, par les fonctionnaires de l'intendance ou par les autorités civiles désignées à l'article 10 ci-dessus et déléguées spécialement à cet effet par les gouverneurs de ces places.

Art. 35. Les réquisitions sont toujours adressées au maire de chaque commune, ou, en son absence, à son suppléant légal, sauf dans les cas prévus au paragraphe 1ᵉʳ de l'article 19 de la loi du 3 juillet 1877, et sous réserve des peines édictées à l'article 21 de ladite loi.

Dans le cas où, par application des dispositions de l'article 10 ci-dessus, les réquisitions sont ordonnées par le maire, en vertu d'une délégation spéciale de l'autorité militaire, il les adresse dans la commune dont il est maire, à son suppléant légal.

Art. 36. Lorsqu'un officier ne trouve aucun membre de la municipalité au siège de la commune, ou lorsqu'il est obligé d'exercer une réquisition urgente dans un hameau éloigné et qu'il n'a pas le temps de prévenir le maire, il s'adresse, autant que possible, à un conseiller municipal, ou, à son défaut, à un habitant, pour se faire aider dans la répartition des prestations à fournir.

Art. 37. Si le maire déclare que les quantités requises excèdent les ressources de sa commune, il doit d'abord livrer toutes les prestations qu'il lui est possible de fournir. L'autorité militaire peut toujours, dans ce cas, faire procéder à des vérifications.

Lorsque celle-ci trouve des denrées qui ont été indûment refusées, elle s'en empare, même par la force, et signale le fait à l'autorité judiciaire.

Art. 38. Ne sont pas considérés comme prestations disponibles ou comme fournitures susceptibles d'être réquisitionnées :

1° Les vivres destinés à l'alimentation d'une famille et ne dépassant pas sa consommation pendant trois jours;

2° Les grains ou autres denrées alimentaires qui se trouvent dans un établissement agricole, industriel ou autre et ne dépassent pas la consommation de huit jours;

3° Les fourrages qui se trouvent chez un cultivateur et ne dépassent pas la consommation de ses bestiaux pendant quinze jours.

Art. 39. Lorsque le maire reçoit une réquisition, il convoque, sauf le cas d'extrême urgence, quatre membres du conseil mu-

---

(1) Voir la lettre collective du 10 juin 1882 au sujet des avis à donner aux municipalités, en ce qui touche les réquisitions.

nicipal appelés dans l'ordre du tableau, en laissant de côté ceux qui habitent loin du centre de la commune.

Le maire procède, avec les membres présents ou seul, si personne n'a répondu à sa convocation, à la répartition des réquisitions, et ses décisions sont exécutoires sans appel.

Art. 40. S'il y a lieu de requérir la prestation d'un habitant absent et non représenté, le maire peut, au besoin, faire ouvrir la porte de vive force et faire procéder d'office à la livraison des fournitures requises.

Dans ce cas, il requiert deux témoins d'assister à l'ouverture et à la fermeture des locaux, ainsi qu'à l'enlèvement des objets; il dresse un procès-verbal de ces opérations.

Art. 41. Le maire fait procéder, en sa présence ou en présence d'un délégué, à la remise aux parties prenantes des fournitures requises et s'en fait donner reçu.

Il tient registre des prestations fournies par chaque habitant, soit en vertu de la répartition par lui faite, soit en vertu de réquisitions directes, et mentionne les quantités fournies et les prix réclamés; il délivre des reçus aux prestataires.

Les habitants qui sont l'objet de réquisitions directes portent à la mairie les reçus qu'ils ont obtenus de l'autorité militaire et les échangent contre des reçus de l'autorité municipale.

Il en est de même des certificats qui sont délivrés aux habitants pour constater l'accomplissement d'un service requis.

Art. 42. Si une personne requise d'un service personnel abandonne son poste, l'officier qui constate cet abandon prévient immédiatement le procureur de la République du domicile du délinquant, en lui faisant connaître le nom de ce dernier et son domicile.

Dans le cas prévu par le dernier paragraphe de l'article 21 de la loi du 3 juillet 1877, la plainte est adressée à l'autorité militaire compétente.

# CHAPITRE II

## ALIMENTATION EN CAMPAGNE — RAVITAILLEMENT
## OFFICIERS D'APPROVISIONNEMENT

───────

## I
### Alimentation en campagne.

*Notions générales.* — Dans le service de santé, comme dans tous les autres services de l'armée, il existera en temps de guerre :

1° D'es formations *autonomes*, c'est-à-dire s'administrant et s'alimentant individuellement comme une sorte d'unité collective indépendante. Telles sont : les ambulances, les groupes de brancardiers, les hôpitaux d'évacuation, etc...

Dans toutes ces formations se trouvent deux sortes de personnel :

a) Le personnel du service (officiers, sous-officiers, troupe);

b) Le personnel des malades et blessés.

Dès maintenant, et sans être entré dans les détails de fonctionnement du service, on peut prévoir que les règles de l'alimentation applicables à l'ensemble de l'armée sont applicables également à l'alimentation des personnels chargés des services (sauf de légères modifications), et qu'au contraire l'alimentation des malades et blessés devra faire l'objet de règles spéciales basées sur la technique même du service de santé. C'est, du reste, ce qui se passe en temps de paix.

2° Des formations *non autonomes* : telles sont les directions du service de santé des corps d'armée ou les services de santé des divisions. Ces formations sont englobées, pour l'alimentation comme pour l'administration, dans les quartiers généraux dont elles font partie.

De ce qui précède résulte : la nécessité d'étudier tout d'abord les règles générales de l'alimentation de l'armée, afin de pouvoir ensuite en faire l'application aux formations sanitaires diverses en ce qui concerne les personnels du service; ensuite l'alimentation des malades et blessés. Avant de partir en campagne, chaque formation sanitaire doit d'abord se constituer, c'est-à-dire se mobiliser, en recevant tout le personnel et tout le matériel qui lui sont nécessaires pour le temps de guerre. Cette constitution, qui se fait dans les quelques jours qui suivent l'ordre de mobilisation d'après les dispositions arrêtées dans le *Journal de mobilisation* de la formation, est en somme la réunion dans un même lieu, dit *centre de mobilisation*, de tous les éléments (actif ou de réserve) :

1° En personnel actif ou de réserve;

2° En matériel (chevaux et matériel roulant; approvisionnements du service de santé; approvisionnements du service des subsistances, lots de vivres, etc.).

A chaque formation sont affectés également un certain nombre d'officiers d'administration; l'un d'entre eux, qui est monté ou muni d'une bicyclette, est *officier d'approvisionnement* de la formation. Les instructions ministérielles prévoient des modes d'alimentation divers, savoir :

1° Au cours de la mobilisation proprement dite;
2° Pendant les transports en chemin de fer;
3° Aussitôt après l'embarquement (sur la base de concentration);
4° Enfin, au cours des opérations proprement dites.

## A. — RÈGLES GÉNÉRALES.

### 1° Alimentation dans les centres de mobilisation.
(Instr. minist. du 14 février 1900.)

Pendant la période de mobilisation, les troupes réunies dans les centres de mobilisation reçoivent les allocations du temps de paix avec ration entière de sucre et café. L'administration assure la fourniture de toutes les denrées, à l'exception de la viande et des vivres d'ordinaire que les corps continuent à se procurer. Dans ce but, les corps de troupe, dans leurs marchés du temps de paix, se réservent la prorogation desdits marchés pendant la période de mobilisation. De son côté, pour les denrées qu'elle doit fournir, l'administration militaire entretient des approvisionnements ou passe des « marchés éventuels » devant prendre effet à la mobilisation, ou enfin prend ses dispositions pour faire assurer les fournitures par le service général du ravitaillement.

### 2° Alimentation pendant les transports stratégiques de concentration.
(Instr. du 18 août 1902, mod. 15 mars 1904.)

Les unités mobilisées sont généralement transportées en chemin de fer, suivant les horaires prévus dès le temps de paix, sur la *base de concentration* où se concentre toute l'armée. Au départ du centre de mobilisation, les troupes emportent tous les lots de vivres qui, sous le nom de vivres de débarquement, vivres de réserve ou vivres des trains régimentaires, sont destinés à être utilisés après leur débarquement. Pour pouvoir conserver ces approvisionnements intacts, on assure l'alimentation des troupes en chemin de fer :

1° Au moyen des vivres de chemin de fer distribués au départ par l'administration militaire pour toute la durée du trajet, à raison de 375 grammes de pain (une demi-ration) et 150 grammes de conserve de viande par période de douze heures;
2° Des vivres d'ordinaire distribués au départ, à raison d'un repas par vingt-quatre heures;
3° De café chaud additionné d'eau-de-vie distribué dans certaines gares, appelées *stations haltes-repas*, à raison de 0 l. 25 par période de douze heures.

Pour les chevaux on alloue 5 kilogrammes de foin et 2 kilogrammes d'avoine par jour. Ces vivres sont placés partie sur les hommes (dans la gamelle ou l'étui-musette), partie sur les voitures de l'unité.

### 3° Alimentation sur la base de concentration et vivres de débarquement.

Dès que la troupe débarque, elle assure son alimentation :

1° Au moyen de vivres de débarquement constitués dès le temps de paix par l'administration, embarqués en chemin de fer sur les voitures de l'unité et au besoin sur des voitures de réquisition et composés de la manière suivante :

Pain biscuité. . . . . . . . . . . . . . . . . . . . . . . . . . . . 2 jours.
Riz ou légumes secs. . . . . . . . . . . . . . . . . . . . . 2 jours.
Sel, sucre, café. . . . . . . . . . . . . . . . . . . . . . . . . . 2 jours.

2° Au moyen de viande fournie par l'administration;

3° Enfin au moyen des autres denrées nécessaires qui sont achetées ou requises sur place.

Pendant la suite de la période de concentration et jusqu'au moment où commencent les marches stratégiques ou les opérations, l'alimentation est assurée, s'il y a lieu, au moyen des dispositions faisant l'objet d'instructions adressées, dès la mobilisation, aux généraux commandant les corps d'armée et aux intendants de corps d'armée.

### 4° Alimentation pendant les transports d'évacuation.

1° BLESSÉS OU MALADES. — Les hommes évacués ou accompagnant un train d'évacuation emportent, au départ, deux jours de pain perçus à l'hôpital d'évacuation. Si la durée du trajet dépasse quarante-huit heures, une distribution complémentaire est faite par une halte-repas désignée d'avance sur chaque ligne d'évacuation et qui est avisée dès le départ du train de la gare d'évacuation ou de ravitaillement

En route, tout militaire évacué ou accompagnant un train d'évacuation reçoit, par période de vingt-quatre heures environ, quatre repas dont au moins deux repas légers.

Au point de vue de l'alimentation, les gares sièges d'infirmerie forment deux séries :

1ʳᵉ série, une halte-repas et une infirmerie fonctionnent simultanément; ces gares distribuent le *repas administratif*, fourni par la halte-repas aux malades pouvant supporter l'alimentation normale; les autres malades reçoivent un repas léger par les soins de l'infirmerie;

2° série : une infirmerie fonctionne seule; elle distribue un repas léger à tous les blessés et malades indistinctement.

En principe, de deux infirmeries de gare placées consécutivement sur le trajet d'un train d'évacuation, l'une est de la 1ʳᵉ, l'autre de la 2° série.

Le repas léger fourni par l'infirmerie comprend deux des aliments ci-après, il en est pris un dans chaque groupe :

1ᵉʳ groupe : lait, 0ᶠ,40; ou café au lait, 0ᶠ,40; ou chocolat à l'eau,
0ᶠ,25 avec 20 grammes de sucre; chocolat au lait, 0ᶠ,40; café noir,
0ᶠ,25 (café, 15 gr.; sucre, 20 gr.); vin, 0ᶠ,25;

2ᵉ groupe : fromage de gruyère ou de Hollande, 0 kg. 06; fromage
mou, 0 kg. 100; chocolat en tablettes, 0 kg. 035; deux biscuits.

Si les ressources le permettent, des potages gras (0ᶠ,40) peuvent
être substitués à l'un de ces aliments. Le repas d'infirmerie fourni
aux hommes en traitement comprend : pain, 250 grammes; viande
cuite, 75 grammes; légumes, des œufs ou du poisson; le vin par du
cidre ou de la bière.

Toutes les distributions se font dans les wagons.

Le repas administratif fourni par la station halte-repas comprend : 125 grammes de conserve de viande, 5 grammes de sel et
25 centilitres de café chaud mélangé d'eau-de-vie. Les hommes peuvent prendre de l'eau potable ou remplir leurs bidons d'eau mé-
langée d'eau-de-vie.

2° Prisonniers de guerre. — Les prisonniers malades ou blessés
sont évacués par le service de santé.

Les prisonniers valides sont évacués par le service des étapes.
Ils sont munis, au départ, de deux jours de pain; les stations haltes-
repas, avisées, distribuent les repas en cours de route, ou le supplément de pain si le trajet dure plus de quarante-huit heures.

### 5° Alimentation en campagne.

L'instruction du 1ᵉʳ février 1909 (*B. O.*, é. m., vol. 94 *bis*) pose les
règles fondamentales de l'alimentation en campagne, ainsi qu'il
est dit au début de cette instruction; ces dispositions doivent être
combinées avec celles de plusieurs autres documents, notamment :

1° L'instruction sur le service des officiers d'approvisionnement
(*B. O.*, vol. 95, 23 janvier 1910);

2° Le règlement sur les services de l'arrière (*B. O.*, vol. 100⁶);

3° Règlement sur le service des subsistances en campagne; et, en
ce qui concerne le service de santé :

4° Règlement sur le service de santé en campagne (*B. O.*, vol. 82,
26 avril 1910);

5° Annexe au règlement sur le même service, qui contient plusieurs notices importantes ayant trait à l'administration ou à l'alimentation dans les formations sanitaires.

#### a) Principes généraux de l'alimentation en campagne.

Les principes généraux qui président à l'alimentation des troupes
en campagne sont les suivants :

1° Distributions gratuites. — Toutes les troupes (officiers et soldats) ont droit, à titre gratuit, aux denrées qui leur sont nécessaires
pour leur alimentation, savoir : pain ou pain de guerre, viande
fraîche ou de conserve, petits vivres comprenant : légumes secs
ou riz, sel, sucre, café.

2° Solde. — Outre cette allocation à titre gratuit, toutes les troupes
(officiers, sous-officiers et soldats) reçoivent la même solde qu'en
temps de paix. Pour les hommes de troupe, ces allocations en

deniers servent à améliorer l'ordinaire par l'achat des légumes frais et des autres denrées qui peuvent être nécessaires.

3° RATIONS DIVERSES. — Les rations allouées sont variables suivant les diverses circonstances de guerre.

Pendant les périodes de stationnement : *ration normale;*

Pendant les périodes d'opération et de fatigue : *ration forte.*

Lorsqu'on ne peut s'alimenter par les moyens ordinaires en préparant et consommant les denrées de la ration normale ou de la ration forte, on emploie (mais sur l'ordre du *commandement seulement*), les denrées de la *ration de réserve.* Cette ration est toujours dans le sac de l'homme ou à sa portée immédiate, sur les voitures de l'unité dont l'homme fait partie.

4° MODES D'ACQUISITION DES DENRÉES. — Toutes les denrées sont, ou bien achetées ou requises sur place (c'est ce qu'on appelle l'exploitation des ressources locales), ou bien envoyées de l'arrière par les trains de chemin de fer.

5° TRAINS DE RAVITAILLEMENT QUOTIDIENS. — Afin d'éviter les retards qui résulteraient de la transmission journalière des demandes de denrées de première nécessité (pain, petits vivres, lard, avoine); ces denrées sont envoyées journellement de l'arrière à l'avant, sans demande préalable et *automatiquement*, par les trains de ravitaillement journaliers.

6° GARES DE RAVITAILLEMENT. TRAINS RÉGIMENTAIRES. — Arrivés à la dernière gare qui permet de desservir la formation considérée, ces approvisionnements sont chargés, toutes les fois qu'il est possible, directement sur les voitures faisant partie des équipages régimentaires (c'est ce qu'on appelle les *trains régimentaires*). A défaut elles sont chargées sur les voitures des *convois administratifs* ou des *convois auxiliaires*, ou enfin sur des voitures de réquisition. La gare où se font ces échanges entre les trains de chemin de fer et les voitures du service de l'avant s'appelle *gare de ravitaillement.*

Lorsqu'il n'est pas possible d'opérer comme il vient d'être expliqué, la ligne de communication (voie ferrée) est prolongée au moyen de convois organisés pour le *service des étapes* entre la dernière gare (gare origine d'étapes) et la localité où viennent se rendre les équipages ou convois ci-dessus énumérés; c'est la tête d'étapes.

7° ADMINISTRATION CENTRALISÉE PAR ARMÉE. STATIONS-MAGASINS. GARE RÉGULATRICE. — Les services de l'alimentation comme tous les services d'administration sont centralisés *par armée;* à chaque armée sont affectés, en principe, un ou plusieurs vastes entrepôts appelés *stations-magasins*, où sont réunies toutes les denrées qui doivent ensuite être expédiées à l'armée considérée. Chaque station-magasin possède en permanence plusieurs jours d'approvisionnement pour l'effectif à desservir; habituellement, il est annexé à la station-magasin un *entrepôt de bétail.* La plus grande partie des denrées est fournie, suivant les dispositions arrêtées à l'avance, par le territoire de la France; c'est le service national du ravitaillement organisé par département et auquel concourent, dans chaque département, toutes les hautes autorités administratives (préfets, sous-intendants, directeurs départementaux, ingénieurs en chef, etc.). Avant de parvenir à la gare de ravitaillement, les denrées passent toujours par la *gare régulatrice*, où un approvisionnement de sécurité est conservé en permanence sur wagons chargés (en-cas mobiles).

8° CAS NORMAL. ALIMENTATION ASSURÉE PAR LES TRAINS RÉGIMENTAIRES. — A chaque régiment, à chaque formation, sont attribuées un certain nombre de voitures qui portent une première réserve de vivres (deux jours); ce sont les trains régimentaires. Chaque soir, en arrivant au cantonnement, les trains régimentaires distribuent aux troupes le pain, les petits vivres, l'avoine et, s'il y a lieu, la viande de conserve. Le lendemain, en principe, les voitures vides des trains régimentaires sont réunies par division, et quelquefois par corps d'armée, sous le commandement des officiers de gendarmerie (prévôt ou vaguemestre) et dirigées vers la *gare de ravitaillement* indiquée dans l'ordre journalier du corps d'armée, suivant les ordres du commandant de l'armée. Elles y sont ravitaillées, puis elles reviennent vers les troupes. Dans tous ces mouvements, comme pour toutes les distributions, le train régimentaire de chaque formation est commandé, sous l'autorité des chefs de corps, par l'officier d'approvisionnement du corps ou par son adjoint.

9° RAVITAILLEMENTS ASSURÉS PAR LES CONVOIS ADMINISTRATIFS. CENTRES DE RAVITAILLEMENT. — Lorsque, par suite notamment des distances trop grandes, les trains régimentaires ne peuvent pas se rendre aux gares de ravitaillement ,elles vont se ravitailler auprès des *voitures de convoi administratif.*

Ce convoi administratif est un organe de ravitaillement du corps d'armée; il est composé de deux sections portant chacune un jour de vivres pour les troupes de corps d'armée.

Le point où se fait le contact entre les trains régimentaires et les voitures pleines du convoi administratif se nomme *centre de ravitaillement.*

Cette deuxième réserve roulante, constituée par les deux sections du convoi administratif du corps d'armée, est elle-même ravitaillée au chemin de fer ou par le *convoi administratif de l'armée*, composé également de deux sections portant chacune un jour de vivres.

10° RAVITAILLEMENT EN PAIN. BOULANGERIE DE GUERRE. BOULANGERIE DE CAMPAGNE. RESSOURCES LOCALES. — En principe, le pain est apporté par les trains régimentaires qui se chargent à la gare ou au centre de ravitaillement.

Le pain est fabriqué, ou bien par la *boulangerie de guerre* de la station-magasin; ou bien par la *boulangerie de campagne* (composée de fours roulants) affectés autrefois au corps d'armée, et qui dépend actuellement de l'armée (allégement des formations de l'avant); ou enfin par les *boulangeries locales* réquisitionnées à l'avance par le service de l'intendance.

Le pain fabriqué par la station-magasin parvient par voie ferrée à la gare de ravitaillement, puis est livré aux équipages de l'armée ou du corps d'armée. Celui provenant des ressources locales est, suivant les circonstances, livré soit directement aux T. R., soit aux voitures du convoi administratif d'armée ou de corps d'armée.

11° RAVITAILLEMENT EN VIANDE : *a*) par les officiers d'approvisionnements (ressources locales); *b*) par l'administration (centres d'abat).

Les troupes sont, autant que possible, alimentées avec de la viande fraîche.

*a*) On trouve du bétail sur place. — Dans ce cas, l'officier d'approvisionnement achète ou requiert le bétail nécessaire pour sa formation, le fait abattre et le fait charger sur les voitures à viande des unités.

*b*) On ne trouve pas de bétail sur place. — Ce renseignement étant, en principe, connu à l'avance au moyen des reconnaissances par exemple, le commandement donne au service de l'intendance l'ordre d'abattre et de distribuer aux troupes la viande nécessaire pour un jour (repas du soir et du lendemain matin). Le service de l'intendance prélève le bétail nécessaire sur ses *troupeaux de ravitaillement* et recomplète ces troupeaux au moyen de ressources locales ou d'envoi de l'arrière (demandes spéciales). Une boucherie de circonstance est organisée en un point choisi par le commandement et appelé *centre d'abat*. De là, la viande est transportée, par voitures automobiles spécialement aménagées, soit jusqu'aux cantonnements, soit en des points voisins où se rendent les voitures à viande.

*Troupeaux de ravitaillement.* — A chaque division (de même qu'aux éléments non endivisionnés) est affecté un *troupeau de ravitaillement* comportant deux jours de viande sur pied.

*Parcs de bétail de corps d'armée et d'armée.* — Il existe en outre en première réserve un *parc de bétail* du corps d'armée (un jour de viande sur pied) et, en deuxième réserve, un parc de bétail d'armée (un jour de viande).

Avec la viande fraîche il est toujours distribué du lard pour la préparation des aliments.

Les troupeaux de ravitaillement et parcs de bétail peuvent être groupés en un parc unique, chargé d'assurer l'alimentation en viande de tout le corps d'armée.

*Emploi des viandes de conserve, frigorifiées ou demi-salées.*

Lorsqu'il n'est pas possible de ravitailler les troupes avec de la viande fraîche (bœuf, veau, mouton ou porc), on a recours à la conserve de viande apportée par les trains régimentaires (un jour). Ces trains régimentaires auront ensuite à se ravitailler en viande de conserve soit à la gare de ravitaillement (après demande spéciale à l'arrière), soit auprès du convoi administratif d'armée (deux jours).

Il convient d'ajouter que les deux *rations de réserve* portées par les hommes (ou les voitures de chaque unité) comportent chacune 300 grammes de viande de conserve et 50 grammes de potage salé. Dans certains cas, enfin, la viande fraîche sera remplacée par des viandes congelées ou frigorifiées, par de la viande demi-salée.

Si nous récapitulons les divers approvisionnements ou moyens d'action que les troupes portent avec elles, ou qui se trouvent à leur suite, nous trouvons (art. 17 de l'instruction sur l'alimentation en campagne) pour toutes les troupes, sauf la cavalerie :

| | | | |
|---|---|---|---|
| 1° Les vivres de réserve.............. | 2 jours, | avoine | 1 jour. |
| 2° Les vivres de trains régimentaires, environ..................... | 2 — | — | 2 — |
| 3° Les vivres du convoi administratif de C. A............ ........... | 2 — | — | 2 — |
| 4° Les vivres du convoi administratif d'armée.................... | 2 — | — | 2 — |
| Soit au total, environ : vivres.... | 8 jours, | avoine | 7 jours. |

Pour l'alimentation en viande, les ressources comprennent, en plus des sept jours de viande de conserve compris dans les approvisionnements indiqués ci-dessus, quatre jours de viande fraîche qui peut être fournie par les troupeaux marchant à la suite des troupes et qui sont constitués ainsi qu'il suit :

| | | | |
|---|---|---|---|
| 1° Troupeaux de ravitaillement.............. | 2 jours de viande. |
| 2° Parc de bétail de corps d'armée.......... | 1 — — |
| 3° Parc de bétail d'armée.................... | 1 — — |
| Soit, au total.............. | 4 jours de viande. |

### Résumé.

Suivant les diverses circonstances de guerre qui se présenteront chaque jour, l'alimentation se fera :

1° Au moyen des ressources locales;

2° Au moyen des apports des divers convois (T. R. convois administratifs) :

a) Dans le cas le plus favorable, lorsque les trains de chemin de fer peuvent être poussés jusqu'aux gares de ravitaillement situées à une distance peu éloignée des troupes, l'armée (D. E. S.) indique chaque jour aux corps d'armée les gares de ravitaillement qui fonctionneront le lendemain, ainsi que les heures entre lesquelles les trains de ravitaillement quotidiens stationneront à ces gares.

Dans chaque corps d'armée, l'ordre journalier indique à son tour la gare de ravitaillement du jour ainsi que les dispositions arrêtées pour la réunion et la marche des T. R. (aller et retour si possible). Souvent d'ailleurs ces prescriptions seront contenues dans un deuxième ordre du corps d'armée (1) (par exemple dans l'ordre de stationnement).

---

(1) Le train quotidien qui vient à la gare de ravitaillement amène le personnel suivant :

1 commissaire militaire de gare de ravitaillement qui constitue avec le chef de gare la commission de gare de la gare de ravitaillement pendant le séjour des trains dans cette gare;

1 commandant d'étapes de gare de ravitaillement qui dirigera toutes les opérations de ravitaillement et d'évacuation et reviendra avec le train;

1 poste de police de 10 hommes;

(Voir la suite du renvoi à la page suivante.)

*b)* Dans les cas moins favorables, ce seront les convois administratifs qui se rendront aux gares de ravitaillement indiquées dans l'ordre du corps d'armée, les contacts avec les T. R. se faisant ensuite aux centres de ravitaillement.

*c)* Enfin le service de l'arrière pourra même pousser en avant jusqu'aux *centres de ravitaillement* les organes de l'arrière tels que convois administratifs d'armée, convois auxiliaires ou éventuels.

*d)* Le ravitaillement journalier en pain, petits vivres, lard, avoine, se fait sans *demande préalable*.

Le ravitaillement en bétail sur pied, en viande de conserve, pain de guerre, foin pressé, etc., se fait sur *demande télégraphique spéciale* transmise à l'armée (D. E. S.), qui indique dans le télégramme de réponse, le jour et le point (gare de ravitaillement en général) où les approvisionnements demandés seront apportés par les trains de chemin de fer ou les convois de l'arrière.

### Composition des rations de vivres.

| DENRÉES. | | RATION de vivres de réserve. | RATION forte. | RATION normale. |
|---|---|---|---|---|
| Pain.... | Pain ordinaire.......................... | » | 0,750 | 0,750 |
| | Pain biscuité.......................... | » | 0,700 | 0,700 |
| | *ou* Pain de guerre...................... | 0,300 (1) | 0,600 (2) | 0,600 |
| Vivres-viande. | Viande fraîche.......................... | » | 0,500 | 0,400 |
| | *ou* Viande de conserve assaisonnée........ | 0,300 | 0,300 | 0,200 |
| Vivres-de campagne. | Petits vivres. Légumes secs, riz.............. | » | 0,100 | 0,060 |
| | Sel........................ | » | 0,030 | 0,020 |
| | Sucre.... | 0,080 | 0,032 | 0,021 |
| | Café en tablettes............. | 0,030 | » | » |
| | torréfié en grains *ou* en tablettes.... | » | 0,024 | 0,016 |
| | *ou* Café vert.................... | » | 0,0285 | 0,019 |
| | Lard (chaque fois que l'on distribue de la viande fraîche)..................... | » | 0,030 | 0,030 |
| | Potage salé (distribué en principe en même temps que la viande de conserve)........ | 0,050 | 0,050 | 0,050 |
| | Eau-de-vie.............................. | 0ˡ,0625 | » | » |
| | A tout homme bivouaqué *ou* à titre exceptionnel........... Vin.............. | » | 0ˡ,25 | 0ˡ,25 |
| | *ou* Bière *ou* Cidre... | » | 0ˡ,30 | 0ˡ,50 |
| | *ou* Eau-de-vie...... | » | 0ˡ,0625 | 0ˡ,0625 |

(1) 6 galettes en moyenne.
(2) 12 Id.

Le personnel des services administratifs nécessaire aux distributions, etc...
En outre, en vue des évacuations quotidiennes, le personnel du service de santé et le matériel suivant :

1 médecin;
1 officier d'administration;
5 infirmiers;
10 brancardiers;
16 appareils Bréchot, Desprez, Ameline,
48 brancards.

## 2° Suppléments. — Substitutions.

Le taux de la ration à adopter est fixé par le général commandant l'armée, qui peut accorder ainsi des suppléments de ration, prescrire toutes les substitutions utiles, accorder une indemnité en remplacement de vivres, par exemple pour des isolés.

Les généraux commandant les corps d'armée et tout officier général commandant une troupe opérant isolément a les mêmes droits, à charge d'en rendre compte.

L'annexe n° 1 à l'Instruction sur l'alimentation en campagne indique : les tarifs des suppléments les plus susceptibles d'être employés; les tarifs des substitutions.

L'annexe n° 2 indique la composition des rations de fourrage.

L'annexe n° 3 indique la composition des rations de chauffage.

En principe, le combustible est fourni par l'habitant, quand les troupes sont logées ou cantonnées; la paille de couchage n'est allouée que sur l'ordre du commandement (les troupes au bivouac ayant toujours droit à la demi-ration).

### 3° Organisation du service de l'alimentation en ce qui concerne les personnels qui assurent la direction du service.

D'après l'instruction sur l'alimentation en campagne, le commandement donne les ordres et les instructions nécessaires pour l'exécution du service de l'alimentation; il détermine les procédés à employer pour l'alimentation ou les ravitaillements. Tout ce qui se fait, se fait par son ordre ou son autorité.

D'après la même instruction (art 2), les fonctionnaires de l'intendance dirigent, sous les ordres du commandement, le service de l'alimentation et en assurent l'exécution.

Le personnel de l'intendance est réparti de la manière suivante dans chaque corps d'armée :

Un sous-intendant militaire, directeur du service dans le corps d'armée avec un sous-intendant adjoint, qui est sous-intendant du quartier général et des éléments non endivisionnés (1" groupe).

Un sous-intendant militaire dit *sous-intendant des parcs et convois*, chargé du commandement et de la direction du convoi administratif, du parc de bétail, de l'administration et de l'alimentation des éléments non endivisionnés faisant partie du 2° groupe (groupe de l'arrière), c'est-à-dire les parcs et convois, les hôpitaux de campagne, etc.

Les éléments non endivisionnés destinés à marcher à l'avant avec les troupes et non à leur suite forment un 1" groupe qui comprend normalement : le quartier général du corps d'armée, la brigade de cavalerie, l'artillerie de corps, la compagnie du génie de corps, les ambulances, sections d'hospitalisation, groupe de brancardiers de corps.

En principe, pour l'alimentation, ces éléments non endivisionnés sont rattachés, d'après l'ordre du C. A., à une des divisions du C. A.

A défaut, ils sont placés dans les attributions du sous-intendant adjoint au directeur, qui est toujours chargé de leur administration.

Dans chaque division il y a un sous-intendant chargé de l'administration et de l'alimentation des troupes de la division (par exemple les ambulances et le groupe de brancardiers divisionnaire).

A l'arrière, auprès du général commandant l'armée, on trouve d'abord un intendant général ou intendant militaire chef supérieur du service de l'intendance. Toute l'administration (et notamment la délégation des crédits) est centralisée par armée. Il en est de même pour l'alimentation.

Au-dessous de l'intendant général se trouvent divers sous-intendants pour l'exécution des divers services. Tous les services (y compris celui des étapes) sont d'ailleurs placés sous l'autorité du directeur des étapes et des services. C'est donc de la direction des étapes et des services de l'arrière (appelée par abréviation la D. E. S.) que partent en général les ordres relatifs aux ravitaillements, etc., ces ordres étant naturellement conformes aux instructions du général commandant l'armée.

#### 4° Moyens d'action.

Le commandement et le service de l'intendance, pour faire assurer le service de l'alimentation, disposent des moyens d'action matériels et des personnels ci-après résumés :

a) *Moyens d'action matériels.* — A l'armée :

Un convoi administratif d'armée (deux sections par corps d'armée, faisant partie de l'armée). Chacune porte un jour de vivres;

Une boulangerie d'armée (formée d'un nombre de boulangeries de campagne égal à celui des corps d'armée constituant l'armée);

Un parc de bétail d'armée (un jour de viande sur pied);

Des convois auxiliaires ou éventuels.

Dans un corps d'armée :

Un convoi administratif de corps d'armée (deux sections portant chacune un jour de vivres);

Un parc de bétail de corps d'armée (un jour de viande sur pied).

Eventuellement : la boulangerie de campagne (sections de convoi administratif ou auxiliaire mis temporairement à la disposition du corps d'armée).

Dans chaque division d'infanterie et aux éléments non endivisionnés :

Un troupeau de ravitaillement (deux jours de viande sur pied), qui peut être réuni, comme il a été dit plus haut, au parc de bétail;

Un groupe d'exploitation.

Pour tous ces organes administratifs, les voitures nécessaires à la mobilisation de l'élément existent dès le temps de paix (sauf les convois auxiliaires ou éventuels).

b) *Moyens d'action en personnel. Personnel d'exécution des services administratifs.* — Personnel technique du service. Ces personnels comprennent des officiers d'administration et des commis et ouvriers militaires d'administration qui sont chargés, sous la direction des sous-intendants, de l'exécution technique des services.

A chaque section d'un convoi administratif, à chaque boulangerie ou groupe d'exploitation sont attachés plusieurs officiers d'administration des subsistances dont un gestionnaire de l'élément. C'est le chef technique de l'élément. Cet officier a la responsabilité de la fabrication, manutention, conservation, distribution des diverses denrées.

*Personnel du train des équipages.* — Dans chaque élément, les attelages, conducteurs, harnachements, sont fournis par le train des équipages. Ces personnels auxiliaires sont placés sous l'autorité des sous-intendants pour tout ce qui concerne l'exécution du service.

*Officiers d'approvisionnement.* — Enfin, pour l'exécution du service de l'alimentation et des ravitaillements, chaque officier d'approvisionnement est placé sous la direction technique du sous-intendant de la formation considérée.

C'est sur cette collaboration technique et de tous les instants des intendants et des officiers d'approvisionnement, sous l'autorité du commandement, qu'est basée l'exécution journalière du service de l'alimentation. La matière étant trop importante pour être traitée en quelques mots, nous croyons devoir, à ce sujet, donner quelques développements.

## II

### Résumé des règles techniques concernant les officiers d'approvisionnement.

(Instr. 23 janv. 1910, vol 95.)

A chaque corps de troupe ou service est affecté un officier d'approvisionnement. Cet officier est muni d'une monture ou d'une bicyclette (Service de santé).

L'officier d'approvisionnement a les attributions suivantes :

1° Le commandement de l'ensemble du train régimentaire;

2° Les distributions aux unités constituées, aux parties prenantes isolées;

3° L'exploitation des ressources locales;

4° Le ravitaillement du train régimentaire et des voitures à viande;

5° La prise en charge de la gestion des denrées et du matériel.

Comme commandant du train régimentaire et pour les distributions, il est sous les ordres de son chef de corps.

Comme agent de ravitaillement et pour la gestion des approvisionnements, il opère conformément aux ordres du commandement, sous la direction administrative et technique du sous-intendant.

Comme gestionnaire, il gère dans un corps de troupe au nom du conseil d'administration, dans un quartier général ou service, en son propre nom ou comme gérant d'annexe.

*Relations du sous-intendant et de l'officier d'approvisionnement.* — Le contact journalier a lieu, au moment du ravitaillement du T. R.; le sous-intendant notifie à l'officier d'approvisionnement les instructions techniques pour l'exécution du service, notamment les prix-limites pour les achats, les renseignements sur les denrées à acquérir sur place, les prévisions pour les jours suivants, etc. Le sous-intendant vérifie l'exactitude des bons de *réapprovisionnement.*

*Distributions*. — Se font en principe tous les soirs en arrivant au cantonnement, avec la collaboration et sous la surveillance du service de jour.

L'officier d'approvisionnement assure d'abord les distributions gratuites aux diverses unités de son corps; puis, sur ordre du commandement ou du chef de cantonnement, aux parties prenantes étrangères.

Les distributions remboursables n'ont lieu que sur autorisation du commandement si les approvisionnements sont en quantités suffisantes.

*Bons de distribution*. — Toutes les perceptions ont lieu en échange de bons établis par chaque unité administrative, groupe d'isolés, détachement. Ils portent toujours la mention du corps ou de la formation au titre duquel ils sont établis (pour le contrôle ultérieur des perceptions).

Ils sont distincts :

1° Pour la viande fraîche;
2° Pour les autres denrées;
3° Suivant qu'ils sont gratuits ou remboursables (ces derniers décomptés).

Les quantités portées sur les bons doivent être arrondies pour faciliter les distributions.

*Vivres de réserve*. — Distribués aux unités sur bons du capitaine commandant dès le début de la mobilisation. Si une ration a été consommée (à défaut de toute autre alimentation sur ordre du commandement), elle doit être remplacée d'urgence par prélèvement sur le train régimentaire. Provisoirement le pain de guerre est remplacé par le pain biscuité, les trains régimentaires ne portent pas de pain de guerre.

### Achats et réquisitions.

*Achats*. — En principe, il est bon d'opérer par achats pour l'exploitation des ressources locales; les achats se font toujours sur quittances à talon (sommes au-dessous de 10 francs) ou sur factures à talon (au-dessus de 10 francs, plus timbre portant l'acquit du fournisseur).

Les factures ou quittances serviront plus tard aux remboursements à faire aux corps ou à la formation.

Les talons restent à l'appui de la comptabilité-matières tenue par l'officier d'approvisionnement.

*Réquisitions*. — Lorsqu'il est impossible d'acheter (notamment quand les prix demandés sont supérieurs aux prix-limites s'il en a été fixé par le commandement ou l'administration militaire), on procède par réquisition.

Les carnets d'ordres et de reçus de réquisition portant ces délégations sont remis aux officiers (par exemple : officiers d'approvisionnements) pouvant avoir à exercer des réquisitions au nom du chef de corps.

En cas de refus de livrer et après s'être enquise de l'existence des denrées (ou du matériel) requises, l'autorité militaire peut agir par la force.

Ne sont pas susceptibles d'être requis :

1° Les vivres nécessaires pour une famille pour trois jours;
2° Les denrées nécessaires pour un établissement industriel pour huit jours;
3° Les grains et fourrages nécessaires au bétail pour quatre jours.

*En territoire ennemi.* — Les réquisitions doivent, autant que possible, être entourées des mêmes formalités que sur le territoire national.

Les *contributions en argent* ne peuvent avoir lieu que sur l'ordre exprès du général en chef (et lui seul).

**Notions sur la comptabilité de l'officier d'approvisionnement.**

1° *Gestion.* — Dans les corps de troupe, l'officier d'approvisionnement opère au titre du corps comme délégué du conseil d'administration. Il en reçoit les avances nécessaires et lui produit toutes les justifications utiles.

Dans les états-majors et services, sauf exception pour quelques formations, savoir : groupe d'exploitation d'un corps d'armée ou d'une division, les officiers d'approvisionnement opèrent comme *gérants d'annexes* (de l'officier d'administration gestionnaire de ces groupes d'exploitation); ils reçoivent donc une *avance* de ces officiers, opèrent leurs achats et, quand ils ont besoin d'une nouvelle avance, se font rembourser par le gestionnaire, *aussi souvent qu'il est nécessaire* sur la simple production des pièces justificatives des dépenses faites. Ces remboursements pour les corps de troupe se font par mandat du sous-intendant.

2° *Dépenses.* — Pour le renouvellement d'avances, l'officier d'approvisionnement fait le relevé de ses dépenses dans des relevés récapitulatifs distincts par branches du service (chauffage, subsistances, etc.) et qu'il résume dans un bordereau indiquant : 1° le total des dépenses faites; 2° la somme restant; 3° le montant de l'avance demandée. Il remet le tout à l'officier gestionnaire, qui envoie l'avance demandée.

Une expédition sert au gestionnaire pour justifier ses avances auprès des agents du Trésor. L'autre est envoyée au *Bureau de comptabilité de l'armée* pour les *liquidations.*

3° *Comptabilité.* — D'après l'instruction sur le service des officiers d'approvisionnement et l'Instruction du 22 août 1899 sur le service des subsistances militaires en campagne, l'officier d'approvisionnement gérant d'annexe doit tenir :

a) Une comptabilité en deniers;
b) Une comptabilité en matières;
c) Une comptabilité de distribution.

Pour toutes ces comptabilités, on adopte des mesures très simplifiées, savoir, notamment et en résumé :

1° L'officier d'approvisionnement tient un *registre de campagne* sur lequel il enregistre au jour le jour toutes les entrées ou sorties en deniers, denrées, etc.;
2° Toutes les entrées et sorties sont appuyées d'une pièce régu-

lière (factures timbrées ou quittances pour les achats) bons de distribution, procès-verbaux de perte, etc.

Périodiquement, registre de campagne et pièces à l'appui sont envoyés au bureau de comptabilité de l'armée correspondante, chargé de l'établissement des comptes.

### A) Questions spéciales.

1° Nourriture chez l'habitant.
2° Administration des quartiers généraux et services.

1° *Nourriture chez l'habitant.* — Il est quelquefois plus avantageux, quand les circonstances le permettent, de faire nourrir la troupe par les habitants. Cela s'applique surtout pour les petits détachements et isolés. Cette fourniture fait généralement l'objet d'une réquisition indiquant la composition normale du repas. Le reçu de prestations requises est ici remplacé par des *certificats de demi-journée de nourriture* (extraits du carnet à souche). Chaque certificat donne les indications nécessaires (élément au titre duquel le certificat est établi, date, effectifs à nourrir, etc.).

2° *Administration des quartiers généraux et services.* — D'après l'instruction sur l'administration des isolés des quartiers généraux, tous les officiers, hommes de troupe, chevaux faisant partie d'un quartier général, constituent une sorte d'unité administrative qui, pour l'alimentation, est placée dans les attributions de l'officier d'approvisionnement du quartier général.

Il est établi une sous-unité ou un groupe par service (par exemple : service de l'intendance, de santé, etc.) et à chaque groupe ainsi constitué il est affecté un *officier de détail* chargé, pour le groupe, de tout ce qui a trait à l'administration (solde, vivres, etc.).

Pour l'alimentation, l'officier de détail reçoit les denrées de l'officier d'approvisionnement du quartier général et en fait la répartition entre les hommes et chevaux de son groupe.

Les perceptions en nature ont lieu, pour les officiers de chaque groupe, sur la production de *bons collectifs* établis par le chef de groupe (officier le plus élevé en grade), ou par l'officier de détail, et indiquant explicitement le quartier général ou service du groupe et au verso, le nom de chaque partie prenante et le nombre de rations prévues pour chacune d'elles. D'autres bons analogues, mais distincts, sont établis par les hommes de troupe.

Ces bons collectifs ou individuels peuvent être utilisés pour la perception de *tickets* permettant aux parties prenantes isolées de percevoir leurs vivres auprès d'une fraction quelconque de l'armée (tiennent lieu de bons de distribution).

La notice n° 16 du règlement sur le S. S. C. donne quelques indications sur ces différents points. Elle explique que, pour les formations du service de santé, l'officier gestionnaire fait fonction d'officier payeur ou de détail. C'est lui notamment qui prépare les états mensuels de mutations à remettre au sous-intendant qui reçoit les mandats de solde des officiers, perçoit la solde et la répartit, etc.

Tous les vivres de réserve, de chemin de fer, etc., sont perçus au départ du lieu de mobilisation par l'officier d'approvisionnement du quartier général et répartis entre les divers officiers de détail; les vivres de T. R. sont chargés sur le T. R. du quartier général.

*B*) **Application au service de santé (indications sommaires).**

1° En ce qui concerne les quartiers généraux (par exemple : corps d'armée, division), ce que nous venons d'exposer suffit pour voir comment est assurée l'alimentation des divers personnels ou éléments du service de santé faisant partie des quartiers généraux. Chaque officier de réserve a un ordre de mobilisation lui donnant les indications essentielles sur ce qu'il aura à percevoir au lieu de mobilisation. Le journal de mobilisation de chaque élément donne le détail de toutes les perceptions collectives de l'élément (officiers d'approvisionnement et officiers de détail) (exemple : direction du S. S. faisant partie du quartier général du corps d'armée).

2° Pour les diverses formations *autonomes* (c'est-à-dire s'administrant séparément), tout ce qui a été dit ci-dessus au sujet des rations, approvisionnements, alimentation, ravitaillement, attributions et mode d'opérer des officiers d'approvisionnement s'applique intégralement à ces formations, en ce qui concerne les personnels de direction et d'exécution du service de santé, officiers d'administration, troupes, chevaux et à l'exclusion du détachement du train qui s'administre par ses propres moyens. (Voir la notice annexée au R. S. S. C.) Tel est le cas des groupes de brancardiers divisionnaires et de corps, etc.

### Fourgons ordinaires à vivres.

Les formations sanitaires (ambulances, groupes de brancardiers) doivent transporter avec elles les mêmes approvisionnements en vivres que les troupes, c'est-à-dire :
Deux jours de vivres de réserve ou du sac et un jour d'avoine;
Deux jours de vivres régimentaires et deux jours d'avoine.
Il est prévu (Règl. S. S. C., notice relative à l'alimentation) « que les infirmiers perçoivent du service des subsistances, comme les autres troupes, les prestations en nature réglementaires; ils font ordinaire ». Mais ces personnels, de même que le détachement du train, peuvent percevoir, au titre du service de santé, des suppléments d'aliments sur l'ordre du général dont relève la formation et, en cas d'urgence, sur l'ordre du médecin-chef, qui rend compte.

De même en cas de nécessité et sur l'ordre du médecin-chef, les officiers peuvent être nourris par la formation à laquelle ils sont attachés. Dans ce cas, ils versent à la formation sanitaire les prestations en nature auxquelles ils ont droit.

### *c*) Alimentation des malades et blessés.

L'alimentation est assurée au moyen de ressources existant dans les approvisionnements ou que l'on peut se procurer sur place. Il n'y a pas de tarif d'allocation. On se rapproche le plus possible de la ration normale de campagne.

Il est établi, autant que possible, un régime commun. Les aliments consommés par les malades ou blessés sont simplement justifiés par un certificat administratif journalier (mod. n° 27) établi par l'officier gestionnaire et approuvé par le médecin-chef. Les divers articles du même règlement résument les dispositions générales en vigueur en ce qui concerne les achats, réquisitions, prises sur l'ennemi. Ces modes d'acquisition s'appliquent aussi bien à l'alimentation des malades qu'à celle des effectifs ordinaires.

Dans les ambulances, l'alimentation des malades et blessés est assurée au moyen des ressources disponibles dans les approvisionnements ou que l'on pourra se procurer sur place sans allocations déterminées, etc.

Dans les autres formations sanitaires, le régime alimentaire est, en principe, celui déterminé pour les hôpitaux militaires par la notice n° 17 annexée au Règlement du 25 novembre 1889 sur le service de santé à l'intérieur, sauf les modifications indiquées à la notice annexée au nouveau règlement (26 avril 1910).

Toutefois, les jours d'action où les ambulances sont immobilisées, les dispositions des paragraphes ci-dessus leur sont applicables.

Dans le but de simplifier les écritures et de faciliter en même temps la préparation et la distribution des aliments, les malades qui ne sont pas à la diète absolue seront traités :

Soit au grand régime (à 4 degrés);
Soit au petit régime (à 2 degrés).

*Remarques*. — 1° L'allocation de viande crue est fixée indistinctement à 0k,200 par repas;

2° Pour améliorer le régime alimentaire, il peut être prescrit un aliment en plus de ceux de la notice n° 17;

3° En cas de nécessité, les sous-officiers et soldats au grand régime peuvent recevoir des aliments qui, d'après la notice n° 17, sont réservés aux malades du petit régime;

4° Les boissons sont prescrites à 4 ou à 2 degrés. A titre de supplément, il peut être distribué une ration hygiénique d'eau-de-vie, rhum, tafia, au taux de 1/16 de litre ou 0',0625.

*En résumé*, pour les formations sanitaires fonctionnant comme hôpitaux, mêmes règles pour le régime alimentaire qu'en temps de paix, sauf les exceptions ci-dessus indiquées.

### Comptabilité.

a) Dans les ambulances, les quantités de denrées, de liquides consommés par les malades ou blessés de passage) sont justifiées par un certificat administratif journalier qui indique les effectifs ayant pris part aux distributions. Ces certificats sont envoyés mensuellement au bureau de la comptabilité.

Ce bureau en établit un relevé mensuel et compare les résultats à ceux des autres ambulances. Les résultats de cet examen sont adressés au directeur du service de santé du corps d'armée. En cas de stationnement prolongé, l'ambulance fonctionne comme un hôpital.

b) Dans les formations immobilisées ou d'évacuation, on applique autant que possible les dispositions du règlement sur le S. S. à l'intérieur. On tient donc notamment :

1° Le *cahier de visite*, portant les prescriptions des médecins;

2° Le *relevé général* des prescriptions alimentaires, établi par l'officier d'administration et dont les résultats sont inscrits sur le *livret mensuel;*

3° Le *livret mensuel* des entrées et sorties des objets de consommation. On y annexe toutes les autres pièces justificatives : factures (pour les entrées), bons particuliers d'aliments (infirmiers, etc.);

4° Le bureau de comptabilité établit le compte trimestriel en consommation.

# CHAPITRE III

## SOLDE ET INDEMNITÉS. — DÉLÉGATIONS

## I
### Solde et indemnités.

*Perception.* — Aux armées, dans chaque groupe correspondant à un état-major, à un service ou à une formation de campagne, un officier dont le nom, le grade et la signature sont notifiés, en temps utile, aux agents du Trésor par les soins du service de l'intendance est désigné pour remplir les fonctions d'officier payeur (d'habitude, l'officier d'approvisionnement du quartier général, le gestionnaire dans les formations sanitaires).

Muni des livrets de solde des officiers et employés militaires de son groupe, il présente en bloc au paiement les mandats individuels dûment acquittés par les titulaires et préalablement récapitulés dans un bordereau sur lequel il donne lui-même, en présence de l'agent du Trésor qui opère le paiement, quittance par ordre des sommes qui lui sont comptées.

Le bordereau récapitulant les mandats individuels est arrêté, pour son montant total, par le sous-intendant militaire du lieu de stationnement du groupe; ce fonctionnaire y inscrit, en outre, le nom et le grade de l'officier ou employé chargé de percevoir la solde dudit groupe.

La désignation faite à l'agent du Trésor, de l'officier chargé de toucher les mandats, couvre la responsabilité de cet agent, en ce qui concerne la validité de la quittance apposée sur chacun des mandats. L'officier désigné pour toucher le montant des mandats de paiement doit, sous sa propre responsabilité, en remettre le montant à chaque intéressé le jour même de la perception au Trésor.

SOLDE ET INDEMNITÉS
## Allocations des officiers.

| SOLDE, INDEMNITÉS, RATIONS. | COLONELS. | LIEUTE-NANTS-COLONELS | CHEFS de bataillon ou officiers d'adminis-tration principaux. | CAPITAINES OU OFFICIERS D'ADMINISTRATION DE 1re CLASSE | | | | LIEUTENANTS OU OFF. D'ADMIN. DE 2e CLASSE | | | | SOUS-LIEUTENANTS OU OFFICIERS D'ADMINIS-TRATION de 3e classe | |
|---|---|---|---|---|---|---|---|---|---|---|---|---|---|
| | | | | après 12 ans de grade ou 8 ans de grade et 30 ans de service. | après 8 ans de grade ou 4 ans de grade et 20 ans de service. | après 4 ans de grade ou 20 ans de service. | avant 4 ans de grade. | après 8 ans de grade et 20 ans de service. | après 8 ans de grade ou 4 ans de grade et 15 ans de service. | après 4 ans de grade ou après 10 ans de service. | avant 4 ans de grade. | après 6 ans de service. | avant 6 ans de service. |
| | fr. c. | fr. c. | fr. c. | fr. c. | fr. c. | fr. c. | fr. c. | fr. c. | fr. c. | fr. c. | fr. c. | fr. c. | fr. c. |
| *Solde nette* de présence. par mois... | 678 00 | 549 00 | 459 00 | 447 00 | 387 00 | 345 00 | 303 00 | 303 00 | 285 00 | 267 00 | 249 00 | 240 00 | 201 00 |
| par jour... | 22 60 | 18 30 | 15 30 | 14 90 | 12 90 | 11 50 | 10 10 | 10 10 | 9 50 | 8 90 | 8 30 | 8 00 | 6 70 |
| d'absence (A) par jour... | 11 30 | 9 15 | 7 65 | 7 45 | 6 45 | 5 75 | 5 05 | 5 05 | 4 75 | 4 45 | 4 15 | 4 00 | 3 35 |
| *Indemnité de monture....* | Officiers supérieurs ou subalternes : par mois, 15 fr. ; par jour, 0 fr. 50. | | | | | | | | | | | | |
| *Indemnité d'entrée en campagne.* | | | | | | | | | | | | | |
| Médecins ou pharmaciens. | 1.500 00 | 1.200 00 | 1.000 00 | 700 00 | | | | 500 00 | | | | 500 00 | |
| Officiers d'administration. | » | » | 1.000 00 | 900 00 | | | | 500 00 | | | | 500 00 | |
| *Indemnités pour pertes d'effets.* | | | | | | | | | | | | | |
| Faits prison-niers de guerre (B) { Médecins et pharmac... | 800 » | 700 00 | 600 00 | 400 00 | | | | 300 00 | | | | 300 00 | |
| { Off. d'admin. | » | » | 700 00 | 600 00 | | | | 400 00 | | | | 300 00 | |
| Non prison-niers de guerre (B) { Médecins et pharmac... | 680 00 | 600 00 | 515 00 | 350 00 | | | | 325 00 | | | | 325 00 | |
| { Off. d'admin. | » | » | 400 00 | 300 00 | | | | 275 00 | | | | 275 00 | |
| *Rations* de vivres, par jour... | 3 | 3 | 3 | 2 | 2 | 2 | 2 | 1 ½ | 1 ½ | 1 ½ | 1 ½ | 1 ½ | 1 ½ |
| de chauffage, d'hiver et pour aliments... | 6 | 6 | 6 | 4 | 4 | 4 | 4 | 3 | 3 | 3 | 3 | 3 | 3 |
| de fourrage... | 1 (par cheval et d'après la catégorie à laquelle il appartient). | | | | | | | | | | | | |

(A) Quelle que soit leur position, les officiers traités aux hôpitaux ont droit à la solde entière... règlement du service de santé. La solde d'absence est due aux officiers en congé, en jugement ou détenus dans les ambulances, dont l'entretien n'est pas à la charge de l'État, ont droit à la solde de présence. Il hôpitaux et ambulances des armées, ou évacués directement sur les hôpitaux de l'intérieur comme si... charge par eux de rembourser leurs frais d'hospitalisation au taux et dans les conditions fixées par le... et sa captivité. Les officiers malades ou blessés qui sont traités à leur domicile, chez des particuliers ou... en est de même, en temps de guerre, pendant la durée de leur traitement, pour les officiers entrant aux... teinte de blessures ou de maladies résultant de la campagne et dûment constatées par un billet d'hôpital.

(B) Cette indemnité n'est due qu'aux officiers faits prisonniers de guerre autrement que par... capitulation et qui, étant de retour des prisons de l'ennemi, reçoivent l'ordre de rentrer immédiatement... en campagne; dans les autres cas, le Ministre décide.

ALLOCATIONS MAXIMA. — Le Ministre fixe l'indemnité dans chaque cas particulier.

## Hommes de troupe des quartiers généraux.

*(Solde journalière avec viande, vivres de campagne et pain.)*

| | SERGENTS OU MARÉCHAUX DES LOGIS | | | CAPORAUX ou brigadiers. | SOLDATS ou cavaliers. |
|---|---|---|---|---|---|
| | rengagés jusqu'à la 5ᵉ année | | non rengagés | | |
| | Solde de présence jusqu'à la 5ᵉ année. | Solde d'absence. | | | |
| | fr. c. | fr. c. | fr. c. | fr. c. | fr. c. |
| Solde.................... | 0 72 | 0 68 | 0 72 | 0 22 | 0 05 |
| Prime fixe ................. | 0 20 | » | 0 20 | 0 20 | 0 20 |

**Solde mensuelle des sergents ou maréchaux des logis rengagés.**

| | Par mois. | Par jour. |
|---|---|---|
| De la 6ᵉ à la 8ᵉ année inclus................ | 102 | 3 40 |
| De la 9ᵉ à la 11ᵉ année inclus................ | 108 | 3 60 |
| A partir de la 12ᵉ année.................... | 114 | 3 80 |

La solde d'absence par jour est égale à la moitié de la solde de présence.

### Indemnités de déplacement.

Les indemnités de déplacement sont :

1° L'*indemnité kilométrique* destinée à assurer le transport par chemins de fer, tramways, voitures publiques et, à défaut, voitures de louage.

En pays étranger elle est décomptée d'après les tarifs pleins de 1ʳᵉ classe, pour les officiers généraux et supérieurs; de la 2ᵉ classe, pour les officiers subalternes; de la dernière classe, pour les hommes de troupe.

Sur le réseau de l'État, cette indemnité est de : 1ʳᵉ classe, 0 fr. 02548 par kilomètre; 2ᵉ classe, 0 fr. 01890; 3ᵉ classe, 0 fr. 01238; officiers : voiture publique, 0 fr. 15; troupe, 0 fr. 125;

2° L'*indemnité journalière normale* : général de division, 24, 20 ou 16 francs; général de brigade, 17 ou 13 francs; colonel, 13 ou 10 francs; lieutenant-colonel, chef de bataillon, 12 ou 9 francs; capitaine et lieutenant, 10 ou 7 fr. 50;

3° L'*indemnité journalière réduite*;

4° L'*indemnité partielle* : général de division, 7 francs ou 6 francs;

général de brigade, 5 francs; colonel, lieutenant-colonel et chef de bataillon, 4 francs; capitaine et lieutenant, 3 fr. 50 (un repas ou une nuit passée hors de la résidence);

5° L'*indemnité fixe pour déplacement temporaire* : 3 francs pour tous les officiers.

L'indemnité journalière exceptionnelle spéciale aux hommes de troupe est de : 4 francs pour l'adjudant; 3 francs pour les autres sous-officiers; 2 fr. 50 pour les caporaux et soldats.

# II

## Délégations.

Les officiers et les employés militaires qui font partie d'une armée mobilisée ou d'un corps expéditionnaire opérant à l'extérieur (sauf en Algérie et en Tunisie) ont la faculté de déléguer en faveur de leurs femmes, de leurs ascendants et de leurs descendants jusqu'à concurrence de la moitié de la solde du grade dont ils sont pourvus au moment du départ; ils peuvent également souscrire au profit d'un autre membre de leur famille ou d'un tiers des délégations dont le montant ne doit jamais excéder le quart de cette solde.

Les sous-officiers rengagés ou commissionnés sont également autorisés à déléguer au profit de leurs femmes, de leurs ascendants et de leurs descendants, le montant de leur gratification annuelle, de l'indemnité de logement et la haute paye dont ils sont en possession.

Les officiers, employés militaires et sous-officiers qui veulent souscrire des délégations peuvent en faire dès le temps de paix, s'ils le jugent utile, la déclaration : les officiers et sous-officiers des corps de troupe au conseil d'administration du corps auquel ils appartiennent, et les officiers sans troupe au sous-intendant de la région ou à son suppléant légal.

Les sous-intendants militaires, s'il s'agit d'officiers sans troupe et d'employés militaires, et les conseils d'administration, s'il s'agit d'officiers des corps de troupe et des sous-officiers, font mention des délégations qu'ils ont reçues, en indiquant leur montant, d'une manière détaillée, sur les livrets des officiers sans troupe et employés militaires, ou sur le livret de solde du corps ou du détachement dont le déléguant fait partie. Cette mention doit être répétée au dos des lettres de service ou commissions desdits militaires.

Les déclarations de délégations sont adressées par les soins des sous-intendants militaires, s'il s'agit d'officiers sans troupe et d'employés militaires, et des conseils d'administration, s'il s'agit d'officiers de corps de troupe ou de sous-officiers, au général commandant le corps d'armée où les délégataires doivent être payés. Cet officier général donne aux fonctionnaires de l'intendance les ordres nécessaires pour les payements, lesquels doivent être effectués par mois et à terme échu.

Mais le montant de la délégation mensuelle souscrite par un officier au profit d'un tiers ou d'un parent autre que la femme, les ascendants et les descendants, n'est ordonnancé qu'après réception, par le fonctionnaire de l'intendance ordonnateur, du certificat de retenue qui lui est transmis directement par le fonctionnaire de l'intendance chargé d'ordonnancer la solde du délégant, s'il est officier sans troupe, ou par le conseil d'administration du corps dont le déléguant fait partie.

La durée des délégations est déterminée par les délégants; mais leur effet ne peut se prolonger au delà de la limite d'un mois après la cessation de l'état de guerre; elles cessent également de plein droit à partir du jour où le sous-intendant militaire chargé du payement est avisé du décès, si elles sont faites en faveur des femmes, des ascendants, et du jour du décès pour les autres délégataires.

Toutefois, la veuve et les orphelins délégataires d'un officier ou sous-officier décédé peuvent, après que le sous-intendant militaire de leur région a reçu avis du décès, obtenir, sur leur demande adressée à ce fonctionnaire, des avances mensuelles remboursables et égales aux quatre cinquièmes de la pension ou du secours annuel auxquels les intéressés pourraient avoir droit d'après le grade du mari ou du père décédé. Ces avances pourront être payées aux veuves et aux orphelins jusqu'à la délivrance de leur titre de pension ou de secours annuel.

Lorsque les officiers ont été faits prisonniers de guerre, le Ministre peut autoriser leurs familles à recevoir la moitié de leur traitement de captivité. Cette avance est retenue sur leur solde, lors de leur rentrée en France.

## MONNAIES FRANÇAISES ET ÉTRANGÈRES.

### France.

| | | | |
|---|---|---|---|
| Pièce de 100 fr. or | Poids | | 32g258 |
| — 50 fr. or | — | | 16 129 |
| — 20 fr. or | — | | 6 452 |
| — 10 fr. or | — | | 3 226 |
| — 5 fr. or | — | | 1 612 |
| — 5 fr. argent | — | | 25 |
| — 2 fr. argent | — | | 10 |
| — 1 fr. argent | — | | 5 |
| — 0 fr. 50 argent | — | | 2 5 |

Monnaies de nickel de 0 fr. 25 et de bronze de 0 fr. 10 et 0 fr. 05.

### Allemagne.

| | | | Valeur au pair. |
|---|---|---|---|
| Double couronne.. | 20 marks or | | 24f69 |
| Couronne. | 10 marks or | | 12 35 |
| 5 marks | or | | 6 17 |
| 5 marks | argent | | 5 56 |
| 2 marks | argent | | 2 50 |
| 1 mark | 100 pfennings | | 1 25 |
| 1/2 mark | 50 pfennings | | 0 62 |

Monnaie de nickel de 10 et 5 pfennings et de bronze de 1 et 2 pfennings.

## Angleterre.

| | | Valeur au pair |
|---|---|---|
| Souverain. . . . . . . . . . . . . | 20 shillings (livre sterling) or. . . . | 25f 22 |
| 1/2 souverain. . . . . . . . . . . | 10 shillings. . . . . . . . . . . . or. . . . | 12 61 |
| Couronne. . . . . . . . . . . . . | 5 shillings argent. . . . . . . . . . . . . | 6 30 |
| 1/2 couronne. . . . . . . . . . . . . . | | 2 91 |
| 2 florins. . . . . . . . . . . . . . | 4 shillings. . . . . . . . . . . . | 4 64 |
| Florin. . . . . . . . . . . . . . | 2 shillings. . . . . . . . . . | 2 52 |
| Shilling. . . . . . . . . . . . . | | 1 26 |
| 1/2 shilling. . . . . . . . . . . . . . . . . . . . . . . . . . . | | 0 58 |

## Autriche-Hongrie.

| | | Valeur au pair |
|---|---|---|
| Quadruple ducat. . . . . . . . | or. . . . . . . . . . . . . . . . . . . . . . | 47f 4 |
| Ducat. . . . . . . . . . . . . . | or. . . . . . . . . . . . . . . . . . . . . | 11 85 |
| 8 florins. . . . . . . . . . . . . | or. . . . . . . . . . . . . . . . . . . . | 20 |
| 4 florins. . . . . . . . . . . . . | or. . . . . . . . . . . . . . . . . . . . | 10 |
| 20 couronnes. . . . . . . . . . . . | or. . . . . . . . . . . . . . . . . . | 21 |
| 10 couronnes. . . . . . . . . . . . | or. . . . . . . . . . . . . . . . . . | 10 50 |
| 5 couronnes. . . . . . . . . . . | argent. . . . . . . . . . . . . . . . | 5 25 |
| 1 couronne. . . . . . . . . . . . | argent (100 hellers). . . . . . . . . . . . | 1 05 |
| 1 florin. . . . . . . . . . . . . . | argent. . . . . . . . . . . . . . . . | 2 47 |
| 1/4 florin. . . . . . . . . . . . . . | argent. . . . . . . . . . | 0 67 |
| Heller. . . . . . . . . . . . | . . . . . . . . . . . . . . . . . . . | 0 010 |

Monnaie de nickel de 20 et 10 hellers, de bronze de 1 et 2 hellers.

## Russie.

| | | Valeur au pair |
|---|---|---|
| Impériale. . . . . . . . | 7 1/2 roubles or. . . . . . . . . . . . . . . | 40f |
| Pièce de. . . . . . . . | 10 roubles. . . . or. . . . . . . . . . . . . . | 26 66 |
| 1/2 impériale. . . . . | 7 r. 50. . . . . . . or. . . . . . . . . . . . . . | 20 |
| Pièce de. . . . . . . . | 5 roubles. . . . or. . . . . . . . . . . . | 13 33 |
| Rouble. . . . . . . . . . | argent. . . . . . . . . . . . . | 2 69 |
| 1/2 rouble. . . . . . . . . . . . . . . . . | argent. . . . . . . . . . . . | 1 33 |
| 1/4 rouble. . . . . . . . . . . . . . . . | argent. . . . . . . . . . | 0 66 |
| 20 kopeks. . . . . . . . . . . . . . . . . | argent. . . . . . . . . . . . . . | 0 522 |

---

La pièce russe Nouvelle Impériale et la pièce autrichienne de 8 florins (or), qui correspondent à notre pièce de 20 francs, ont cours en France.

# CHAPITRE IV

## ÉTAT CIVIL AUX ARMÉES

### Officiers de l'état civil.

Les fonctions d'officier de l'état civil sont remplies aux armées : 1° dans les formations de guerre mobilisées, par le trésorier ou l'officier qui en remplit les fonctions, quand l'organisation comporte cet emploi, et, dans le cas contraire, par l'officier commandant; 2° dans les quartiers généraux ou états-majors, par les fonctionnaires de l'intendance ou, à défaut, par les officiers désignés pour les suppléer; 3° pour les personnes non militaires, employées à la suite des armées, par le prévôt, ou l'officier qui en remplit les fonctions; 4° dans les formations ou établissements sanitaires dépendant des armées, par les officiers d'administration gestionnaires de ces établissements; 5° dans les hôpitaux maritimes et coloniaux, sédentaires ou ambulants, par le médecin directeur ou son suppléant; 6° pour les prisonniers de guerre étrangers n'ayant pas encore rejoint leur destination, par le prévôt.

L'officier de l'état civil est surveillé, dans l'exercice de ses fonctions, par le conseil d'administration, le chef de corps ou de service, ou, s'il est lui-même chef de corps ou de service, par l'autorité dont il relève immédiatement.

### Registres de l'état civil.

Chaque officier de l'état civil tient un registre de l'état civil pour l'unité ou la formation à laquelle il appartient.

Les actes concernant les individus éloignés du corps ou des états-majors auxquels ils appartiennent ou dont ils dépendent sont inscrits sur le registre du corps ou de l'état-major près duquel ils sont employés ou détachés.

Les registres sont fournis par l'administration centrale de la guerre; l'officier de l'état civil en est le dépositaire. Ils sont cotés et paraphés : 1° par le chef d'état-major pour les unités qui dépendent du commandement auquel il est attaché; 2° par l'officier commandant, pour les unités qui ne dépendent d'aucun état-major; 3° dans les hôpitaux et formations sanitaires dépendant des armées, par le médecin-chef de l'hôpital ou de la formation sanitaire.

Ils sont arrêtés en fin de campagne et dans le cas où le corps, l'état-major ou la formation, au titre duquel ils ont été ouverts, vient à être dissous ou amalgamé dans un autre corps, état-major ou formation.

Les registres arrêtés sont envoyés au Ministre de la guerre, en fin de campagne ou de dissolution de formation, à la diligence de l'officier de l'état civil.

L'officier de l'état civil envoie *tous les mois* au Ministre de la guerre un extrait collationné et séparé par acte. Cet envoi est accompagné d'un bordereau, et compte rendu en est, en même temps, adressé au Ministre par la voie hiérarchique.

### 1° Actes publics.

*Naissances.* — Les déclarations de naissance sont faites dans les trois jours qui suivent l'accouchement. L'acte est rédigé immédiatement en présence de deux témoins; une expédition est transmise dans le plus bref délai au Ministre de la guerre.

*Reconnaissance d'enfant naturel.* — Les officiers militaires de l'état civil ont qualité pour recevoir les déclarations de reconnaissance, qu'elles soient faites soit au moment de la naissance, soit au moment du mariage postérieur des parents, soit enfin par acte authentique séparé.

La transcription en marge de l'acte de naissance est effectuée à la diligence du Ministre de la guerre.

*Adoption.* — Aux termes de la loi du 17 mai 1900, les actes d'adoption seront dressés par les fonctionnaires de l'intendance ou par un officier du commissariat; ces officiers de l'état civil adresseront, dans le plus bref délai, une expédition de l'acte au Ministre de la guerre, qui la transmettra au procureur de la République.

*Mariages.* — Deux publications sont faites à huit jours d'intervalle, un jour de dimanche, au dernier domicile des deux époux et au domicile de ceux sous la puissance desquels ils se trouvent; elles sont mises en outre, vingt-cinq jours avant la célébration du mariage, à l'ordre du jour du corps, pour les militaires des corps de troupe; et pour les officiers sans troupe et pour les employés militaires, à l'ordre du jour de l'état-major (armée, corps d'armée, division, place ou autre commandement) dont ils relèvent.

Les commandants de corps d'armée accordent directement et par délégation les autorisations de mariage aux officiers et assimilés sous leurs ordres, jusqu'au grade de colonel inclusivement. Les demandes formées par les officiers généraux sont adressées au Ministre.

Toute demande d'autorisation doit être revêtue des avis des chefs de corps ou de service et des généraux desquels dépend l'intéressé. L'autorisation n'est valable que pendant six mois.

Dans les corps de troupe, les autorisations de mariage sont délivrées aux sous-officiers, caporaux et soldats par le conseil d'administration; pour les militaires des compagnies et sections formant corps et pour les personnels sans troupe, l'autorisation émane du commandant de corps d'armée. Dans le cas où le conseil d'administration croit devoir refuser l'autorisation, il en est référé au commandant de corps d'armée, qui statue.

*Décès.* — L'acte de décès est dressé par l'officier de l'état civil en présence de deux témoins; un extrait est envoyé immédiatement au Ministre de la guerre, un autre au maire du dernier domicile du décédé.

A la suite de chaque action, l'officier de l'état civil est informé, par les chefs de corps, de détachement et de service, des noms des militaires manquants; il fait appeler ensuite, pour chaque individu, les deux témoins voulus par la loi et qui attestent les causes de l'absence.

Si les déclarations des témoins sont concordantes, nettement affirmatives, formulées sans restrictions ni réserves, l'officier de l'état civil établit l'acte de décès; dans le cas contraire, ou bien encore s'il n'est pas possible de réunir le nombre de témoins exigé par la loi, l'officier de l'état civil dresse un procès-verbal relatant les déclarations reçues, l'inscrit sur les registres des actes de l'état civil et en adresse une expédition au Ministre.

Dans le cas où aucun témoin ne se présente pour affirmer le décès, l'officier de l'état civil établit un acte de disparition relatant les circonstances de la disparition et les témoignages recueillis. Les actes de disparition sont adressés au Ministre, en original, au fur et à mesure de leur établissement.

*Inhumations.* — L'inhumation des militaires morts sur le champ de bataille a lieu dans les conditions prescrites par le commandement. L'officier d'administration de la formation sanitaire qui est chargé d'y procéder dresse, en présence de deux témoins, un procès-verbal relatant, pour chaque cadavre, tous les renseignements de nature à établir l'identité du défunt. Une expédition de ce procès-verbal est adressée au Ministre.

La même règle s'applique aux ennemis décédés. Les indications qui concernent leur identité sont, aussitôt que possible, communiquées à l'ennemi, à qui on remet les objets personnels trouvés sur le défunt.

## 2° Actes privés.

Les actes privés sont enregistrés, sans détails, sur un mémorial tenu dans chaque corps ou service.

*Tutelle temporaire.* — Si un militaire aux armées laisse en mourant un ou plusieurs enfants, sans que leur mère fût présente, le conseil d'administration ou le chef de service nomme de suite, parmi les officiers du corps ou du service, un tuteur temporaire, dont les fonctions se bornent à régler provisoirement les intérêts du mineur. Cet officier se hâte de prévenir la famille du décès du père du ou des enfants.

*Testaments.* — Les testaments sont reçus soit par un officier supérieur en présence de deux témoins, soit par deux fonctionnaires de l'intendance, soit enfin, dans un détachement isolé, par l'officier commandant assisté de deux témoins. Si le testateur est malade ou blessé, les testaments peuvent être reçus dans les hôpitaux ou les formations sanitaires par le médecin-chef assisté de l'officier d'administration gestionnaire. A défaut de cet officier, la présence de deux témoins est nécessaire.

Il est fait un double original de chaque testament, ou, en cas d'impossibilité, une expédition de l'acte signée par les témoins et les officiers instrumentaires pour tenir lieu de second original. Les deux originaux, ou l'original et l'expédition sont adressés, dans le plus bref délai, séparément, et par courriers différents, sous plis clos et cachetés au Ministre de la guerre. La suscription doit porter les nom, prénoms, qualité et fonctions du testateur, ainsi que l'indication du notaire chez lequel le testament doit être déposé.

*Procurations, autorisations maritales, consentement à mariage ou à engagements militaires.* — Ces actes peuvent être dressés par les fonctionnaires de l'intendance et, à défaut : 1° dans un détachement isolé, par l'officier commandant; 2° dans les formations sanitaires, par les officiers d'administration gestionnaires.

*Certificat de vie.* — Les certificats de vie sont délivrés aux militaires des corps de troupe par les conseils d'administration ou les officiers qui en remplissent les fonctions, et aux officiers et employés sans troupe par les fonctionnaires de l'intendance.

*Successions, scellés.* — Aux armées, le décès de tout militaire doit être suivi, dans le plus bref délai, de l'inventaire des papiers, objets et valeurs laissés par le défunt.
Si le décès a lieu à l'ambulance, l'inventaire est fait par l'officier gestionnaire; si le décès a lieu au corps, l'inventaire est fait à la diligence du commandant de l'unité, par un officier ou, à défaut, par un sous-officier assisté de deux témoins.
Les bijoux et valeurs, les effets susceptibles d'être conservés, le produit de la vente des autres objets sont remis contre reçu à l'officier d'administration de l'ambulance, qui en assure la remise à qui de droit.
Les fonctionnaires de l'intendance remplissent, aux armées, les fonctions attribuées aux juges de paix, en ce qui concerne l'apposition et la levée des scellés.
L'autorité militaire est juge des cas dans lesquels il y a lieu d'apposer les scellés, à la suite du décès d'un officier général ou supérieur, d'un chef de corps ou de service, ou encore de tout autre officier ou fonctionnaire ayant rempli une mission spéciale et qui sera supposé détenteur de pièces ou documents quelconques intéressant le Département de la guerre (1).

---

(1) Les conditions dans lesquelles doivent être appliquées aux armées les prescriptions du Code civil sont déterminées par l'instruction ministérielle du 23 juillet 1894, à laquelle sont annexés les modèles des divers actes à établir.

# TITRE III

## Notions générales d'ordre technique spéciales au service de santé, nécessaires à tous les directeurs et chefs de service.

---

## CHAPITRE Ier

### ORGANISATION GÉNÉRALE DU SERVICE DE SANTÉ EN CAMPAGNE

Le service de santé en campagne doit être envisagé dans l'armée considérée comme unité stratégique. Il est constitué par un personnel et des organes différents, suivant qu'ils appartiennent aux corps d'armée et font partie du *service de santé de l'avant*, à l'armée et font partie du *service de santé de l'arrière*.

Le service de santé en campagne embrasse l'ensemble des opérations militaires et techniques qui préparent ou constituent l'exécution du service, c'est-à-dire son fonctionnement technique. Il faut distinguer à ce point de vue :

*a*) Les *opérations du service*, qui sont du ressort du commandement et peuvent être déléguées par lui à la direction technique;

*b*) Le *fonctionnement du service*, d'ordre purement technique, qui exige des agents d'exécution et de gestion.

Le service de santé doit :

Prévoir,
Préparer,
Exécuter,

dans la zone de l'avant, toutes les mesures intéressant :

L'hygiène et la santé des troupes,
La prophylaxie des maladies épidémiques,
Le traitement des malades et blessés en marche, en station, au combat;

dans la zone de l'arrière, tout ce qui est relatif en outre aux :

Triage, évacuation des malades et blessés;
Traitement sur place des inévacuables;
Réapprovisionnement en matériel;
Complément du personnel;
Organisation et utilisation des ressources hospitalières dans la zone des étapes.

Rien de tout cela ne peut être fait sans l'intervention du commandement sous l'autorité duquel est placé le service de santé.

Celui-ci fait au commandement des propositions après avoir prévu et préparé l'exécution.

Pour assurer, sous l'autorité du commandement, le fonctionnement du service de santé, il existe un personnel de direction, d'exécution et de gestion dans chacun des services de l'avant et de l'arrière.

### Personnel de direction.

La direction du service de santé en campagne est « médicale ». C'est la conséquence de l'autonomie du service de santé résultant des lois de 1882 et de 1889.

Elle agit comme « collaborateur » et « conseil technique » du commandement. Elle est représentée par des « directeurs » et des « chefs de service ».

Directeurs (1) et chefs de service : médecin de l'armée (armée), directeur service de santé de corps d'armée (corps d'armée), médecin divisionnaire, chef du service de santé de la division (division), sont les trois organes moteurs du service de santé en campagne. (Loi de juillet 1905 et décret du 7 août 1905.)

La direction seule ordonnance les dépenses.

(Voir, pour les rapports de la direction avec le commandement et le personnel d'exécution et de gestion, le croquis n° 25, page 215.)

### Personnel d'exécution.

Il est représenté à l'avant :

Dans les corps de troupe : par le personnel médical et subalterne affecté à chaque unité sous l'autorité directe et technique du médecin chef de service.

Dans les formations sanitaires (2) : par le personnel médical et subalterne affecté à chacune d'elles sous l'autorité directe et technique du médecin divisionnaire ou du directeur du service de santé du corps d'armée suivant qu'elles marchent avec la division ou font partie du train de combat et parcs du corps d'armée.

A l'arrière :

Dans les corps de troupe d'étapes : par le personnel médical de ces troupes comme à l'avant;

Dans les hôpitaux d'évacuation et les autres formations sanitaires éventuelles ou permanentes des étapes : par le personnel médical et subalterne affecté à ces formations sous l'autorité directe et technique du médecin chef du service de santé des étapes;

Dans la station-magasin : par le personnel administratif de cet organe, sous l'autorité directe et technique du médecin de l'armée;

A la réserve de matériel sanitaire de la gare régulatrice (3); à la réserve de personnel sanitaire (3) : par le personnel médical et administratif sous l'autorité directe et technique du médecin de l'armée.

A l'exception du médecin de l'armée, qui relève du général directeur des étapes et des services de l'armée, les directeurs et chefs

---

(1) Règlements de 1892 et de 1910.
(2) Sont compris sous cette dénomination : les ambulances et hôpitaux de campagne du règlement de 1892, ou les ambulances et groupes de brancardiers du règlement de 1910.
(3) Règlement du 26 avril 1910.

de service relèvent des généraux commandant les unités auxquelles ils sont attachés. Ils sont leurs subordonnés directs. Ils sont les subordonnés techniques des directeurs placés immédiatement au-dessus d'eux et en reçoivent des instructions ou ordres techniques.

Le personnel d'exécution, dans les corps de troupe, dépend directement du chef de corps et techniquement du médecin divisionnaire ou du directeur du service de santé du corps d'armée, suivant qu'il s'agit de troupes endivisionnées ou d'éléments non endivisionnés.

Le même personnel, dans les formations sanitaires, est sous l'autorité directe et technique du chef de la formation, qui dépend à son tour directement et techniquement du chef de service de la division ou du directeur du service de santé du corps d'armée à l'avant, du médecin chef du service de santé des étapes ou du médecin de l'armée à l'arrière.

## Gestion.

La gestion est exercée :

Dans les corps de troupe, par le conseil d'administration vis-à-vis duquel le médecin chef de service est l'agent responsable de tout le matériel sanitaire;

Dans les formations sanitaires, par l'officier d'administration gestionnaire, sous l'autorité du médecin-chef de la formation;

Dans le groupe des sections d'hospitalisation (1), par l'officier d'administration gestionnaire du groupe.

A la réserve de matériel de la gare régulatrice et à la station-magasin, par l'officier d'administration gestionnaire de ces éléments, sous l'autorité directe et technique du médecin de l'armée.

## Organes d'exécution (2).

Les organes d'exécution sont :

A l'avant : tous ceux qui marchent avec les corps d'armée ou les divisions de cavalerie, savoir (Règlement du 26 avril 1910) :
Service de santé régimentaire;
8 ambulances par corps d'armée;
6 sections d'hospitalisation, par corps d'armée;
2 groupes de brancardiers divisionnaires;
1 groupe de brancardiers de corps.
1 ambulance de division de cavalerie;

A l'arrière : toutes les formations qui, organiquement affectées à l'armée, ne marchent pas avec les corps d'armée. Elles se divisent en trois groupes :

### 1° Groupe de secours.

Ambulances d'armée (8 par C. A. composant l'armée);
Sections d'hospitalisation (6 par C. A. composant l'armée).

### 2° Groupe de l'hospitalisation.

Ambulances immobilisées (3);

---

(1) Règlement du 26 avril 1910.
(2) Voir la 2° partie pour les détails d'exécution et l'Annexe pour la composition en personnel et matériel des formations.
(3) Les ambulances comportent, pour leur immobilisation, un nombre variable de sections d'hospitalisation nécessaires à leur fonctionnement.

Hôpitaux temporaires ou permanents de la zone des étapes;
Temporairement : l'hôpital d'évacuation;
Eventuellement, centres hospitaliers.

### 3° *Groupe d'évacuation et de réapprovisionnement.*

Hôpitaux d'évacuation (1 par C. A. composant l'armée);
Infirmeries de gare de la zone des étapes;
Infirmeries de gîtes d'étapes;
Dépôts de convalescents et éclopés;
Transports d'évacuation (4 trains par hôpital d'évacuation);
Réserve de personnel sanitaire;
Réserve de matériel sanitaire de la G. R.;
Station-magasin.

Les limites d'action du service de santé de l'avant s'étendent depuis la limite avant de la zone des étapes jusqu'au point extrême avant occupé par les troupes.

Les limites d'action du service de santé de l'arrière sont bornées par les limites de la zone des étapes de l'armée.

(Voir les croquis n°° 22 et 23 schématiques de l'organisation générale du service de santé en campagne).

# CROQUIS D'ENSEMBLE DU SERVICE DE SANTÉ DE L'ARRIÈRE EN CAMPAGNE.

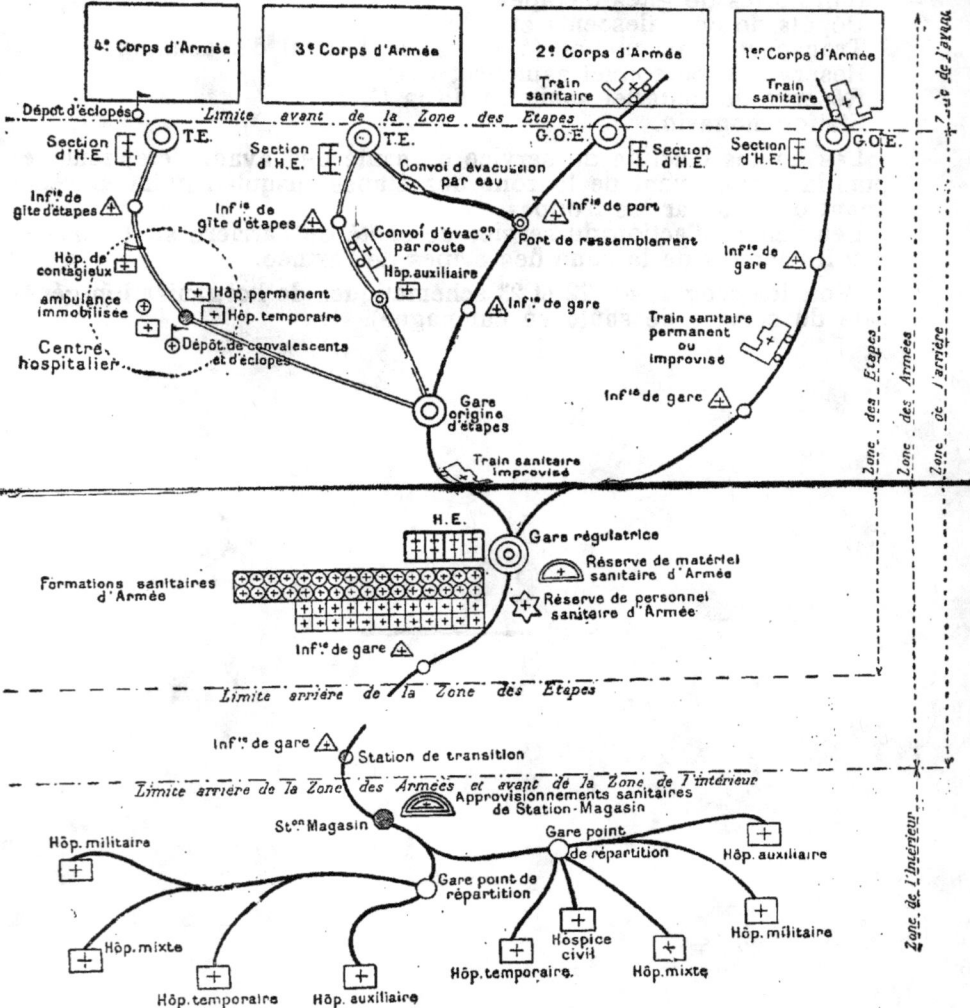

4ᵉ Corps d'Armée    3ᵉ Corps d'Armée    2ᵉ Corps d'Armée    1ᵉʳ Corps d'Armée

Train sanitaire    Train sanitaire

Dépôt d'éclopés    *Limite avant de la Zone des Etapes*

Section d'H.E.   T.E.    Section d'H.E.   T.E.    G.O.E.   Section d'H.E.    Section d'H.E.   G.O.E.

Inf.ᵉ de gîte d'étapes    Inf.ᵉ de gîte d'étapes    Convoi d'évacuation par eau    Inf.ᵉ de port    Inf.ᵉ de gare

Hôp. de contagieux    Convoi d'évac.ᵒⁿ par route    Port de rassemblement

ambulance immobilisée    Hôp. auxiliaire

Hôp. permanent    Train sanitaire permanent ou improvisé

Hôp. temporaire    Inf.ᵉ de gare

Centre hospitalier    Dépôt de convalescents et d'éclopés

Inf.ᵉ de gare

Gare origine d'étapes

Train sanitaire improvisé

H.E.    Gare régulatrice

Réserve de matériel sanitaire d'Armée

Formations sanitaires d'Armée    Réserve de personnel sanitaire d'Armée

Inf.ᵉ de gare

*Limite arrière de la Zone des Etapes*

Inf.ᵉ de gare    Station de transition

*Limite arrière de la Zone des Armées et avant de la Zone de l'intérieur*

St.ᵒⁿ Magasin    Approvisionnements sanitaires de Station-Magasin

Gare point de répartition

Hôp. militaire    Hôp. auxiliaire

Gare point de répartition    Hôp. militaire

Hôp. mixte    Hospice civil

Hôp. temporaire    Hôp. auxiliaire    Hôp. temporaire    Hôp. mixte

Rue de l'avant    Zone des Etapes    Zone des Armées    Zone de l'arrière    Zone de l'intérieur

## Organisation générale du service de santé en campagne.

Directeurs et chefs de service. — Formations sanitaires
de l'avant et de l'arrière (Règlement de 1910).

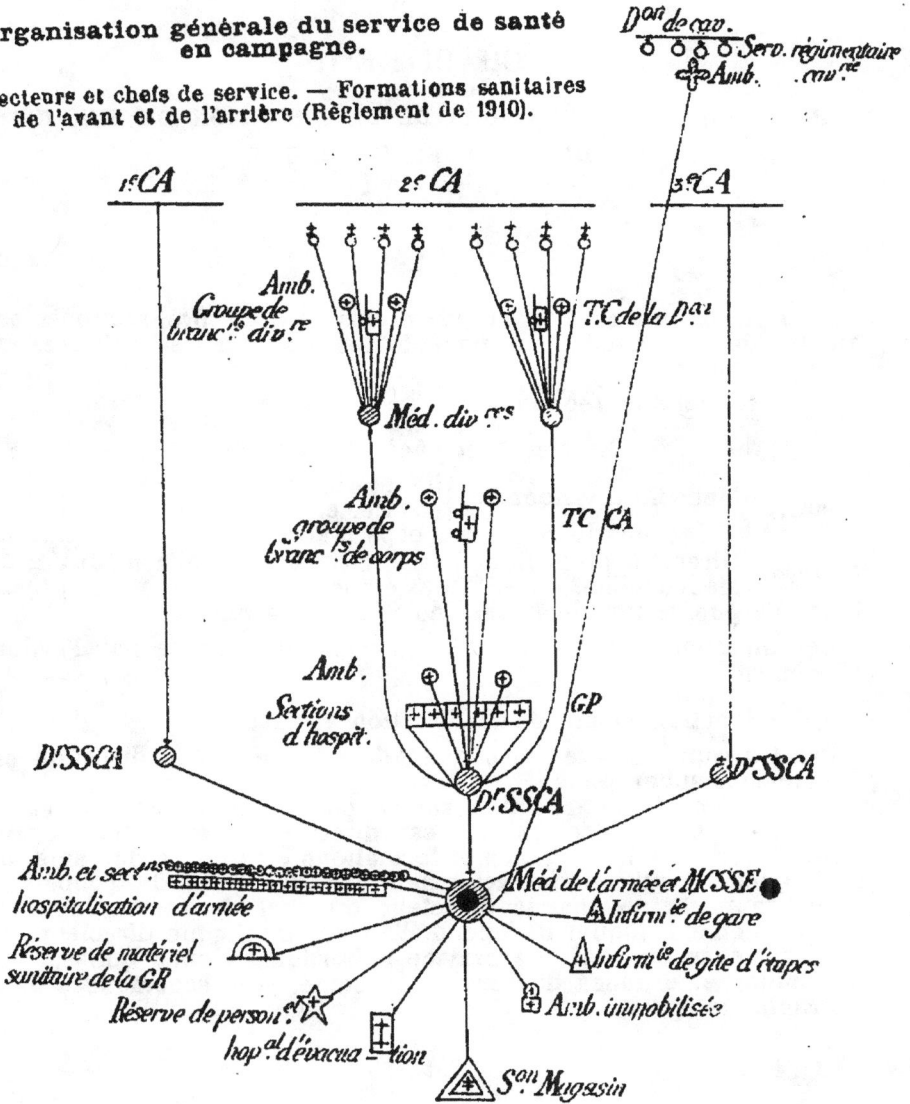

Fig. 23.

# CHAPITRE II

## PERSONNEL ET OPÉRATIONS DE LA DIRECTION DU SERVICE DE SANTÉ EN CAMPAGNE

### I

La « direction » est l'organe de prévision et de préparation placé auprès du commandement pour toutes les mesures relatives au service de santé.

*a)* Personnel de direction.

Directeurs et chefs de service.

Avant... { Médecin divisionnaire { infanterie. | cavalerie. | Directeur du S. S. de corps d'armée. | Médecin de l'armée.

Arrière. { Directeur du S. S. de l'arrière (médecin de l'armée). | Médecin-chef du S. S. des étapes.

Place de guerre : médecin-chef du S. S. de la place.

Les directeurs se distinguent des chefs de service par l'ordonnancement.

*b)* Le fonctionnement de la direction est assuré :

Par les rapports avec le commandement auquel la direction est directement subordonnée;

Par l'action de la direction sur le personnel d'exécution et de gestion en sous-ordre qui lui est directement et techniquement subordonné dans les organes et formations du service de santé, ou techniquement subordonné seulement dans les corps de troupe.

Les rapports de chaque directeur ou chef de service avec le commandement duquel il dépend; l'action de chaque directeur sur les directeurs ou chefs de service subordonnés ainsi que sur les formations et organes du service de santé, sont schématisés dans le graphique n° 24.

**Relations des directeurs et chefs de service avec le commandement, dans leurs rapports réciproques et avec les organes ou formations du service de santé.**

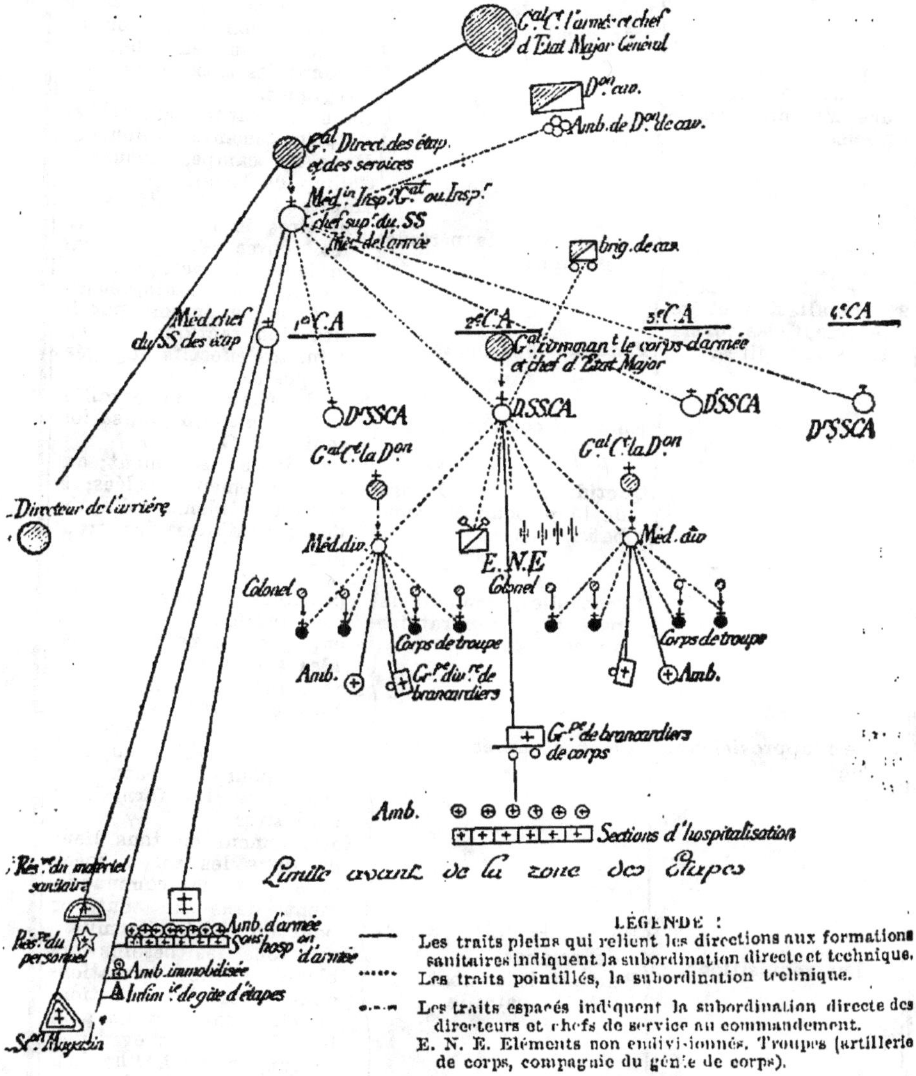

LÉGENDE :

Les traits pleins qui relient les directions aux formations sanitaires indiquent la subordination directe et technique.
Les traits pointillés, la subordination technique.
Les traits espacés indiquent la subordination directe des directeurs et chefs de service au commandement.
E. N. E. Éléments non endivisionnés. Troupes (artillerie de corps, compagnie du génie de corps).

FIG. 24.

## II
## Opérations de la direction.

1° Prévision :

| OBJET. | MOMENT. | LIEU. |
|---|---|---|
| 1° Mesures d'hygiène et de prophylaxie des maladies contagieuses. | En dehors de la période de combat. | Dans les cantonnements de mobilisation (du ressort de la direction générale). Pendant les transports stratégiques. Dans les cantonnements et stationnements prolongés. Dans les camps, bivouacs. |
| | Après la bataille. | Champ de bataille. |
| 2° Installation et relèvement des formations sanitaires. | En dehors de la période de combat. | Hôpitaux ou formations sanitaires immobilisées sur les routes d'étapes pour malades graves, éclopés, ou maladies contagieuses. |
| | Pendant le combat. | Choix du lieu imposé par la situation tactique, le terrain, les effectifs engagés, les postes. |
| | Après le combat. | Sur le champ de bataille, en vue de son organisation sanitaire (1). |
| 3° Les évacuations. | Quotidiennes, en dehors de la période de combat. | Gares de ravitaillement; automatiquement réglées; à modifier seulement d'après l'état sanitaire des troupes. |
| | Éventuelles, pendant la période préparatoire au combat. | Aux centres d'évacuation possibles d'après la situation tactique, les effectifs engagés, les pertes probables (1). |
| 4° Le réapprovisionnement. | Avant et après le combat. | Aux points de contact possibles, d'après les effectifs à engager ou engagés, les pertes probables ou connues pour les corps de troupe et les formations sanitaires. |
| 5° Les réquisitions. | En dehors de la période de combat. Pendant le combat. Après la bataille. | Normalement en tous lieux ou dans les zones spécifiées par le commandement dans un but ou pour un objet déterminé. Pour tous les besoins des blessés et des formations dans toutes les situations où elles se trouvent pour tous les besoins éventuels se rapportant à l'hygiène ou à la santé des troupes. |
| 6° Remplacement du personnel. | Avant le combat. Après le combat. | Les corps ou formations qui signalent les pertes. Id. |

(1) Voir à la 2e partie, titre V, les données numériques servant de base à cette prévision.

2° Préparation.

La préparation est, pour la direction, le corollaire immédiat de la prévision.

Les moyens mis en œuvre par elle sont :

1° Les *propositions au commandement*, relatives aux mouvements de personnel, de matériel, de formations; au choix de cantonnements, de camps, de bivouacs, etc.;

2° Les *ordres aux organes intéressés*, relatifs au réapprovisionnement (réserve de matériel sanitaire de la G. R., station-magasin); à la mise en route des formations; à la désinfection de convois d'évacuation (par ex..., etc.);

3° Les *ordres directs et techniques*, ou *techniques*, aux directeurs ou chefs de service subordonnés. Du médecin de l'armée au médecin-chef du service de santé des étapes (par exemple, pour les évacuations, l'immobilisation des formations sanitaires dans la zone des étapes, etc.);

4° Les *demandes diverses* au commandement; aux chefs hiérarchiques; au Ministre.

5° L'*établissement des situations relatives aux mutations, avancement, récompenses*, qui permettent de combler les vides constatés ou à prévoir, honorent le mérite et les services rendus;

6° La *tenue des journaux, des graphiques et des tableaux* (1) *de marche et opérations*, qui, par la connaissance des événements antérieurs et de la situation exacte des divers éléments, enlève toute hésitation à la préparation des demandes, des ordres.

### III
### Relations de la direction avec le commandement et les organes ou formations sanitaires.

Il n'y a ni prévision ni préparation possibles sans liaison étroite et constante de la direction avec le commandement et les organes ou formations techniques subordonnés.

Cette liaison est établie par les relations quotidiennes de la direction avec les généraux et chefs d'état-major près desquels elle est placée et les organes divers du service de santé; elle apparaît surtout dans la transmission des propositions, des ordres et des demandes schématisées dans le croquis n° 25 ci-joint.

L'importance de cette question est assez grande pour nécessiter certains développements et quelques exemples. Il y a lieu, en effet, de distinguer les diverses transmissions d'après leur origine et la nature de leur objet.

1° *Ordres spontanés du commandement.*

Ces ordres, qu'ils soient *généraux* ou *particuliers*, ou qu'ils revêtent la forme d'*instructions*, sont transmis par la voie hiérarchique, sans omettre aucun intermédiaire, sauf le cas d'urgence.

---

(1) Voir, pour le modèle et les explications du graphique spécial et du tableau, le titre III, chap. **VII**.

## Service de santé en campagne.

Relations des directeurs et chefs de service avec le commandement et les divers organes ou formations sanitaires au point de vue de la transmission des propositions, des ordres et des demandes (Règlement du 26 avril 1910 sur le Service de santé en campagne).

LÉGENDE :

Propositions au commandement ou ordres venus du commandement.

Ordres techniques.

Ordres directs et techniques

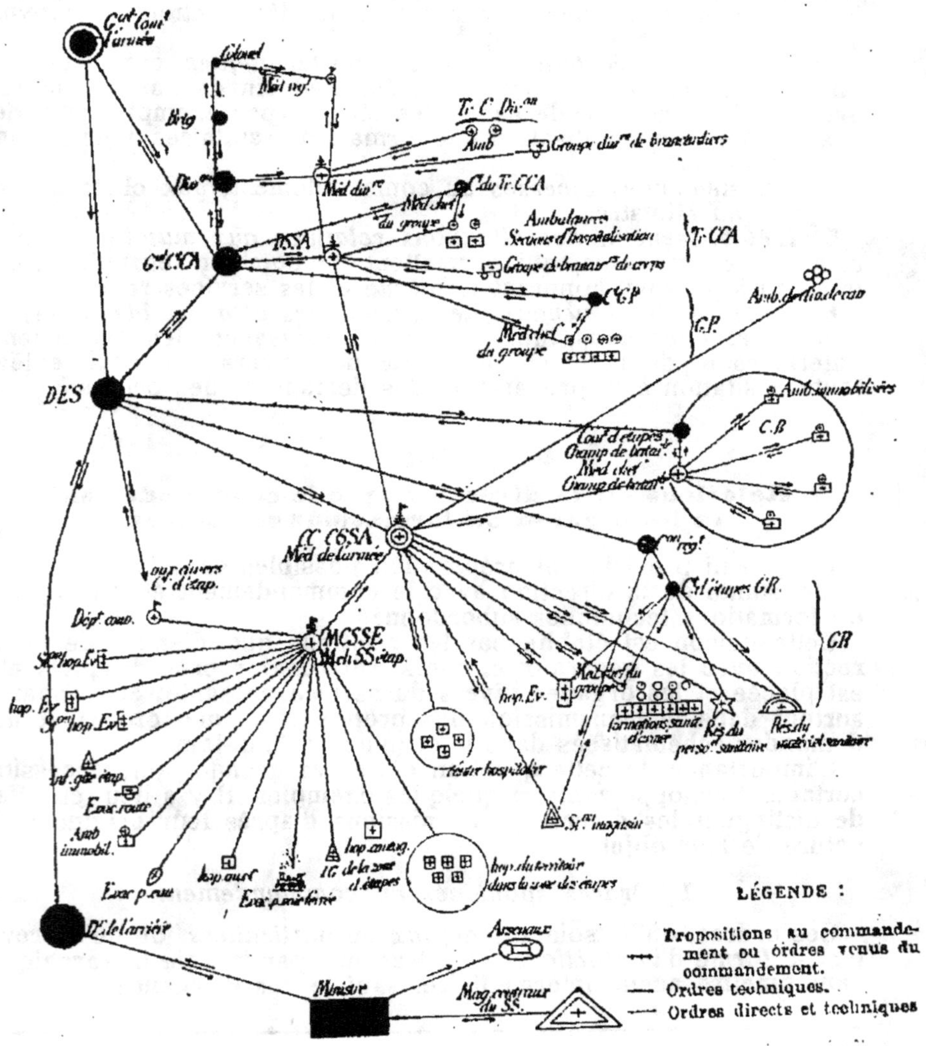

Fig. 25.

Voies de transmission :

L'ordre général de l'armée est envoyé simultanément aux corps d'armée et à la direction des étapes et services.

Dans le corps d'armée, c'est d'après lui qu'est établi l'ordre du corps d'armée transmis :

1° Aux divisions;

2° Au régiment de cavalerie de corps;

3° Au directeur du service de santé du corps d'armée;

4° Au commandant du train de combat du corps d'armée, qui le communique au médecin-chef du groupe des formations sanitaires du T. C.;

5° Au commandant du groupe des parcs, qui en donne connaissance au médecin-chef du groupe des formations sanitaires du G. P.

Dans la division, le chef d'état-major envoie l'ordre de la division au médecin divisionnaire, qui donne à son tour des ordres au médecin-chef du groupe des formations sanitaires du T. C. de la division.

L'ordre de la division est, en même temps, transmis aux brigades, qui donnent leurs ordres aux colonels, dont les médecins chefs de service des corps de troupe reçoivent, en dernière analyse, les instructions nécessaires.

A la direction des étapes et des services, le chef d'état-major donne connaissance de l'ordre de l'armée :

1° Au médecin de l'armée, qui le transmet au médecin-chef du service de santé des étapes;

2° A la commission régulatrice;

3° Aux commandants d'étapes divers, gare régulatrice, champ de bataille, etc., qui transmettent aux médecins chefs de service placés près d'eux les décisions intéressant le service de santé.

### 2° *Ordres du commandement provoqués par des propositions du service de santé.*

Autant que possible, il importe que les propositions adressées au commandement soient rédigées sous forme d'ordres tout préparés, que son approbation rend exécutoires, sans qu'il soit obligé à en modifier les termes. Eviter, en principe, les propositions verbales qui exposent à des omissions dans la rédaction des ordres. Toujours confirmer une proposition verbale par une proposition écrite. Dans la rédaction d'un ordre de corps d'armée par exemple, le paragraphe relatif au service de santé est d'ordinaire établi, sur les propositions du directeur du service de santé du corps d'armée après entente avec le chef d'état-major du corps d'armée, et dans les termes mêmes où ces propositions ont été faites lorsque le commandement les a approuvées. Il ne saurait, dès lors, y avoir le moindre doute dans l'interprétation de cette partie de l'ordre par celui qu'elle intéresse directement, puisqu'il l'a lui-même rédigée.

1er exemple. — *Médecin-chef de régiment.*

*Le médecin chef de service du n° régiment rend compte à son colonel de l'insalubrité des eaux du cantonnement de X... destiné à une occupation prolongée.*

*Il propose des mesures provisoires de purification, et fait ressortir l'obligation éventuelle d'évacuer ce cantonnement. A ce compte rendu est jointe une demande de n... comprimés pour la purification des eaux.*

Tout d'abord le compte rendu est établi en double expédition, dont une destinée au médecin divisionnaire.

Les voies suivies par le compte rendu et la demande sont différentes.

Le compte rendu, revêtu de l'avis du chef de corps, va à la brigade, passe par la division, où le médecin divisionnaire est appelé à donner un avis; transmis au corps d'armée, le directeur du service de santé est consulté : après quoi, si l'autorité estime devoir modifier le cantonnement, et que celui-ci n'ait pas été imposé directement par l'armée, mais laissé dans une zone déterminée à la disposition du commandant du corps d'armée, celui-ci prescrit le mouvement nécessaire. Dans le cas contraire, la pièce est transmise à l'armée, d'où partira l'ordre de changement de cantonnement, qui suivra pour revenir au n° régiment le chemin inverse de celui qui vient d'être indiqué.

La demande va directement du corps d'armée à la direction des étapes et services (règlement sur les services de l'arrière du 25 mars 1908), qui transmet, pour avis et exécution, au chef supérieur du service de santé de l'armée. Celui-ci, dans le cas d'espèce choisi, fait connaître, en retournant la demande à la direction des étapes et services, l'impossibilité d'y donner satisfaction avec les ressources dont il dispose et indique que les comprimés doivent être demandés au Ministre. La direction des étapes et services fait alors parvenir la demande au directeur de l'arrière (ancien directeur général des chemins de fer et des étapes) pour le Ministre (7e direction) qui prescrit à la pharmacie centrale des hôpitaux militaires l'expédition des comprimés.

2e exemple. — *Médecin divisionnaire.*

*Médecin divisionnaire de la n° division à général commandant la division.*

1° *Les ambulances n° 1 et n° 2 du train de combat de la division se porteront demain matin :*

*Le n° 1 à A... (pour les blessés de la 1re brigade).*
*Itinéraire par... départ à... h.*
*Le n° 2 à B... (pour les blessés de la 2e brigade).*
*Itinéraire par... départ à... h.*

2° *Le médecin divisionnaire demande 1 ambulance et 1 section d'hospitalisation du train de combat du corps d'armée.*

La première partie de ces propositions, faite évidemment en vue d'une action imminente, introduite dans l'ordre de la division, prend force d'exécution. Celui-ci est alors transmis par le médecin divisionnaire, chef direct et technique des formations sanitaires de la division, au médecin chef de ces formations. Il y a lieu de remarquer que dans cette proposition le médecin divisionnaire a simplement mentionné les heures de départ et l'itinéraire sans les indiquer, parce que le commandement seul connaît les heures et les routes disponibles et a qualité pour les fixer.

La 2ᵉ partie nécessite l'intervention du général commandant le corps d'armée à qui la division transmet la demande. Satisfaction y est donnée, après avis du directeur du service de santé du corps d'armée, qui précède l'ordre d'exécution donné par le commandement au commandant du train de combat du corps d'armée. Celui-ci transmet l'ordre de mouvement au médecin chef du groupe des formations sanitaires du train de combat.

Le corps d'armée fait connaître ensuite à la division la suite donnée à sa demande.

3ᵉ exemple. — *Directeur de service de santé de corps d'armée.*

*Directeur du service de santé du nᵉ corps à général commandant le corps d'armée.*

*1ᵉ Les ambulances 7 et 8, les sections d'hospitalisation 7 et 8 rejoindront demain le train de combat du corps d'armée à X...*

Départ : h.
Itinéraire :

*2ᵉ Le groupe de brancardiers de corps enverra sa section d'hygiène et de prophylaxie à B..., pour désinfecter l'école communale des garçons, où ont été constatés deux cas de variole à la compagnie divisionnaire du génie de la nᵉ division. Pendant la durée des opérations, cette section sera en subsistance à la compagnie divisionnaire du génie.*

Départ : h.
Itinéraire :

3ᵉ *Le directeur demande :*

1 médecin-major de 2ᵉ classe pour remplacer M. A..., du groupe divisionnaire de brancardiers, blessé.

2 médecins aides-majors en remplacement de MM. Y... et Z..., de l'ambulance nᵉ 2, évacués le 4 septembre.

La première partie de ces propositions, transcrites dans l'ordre du corps d'armée, est envoyée avec celui-ci au commandant du groupe des parcs, qui transmet pour exécution au médecin chef du groupe des formations sanitaires, lequel donne l'ordre de mouvement aux médecins chefs des ambulances intéressées et à l'officier d'administration gestionnaire des sections d'hospitalisation.

La deuxième partie peut être introduite dans le même ordre de corps d'armée, avec une coupure relative à la variole, dont il est bon de ne pas répandre la nouvelle dans le corps d'armée, mais dont le directeur devait faire mention pour légitimer sa proposition aux yeux du commandement. Elle est ainsi transmise au commandant du train de combat du corps d'armée, qui la communique pour exécution au médecin du groupe des formations sanitaires du train de combat.

Dans cette hypothèse, le directeur du service de santé devra envoyer directement un avis technique au médecin-major, commandant le groupe de brancardiers de corps, qui a besoin de connaître la nature de la maladie qui motive la désinfection, afin de pouvoir donner ses instructions précises au chef de la section d'hygiène et de prophylaxie.

Si, au contraire, le commandement estime ne pas devoir introduire dans l'ordre général cette deuxième partie, il en fera un ordre particulier pour le commandant du train de combat du corps d'armée, reproduction textuelle de la proposition du directeur, qui n'aura pas à la compléter par un avis technique.

La troisième partie, relative au remplacement d'un personnel blessé ou évacué, nécessite l'intervention du directeur des étapes et des services, qui reçoit directement cette demande du général commandant le corps d'armée. Le chef supérieur du service de santé saisi, désigne nominativement les médecins de la réserve de personnel appelés à marcher et retourne la demande au directeur des étapes et des services qui avise la commission régulatrice et le commandement d'étapes de la gare régulatrice, où se trouve la réserve de personnel. L'ordre de mouvement et les désignations parviennent ainsi aux intéressés.

4ᵉ exemple. — *Chef supérieur du service de santé de l'armée.*

*Chef supérieur du service de santé de l'armée à directeur des étapes et services de la nᵉ armée.*

*Le médecin principal A... (1) se rendra à N... pour y remplir les fonctions de médecin chef du commandement d'étapes du champ de bataille et s'y installera le 4 septembre à partir de 18 heures.*

*Il prendra avant son départ les instructions du chef supérieur du service de santé de l'armée.*

Cette proposition, introduite dans l'ordre de la direction des étapes et des services, devient exécutoire pour celui qu'elle vise. Elle est portée, du même coup, à la connaissance du commandant d'étapes, sous l'autorité duquel va se trouver le médecin désigné, lequel recevra communication de cet ordre par celui-là même qui l'aura proposé et n'a pu le lui donner directement, malgré qu'il soit placé auprès de lui, parce que le commandement seul peut donner un ordre de mouvement.

### 3° *Ordres directs donnés par le service de santé aux divers organes ou formations sanitaires.*

Il peut se présenter telles circonstances, où les directeurs ou chefs de service seront appelés à donner directement, sans proposition préalable, des ordres aux divers organes ou formations

_____

(1) Il s'agit ici du médecin principal ou major, prévu par le nouveau Règlement, adjoint au chef supérieur du service de santé de l'armée.

sanitaires, soit en cas d'urgence ou d'absence d'ordres du commandement, soit que celui-ci, en prévision ou au début d'une bataille, leur ait laissé la libre disposition de tous les moyens, sauf à rendre compte ultérieurement des mesures prises. L'on est en droit de croire que cette dernière éventualité deviendra la règle en campagne, car on ne doit pas oublier que, aux termes du règlement du 18 mai 1895 sur le service des armées en campagne, « *tous les médecins de l'armée sont responsables, chacun en ce qui le concerne, du service de santé.*

» *Dès que le combat commence, si aucun ordre du commandement ne leur est parvenu, ils déterminent de leur propre initiative l'emplacement des postes de secours, des relais d'ambulance, des ambulances elles-mêmes.*

» *Après l'engagement, ils rendent compte à leurs chefs immédiats du fonctionnement de leur service.* »

Ceci implique, pour les directeurs et chefs de service, l'obligation de donner directement des ordres aux divers organes ou éléments sanitaires, ordres différents de ceux provoqués par les nécessités techniques du service de santé.

### a) Médecin divisionnaire.

1ᵉʳ exemple. — *Médecin divisionnaire de la nᵉ division à médecin-chef ambulance nº 2 à P...*

Le............ de X............ à 8 h. 30.

*L'ambulance nº 2 se rendra à K..., en prévision du rassemblement des blessés légers de la division.*
*Départ à la réception du présent ordre.*
*Itinéraire par...*
*Elle y attendra des ordres pour rejoindre le train de combat de la division.*

Ceci est un ordre de mouvement pur, porté par le bicycliste du médecin divisionnaire. Il est évidemment envoyé au cours d'une action, alors que vient d'être fixé le lieu de rassemblement des blessés légers de la division, qui ont besoin d'y trouver les éléments de secours nécessaires.

2ᵉ exemple. — *Médecin divisionnaire de la nᵉ division à médecin-chef de l'ambulance nº 1 à X...*

Le............ de A............ à 9 heures.

*Transportez immédiatement votre formation au village de Z...*
*Itinéraire par...*
*Mettez-vous, dès votre arrivée, en relation avec les postes de secours des 3ᵉ et 7ᵉ régiments, installés à M... et D...*
*Déployez votre matériel et prenez vos dispositions en vue d'une immobilisation. Recevrez dans la soirée la section d'hospitalisation nº 3.*
*Je dirige sur le secteur de la 2ᵉ brigade la 2ᵉ section du groupe divisionnaire de brancardiers, qui apportera tous les blessés inévacuables à votre formation.*

Cet ordre est aussi transmis par bicycliste, voire par un planton à cheval, fourni par l'ambulance ou le groupe de brancardiers. Il comprend, tout à la fois, un ordre de mouvement, qui transporte la formation de X... à Z... et un ordre technique, grâce auquel le médecin-chef de l'ambulance sait clairement, au moment de se mettre en route, non seulement qu'il va entrer en action, mais dans quelles conditions, avec quelles ressources et dans le but d'être immobilisé pour les grands blessés. Autant d'indications, qui orientent immédiatement ses projets d'installation.

3ᵉ exemple. — *Médecin divisionnaire à médecin-chef commandant le groupe divisionnaire de brancardiers à M...*

Le............ de X............ à 11 *heures.*

*En raison des difficultés du terrain dans le secteur de la 1ʳᵉ brigade, qui ne permet pas l'utilisation des voitures de transport pour blessés, la section chargée du relèvement dans ce secteur emploiera exclusivement les brouettes porte-brancards et les animaux de bât.*

Cet exemple entre, comme le suivant d'ailleurs, dans la catégorie des ordres techniques; ils ne sont cités à cette place qu'en raison du moment où ils sont donnés et parce que transmis directement par les mêmes moyens.

4ᵉ exemple. — *Médecin divisionnaire à médecin-chef du 3ᵉ régiment à M...*

Le............ de X............ à 11 *heures.*

*Dirigez tous les blessés inévacuables sur l'ambulance n° 1 installée à Z..., les autres blessés sur l'ambulance n° 2 installée à Y...*

En aucune circonstance, le médecin divisionnaire ne peut envoyer d'autre ordre à un médecin-chef de régiment qui, placé sous l'autorité du chef de corps, reçoit de lui seul toutes les instructions nécessaires pour l'emplacement, l'installation et le fonctionnement du service de santé régimentaire. En dehors des cas d'urgence, analogues à celui supposé ici, qui légitime la transmission directe d'ordres techniques, ceux-ci devraient passer par la voie du commandement.

b) **Directeur du service de santé de corps d'armée.**

1ᵉʳ exemple. — *Directeur du service de santé du nᵉ corps d'armée à médecin-chef groupe des formations sanitaires du train de combat du corps d'armée à L...*

Le............ de B............ à 9 h. 15.

*Dirigez immédiatement les ambulances 3, 4, et la 1ʳᵉ section du groupe de brancardiers de corps sur D... à la disposition du médecin divisionnaire de la nᵉ division.*

*Itinéraire par...*

Voici encore un ordre de mouvement pur, donné par un directeur du service de santé d'un corps d'armée, au cours d'une action. Il parvient au médecin chef du groupe des formations sanitaires par un cycliste ou un planton à cheval et le médecin-chef le transmet, pour exécution immédiate, aux chefs des ambulances 3 et 4 et au médecin commandant le groupe de brancardiers de corps.

Il se peut que le médecin-chef d'une des ambulances désignées se trouve être précisément le médecin-chef du groupe des formations présentes. Son départ ne les prive pas du commandement centralisateur des ordres, car il est automatiquement remplacé par le plus ancien des médecins chefs qui restent.

Cette remarque s'applique d'ailleurs à tous les groupements sanitaires, quel que soit leur emplacement.

2° exemple. — *Directeur du service de santé du n° corps à médecin-chef du groupe des formations sanitaires du groupe des parcs à X...*

*Le........... de Z........... à 7 heures.*

*Les ambulances 7, 8, 9, 10 et les sections d'hospitalisation 5, 6, 7, 8, rejoindront le train de combat du corps d'armée à Y..., au reçu du présent ordre.*
*Itinéraire par...*
*L'ambulance n° 7 et la section d'hospitalisation n° 5, dès leur arrivée à Y..., s'y immobiliseront et prendront leurs dispositions pour recevoir dans la soirée les blessés inévacuables de la 2° division.*
*Les autres formations suivront le mouvement du train de combat du corps d'armée.*

Nous retrouvons ici un ordre mixte, à la fois ordre de mouvement, qui envoie de X... à Y... 4 ambulances et 4 sections d'hospitalisation, et ordre technique, prescrivant l'immobilisation en vue d'un fonctionnement spécial à de grands blessés de l'ambulance 7, doublée, pour la circonstance, d'une section d'hospitalisation.

c) Chef supérieur du service de santé.

1ʳ exemple. —                              *Télégramme.*

*Chef supérieur du service de santé à médecin-chef hôpital d'évacuation n° 22 à X...*

*Le........... de Z........... à 20 heures.*

*La section n° 1 de l'hôpital d'évacuation n° 22 se tiendra prête à être dirigée sur A..., port de rassemblement où fonctionne une infirmerie de port.*
*La section 2 avec le médecin-chef se tiendra prête à être embarquée pour la gare d'évacuation de B..., où arriveront demain, à partir de 15 heures, les blessés du 2° corps.*

L'on voit intervenir, ici, la transmission télégraphique, nécessitée par l'éloignement des hôpitaux d'évacuation, qui se trouvent, en dehors des périodes d'action, dans la zone de la gare régulatrice ou à cette gare même.

C'est un ordre préparatoire; il ne prescrit pas le mouvement de la formation, pour les raisons ci-dessous; il l'avise de cette éventualité très prochaine qui, à cause du sectionnement envisagé en l'espèce, nécessite de la part du médecin-chef des dispositions particulières, qui ne sauraient être sans inconvénient prises au dernier moment.

Ce n'est pas un ordre de mouvement ferme, que le chef supérieur du service de santé ne saurait en aucun cas donner, parce que la commission régulatrice, avisée par le directeur des étapes et des services, connaît seule la marche qu'elle utilisera pour le transport de cet hôpital d'évacuation, et, par conséquent, le jour et l'heure, comme le lieu de l'embarquement. Elle les fera connaître au médecin-chef intéressé et à la direction des étapes et des services, qui en informera le chef supérieur du service de santé.

2ᵉ exemple. — *Chef supérieur du service de santé à médecin-chef du service de santé des étapes de la nᵉ armée à B...*

*Le.............. 12 heures.*

*Le médecin-chef du service de santé des étapes se rendra par le train de ravitaillement, qui quitte B... ce soir à 16 heures à la gare d'évacuation de C..., centre désigné pour les blessés des 1ᵉ et 3ᵉ corps (1.800 environ).*

*Il organisera le service des évacuations à l'aide de l'hôpital d'évacuation nᵉ 19 et prendra ses dispositions pour recevoir les convois d'évacuation sur route, venant des têtes d'étapes de M... et de N...*

*L'ambulance nᵉ 5 du 3ᵉ corps est immobilisée à C... avec 185 blessés inévacuables.*

*L'ambulance nᵉ 6 du 3ᵉ corps assure les soins à 254 blessés légers à C... également.*

*Elles seront versées au groupe des formations d'armée après les évacuations.*

Cet ordre est transmis directement par planton à B... au médecin-chef du service de santé des étapes, qui se trouve auprès du chef supérieur du service de santé de l'armée. Il indique nettement l'heure et le lieu de départ, le moyen de transport, la destination, l'objet de la mission et les ressources mises en œuvre dans le centre d'évacuation susdit pour faciliter cette mission.

3ᵉ exemple. — *Télégramme.*

*Chef supérieur du service de santé de la nᵉ armée à officier d'administration gestionnaire de la station-magasin à R...*

*Le 6 septembre, de B..., à 21 heures.*

*Préparez envoi urgence pour centre hospitalier de H... de 400 draps, 150 couvertures, 250 chemises, prêts à être enlevés demain 7 à partir de 12 heures.*

Ceci est un ordre technique pur; son urgence nécessite une précaution qui ne doit pas être omise, sous peine de perdre le bénéfice de la rapidité télégraphique. Je veux parler du « *visa de priorité du télégramme* ».

La correspondance télégraphique est expédiée dans l'ordre d'arrivée des télégrammes au bureau expéditeur, et le service est réglé dans les centres importants, comme la direction des étapes et des services, par un officier spécialement préposé à ce soin. Son visa est nécessaire pour intervertir l'ordre des transmissions et prescrire, vu l'urgence, l'expédition immédiate d'un télégramme important. Faute de prendre cette précaution l'on s'expose à un retard très gros de conséquences. Dans l'exemple choisi, il importe évidemment que le gestionnaire soit prêt à expédier le matériel demandé, aussitôt que la station-magasin sera avisée de l'heure de son chargement. Il lui faut le temps de le manipuler, le mettre en ballots, établir ses factures d'expédition et tout cela doit être fait dans la matinée du lendemain au plus tard.

### 4° Ordres techniques.

En dehors des cas d'urgence, où la transmission se fait directement ainsi qu'on vient de le voir par les exemples cités plus haut, il y a deux cas à considérer :

*a)* **Ordres techniques à destination de chefs de service ou directeurs subordonnés techniques seulement de l'autorité qui prescrit.**

Ici la transmission se fait sous le couvert du commandement

Exemples :

*Le chef supérieur du service de santé de l'armée correspond techniquement avec les directeurs du service de santé des corps d'armée et les médecins-chefs de service des commandements d'étapes, par l'intermédiaire de la direction des étapes et des services qui fait suivre, — par les généraux commandant les corps d'armée, pour les directeurs du service de santé des corps d'armée, — et par les commandants d'étapes divers pour les chefs de service.*

*Les directeurs du service de santé des corps d'armée adressent leurs ordres ou instructions techniques aux médecins divisionnaires par la voie des généraux commandant les corps d'armée, qui transmettent aux généraux de division.*

*Les médecins divisionnaires s'adressent aux médecins-chefs des corps de troupe par la filière des généraux de division, de brigade, des colonels.*

*b)* **Ordres techniques à destination de chefs de service ou d'organes subordonnés directs et techniques.**

En ce cas, sauf lorsqu'il est nécessaire d'emprunter la voie télégraphique, où le visa de transmission est obligé, il n'existe aucun intermédiaire.

Exemples :

1° *Correspondance directe du chef supérieur du service de santé de l'armée avec :*
*Médecin-chef du service de santé des étapes;*
*Hôpitaux d'évacuation;*
*Formations sanitaires d'armée;*
*Réserve de matériel sanitaire;*
*Station-magasin.*

2° *De même entre le médecin-chef du service de santé des étapes et les chefs de formations sanitaires dans la zone des étapes :*
*Hôpitaux à destination spéciale;*

*Formations immobilisées;*
*Hôpitaux ou sections d'hôpitaux d'évacuation;*
*Convois d'évacuation;*
*Infirmeries de gare, etc.*

3° *Directement aussi du directeur du service de santé du corps*
*d'armée à :*

*Formations du train de combat du corps d'armée (ambulances,*
*groupe de brancardiers de corps);*

*Formations du groupe des parcs (ambulances, sections d'hospita-*
*lisation).*

4° *Comme d'ailleurs du médecin divisionnaire aux formations*
*sanitaires de la division (ambulances, groupe divisionnaire de*
*brancardiers).*

### 5° Demandes.

Il y a lieu de considérer, au point de vue des modes de transmission, deux catégories de demandes :

Celles qui peuvent recevoir satisfaction à l'aide des ressources
existant dans le corps d'armée et celles qui nécessitent l'intervention de l'armée ou de l'intérieur.

*A)* Les premières s'arrêtent au directeur du service de santé,
qui statue et donne les ordres en conséquence; elles lui parviennent
par la voie du commandement, revêtues du visa du médecin divisionnaire, s'il s'agit de demandes faites par les corps ou les formations sanitaires des divisions, — directement au contraire, si elles
émanent des formations du train de combat ou du groupe des parcs.

*B)* Les autres, quelle que soit leur provenance ou leur nature,
revêtues de l'avis du directeur du service de santé du corps d'armée, sont directement transmises par les généraux commandant
les corps d'armée au directeur des étapes et des services. (Art. 22
du règlement sur les services de l'arrière du 25 mars 1908.)

---

Serv. de santé.

# CHAPITRE III

## LA DIRECTION DU SERVICE DE SANTÉ PENDANT LA PÉRIODE PRÉPARATOIRE AU COMBAT

La période préparatoire au combat commence au premier jour de la mobilisation, pour prendre fin avec les dernières opérations qui précèdent immédiatement la bataille.

Elle comprend, pour le service de santé, les opérations pendant la mobilisation, les transports stratégiques dans les divers cantonnements de concentration et autres; au cours des marches.

a) *Mobilisation*. — L'on conçoit que la direction n'ait guère à intervenir dans les opérations sanitaires de la mobilisation, dont tous les détails sont réglés à l'avance par les journaux de mobilisation des diverses unités et où se fait sentir surtout l'action des médecins chefs de service, tant au point de vue de la sélection des hommes des réserves et de l'armée territoriale que des mesures d'hygiène générale à prévoir dans les agglomérations aux centres de mobilisation. Il est utile de se rappeler que le déchet sur les effectifs de mobilisation atteint 10 à 20 p. 1.000 des appelés.

b) *Transports stratégiques*. — Les mêmes remarques s'appliquent au service de santé pendant les transports stratégiques. Chaque unité est accompagnée de son personnel sanitaire, qui assure en cours de route les soins nécessaires aux malades, débarque ceux incapables de continuer et les confie au commissaire militaire de la première gare d'arrêt. Des mesures particulières ont été prévues dès le temps de paix pour assurer la salubrité des *stations halte-repas* et pour obvier aux dangers d'infection résultant des passages successifs et rapprochés de masses d'hommes dans les mêmes localités; et, en l'espèce, l'organisation et la surveillance des feuillées prend une importance de premier ordre.

Il nous paraît indispensable que cette période des transports stratégiques soit précédée d'une action de prévision médicale et que, dans ce but, une décision du commandement adjoigne au sous-chef d'état-major et à l'intendant chargés de préparer, sur la base de concentration, le débarquement des troupes, leur stationnement, etc., un médecin, qui compléterait leur œuvre par la réalisation de certaines prévisions d'ordre, surtout, prophylactique. Et c'est, à notre avis, au directeur du service de santé du corps d'armée lui-même qu'incombe cette importante mission.

Un premier point requiert son intervention : les mesures pressantes d'hygiène à prendre à la *gare de débarquement*. Elles se traduiront par l'organisation d'un *dépôt de malades*, où les divers éléments laisseront, en débarquant, les hommes incapables de les suivre dans leurs cantonnements et qui doivent être renvoyés à l'arrière. Il faut se rappeler que les formations sanitaires débarquées d'ordinaire en dernier lieu, après les troupes, ne seront pas là pour assurer le service de ce *dépôt de malades de la gare de débarquement*, et qu'il faudra en confier le soin au personnel médical de la première unité débarquée, quitte à le faire relever, en temps opportun, par celui de l'un des corps qui lui succèdent.

Les malades ou éclopés ainsi recueillis sont renvoyés, par les trains de retour, à la G. R., qui leur assure une destination définitive.

c) *Cantonnements*. — C'est ici que se fera sentir plus particulièrement le bénéfice de cette action préventive de la direction du service de santé.

La qualité des eaux de boisson, les conditions de la zone de concentration au point de vue des maladies épidémiques, celles du cantonnement, pourront être, ainsi, l'objet d'un contrôle effectif avant l'arrivée des troupes et provoquer, de la part du commandement, d'efficaces mesures de protection.

Nous attachons à cette intervention de la direction du service de santé, précédant la concentration des troupes et s'exerçant en étroite solidarité avec celle du sous-chef d'état-major du corps d'armée, un intérêt essentiel pour la sauvegarde des effectifs.

D'autre part, cette action, en préparant l'œuvre ultérieure de la « commission de salubrité » dans la zone de concentration aurait l'avantage de la rendre plus féconde. On sait combien cette commission de salubrité, composée d'un officier supérieur et d'un médecin, et chargée de veiller, dans le cantonnement, à l'exécution des prescriptions du commandement, a rendu de services aux Japonais. Et c'est à leur suite que cette disposition a été introduite dans notre règlement du 26 avril 1910.

Plus tard, l'action de la direction médicale se manifestera par d'autres mesures, complémentaires des précédentes et relatives à l'organisation des soins à donner aux malades dans les cantonnements : l'installation d'*infirmeries de cantonnements* communes, au besoin, à plusieurs corps dans la même localité, pour en obtenir un rendement maximum par le groupement des ressources et du personnel technique; la mise en action de *formations sanitaires* appelées à recevoir les malades plus graves destinés à être évacués ou isolés et conservés sur place, comme les contagieux.

Enfin, c'est encore à la direction qu'incombera le soin de proposer ou prescrire les mesures spéciales relatives aux évacuations qui, réglées automatiquement par le jeu quotidien des gares de ravitaillement, peuvent, à certains moments, nécessiter l'emploi de moyens échappant aux prévisions normales.

d) *Marches*. — L'organisation du service de santé pendant les marches doit être étudiée dans le corps d'armée. C'est dans cette unité seulement qu'elle intéresse la direction du service, parce que c'est elle qui va au combat. Les mouvements des organes du service de santé de l'arrière sont absolument indépendants; ils sont dictés par des besoins et des considérations de seconde urgence; ils n'entrent pas dans une organisation de marche comparable à celle qui s'élabore dans la zone de l'avant.

Dans le corps d'armée, il faut considérer :

A) Les marches loin de l'ennemi en une ou plusieurs colonnes;

B) Les marches à proximité de l'ennemi en une ou plusieurs colonnes (I).

_____

(1) Voir, pour l'emplacement des éléments sanitaires dans une colonne, le croquis n° 26 donné à titre d'indication.

Dans l'un et l'autre cas, le dispositif de marche adopté par le commandement fait varier l'autorité sanitaire directrice appelée à organiser le service. C'est ainsi que, dans la marche du corps d'armée en une seule colonne, il appartiendra au directeur du service de santé du corps d'armée de proposer et prendre les mesures nécessaires.

S'il existe deux colonnes, l'une sous le commandement du général commandant le corps d'armée, l'autre sous le commandement de l'un des généraux de division, l'intervention du directeur du service de santé du corps d'armée réglera le service dans la première, le médecin chef du service de santé de la division dans la seconde.

Si les deux colonnes se déplacent sous le commandement de chacun des généraux de division et que les E. N. E. soient rattachés à l'une d'elles, c'est aux médecins divisionnaires que reviendra le soin de prendre les dispositions nécessaires, et le directeur du service de santé du corps d'armée n'interviendra pas.

Tel autre dispositif peut être ordonné qui transporte le corps d'armée sur trois colonnes, dont l'une, composée des E. N. E., obéit aux ordres du général commandant l'artillerie, par exemple. Ici, le service est réglé par le directeur du service de santé dans cette dernière, par les médecins divisionnaires dans chacune des deux autres.

### Places des éléments sanitaires dans la colonne de marche d'un corps d'armée (1).

Mais, quelle que soit l'autorité médico-militaire appelée à prévoir et préparer une organisation sanitaire de marche, elle doit obéir aux indications suivantes :

(1) L'ordre de marche figuré ci-dessous est simplement un type d'étude. En fait, il n'y a d'ordre normal de marche que celui donné par l'ordre d'opérations.

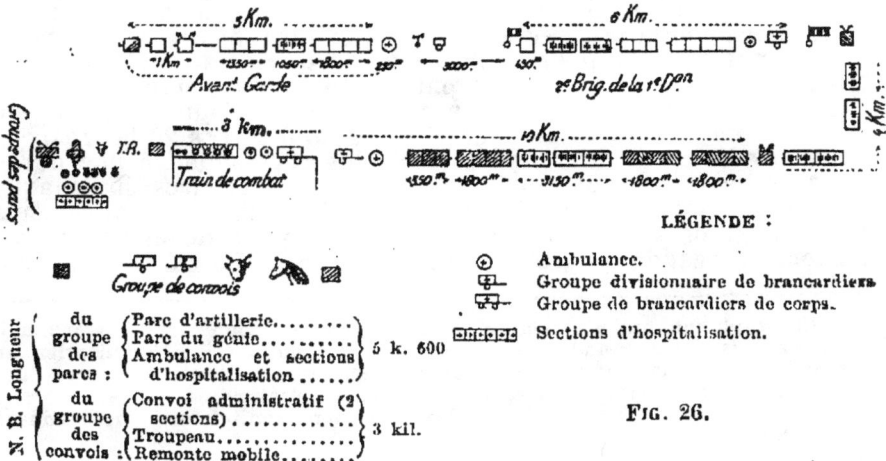

LÉGENDE :

⊕ Ambulance.
Groupe divisionnaire de brancardiers.
Groupe de brancardiers de corps.
Sections d'hospitalisation.

| | | |
|---|---|---|
| du groupe des parcs : | Parc d'artillerie......... Parc du génie......... Ambulance et sections d'hospitalisation ...... | 5 k. 600 |
| du groupe des convois : | Convoi administratif (2 sections) ............. Troupeau......... Remonte mobile......... | 3 kil. |

Fig. 26.

1° Alléger les corps, au départ des cantonnements, des éclopés de la veille, des malades de la nuit et de la dernière heure en les rassemblant en des points où ils seront recueillis par les sections sanitaires automobiles chargées de les transporter aux gares de ravitaillement;

2° Dans certains cas (longueur ou difficultés de la route), assurer des moyens de transport pour recueillir les éclopés, par la répartition, entre les unités, d'éléments empruntés aux groupes de brancardiers;

3° Assurer la destination à donner aux malades et éclopés (évacuations, par les sections sanitaires automobiles, sur les gares de ravitaillement, où ils sont pris par les trains de ravitaillement de retour; en cas d'excédent de ces indisponibles aux points de rassemblement, création de dépôts d'éclopés).

En fait de déplacements de troupes et d'organes, la direction n'a pas seulement à se préoccuper de l'organisation du service sanitaire dans les colonnes de marche; elle tient dans un but scientifique, historique et militaire, des *journaux de marches et opérations* où figurent tous les mouvements des formations sanitaires. Celles-ci, nombreuses déjà dans la réglementation de 1892, le seront davantage encore avec le règlement de 1910. Il faut que la direction soit à même d'être toujours rapidement fixée sur la situation actuelle de chacun des éléments sous ses ordres, de façon à pouvoir renseigner instantanément le commandement, proposer ou prescrire, sans risque d'impossibilités ou d'erreurs, tel déplacement imposé par les circonstances. L'on conçoit combien cette tâche peut être rendue difficile au médecin de l'armée et au directeur du S. S. d'un corps d'armée par exemple, exposés, sans le secours de leur *Journal de marches et opérations*, à une confusion ou un oubli de numéro parmi leurs nombreuses formations sanitaires.

De là l'obligation d'appliquer aux diverses opérations du service de santé la méthode graphique qui, d'un coup d'œil, renseigne sur l'emplacement, le rôle, la disponibilité ou l'indisponibilité de chaque organe, son état de fatigue, l'effort qui peut lui être utilement demandé; graphique dont le modèle ci-joint (croquis n° 27) montre qu'il peut renfermer de multiples renseignements indispensables ou seulement utiles à la direction (1). Les explications pour la lecture de ce graphique, fait pour un directeur du service de santé de corps d'armée, permettront de comprendre son mode d'établissement.

Il représente les opérations du service de santé du n° corps pendant une période de vingt-quatre heures de 0 h. 1' à 24 heures.

L'intervalle entre deux lignes verticales correspond à une durée d'une heure et à un parcours possible de 4 kilomètres sur chaque ligne horizontale. Sont figurés par des traits pleins les mouvements des formations autonomes ou susceptibles de le devenir par sectionnement (section de groupe de brancardiers). La même représen-

---

(1) Ce graphique, qui n'a rien de réglementaire, est donné ici à titre d'indication en raison des grands services qu'il peut rendre. C'est l'application au service de santé d'un modèle et d'un procédé employés à l'École de guerre dans les exercices sur la carte et au cours des voyages d'état-major.

Même observation pour le tableau des formations sanitaires d'armée annexé à ce chapitre.

tation graphique indique les déplacements des quartiers généraux dont la connaissance importe au directeur du service de santé, comme la D. E. S., où se trouve le médecin de l'armée et les lieux et durée de fonctionnement des gares de ravitaillement à cause des évacuations.

Ainsi la lecture du graphique donné comme modèle montre que :

1° Les ambulances 1 et 2 étaient le 24 mai, à 0 h. 1', cantonnées à A... à la disposition de la 1re division;

Les ambulances 3 et 4 se trouvaient, à la même date et à la même heure, cantonnées à B...., à la disposition de la 2e division;

Les ambulances 5 et 6 étaient cantonnées avec le T. C. du corps d'armée à C... Elles ont quitté cette localité à 5 h. 30 pour se diriger sur D..., d'où le n° 5 est reparti à 9 heures pour se rendre au point E... recueillir les blessés légers (950) du corps d'armée rassemblés dans ce lieu. Le n° 6 est resté à D... en position d'attente jusqu'à 15 heures et a reçu l'ordre d'aller à M..., où il a cantonné avec le T. C. du corps d'armée.

Les ambulances n°s 7 et 8 étaient au cantonnement de F... avec le G. P. Parties à 6 h. 30, elles se sont transportées à H..., d'où le n° 7 a continué sur D... pour y rejoindre le T. C. Restée en position d'attente à D... jusqu'à 15 heures, elle est allée cantonner à M... avec le T. C. L'ambulance n° 8 a attendu à H... jusqu'à 16 h. 30 l'ordre d'aller cantonner à N... avec le groupe des parcs (G. P.).

Ces diverses formations ont parcouru dans la journée :

L'ambulance n° 5. . . . . . . . . . . . . . . . . . . 22 kilomètres;
— n° 6. . . . . . . . . . . . . . . . . . . 18 —
— n° 7. . . . . . . . . . . . . . . . . . . 30 —
— n° 8. . . . . . . . . . . . . . . . . . . 24 —

2° Les sections d'hospitalisation réparties en deux groupes ont fait les mouvements suivants :

Les sections n° 1 et n° 2, cantonnées à C... avec le T. C. du corps d'armée, ont suivi le mouvement de cette unité; parties à 5 h. 30 de C..., elles sont arrivées à 8 h. à D... Elles y ont attendu jusqu'à 16 heures l'ordre : pour le n° 1 de se rendre à U..., à la disposition de la 1re division, qu'elle a rejoint à 17 h. 15; pour le n° 2, d'aller se mettre, à 18 h. 30, à la disposition de la 2e division à T...

Les sections 3, 4, 5, 6 ont suivi le sort du groupe des parcs, avec lequel elles étaient cantonnées à K..., qu'elles ont quitté à 6 h. 30 pour se rendre à H..., d'où elles sont parties à 16 h. 30, les n°s 3 et 4 à destination du T. C. qu'elles ont rejoint à M... à 19 heures, les n°s 5 et 6 à destination de N..., cantonnement du G. P., qu'elles ont rejoint à 18 h. 30.

Ces diverses sections ont parcouru :

Le n° 1. . . . . . . . . . . . . . . . . . . . . . . . . . 16 kilomètres;
Le n° 2. . . . . . . . . . . . . . . . . . . . . . . . . . 20 —
Le n° 3. . . . . . . . . . . . . . . . . . . . . . . . . . 24 —
Le n° 4. . . . . . . . . . . . . . . . . . . . . . . . . . 24 —
Le n° 5. . . . . . . . . . . . . . . . . . . . . . . . . . 22 —
Le n° 6. . . . . . . . . . . . . . . . . . . . . . . . . . 22 —

3° Le groupe de brancardiers de corps cantonné à C..., avec le T. C. du corps d'armée s'est rendu à D... avec lui. Il y a attendu

Journée du 24 mai.

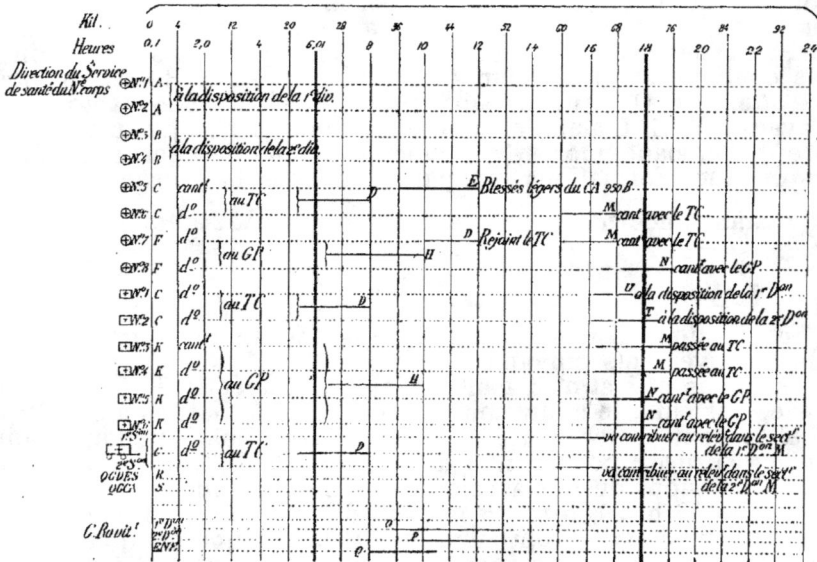

Kil.

Heures

Direction du Service
de santé du N. corps

à la disposition de la 1re div.

à la disposition de la 2e div.

cant.

au TC

Blessés légers du CA 950 B.

cant. avec le TC

Rejoint le TC

cant. avec le TC

au GP

cant. avec le GP

au TC

à la disposition de la 1re Don

à la disposition de la 2e Don

passée au TC

au GP

passée au TC

cant. avec le GP

cant. avec le GP

va contribuer au relev. dans le sect.
de la 1re Don M.

au TC

va contribuer au relev. dans le sect.
de la 2e Don M.

G. Ravit.

FIG. 27.

Coller ici une feuille semblable pour la journée suivante et ainsi de suite. Replier en accordéon pour placer dans la poche du côté de la tunique.

jusqu'à 15 heures des ordres qui ont envoyé la 1<sup>re</sup> section contribuer au relèvement des blessés dans le secteur de la 1<sup>re</sup> division, la 2<sup>e</sup> section dans le secteur de la 2<sup>e</sup> division; elles sont arrivées sur le terrain à 16 h. 30 et sont rentrées à M..., cantonnement du T. C., la 1<sup>re</sup> à 23 h. 30, la 2<sup>e</sup> à 23 heures.

4° Le quartier général de la direction des étapes et des services (D. E. S.), où se trouve le médecin de l'armée, était à R... le 24 mai à 0 h. 1'; il n'a pas changé de cantonnement. Il en est de même du quartier général du corps d'armée, qui est resté toute la journée à S....

5° Les gares de ravitaillement pour la journée du 24 mai, ont fonctionné pour la 1<sup>re</sup> division, à O..., de 8 h. 45 à 13 heures; pour la 2<sup>e</sup> division, à P..., de 10 heures à 13 heures; pour les éléments non endivisionnés (E. N. E.), à Q..., de 8 heures à 10 h. 30.

Point n'est besoin de détails complémentaires pour comprendre la façon d'établir cette sorte de graphique.

Pour le médecin de l'armée, ce graphique sera remplacé par le tableau du modèle ci-joint, où sont portées toutes les formations sanitaires des corps d'armée et de la réserve d'armée, les réserves de personnel et de matériel sanitaires d'armée et certaines indications relatives aux convois auxiliaires, aux gares de ravitaillement et d'évacuation, etc...

Il semble préférable d'établir un tableau par corps d'armée, bien que les formations ne soient pas nécessairement affectées aux corps d'armée dont elles portent le numéro.

Les cases, au-dessus des colonnes, sont réservées aux dates des emplacements occupés par les formations sanitaires, les colonnes à l'indication de ces emplacements. Les emplacements des formations numérotées de 1 à 8 (pour les ambulances), de 1 à 6 (pour les sections d'hospitalisation), ne seront, bien entendu, inscrits sur le tableau qu'au moment du passage de ces formations dans la zone des étapes, après leur immobilisation.

La tenue de ces tableaux exige que les directeurs du service de santé des corps d'armée indiquent dans les comptes rendus quotidiens, en signalant les formations immobilisées, les numéros de ces formations et, quand ils en reçoivent qui portent le chiffre d'un autre corps d'armée, rappellent ce chiffre à côté des numéros propres aux formations sanitaires.

Ambulances.
Réserve de personnel sanitaire d'armée.
Réserve de matériel sanitaire d'armée.
Dépôt d'éclopés.
Dépôt de convalescents et d'éclopés.
Section sanitaire automobile.

**ARMÉE   A.**

**I⁰ᵉ CORPS   D'ARMÉE.**

1° *Tableau des for   mations sanitaires.*
2° *Indications   diverses.*
(Voir note explica   tive dans le texte.

Section d'hospitalisation.
Section d'hôpital d'évacuation.
Infirmerie de gîte d'étape.
Infirmerie de gare.
Convoi auxiliaire.
Hôpital de contagieux.
Hôpital temporaire d'étapes.

Médecins. 5
Méd. aux. 4
Pharmac.. 2
O. d'adm.. 3
Sous-offic. 4
Caporaux. 8
Infirm.. 74

G. de ravit.
G. d'évac.

# CHAPITRE IV

## LA DIRECTION DU SERVICE DE SANTÉ PENDANT LE COMBAT

L'attention de la direction du service de santé pendant le combat est tout entière fixée sur l'avant; elle ne tourne le regard en arrière que pour demander à l'armée assistance et secours en raison de l'insuffisance de ses moyens ou de l'épuisement de ses ressources. C'est dire que, pendant cette période, les directeurs du service de santé de corps d'armée et les médecins divisionnaires supportent tout le poids de l'organisation des secours et que l'intervention du médecin de l'armée, d'ailleurs loin du terrain de la lutte, ne saurait se faire sentir et ne pèse d'aucun poids sur la conduite des opérations du service de santé.

Sous l'autorité des généraux commandant les corps d'armée et des généraux commandant les divisions, les directeurs du service de santé de corps d'armée et les médecins divisionnaires auront la libre disposition des organes d'exécution. Ils ne devront pas songer à asseoir leurs déterminations et leurs décisions sur les ordres ou les avis venus du commandement qui, du premier au dernier coup de canon, aura l'esprit tendu vers l'objectif qu'il s'est fixé, n'aura d'autre préoccupation que d'imposer sa volonté à l'ennemi, fera pour atteindre le but tous les sacrifices nécessaires et déléguera officiellement ou tacitement, pendant la bataille, aux directeurs du service de santé le soin de prendre toutes les mesures commandées par les intentions qu'il aura fait connaître, ou imposées par les éventualités tactiques successives.

Pour répondre à ce programme, on comprend combien la liaison de la direction avec l'état-major doit être étroite à ce moment et que, soudée pour ainsi dire *à lui*, elle se déterminera d'autant plus sûrement qu'elle connaîtra plus exactement, *par lui*, les événements et pourra apprécier leurs conséquences sur les opérations de son service.

La direction du service de santé ne doit pas oublier que, pendant l'action, elle ne saurait rien voir que par les yeux du commandement et, qu'éloignée de lui, elle est impuissante à connaître et à orienter exactement son action technique; qu'elle constitue un centre où aboutissent les fils la reliant à ses divers organes d'exécution, qui tiennent d'elle seule le mouvement et la vie technique.

Concevoir une direction du service de santé, ambulante, isolée, sur le champ de bataille en activité est une erreur grosse de conséquences. Intimement liée au sort du groupe dont elle fait partie, le moment ne viendra pour elle de s'en séparer qu'avec l'obligation de « voir » et de « savoir », par ses constatations personnelles, si les ressources sanitaires sont suffisantes et quelles mesures complémentaires s'imposent.

Ce sera son œuvre après la bataille; mais maintenant, prisonnière de son rôle, elle doit employer des agents de liaison pour atteindre ses organes techniques, qui doivent, de leur côté, savoir toujours en quel point lui faire parvenir renseignements et communications.

Ces agents indispensables de liaison lui seront fournis par les ambulances et suppléeront fort heureusement à l'insuffisance de l'unique vélocipédiste normalement prévu pour ce service.

La direction ne doit pas oublier, d'autre part, que la bataille moderne présente, au point de vue service de santé, les caractéristiques suivantes :

1° La nécessité absolue de l'invisibilité de tout ce qui se meut dans la zone de feu, d'où l'obligation de savoir utiliser le terrain pour les mouvements de formations, de personnel, l'installation des postes sanitaires qui doivent être, sur le champ de bataille, aussi invisibles que les autres troupes, tout en se conformant au principe que le secours doit aller au blessé;

2° La répartition très inégale des pertes, qui, très élevées sur certains points, y appellent une plus grande abondance de secours et des mouvements de formations importants; d'où l'obligation de proportionner l'emploi des moyens aux besoins et d'avoir des organes sanitaires en réserve (application des principes de l'économie des forces et de l'échelonnement des réserves);

3° La rapidité parfois très grande de la production des pertes (817 hommes du 34° sibérien hors de combat en une demi-heure à Sandépou) dans une zone tellement battue qu'il faut attendre le moment propice pour y amener une formation sanitaire;

4° Longueur et lenteur de l'action qui permettent une latitude plus grande dans le choix de l'emplacement des formations, leur assure une stabilité plus durable et accroît par conséquent leur rendement.

La direction devra s'inspirer parfois de la nature de l'action engagée : offensive, défensive, en retraite, pour le groupement et l'échelonnement de ses ressources, de façon à ne pas les aventurer trop hâtivement et limiter, en cas d'échec, le nombre de formations à laisser sur le terrain.

Elle n'oubliera pas que les premières pertes s'accusent déjà à une très grande distance de l'ennemi et imposent le déploiement prématuré des troupes, nécessitent à leur contact immédiat un rideau de secours, léger et mobile comme elles, fait de petits postes sanitaires appelés *refuges de blessés*, antennes avancées du poste de secours régimentaire tenu forcément à distance. De celui-ci peut, par suite, se rapprocher utilement la formation sanitaire mieux outillée appelée à traiter et évacuer les blessés, dont le relèvement sera assuré conjointement par les brancardiers régimentaires et ceux des groupes divisionnaires et de corps, sous la réserve, pour ces derniers, d'adapter leurs moyens de transport à la nature et aux difficultés du terrain dont ils devront épouser scrupuleusement les défilements pour échapper aux projectiles.

Il sera dans le rôle de la direction au combat de choisir le moment opportun de lancer ses colonnes de transport, d'orienter les voitures sur les routes et les bons chemins, les brancards roulants dans les terrains résistants et les chemins de terre, les brancards ordinaires et les animaux de bât partout où n'arrivent pas les moyens de transport sur roues.

Il résulte, de l'obligation où se trouve placé le service de santé pendant le combat moderne, d'avoir des postes sanitaires au contact de la ligne de feu, d'éloigner les postes de secours régimentaires

et de pouvoir en rapprocher les ambulances, que l'on peut schéma-
tiser ainsi qu'il suit le dispositif des divers organes du service de
santé sur le terrain de la lutte (croquis n° 28).

**Les divers échelons du service de santé de l'avant
pendant le combat de la division d'infanterie.**

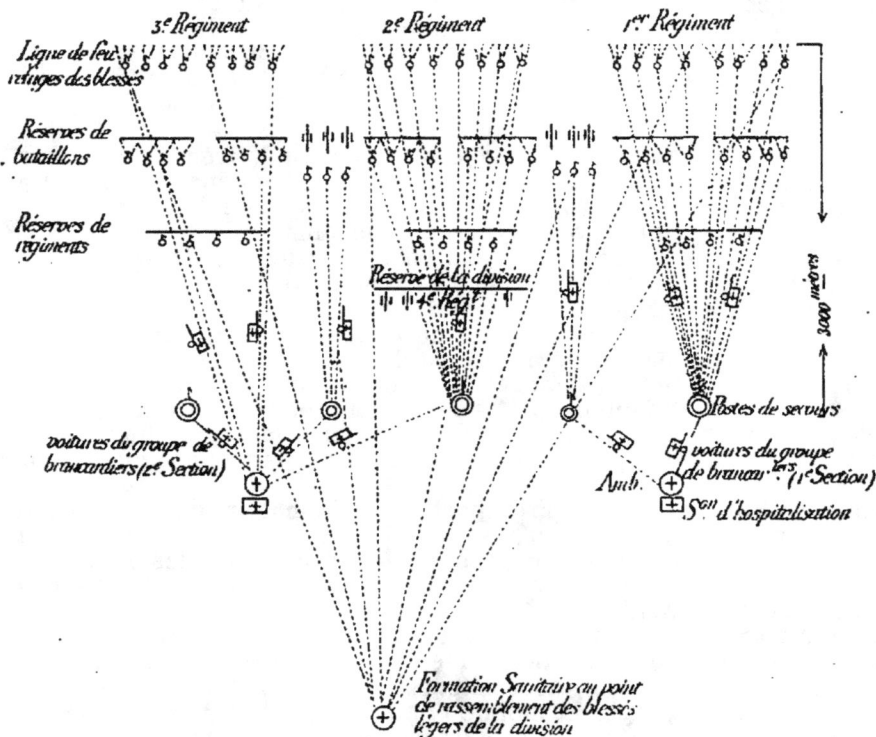

FIG. 28.

De ce qui précède il résulte que la direction devra pendant la
bataille :

Organiser les secours aux nombreux blessés légers groupés, sur
ses propositions, loin du terrain de la lutte, en des points portés en
temps utile à la connaissance des diverses unités;

Orienter l'évacuation de ces blessés légers, les plus nombreux,
les plus turbulents, qu'il faut éloigner aussitôt que possible;

Engager successivement les organes sanitaires, prudemment échelonnés en réserve, à la demande des événements ou des autorités
techniques subordonnées;

Etablir les liaisons entre les échelons de secours avancés et ceux
dont elle aura choisi et fait reconnaître les emplacements plus en
arrière;

Décider, en cas d'échec, le personnel et le matériel à laisser aux
mains de l'ennemi;

Prélever sur ses réserves, judicieusement rapprochées, les formations destinées à remplacer, auprès des troupes victorieuses, celles immobilisées par les pertes antérieures;

Régler les mouvements et le fonctionnement des groupes de relèvement et de transport;

Demander, au besoin, le secours des formations d'armée.

Ces diverses opérations ont préparé l'exécution technique sur laquelle va s'exercer la surveillance et le contrôle de la direction dès la fin de l'action.

Elles ne peuvent être judicieusement conçues sans la connaissance des besoins éventuels basée sur les données statistiques relatives aux pertes, à l'utilisation et au rendement des ressources diverses du service de santé de l'avant.

Elles sont résumées ci-dessous :

### Pertes.

Von der Goltz estime que la victoire se décide à partir de l'instant où les troupes engagées ont subi 10 p. 100 de pertes de part et d'autre.

Le régiment engagé isolément perd.. 30 à 60 p. 100 en moyenne.
La division non encadrée perd...... 25 à 30 — —
Le corps d'armée non encadré perd.. 15 à 25 — —
L'armée dans son ensemble perd.... 10 à 15 — —

A noter que la moyenne générale des pertes de l'armée japonaise en Mandchourie a atteint 36 p. 100.

On compte que, sur 100 hommes touchés, il y en a 15 p. 100 tués et 85 p. 100 blessés, parmi lesquels 5 p. 100 rejoignent directement leurs corps après pansements. Les prévisions de la direction doivent donc se baser sur 80 p. 100 des blessés qui devront être traités dans les formations immobilisées ou être évacués.

Il paraît résulter, d'autre part, des observations de la guerre russo-japonaise, où, pour la première fois, l'armement moderne a été utilisé de part et d'autre, que la proportion de 1 tué pour 8 blessés mentionnée ci-dessus peut atteindre 1-3,9 (statistique russe); elle est restée de 1-8 pour l'armée japonaise.

Au cours de cette dernière campagne, l'étude de la cause vulnérante a donné les chiffres suivants :

85 p. 100 des blessures étaient dues aux balles de fusil;
8 — — — aux projectiles d'artillerie;
7 — — — aux armes blanches.

Comme gravité :

32 p. 100 des blessés ont pu reprendre leur service après quarante jours (Japonais);

35 p. 100 des blessés ont pu reprendre leur service après quarante jours (Russes).

Il ne paraît pas, au point de vue du siège des blessures, que les appréciations antérieures à cette dernière campagne doivent être modifiées. Ce sont les suivantes :

Sur 1.000 blessés on compte :

108 blessures de la tête et du cou;
184    —     du tronc;
357    —     des membres supérieurs;
351    —     des membres inférieurs.

On a constaté d'autre part que, sur 100 blessures de ces diverses régions, il existait :

| | | |
|---|---|---|
| Tête et cou......... { Parties molles.............. | 65 | p. 100. |
| Os et articulations.......... | 32 | — |
| Tronc..........{ Parties molles.............. | 64 | — |
| Os et articulations.......... | 2 | — |
| Cavités splanchniques...... | 26 | — |
| Bassin...................... | 8 | — |
| Membres supérieurs. { Parties molles............. | 62 | — |
| Os et articulations.......... | 38 | — |
| Membres inférieurs.. { Parties molles............. | 68 | — |
| Os et articulations.......... | 32 | — |

**Utilisation des ressources diverses du service de santé de l'avant.**

a) *Personnel.* — Le personnel médical des corps de troupe n'a pas été modifié dans le nouveau règlement. Il n'en est pas de même des ambulances qui, non sectionnables, sont dotées de 6 médecins.

On estime, d'après les constatations faites en Mandchourie, que chaque médecin peut faire 6 pansements à l'heure; il suffira au directeur de connaître le personnel engagé pour apprécier la durée probable des pansements, qui sont rendus plus faciles et plus rapides par les paquets A, B, C, tout préparés, qui entrent dans la composition de notre matériel.

Chaque ambulance peut panser 36 blessés par heure et il faut considérer ce rendement du personnel ambulancier indépendamment de celui des corps de troupe, parce que l'on sait que 50 p. 100 environ des pansements faits sur le terrain devront être revus à l'ambulance, où ce travail sera facilité par l'apposition, au poste de secours, d'un coup de crayon rouge sur les pansements à refaire ou ayant besoin d'être revus.

Dans chaque régiment de 3 bataillons, il peut être fait 42 pansements à l'heure avec 4 médecins (major ou aide-major) et 3 médecins auxiliaires ($7 \times 6 = 42$).

Dans chaque groupe d'artillerie, 1 médecin fera 6 pansements à l'heure; dans le régiment de cavalerie, 2 médecins feront 12 pansements.

b) *Matériel.* — Comme matériel de pansement, les dotations prévues dans la nouvelle organisation donnent les chiffres suivants :

Par voiture médicale régimentaire :

| | | |
|---|---|---|
| Pansements individuels........ | 50 | |
| Pansements petits............. | 100 | 386 pansements. |
| Pansements moyens........... | 200 | |
| Pansements grands........... | 36 | |

soit, pour les trois voitures d'un régiment d'infanterie à 3 bataillons, $386 \times 3 = 1.168$ pansements.

Par musette à pansement :
Pansements individuels. . . . . . . . . . . . . . . . . . . . . . . . . . . . . 20
Par sac d'ambulance : :
Pansements individuels. . . . . . . . . . . . . . . . . . . . . . . . . . . . 10
Par paires de sacoches d'ambulance :
Pansements individuels. . . . . . . . . . . . . . . . . . . . . . . . . . . . 6
Par ambulance : '

Pansements individuels. . . . . . . . 200 ⎫
Pansements petits. . . . . . . . . . . . 400 ⎬ 2.148 pansements.
Pansements moyens. . . . . . . . . . 1.260 ⎭
Pansements grands. . . . . . . . . . 288

Par section d'hospitalisation :

Pansements individuels. . . . . . . . 50 ⎫
Pansements petits. . . . . . . . . . . . 100 ⎬ 466 pansements.
Pansements moyens. . . . . . . . . . . 280 ⎭
Pansements grands. . . . . . . . . . 36

plus ce qui est nécessaire pour porter à 100 lits le matériel de couchage de l'ambulance immobilisée.

Par ambulance de division de cavalerie :

Pansements individuels. . . . . . . . 100 ⎫
Pansements petits. . . . . . . . . . . 200 ⎬ 476 pansements.
Pansements moyens. . . . . . . . . . 140 ⎭
Pansements grands. . . . . . . . . . 36

c) *Transports de l'avant.* — Il faut comprendre sous cette dénomination tous les moyens de relèvement des blessés utilisés par les corps de troupe et les colonnes de transport constituées par les groupes de brancardiers divisionnaires et de corps (brancards, brouettes porte-brancards, petites et grandes voitures pour blessés, cacolets). Ces moyens doivent satisfaire au transport de 40 p. 100 seulement des touchés, parce que l'on estime que 100 touchés se répartissent dans les diverses catégories suivantes :

Tués. . . . . . . . . . . . . . . . . . . . . . . . . . . . . 15 p. 100.
Blessés légers rentrant au corps. . . . . . . . . . . . 5 —
Blessés capables de marcher. . . . . . . . . . . . . . 40 —
Blessés à transporter assis. . . . . . . . . . . . . . . 20 —
Blessés à transporter couchés. . . . . . . . . . . . . 20 —

Le rendement des divers moyens de relèvement et de transport est calculé sur les bases suivantes :

*Transports à bras (C. d'A.)*

24 brancards par régiment d'infanterie à 3 bataillons : pour
 les 8 régiments des 2 divisions (24×8). . . . . . . . . . . . . . 192
24 brancards pour l'artillerie divisionnaire : pour les 2 artilleries divisionnaires. . . . . . . . . . . . . . . . . . . . 48
32 brancards pour l'artillerie de corps, ci. . . . . . . . . . . . . 32
4 brancards pour les 2 compagnies divisionnaires du génie
 (2 par compagnie). . . . . . . . . . . . . . . . . . . . . . . 4
2 brancards pour la compagnie de génie de corps, ci. . . . 2
                                              ⎯⎯⎯⎯
                    Total. . . . . . . . . . . . . . . . . . . . 278

Soit un total de 278 brancards pour les troupes d'un corps d'armée.

Or, les chiffres de brancardiers sont insuffisants pour assurer à chaque brancard une équipe de 4.

En effet, le nombre des brancardiers, dans le corps d'armée, est le suivant (gradés non compris) :

| | |
|---|---:|
| 8 régiments d'infanterie à 3 bataillons............ | 384 |
| 30 batteries (divisionnaires et de corps)........... | 120 |
| 3 compagnies du génie (divisionnaires et de corps)....... | 12 |
| Musiciens (8 régiments à 38 musiciens par régiment)....... | 304 |
| TOTAL.................... | 820 |

Il en faudrait, pour constituer une équipe de 4 brancardiers par brancard : 278×4=1.112.

Cette insuffisance numérique d'effectifs impose donc la répartition des brancardiers (pour l'utilisation simultanée de tous les brancards) en équipes de 4 et en équipes de 2, répartition représentée par 132 équipes du premier groupe et 146 du second :

$$132\times4=528$$
$$146\times2=292$$
$$\overline{278} \quad \overline{820}$$

Inutile d'insister sur les fatigues et le rendement infime des équipes de 2 brancardiers.

Ce rendement sera sensiblement augmenté par la coopération des groupes de brancardiers au relèvement des blessés entre les postes de secours et la ligne de feu, ainsi que l'on peut s'en rendre compte par leur capacité de transport mentionnée plus bas.

La vitesse de marche des équipes de brancardiers est au maximum de 2 kil. 500 à l'heure; il est possible, d'après les données numériques précédentes, de calculer le temps nécessaire au relèvement des blessés en tenant compte de l'estimation, faite antérieurement à la guerre russo-japonaise, que la dispersion des blessés sur le champ de bataille impose un parcours moyen de 3 kilomètres à chaque équipe de brancardiers pour atteindre le poste de secours ou la formation sanitaire la plus proche. Cette estimation n'a pas été diminuée par l'éloignement des formations, conséquence de la portée de l'armement actuel.

### Transports sur roues et cacolets.

Ces moyens existent seulement dans les groupes de brancardiers divisionnaires et de corps. Ils comprennent : les *brancards sur roues*, les *petites et grandes voitures pour blessés*.

*Brouettes porte-brancards.* — Il en existe :

30 par groupe divisionnaire de brancardiers, soit 60 pour les 2 divisions;

45 par groupe de corps de brancardiers, soit 45.

Au total : 105 pour le corps d'armée, qui permettent d'enlever un nombre égal de blessés couchés à une vitesse maxima de 3 kilomètres à l'heure.

*Grandes voitures pour blessés.* — Il en existe :

5 par groupe divisionnaire de brancardiers, soit 10 pour les 2 divisions;

6 par groupe de corps de brancardiers, soit 6.

Au total : 16, permettant de transporter 64 blessés couchés ou 160 blessés assis.

*Petites voitures pour blessés.* — On en compte :

6 par groupe divisionnaire, soit 12 pour les 2 divisions;
8 par groupe de corps, soit 8 pour le C. A.

Au total : 20, avec lesquelles il est possible de porter 40 blessés couchés ou 80 blessés assis.

(A noter que l'ambulance de division de cavalerie est spécialement dotée de 6 petites voitures pour blessés.)

La vitesse moyenne de ces voitures chargées, grandes et petites, est de 3 kilomètres à l'heure; elles parcourent, vides, 6 kilomètres à l'heure.

*Cacolets.* — Constituent les moyens de transport à dos d'animal; font partie du matériel de relèvement et de transport des groupes de brancardiers.

Il existe :

16 paires de cacolets par groupe divisionnaire de brancardiers (32 pour les 2 divisions);
.20 paires de cacolets par groupe de corps (20 pour les 2 divisions).

Soit 52 pour le corps d'armée, qui permettent de transporter 104 blessés assis.

La vitesse de transport n'est pas supérieure à 3 kilomètres à l'heure.

Des chiffres précédents, il ressort que, suivant que les voitures pour blessés sont affectées exclusivement au transport des blessés couchés ou des blessés assis, la capacité de transport des groupes de brancardiers est de :

**Pour le groupe divisionnaire.**

62 couchés (30 sur les brancards roulants; 20 dans les 5 grandes voitures; 12 dans les 6 petites voitures).
32 assis (sur les 16 paires de cacolets).

94

ou de :

30 couchés (30 brancards roulants).
106 assis (50 dans les 5 grandes voitures; 24 dans les 6 petites; 32 sur les cacolets).

136

Pour les 2 groupes : 94×2=188, ou : 136×2=272.

**Pour le groupe de brancardiers de corps.**

85 couchés (45 sur les brancards roulants; 24 dans les 6 grandes voitures; 16 dans les 8 petites).
40 assis (sur les 20 paires de cacolets).

125

ou de :

45 couchés (sur les 45 brancards roulants).
132 assis (60 dans les grandes voitures; 32 dans les 8 petites; 40 sur les 20 paires de cacolets).

177

Soit, pour l'*ensemble* des 3 groupes de brancardiers du corps d'armée :

188 + 125 = 313, si les voitures ne transportent que des blessés *couchés;*
272 + 177 = 449, si elles ne transportent que des blessés *assis.*

Il faut comprendre, dans les ressources en matériel de transport utilisées par le service de santé de l'avant, celles tirées éventuellement des trains et convois de diverses natures employées par les corps et services pour leurs besoins. De ce nombre sont les voitures des sections vides des trains régimentaires et, très accidentellement, celles des sections 1 et 2 des convois administratifs auxquels le commandement fait appel, sur les propositions de la direction, en profitant de leurs mouvements vers les gares ou centres de ravitaillement.

Leur capacité de transport est la suivante :

### Voitures des trains régimentaires, sections, convois.

Le groupement des fourgons à vivres des trains régimentaires a été modifié par une décision ministérielle récente. Désormais, en principe, ces fourgons sont groupés en 3 sections dites respectivement de *distribution,* de *ravitaillement,* de *réserve.*

Les deux premières portent, chacune, un jour de vivres et sont chargées d'assurer *alternativement* les distributions journalières; la section de réserve porte, à l'exception du pain de guerre, les denrées nécessaires pour reconstituer, éventuellement, avec une des sections précédentes, un jour de vivres.

Ces conditions changent le nombre des voitures disponibles pour les cas, exceptionnels d'ailleurs, où le service de santé sollicite leur participation aux évacuations quotidiennes ou éventuelles.

*Infanterie* (section vide) : 6 voitures à 4 blessés couchés = 24 blessés couchés; pour 8 régiments : 24 × 8 = 192.

*Artillerie* (section vide) : 4 voitures à 4 blessés par groupe = 16 blessés couchés; 10 groupes = 160 blessés.

*Sections de munitions* (4 sections) : 100 blessés par section; 4 sections = 400 blessés.

*Convoi administratif* (sections 1 et 2) : 656 blessés par section; 2 sections = 1.332 blessés.

# CHAPITRE V

## LA DIRECTION DU SERVICE DE SANTÉ APRÈS LE COMBAT

Les événements viennent de confirmer ou d'infirmer l'exactitude et la justesse des prévisions et des mesures préparatoires prises par la direction sanitaire; ils ont montré combien de surprises peuvent déjouer les conceptions les mieux établies; ils laissent le service de santé en présence de l'une ou l'autre des trois situations suivantes, justiciables, chacune, d'une organisation différente à laquelle devra satisfaire la direction du service de santé.

a) *L'échec avec la défaite et la retraite*, l'abandon du terrain de la lutte où demeurent les blessés, les morts et les formations sanitaire laissées sous la protection de la Convention de Genève, réduites au minimum indispensable à assurer les soins aux victimes déjà recueillies.

Ici la direction ne peut qu'intervenir hâtivement pour la désignation du personnel et des formations restant aux mains de l'ennemi; elle doit suivre le sort de ses troupes vaincues et se retirer avec elles, laissant au service de santé du parti victorieux le soin d'organiser les secours définitifs.

b) *Le résultat de la lutte est resté indécis*, chacun des adversaires demeure sur ses positions, répare ses pertes, relève et soigne les blessés, enterre les morts, se prépare à reprendre l'offensive à brève échéance.

c) *La victoire a couronné l'effort;* l'ennemi bat en retraite, laissant à l'adversaire ses blessés, ses morts, le personnel et le matériel sanitaire qu'il ne peut emmener. Le rôle de la direction du service de santé dans ces deux dernières hypothèses devra embrasser de multiples opérations urgentes, communes aux deux situations, mais compliquées, pour la dernière, de la réorganisation immédiate du service sanitaire qui doit accompagner les troupes chargées de la poursuite.

Il ne s'agit plus ici de probabilités, mais de certitudes immédiates, tangibles, imposant des mesures promptes que l'esprit de décision de la direction saura rendre judicieuses et opportunes par sa vision claire de la situation. Le moment est venu où l'œuvre maîtresse et vraiment féconde du service de santé, ébauchée pendant l'action, commence réellement, se continue et s'achève alors que le canon se tait, pendant les heures et les jours qui suivent la bataille.

C'est alors qu'entre en scène le service de santé de l'arrière, dont le personnel et les moyens d'action ont dû être amenés à pied d'œuvre par le médecin de l'armée et dont le rôle va s'étendre depuis le champ de bataille jusqu'à la limite arrière de la zone des étapes.

S'il est telles situations où le service de santé de l'arrière assume toute la charge après la bataille, certaines autres lui associent pour un temps variable le service de santé de l'avant, qui contribue pour sa part à l'œuvre commune sous l'autorité centralisatrice du médecin de l'armée. Quoi qu'il en soit, les mesures suivantes, communes à tous les cas, doivent faire l'objet des préoccupations de la direction :

1° Achever la recherche et le relèvement des blessés;
2° Traiter sur place les intransportables;
3° Evacuer les blessés transportables;
4° Soigner à portée de l'armée les blessés légers;
5° Assurer la constatation des décès et les inhumations;
6° Compléter le personnel et le matériel des formations mobiles, ainsi que de celles qui sont immobilisées;
7° Remplacer, auprès des troupes, les formations immobilisées;
8° Désinfecter et assainir le champ de bataille.

Ces diverses opérations ont un préliminaire obligé qui est l'organisation sanitaire du champ de bataille, dont il sera parlé au chapitre IV, titre II, de la 2ᵉ partie : *Médecin-chef du commandement d'étapes de champ de bataille*.

La présence ou l'absence de l'armée sur le champ de bataille apporte des modifications importantes dans les voies et moyens mis en œuvre par cette organisation. Il faut envisager à ce point de vue quatre situations différentes :

1° *L'armée est restée sur le terrain de la lutte*. Les gares d'évacuation sont à portée; il n'y a pas à prévoir l'organisation de convois d'évacuation sur routes; il n'y a pas de routes d'étapes.

2° *L'armée a poursuivi son mouvement*, abandonnant le champ de bataille où a été constitué un commandement provisoire de champ de bataille ou un commandement d'étapes de champ de bataille; les gares d'évacuation sont à portée; il n'y a pas de convois sur route.

3° *L'armée est demeurée sur ses positions*, mais elle a perdu le contact avec la voie ferrée; il faut prévoir des convois sur route, qu'il y ait ou non des routes d'étapes organisées.

4° *L'armée a quitté le terrain de l'action*, s'éloignant davantage encore de la limite extrême de la voie ferrée et voyant s'allonger derrière elle les routes organisées ou non en routes d'étapes.

Qu'il y ait ou non des routes d'étapes organisées, s'il faut emprunter des routes pour gagner le rail, les procédés d'évacuation sont les mêmes. Ils seront passés en revue à la fin du chapitre. Il est bon de remarquer qu'au point de vue commandement et direction médicale centralisatrice, les quatre situations précédentes peuvent être ramenées à deux :

*Armée présente* sur le terrain de l'action;
*Armée absente* du terrain de l'action.

Dans le premier cas, le commandement est exercé, sous l'autorité supérieure du général commandant de l'armée, par les commandants de corps d'armée dans la zone de leur corps d'armée.

La direction sanitaire est exercée, sous l'autorité centralisatrice du médecin de l'armée, par les directeurs du service de santé des corps d'armée dans la zone de leur corps d'armée.

Dans le second cas, le commandement est exercé par un ou plusieurs commandements provisoires ou d'étapes du champ de bataille, sous l'autorité supérieure du D. E. S.

La direction médicale incombe au médecin-chef du commandement de champ de bataille, sous l'autorité technique du médecin-chef du service de santé des étapes; à chacun des médecins-chefs dans son secteur, s'il y a plusieurs commandements d'étapes sur le champ de bataille, réunis en un *arrondissement* d'étapes, sous l'autorité centralisatrice du médecin chef de l'arrondissement d'étapes et sous l'autorité technique du médecin chef du service de santé des étapes qui, d'ailleurs, sera, le plus souvent, le médecin chef de cet arrondissement.

Quelle que soit la situation où le service de santé est appelé à se mouvoir, tout doit tendre, après l'action, à désencombrer le terrain de la lutte par le relèvement et l'évacuation rapides de tous les blessés capables d'être dirigés sur l'arrière, le traitement sur place de tous ceux qui ne peuvent être transportés. Ce sont là les opérations les plus urgentes. Les autres opérations énumérées antérieurement viendront en leur temps; mais, pour les uns comme pour les autres, l'intervention de la direction ne donnera son plein effet que si elle est exactement et rapidement documentée sur l'importance des besoins. Or, elle ne peut l'être que par ses constatations personnelles; le moment est venu pour elle de « voir » pour « savoir » et de se séparer pour un temps du commandement, dont les yeux, qui lui ont été indispensables pendant l'action, sont impuissants à l'éclairer maintenant sur l'orientation à donner aux organes techniques et l'ordre d'urgence des besoins les plus pressants.

Elle n'attendra pas les rapports officiels des chefs de corps et des autorités techniques subordonnées. Les uns et les autres ont mieux à faire, à cet instant, que des comptes rendus dont les éléments précis d'ailleurs leur parvenir avant un temps assez long que la direction doit mettre à profit en se rendant sur le terrain, dans les formations. C'est pour elle l'heure de la plus grande activité physique et cérébrale, où son initiative va se donner libre carrière, où elle va tirer de ses constatations des renseignements et les éléments des propositions au commandement. Médecin divisionnaire et directeur du service de santé de corps d'armée seront les plus hâtivement mobilisés; ils sont à pied d'œuvre lorsque les troupes restent sur le terrain et c'est par eux que sera éclairé le médecin de l'armée, qui se déterminera d'après leurs comptes rendus. Leur tâche lui incombera tout entière si le champ de bataille, déshabité des unités de manœuvre, reste livré à une organisation provisoire ou définitive, dépendante du service des étapes, qui sollicitera pour son fonctionnement l'appui et le contrôle de son expérience et de son autorité.

Toutes les investigations et la documentation de la direction vont avoir pour corollaire l'échafaudage de demandes, de propositions, de mesures étayées sur la connaissance des divers éléments dont le service de santé de l'arrière dispose d'une façon permanente ou accidentelle. L'adaptation de ces éléments aux besoins divers est calculée d'après leurs ressources et leur rendement connus.

On trouvera plus loin les données statistiques et numériques relatives aux diverses opérations dont l'organisation incombe à la direction du service de santé après la bataille.

Il paraît nécessaire de rappeler auparavant le mécanisme général des évacuations,.dans une armée, schématisé dans les quatre croquis n°° 29, 30, 31, 32 ci-joints.

Les blessés sont amenés par les moyens de transport sur route aux organes d'évacuation, hôpitaux ou sections d'hôpitaux d'évacuation, placés le plus près possible du théâtre de la lutte, centres ou gares d'évacuation, têtes d'étapes, etc., etc., en des points qui doivent être spécialement organisés pour fonctionner comme *centres d'évacuation* (1), point où vont transiter les milliers de blessés à destination de l'arrière et dont l'organisation doit satisfaire à d'autres besoins que ceux d'un simple transbordement.

Suivant que le champ de bataille est près ou loin de la voie ferrée, qu'il existe ou non des routes d'étapes, que l'armée est restée sur ses positions ou s'est portée en avant, l'organisation des évacuations, qui constitue l'une des opérations capitales de l'organisation sanitaire du champ de bataille, repose sur le médecin de l'armée ou sur un médecin-chef spécialement affecté au commandement du champ de bataille, placé alors sous l'autorité technique du médecin-chef du service de santé des étapes. Il se peut que celui-ci cumule ses propres fonctions avec ce rôle important, ainsi que le montrent les croquis figuratifs n°° 30 et 32. Quoi qu'il en soit, les évacuations, organisées sur le champ de bataille, aboutissent aux têtes d'étapes, gares d'évacuations, ports d'embarquement. En ces points se constituent les convois d'évacuation par voie ferrée, route, cours d'eau à destination de la gare régulatrice, chargée de les diriger sur les stations de répartition correspondant aux différentes régions où les blessés seront hospitalisés dans les divers locaux du territoire. Afin d'éclairer la commission régulatrice sur l'orientation certaine à donner aux convois d'évacuation, le directeur des étapes et des services lui communique l'avis télégraphique, qu'il reçoit chaque jour avant midi des directeurs du service de santé des corps d'armée de l'intérieur, indiquant le nombre de places disponibles dans les hôpitaux de leur région. La direction du service de santé, placée près de la D. E. S., est intéressée également à connaître ce renseignement, dont elle peut être appelée à faire état dans les instructions relatives aux diverses catégories de blessés à répartir entre les trains ou convois d'évacuation.

---

(1) Voir, pour le choix et l'organisation de ces « centres », le médecin-chef du service de santé des étapes.

**Service de santé de l'arrière. — Evacuations après la bataille.**

1$^{er}$ Cas : Pas de routes d'étapes. — L'armée occupe le champ de bataille.

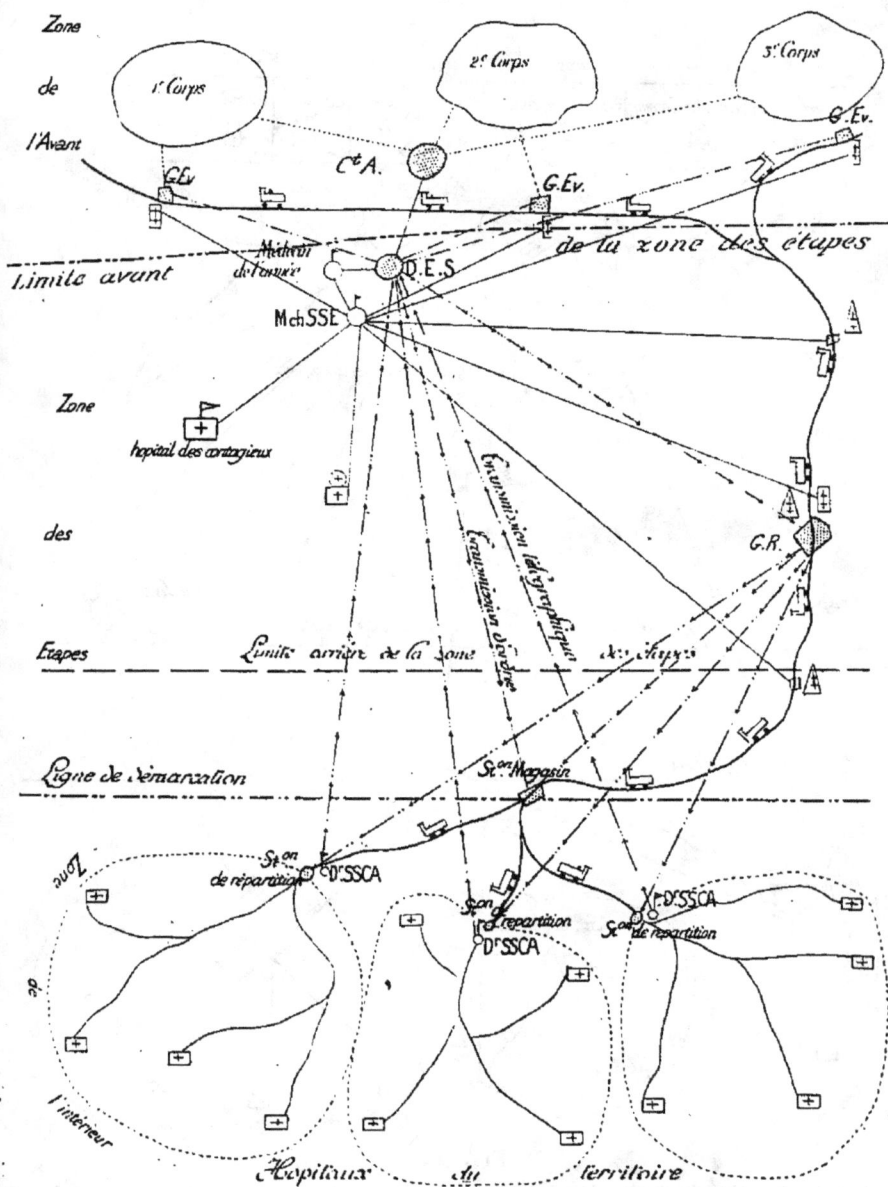

FIG. 29.

## Service de santé de l'arrière. — Evacuations après la bataille (1).

2 Cas : Pas de routes d'étapes. — L'armée a quitté le champ de bataille.
— Il a été constitué un commandement d'étapes du champ de bataille.

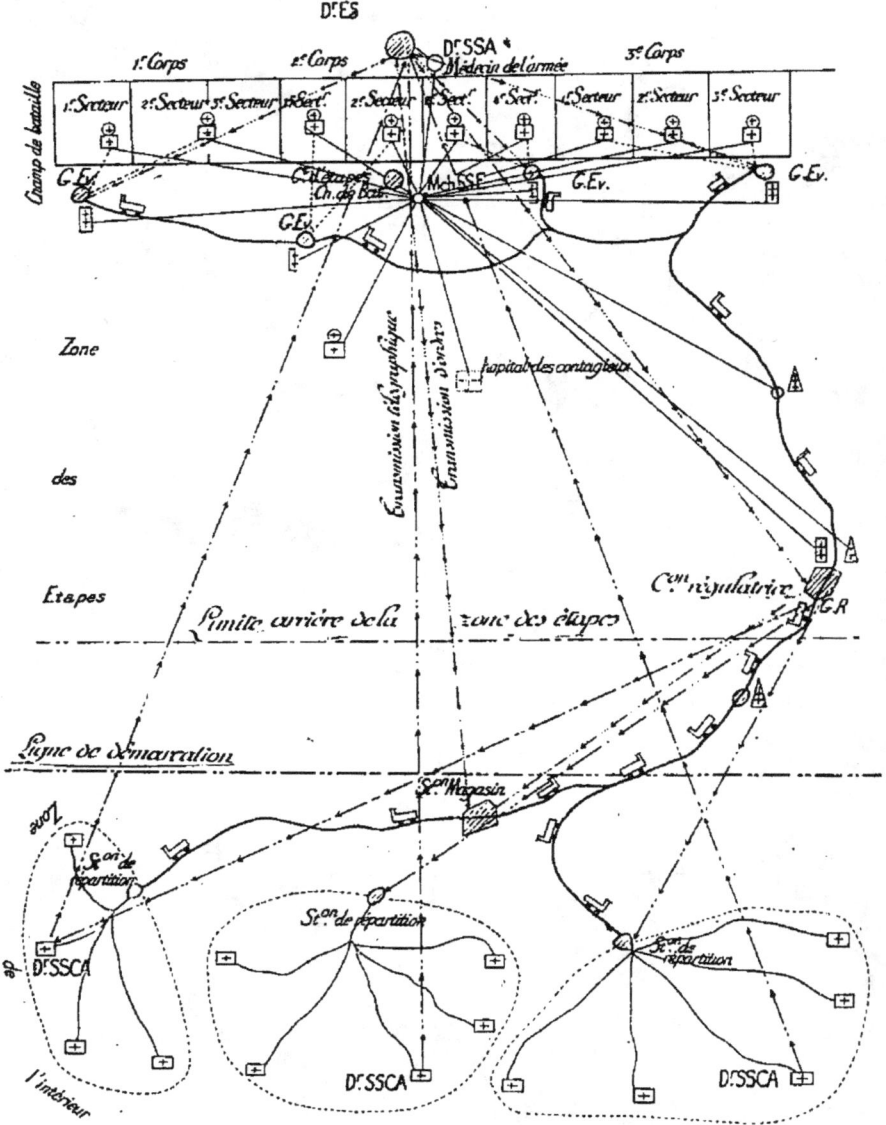

Fig. 30.

(1) Le médecin chef du service de santé des étapes remplit ici les fonctions de médecin chef du commandement d'étapes du champ de bataille.

# Service de santé de l'arrière. — Evacuations après la bataille.

3ᵉ CAS : Il a été constitué des routes d'étapes, mais l'armée est restée sur ses emplacements de combat.

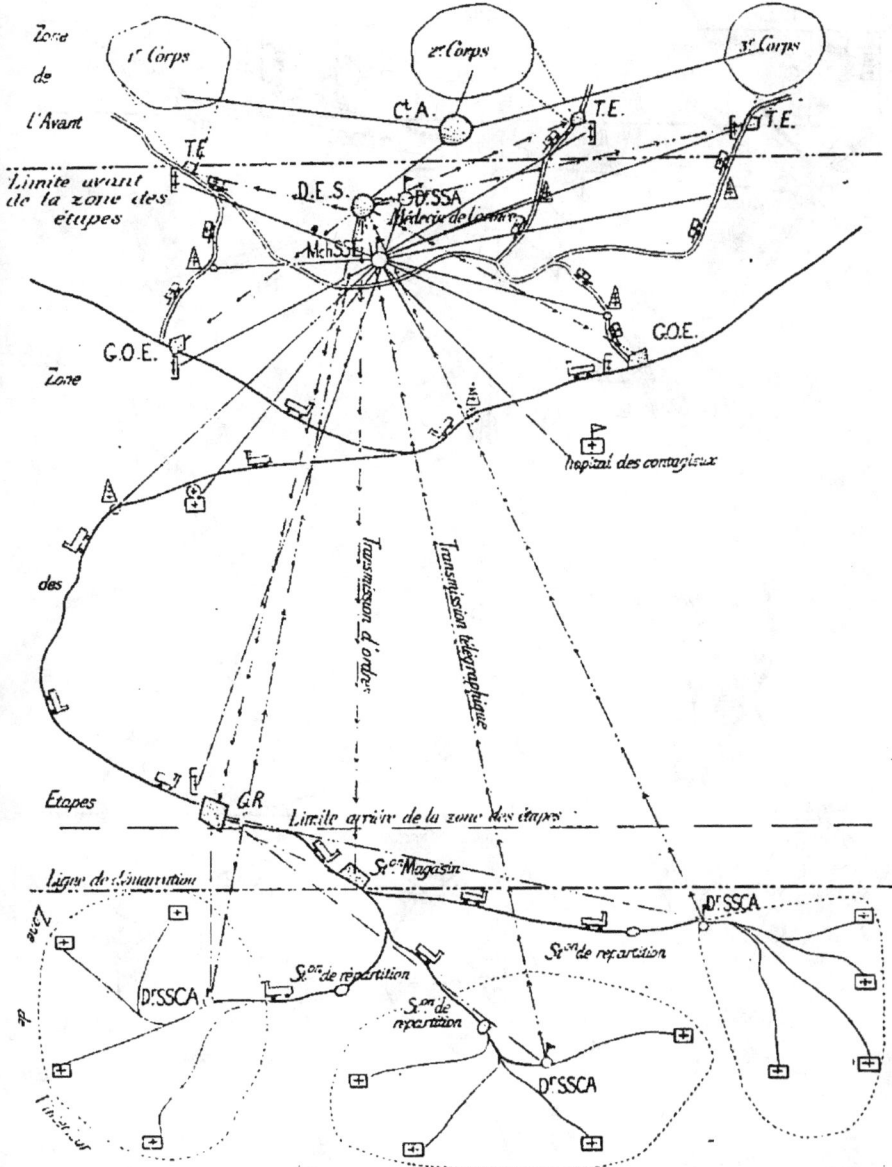

FIG. 31.

# Service de santé de l'arrière. — Evacuations après la bataille (1).

**4° Cas : Il existe des routes d'étapes. — L'armée a poursuivi son mouvement en avant, laissant le champ de bataille où a été constitué un commandement d'étapes.**

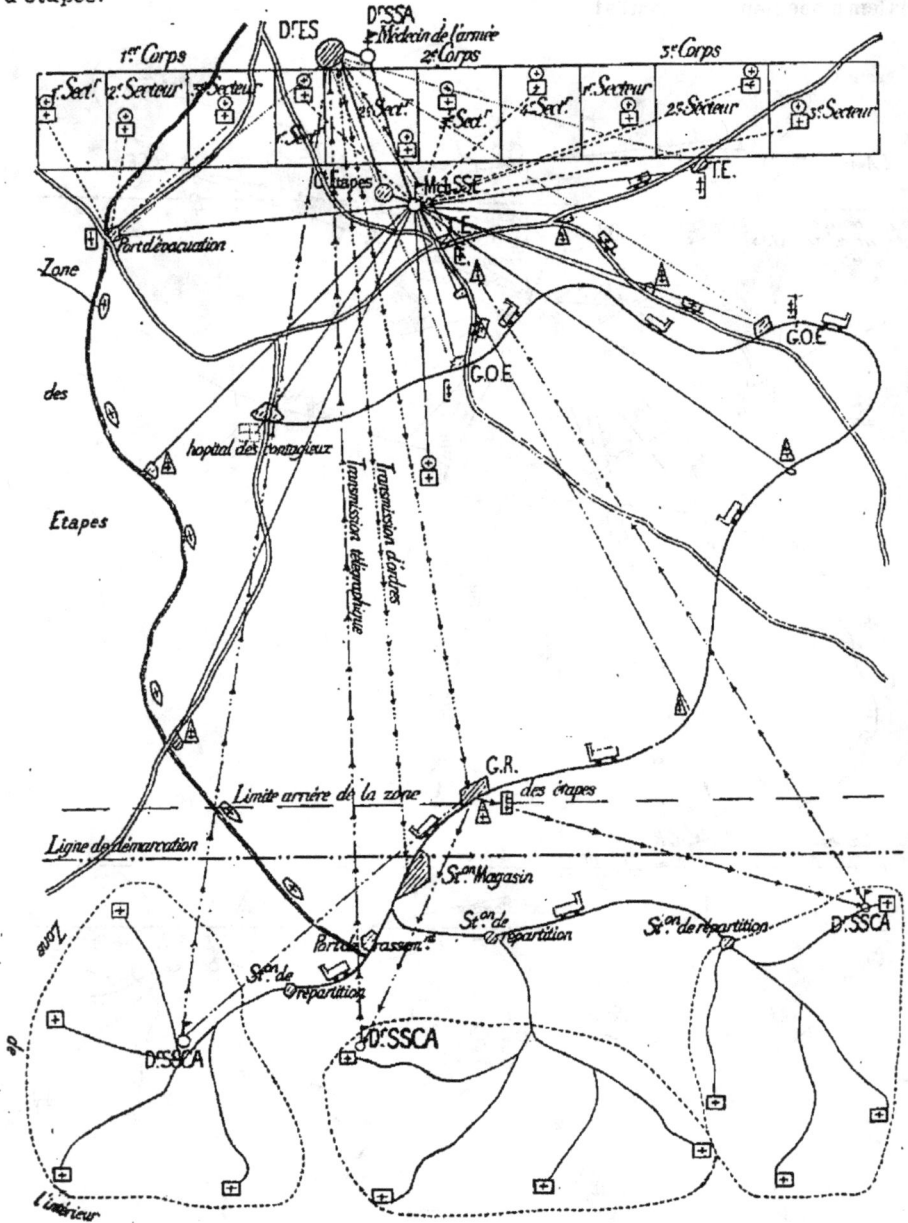

Fig. 32.

(1) Le médecin chef du service de santé des étapes remplit ici les fonctions de médecin chef du commandement d'étapes du champ de bataille.

## Données statistiques et numériques nécessaires à l'établissement des propositions de la direction du service de santé après la bataille.

### A) ÉVACUATIONS.

#### Formations sanitaires.

1° *Hôpital d'évacuation.* — Divisible en deux sections de valeur égale, correspondant chacune à une ambulance et une section d'hospitalisation.

Rendement variable suivant les facilités d'installation et la capacité des locaux, surtout organe d'évacuation chargé du triage des blessés.

Nombre : autant d'hôpitaux d'évacuation que de corps d'armée entrant dans la composition de l'armée.

2° *Infirmeries de gare.* — Nombre variable, échelonnées de 6 heures en 6 heures sur la ligne de communication de l'armée; de capacité plus grande dans les stations de répartition, où elles disposent de 10 à 15 lits pour les blessés graves incapables de continuer leur route. N'ont que 5 à 6 lits normalement.

3° *Infirmeries de gîte principal et infirmeries de gîtes d'étapes.* — Pourvoient aux soins, à l'alimentation, au couchage des blessés, en cours de route avec les convois d'évacuation. Capacité et rendement variables suivant les organisations et les installations locales.

#### Transports d'évacuation.

##### 1° *Par voie ferrée : sortes de trains.*

*Train de ravitaillement quotidien.* — 4 wagons de ce train sont, normalement, réservés aux évacuations journalières de la période de marches (malades et éclopés). Ce chiffre peut être majoré si les circonstances l'exigent.

Le train de ravitaillement est pourvu, pour ces évacuations, et par les soins de l'hôpital d'évacuation de la G. R., d'un personnel spécial (1 médecin, 1 officier d'administration, 5 infirmiers et 10 brancardiers) et de 16 appareils Bréchot-Ameline-Desprez, munis de brancards.

*Trains sanitaires permanents,* au nombre de 5; chacun comprenant 23 wagons, dont 16 pour les blessés, 7 pour les services généraux.

Il existe :

2 trains à la compagnie P.-L.-M. (capacité de transport : 256 blessés couchés);

2 trains à la compagnie P.-O. (capacité de transport : 123 blessés couchés);

1 train à l'O.-E. (capacité de transport : 123 blessés couchés).

La durée de chargement de ces trains est de deux heures et demie; leur vitesse, de 40 kilomètres à l'heure.

*Trains sanitaires improvisés*, aménagés à la gare régulatrice avec les appareils Bry-Ameline ou Bréchot-Desprez-Ameline; il y a 4 trains de cette nature par hôpital d'évacuation, ils se composent de 40 wagons, dont 33 pour les blessés et 7 pour le personnel et les services. Capacité de transport : 12 blessés couchés par wagon, soit 396 par train.

Durée d'aménagement : cinq heures.

Durée de chargement : deux heures.

Les trains arrivant tout armés à la gare d'évacuation, il faut compter deux heures et demie entre le moment d'arrivée et le moment du départ si tous les blessés sont à pied d'œuvre; dans le cas où il est nécessaire de les apporter à bras ou par voiture des divers points du centre d'évacuation au rail, une distance de 300 mètres augmente d'une heure la durée d'embarquement; il en est de même de chaque fraction de 50 mètres au delà de 300 mètres.

Si les trains devaient être aménagés à la gare d'évacuation, il faudrait calculer un battement minimum de sept heures entre l'heure d'arrivée et l'heure de départ du train.

La vitesse est de 24 à 30 kilomètres à l'heure.

*Trains ordinaires* destinés aux malades et blessés assis. — Les voitures de 1" et de 2° classe sont affectées aux officiers ainsi qu'aux malades qui ont le plus besoin de ménagements, celles de 3° classe servant pour les blessés et malades moins grièvement atteints.

« En règle générale, ces trains ne voyagent que de jour; ils sont arrêtés, pour la nuit, *si c'est nécessaire*, dans des gares desservant des localités importantes dont le commandant d'armes procure aux blessés l'alimentation et le logement » (art. 71 du Règlement sur les transports stratégiques), ou à une station siège d'infirmerie de gare qui, avisée par télégramme, a prévu l'alimentation et le couchage.

Capacité de transport : 1.500 blessés assis.

Durée d'embarquement : une heure.

Vitesse de marche : 30 à 50 kilomètres (art. 72 dudit Règlement).

Les mouvements des trains sont réglés entre le champ de bataille et la gare régulatrice (G. R.) par les relations constantes établies entre le directeur des étapes et des services (D. E. S.) et la commission régulatrice (C. R.).

Il n'est donc pas possible de préjuger le rendement d'une gare d'évacuation, que font plus ou moins varier la capacité de la gare, le rendement de la ligne qui la dessert et son utilisation pour d'autres services.

### 2° *Par voie de terre.*

Les divers moyens de transport employés pour les évacuations sur route sont :

Les *convois auxiliaires*, organes d'armée à la disposition du directeur des étapes et des services, qui les utilise pour les divers besoins de l'armée et, en particulier, au moment des grandes évacuations pour le service de santé, sur la demande du médecin de l'armée.

Chaque convoi auxiliaire se compose de quatre sections comprenant chacune 180 voitures, au total 720 voitures. La capacité de transport de ces convois, à raison de 4 blessés couchés, en moyenne, par voiture, atteint 2.880 blessés, en admettant la possibilité de réunir le matériel d'aménagement nécessaire au transport couché. Dans l'hypothèse contraire, la capacité de transport en blessés couchés s'abaisserait de moitié, en raison de l'impossibilité de superposer les brancards. L'aménagement pour des blessés assis permet le transport de 8 blessés par voiture; au total, 5.760 blessés.

Les convois de blessés ne doivent pas excéder 50 voitures, sous peine de rendre la surveillance impossible.

La durée d'aménagement des convois est fonction du personnel et des procédés d'aménagement mis en œuvre, du nombre des voitures; en moyenne, vingt minutes par voiture et par équipe de deux hommes.

La durée de chargement est en raison inverse du nombre de points de chargement : quinze minutes par voiture, les blessés étant à pied d'œuvre.

Vitesse de marche · 3 kilomètres à l'heure.

Durée de la marche : cinq à six heures au maximum.

Durée de déchargement : deux heures.

*Convoi administratif d'armée.* — Chaque section de convoi administratif comprend, suivant le type, 162 ou 218 voitures utilisables pour les évacuations.

Mêmes considérations que ci-dessus sur la capacité de transport par voiture : 4 à 8 blessés en moyenne, soit 648 ou 872 blessés couchés par section.

*Convoi éventuel,* constitué uniquement avec des voitures de réquisition, d'importance et de capacité de transport variables suivant le nombre et la nature des véhicules. Calculer à raison de deux blessés couchés ou quatre assis en moyenne pour ces voitures.

*Convois automobiles.* — 1° Les « sections sanitaires automobiles », affectées *organiquement* aux C. d'A. ou aux divisions de réserve, à raison d'une par C. d'A. ou D. R. par le D. A. qui dispose de l'ensemble des équipages automobiles formés dans les centres d'organisation. Il est à désirer que les divisions de cavalerie soient dotées de ces sections.

Les sections sanitaires automobiles assurent le ravitaillement quotidien du corps d'armée en matériel et l'évacuation quotidienne des malades et des éclopés, en exécutant ces trajets entre les corps d'armée et les gares de ravitaillement. Plus tard, elles contribuent aux évacuations du champ de bataille.

Elles sont organisées de façon à transporter environ 120 hommes, dont 40 couchés et 80 assis, mais peuvent, le cas échéant, ne transporter que des blessés assis et leur capacité totale de transport est alors de 200.

Elles se composent de voitures de livraison et de voitures de transport de personnel, sur pneumatiques, au nombre de 18 à 24 (dont 1 voiture-atelier).

Leur cadre comprend 1 officier et 4 sous-officiers.

Vitesse horaire moyenne : 20 kilomètres.

Limites de parcours quotidien : 120 kilomètres.

Quelque progrès que réalisent les « sections sanitaires automobiles », celles-ci seraient, évidemment, très insuffisantes pour les évacuations qui suivent la bataille. Il est donc nécessaire de compléter cette organisation par la création de « convois éventuels automobiles » formés de voitures pourvues d'appareils à suspension et qui seraient, pour les grandes évacuations, ce que les « sections sanitaires » sont pour les évacuations quotidiennes d'éclopés.

2° Les camions des compagnies lourdes automobiles peuvent être mis, éventuellement, par le D. E. S. à la disposition du service de santé, pour le transport des blessés assis. On doit considérer ce moyen de transport, à cause de son incommodité, comme une ressource d'utilisation exceptionnelle.

### 3° *Par cours d'eau.*

Les évacuations par eau ne peuvent se faire qu'avec l'assentiment du directeur de l'arrière, qui dispose des communications par cette voie et auquel le directeur des étapes et des services doit demander la libre disposition, pour son armée, de telle partie du réseau fluvial nécessaire aux évacuations. Celles-ci ont lieu à l'aide de *convois de bateaux* composés de 4 à 6 flûtes ou péniches types les plus couramment utilisés et les plus faciles à aménager. 1 médecin, 1 officier d'administration, 7 infirmiers par convoi. Capacité de transport, 90 à 100 blessés couchés par bateau aménagé avec 30 ou 33 appareils Bréchot-Desprez-Ameline, ou 30 blessés couchés sur brancards, sans appareils à suspension.

Durée d'aménagement : deux heures par bateau.

Durée de chargement : une heure et demie, les blessés placés sur la rive.

Vitesse de marche : variable suivant que l'on peut recourir au halage ou au remorquage.

Dans le premier cas, sur les canaux :

Halage à bras d'homme.................. 11 kilomètres par jour.
Halage animal. . . ..................... 22 —  —

Sur les rivières :

Halage animal....................... 21 kilomètres par jour.
Halage par toueur..................... 33 —  —

Le remorquage à vapeur permet des vitesses doubles.

On pourra songer à utiliser sur les canaux et rivières d'autres types de bateaux tels que ceux des compagnies de navigation fluviale, dont la capacité de transport est très élevée.

Dans l'estimation des moyens de transport, on pourra tenir compte des données statistiques qui démontrent que, sur 100 blessés recueillis par une ambulance, on compte :

25 p. 100 inévacuables,

75 p. 100 évacuables, dont 20 p. 100 peuvent marcher, 35 p. 100 à transporter assis, 20 p. 100 à transporter couchés.

Il est bon d'attirer l'attention sur la différence entre ces chiffres et ceux relatifs aux pertes constatées sur le terrain qui servent de base au calcul de l'emploi des moyens de relèvement des blessés et de leur transport jusqu'aux formations sanitaires, savoir :

Sur 100 hommes touchés il y a : 15 p. 100 tués et 85 p. 100 blessés, dont 5 p. 100 rejoignent leurs corps, 40 p. 100 gagnent à pied l'ambulance, 20 p. 100 à transporter assis, 20 p. 100 à transporter couchés.

## *B*) HOSPITALISATION.

L'hospitalisation des intransportables ou de ceux qui attendent leur tour d'évacuation se fait à l'aide des ambulances et des sections d'hospitalisation immobilisées sur le terrain et dont le nombre doit être fixé par la direction, en prenant pour base le nombre de médecins et la quantité de matériel technique nécessaires à assurer les soins aux blessés. Les ambulances étant largement dotées comme pansements; chaque médecin pouvant, en raison de la rareté actuelle des pansements, surveiller 150 blessés environ, il faudra immobiliser quatre ambulances pour les 10 à 15 p. 100 de blessés d'un corps d'armée. On tiendra compte de la mortalité de 10 p. 100 des inévacuables dans les vingt-quatre heures qui suivent leur entrée dans les formations.

Les organes d'armée remplaceront à l'avant, nombre pour nombre autant que possible, les formations ainsi immobilisées.

L'insuffisance des locaux pour l'hospitalisation nécessitera souvent l'emploi de tentes, de baraques de modèles existants ou à improviser dont la capacité doit être connue :

Tente tortoise (1) : abrite 15 blessés couchés sur brancards ou 30 blessés couchés sur la paille;

Tente tortoise avec taud (double paroi et double toit) pour 15 blessés.

Tente Tollet : grande, abrite 23 blessés; petite, abrite 12 blessés;

Tente Herbet : abrite 25 blessés;

Tente Bessonneau : abrite 24 blessés.

Baraque Decker : grande, abrite 20 blessés; petite, abrite 12 blessés;

Baraques improvisées (dimensions : longueur, 33m,50, hauteur, 4m,50, largeur 8 mètres), abritent 30 blessés.

## *C*) INHUMATIONS.

Les inhumations doivent être calculées sur une moyenne de 15 p. 100 des hommes atteints (2), augmentée de 10 p. 100 des blessés inévacuables qui succombent dans les vingt-quatre heures qui suivent leur entrée dans les ambulances. Ne pas oublier de tenir compte des pertes ennemies, qui doublent les estimations des travaux du champ de bataille.

Les demandes de la direction en travailleurs, outils, etc., seront adressées au D. E. S. ou aux commandants de C. A., suivant le cas, et se baseront sur les données suivantes :

Un homme enterre un cadavre en huit heures; dans cette estimation sont compris les diverses opérations relatives à la constatation du décès, le transport du corps du point de chute au lieu d'inhumation. La réquisition donne comme travailleurs 4 p. 100 de la population civile. Utiliser les prisonniers; demander des corvées

(1) Il est possible, en substituant des piquets au fourgon qui supporte la tente, de coucher 30 blessés sur brancards.

(2) Ces prévisions devraient être majorées si les constatations de la guerre de Mandchourie devenaient la règle de l'avenir (tués, 33 p. 100; 1 tué pour 3,5 blessés).

de troupes. Le génie peut fournir les outils dans la proportion suivante, indépendamment des outils de terrassiers de l'infanterie :

Une compagnie du génie.............. 180 pelles, 116 pioches.
Parc du génie de C. A................. 2.494 — 995 —
Parc de guerre d'armée.............. 5.582 — 2.415 —

On trouvera, dans la notice n° 9 annexée au règlement S. S. C., les indications relatives aux procédés d'inhumation basés sur les données scientifiques de la destruction de la matière organique (Le Goïc et Couppry).

D'autre part, l'assainissement et la désinfection du champ de bataille, qui constituent l'œuvre complémentaire des inhumations, exigent l'emploi d'agents antiseptiques ou de substances inflammables pour l'incinération, telles que :

Chaux : 5 kilogrammes par cadavre; 30 kilogrammes par cadavre de contagieux; 10 kilogrammes par cadavre animal.
Acide phénique : quantité variable.
Acide sulfurique : 10 litres par cadavre dans les fosses communes.
Goudron : 5 à 6 hectolitres.  ⟩ Pour l'incinération de 250 à 300
Pétrole : 50 litres............ ⟩ corps. (Créteur.)

# CHAPITRE VI

## I

### Complément en personnel.

La réserve de personnel d'armée pourvoit au remplacement du personnel d'après les désignations du médecin de l'armée saisi des demandes des médecins divisionnaires et des directeurs du service de santé des corps d'armée par la situation journalière.

En cas d'urgence ou après un combat, il est établi des demandes spéciales.

Cette réserve de personnel est reconstituée par prélèvements sur les disponibles de l'intérieur, sur demande du directeur des étapes et des services adressée au directeur de l'arrière. (Voir composition aux Annexes.)

## II

### Réapprovisionnement.

D'après le règlement de 1910 : « A la gare régulatrice est constituée une réserve de matériel sanitaire d'armée qui se réapprovisionne elle-même à la station-magasin, laquelle fait appel aux ressources des magasins de l'intérieur.

» Chaque jour, la réserve de matériel sanitaire d'armée expédie au point de contact avec l'avant (gares ou centres de ravitaillement) une certaine quantité de pansements, de médicaments, de matériel divers. Cette expédition s'effectue dans les mêmes conditions que le ravitaillement quotidien des services de l'intendance.

» Le médecin-chef des corps de troupe et des formations sanitaires établit ou fait établir :

» Un bon pour les pansements qui lui sont nécessaires;

» Un état de demandes de médicaments et autres objets destinés au remplacement des approvisionnements consommés.

» Ces deux pièces sont remises à un infirmier régimentaire (corps de troupe) ou à l'officier d'approvisionnement (formations sanitaires), qui se rendent, avec la section vide du train régimentaire, à la gare ou au centre de ravitaillement.

» Les pansements sont délivrés en échange du bon; les états de demandes de médicaments et autres objets sont remis au convoyeur, qui les rapporte à la réserve de matériel sanitaire chargée d'assurer l'expédition du matériel demandé par le plus prochain convoi (1). »

_____

(1) Cousergue, in _Arch. méd. milit._, décembre 1910.

Tout le matériel non compris dans la nomenclature du service de santé fait l'objet de demandes spéciales qui sont adressées, par la voie normale, à la direction des étapes et services, qui prend des mesures pour faire venir le matériel des établissements de l'intérieur.

Indépendamment de ce mode de réapprovisionnement, la réquisition, les achats sur place, les échanges, prêts, dons, prises sur l'ennemi, ou cessions des diverses formations les unes aux autres prescrits par le directeur du service de santé assurent les besoins toutes les fois que l'on peut y avoir recours. (Voir le graphique n° 33, qui schématise les dispositions précédentes.)

Les formations d'armée immobilisées dans la zone des étapes se réapprovisionnent à la réserve sanitaire de matériel. Elles font connaître leurs besoins au médecin-chef du service de santé des étapes, qui transmet au médecin de l'armée.

Les formations qui passent dans la zone de l'intérieur se réapprovisionnent directement aux magasins d'approvisionnement du service de santé à l'intérieur.

Au point de vue des ressources du réapprovisionnement :

La *réserve de matériel sanitaire d'armée* est constituée par autant d'unités collectives qu'il existe de corps d'armée dans l'armée.

Ces unités contiennent une certaine quantité de paniers, paquets, caisses, ballots dont la composition est donnée par la notice n° 2 et dont le nombre est arrêté par le Ministre. (Voir Annexes.)

On estime que le matériel nécessaire à assurer le ravitaillement quotidien comprend, pour une division :

1° Une quantité fixe de 500 pansements assortis (1 panier n° 3, 2 paniers n° 4ᵀ, 2 paniers n° 4ᴬ, 2 paniers n° 5);

2° Une quantité variable de médicaments et de matériel suivant les demandes.

La *station-magasin* est constituée d'une façon analogue à la précédente. Sa composition est déterminée par le Ministre. (Voir notice n° 2 et Annexes.)

# Réapprovisionnement des formations sanitaires en matériel.

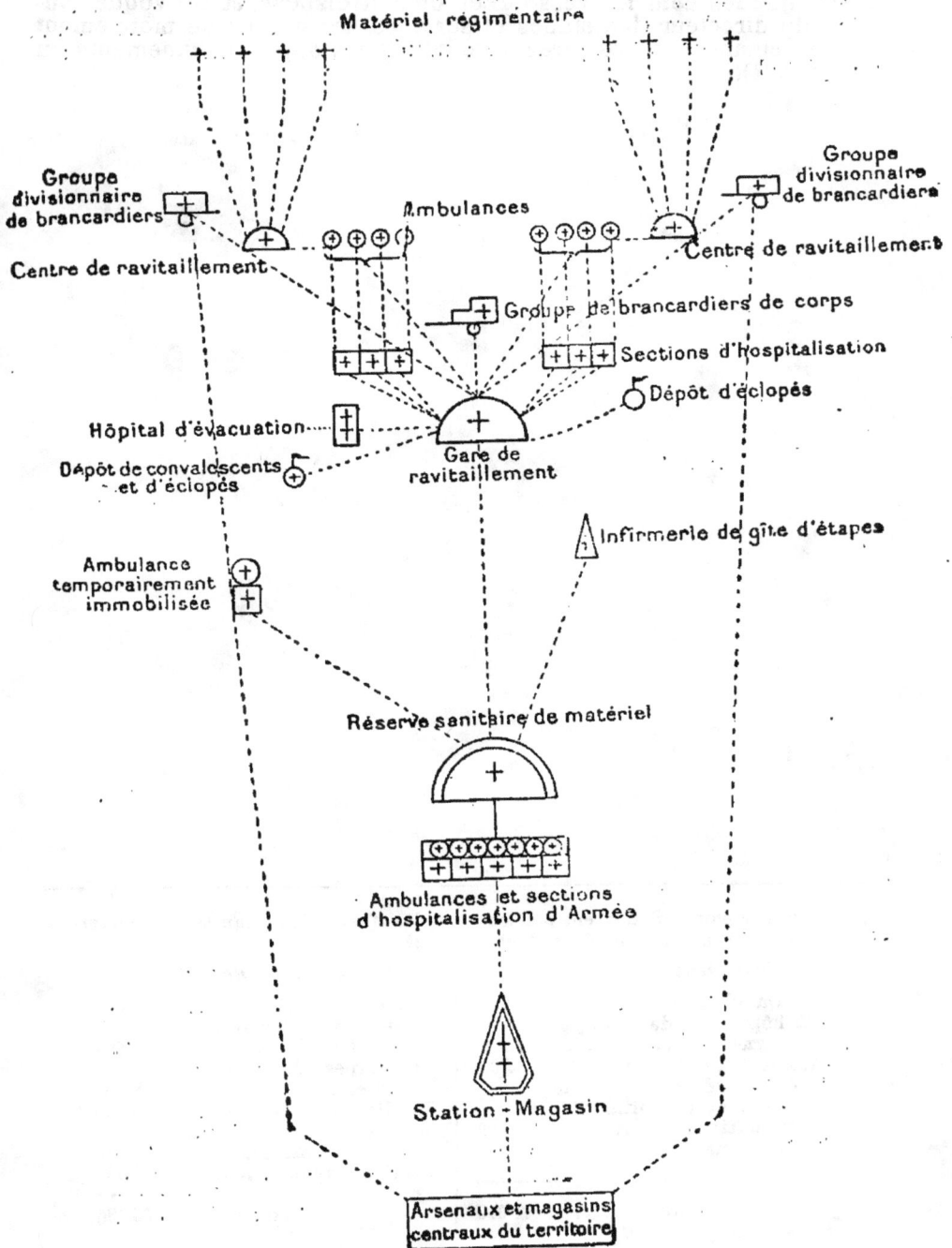

Matériel régimentaire

Groupe
divisionnaire
de brancardiers

Ambulances

Groupe
divisionnaire
de brancardiers

Centre de ravitaillement

Centre de ravitaillement

Groupe de brancardiers de corps

Sections d'hospitalisation

Hôpital d'évacuation

Dépôt d'éclopés

Dépôt de convalescents
et d'éclopés

Gare de
ravitaillement

Infirmerie de gîte d'étapes

Ambulance
temporairement
immobilisée

Réserve sanitaire de matériel

Ambulances et sections
d'hospitalisation d'Armée

Station - Magasin

Arsenaux et magasins
centraux du territoire

Le médecin de l'armée connaît, par les situations journalières que lui adressent les gestionnaires de ces organes de réapprovisionnement, quelles sont les ressources dont il dispose et provoque, auprès du directeur des étapes et services, les ordres de mouvement et les demandes nécessaires à maintenir les approvisionnements au complet (1).

---

(1) Approvisionnements en pansements des formations sanitaires correspondant à un corps d'armée (avant et arrière) :

| Règlement de 1892-1909. | | Règlement de 1910. | |
|---|---|---|---|
| 3 ambulances. . . ...... | 20.940 | 16 ambulances. . . ...... | 34.368 |
| 12 hôpitaux de campagne. . . ........... | 22.200 | 12 sections d'hospitalisation................. | 5.592 |
| Hôpital d'évacuation. .. | 3.700 | 3 groupes de brancardiers. . . ........... | 8.724 |
| Réserves d'ambulance de corps et d'hôpital d'évacuation. . ........... | 9.200 | Hôpital d'évacuation. ... | 5.228 |
| Station-magasin. . . .... | 4.600 | Réserve de matériel sanitaire d'armée. ...... | 5.112 |
| | | Station-magasin. . ........ | 6.112 |
| Total........ | 61.640 | Total...... | 65.136 |

# CHAPITRE VII

## LA DIRECTION DU SERVICE DE SANTÉ DANS LA GUERRE DE SIÈGE

La direction du service de santé dans la guerre de siège doit être envisagée du côté de l'attaque et du côté de la défense.

Le titre V du Règlement sur le service de santé en campagne et l'Instruction générale du 4 février 1899 sur la guerre de siège montrent les principes de l'organisation du service de santé dans ces conditions spéciales.

## I

### Direction du service de santé dans le corps d'attaque.

*Dispositions générales.* — Lorsqu'un corps de siège est formé avec des divisions, brigades, régiments ou bataillons détachés, il lui est affecté le nombre de formations sanitaires nécessaires. Un médecin est désigné pour remplir les fonctions de *directeur du service de santé.*

Pendant la période préparatoire à l'investissement de la place, la direction du service de santé fonctionne dans les conditions des opérations actives.

#### SERVICE PENDANT LA PÉRIODE D'INVESTISSEMENT.

La zone occupée par le corps d'investissement une fois déterminée et divisée par le commandement en *secteurs*, la direction devra s'inspirer du mode de fonctionnement du service résumé ci-dessous.

*Corps de troupe.* — Suivant qu'il s'agit de troupe de 1'' ou de 2' ligne, on installe soit des postes de secours, soit une infirmerie régimentaire.

Les postes de secours sont aménagés et fonctionnent dans les conditions analogues à celles indiquées par le règlement du 26 avril 1910.

L'infirmerie régimentaire est installée dans les cantonnements affectés aux réserves, à l'abri des vues de l'ennemi et des projectiles de son artillerie. Elle reçoit les blessés apportés par les brancardiers du poste de secours. Elle fonctionne conformément aux prescriptions du règlement sur le service de santé en campagne.

*Ambulances.* — Dans les secteurs occupés par une brigade on installe une ambulance.

Les ambulances s'installent en arrière et à proximité des cantonnements de l'unité de commandement qu'elles desservent. Les évacuations journalières sont assurées par les moyens de transport des groupes de brancardiers, qui concourent, s'il y a lieu, aux évacuations à grande distance. Pendant le combat, les groupes de brancardiers contribuent au relèvement des blessés, concurremment avec le service régimentaire, chaque fois que cela est possible, et les évacuations se font sur les formations destinées à être immobilisées pour les inévacuables; pour les autres, sur la gare d'évacuation, la tête d'étapes, etc.

Lorsque le point d'attaque a été choisi, les formations sanitaires des secteurs intéressés sont renforcées :

1° A l'aide des ressources provenant des ambulances des secteurs voisins;

2° A l'aide des dotations faites par le Ministre en matériel d'aménagement des wagons de chemins de fer à voie étroite.

L'ensemble des formations des secteurs d'attaque constitue le *parc sanitaire.*

Des formations sanitaires, en nombre fixé par le commandement, sont établies à proximité et toujours en dehors des cantonnements affectés aux réserves de secteurs et aux réserves générales, et sur une voie de communication aboutissant à l'hôpital d'évacuation. Un certain nombre d'entre elles peuvent être affectées aux hommes atteints de maladies épidémiques ou contagieuses.

*Hôpitaux d'évacuation.* — Un ou plusieurs hôpitaux d'évacuation sont installés en tête des lignes d'évacuation. De plus, le commandement peut prélever, sur les formations sanitaires du corps d'attaque, le nombre de formations qu'il juge nécessaire pour assurer le service le long des lignes d'évacuation dans les principaux commandements d'étapes.

### SERVICE DE SANTÉ PENDANT LES ATTAQUES.

Lorsque le commandant de siège a arrêté le projet d'attaque, le directeur du service de santé lui soumet les propositions relatives à l'exécution du service dans les *zones d'attaque.* Il prend les dispositions nécessaires pour compléter, au besoin, le service médical régimentaire à l'aide du personnel des ambulances.

A chaque *général de jour des approches* est adjoint un *médecin chef des approches* (médecin principal ou major de 1ʳᵉ classe) dont de rôle consistera à déterminer, de concert avec les *majors des approches,* l'emplacement des *abris de pansement* et de l'*ambulance d'approche.* A chacun des majors des approches (un par zone d'attaque) est également adjoint un *médecin des approches* désigné d'après un tour de roulement établi par les soins du directeur du service de santé.

Les médecins des corps de troupe *de garde des approches* les accompagnent. Ils s'installent aux emplacements fixés comme *abris de pansements* dans une place d'armes ou un cheminement, à l'abri d'un épaulement. Leur rôle se bornera forcément au relèvement rapide et au transport des blessés.

Les brancardiers jalonneront, à l'intérieur des cheminements, les emplacements des *abris de pansement* et de l'ambulance qui ne peuvent être signalés par les fanions de la Convention de Genève. Ces emplacements sont notifiés aux troupes au moment où elles prennent le service.

L'*ambulance d'approche* s'établit dans un endroit masqué aux vues de la place et défilé de son tir, à proximité des dépôts de tranchée. Autant que possible elle est placée sous des abris blindés. L'activité technique de l'ambulance d'approche est exclusivement limitée aux interventions d'extrême urgence, et les blessés sont

**Croquis schématique du fonctionnement du service de santé pendant les diverses phases de l'attaque d'une place.**

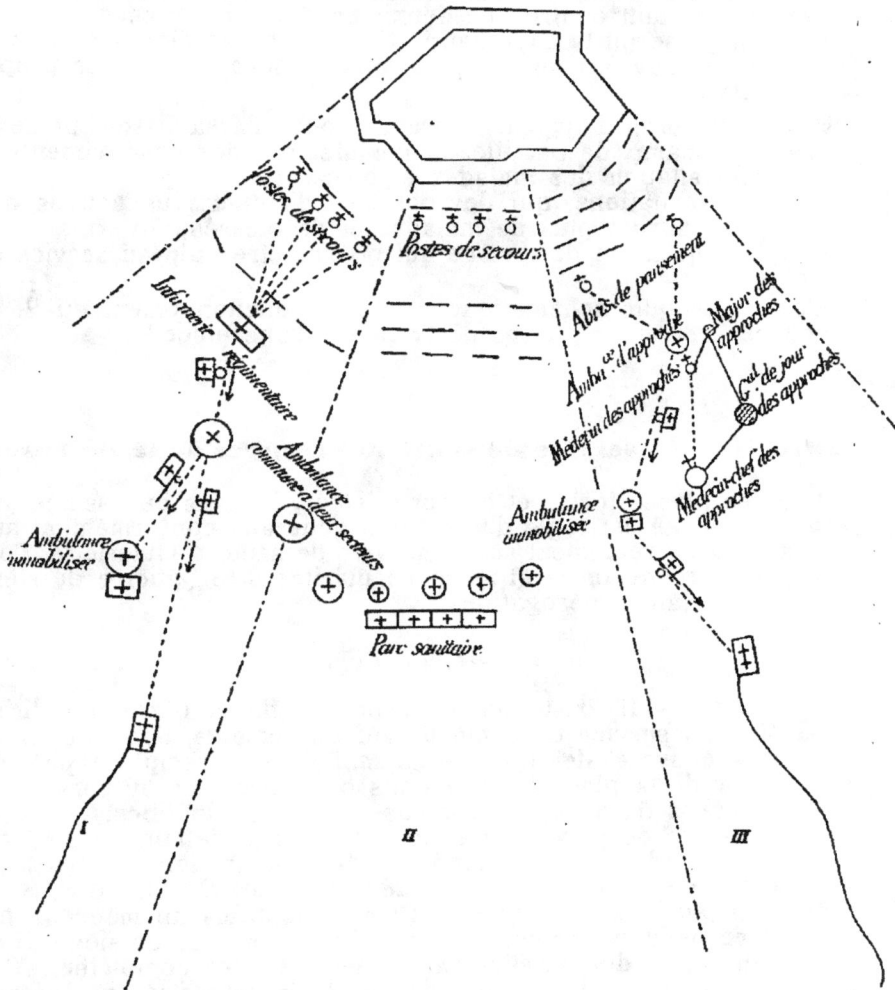

Fig. 34.

I. — Service de santé dans un secteur pendant l'investissement.

II. —          —          —          en vue de l'attaque.

III. —         —          —          pendant l'attaque.

dirigés sur la formation immobilisée, installée très en arrière à l'abri des canons de la place, où le traitement sera plus complet.

Les considérations qui précèdent s'appliquent au fonctionnement du service sanitaire du corps d'attaque opérant contre une première ligne de défense; elles seraient également applicables à des opérations portant contre une deuxième ligne de défense.

Après la prise ou la capitulation de la place, le directeur du service de santé devra, sans délai, faire au commandement les propositions relatives :

1° Aux mesures d'hygiène à prendre pour l'assainissement de la ville et du champ de bataille, la désinfection des casernements;

2° A l'installation des malades et blessés;

3° Aux évacuations, qui devront être d'autant plus actives que les assiégés auront plus de malades et de blessés;

4° A la réquisition de tout ce qui pourra être utile au service de santé.

(Voir le croquis schématique n° 34 du fonctionnement du S. S. pendant les diverses phases de l'attaque d'une place.)

## II

### Direction du service de santé des troupes de la défense.

Dans les places fortes et les forts isolés, investis ou assiégés, le service de santé est réglé d'une façon générale, conformément aux dispositions du règlement sur le service de santé à l'intérieur. Toutefois, les circonstances et les particularités de la guerre de siège imposent certaines dérogations.

### I. — ORGANISATION.

*Personnel.* — Il existe un *médecin-chef de la place* qui dirige l'ensemble du service de santé des établissements, des troupes de la défense active et des formations sanitaires. Il remplit auprès du gouverneur de la place les fonctions d'un directeur du service de santé de corps d'armée, dont il possède les attributions.

Dès le temps de paix, ce médecin-chef ou, à défaut, un médecin militaire du cadre actif désigné par le commandement, participe aux travaux de la commission de défense. L'article 131 du S. S. C. définit tout au long les devoirs et les attributions du médecin-chef de la place pendant la mise en état de siège, en cas de siège. Il en faut retenir qu'il doit vérifier rapidement et faire compléter, s'il y a lieu, le matériel du service de santé; le faire transporter aux points indiqués par le *journal de mobilisation* pour l'installation des ambulances, des infirmeries de fort, des hôpitaux divers.

Il fait aménager les locaux ou établissements affectés au service de santé, requiert le matériel de couchage et les objets nécessaires au fonctionnement du service. Il reçoit le personnel complémentaire (réserve ou territoriale), propose au commandement la désignation des *médecins chefs de secteurs* correspondant aux *médecins chefs des approches* de l'attaque.

Il surveille attentivement l'organisation des évacuations avant l'investissement de la place pour en éloigner tous les hommes incapables de faire, avant longtemps, un service actif.

Il visite les emplacements désignés comme *abris de pansement.*

Il répartit enfin entre les formations et les corps de troupe le personnel mis à sa disposition, de telle sorte que les troupes de la défense, les ambulances, les hôpitaux soient pourvus à l'avance de tout le personnel nécessaire.

*Matériel.* — Les ressources en matériel technique sont représentées par :

1° Les approvisionnements régimentaires des troupes de la défense;

2° Ceux des ambulances;

3° Les infirmeries de fort destinées à recevoir et soigner sur place les malades et blessés;

4° Les hôpitaux temporaires organisés avec les ressources locales (capacité variable de 50, 100, 250 lits);

5° Les hôpitaux militaires ou mixtes de la place;

6° Les hôpitaux auxiliaires des sociétés d'assistance;

7° Les tentes ou baraques d'hôpital (Tollet, Dœcker, etc.) dont l'édification contribue à accroître les ressources d'hospitalisation.

En outre, il y aura lieu de prévoir un approvisionnement de substances désinfectantes (acide phénique, sublimé, chlorure de zinc, sulfate de cuivre, goudron, chaux) en vue de la désinfection des lieux de combat, de l'incinération des cadavres (procédés Créteur), etc.

Dans les centres de grande importance, la réquisition permettra de trouver sur place les approvisionnements indispensables; partout ailleurs il faudra constituer de toutes pièces ces approvisionnements. Le dernier siège de Port-Arthur a montré quelle importance pouvait prendre la désinfection. Des monceaux de cadavres ont été incinérés pour éviter des épidémies et assainir les divers champs de bataille. L'on sait, d'après les expériences de Créteur, qu'il faut 5 ou 6 hectolitres de goudron avec 50 litres de pétrole pour détruire 250 à 300 corps, et 30 à 40 kilogrammes de chaux vive pour rendre inoffensif un cadavre de contagieux.

## II. — EXÉCUTION DU SERVICE.

a) *Pendant les opérations de défense extérieure.* — Lorsque les opérations sont reportées jusqu'en rase campagne en avant de la *ligne de résistance extérieure de la place,* on installe :

Un *poste de secours volant* par bataillon avec 1 médecin, 1 infirmier, 8 brancardiers, des musettes à pansements et des brancards;

Un *poste de secours principal* avec un matériel et un personnel plus complets en arrière du précédent, d'où les blessés sont ensuite évacués sur l'ambulance.

Les groupes de brancardiers attachés aux troupes de la défense mobile les suivent partout et sont chargés d'enlever les blessés aux *postes principaux de secours;* les évacuent sur l'ambulance ou vers le *corps de place,* où ils sont hospitalisés dans les formations désignées par le médecin-chef.

La mobilité des troupes impose une très grande mobilité et l'allégement des divers échelons sanitaires.

Dans le cas où la défense s'opère sur la *ligne de résistance exté-rieure*, les emplacements des *postes de secours, ambulances* sont déterminés à l'avance.

Des *ambulances* sont établies en avant de l'enceinte et réparties par secteur.

b) *Pendant les opérations de défense du camp retranché.* — Lorsque les opérations se déroulent sur la *ligne principale de défense*, les *postes de secours* sont installés sous des abris suffisant à les protéger contre les éclats de projectiles. Ils se relient avec l'ambulance, également bien abritée, par des chemins aussi défilés que possible.

Des *infirmeries de premier secours* sont également installées pour les défenseurs des forts, non dans les ouvrages même, à cause des dangers trop considérables résultant de l'explosion des projectiles, mais aux *abords de l'ouvrage,* dans un local abrité et défilé. On ne transportera les blessés que dans les moments d'accalmie.

Dans les *sorties* ou *contre-attaques*, l'organisation du service de santé doit être d'une extrême légèreté. L'on prévoit, en cas de succès de la sortie et d'une marche en avant, des formations et des groupes de brancardiers tenus en réserve, prêts à suivre le mouvement. Si la contre-attaque est repoussée avant que les troupes aient abandonné la ligne principale, il appartient au médecin-chef de faire évacuer blessés et matériel sur les formations sanitaires installées dans les emplacements prévus à l'avance sur la *deuxième ligne de défense.*

Ce qui a été dit plus haut des abris pour les *postes de secours*, les *ambulances*, les cheminements défilés qui les relient, trouve son application plus étroite encore lorsque l'attaque se produit sur la *deuxième ligne de défense*, car elle sera à ce moment uniquement conduite par l'artillerie.

Si l'assaillant franchit la deuxième ligne de défense, les opérations vont se dérouler dans le *corps de place même*. Le médecin-chef fait alors établir, à proximité du front d'attaque, des *postes de secours permanents* dont le service est assuré à tour de rôle par le personnel médical des régiments et des hôpitaux. De là les blessés sont transportés dans les hôpitaux.

Aucun établissement sanitaire ne doit être signalé par les fanions de la Convention de Genève, ils sont seulement indiqués par l'apposition, sur la porte, de l'insigne de neutralité.

En cas d'insuffisance du personnel pour le fonctionnement des hôpitaux ou établissements de la place, il est fait appel aux médecins des corps de troupe ou à la réquisition des médecins et pharmaciens de la localité et de corvées d'habitants.

En cas de reddition de la place, le médecin-chef soumet des propositions pour l'application stricte de la Convention de Genève au personnel et au matériel sanitaires ainsi qu'aux malades et blessés en traitement.

Pendant toutes les périodes de la défense, l'inhumation des décédés doit être l'objet de précautions spéciales. On conçoit que l'importance des pertes et des décès par maladies devra limiter les inhumations aux officiers ou aux cadavres isolés et peu nombreux, et que le commandement soit dans l'obligation de prescrire l'incinération de tous les corps que l'exiguité du terrain ne permettra pas d'enterrer.

# CHAPITRE VIII

## CONVENTION DE GENÈVE ET CONFÉRENCE DE LA HAYE

Le 6 juillet 1906, à la suite de la réunion, à Genève, d'un nouveau congrès international pour la revision de la Convention, le texte suivant a été adopté et signé par les plénipotentiaires des puissances représentées.

### I

#### DES BLESSÉS ET MALADES

Art. 1er. Les militaires et autres personnes officiellement attachées aux armées, qui seront blessés ou malades, devront être respectés et soignés, sans distinction de nationalité, par le belligérant qui les aura en son pouvoir.

Toutefois, le belligérant, obligé d'abandonner des malades ou des blessés à son adversaire, laissera avec eux, autant que les circonstances militaires le permettront, une partie de son personnel et de son matériel sanitaires pour contribuer à les soigner.

Art. 2. Sous réserve des soins à leur fournir en vertu de l'article précédent, les blessés ou malades d'une armée tombés au pouvoir de l'autre belligérant sont prisonniers de guerre et les règles générales du droit des gens concernant les prisonniers leur sont applicables.

Cependant les belligérants restent libres de stipuler entre eux, à l'égard des prisonniers blessés ou malades, telles clauses d'exception ou de faveur qu'ils jugeront utiles; ils auront, notamment, la faculté de convenir :

De se remettre réciproquement, après un combat, les blessés laissés sur le champ de bataille;

De renvoyer dans leur pays, après les avoir mis en état d'être transportés ou après guérison, les blessés ou malades qu'ils ne voudront pas garder prisonniers.

De remettre à un Etat neutre, du consentement de celui-ci, des blessés ou malades de la partie adverse, à la charge par l'Etat neutre de les interner jusqu'à la fin des hostilités.

Art. 3. Après chaque combat, l'occupant du champ de bataille prendra des mesures pour rechercher les blessés et pour les faire protéger, ainsi que les morts, contre le pillage et les mauvais traitements.

Il veillera à ce que l'inhumation ou l'incinération des morts soit précédée d'un examen attentif de leurs cadavres.

Art. 4. Chaque belligérant enverra, dès qu'il sera possible, aux autorités de leur pays ou de leur armée, les marques ou pièces militaires d'identité trouvées sur les morts et l'état nominatif des blessés ou malades recueillis par lui.

Les belligérants se tiendront réciproquement au courant des internements et des mutations, ainsi que des entrées dans les hôpitaux et des décès survenus parmi les blessés et malades en leur pouvoir. Ils recueilleront tous les objets d'un usage personnel, valeurs, lettres, etc., qui seront trouvés sur les champs de bataille ou délaissés par les blessés ou malades décédés dans les établissements et formations sanitaires, pour les faire transmettre aux intéressés par les autorités de leur pays.

Art. 5. L'autorité militaire pourra faire appel au zèle charitable des habitants pour recueillir et soigner, sous son contrôle, des blessés ou malades des armées, en accordant aux personnes ayant répondu à cet appel une protection spéciale et certaines immunités.

## II

### DES FORMATIONS ET ÉTABLISSEMENTS SANITAIRES

Art. 6. Les formations sanitaires mobiles (c'est-à-dire celles qui sont destinées à accompagner les armées en campagne) et les établissements fixes du service de santé seront protégés et respectés par les belligérants.

Art. 7. La protection due aux formations et établissements sanitaires cesse si l'on en use pour commettre des actes nuisibles à l'ennemi.

Art. 8. Ne sont pas considérés comme étant de nature à priver une formation ou un établissement sanitaire de la protection assurée par l'article 6 :

1° Le fait que le personnel de la formation ou de l'établissement est armé et qu'il use de ses armes pour sa propre défense ou celle de ses malades et blessés;

2° Le fait qu'à défaut d'infirmiers armés, la formation ou l'établissement est gardé par un piquet ou des sentinelles munis d'un mandat régulier;

3° Le fait qu'il est trouvé, dans la formation ou l'établissement, des armes et cartouches retirées aux blessés et n'ayant pas encore été versées au service compétent.

## III

### DU PERSONNEL

Art. 9. Le personnel exclusivement affecté à l'enlèvement, au transport et au traitement des blessés et des malades, ainsi qu'à l'administration des formations et établissements sanitaires, les aumôniers attachés aux armées, seront respectés et protégés en toute circonstance; s'ils tombent entre les mains de l'ennemi, ils ne seront pas traités comme prisonniers de guerre.

Ces dispositions s'appliquent au personnel de garde des formations et établissements sanitaires dans le cas prévu à l'article 8, n° 2.

Art. 10. Est assimilé au personnel visé à l'article précédent le personnel des sociétés de secours volontaires dûment reconnues et autorisées par leur gouvernement, qui sera employé dans les formations et établissements sanitaires des armées, sous la réserve que ledit personnel sera soumis aux lois et règlements militaires.

Chaque État doit notifier à l'autre, soit dès le temps de paix, soit à l'ouverture ou au cours des hostilités, en tout cas avant tout emploi effectif, les noms des sociétés qu'il a autorisées à prêter leur concours, sous sa responsabilité, au service sanitaire officiel de ses armées.

Art. 11. Une société reconnue d'un pays neutre ne peut prêter le concours de ses personnels et formations sanitaires à un belligérant qu'avec l'assentiment préalable de son propre gouvernement et l'autorisation du belligérant lui-même.

Le belligérant qui a accepté le secours est tenu, avant tout emploi, d'en faire la notification à son ennemi.

Art. 12. Les personnes désignées dans les articles 9, 10 et 11 continueront, après qu'elles seront tombées au pouvoir de l'ennemi, à remplir leurs fonctions sous sa direction.

Lorsque leur concours ne sera plus indispensable, elles seront renvoyées à leur armée ou à leur pays dans les délais et suivant l'itinéraire compatibles avec les nécessités militaires.

Elles emporteront alors les effets, les instruments, les armes et les chevaux qui sont leur propriété particulière.

Art. 13. L'ennemi assurera au personnel visé par l'article 9, pendant qu'il sera en son pouvoir, les mêmes allocations et la même solde qu'au personnel des mêmes grades de son armée.

## IV

### DU MATÉRIEL

Art. 14. Les formations sanitaires mobiles conserveront, si elles tombent au pouvoir de l'ennemi, leur matériel, y compris les attelages, quels que soient les moyens de transport et le personnel conducteur.

Toutefois, l'autorité militaire compétente aura la faculté de s'en servir pour les soins des blessés et malades; la restitution du matériel aura lieu dans les conditions prévues pour le personnel sanitaire et, autant que possible, en même temps.

Art. 15. Les bâtiments et le matériel des établissements fixes demeurent soumis aux lois de la guerre, mais ne pourront être détournés de leur emploi tant qu'ils seront nécessaires aux blessés et aux malades.

Toutefois les commandants des troupes d'opérations pourront en disposer, en cas de nécessités militaires importantes, en assurant au préalable le sort des blessés et malades qui s'y trouvent.

Art. 16. Le matériel des sociétés de secours admises au bénéfice de la Convention conformément aux conditions déterminées par celle-ci, est considéré comme propriété privée et, comme tel, respecté en toute circonstance, sauf le droit de réquisition reconnu aux belligérants selon les lois et usages de la guerre.

## V

### DES CONVOIS D'ÉVACUATION

Art. 17. Les convois d'évacuation seront traités comme les formations sanitaires mobiles, sauf les dispositions spéciales suivantes :

1° Le belligérant interceptant un convoi pourra, si les nécessités militaires l'exigent, le disloquer en se chargeant des malades et blessés qu'il contient;

2° Dans ce cas, l'obligation de renvoyer le personnel sanitaire, prévue à l'article 12, sera étendue à tout le personnel militaire préposé au transport ou à la garde du convoi et muni à cet effet d'un mandat régulier.

L'obligation de rendre le matériel sanitaire, prévue à l'article 14, s'appliquera aux trains de chemins de fer et bateaux de la navigation intérieure spécialement organisés pour les évacuations, ainsi qu'au matériel d'aménagement des voitures, trains et bateaux ordinaires appartenant au service de santé.

Les voitures militaires autres que celles du service de santé pourront être capturées avec leurs attelages.

Le personnel civil et les divers moyens de transport provenant de la réquisition, y compris le matériel de chemins de fer et les bateaux utilisés pour les convois, seront soumis aux règles générales du droit des gens.

## VI

### DU SIGNE DISTINCTIF

Art. 18. Par hommage pour la Suisse, le signe héraldique de la croix rouge sur fond blanc, formé par interversion des couleurs fédérales, est maintenu comme emblème et signe distinctif du service sanitaire des armées.

Art. 19. Cet emblème figure sur les drapeaux, les brassards, ainsi que sur tout le matériel se rattachant au service sanitaire, avec la permission de l'autorité militaire compétente.

Art. 20. Le personnel protégé en vertu des articles 9, alinéa 1er, 10 et 11 porte, fixé au bras gauche, un brassard avec croix rouge sur fond blanc, délivré et timbré par l'autorité militaire compétente, accompagné d'un certificat d'identité pour les personnes rattachées au service de santé des armées qui n'auraient pas d'uniforme militaire.

Art. 21. Le drapeau distinctif de la Convention ne peut être arboré que sur les formations et établissements sanitaires qu'elle ordonne de respecter et avec le consentement de l'autorité militaire. Il devra être accompagné du drapeau national du belligérant dont relève la formation ou l'établissement.

Toutefois, les formations sanitaires tombées au pouvoir de l'ennemi n'arboreront pas d'autre drapeau que celui de la Croix-Rouge, aussi longtemps qu'elles se trouveront dans cette situation.

Art. 22. Les formations sanitaires des pays neutres qui, dans les conditions prévues par l'article 11, auraient été autorisées à fournir leurs services, doivent arborer, avec le drapeau de la Convention, le drapeau national du belligérant dont elles relèvent. Les dispositions du deuxième alinéa de l'article précédent leur sont applicables.

Art. 23. L'emblème de la Croix-Rouge sur fond blanc et les mots « Croix-Rouge » ou « Croix de Genève » ne pourront être employés, soit en temps de paix, soit en temps de guerre, que pour protéger ou désigner les formations et établissements sanitaires, le personnel et le matériel protégés par la Convention.

## VII
### DE L'APPLICATION ET DE L'EXÉCUTION DE LA CONVENTION

Art. 24. Les dispositions de la présente Convention ne sont obligatoires que pour les puissances contractantes, en cas de guerre entre deux ou plusieurs d'entre elles. Ces dispositions cesseront d'être obligatoires du moment où l'une des puissances belligérantes ne serait pas signataire de la Convention.

Art. 25. Les commandants en chef des armées belligérantes auront à pourvoir aux détails d'exécution des articles précédents, ainsi qu'aux cas non prévus, d'après les instructions de leurs gouvernements respectifs et conformément aux principes généraux de la présente Convention.

Art. 26. Les gouvernements signataires prendront les mesures nécessaires pour instruire leurs troupes, et spécialement le personnel protégé, des dispositions de la présente Convention et pour les porter à la connaissance des populations.

## VIII
### DE LA RÉPRESSION DES ABUS ET DES INFRACTIONS

Art. 27. Les gouvernements signataires dont la législation ne serait pas dès à présent suffisante s'engagent à prendre ou à proposer à leurs législatures les mesures nécessaires pour empêcher en tout temps l'emploi, par des particuliers ou par des sociétés autres que celles y ayant droit en vertu de la présente Convention, de l'emblème ou de la dénomination de « Croix-Rouge » ou de « Croix de Genève », notamment dans un but commercial, par le moyen de marques de fabrique ou de commerce.

L'interdiction de l'emploi de l'emblème ou de la dénomination dont il s'agit produira son effet à partir de l'époque déterminée par chaque législation et, au plus tard, cinq ans après la mise en vigueur de la présente Convention. Dès cette mise en vigueur, il ne sera plus licite de prendre une marque de fabrique ou de commerce contraire à l'interdiction.

Art. 28. Les gouvernements signataires s'engagent également à prendre ou à proposer à leurs législatures, en cas d'insuffisance de leurs lois pénales militaires, les mesures nécessaires pour réprimer, en temps de guerre, les actes individuels de pillage et de mauvais traitements envers des blessés et malades des armées, ainsi que pour punir, comme usurpation d'insignes militaires, l'usage abusif du drapeau et du brassard de la Croix-Rouge par des militaires ou des particuliers non protégés par la présente Convention.

Ils se communiqueront, par l'intermédiaire du conseil fédéral suisse, les dispositions relatives à cette répression, au plus tard dans les cinq ans de la ratification de la présente Convention.

## DISPOSITIONS GÉNÉRALES

Art. 29. La présente Convention sera ratifiée aussitôt que possible. Les ratifications seront déposées à Berne.

Il sera dressé du dépôt de chaque ratification un procès-verbal dont une copie, certifiée conforme, sera remise par la voie diplomatique à toutes les puissances contractantes.

Art. 30. La présente Convention entrera en vigueur, pour chaque puissance, six mois après la date du dépôt de ses ratifications.

Art. 31. La présente Convention, dûment ratifiée, remplacera la Convention du 22 août 1864 dans les rapports entre les États contractants. La Convention de 1864 reste en vigueur dans les rapports entre les parties qui l'ont signée et qui ne ratifieraient pas également la présente Convention.

Art. 32. La présente Convention pourra, jusqu'au 31 décembre prochain, être signée par les puissances représentées à la Conférence qui s'est ouverte à Genève le 11 juin 1906, ainsi que par les puissances non représentées à cette conférence qui ont signé la Convention de 1864. Celles de ces puissances qui, au 31 décembre 1906, n'auront pas signé la présente Convention resteront libres d'y adhérer par la suite. Elles auront à faire connaître leur adhésion au moyen d'une notification écrite adressée au Conseil fédéral suisse et communiquée par celui-ci à toutes les puissances contractantes.

Les autres puissances pourront demander à adhérer dans la même forme; mais leur demande ne produira effet que si, dans le délai d'un an à partir de la notification au Conseil fédéral, celui-ci n'a reçu d'opposition de la part d'aucune des puissances contractantes.

Art. 33. Chacune des parties contractantes aura la faculté de dénoncer la présente Convention; cette dénonciation ne produira ses effets qu'un an après la notification faite par écrit au Conseil fédéral suisse; celui-ci communiquera immédiatement la notification à toutes les autres parties contractantes.

Cette dénonciation ne vaudra qu'à l'égard de la puissance qui l'aura notifiée.

En foi de quoi, les plénipotentiaires ont signé la présente Convention et l'ont revêtue de leurs cachets.

Fait à Genève le 6 juillet 1906, en un seul exemplaire qui restera déposé dans les archives de la Confédération suisse et dont des copies, certifiées conformes, seront remises par la voie diplomatique aux puissances contractantes.

Ont signé ladite Convention les plénipotentiaires de l'Allemagne, de l'Autriche-Hongrie, de la Belgique, du Brésil, de la Bulgarie, du Chili, de la Chine, du Congo, de la Corée, du Danemarck, de l'Espagne, des États-Unis d'Amérique, de la France, du grand-duché de Luxembourg, de la Grande-Bretagne, de la Grèce, du Guatémala, de la Hollande, du Honduras, de l'Italie, du Japon, du Mexique, du Monténégro, de la Norvège, du Pérou, de la Perse, du Portugal, de la République argentine, de la Roumanie, de la Russie, de la Serbie, du Siam, de la Suède, de la Suisse et de l'Uruguay.

En outre, et en conformité de l'article 16 de la Convention pour le règlement pacifique des conflits internationaux, du 29 juillet 1899, qui a reconnu l'arbitrage comme le moyen le plus efficace et en même temps le plus équitable de régler les litiges qui n'ont pas été résolus par les voies diplomatiques, la Conférence a émis le vœu suivant :

« La Conférence exprime le vœu que, pour arriver à une interprétation et à une application aussi exactes que possible de la Convention de Genève, les puissances contractantes soumettent à la cour permanente de la Haye, si les cas et les circonstances s'y prêtent, les différends qui, en temps de paix, s'élèveraient entre elles relativement à l'interprétation de ladite Convention. »

Ce vœu a été voté par les délégués des puissances qui ont pris part à la Conférence, sauf par ceux de la Grande-Bretagne, du Japon et de la Corée.

## ANNEXE A LA CONFÉRENCE SIGNÉE A LA HAYE LE 29 JUILLET 1899

### Règlement concernant les lois et coutumes de la guerre sur terre.

### SECTION I<sup>re</sup>

#### DES BELLIGÉRANTS

#### CHAPITRE I<sup>er</sup>

##### DE LA QUALITÉ DES BELLIGÉRANTS

Art. 1<sup>er</sup>. Les lois, les droits et les devoirs de la guerre ne s'appliquent pas seulement à l'armée, mais encore aux milices et aux corps de volontaires réunissant les conditions suivantes :

1° D'avoir à leur tête une personne responsable pour ses subordonnés;
2° D'avoir un signe distinctif fixe et reconnaissable à distance;
3° De porter les armes ouvertement;
4° De se conformer dans leurs opérations aux lois et coutumes de la guerre.

Dans les pays où les milices ou des corps de volontaires constituent l'armée ou en font partie, ils sont compris sous la dénomination d'armée.

Art. 2. La population d'un territoire non occupé qui, à l'approche de l'ennemi, prend spontanément les armes pour combattre les troupes d'invasion sans avoir eu le temps de s'organiser conformément à l'article 1<sup>er</sup>, sera considérée comme belligérante si elle respecte les lois et coutumes de la guerre.

Art. 3. Les forces armées des parties belligérantes peuvent se composer de combattants et de non-combattants. En cas de capture par l'ennemi, les uns et les autres ont droit au traitement des prisonniers de guerre.

#### CHAPITRE II

##### DES PRISONNIERS DE GUERRE

Art. 4. Les prisonniers de guerre sont au pouvoir du gouvernement ennemi, mais non des individus ou des corps qui les ont capturés.
Ils doivent être traités avec humanité.

Tout ce qui leur appartient personnellement, excepté les armes, les chevaux et les papiers militaires, reste leur propriété.

Art. 5. Les prisonniers de guerre peuvent être assujettis à l'internement dans une ville, forteresse, camp ou localité quelconque, avec obligation de ne pas s'en éloigner au delà de certaines limites déterminées; mais ils ne peuvent être enfermés que par mesure de sûreté indispensable.

Art. 6. L'Etat peut employer comme travailleurs les prisonniers de guerre, selon leur grade et leurs aptitudes. Ces travaux ne seront pas excessifs et n'auront aucun rapport avec les opérations de la guerre.

Les prisonniers peuvent être autorisés à travailler pour le compte d'administrations publiques ou de particuliers, ou pour leur propre compte.

Les travaux faits pour l'Etat sont payés d'après les tarifs en vigueur pour les militaires de l'armée nationale exécutant les mêmes travaux.

Lorsque les travaux ont lieu pour le compte d'autres administrations publiques ou pour des particuliers, les conditions en sont réglées d'accord avec l'autorité militaire.

Le salaire des prisonniers contribuera à adoucir leur position, et le surplus leur sera compté au moment de leur libération, sauf défalcation des frais d'entretien.

Art. 7. Le gouvernement au pouvoir duquel se trouvent les prisonniers de guerre est chargé de leur entretien.

A défaut d'une entente spéciale entre les belligérants, les prisonniers de guerre seront traités, pour la nourriture, le couchage et l'habillement, sur le même pied que les troupes du gouvernement qui les aura capturés.

Art. 8. Les prisonniers de guerre seront soumis aux lois, règlements et ordres en vigueur dans l'armée de l'Etat au pouvoir duquel ils se trouvent. Tout acte d'insubordination autorise, à leur égard, les mesures de rigueur nécessaires.

Les prisonniers évadés, qui seraient repris avant d'avoir pu rejoindre leur armée ou avant de quitter le territoire occupé par l'armée qui les aura capturés, sont passibles de peines disciplinaires.

Les prisonniers qui, après avoir réussi à s'évader, sont de nouveau faits prisonniers, ne sont passibles d'aucune peine pour la fuite antérieure.

Art. 9. Chaque prisonnier de guerre est tenu de déclarer, s'il est interrogé à ce sujet, ses véritables noms et grade et, dans le cas où il enfreindrait cette règle, il s'exposerait à une restriction des avantages accordés aux prisonniers de guerre de sa catégorie.

Art. 10. Les prisonniers de guerre peuvent être mis en liberté sur parole, si les lois de leur pays les y autorisent, et, en pareil cas, ils sont obligés, sous la garantie de leur honneur personnel, de remplir scrupuleusement, tant vis-à-vis de leur propre gouvernement que vis-à-vis de celui qui les a faits prisonniers, les engagements qu'ils auraient contractés.

Dans le même cas, leur propre gouvernement est tenu de n'exiger ni accepter d'eux aucun service contraire à la parole donnée.

Art. 11. Un prisonnier de guerre ne peut être contraint d'accepter sa liberté sur parole; de même le gouvernement ennemi n'est pas obligé d'accéder à la demande du prisonnier réclamant sa mise en liberté sur parole.

Art. 12. Tout prisonnier de guerre, libéré sur parole et repris portant les armes contre le gouvernement envers lequel il s'était engagé d'honneur, ou contre les alliés de celui-ci, perd le droit au traitement des prisonniers de guerre et peut être traduit devant les tribunaux.

Art. 13. Les individus qui suivent une armée sans en faire directement partie, tels que les correspondants et les reporters de journaux, les vivandiers, les fournisseurs, qui tombent au pouvoir de l'ennemi et que celui-ci juge utile de détenir ont droit au traitement des prisonniers de guerre, à condition qu'ils soient munis d'une légitimation de l'autorité militaire de l'armée qu'ils accompagnaient.

Art. 14. Il est constitué, dès le début des hostilités, dans chacun des Etats belligérants, et, le cas échéant, dans les pays neutres qui auront recueilli des belligérants sur leur territoire, un bureau de renseignements sur les prisonniers de guerre. Ce bureau, chargé de répondre à toutes les demandes qui les concernent, reçoit des divers services compétents toutes les indications nécessaires pour lui permettre d'établir une fiche individuelle pour chaque prisonnier de guerre. Il est tenu au courant des internements et des mutations, ainsi que des entrées dans les hôpitaux et des décès.

Le bureau de renseignements est également chargé de recueillir et de centraliser tous les objets d'un usage personnel, valeurs, lettres, etc., qui seront trouvés sur les champs de bataille ou délaissés par des prisonniers décédés dans les hôpitaux et ambulances, et de les transmettre aux intéressés.

Art. 15. Les sociétés de secours pour les prisonniers de guerre, régulièrement constituées selon la loi de leur pays et ayant pour objet d'être les intermédiaires de l'action charitable, recevront, de la part des belligérants, pour elles et pour leurs agents dûment accrédités, toute facilité, dans les limites tracées par les nécessités militaires et les règles administratives, pour accomplir efficacement leur tâche d'humanité. Les délégués de ces sociétés pourront être admis à distribuer des secours dans les dépôts d'internement, ainsi qu'aux lieux d'étape des prisonniers rapatriés, moyennant une permission personnelle délivrée par l'autorité militaire, et en prenant l'engagement par écrit de se soumettre à toutes les mesures d'ordre et de police que celle-ci prescrirait.

Art. 16. Les bureaux de renseignements jouissent de la franchise de port. Les lettres, mandats et articles d'argent, ainsi que les colis postaux destinés aux prisonniers de guerre ou expédiés par eux, seront affranchis de toutes taxes postales, aussi bien dans les pays d'origine et de destination que dans les pays intermédiaires.

Les dons et secours en nature destinés aux prisonniers de guerre seront admis en franchise de tous droits d'entrée et autres, ainsi que des taxes de transport sur les chemins de fer exploités par l'Etat.

Art. 17. Les officiers prisonniers pourront recevoir le complément, s'il y a lieu, de la solde qui leur est attribuée dans cette situation par les règlements de leur pays, à charge de remboursement par leur gouvernement.

Art. 18. Toute latitude est laissée aux prisonniers de guerre pour l'exercice de leur religion, y compris l'assistance aux offices de leur culte, à la seule condition de se conformer aux mesures d'ordre et de police prescrites par l'autorité militaire.

Art. 19. Les testaments des prisonniers de guerre sont reçus ou dressés dans les mêmes conditions que pour les militaires de l'armée nationale.

On suivra également les mêmes règles en ce qui concerne les pièces relatives à la constatation des décès, ainsi que pour l'inhumation des prisonniers de guerre, en tenant compte de leur grade et de leur rang.

Art. 20. Après la conclusion de la paix, le rapatriement des prisonniers de guerre s'effectuera dans le plus bref délai possible.

## CHAPITRE III

### DES MALADES ET DES BLESSÉS

Art. 21. Les obligations des belligérants concernant le service des malades et des blessés sont régies par la Convention de Genève du 6 juillet 1906, sauf les modifications dont celle-ci pourra être l'objet.

## SECTION II

### DES HOSTILITÉS

## CHAPITRE I

### DES MOYENS DE NUIRE A L'ENNEMI — DES SIÈGES ET DES BOMBARDEMENTS

Art. 22. Les belligérants n'ont pas un droit illimité quant au choix des moyens de nuire à l'ennemi.

Art. 23. Outre les prohibitions établies par des conventions spéciales, il est notamment interdit :

a) D'employer du poison ou des armes empoisonnées;

b) De tuer ou de blesser par trahison des individus appartenant à la nation ou à l'armée ennemie;

c) De tuer ou de blesser un ennemi qui, ayant mis bas les armes ou n'ayant plus les moyens de se défendre, s'est rendu à discrétion;

d) De déclarer qu'il ne sera pas fait de quartier;

*e)* D'employer des armes, des projectiles ou des matières propres à causer des maux superflus;

*f)* D'user indûment du pavillon parlementaire, du pavillon national ou des insignes militaires et de l'uniforme de l'ennemi, ainsi que des insignes distinctifs de la convention de Genève;

*g)* De détruire ou de saisir des propriétés ennemies, sauf les cas où ces destructions ou ces saisies seraient impérieusement commandées par les nécessités de la guerre.

Art. 24. Les ruses de guerre et l'emploi des moyens nécessaires pour se procurer des renseignements sur l'ennemi et sur le terrain sont considérés comme licites.

Art. 25. Il est interdit d'attaquer ou de bombarder des villes, villages, habitations ou bâtiments qui ne sont pas défendus.

Art. 26. Le commandant des troupes assaillantes, avant d'entreprendre le bombardement, et sauf le cas d'attaque de vive force, devra faire tout ce qui dépend de lui pour en avertir les autorités.

Art. 27. Dans les sièges et bombardements, toutes les mesures nécessaires doivent être prises pour épargner, autant que possible, les édifices consacrés aux cultes, aux arts, aux sciences et à la bienfaisance, les hôpitaux et les lieux de rassemblement de malades et de blessés, à condition qu'ils ne soient pas employés en même temps à un but militaire.

Le devoir des assiégés est de désigner ces édifices ou lieux de rassemblement par des signes visibles spéciaux qui seront notifiés d'avance à l'assiégeant.

Art. 28. Il est interdit de livrer au pillage même une ville ou localité prise d'assaut.

## CHAPITRE II

### DES ESPIONS

Art. 29. Ne peut être considéré comme espion que l'individu qui, agissant clandestinement ou sous de faux prétextes, recueille ou cherche à recueillir des informations dans la zone d'opérations d'un belligérant, avec l'intention de les communiquer à la partie adverse.

Ainsi les militaires non déguisés qui ont pénétré dans la zone d'opérations de l'armée ennemie, à l'effet de recueillir des informations, ne sont pas considérés comme espions; de même ne sont pas considérés comme espions : les militaires et les non-militaires accomplissant ouvertement leur mission, chargés de transmettre les dépêches destinées soit à leur propre armée, soit à l'armée ennemie. A cette catégorie appartiennent également les individus envoyés en ballon pour transmettre les dépêches et, en général, pour entretenir les communications entre les diverses parties d'une armée ou d'un territoire.

Art. 30. L'espion pris sur le fait ne pourra être puni sans jugement préalable.

Art. 31. L'espion qui, ayant rejoint l'armée à laquelle il appartient, est capturé plus tard par l'ennemi, est traité comme prisonnier de guerre et n'encourt aucune responsabilité pour ses actes d'espionnage antérieurs.

## CHAPITRE III

### DES PARLEMENTAIRES

Art. 32. Est considéré comme parlementaire l'individu autorisé par l'un des belligérants à entrer en pourparlers avec l'autre et se présentant avec le drapeau blanc. Il a droit à l'inviolabilité ainsi que le trompette, clairon ou tambour, le porte-drapeau et l'interprète qui l'accompagneraient.

Art. 33. Le chef auquel un parlementaire est expédié n'est pas obligé de le recevoir en toutes circonstances.

Il peut prendre toutes les mesures nécessaires afin d'empêcher le parlementaire de profiter de sa mission pour se renseigner.

Il a le droit, en cas d'abus, de retenir temporairement le parlementaire.

Art. 34. Le parlementaire perd ses droits d'inviolabilité s'il est prouvé d'une manière positive et irrécusable qu'il a profité de sa position privilégiée pour provoquer ou commettre un acte de trahison.

## CHAPITRE IV

### DES CAPITULATIONS

Art. 35. Les capitulations arrêtées entre les parties contractantes doivent tenir compte des règles de l'honneur militaire.

Une fois fixées, elles doivent être scrupuleusement observées par les deux parties.

## CHAPITRE V

### DE L'ARMISTICE

Art. 36. L'armistice suspend les opérations de guerre par un accord mutuel des parties belligérantes. Si la durée n'est pas déterminée, les parties belligérantes peuvent reprendre en tout temps les opérations, pourvu toutefois que l'ennemi soit averti en temps convenu, conformément aux conditions de l'armistice.

Art. 37. L'armistice peut être général ou local. Le premier suspend partout les opérations de guerre des Etats belligérants; le second, seulement entre certaines fractions des armées belligérantes et dans un rayon déterminé.

Art. 38. L'armistice doit être notifié officiellement et en temps utile aux autorités compétentes et aux troupes. Les hostilités sont suspendues immédiatement après la notification ou au terme fixé.

Art. 39. Il dépend des parties contractantes de fixer dans les clauses de l'armistice les rapports qui pourraient avoir lieu, sur le théâtre de la guerre avec les populations et entre elles.

Art. 40. Toute violation grave de l'armistice par l'une des parties donne à l'autre le droit de le dénoncer et même en cas d'urgence, de reprendre immédiatement les hostilités.

Art. 41. La violation des clauses de l'armistice par des particuliers agissant de leur propre initiative donne droit seulement à réclamer la punition des coupables et, s'il y a lieu, une indemnité pour les pertes éprouvées.

## SECTION III

### DE L'AUTORITÉ MILITAIRE SUR LE TERRITOIRE DE L'ÉTAT ENNEMI

Art. 42. Un territoire est considéré comme occupé lorsqu'il se trouve placé de fait sous l'autorité de l'armée ennemie.

L'occupation ne s'étend qu'aux territoires où cette autorité est établie et en mesure de s'exercer.

Art. 43. L'autorité du pouvoir légal ayant passé de fait entre les mains de l'occupant, celui-ci prendra toutes les mesures qui dépendent de lui en vue de rétablir et d'assurer, autant qu'il est possible, l'ordre et la vie publics en respectant, sauf empêchement absolu, les lois en vigueur dans le pays.

Art. 44. Il est interdit de forcer la population d'un territoire occupé à prendre part aux opérations militaires contre son propre pays.

Art. 45. Il est interdit de contraindre la population d'un territoire occupé à prêter serment à la puissance ennemie.

Art. 46. L'honneur et les droits de la famille, la vie des individus et la propriété privée, ainsi que les convictions religieuses et l'exercice des cultes, doivent être respectés.

La propriété privée ne peut pas être confisquée.

Art. 47. Le pillage est formellement interdit.

Art. 48. Si l'occupant prélève dans le territoire occupé les impôts, droits et péages, établis au profit de l'Etat, il le fera, autant que possible, d'après les règles de l'assiette et de la répartition en vigueur, et il en résultera pour lui l'obligation de pourvoir aux frais d'administration du territoire occupé dans la mesure où le gouvernement légal y était tenu.

Art. 49. Si, en dehors des impôts visés à l'article précédent, l'occupant prélève d'autres contributions en argent dans le territoire occupé, ce ne pourra être que pour les besoins de l'armée ou de l'administration de ce territoire.

Art. 50. Aucune peine collective, pécuniaire ou autre, ne pourra être édictée contre les populations à raison de faits individuels dont elles ne pourraient être considérées comme solidairement responsables.

Art. 51. Aucune contribution ne sera perçue qu'en vertu d'un ordre écrit et sous la responsabilité d'un général en chef.

Il ne sera procédé, autant que possible, à cette perception que d'après les règles de l'assiette et de la répartition des impôts en vigueur.

Pour toute contribution, un reçu sera délivré aux contribuables.

Art. 52. Des réquisitions en nature et des services ne pourront être réclamés des communes ou des habitants que pour les besoins de l'armée d'occupation. Ils seront en rapport avec les ressources du pays et de telle nature qu'ils n'impliquent pas pour les populations l'obligation de prendre part aux opérations de la guerre contre leur patrie.

Ces réquisitions et ces services ne seront réclamés qu'avec l'autorisation du commandant de la localité occupée.

Les prestations en nature seront, autant que possible, payées au comptant; sinon elles seront constatées par des reçus.

Art. 53. L'armée qui occupe un territoire ne pourra saisir que le numéraire, les fonds et les valeurs exigibles appartenant en propre à l'Etat, les dépôts d'armes, moyens de transport, magasins et approvisionnements et, en général, toute propriété mobilière de l'Etat de nature à servir aux opérations de la guerre.

Le matériel des chemins de fer, les télégraphes de terre, les téléphones, les bateaux à vapeur et autres navires, en dehors des cas régis par la loi maritime, de même que les dépôts d'armes et en général toute espèce de munitions de guerre, même appartenant à des sociétés ou à des personnes privées, sont également des moyens de nature à servir aux opérations de la guerre, mais devront être restitués, et les indemnités seront réglées à la paix.

Art. 54. Le matériel des chemins de fer provenant d'Etats neutres, qu'il appartienne à ces Etats ou à des sociétés ou personnes privées, leur sera renvoyé aussitôt que possible.

Art. 55. L'Etat occupant ne se considérera que comme administrateur et usufruitier des édifices publics, immeubles, forêts et exploitations agricoles appartenant à l'Etat ennemi et se trouvant dans le pays occupé. Il devra sauvegarder le fonds de ces propriétés et les administrer conformément aux règles de l'usufruit.

Art. 56. Les biens des communes, ceux des établissements consacrés aux cultes, à la charité et à l'instruction, aux arts et aux sciences, même appartenant à l'Etat, seront traités comme la propriété privée.

Toute saisie, destruction ou dégradation intentionnelle de semblables établissements, de monuments historiques, d'œuvres d'art et de science, est interdite et doit être poursuivie.

## SECTION IV

### DES BELLIGÉRANTS INTERNÉS ET DES BLESSÉS SOIGNÉS CHEZ LES NEUTRES

Art. 57. L'Etat neutre, qui reçoit sur son territoire des troupes appartenant aux armées belligérantes, les internera, autant que possible, loin du théâtre de la guerre.

Il pourra les garder dans des camps, et même les enfermer dans des forteresses ou dans des lieux appropriés à cet effet.

Il décidera si les officiers peuvent être laissés libres en prenant l'engagement sur parole de ne pas quitter le territoire neutre sans autorisation.

Art. 58. A défaut de convention spéciale, l'Etat neutre fournira aux internés les vivres, les habillements et les secours commandés par l'humanité.

Bonification sera faite, à la paix, des frais occasionnés par l'internement.

Art. 59. L'Etat neutre pourra autoriser le passage sur son territoire des blessés ou malades appartenant aux armées belligérantes, sous réserve que les trains qui les amèneront ne transporteront ni personnel ni matériel de guerre. En pareil cas l'Etat neutre est tenu de prendre les mesures de sûreté et de contrôle nécessaires à cet effet.

Les blessés ou malades amenés dans ces conditions sur le territoire neutre par un des belligérants, et qui appartiendraient à la partie adverse, devront être gardés par l'Etat neutre, de manière qu'ils ne puissent de nouveau prendre part aux opérations de la guerre. Celui-ci aura les mêmes devoirs quant aux blessés ou malades de l'autre armée qui lui seraient confiés.

Art. 60. La Convention de Genève s'applique aux malades et aux blessés internés sur territoire neutre.

### Déclarations.

Les puissances contractantes consentent, pour une durée de cinq ans, à l'interdiction de lancer des projectiles et des explosifs du haut de ballons ou par d'autres modes analogues nouveaux.

Les puissances contractantes s'interdisent l'emploi de projectiles qui ont pour but unique de répandre des gaz asphyxiants ou délétères.

Les puissances contractantes s'interdisent l'emploi de balles qui s'épanouissent ou s'aplatissent facilement dans le corps humain, telles que les balles à enveloppe dure dont l'enveloppe ne couvrirait pas entièrement le noyau ou serait pourvue d'incisions.

Les présentes déclarations ne sont obligatoires que pour les puissances contractantes, en cas de guerre entre deux ou plusieurs d'entre elles.

Elles cesseront d'être obligatoires du moment où, dans une guerre entre des puissances contractantes, une puissance non contractante se joindrait à l'un des belligérants.

### Application des dispositions de la Conférence de La Haye.

Les divers actes internationaux signés à La Haye le 29 juillet 1899, à la suite de la Conférence internationale de la paix, recevront leur pleine et entière exécution entre la France et les puissances contractantes.

1° Seront exécutés par les armées de terre, en cas de guerre avec les puissances contractantes et à charge de réciprocité, les actes dont la teneur suit, savoir :

La convention concernant les lois et coutumes de la guerre sur terre;

La déclaration concernant l'interdiction de lancer des projectiles et des explosifs du haut de ballons ou par d'autres moyens analogues nouveaux;

La déclaration concernant l'interdiction de l'emploi de projectiles qui ont pour but unique de répandre des gaz asphyxiants ou délétères;

La déclaration concernant l'interdiction de l'emploi de balles qui s'épanouissent ou s'aplatissent facilement dans le corps humain.

2° Il sera, dans les mêmes circonstances, tenu compte des mêmes actes dans l'application des autres règlements militaires, et notamment :

Du règlement et de l'instruction sur le service des étapes;
Du règlement sur le service dans les places de guerre;
Du décret et de l'instruction sur les prisonniers de guerre;
De l'instruction sur le service de la gendarmerie en campagne;
Du règlement sur le service de santé en campagne.

3° Dans les mêmes circonstances, pour l'application du Code de justice militaire, les autorités militaires auront à tenir compte, dans la délivrance des ordres d'informer et de mise en jugement à l'égard des étrangers, des dispositions de la convention relative aux lois et coutumes de la guerre définissant les individus à considérer comme belligérants, prisonniers de guerre et espions. (Décret du 16 juillet 1901.)

### Extrait de la déclaration de Saint-Pétersbourg.

Les parties contractantes s'engagent à renoncer mutuellement, en cas de guerre entre elles, à l'emploi par leurs troupes de terre et de mer, de tout projectile de poids inférieur à quatre cents grammes qui serait ou explosible ou chargé de matières fulminantes ou inflammables (29 novembre, 10 décembre 1868).

# CHAPITRE IX

## LES SOCIÉTÉS D'ASSISTANCE AUX BLESSÉS EN FRANCE ET A L'ÉTRANGER

Les sociétés d'assistance aux blessés sont, en France, au nombre de trois, savoir :

1° La Société française de secours aux blessés;
2° L'Association des Dames françaises;
3° L'Union des Femmes de France.

Aux termes du décret du 2 mai 1913, ces sociétés sont autorisées à prêter leur concours, en temps de guerre, au service de santé de terre et de mer, sous l'autorité du commandement et des directeurs du service de santé. Leur personnel doit être dégagé de toute obligation militaire et les médecins agréés par le Ministre de la guerre.

Elles sont autorisées à créer dans les places fortes, villes ouvertes et autres localités désignées par le Ministre ou les généraux, sur la proposition des directeurs du service de santé, des *hôpitaux auxiliaires*, dits du territoire; des *hôpitaux auxiliaires de campagne* (1); des *infirmeries de gare*, dont l'organisation est en principe réservée à la Société de secours aux blessés.

L'action des sociétés d'assistance ne peut s'étendre ni au service de santé de l'avant, ni à celui des hôpitaux d'évacuation, exclusivement du domaine du service de santé militaire.

Le personnel des sociétés employé aux armées est justiciable des lois et règlements militaires. Il porte un uniforme déterminé par le Ministre, ainsi que le brassard de la Convention de Genève. Ce brassard est revêtu du cachet de la direction du service de santé régionale, d'un numéro d'ordre et doit toujours être accompagné d'une carte d'identité nominative portant le même numéro.

Au point de vue militaire, chaque société est représentée :

Dans chaque corps d'armée, par un *délégué régional* choisi par le conseil supérieur de la société et accrédité auprès du général commandant le corps d'armée et du directeur du service de santé;

Auprès du Ministre de la guerre, par un délégué du conseil supérieur agréé par le Ministre, qui étudie, de concert avec le médecin militaire spécialement désigné par ce dernier pour le représenter auprès de la société, toutes les questions de préparation de celle-ci au service de guerre. Ainsi se trouve constituée la *commission mixte*.

Une *commission supérieure* composée des présidents ou présidentes des sociétés ou de leurs délégués, des commissaires civils

---

(1) Les hôpitaux auxiliaires de campagne des sociétés d'assistance sont supprimés.

des sociétés; des membres militaires (commissaires militaires, médecin principal chargé de la surveillance des magasins centraux, médecin de la marine, un secrétaire officier d'administration) sous la présidence du directeur du service de santé au ministère de la guerre règle l'ensemble des questions ayant trait à l'assistance aux blessés par chacune des trois sociétés.

L'instruction du 21 mai 1913 sur l'utilisation, en temps de guerre, des ressources du territoire national pour l'hospitalisation des malades et des blessés de l'armée fixe, d'autre part, aux sociétés de secours l'obligation rigoureuse de constituer effectivement les approvisionnements des hôpitaux auxiliaires du territoire dont elles acceptent la charge.

Ceux-ci sont classés, suivant leur degré de préparation, en trois séries distinctes :

1re série : hôpitaux prêts à fonctionner dès le 9e jour de la mobilisation (personnel, matériel au complet, fonds suffisants au fonctionnement de l'hôpital pendant deux mois);

2e série : hôpitaux dont la préparation est assez avancée pour permettre leur ouverture le 16e jour de la mobilisation (ne possède que la moitié des ressources seulement);

3e série : hôpitaux à peine ébauchés, date d'ouverture indéterminée.

Indépendamment de l'organisation précédente, qui règle la situation des sociétés de secours au point de vue militaire, il existe, pour chaque société, à Paris et en province, des comités de dames et d'hommes avec un président et une présidente, un *comité central* ou *conseil supérieur*, qui comporte un *conseil d'administration*, un *secrétaire général*, des *commissions* de propagande, des finances, du personnel, de l'enseignement, du matériel et assure le fonctionnement de la société.

Le tableau ci-dessous montre l'organisation et la situation comparatives des sociétés d'assistance en France et dans les principales puissances militaires :

Tableau comparatif de l'organisation de l'Assistance privée

aux blessés en temps de guerre dans les principales armées. Croix-Rouge.

| FRANCE. | ALLEMAGNE. | AUTRICHE HONGRIE. | JAPON. | RUSSIE. | ITALIE. | ANGLETERRE. |
|---|---|---|---|---|---|---|
| Trois sociétés d'assistance aux blessés militaires reconnues d'utilité publique : 1° Société française de secours aux blessés militaires; 2° Association des Dames françaises; 3° Union des Femmes de France. Rôle : Hôpitaux auxiliaires de campagne. Hôpitaux auxiliaires du territoire. Infirmeries de gare. 130.000 membres environ. Ressources financières : 20.000.000 fr. environ. | La Croix-Rouge allemande se compose : 1° Association nationale de la Croix-Rouge (hommes). 2° Association des femmes allemandes. 3° Colonnes de santé (plus de 15.000 porteurs volontaires) auxquelles s'ajoutent les ordres de chevaliers : De Saint-Jean (congrégation nobiliaire protestante); De Malte; De Saint-Georges. Organisation disposant de capitaux considérables susceptibles de rendre de très grands services. N'opère que dans la zone des étapes. 700.000 membres. Ressources financières : 20.000.000. | 1° L'ordre des chevaliers teutons fournit des colonnes de transport aux ambulances. 2° La société de la Croix-Rouge autrichienne fournit également des colonnes de transport et possède 40 hôpitaux. 3° L'ordre de Malte assure le service de 12 trains sanitaires permanents. 4° Comités nombreux de la Croix-Rouge à l'intérieur. 5° Autriche : 52.000 membres. Ressources financières : 10.500.000 fr. Hongrie : 38.000 membres. Ressources totales : 15.800.000. | Croix-Rouge japonaise, 1.400.000 adhérents. Ecole d'infirmières à l'hôpital de la société à Tokio. Organisation de sections d'infirmiers pour les formations sanitaires de campagne. 2 navires-hôpitaux. Ressources financières : 16.000.000. | La Croix-Rouge russe, institution nationale pourvue de ressources basées sur des impôts spéciaux : Fournit des ambulances légères; Des stations-repas; Des trains sanitaires nombreux; Des infirmeries de gare; Des hôpitaux temporaires de campagne (157 en Mandchourie); Des hôpitaux permanents et temporaires du territoire national (35.000 lits pendant la guerre de Mandchourie). Personnel : associations religieuses et laïques (90 communautés et soeurs titulaires et volontaires prises dans tous les rangs de la société). Formations et personnel sont admis dans la zone de l'avant. Ressources financières : 45.000.000. | Croix-Rouge italienne peut fournir à la 1re réquisition : 15 trains sanitaires permanents; 8 hôpitaux de campagne de 100 lits; 41 hôpitaux de campagne de 50 lits; 44 postes de secours de gare; 2 ambulances fluviales; 2 navires-hôpitaux; 69 ambulances de montagne. Utilisée seulement dans la zone des étapes et de l'arrière. | Croix-Rouge anglaise composée de : L'ancien ordre des chevaliers de Jérusalem. Et de la Société nationale de secours, fusionnés depuis 1907. Ne possède aucun matériel sanitaire. A organisé un corps d'infirmières de premier ordre dont l'instruction se fait dans les hôpitaux militaires. |

# CHAPITRE X

SERVICE DE SANTÉ EN CAMPAGNE COMPARÉ DANS LES ARMÉES
FRANÇAISES ET ÉTRANGÈRES

Les trois tableaux comparatifs suivants permettent d'embrasser
d'un coup d'œil l'organisation du service de santé en campagne
dans les principales puissances au point de vue :

1° De la direction;

2° De l'exécution du service à l'avant et à l'arrière.

---

## TABLEAUX COMPARATIFS

### de l'organisation et du fonctionnement du service de santé en campagne dans les principales armées

(française, allemande,
austro-hongroise, japonaise, russe, italienne, anglaise).

---

Tableau comparatif de l'organisation du service de santé en campagne dans les principales armées.

| FRANCE. | ALLEMAGNE. | AUTRICHE-HONGRIE. | JAPON. | RUSSIE. | ITALIE. | ANGLETERRE. | |
|---|---|---|---|---|---|---|---|
| **DIRECTION.** | | | | | | | |
| **SERVICE DE L'AVANT.** | | | | | | | |
| * | Chef du service de santé des armées. | Médecin-major général. | Général directeur du corps des officiers sanitaires. | * | * | * | Dans un groupe d'armées. |
| Médecin inspecteur général ou inspecteur chef supérieur du service de santé de l'armée, médecin de l'armée. | Médecin général d'armée. | Médecin en chef d'armée. | Général ou colonel médecin. | Inspecteur médical de l'armée. | Médecin général directeur d'armée. | * | Dans une armée. |
| Médecin inspecteur ou médecin principal de 1re classe, directeur du service de santé du corps d'armée. | Médecin général de corps d'armée. | Médecin en chef de corps d'armée. | * | Inspecteur médical de corps d'armée. | Médecin colonel directeur du service de santé du corps d'armée. | Chirurgien général du corps d'armée. | Dans un corps d'armée. |
| Médecin principal de 1re ou de 2e classe, médecin divisionnaire. | Médecin divisionnaire. | Médecin divisionnaire. | Colonel-médecin. | Médecin divisionnaire. | Médecin divisionnaire. | | Dans une division. |
| **SERVICE DE L'ARRIÈRE.** | | | | | | | |
| 1° Chef supérieur du service de santé de l'armée, directeur du service de santé des étapes. | 1° Médecin général des étapes. | Médecin en chef d'armée. | Colonel - médecin dans chaque inspection d'étapes divisionnaire. | Inspecteur des hôpitaux adjoint au médecin général de jour. | Médecin délégué du médecin général directeur d'armée. | Chirurgien général de la base d'opérations assisté d'un directeur des hôpitaux de campagne sédentaire. | Le service des étapes est organisé par armée. |
| 2° Médecin principal de 1re classe, chef du service de santé des étapes, et médecin-major de 1re classe, tous deux adjoints au médecin de l'armée. | 2° Feld Lazareth director. | " | * | " | | | |

TABLEAU II.

Tableau comparatif de l'organisation du service de santé en campagne des principales armées.

Exécution.

SERVICE DE L'AVANT.

| FRANCE (1). | ALLEMAGNE. | AUTRICHE-HONGRIE. | JAPON. | RUSSIE. | ITALIE. | ANGLETERRE. |
|---|---|---|---|---|---|---|
| | | | | SERVICE RÉGIMENTAIRE. | | |
| Poste de secours. | Station régimentaire de pansement (2). | Poste de secours. | Place régimentaire de secours. | Ambulance régimentaire (3). | Poste de secours. | Relèvement et transport seulement. Soins individuels. |
| | | | | AMBULANCES. | | |
| Ambulances (5 par C. A.). Sections d'hospitalisation (6 par C. A.). Groupes de brancardiers (2 groupes divisionnaires, 1 groupe de corps). Ambulance de division de cavalerie. | Détachement sanitaire (station divisionnaire de pansement). Pas d'ambulance de cavalerie. Un seul type d'ambulance. (6) | Ambulance divisionnaire d'infanterie avec équipement de campagne (place de pansement). Ambulance divisionnaire d'infanterie dans la guerre de montagne. Ambulance de brigade d'infanterie; ambulance divisionnaire de cavalerie. | Ambulance du corps sanitaire de la division (4). | Lazaret ou ambulance divisionnaire (5). Pas d'ambulance ou de division de cavalerie. Un seul type d'ambulance. | Section de santé, divisionnaire ou de corps. | Compagnies de brancardiers (station de pansement). |
| | | | | HÔPITAUX DE CAMPAGNE. | | |
| Les ambulances se transforment en formations hospitalières par leur immobilisation et l'adjonction de sections d'hospitalisation qui leur apportent le matériel hospitalier nécessaire et une réserve de pansements. | Lazaret de campagne : 200 blessés. 12 par corps d'armée. | Hôpital de campagne avec équipement de campagne ou de montagne. 600 lits, divisible en 3 sections, 1 par division d'infanterie. 1 colonne de transport de blessés de la Croix-Rouge austro-hongroise. | Hôpital de campagne de 200 lits; se subdivise en 2 sections. 6 par division d'infanterie. | Hôpital de campagne de 200 lits. 8 par division d'infanterie dont : 2 détachés près de l'ambulance. 2 non détachés. 4 de réserve. | Hôpital de campagne, 200 lits; 24 par armée, dont 15 seulement sont attelés ; 5 par corps d'armée; les autres non attelés. | Hôpitaux mobiles : 200 lits, 12 par corps d'armée. |

(1) Dans le règlement de 1910 les formations sanitaires sont constituées par : les ambulances, les sections d'hospitalisation, les groupes de brancardiers divisionnaires et de corps, l'ambulance de division de cavalerie.

(2) La station régimentaire de pansement cesse de fonctionner dès l'entrée en action de la station divisionnaire de pansements. Tout son personnel médical se joint à celui de l'ambulance. Il en est de même pour la place régimentaire de blessés.

Nota. — Les brancardiers des corps de troupe d'infanterie sont exclusivement employés au service de santé; ils portent continuellement le brassard de la convention de Genève. A côté d'eux, il existe des brancardiers auxiliaires compris dans les combattants et portant un brassard rouge au moment de leur emploi spécial dans le combat.

(3) L'ambulance régimentaire est spéciale à l'armée russe.

(4) Comprend la centralsection chargée de l'installation de la « place de pansement » et les deux compagnies de porteurs de blessés.

(5) Deux hôpitaux mobiles font partie par organisation de toute ambulance divisionnaire. Les troupes spéciales, l'artillerie, la cavalerie ne possèdent que des brancardiers auxiliaires.

(6) Aux manœuvres allemandes de 1911 ont été employées, pour la première fois, de nouvelles ambulances, dites « ambulances volantes ».

Ce sont des triporteurs à moteur, munis d'une caisse contenant des bandes, des appareils à fracture et quelques instruments nécessaires, en cas d'accident. Ces moto-ambulances transportent un sous-officier et un infirmier. Elles doivent maintenir la liaison constante entre les ambulances et les troupes.

Chacun des C. A. prenant part aux manœuvres a reçu, provisoirement, 5 de ces ambulances. (Revue des Armées étrangères, septembre 1911.)

| | | | | | SERVICE DE | EXÉ CUTION. L'ARRIÈRE. | |
| | | | | | | HOSPITA LISATION. | |

| FRANCE. | ALLEMAGNE. | AUTRICHE-HONGRIE. | JAPON. | RUSSIE. | ITALIE. | ANGLETERRE. | |
|---|---|---|---|---|---|---|---|
| Ambulances immobilisées. Hôpitaux temporaires du territoire occupé. Hôpitaux auxiliaires. Centres hospitaliers. Dépôts d'éclopés et convalescents. Ambulances (8 par C. A. composant l'armée). Sections d'hospitalisation (6 par C. A. composant l'armée). | Lazaret de guerre. Lazaret d'étapes. Dépôt d'éclopés. | Hôpital de réserve. 3 par corps d'armée. Hôpital d'étapes. Dépôt d'éclopés ou de convalescents. | (1) Hôpitaux stationnaires. Hôpitaux d'étapes. | Hôpital de réserve. Détachement d'éclopés. serve | Les trois hôpitaux de campagne non attalés. | Hôpitaux sédentaires de campagne : 13 par corps d'armées. | (1) Font partie de la réserve de personnel et de matériel qui peut se subdiviser en trois hôpitaux stationnaires. |
| | | | | ÉVACUA | TIONS. | | |
| Hôpital d'évacuation. | Commission de transport de malades. | Station d'évacuation. | Hôpital stationnaire fonctionnant comme hôpital d'évacuation. | Commission d'évacuation et centre d'évacuation et de répartition. | Organisation constitué avec le personnel désigné par le médecin général directeur du service de santé de l'armée. | Hôpital sédentaire de la base d'opérations faisant office d'hôpital d'évacuation. | |
| Infirmeries de gare. Infirmeries de gîtes d'étapes. Trains sanitaires permanents: improvisés. Convois par trains ordinaires de voyageurs. Convois sur route. | Stations pourvues de buffets, de postes de pansements, de dortoirs. Trains sanitaires réglementaires, 40. Auxiliaires. Convois de malades. | Infirmeries de gare. Trains sanitaires permanents: 33. Trains temporaires aménagés. | » Trains sanitaires aménagés. Navires - hôpitaux. | Convois sanitaires. Trains sanitaires : Permanents, Temporaires, De retour, Ordinaires. | Poste de secours de gare. Trains sanitaires. Trains - hôpitaux : 15; prennent les blessés amenés en des points déterminés par les trains de transport aménagés par l'autorité militaire. | Trains de transport aménagés. | |
| | | | | RÉAPPROVI | SIONNEMENT. | | |
| Réserve de matériel sanitaire de la gare régulatrice. Station-magasin. Réserve de personnel. | Dépôts de réserve de lazarets. Dépôt de matériel. | Dépôts de matériel sanitaire et de médicaments. | Réserves de personnel et de matériel sanitaires. | Pharmacie de campagne. | Dépôt de matériel du service de santé. | » | |

# II<sup>E</sup> PARTIE

## Les directeurs et chefs de service dans les principales situations de guerre depuis la mobilisation jusque après la bataille.

---

## TITRE I<sup>ER</sup>
### Les directeurs du service de santé.

---

### CHAPITRE I<sup>er</sup>
#### LE MÉDECIN DE L'ARMÉE

---

### I
#### Le médecin de l'armée à la mobilisation.

---

*a*) OBLIGATIONS PERSONNELLES.

Se mobilise avec le quartier général de l'armée dans les conditions fixées par sa lettre de mobilisation et d'après les indications du journal de mobilisation de cette unité.

Marche avec le 2ᵉ groupe du quartier général, direction des étapes et des services, ainsi que le personnel du service de santé attaché à sa direction, savoir :

1 médecin-major de 2ᵉ classe ou aide-major;
1 officier d'administration;
3 infirmiers ou secrétaires.
Equipement : celui des officiers généraux de son grade.
Chevaux : deux.
Bagages : 4 cantines, caisse d'archives et imprimés (cachet et boîte à tampon, timbre sec pour ordonnancement) (chargés sur le fourgon à bagages commun avec le service vétérinaire).
Indemnité d'entrée en campagne : 6.000 francs ou 4.000 francs, suivant qu'il est du grade de médecin inspecteur général ou inspecteur.

*b*) OBLIGATIONS DE SERVICE

Le médecin de l'armée n'intervient pas au point de vue technique pendant les opérations de mobilisation et de concentration. Son rôle ne commence qu'avec la constitution et le fonctionnement du quartier général de l'armée et le début des opérations militaires.

## II
## Le médecin de l'armée pendant le stationnement.

Proposer au directeur des étapes et services toutes les mesures d'hygiène et de prophylaxie applicables à l'ensemble de l'armée.

Visite des cantonnements de l'armée (demander un moyen de transport rapide).

En cas d'épidémies ou d'événements pathologiques graves, proposer au directeur des étapes et services les missions spéciales à confier aux médecins consultants (S. S. C., art. 6).

Proposer l'utilisation des établissements hospitaliers de la zone des étapes, l'organisation nécessaire au traitement des malades atteints d'affections contagieuses et la désignation du personnel technique à y affecter.

Aviser les municipalités aux soins desquelles ont été laissés des malades ou blessés des hôpitaux sur lesquels ils devront être dirigés dès que leur état le permettra.

### PIÈCES A RECEVOIR ET A ÉTABLIR

#### Journellement.

Recevoir :

Situations mod. n° 2 et n° 3 : Dir. S. S. C. A.; M. C. S. S. E.

Ressources de la réserve de matériel sanitaire de la G. R.

Ressources de la station-magasin.

Etablir :

Situations mod. n° 2 et n° 3 pour le D. E. S.

Journal de marches et opérations.

Tableau.

#### Mensuellement.

Etat nominatif mod. 74 (officiers).

Situation numérique mod. n° 4 (troupe).

Contrôles du personnel (mod. n° 23) des officiers des corps de troupe et des formations sanitaires.

#### Epoque indéterminée.

Demandes de complément de personnel.

Demandes de réapprovisionnement (des Dr S. S. C. A., méd. div. de cavalerie et M. C. S. S. E.).

Propositions pour l'avancement, la Légion d'honneur, médaille militaire (centralisées et transmises par le commandant de l'armée), S. S. C., art. 15.

Rapport spécial après la bataille et en cas d'événements graves ou urgents.

Mandats de paiement ou d'avance.

Comptabilité des fonds (Cf. notice n° 13).

Contrôle du personnel.

Carnet de réquisitions.

Feuillets du personnel en campagne (officiers de la direction).

Livrets matricules des officiers de la direction.

Carnet de correspondance.

Propositions pour l'avancement, la Légion d'honneur, la médaille militaire (personnel de la direction, méd. chef S. S. E., m.-major 1re cl. adjoint).

Annotations des propositions de tout le personnel du S. S. de l'armée.

Posséder un carnet autocopiste, qui permet d'obtenir en l'écrivant plusieurs exemplaires de l'ordre donné et évite d'en transcrire les copies.

## III

### Le médecin de l'armée pendant les marches.

Il n'a aucune action directe à exercer. Mais, dès le début des périodes de marches, il portera son attention sur le fonctionnement des sections sanitaires automobiles chargées de l'évacuation quotidienne des éclopés sur les gares de ravitaillement.

Les mouvements et opérations des formations sanitaires de l'avant sont réglés par les directeurs du service de santé des corps d'armée et les médecins divisionnaires. Les formations de l'arrière sont actionnées par le médecin chef du service de santé des étapes agissant par ordre et délégation du médecin de l'armée.

## IV

### Le médecin de l'armée avant la bataille.

L'œuvre sanitaire avant la bataille est œuvre de « prévision » et de « préparation », elle doit être élaborée par le médecin de l'armée en relation étroite avec le chef d'état-major de la direction des étapes et des services pour les renseignements précis sur la situation tactique qui oriente le service de santé, et en collaboration avec le médecin chef du service de santé des étapes pour l'exécution du plan établi, qui se base sur les conséquences certaines des événements probables prévus par le commandement (1) :

1° Rapprocher les formations sanitaires d'armée, les orienter par groupe plus ou moins important, dans le sillage de chaque corps d'armée. D'un coup d'œil sur sa carte ou son tableau, le médecin de l'armée se rend compte des emplacements des formations d'étapes et dans quelles conditions pourront être exécutés les ordres de mouvements pour leur mise en place.

2° Rechercher des gares ou centres d'évacuation (2) sur le réseau de la G. R. utilisables dans l'hypothèse probable. Soumettre leur choix au directeur des étapes et services qui les soumettra à l'acceptation de la commission régulatrice.

Fixer les hôpitaux ou sections d'hôpitaux d'évacuation à y amener; heure de leur arrivée.

3° Utilisation des voies ferrées pour les évacuations. Consulter la commission régulatrice pour l'emploi opportun des moyens. Marches des trains.

Faire armer les trains sanitaires improvisés à la G. R.

---

(1) Le commandement prévoit, par exemple, un combat offensif nécessitant l'engagement probable de deux corps d'armée contre un ennemi nombreux occupant une position d'un abord difficile; le médecin de l'armée établira ses prévisions sur des pertes élevées et calculera en conséquence le nombre de formations à faire entrer en ligne, les moyens de transport pour les évacuations, etc.

(2) L'étude et la préparation de ces centres d'évacuation, qui peuvent éventuellement se trouver sur le réseau routier si la voie ferrée est hors de portée ou inutilisable, seront confiées soit au médecin-chef du S. S. des étapes, soit au médecin-major adjoint comme lui au médecin de l'armée.

Demander l'envoi des divers trains dans l'ordre suivant :

Trains ordinaires à voyageurs (pour enlèvement des blessés légers);

Trains sanitaires improvisés;

Trains sanitaires permanents (réservés aux blessés les plus graves);

Calculer leur nombre d'après les pertes probables. Proposer leur répartition entre les diverses gares d'évacuation choisies. Connaître l'heure d'arrivée du premier train à chacune d'elles.

4° Utilisation des voies navigables pour les évacuations. S'il en existe à portée, en demander au directeur de l'arrière la libre disposition. Provoquer la réquisition des bateaux; rechercher les ports d'embarquement et les moyens d'aménagement des convois; désigner le personnel; fixer le matériel à employer.

5° Utilisation des routes pour les évacuations. Qu'il y ait ou non des routes d'étapes, il faudra toujours des moyens de transport sur roues pour transporter les blessés aux gares d'évacuation. Demander au directeur des étapes et services, convoi auxiliaire; convoi administratif; convoi éventuel; convoi automobile. Calculer le nombre de voitures nécessaires d'après les pertes probables. Indiquer les points de concentration des divers groupes de voitures; les choisir de telle sorte qu'ils puissent être portés le plus rapidement possible sur le terrain de l'action.

Si le convoi auxiliaire ne fait pas partie des troupes de marche dans la zone des étapes, le faire demander de très bonne heure par le D. E. S. au D. A., en raison du temps que met cet organe à se rendre de la région où il a été mobilisé à la zone de l'armée.

6° Organisation de la G. R. Choix de l'hôpital d'évacuation à y laisser comme filtre des blessés (médecin-chef énergique). Instructions spéciales à donner pour l'organisation immédiate d'un *dépôt de convalescents et éclopés* à adjoindre à l'hôpital d'évacuation à la G. R., au médecin-chef du S. S. E.

7° Rechercher (1) les ressources en personnel et matériel sanitaire et hospitalier dans les centres urbains de la zone des étapes en vue de la création de centres hospitaliers. Prévoir l'emploi et le concours du génie des étapes pour l'aménagement des locaux, pour la construction de baraquements, le montage de tentes, baraques, etc., à faire venir de l'arrière.

8° Aviser la station-magasin des besoins probables, afin qu'elle se prémunisse par les demandes à l'intérieur.

## V

### Le médecin de l'armée pendant la bataille.

Le médecin de l'armée pendant la bataille « ne voit rien ». Resté ordinairement loin du terrain de la lutte avec le 2° groupe du quar-

---

(1) L'étude du projet d'organisation d'un *centre hospitalier* doit être faite soit par le médecin de l'armée qualifié par son expérience et sa situation pour la mener à bien; soit par le médecin-chef du service de santé des étapes ou le médecin principal de la réserve du personnel, appelé éventuellement à en prendre la direction.

lier général, il ne connaît les événements et n'a d'autres renseignements que ceux fournis par le chef d'état-major de la D. E. S.,
qui lui transmet les demandes des corps d'armée arrivant le plus
souvent par voie télégraphique ou téléphonique.

Il n'y a plus, pendant cette période, aucune mesure de « prévision » ni de « préparation » en cours : c'est d'exécution qu'il s'agit
à la demande des directeurs du service de santé des corps d'armée. L'initiative du médecin de l'armée n'aura que très rarement à
s'exercer.

Il se bornera à assurer :

La répartition des organes d'armée (ambulances et sections d'hospitalisation) entre les C. A. intéressés, proportionnellement aux besoins qu'ils feront connaître;

Ordres à donner dans ce but au médecin chef du service de santé
des étapes;

Avis à donner aux C. A. des jour, lieu, heure de chargement des
formations d'armée sur les moyens de transport, devenus disponibles, des formations immobilisées.

## VI
### Le médecin de l'armée après la bataille.

C'est le moment pour le médecin de l'armée de « voir » pour
« savoir », de proposer ou prendre les mesures que comporte la
situation.

Demander au D. E. S. un moyen de transport rapide pour parcourir le champ de bataille et se rendre compte par soi-même des
pertes et des besoins, sans attendre les comptes rendus des corps
d'armée, qui arriveront toujours très tard.

Muni des renseignements utiles, fort de ses constatations personnelles :

1° Il assure ou complète la répartition, entre les divers corps
d'armée, des formations d'armée destinées à remplacer celles immobilisées;

2° Il fait la répartition des moyens de transport des blessés (convois de diverses natures);

3° Il donne ses instructions et ses ordres au médecin-chef du service de santé des étapes pour l'organisation et le fonctionnement
des hôpitaux ou sections d'hôpitaux d'évacuation aux gares d'évacuation ou aux têtes d'étapes;

4° Il règle l'organisation et le fonctionnement des évacuations;

5° Il fixe les missions aux chirurgiens consultants;

6° Il désigne le personnel de complément à provenir de la réserve
de personnel sanitaire de la G. R. et lui assigne sa destination;

7° Il provoque le rapprochement des trains sanitaires aussi près
que possible du théâtre de l'action, voire jusque sur le champ de
bataille, de façon à diminuer la durée des transports et hâter les
évacuations;

8° Il règle les conditions du réapprovisionnement des formations
sanitaires et actionne, dans ce but, la réserve sanitaire de matériel
de la G. R. et la station-magasin, auxquelles il fait connaître télégraphiquement les besoins urgents;

9° Il prévoit et prépare la libération des formations immobilisées.

10° Il provoque du D. E. S. les ordres pour le versement au service de l'artillerie des armes des blessés dont la totalisation figure sur la situation modèle n° 3;

11° Il pourvoit aux besoins divers nécessités par les inhumations et prépare celles-ci par appel aux ressources techniques du parc du génie d'armée;

12° Il indique les points sur lesquels devront être dirigés les lots de substances désinfectantes (chaux, etc.) ou destinées à l'incinération des cadavres animaux (goudron, pétrole, etc.);

13° Il crée les *centres hospitaliers* prévus par le règlement du 26 avril 1910 sur le service de santé en campagne, en arrière de l'armée, en utilisant d'une part les ressources en personnel, en matériel et locaux dont il a constaté antérieurement l'existence dans les centres urbains importants de la zone des étapes, d'autre part exceptionnellement à l'aide de formations d'armée. Il désigne le médecin principal de la réserve du personnel d'armée appelé à en prendre la direction. Il provoque l'envoi, par le directeur de l'arrière, du matériel spécial (stérilisateurs d'eau, appareils à rayon X, étuves à désinfection, autoclaves de grand modèle) etc., qui doit compléter les ressources chirurgicales et hygiéniques de ces centres;

14° Il y envoie un médecin et un chirurgien consultants.

Le rôle du médecin de l'armée peut ne point se borner aux mesures précédentes si l'armée reste sur ses positions, car il devient, de ce fait, le véritable médecin-chef du champ de bataille et doit procéder à son organisation, secondé, dans chaque corps d'armée, par le directeur du service de santé, chef de la zone occupée par son corps d'armée.

Ces attributions, au contraire, sont dévolues à un médecin-chef de commandement provisoire ou de commandement d'étapes définitif du champ de bataille qu'il lui appartient de désigner, si l'armée poursuit son mouvement en avant entraînant le déplacement du quartier général et de la D. E. S.

Voir plus loin (médecin-chef du champ de bataille) les divers cas qui doivent être étudiés et les différentes opérations que comporte l'organisation du champ de bataille.

# CHAPITRE II

## LE DIRECTEUR DU SERVICE DE SANTÉ DE CORPS D'ARMÉE

### I

### Le directeur du service de santé de corps d'armée à la mobilisation.

#### a) OBLIGATIONS PERSONNELLES

Se mobilise avec le quartier général du corps d'armée d'après les indications du journal de mobilisation.

Marche avec le quartier général du C. A. ainsi que le personnel attaché à sa direction, savoir :

1 médecin aide-major;
1 officier d'administration;
4 infirmiers dont 1 caporal et 1 vélocipédiste.

Equipement : celui des officiers généraux s'il est médecin inspecteur; celui des médecins principaux de 1ʳ classe dans le cas contraire. Sacoche avec nécessaire médical personnel.

Chevaux : deux, dont un à toucher au jour et à l'heure indiqués par le journal de mobilisation, s'il est médecin principal de 1ʳ classe.

Bagages : 4 ou 3 cantines suivant le grade; caisse d'archives et imprimés, cachet, boîte à tampon, timbre sec pour ordonnancement (chargés sur le fourgon à bagages commun avec le service administratif).

Indemnité d'entrée en campagne : médecin inspecteur, 4.000 francs; médecin principal de 1ʳ classe, 1.500 francs.

#### b) OBLIGATIONS TECHNIQUES

Visite du dépôt du matériel du service de santé du corps d'armée pour dernière vérification du matériel des formations et des groupes de brancardiers, si le dépôt de la section d'infirmiers est dans la même localité.

N'intervient pas dans les opérations de mobilisation des formations, ni dans celles des corps de troupe du corps d'armée.

Reçoit ou provoque les instructions complémentaires jugées utiles par le général commandant le corps d'armée.

Donne satisfaction à toutes les demandes éventuelles des corps et des formations.

Passe son service au directeur régional, qui lui succède au siège de commandement du corps d'armée.

S'il est désigné pour accompagner le poste de cantonnement (sous-chef d'état-major et intendant) qui précède, sur la zone de concentration, l'arrivée des troupes, voir, pour l'exposé de son rôle, page 226.

# II

## Le directeur du service de santé pendant le stationnement.

Le directeur doit parcourir et visiter les cantonnements du corps d'armée, les étudier au point de vue de l'hygiène, de concert avec les médecins divisionnaires, convoqués tout exprès, de façon à mettre le commandement en garde contre les trois périls du cantonnement :

Le péril de l'eau;
Le péril du sol;
Le péril fécal.

Il organise la défense contre les maladies infectieuses. S'abouche à cet effet, dans chaque cantonnement, avec la *commission de salubrité* (art. 49, R. S. S. C.).

Il visite les installations des infirmeries de cantonnement, des formations désignées pour recevoir, soigner et évacuer les malades sérieux des corps dans chaque division.

Il fixe la formation qui remplira le même but à l'égard des malades et blessés en provenance des troupes non endivisionnées.

Il désigne également l'ambulance à immobiliser pour le traitement des malades contagieux, à défaut d'hôpitaux ou d'établissements du territoire occupé pouvant être utilisés dans ce but.

Il provoque auprès du médecin de l'armée l'envoi de personnel et de matériel supplémentaires pour assurer ce service.

Il envoie la section d'hygiène et de prophylaxie du groupe de brancardiers de corps dans les cantonnements contaminés, pour assurer la désinfection des locaux, faire procéder à l'analyse des eaux, etc.

Il signale au médecin de l'armée les malades ou blessés laissés aux soins des municipalités, au moment où le corps d'armée quitte ses cantonnements.

Il transmet les ordres du commandement, avec ses instructions techniques, aux formations du train de combat et du groupe des parcs placées sous son autorité directe.

Il transmet ses instructions techniques aux médecins divisionnaires par leur vélocipédiste, envoyé chaque jour à l'heure du rapport du corps d'armée (art. 19, S. S. C.).

### PIÈCES A RECEVOIR ET A ÉTABLIR

#### Journellement.

| Recevoir : | Etablir : |
|---|---|
| Situations modèles n°º 2 et 3 : des médecins divisionnaires; m. ch. ambulances non endivisionnées; gest. : sections, hospitalisation; m. ch. groupe brancardiers de corps. | Situations mod. n°º 2 et 3 : pour le général commandant le corps d'armée; médecin de l'armée. Journal de marches et opérations. Graphique. |

#### Mensuellement.

| | |
|---|---|
| Etat nominatif mod. 74 (officiers). Situation numérique mod. 4 (troupe). | Contrôle du personnel (mod. 23) des officiers des corps de troupe et des formations sanitaires. |

*Epoque indéterminée.*

Demandes de complément de personnel.

Demandes de réapprovisionnement.

Demandes d'avances de fonds (formations sanitaires).

Rapport spécial des médecins divisionnaires et des divers médecins chefs après chaque combat et les circonstances imprévues ou urgentes.

Propositions pour l'avancement, la Légion d'honneur, médaille militaire, S. S. corps de troupe (transmises par le commandement).

Propositions pour l'avancement, la Légion d'honneur, médaille militaire, du personnel des formations (transmises par les méd. divisionnaires et les chefs de formations non endivisionnées).

Rapport spécial après chaque combat ou circonstances graves et urgentes.

Demandes de complément de personnel au médecin de l'armée.

Demandes de réapprovisionnement au médecin de l'armée.

Mandats de paiement. Mandats d'avance.

Comptabilité des fonds (notice n° 13).

Contrôle du personnel.

Carnet de réquisition.

Carnet de correspondance.

Feuillets du personnel en campagne (officiers de la direction).

Livrets matricules des officiers de la direction.

Annotations des propositions de tout le personnel du S. S. du corps d'armée.

Propositions pour l'avancement, la Légion d'honneur, la médaille militaire du personnel de la direction.

Posséder un carnet autocopiste qui permet d'obtenir, en l'écrivant, plusieurs exemplaires de l'ordre donné et évite d'en transcrire les copies.

## III

## Le directeur du service de santé de corps d'armée pendant les marches.

Le directeur du service de santé, dès le début de la période des marches, prévoit l'emploi de la « section sanitaire automobile », s'il ne l'a déjà fait, pour l'évacuation quotidienne des malades et éclopés sur les gares de ravitaillement et il établit une instruction générale pour le fonctionnement de cet organe.

Pendant les marches, il propose l'affectation d'ambulances et, s'il y a lieu, de sections d'hospitalisation aux divisions; il propose également les modifications qu'il estime utiles dans les groupements d'éléments sanitaires non affectés aux divisions.

Il se guide, dans ses propositions, sur sa connaissance de la situation tactique, suivant que les marches s'exécutent loin ou près de l'ennemi, à l'abri ou sous le coup d'une rencontre ou de surprises possibles.

Il n'intervient pas dans l'organisation du service dans les colonnes, lorsque le corps d'armée marche en deux colonnes placées chacune sous le commandement d'un général de division. Ce soin incombe aux médecins divisionnaires.

Il règle le service seulement lorsque des troupes et des éléments non endivisionnés constituent une colonne séparée dans laquelle il fixe la part prise par le groupe de brancardiers de corps au transport des éclopés ou des malades incapables de suivre leurs unités.

Il indique la destination à donner, en fin de marche, aux malades ou blessés recueillis pendant la route et la formation qui doit les recevoir en attendant leur évacuation ou leur réintégration à leur corps.

Il propose la création de dépôts d'éclopés, désigne ou requiert le personnel et le matériel nécessaires au fonctionnement du service.

Il rend compte au médecin de l'armée de ces créations et de leurs besoins au point de vue médico-chirurgical.

## IV
### Le directeur du service de santé de corps d'armée avant la bataille.

« Lorsqu'une rencontre est imminente, le directeur du service de santé de corps d'armée se tient auprès du commandant du corps d'armée, de manière à le renseigner sur les besoins de son service et à faire immédiatement exécuter les ordres qu'il en reçoit. » (Art. 17, R. S. S. C.)

Ce qui veut dire qu'en vue de la bataille, le directeur du service de santé du corps d'armée, mis au courant de la situation tactique et de ses conséquences probables par le chef d'état-major, prend ou propose les mesures qu'elle comporte.

Dans ce but :

1° Mettre à la disposition des médecins-chefs des divisions des ambulances et sections d'hospitalisation en surnombre de celles qui leur ont déjà été affectées; faire rentrer, au contraire, celles qui seraient considérées comme en excédent ou à réserver pour une utilisation encore imprécise. Eviter d'alourdir sans nécessité le train de combat des divisions par les éléments sanitaires d'un emploi tardif;

2° Répartir les ambulances suivant la nature présumée ou prévue de l'action :

a) Offensive;
b) Défensive;
c) En retraite.

a) Les grouper au T. C. ou à portée du T. C. du corps d'armée dans la première hypothèse, de façon à pouvoir les porter plus rapidement sur les points éprouvés à la demande des médecins divisionnaires; laisser au G. P. les sections d'hospitalisation d'une utilisation moins immédiate;

b) Les partager entre le T. C. et le G. P., dans la seconde hypothèse, parce que la stabilité des troupes sur leur position défensive donne le temps d'accomplir les mouvements nécessaires à l'arrivée des formations au moment voulu;

c) Réunir tous les éléments au G. P., dans la dernière éventualité, de façon à dégager les derrières du corps d'armée et ne pas s'exposer à laisser quoi que ce soit aux mains de l'ennemi.

Dans tous les cas, conserver à sa portée le groupe de brancardiers de corps prêt à se transporter, à la demande des événements ou suivant les péripéties de la lutte, dans les zones où le relèvement et le transport des blessés deviendront possibles;

3° Faire reconnaître les points de rassemblement, possibles et de facile accès, suffisamment éloignés du terrain de l'action, où seront dirigés les blessés légers du corps d'armée;

4° Désigner les éléments sanitaires appelés à y fonctionner;

5° Demander la réquisition, par les soins du prévôt du corps d'armée, de tous les moyens de transport utilisables pour les blessés;

6° Etudier l'utilisation possible, dans ce même but, des sections vides des T. R., convois administratifs, etc., d'après les ordres concernant le ravitaillement;

7° Indiquer les localités où ces moyens de transport divers devront être lotis et groupés, de façon à en assurer la répartition facile et rapide entre les divisions.

## V

### Le directeur du service de santé de corps d'armée pendant la bataille.

« Le directeur du service de santé de corps d'armée *au combat* exerce sur le service des corps de troupe et des ambulances une surveillance générale et une direction d'ensemble. A cet effet, il se tient au courant de l'intensité de l'action sur les différentes parties du champ de bataille du corps d'armée et se tient en liaison avec les médecins divisionnaires. » (Art. 17, R. S. S. C.)

Il ne doit pas perdre le contact du chef d'état-major du corps d'armée pendant toute l'action et ne pas s'éloigner, par conséquent, du *poste de commandement* du général commandant le corps d'armée.

C'est, pour lui, le seul moyen de « voir » et de « savoir » de l'action ce qui est nécessaire pour diriger son service et recevoir sûrement les demandes et comptes rendus des médecins divisionnaires.

Il doit avoir des agents de liaison indépendamment de son vélocipédiste, qui reste toujours à sa portée. Ces agents doivent être au nombre de cinq, savoir :

Un avec chaque médecin divisionnaire;
Un avec le groupe de brancardiers de corps;
Un avec les éléments sanitaires du T. C.;
Un avec les éléments sanitaires du G. P.

Il les trouve dans les ambulances et le groupe de brancardiers de corps et doit les réunir en un point peu éloigné où il les atteindra par son vélocipédiste, afin de ne pas accroître le nombre déjà élevé des agents de liaison utilisés par l'état-major et qu'il a groupés sous sa main à portée du *poste de commandement*.

Le directeur du service de santé de corps d'armée pendant la bataille prend les mesures suivantes :

1° Donner l'ordre aux divers éléments sanitaires d'envoyer des agents de liaison et fixer le point de leur réunion;

2° Fixer le ou les points de rassemblement déjà reconnus avant l'action pour les blessés légers du corps d'armée. Les faire connaître aux médecins divisionnaires en même temps qu'aux généraux de division;

3° Envoyer l'ordre de mouvement à la formation ou aux formations désignées pour assurer le service en ces points et préparer l'évacuation des blessés légers;

4° Ordres de mouvement éventuels aux éléments sanitaires du T. C. à mettre à la disposition des médecins divisionnaires sur leur demande;

5° Ordres de mouvement éventuels aux éléments sanitaires du G. P. destinés à remplacer ceux du T. C. donnés aux divisions;

6° Ordres au groupe de brancardiers de corps mis à la disposition des médecins divisionnaires, soit par section à chacune des divisions, soit en totalité à l'une d'elles;

7° Ordre de mouvement au groupe de brancardiers de corps, conservé à sa disposition par le directeur du service de santé, qui lui fixe son secteur d'action, après l'avoir fait reconnaître et le porte à la connaissance des médecins divisionnaires;

8° Régler le jeu des mouvements des divers éléments sanitaires d'après les allures du combat; profiter des accalmies ou des modifications apportées par les fluctuations de la lutte dans les localisations du feu pour lancer, au moment opportun, les sections de brancardiers sans attendre la fin de la bataille.

Le directeur du service de santé de corps d'armée ne doit pas perdre de vue, pendant l'action, qu'il détient les réserves sanitaires du corps d'armée; qu'il doit les échelonner de façon à rendre leur emploi facile et fécond; qu'il ne saurait le faire sans les renseignements des médecins divisionnaires actionnés au besoin par lui, grâce à ses agents de liaison.

En cas de mouvement rétrograde, le directeur de corps d'armée désigne, parmi les formations restées sous son autorité directe, le personnel et les unités sanitaires à laisser sur le terrain avec les blessés, sous la protection de la Convention de Genève.

## VI

### Le directeur du service de santé de corps d'armée après la bataille.

Dès la fin de l'action, le directeur du service de santé de corps d'armée doit parcourir le terrain de la lutte. C'est le moment, pour lui, de « voir » pour « savoir », afin de proposer ou prendre les mesures dictées par la situation et ses constatations personnelles.

Demander un moyen de transport rapide au général commandant le corps d'armée.

Dans tous les cas, que le corps d'armée reste sur ses emplacements ou continue son mouvement, le directeur doit prendre les mesures suivantes :

1° Faire connaître le plus tôt possible au commandant du corps d'armée et au médecin de l'armée l'étendue des pertes, les besoins constatés;

2° Faire achever le relèvement des blessés, et, dans ce but, fixer la part prise par le groupe de brancardiers de corps réparti par section entre les divisions ou opérant dans un secteur indépendant qu'il déterminera d'une façon précise. Prendre les dispositions pour que le groupe de brancardiers de corps soit prêt à suivre le mouvement en avant;

3° Fixer le nombre d'ambulances à immobiliser par les médecins divisionnaires;

4° Désigner les sections d'hospitalisation à leur adjoindre;

5° Faire connaître aux ambulances en action, qui ne s'immobilisent pas, les formations sur lesquelles seront dirigés leurs blessés inévacuables;

6° Faire la répartition des moyens de transport requis ou mis à sa disposition entre les divisions;

7° Demander au médecin de l'armée (D. E. S.) le complément de moyens d'évacuation nécessaires;

8° Demander au médecin de l'armée le personnel de complément nécessaire;

9° Demander au médecin de l'armée les ambulances et sections d'hospitalisation destinées à remplacer celles immobilisées ou employées;

10° Remplacer dans les divisions les ambulances immobilisées par des formations semblables restées à sa disposition au T. C. ou au G. P.;

11° Prescrire la cession de pansements aux ambulances non immobilisées par celles qui restent sur place, dans le cas où le ravitaillement normal par le train quotidien ou au centre de ravitaillement ne pourrait se faire en temps opportun;

12° Provoquer les ordres du commandement pour le versement au service de l'artillerie des armes des blessés recueillis par les formations et dont le nombre figure sur les situations modèle 3.

Indépendamment de ces mesures, lorsque le corps d'armée demeure sur ses positions, le directeur doit faire face à d'autres obligations en tant que médecin chef du champ de bataille, dont il exerce les fonctions dans la zone du corps d'armée, sous la haute direction du médecin de l'armée. Il doit alors procéder à l'organisation sanitaire de cette zone, qu'il subdivise en secteurs correspondant au terrain occupé par chaque division dont les médecins divisionnaires remplissent les fonctions de médecins-chefs de secteur et auxquels il rappelle les diverses opérations qui leur incombent, dont le détail sera donné au chapitre : *Médecin-chef du commandement d'étapes du champ de bataille.*

# TITRE II
## Les chefs du service de santé.

## CHAPITRE Ier
### LE MÉDECIN DIVISIONNAIRE D'INFANTERIE

### I
### Le médecin divisionnaire à la mobilisation.

#### a) OBLIGATIONS PERSONNELLES.

Se mobilise avec le quartier général de sa division, d'après les indications de sa lettre de mobilisation.

Marche avec le quartier général de la division.

Est accompagné d'un infirmier secrétaire et d'un vélocipédiste.

Équipement : celui des médecins principaux ou médecins-majors de 1re classe. Sacoche avec nécessaire médical personnel.

Chevaux : deux, dont un à toucher aux jour et heure indiqués à son arrivée au lieu de mobilisation.

Bagages, trois cantines; caisse d'archives, boîte à tampon; imprimés, remis au lieu de mobilisation (chargés sur le même fourgon que le sous-intendant divisionnaire).

Indemnité d'entrée en campagne : médecin principal de 1re classe, 1.500 francs; médecin principal de 2e classe, 1.200 francs.

Le médecin divisionnaire, n'existant pas en temps de paix et ne se trouvant pas le plus souvent au siège du commandement de sa division, doit se rendre, dès son arrivée, auprès du général commandant la division pour recevoir ses ordres et ses instructions et auprès du chef d'état-major, qui lui remet les instructions et lui donne les renseignements relatifs à son service et à sa personne.

#### b) OBLIGATIONS TECHNIQUES.

N'intervient pas dans les opérations de mobilisation du groupe de brancardiers divisionnaire. Le visite et l'inspecte s'il se mobilise dans la même localité (exceptionnel).

N'a point à intervenir dans les opérations de mobilisation des corps de troupe de la division.

### II
### Le médecin divisionnaire pendant le stationnement.

Le rôle du médecin divisionnaire commence vraiment avec le débarquement des troupes dans la zone de concentration.

Dans le cas où sa division opère isolément, ne fait pas partie d'un corps d'armée, il a les attributions d'un médecin d'armée ou d'un directeur de corps d'armée (art. 19, S. S. C.), ce qui implique pour lui l'ordonnancement des dépenses du service de santé de la division, la tenue de la comptabilité des fonds et des documents tels que : le contrôle du personnel des officiers des corps et des formations qui n'entrent pas dans ses attributions si la division appartient à un corps d'armée.

De toutes façons, en station, le médecin divisionnaire doit :

1° Surveiller les cantonnements au point de vue de l'hygiène, les visiter avec les médecins des corps, qui recueilleront ses observations ainsi que les *commissions de salubrité*; attirer leur attention sur :

Le *péril fécal*;
Le *péril du sol*;
Le *péril de l'eau*;

2° Provoquer auprès du directeur du service de santé du corps d'armée l'intervention et l'emploi de la section d'hygiène et de prophylaxie du groupe de brancardiers de corps pour :

L'analyse bactériologique de l'eau,
La désinfection des locaux contaminés soit par les troupes, soit antérieurement à leur arrivée;

3° Prescrire l'expertise chimique rapide de l'eau et des denrées alimentaires par les soins des pharmaciens des ambulances attachées à la division, chaque fois que des doutes s'élèveront sur leur qualité;

4° Visiter les installations des *infirmeries de cantonnement*;

5° Proposer au général commandant la division, pendant les stationnements prolongés, le groupement de plusieurs corps pour la constitution de ces infirmeries, chaque fois que la disposition des cantonnements s'y prêtera, de façon à leur faire des installations plus spacieuses (maison isolée, école), où l'on puisse assurer aux malades des soins plus complets, grâce aux ressources combinées des corps, et une surveillance constante par un service de garde permanent dont le tour sera réparti entre les corps intéressés, de telle sorte qu'il y ait constamment présents :

Un médecin aide-major,
Un médecin auxiliaire,
Quatre infirmiers au moins.

Ainsi comprise, cette infirmerie constituera le centre où l'on devra recourir en cas de secours urgent;

6° Désigner l'ambulance appelée à fonctionner pour recevoir les malades qui ne peuvent attendre à l'infirmerie ou au corps leur évacuation; fixer le point de son installation;

7° Indiquer les conditions dans lesquelles se feront journellement les évacuations, tant au départ des corps, des infirmeries, que des ambulances;

8° N'utiliser, dans ce but, le groupe de brancardiers divisionnaires que dans les cas où la voie ferrée est à proximité du cantonnement; dans les autres cas, faire appel à la section sanitaire automobile;

9° Rendre compte d'urgence au commandement et au directeur

du service de santé du corps d'armée des cas de maladies contagieuses;

10° Provoquer l'immobilisation d'une ambulance à « destination
spéciale » pour l'isolement et le traitement des contagieux.

11° Au départ des cantonnements, signaler au médecin de l'armée
les malades inévacuables laissés aux municipalités.

### PIÈCES A RECEVOIR ET A ÉTABLIR

#### Journellement.

| Reçoit : | Établit : |
|---|---|
| Situations mod. 2 et 3 : des corps, des ambulances, du groupe divisionnaire de brancardiers. | Situations mod. 2 et 3 pour le général commandant la division, le directeur du S. S. du corps d'armée. Journal de marches et opérations. Graphique. |

#### Mensuellement.

| | |
|---|---|
| Etat nominatif mod. 74 (officiers). Situation numérique mod. 4 (troupe). | Contrôle du personnel (mod. 23) des officiers des corps de troupe et des formations sanitaires. |

#### Epoque indéterminée.

| | |
|---|---|
| Demande de complément de personnel. Demandes de réapprovisionnement. Demandes d'avances de fonds (formations sanitaires). Rapport spécial des médecins des corps et chefs d'ambulance, et groupe de brancardiers après le combat ou en cas d'événements graves. Propositions pour l'avancement, la Légion d'honneur, la médaille militaire, pour le personnel des ambulances et du groupe de brancardiers divisionnaire. Propositions pour l'avancement, la Légion d'honneur, la médaille militaire pour le personnel des corps de troupe (transmises pour annotation par le commandement). | Rapport spécial après chaque combat ou circonstances graves ou urgentes. Demande de complément de personnel (Dr S. S. C. A.). Demande de réapprovisionnement (Dr S. S. C. A.). Demande d'avances de fonds (Dr S. S. C. A.). Carnet de réquisition. Carnet de correspondance. Annotations des propositions transmises au Dr S. S. C. A. par la voie du commandement. Annotations des propositions retournées au commandement. |

Posséder un carnet autocopiste qui permet d'obtenir, en l'écrivant, plusieurs exemplaires de l'ordre donné et évite de transcrire
les copies.

## III

### Le médecin divisionnaire pendant les marches.

Le médecin divisionnaire prend ses dispositions pour dégager
les corps, au début de la marche, des malades ou blessés incapables de les suivre.

A cet effet, il veille à l'exécution des prescriptions de l'ordre de
corps d'armée pour le rassemblement de ces indisponibles en des
points où ils seront recueillis par la section sanitaire automobile.

Suivant que les marches s'exécutent loin ou près de l'ennemi, le médecin divisionnaire prend des dispositions variables pour faire recueillir, en cours de route (utilisation des brancardiers divisionnaires), les malades laissés par les corps soit en raison de la gravité de leur état ou de l'insuffisance des moyens de transport. Il s'inspire de la situation tactique et des circonstances pour provoquer ou prendre les mesures utiles.

Loin de l'ennemi, il fait marcher au T. C., avec le groupe divisionnaire de brancardiers, l'ambulance affectée à la division. Près de l'ennemi, une ambulance marche, en principe, avec l'avant-garde.

## IV
### Le médecin divisionnaire avant la bataille.

Le rôle du médecin divisionnaire avant la bataille se réduit aux mesures suivantes :

1° Grouper au T. C. de la division les ambulances et sections d'hospitalisation mises à sa disposition par le directeur du service de santé du corps d'armée, de façon à pouvoir les porter, au moment opportun, sur les points voulus;

2° Faire reconnaître un point de rassemblement pour les blessés légers de la division, dans le cas où le général commandant le corps d'armée ne donnerait point d'ordres spéciaux à cet effet;

3° Désigner le poste sanitaire ou l'ambulance appelés éventuellement à s'y transporter pour soigner ces blessés;

4° Demander la réquisition, par les soins du vaguemestre, de tous les moyens de transport utilisables pour les blessés existant dans la zone de stationnement de la division; en informer le directeur du S. S. C. A.;

5° Les faire lotir et grouper sur un point d'où ils pourront être facilement dirigés vers les centres de blessés ou contribuer, au besoin, à leur enlèvement rapide en cas de mouvement de retraite;

6° Faire réintégrer au groupe divisionnaire de brancardiers les grandes voitures pour blessés mises à la disposition des corps.

## V
### Le médecin divisionnaire pendant la bataille.

Le médecin divisionnaire pendant la bataille ne doit pas jouer le rôle du chevalier errant en quête d'une liaison à établir entre le service médical régimentaire et les ambulances.

Il ne doit pas se séparer du groupe de l'état-major de sa division, parce que c'est là seulement qu'il verra et saura ce qui se passe et de là qu'il pourra orienter utilement les recherches de ses agents de liaison, ses yeux avancés, chargés de le renseigner sur les installations sanitaires des corps, leurs besoins, les secours efficaces à leur apporter, les conditions aisées ou difficiles de l'envoi de ces secours. C'est ainsi qu'il établira cette liaison, qui doit être son principal objectif pendant la bataille, entre les divers éléments sanitaires, corps et formations, de la division.

Le médecin divisionnaire doit donc :

1° Rester au contact du chef d'état-major de sa division;

2° Disposer, à sa portée, ses ambulances et son groupe divisionnaire de brancardiers absolument défilés et invisibles de l'ennemi;

3° Disposer de cinq agents de liaison, savoir : un avec chaque régiment de la division, un avec le train de combat de la division où marchent d'ordinaire les formations et le groupe de brancardiers (les réclamer aux ambulances et au groupe de brancardiers en tenant compte du vélocipédiste normal).

Il peut alors :

1° En temps opportun, porter à la connaissance des médecins, chefs des postes de secours et des ambulances en action, les points de rassemblement fixés par le commandement pour les blessés légers;

2° Assurer le service médical au lieu de rassemblement de ces blessés s'il est fixé par le général commandant la division;

3° Faire reconnaître les points d'installation des ambulances; les porter à la connaissance des postes de secours régimentaires; ·

4° Profiter des accalmies du feu pour faire contribuer le groupe de brancardiers divisionnaire au relèvement des blessés et à leur transport aux ambulances;

5° Faire appel au directeur du service de santé pour l'envoi d'ambulances supplémentaires en cas d'affluence des blessés. Bien préciser le lieu où elles devront être mises à sa disposition; les diriger de là sur le point de leur entrée en action. Cette précaution est nécessaire, car les péripéties de la lutte peuvent modifier les dispositions primitives dans le temps écoulé entre la demande et l'arrivée des secours demandés (mouvement de retraite par exemple);

6° Utiliser le personnel des formations non encore employées pour aider celui des ambulances en fonctionnement;

7° Demander au directeur du service de santé le concours de tout ou partie du groupe de brancardiers de corps; lui indiquer la nature du terrain à explorer et les moyens de relèvement les mieux appropriés;

8° Se guider sur la situation tactique et les allures du combat offensif, défensif, en retraite, pour le moment d'installation des ambulances, l'utilisation du groupe divisionnaire de brancardiers, les demandes à adresser au directeur du service de santé du corps d'armée, la désignation du personnel et des formations à laisser sur le terrain en cas d'échec et de retraite.

A moins de circonstances exceptionnellement favorables, ne jamais se hâter de prescrire l'entrée en action des ambulances, attendre que la situation se dessine nettement; se rappeler que l'intensité et la portée du feu retarderont forcément le relèvement des blessés et, par suite, le moment de l'intervention utile des formations sanitaires.

## VI

### Le médecin divisionnaire après la bataille.

Dès la fin de l'action, le médecin divisionnaire doit parcourir le terrain; « voir » toutes les installations sanitaires, amies et ennemies, du champ de bataille; s'enquérir auprès des médecins-chefs des corps et des formations — y compris le groupe de brancardiers — des pertes connues et probables, des consommations de matériel sanitaire, des besoins;

Informer ensuite le directeur du service de santé du corps d'armée et le général commandant la division de ses constatations et du nombre d'ambulances dont il y a lieu de prévoir l'immobilisation dans la zone de la division et lui faire connaître la situation;

Désigner celles de ces ambulances qui seront immobilisées; leur adjoindre les sections d'hospitalisation nécessaires;

Aviser les autres ambulances de leur envoyer leurs blessés inévacuables;

Activer le relèvement des blessés à l'aide du groupe de brancardiers divisionnaire; fixer à chaque section le secteur qu'elle doit explorer, les formations où elle devra transporter les blessés recueillis par elle;

Demander au directeur du service de santé tout ou partie du groupe de brancardiers de corps si les ressources de la division sont insuffisantes; lui affecter un secteur de relèvement précis;

Demander au directeur du service de santé le complément nécessaire en moyens de transport pour les évacuations;

Hâter la libération des ambulances qui ne doivent pas s'immobiliser;

Provoquer auprès du directeur du service de santé du corps d'armée le remplacement des formations qui restent sur le terrain;

Etablir les demandes de complément en personnel et de réapprovisionnement en matériel;

Prescrire les cessions entre formations pour le ravitaillement de celles appelées à marcher, dans le cas où les demandes ne pourraient être satisfaites en temps opportun;

Faire diriger, par le vaguemestre de la division, les voitures requises antérieurement pour le transport des blessés sur les ambulances chargées d'organiser les évacuations;

Prendre les mesures nécessaires pour que le groupe divisionnaire de brancardiers soit prêt à suivre le mouvement en avant et pour avoir des ambulances disponibles.

Dans le cas où la division reste sur ses positions et où il est nécessaire d'organiser le champ de bataille au point de vue sanitaire, le médecin divisionnaire remplit, sous l'autorité du directeur du service de santé du corps d'armée, le rôle d'un médecin chef de secteur dans la zone occupée par sa division et procède aux diverses opérations que comportent ces fonctions, qui seront indiquées au chapitre : *Médecin chef du commandement d'étapes du champ de bataille.*

# CHAPITRE II

## LE MÉDECIN DIVISIONNAIRE DE CAVALERIE [1]

Le médecin divisionnaire de cavalerie est en même temps méde-cin-chef de l'ambulance de la division.

Son rôle dans les cantonnements est de tous points semblable à celui du médecin divisionnaire d'infanterie indiqué au chapitre précédent.

Au cours des marches et des opérations diverses, il n'a aucune mesure d'ensemble à proposer ou à prendre tant que la division s'emploie au service d'exploration et de renseignements; car la dissémination de ses éléments et les rencontres partielles, peu meurtrières d'habitude, ne laissent place, à ce moment, qu'au ser-vice médical régimentaire. Il marche alors, à la tête de son ambu-lance, dans le groupe que lui assigne le général commandant la division.

Dans l'imminence d'un engagement important ou d'une action de masse, il doit proposer au général commandant la division de grouper sous son autorité, en un point désigné, tous les éléments sanitaires et de transport de blessés des corps réunis à l'ambu-lance de la division.

C'est de ce point qu'il pourra, au moment opportun, les conduire sur le lieu de l'action d'après les ordres du général de division, une fois le terrain dégagé et abandonné par l'adversaire. Arrivé là, il décidera des mesures à prendre pour assurer le relèvement et les soins à donner aux blessés, en même temps que du point d'ins-tallation de son ambulance et de son fonctionnement technique. Il demandera au général les moyens de transport supplémentaires nécessaires aux évacuations.

Le médecin divisionnaire de cavalerie doit être bien pénétré de cette idée que la nature même du service de cette arme, la rapi-dité, la brusquerie, la brièveté de ses engagements s'opposent à ce qu'elle s'embarrasse de voitures ou d'impedimenta incapables de la suivre ou susceptibles de gêner ses mouvements; que les seules propositions du service de santé capables d'être agréées par le commandement, en ce qui concerne l'emploi des moyens de secours, est leur centralisation à portée, mais en dehors du terrain de la lutte, de façon à pouvoir les reporter rapidement en arrière en cas d'insuccès ou de retraite, à les amener très vite sur le lieu du combat dans le cas contraire. Il faudra alors prévoir également les mesures nécessaires au relèvement des blessés ennemis que l'adversaire en fuite laissera forcément sous la protection de la Convention de Genève, sans personnel et sans formations, car il n'aura pas eu le temps d'amener les uns et les autres.

Le médecin divisionnaire de cavalerie devra libérer rapidement

---

(1) J'ai dit, ailleurs, en une brève allusion, combien il est désirable qu'une « section sanitaire automobile » de type réduit, si l'on veut, soit affectée aux divisions de cava-lerie et remplisse, pour le transport des blessés sur les ambulances immobilisées les plus proches, de réalisation si difficile dans les conditions actuelles, le rôle que rem-plissent, pour les ravitaillements de ces unités, leurs compagnies légères automobiles. Et je crois qu'il est inutile d'apporter des arguments à l'appui de ce desideratum !

son ambulance par l'évacuation hâtive de tous les blessés transportables et en confiant aux municipalités les plus voisines ceux qui sont inévacuables, s'il n'y a pas de formations immobilisées dans le voisinage.

Rejoindre ensuite la division au point fixé par le général.

Rendre compte au médecin de l'armée des dispositions prises et des localités où auront été laissés des blessés.

### PIÈCES A RECEVOIR ET A ÉTABLIR

#### Journellement.

Reçoit :

Situations mod. 2 et 3 des corps, de l'ambulance.

Etablit :

Situations mod. 2 et 3 pour général commandant la division, médecin de l'armée.
Journal de marches et opérations.
Graphique.

#### Mensuellement.

Etat nominatif mod. 74 (officiers).
Situation numérique mod. 4 (troupe).

Contrôle du personnel n° 23 des officiers des corps de troupe et de l'ambulance divisionnaire.

#### Epoque indéterminée.

Demandes de complément de personnel.

Demandes de réapprovisionnement.

Demandes d'avances de fonds (ambulance).

Rapport spécial des médecins des corps après le combat ou dans les circonstances spéciales.

Propositions pour l'avancement, la Légion d'honneur, la médaille militaire, pour le personnel de l'ambulance.

Propositions pour l'avancement, etc., des médecins des corps de troupe, transmises pour annotations par le commandement.

Rapport spécial après chaque combat ou circonstances graves et urgentes.

Demande complément personnel au médecin de l'armée.

Demande de réapprovisionnement au médecin de l'armée.

Demande d'avances de fonds au médecin de l'armée.

Carnet de réquisition.

Adresse les propositions pour l'avancement du personnel de l'ambulance au médecin de l'armée par la voie du commandement.

Annotations des propositions intéressant les médecins des corps. Retournées ensuite au commandement.

Posséder un carnet autocopiste qui permet d'obtenir, en l'écrivant, plusieurs exemplaires de l'ordre donné et évite de transcrire les copies.

Les ressources en matériel dont dispose le médecin divisionnaire de cavalerie, en tant que médecin-chef de l'ambulance, sont indiquées aux Annexes. (Voir Ambulance de divisions de cavalerie.)

L'ambulance de division de cavalerie est un organe léger, d'une grande mobilité, peu encombrant, tout à la fois organe de traitement et de transport de blessés.

# CHAPITRE III

## LE MÉDECIN-CHEF DU SERVICE DE SANTÉ DES ÉTAPES

### I

### Le médecin-chef du service de santé des étapes à la mobilisation.

#### a) OBLIGATIONS PERSONNELLES

Se mobilise avec le quartier général de l'armée, dans les conditions fixées par son ordre de mobilisation.

Marche avec le 2ᵉ groupe du quartier général (1) (direction des étapes et des services), ainsi que le personnel du service de santé qui lui est attaché, savoir :

1 médecin aide-major;
1 officier d'administration;
2 infirmiers.

Equipement : celui des médecins principaux de 1ʳᵉ classe. Sacoche avec nécessaire médical personnel.

Chevaux : deux, dont un à toucher au jour et à l'heure fixés par le journal de mobilisation.

Bagages : 3 cantines; caisse d'archives et imprimés; cachet, boîte à tampon, timbre sec pour ordonnancement (chargés sur un fourgon commun avec le service vétérinaire, la prévôté, etc.).

Indemnité d'entrée en campagne : 1.200 ou 1.500 francs (2ᵉ ou 1ʳᵉ classe).

#### b) OBLIGATIONS DE SERVICE

Le médecin-chef du service de santé des étapes n'intervient pas pendant les opérations de mobilisation et de concentration et son rôle ne commence qu'après la détermination de la zone des étapes.

L'interprétation de certaines des attributions respectives de ce chef de service et du médecin de l'armée, dont il est le collaborateur immédiat, a soulevé des discussions qui rendent nécessaire une définition plus rigoureuse de ces attributions.

Le mode d'ordonnancement des dépenses du service de santé, dans la zone de l'arrière, en particulier, a donné lieu à des malentendus. La question doit être résolue dans le sens du principe déjà posé par le règlement de 1892 suivant lequel, si le médecin de l'armée reçoit les crédits que lui délègue l'intendant de l'armée et ordonnance, en cas d'urgence, les dépenses du service de santé de l'arrière, cet ordonnancement est fait, normalement, par le médecin-chef des étapes qui reçoit, à cet effet, les crédits nécessaires de l'intendant de l'armée.

Quant aux autres attributions, que nous allons passer plus loin en revue, elles peuvent être résumées dans cette proposition que le

---

(1) C'est aussi dans ce groupe que marche le médecin-major adjoint, avec le médecin chef du S. S. des étapes, au médecin de l'armée.

médecin-chef des étapes est, dans la zone des étapes, l'agent d'exécution du médecin de l'armée et assure, sous son autorité, le fonctionnement du service de santé de cette zone.

Il a autorité sur le personnel et les formations sanitaires immobilisées ou mises à sa disposition par le médecin de l'armée dans la zone des étapes et peut être chargé par lui de missions ou fonctions éventuelles, dont les plus importantes ont trait à l'étude ou à l'organisation des centres hospitaliers et à l'organisation sanitaire du champ de bataille.

Son rôle est d'une importance essentielle; et l'impossibilité où il est, à certaines heures, de faire face aux obligations que créent, par exemple, simultanément, l'organisation du champ de bataille, l'organisation et la surveillance des organes d'évacuation, celle des centres hospitaliers, la surveillance médicale des gîtes d'étapes, justifie la mesure adoptée en principe, et déjà proposée antérieurement par la commission de révision du règlement, qui va mettre à la disposition du médecin de l'armée un second médecin principal de 2° classe, plus spécialement destiné à remplir les missions ou fonctions éventuelles et, en particulier, celles de médecin-chef du champ de bataille.

## II
### Le médecin-chef du service de santé des étapes pendant le stationnement.

Le médecin chef du service de santé des étapes possède, dans la zone des étapes, les mêmes attributions et a les mêmes devoirs, au point de vue de la surveillance de l'hygiène, de la prophylaxie des maladies épidémiques, prend les mêmes mesures que le directeur du service de santé de corps d'armée dans la zone de son corps d'armée.

Il a, vis-à-vis du médecin de l'armée, les mêmes devoirs que celui-ci.

Il reçoit et fournit les mêmes situations, les mêmes comptes rendus, les mêmes demandes énumérées au chapitre : *Médecin de l'armée*.

## III
### Le médecin-chef du service de santé des étapes avant la bataille.

Le médecin-chef du service de santé des étapes est le bras droit du médecin de l'armée pour le service de l'arrière; il doit collaborer étroitement avec lui dans l'œuvre de préparation du fonctionnement technique du service en vue de la bataille.

Mis au courant de la situation tactique à l'aide des ordres du commandement communiqués par le médecin de l'armée; éclairé par son tableau, exactement tenu à jour, sur les emplacements des organes et des formations sanitaires d'armée; connaissant d'une façon précise le réseau desservi par la commission régulatrice, l'importance, la nature, les emplacements des diverses ressources utilisables pour les transports et les évacuations (convois auxiliaire, administratif, éventuel, automobiles, etc.), il étudie et propose au médecin de l'armée :

Serv. de santé.                                                                11

1° La désignation de l'hôpital d'évacuation à laisser à la G. R. et l'organisation et le fonctionnement du service de santé à cette gare; les instructions techniques à donner au médecin-chef de l'hôpital d'évacuation, sous le couvert du commandant d'étapes de la G. R.;

2° Les mouvements à faire exécuter aux formations d'armée pour les rapprocher du corps d'armée; leur transport soit par voie ferrée, soit par route, de façon à les amener, au moment voulu, au contact des équipages devenus libres par l'immobilisation d'un même nombre de formations de l'avant qu'elles sont destinées à remplacer;

3° Le choix des gares à utiliser, dans l'hypothèse probable, comme gares d'évacuation;

4° Les localités situées à une certaine distance du champ de bataille, tant sur la voie ferrée que sur le réseau routier, susceptibles de constituer des *centres d'évacuation* où puissent être conduits les blessés évacuables, afin de permettre le dégagement rapide du terrain de la lutte, éviter l'encombrement des formations sanitaires, permettre l'organisation méthodique des soins et des évacuations (1);

5° La répartition des moyens de transport organisés ou requis et leur lotissement en arrière et à portée des corps d'armée, de façon à hâter leur arrivée sur le terrain dès que l'ordre pourra leur être donné;

6° La désignation des hôpitaux ou sections d'hôpitaux d'évacuation à placer aux points ou centres d'évacuation choisis et leur mode de transport;

7° Le personnel et le matériel sanitaires à provenir de la G. R. (réserve de personnel et réserve de matériel sanitaire) ou de la station-magasin à diriger éventuellement sur les centres d'évacuation;

8° Les emplacements de dépôts de convalescents et éclopés et le personnel et le matériel nécessaires à leur service médical;

9° L'utilisation des ressources hospitalières de la zone des étapes, la création d'infirmeries de gîtes d'étapes, de gare, de fort;

10° La désignation des hôpitaux du territoire sur lesquels les municipalités devront diriger le plus tôt possible les malades ou blessés recueillis par elles.

Dans l'énumération précédente des études ou propositions faites par le médecin chef du service de santé des étapes en vue de la bataille, se place celle relative aux centres d'évacuation.

Le médecin de l'armée peut confier la mission de les organiser soit au médecin chef du service de santé des étapes, soit au médecin-major qui lui est adjoint (art. 16, R. S. S. C.).

Cette organisation impose une série de recherches et d'opérations résumées ci-dessous :

---

(1) Il est bien évident qu'il n'y aura pas lieu de se préoccuper de la création de ces centres lorsque des circonstances particulièrement favorables permettront la pénétration du rail jusque sur le champ de bataille et l'arrivée, toujours à désirer, des trains sanitaires dans le voisinage aussi rapproché que possible des points de relèvement des blessés. Le grand rendement des transports par voie ferrée avec des marches bien ordonnées, assure le dégagement rapide du champ de bataille.

## Organisation d'un centre d'évacuation.

Le nombre des centres d'évacuation à prévoir correspond à celui des corps d'armée : un au maximum par corps d'armée, moins si l'importance des localités et les circonstances le permettent.

Le choix de la localité peut être imposé par le voisinage ou le passage de la voie ferrée, condition primordiale dont l'absence modifie sensiblement les mesures d'organisation à prévoir. On doit, de toutes façons, pouvoir y abriter provisoirement plusieurs milliers de blessés.

Que le centre fonctionne à une gare ou à une tête d'étapes, voire dans toute autre localité loin de la voie ferrée, le médecin chargé de son étude doit :

1° S'aboucher tout d'abord avec le commandement local et la municipalité pour tout ce qui concerne les réquisitions, lesquelles comprennent :

*Indiquer au commandement et aux municipalités le chiffre approximatif des évacuations prévues.*

a) Le matériel de couchage : lits, paille, matelas, draps, couvertures, lits improvisés;

b) Le matériel sanitaire : médicaments, objets de pansement (visiter les pharmacies de la localité), matériel à usage des malades, substances désinfectantes;

c) Le matériel de cuisine : poêles, marmites, etc., charbon, bois pour faire la cuisine;

d) Les denrées alimentaires, pain, viande, légumes; conserves de viande pour préparation rapide de bouillon;

e) Le matériel de distribution, les verres, assiettes, couverts;

f) Les locaux pour le logement des blessés et du personnel technique (visiter les écoles, collèges, usines, hôtels, lieux de réunion divers, etc.);

g) Les emplacements pour édification éventuelle d'abris provisoires (tentes, baraques à faire aménager par le génie des étapes);

h) Le personnel médical ou habitué aux soins à donner aux malades;

i) Les moyens de transport utilisables pour les blessés (voitures, etc.).

2° Parcourir la localité, examiner les facilités d'accès et de dégagement des grands établissements ou des installations utilisables; les facilités de chargement et de déchargement des blessés, de dislocation ou de constitution de convois;

3° Vérifier l'abondance et la qualité de l'eau;

4° Etudier l'organisation des latrines, feuillées, tinettes, etc., de façon à éviter l'infection du sol. S'assurer des moyens de désinfection et d'éclairage de ces installations spéciales;

5° Insister sur l'éloignement des ordures et, si possible, sur leur incinération;

6° Rechercher un local isolé à usage de *dépôt mortuaire;*

7° Faire placer des écriteaux indicateurs à l'entrée de toutes les routes ou chemins accédant à la localité pour guider les convois vers les points de dislocation.

Ces diverses opérations sont le préliminaire de celles très importantes qui doivent être faites à la gare lorsque le centre d'évacuation est appelé à fonctionner à portée du rail. Elles consistent à :

1° Étudier les voies d'accès et de dégagement de la gare;

2° Visiter les abords immédiats de la gare et y rechercher les locaux et moyens d'installation possibles pour l'hôpital ou la section d'hôpital d'évacuation qui viendra y fonctionner;

3° Déterminer, d'après les dimensions de la cour ou des cours de la gare, les conditions d'évolution des voitures ou des groupes de voitures amenant les blessés;

4° Visiter les bâtiments de la gare et y rechercher des locaux pour abriter les blessés couchés en attendant l'embarquement, et les locaux destinés au fonctionnement du service, savoir :

Un local à usage de poste médical de secours,
Un local pour le personnel médical,
Un local pour les infirmiers et brancardiers,
Un local à usage de bureau pour l'établissement et le contrôle des feuilles d'évacuation, les écritures diverses;

5° Parcourir les quais et les voies, de façon à se rendre compte des possibilités des embarquements à quai ou de l'obligation d'opérer les chargements en pleine voie et de la durée de ces opérations;

6° Mesurer les quais, la longueur des voies abritées par les hangars aux marchandises, pour savoir combien il pourra être chargé de wagons simultanément, et, par suite, le rendement quotidien de la gare, sans recourir au chargement en pleine voie, toujours plus long et plus pénible et qui expose les blessés à toutes les intempéries;

7° Calculer, d'après la distance des établissements ou locaux divers d'hospitalisation passagère à la gare, la durée des embarquements et du séjour de chaque train, en se basant sur ce fait expérimental à savoir que, au delà de 300 mètres, chaque fraction de 50 mètres majore d'une heure la durée d'embarquement, en raison des pertes de temps causées par les allées et venues des voitures, les opérations de chargement et de déchargement.

Lorsque le centre d'évacuation fonctionne loin du rail, à une tête d'étapes ou à tout autre point du réseau routier, certaines des considérations précédentes perdent de leur valeur, car la multiplicité des points de chargement des voitures accroît la rapidité des opérations et il est possible d'assurer beaucoup plus vite la constitution et la mise en route des convois d'évacuation.

## IV

### Le médecin-chef du service de santé des étapes pendant la bataille.

Le médecin-chef du service de santé des étapes assure l'exécution des ordres adressés par le médecin de l'armée pour l'envoi aux corps d'armée des secours qu'ils réclament. Il assure la répartition, entre eux, des organes d'armée et rend compte des conditions dans lesquelles ils pourront être mis à leur disposition (lieu, heure, jour, etc.).

## V
### Le médecin-chef du service de santé des étapes après la bataille.

A ce moment, le médecin-chef du service de santé des étapes doit être extrêmement mobile et se transporter, par des moyens rapides, souvent à de grandes distances en raison de l'éloignement des divers points d'évacuation. Son objectif principal est, en effet, l'organisation des évacuations qui nécessite son intervention et son contrôle personnels pour la mise à exécution de toutes les mesures antérieurement prévues.

Il lui faut :

1° Constater l'installation et le fonctionnement des organes d'évacuation aux divers points de contact fixés avec les éléments de transport de blessés, en provenance soit directement du champ de bataille, soit des formations sanitaires;

2° Avoir la connaissance sommaire des pertes (communication faite par la D. E. S.), pour aviser les organes d'évacuation des besoins à satisfaire et demander les trains nécessaires;

3° Connaître les marches arrêtées par la commission régulatrice à chaque gare d'évacuation (communication faite par le D. E. S.), de façon à régler l'arrivée des convois et éviter l'encombrement, surtout lorsqu'il n'a pas été constitué de centre d'évacuation organisé;

4° Faire au médecin de l'armée, opérant comme médecin-chef du champ de bataille, les propositions dans ce sens, ou donner au médecin-chef du champ de bataille les indications et instructions nécessaires à l'orientation, à l'échelonnement et à l'ordre des convois (blessés légers pouvant marcher tout d'abord, blessés assis ensuite, blessés couchés et grands blessés en dernier lieu);

5° Provoquer la répartition des moyens de transport entre les diverses zones du champ de bataille et faire délivrer par les hôpitaux d'évacuation les appareils nécessaires à l'aménagement des voitures (1);

6° Surveiller, en dehors des gares d'évacuation, l'organisation des convois d'évacuation sur route et par eau. Désigner le personnel qui doit les accompagner, le matériel technique nécessaire en cas de secours urgent.

7° Pour éviter l'encombrement des convois aux abords de la gare d'évacuation, désigner, dans son voisinage, si les conditions topographiques s'y prêtent, des « points de rassemblement » secondaires, près desquels seront détachées, dans la mesure du possible, des formations sanitaires d'armée qui assureront les mouvements de ces rassemblements sur la gare d'évacuation, en se tenant en relations avec le médecin-chef de l'hôpital d'évacuation qui y fonctionne.

Cette organisation des évacuations varie, pour le médecin-chef du service de santé des étapes, suivant qu'elle se complique ou non

---

(1) L'hôpital d'évacuation a été doté par le nouveau règlement de 100 chaînes à suspension Audouard.

pour lui des fonctions très lourdes de médecin-chef du champ de bataille, éventualité moins à redouter, il est vrai, avec les dispositions du règlement nouveau, qui a doublé le médecin-chef du service de santé des étapes d'un médecin-major tout désigné pour ce rôle important (1).

Outre les obligations précédemment énumérées, le médecin-chef du service de santé des étapes doit :

1° Assurer l'envoi des ambulances et sections d'hospitalisation d'armée, à qui il transmet pour exécution les ordres du médecin de l'armée et du D. E. S.;

2° Assurer le complément en personnel et le réapprovisionnement en matériel des ambulances immobilisées, dont il transmet les demandes au D. E. S.;

3° Veiller aux conditions dans lesquelles le ravitaillement de ces formations sera effectué : propositions au D. E. S. et entente avec le service administratif d'après les besoins signalés par les médecins-chefs;

4° Surveiller le fonctionnement du service de santé des gîtes principaux d'étapes. Ordres et instructions à envoyer aux médecins-chefs;

5° Propositions ultérieures à faire au médecin de l'armée en vue de la libération des ambulances immobilisées et de leur retour à la G. R. pour se reconstituer avant d'être reversées aux formations d'armée;

6° Veiller au relèvement des formations immobilisées, soit par des hôpitaux auxiliaires du territoire des sociétés d'assistance, soit par des hôpitaux créés avec les ressources locales et gérés par le service de santé.

7° Veiller à l'évacuation des blessés laissés aux municipalités sur les hôpitaux qui leur ont été désignés.

---

(1) Voir, pour les détails, le chapitre : *Médecin-chef d'un commandement d'étapes de champ de bataille.*

# CHAPITRE IV

## LES MÉDECINS-CHEFS DE COMMANDEMENTS D'ÉTAPES

### I
#### Le médecin-chef de commandement d'étapes de gare régulatrice.

Le médecin-chef du commandement d'étapes de gare régulatrice sera le médecin-chef de l'hôpital d'évacuation laissé en permanence à cette gare pour y assurer le triage et le classement ainsi que l'orientation à donner aux différentes catégories de blessés.

Les deux rôles se confondent sur bien des points et sont étudiés au chapitre du *Médecin-chef de l'hôpital d'évacuation*.

Si un « centre hospitalier » est organisé au commandement d'étapes de la G. R., c'est le médecin principal, directeur du centre hospitalier, qui remplit les fonctions de médecin-chef de ce commandement.

### II
#### Le médecin-chef de commandement d'étapes de champ de bataille.

Le médecin-chef de commandement d'étapes du champ de bataille est désigné par le D. E. S., sur la proposition du médecin de l'armée, et placé sous l'autorité directe du commandant d'étapes du champ de bataille et l'autorité technique du médecin-chef du service de santé des étapes.

Ces fonctions peuvent échoir éventuellement au médecin de l'armée dans les conditions indiquées au chapitre V, t. III de la I⁰ partie.

Elles sont remplies par une autre autorité médicale lorsque, le champ de bataille passant aux étapes, le D. E. S. y constitue un ou plusieurs commandements d'étapes suivant son étendue. Dans ce dernier cas, les commandements particuliers sont placés sous l'autorité centralisatrice d'un arrondissement d'étapes auquel est attaché le médecin-chef du champ de bataille.

Dès son entrée en fonctions, le médecin-chef du champ de bataille, qui ignore tout des événements antérieurs, doit se documenter auprès du commandant d'étapes sur la situation initiale :

Limites du champ de bataille;
Importance des pertes en hommes et animaux;
Nombre, origine, répartition des formations sanitaires (amies et ennemies) laissées sur le terrain;
Zones de chute des blessés, centres des pertes les plus importantes;
Proximité ou éloignement des gares d'évacuation;
Nombre de prisonniers valides;
Ressources existant sur le champ de bataille ou mises à la dispo-

sition du commandant d'étapes (troupes, abris, vivres, travailleurs, outils, moyens de transport à utiliser pour les évacuations ou les inhumations, etc.);

Renseignements sur la nature du sol (inhumations);

Opérations sanitaires exécutées depuis la fin de l'action jusqu'à l'entrée en fonctions du commandement du champ de bataille.

Ces notions lui sont indispensables pour orienter ses constatations et ses recherches personnelles :

Parcourir le champ de bataille avec la carte, par un itinéraire préparé à l'avance (utiliser dans la mesure du possible un moyen de transport rapide);

Voir les rassemblements de blessés légers;

Visiter toutes les formations; y relever le chiffre des inévacuables et des évacuables (ces deux premières constatations permettront, d'après l'état approximatif des pertes, d'estimer le nombre de blessés restant à relever), les besoins de toute nature (logement, alimentation, matériel technique);

Parcourir les zones où sont accumulés les blessés, les cadavres humains et animaux;

Se rendre compte, chemin faisant, de l'état et de la nature des voies de communications pour la facilité plus ou moins grande des évacuations.

C'est alors que le médecin-chef du champ de bataille pourra, en connaissance de cause, établir ses propositions pour l'organisation sanitaire du champ de bataille, qui comporte les opérations suivantes dans l'hypothèse la plus complexe où l'armée, partie à la poursuite de l'ennemi, n'a pu qu'amorcer l'œuvre sanitaire qui suit l'action :

1° Lotissement du champ de bataille en secteurs;

2° Désignation du médecin-chef de chaque secteur (il assure le relèvement, l'hospitalisation, les évacuations, les inhumations, les incinérations, l'assainissement de son secteur);

3° Répartition des moyens de transport pour les évacuations proportionnellement aux pertes dans chaque secteur (1);

4° Répartition des moyens de transport pour les cadavres humains (inhumations) et animaux (incinération) proportionnellement aux pertes dans chaque secteur;

5° Répartition des moniteurs du génie, des travailleurs, des prisonniers, des outils, pour les inhumations, proportionnellement aux besoins dans chaque secteur (2);

6° Répartition des ressources alimentaires existantes entre les formations immobilisées (vivres du sac des blessés et des morts, vivres de l'administration, vivres requis, etc.);

7° Organisation générale des évacuations du champ de bataille aux T. E. ou aux G. Ev. (indications et ordres à donner aux méde-

(1) Le médecin chef du C. B., afin de se rendre compte de la durée des évacuations pour chaque secteur, peut établir d'avance le graphique des itinéraires des convois et renseigner ainsi le commandement sur la date à laquelle les voitures redeviendront disponibles.

(2) Calculer d'avance la durée des inhumations dans chaque secteur pour apprécier le temps pendant lequel les corvées et les outils devront être utilisés.

cins-chefs de secteurs : marches des trains aux G. Ev., constitution des convois sur route);

8°. Compléter les aménagements des formations sanitaires, par la construction de baraquements, le montage de tentes-baraques (appel au parc du génie d'armée);

9° Etablir des demandes ou propositions pour :

Les substances combustibles (pétrole, goudron, etc.), pour les incinérations,

Le réapprovisionnement technique des formations,

Le complément de personnel ou personnel supplémentaire,

Le matériel d'hospitalisation (tentes-baraques),

Le versement des armes des blessés.

La libération des ambulances immobilisées, leur renvoi à la G. R. pour se reconstituer.

## III
### Le médecin-chef de commandement de gîte principal d'étapes.

Le médecin-chef de commandement de gîte principal d'étapes est placé sous l'autorité directe du commandant d'étapes et sous l'autorité technique du médecin-chef du service de santé des étapes. Il est désigné par le D. E. S. sur la proposition du médecin de l'armée.

Il est le médecin-chef de l'infirmerie installée dans le gîte d'étapes et qui est pourvue d'un personnel et d'un matériel techniques fixés par le médecin de l'armée.

Son rôle consiste à assurer les soins, l'alimentation, le couchage des blessés évacués par les routes d'étapes et, au besoin, l'hospitalisation de ceux devenus incapables de continuer avec les convois.

Il est télégraphiquement avisé de l'heure de départ et d'arrivée des convois de leur effectif, de façon à pouvoir proposer et prendre en temps opportun les mesures nécessaires à recevoir les blessés.

# TITRE III
## Les médecins-chefs de formations sanitaires

### CHAPITRE I<sup>er</sup>

LE MÉDECIN-CHEF D'AMBULANCE

### I

#### Le médecin-chef d'ambulance à la mobilisation.

*a*) OBLIGATIONS PERSONNELLES

Se mobilise d'après les indications de son ordre de mobilisation.
Equipement : celui des médecins-majors de son grade (sacoche avec nécessaire médical personnel).
Chevaux : un.
Bagages : deux cantines.
Indemnité d'entrée en campagne : médecin-major de 1<sup>re</sup> classe, 1.000 francs; médecin-major de 2<sup>e</sup> classe, 700 francs.
Se présente au commandant d'armes du lieu de mobilisation, en reçoit le journal de mobilisation de la formation, l'ordre de transport pour l'embarquement, un lot de cartes et les ordres particuliers de la place concernant son service et sa personne.

*b*) OBLIGATIONS PROFESSIONNELLES

1° Reconnaître immédiatement le complet du matériel de la formation et vérifier les situations du personnel. (Voir à l'Annexe.)
2° Diriger et surveiller les opérations de mobilisation d'après l'horaire du journal de mobilisation et faire la répartition du personnel entre les divers services;
3° Vérifier les aptitudes et le degré d'instruction du personnel; prescrire les conférences, instructions, théories nécessaires. Insister surtout sur la composition des paniers et ballots, le chargement des fourgons;
4° Faire une épreuve de roulement pour l'essai des attelages et des voitures, une marche d'entraînement, un exercice de cantonnement;
5° S'assurer que l'officier d'administration gestionnaire et l'officier d'approvisionnement savent ce qu'ils ont à faire (1);

_____

(1) Précaution indispensable, car le cadre actif des officiers d'administration ne permet pas d'en placer dans toutes les formations, et les officiers d'administration du cadre auxiliaire n'auront pas, surtout au début, les connaissances pratiques nécessaires.
Le gestionnaire doit :

6° Rendre compte au commandant d'armes que la formation est en état de partir;

7° Embarquer la formation d'après l'horaire du journal de mobilisation, les ordres du médecin chef du groupe si l'ambulance, en raison de son petit volume, n'est point embarquée seule, les indications du commissaire militaire de la gare (faire reconnaître l'itinéraire de la gare et le train).

## II
### Le médecin-chef d'ambulance pendant les transports stratégiques.

Il remplit les mêmes fonctions et a les mêmes devoirs qu'un chef de troupe ou de détachement.

Il prend, à l'arrivée dans les gares, les instructions du commissaire militaire ou du chef de gare relatives aux consignes spéciales, à la durée des arrêts, aux distributions dans les stations halte-repas.

Il donne ses ordres à l'officier gestionnaire et prend des mesures en conséquence.

Les malades sont laissés aux soins du commissaire militaire de la gare la plus proche. Mêmes dispositions en cas de décès.

## III
### Le médecin-chef d'ambulance pendant le stationnement.

Suivant que l'ambulance est affectée à une division ou cantonne avec les autres éléments du train de combat ou du groupe des parcs, elle pourra avoir à faire ou non œuvre technique.

Dans le premier cas, en stationnement prolongé, le médecin divisionnaire donnera l'ordre au médecin-chef d'installer son ambulance et d'y recevoir les malades ou blessés que les corps ne peuvent conserver et d'en préparer l'évacuation sur la gare de ravitaillement.

Il appartiendra au médecin-chef de reconnaître les locaux qui lui sont affectés, de proposer au besoin leur extension, de procéder à la réquisition des objets de couchage et du matériel nécessaires aux malades, de demander l'adjonction d'une section d'hospitalisation. (Voir à l'Annexe : section d'hospitalisation.)

La formation une fois installée, le médecin-chef en dirigera le fonctionnement conformément aux prescriptions du R. S. S. C.

Dans le second cas, l'ambulance est liée au sort du groupe auquel

---

Etablir le bulletin n° 4 pour les indemnités diverses à toucher par les officiers de la formation;

Toucher le mandat d'avances délivré par le Dr du S. S. C. A.;

Prendre en compte le matériel de l'ambulance (carnet du matériel);

Compléter, suivant les indications du journal de mobilisation, les approvisionnements de l'ambulance en denrées et objets de consommation;

Toucher les carnets de réquisition, etc.

L'officier d'approvisionnement doit :

Prendre en compte et faire transporter les approvisionnements divers nécessaires à l'ambulance pendant les périodes successives des transports stratégiques, du débarquement, de la concentration, etc.

elle appartient; elle cantonne, pour son propre compte, dans les mêmes conditions que les autres éléments du groupe. Il peut arriver qu'elle reçoive du directeur du service de santé du corps d'armée l'ordre de se diriger sur une localité où elle fonctionnera dans les conditions précédemment indiquées ou bien s'immobilisera pour des maladies contagieuses. Dans cette dernière hypothèse, le médecin-chef prendra toutes les mesures que comporte cette installation spéciale, demandera le nombre de sections d'hospitalisation nécessaires, assurera l'isolement de la formation, établira les demandes spéciales, sérums divers, substances désinfectantes, étuves à désinfection, etc., qui recevront satisfaction par l'armée (D. E. S.).

## IV
### Le médecin-chef de l'ambulance pendant les marches.

*En vue du départ du cantonnement.* — 1° Si les ambulances marchent groupées, le médecin-chef le plus ancien prend le commandement du groupe et, d'après les ordres reçus du commandement, fixe les heures de rassemblement, de départ, l'itinéraire, l'heure de passage au point initial, l'emplacement occupé par la formation de tête dans la colonne;
2° Si l'ambulance doit marcher seule, son médecin-chef prend les mêmes dispositions que ci-dessus.

*En cours de route.* — Le médecin-chef conduit sa formation comme les autres chefs d'unités; il se conforme aux ordres pour les haltes horaires, les grand'haltes, etc. Il n'a pas à la faire participer, en principe, à une œuvre technique ni au relèvement des malades ou des éclopés laissés par les corps, car il ne possède pas de moyens de transport, et ce rôle est dévolu au groupe de brancardiers.

*Avant l'arrivée au cantonnement.* — Après avoir reçu de l'officier chef de campement du groupe d'ambulances ou de l'ambulance, suivant le cas, les renseignements (1) sur l'hygiène de la localité, son état sanitaire, la qualité des eaux, les heures de distribution, le secteur ou les locaux affectés au cantonnement du groupe ou de l'ambulance, etc., le médecin-chef donne ses instructions particulières et l'ordre d'entrée au cantonnement.

## V
### Le médecin-chef de l'ambulance au combat.

Le médecin-chef de l'ambulance au combat, suivant que sa formation reste sous l'autorité directe du directeur du service de santé du corps d'armée ou relève du médecin divisionnaire, doit envoyer, dès le début, un agent de liaison à l'une ou l'autre de ces autorités.
Car, à moins de circonstances tout à fait particulières, telle que l'absence d'ordre dans une situation urgente et grave, les déplacements de l'ambulance, son entrée en action, sont la conséquence

---

(1) Certains de ces renseignements figurent sur l' « ordre de cantonnement » qui sera reproduit au chapitre : *Médecin-chef du groupe de brancardiers.*

des ordres du commandement transmis par le directeur ou le médecin divisionnaire.

Le médecin-chef de l'ambulance leur rendrait compte immédiatement de toute décision spontanée de sa part imposée par les événements.

Le médecin-chef d'ambulance, au reçu d'un ordre de déplacement ou d'entrée en action, doit immédiatement faire reconnaître le terrain, les voies d'accès, les cheminements, les défilements qui permettent d'aborder le point désigné ou choisi pour son emplacement nouveau ou son installation, qui doivent être bien défilés des vues et des coups de l'artillerie et auxquels il lui faut parvenir sans laisser soupçonner sa présence. Cette précaution est de rigueur élémentaire lorsque l'ambulance, au cours de l'action, doit traverser une zone dangereuse pour atteindre une position abritée; elle n'a pas une importance égale dans les conditions plus habituelles où l'entrée en action des ambulances se fera plus tardivement, alors que l'intensité du feu se ralentit, que le terrain se dégage ou que le combat touche à sa fin.

Si l'ambulance s'installe pendant le combat, le médecin-chef s'inspire des prescriptions réglementaires et des conditions locales pour organiser son service : choix et aménagement des locaux; reconnaissance des alentours; voies d'accès et de dégagements faciles; eau; feuillées, etc.

Le médecin divisionnaire lui fournit les indications relatives aux emplacements des postes de secours, aux secteurs d'action du groupe divisionnaire de brancardiers, à la formation sur laquelle devront être dirigés les inévacuables dans le cas où l'ambulance ne devrait pas s'immobiliser. En cas de retraite, il lui fait connaître le point sur lequel doivent être dirigés le personnel et le matériel sauvés.

Le médecin-chef, dans cette dernière hypothèse, et à défaut d'ordres, prend l'initiative des mesures suivantes :

Evacuation hâtive, avec tous les moyens dont il pourra disposer, du plus grand nombre possible de blessés, en commençant par les moins gravement atteints;

Laisser auprès des autres le personnel et le matériel réduits au minimum indispensable;

Rendre compte de la direction prise par la formation;

Incinération ou destruction de tous les documents militaires capables d'éclairer l'ennemi, dans le cas où la formation tout entière resterait entre ses mains.

### Le médecin-chef d'ambulance après le combat.

Trois hypothèses sont à envisager par le médecin-chef d'ambulance après la bataille :

1° Sa formation est restée disponible et reçoit l'ordre de remplacer, dans une division, une ambulance non libérée;

2° Sa formation a commencé à fonctionner pendant l'action et reçoit l'ordre de s'immobiliser ou, au contraire, de se libérer le plus tôt possible;

3° Sa formation reçoit l'ordre d'entrer en action.

Dans le premier cas, l'ordre de mouvement indique le lieu, le moment où la formation doit rejoindre sa destination nouvelle; le médecin-chef n'a pas de mesures spéciales à prendre pour passer à l'exécution.

Dans le second cas, le fonctionnement technique de l'ambulance est déjà réglé, il reste :

1° A compléter les moyens d'exécution, si l'ambulance s'immobilise, par la demande au médecin divisionnaire ou au directeur du service de santé, suivant le cas, du nombre de sections d'hospitalisations proportionnel à celui des blessés inévacuables qui seront hospitalisés;

2° A préparer l'évacuation des blessés qui doivent être dirigés sur l'arrière et le transport de ceux à laisser dans les ambulances immobilisées, lorsque la formation doit se libérer. Réclamer, dans ce but, les moyens d'évacuation et de transport nécessaires.

Dans le troisième cas, l'entrée en action de l'ambulance après la bataille implique presque certainement une immobilisation plus ou moins prolongée et les dispositions que prendra le médecin-chef se rapprocheront de celles qui viennent d'être indiquées.

# CHAPITRE II
## LE MÉDECIN-CHEF DU GROUPE DE BRANCARDIERS (1)

### I
### Le médecin-chef du groupe de brancardiers à la mobilisation.

Les obligations personnelles et professionnelles de ce médecin-chef sont les mêmes que celles indiquées au chapitre du médecin-chef d'ambulance. En outre :

Il charge spécialement l'officier du train de l'examen des chevaux, de la vérification des attelages et des voitures, du harnachement des mulets de bât, cet officier fait procéder aux essais d'appareillage des animaux, de roulement des voitures, etc.;

Il charge le médecin-major bactériologiste, chef de la section d'hygiène et de prophylaxie, au groupe de brancardiers de corps, de la vérification du laboratoire de bactériologie de campagne et du nécessaire pour analyse d'eau d'alimentation, de la caisse de substances désinfectantes et du fonctionnement des appareils à désinfection.

La composition des groupes de brancardiers est donnée à l'Annexe.

Les diverses opérations de mobilisation terminées, le médecin-chef passera la revue de son groupe et fera procéder à une marche d'essai.

Ne pas oublier de faire des théories pratiques aux brancardiers sur le montage et le démontage des brouettes porte-brancards, le chargement des voitures et des cacolets et leur déchargement.

### II
### Le médecin-chef du groupe de brancardiers pendant les transports stratégiques.

Mêmes obligations que le médecin-chef d'ambulance (se reporter au chapitre précédent).

### III
### Le médecin-chef du groupe de brancardiers pendant le stationnement.

Le médecin-chef d'un groupe de brancardiers porte toute son attention sur l'hygiène du cantonnement, qui doit servir de modèle à celui des autres troupes.

(1) Il n'a pas été fait de chapitre différent pour le médecin-chef du groupe divisionnaire de brancardiers et le médecin-chef du groupe de brancardiers de corps parce que ce dernier groupe, plus largement doté comme moyens de relèvement et de transport, se distingue surtout de l'autre par l'adjonction de la section d'hygiène et de prophylaxie, et que la conduite comme le fonctionnement technique de ces deux organes sont semblables et n'exigent pas de connaissances différentes de la part de leurs chefs.

Il profite de toute période de stationnement pour exercer les brancardiers au montage et au démontage des appareils, au chargement des animaux de bât, des voitures.

Il fait faire par les officiers des théories pratiques sur le relèvement et le transport des blessés, l'emploi des divers moyens suivant la nature et la topographie du terrain, les premiers soins à donner aux blessés, l'application des bandages et appareils simples, des pansements individuels; les signes de la mort apparente et réelle.

Il fait participer les voitures pour blessés aux évacuations quotidiennes sur la gare de ravitaillement, dans les conditions fixées par le directeur du service de santé du corps d'armée ou le médecin divisionnaire, suivant le cas.

## IV

### Le médecin-chef du groupe de brancardiers pendant les marches.

Suivant l'ordre de marche fixé par le commandement, la formation est sectionnée ou groupée dans la colonne.

D'après les instructions techniques du directeur ou du médecin divisionnaire, elle est appelée à venir en aide au service de santé régimentaire en cours de route en lui apportant l'appoint de ressources supplémentaires si ses moyens de transport sont insuffisants.

Fixer les heures de réveil, de rassemblement, de départ, de passage au point initial ou d'entrée dans la colonne des sections séparées ou du groupe entier.

Fixer la composition du campement.

Avant l'arrivée au cantonnement, les renseignements suivants sont fournis par l'officier chef du campement au médecin-chef du groupe, qui les porte à la connaissance de sa troupe, les complète par ses ordres et instructions personnels et les fait afficher au poste de police.

* ARMÉE.        SERVICE DE SANTÉ EN CAMPAGNE.

* CORPS D'ARMÉE.       (1) Indication de la formation.

* Division.       Ordre pour le cantonnement du     19 ..

Lieu de rassemblement de la formation sanitaire.

...........................................................................

Emplacements.
{ Quartier général du corps d'armée (directeur du service de santé) :
{ Quartier général de la division (médecin divisionnaire) :
{ Médecin chef.

Logements.
{ Officier d'administration gestionnaire.
{ Officier d'approvisionnement.
{ Officier commandant le détachement du train.
{ Ministres des cultes.
{ Détachement de brancardiers.

| | | |
|---|---|---|
| Cantonnements. | Détachement du train. . . . . . | de la compagnie des voitures. |
| | | de la compagnie des mulets. |
| | | des officiers. |
| | Parc des voitures. | |
| | Poste de police. | |
| | Hôpitaux de la localité. | |

| | |
|---|---|
| Service de jour. | Médecin de jour. |
| | Officier d'administration de jour. |
| | Officier du train de jour. |
| | Officier à la disposition du commandant du cantonnement. |
| | Visite des malades (lieu et heure). |
| | Evacuations. |

| | |
|---|---|
| Lieux et heures des distributions. | Pain. |
| | Viande. |
| | Fourrages. |
| | Paille. |
| | Avoine. |
| | Bois. |

| | |
|---|---|
| Eaux. | De boisson pour les hommes. |
| | Abreuvoir. |
| | Lavoir. |

| | |
|---|---|
| Prix des denrées. | Vin, bière, viande de bœuf, veau, mouton, lard, pommes de terre, ha- ricots, légumes, |

**Ordre de départ pour le lendemain.**

Ordre de marche :  
Point initial :  
Heure de passage au point initial :

Première halte horaire :  
Grand'halte :  
Itinéraire :

## V

## Le médecin-chef du groupe de brancardiers pendant le combat.

Le médecin-chef d'un groupe de brancardiers pendant le combat doit, d'après les indications données, choisir l'emplacement de sa formation absolument défilé des vues ennemies.

A la disposition du directeur du service de santé du corps d'armée ou du médecin divisionnaire, suivant qu'il commande un groupe de corps ou divisionnaire, il attend l'ordre d'entrer en action et se tient en relation constante avec eux, grâce à l'agent de liaison qu'il leur envoie.

En principe, le rôle du groupe de brancardiers ne débutera qu'après la bataille, à moins de mouvement de retraite qui obligera le médecin-chef, à défaut d'ordres, à contribuer à l'évacuation rapide des ambulances menacées d'être enlevées par l'ennemi.

Si les circonstances de temps et de lieu se prêtent à l'utilisation précoce de la formation, le médecin-chef, d'après les indications du médecin divisionnaire ou du directeur du service de santé, dirigera sur les points fixés tout ou partie du groupe, tels ou tels éléments de transport de préférence aux autres, suivant les accidents et la nature du terrain, les facilités ou les difficultés d'accès, mais fera toujours préalablement reconnaître par un officier le secteur dans lequel il sera appelé à opérer, les cheminements et les défilements utilisables.

Médecin-chef d'un groupe divisionnaire, il prend la direction de la première section et confie la deuxième section au médecin aide-major; dans un groupe de corps, il place la première section sous le commandement du médecin-major de 2° classe, chef de la section d'hygiène et de prophylaxie, la deuxième section sous la direction du médecin aide-major, et se réserve la direction et la surveillance générale de la formation. Il fait constituer, sous la garde d'un des sous-officiers du train, un dépôt de voitures avec les fourgons du service de santé, la forge et la cuisine roulante et les chariots de parc, sur lesquels il fait charger les sacs des brancardiers.

## VI

### Le médecin-chef du groupe de brancardiers après la bataille.

Deux situations sont à envisager par le médecin-chef d'un groupe de brancardiers après la bataille :

1° L'ordre d'entrer en action l'amène sur un terrain dégagé par les troupes, où le relèvement des blessés est terminé et où il se borne à assurer l'évacuation des postes de secours sur les ambulances. L'ordre le renseigne sur les emplacements respectifs des premiers et des secondes et celles qui doivent recevoir les blessés inévacuables. Il lui suffit de faire reconnaître les voies d'accès les plus directes ou celles paraissant les plus praticables pour orienter ses divers moyens de transport;

2° Le combat bien que terminé, le relèvement des blessés n'est point achevé et le groupe de brancardiers va y contribuer en venant en aide au service régimentaire sur le champ de bataille même.

Ici le médecin-chef du groupe de brancardiers doit tout d'abord connaître la délimitation précise de la zone d'action qui est assignée à sa formation, sans indication de sectionnement. A lui de diviser cette zone en deux secteurs correspondant à chacune des sections et de préciser aux officiers ce qu'ils ont à faire. Il sera, au contraire, dégagé de ce soin si l'ordre fixe lui-même le partage de la zone intéressée.

Éclairé par son directeur ou médecin divisionnaire sur la répartition approximative des blessés, des postes de secours et des ambulances, son premier soin sera de parcourir autant que possible, lui-même, le terrain avec les médecins et officiers d'administration pour repérer les principales zones de chute des blessés, se rendre compte des accidents topographiques, des conditions particulières qu'ils imposent à l'emploi des divers moyens de transport de blessés, pendant que la formation amenée à pied d'œuvre se prépare, sous le commandement des gradés, à entrer en fonction par le montage des brouettes porte-brancards et des brancards, la constitution du dépôt des voitures et la distribution aux brancardiers d'une boisson réconfortante.

Sa reconnaissance achevée, il précise ses instructions à chaque chef de section (la section d'hygiène et de prophylaxie contribue au transport des blessés dans les mêmes conditions que les autres), leur indique les ambulances désignées pour recevoir les blessés inévacuables et leur rappelle la nécessité du transport direct des blessés aux ambulances sans passer par l'étape du poste de secours, bien que celui-ci soit souvent plus rapproché du champ de bataille.

Il donne ses ordres pour que les brancardiers trouvent, une fois les opérations terminées, lorsque la formation se reconstitue, un repas chaud facile à préparer grâce à la cuisine roulante. Le travail particulièrement dur des brancardiers exige impérieusement, de la part du médecin-chef, la surveillance de leur alimentation.

Avant de repartir dans la direction assignée par le médecin divisionnaire ou le directeur du service de santé, il se rendra compte par une revue rapide de l'état du matériel, qui sera visité en détail au cantonnement.

Les progrès de l'aviation permettent, aujourd'hui, à la fin de l'action, l'exploration du champ de bataille pour préciser les emplacements des postes de secours, des refuges et des groupements de blessés.

Les renseignements très précis que fournit l'aviateur orientent d'emblée les recherches et suppriment cette période prémonitoire, si longue et si pénible pour les brancardiers, de l'exploration des diverses zones de l'action. Les équipes peuvent être aussitôt dirigées sur les points où elles trouveront les blessés. Pour les positions couvertes du terrain qui échappent à l'aviateur, le chien sanitaire est le meilleur guide pour les brancardiers.

# CHAPITRE III

## LE MÉDECIN-CHEF DE L'HÔPITAL D'ÉVACUATION

### I

**e médecin-chef d'hôpital d'évacuation à la mobilisation.**

#### a) OBLIGATIONS PERSONNELLES

Les mêmes que le médecin-chef d'ambulance. S'y reporter.

#### b) OBLIGATIONS PROFESSIONNELLES

1° Reconnaître immédiatement le complet du matériel de la formation qui n'a pas de moyens de transport propres; a conservé dans le nouveau règlement son rôle dans le contrôle et la préparation des évacuations, mais est libérée de l'obligation du réapprovisionnement; se subdivise toujours en deux sections d'égale importance.

Chacune de celles-ci comprend un approvisionnement d'ambulance et un approvisionnement de section d'hospitalisation, de vérification facile à l'aide des tableaux indicatifs annexés à chaque panier ou ballot. Il existe en outre 200 brancards, 40 supports pour lits-brancards, 100 appareils à suspension pour l'aménagement des voitures auxiliaires pour l'ensemble de la formation. Indépendamment de ce matériel, l'hôpital d'évacuation dispose, en principe, de celui qui est nécessaire à l'armement de 4 trains sanitaires improvisés : appareils à suspension de brancards (132 par train), brancards (400 par train), couvertures (400), médicaments, objets de pansement, matériel d'exploitation conforme aux indications de la notice n° 2. Le matériel de ces trains est déposé à la gare régulatrice, chaque train fonctionnant comme formation annexe de l'hôpital d'évacuation;

2° Vérifier la situation du personnel officiers, sous-officiers et troupes dont la composition est indiquée à l'Annexe.

3° Diriger et surveiller les opérations de mobilisation d'après l'horaire du journal de mobilisation et faire la répartition du personnel entre les divers services;

4° Vérifier les aptitudes et le degré d'instruction du personnel, de l'hôpital lui-même, surtout du médecin-chef et de l'officier d'administration de la 2° section; voir de très près les brancardiers des trains sanitaires, car nombre d'hommes en provenance des différents corps de troupe sont versés dans les sections d'infirmiers, en vue de la mobilisation, qui n'ont jamais reçu l'instruction spéciale aux brancardiers. Prescrire des instructions, des théories pratiques et des exercices sur le montage et le démontage des appareils Bréchot-Desprez, Ameline et Bry-Ameline, du brancard; sur l'aménagement des wagons, le chargement des blessés à quai ou en pleine voie. Ces théories, instructions, exercices seront faits simultanément pour tous les trains et séparément par le personnel de

chaque train sous le commandement direct du médecin et de l'off
cier d'administration du train;

5° S'assurer que le médecin et l'officier d'administration de ch¡
que train sanitaire connaissent leurs devoirs au cours des évacu¡
tions;

6° Rendre compte au commandant d'armes que la formation e¡
en état de partir et faire vérifier l'existence des véhicules destiné
au transport du matériel du dépôt jusqu'à la gare;

7° Procéder à l'embarquement d'après l'horaire du journal d
mobilisation non sans s'être assuré personnéllement par une reco¡
naissance de la gare des conditions dans lesquelles cet embarque
ment peut être fait, de façon à pouvoir donner à l'officier d'adm¡
nistration gestionnaire des indications précises sur les disposition
les plus favorables à adopter.

Il n'y a aucune indication spéciale à donner sur la conduite a
cours des transports stratégiques et à l'arrivée au point de déba¡
quement. Ce qui a été dit antérieurement pour les autres chefs d
service paraît suffisant à éclairer le médecin-chef de l'hôpital d'év¡
cuation.

A dater du débarquement, le rôle du médecin-chef variera d'im
portance suivant que sa formation fonctionnera groupée ou sec
tionnée au centre de passage ou à l'un des points d'origine de
convois d'évacuation. On conçoit, en effet, combien les condition
seront différentes, et variables les difficultés, suivant qu'il devr¡
régler le service à la gare régulatrice, à une gare d'évacuation ¡
dans un centre d'évacuation, à une tête d'étapes ou sur le cham¡
de bataille même.

## II
### Le médecin-chef de l'hôpital d'évacuation à la gare régulatrice.

La présence d'un hôpital d'évacuation complet à la G. R. pendan
toute la durée des opérations est la condition essentielle du fonc
tionnement régulier des évacuations vers l'intérieur.

Le médecin-chef de cet hôpital remplira, presque toujours, simul
tanément les fonctions de médecin du commandement d'étapes de
la gare régulatrice.

A ce double titre il aura des attributions différentes, mais relè
vera toujours, au point de vue technique, du directeur (ou chef) du
service de santé des étapes, et, au point de vue militaire, du direc
teur des étapes et des services comme médecin-chef de l'hôpital
d'évacuation, et du commandant d'étapes comme médecin-chef du
commandement d'étapes.

Le médecin-chef de l'hôpital d'évacuation appelé à fonctionner
à la gare régulatrice doit :

A) Comme médecin-chef de l'hôpital :

1° Se renseigner dès son arrivée : auprès du commandant d'éta
pes de la G R. sur les locaux réservés au cantonnement de sa
formation, à l'installation des malades et blessés et au fonction
nement de l'hôpital; sur les moyens de transport mis à sa disposi
tion pour le déchargement de son matériel.

Auprès du commissaire militaire de la gare, sur le lieu de débarquement, sur les emplacements réservés au matériel des trains sanitaires improvisés, sur les locaux de la gare utilisables comme salles d'attente pour les malades et blessés au moment de l'arrivée des trains ou de leur formation, à la réfection urgente des pansements, à la préparation des aliments et boissons, aux distributions, aux opérations administratives de divers ordres nécessitées par les départs ou le passage des trains;

2° Provoquer les ordres, les instructions du directeur du service de santé des étapes, lui adresser les demandes (baraques, tentes pour suppléer à l'insuffisance des locaux) destinés à faciliter le fonctionnement du service;

3° Procéder à l'organisation du service par la répartition du personnel en plusieurs groupes correspondant aux diverses opérations à effectuer, savoir :

| | | |
|---|---|---|
| a) Groupe administratif (fonctionne à la gare). | 1 officier d'administration. <br> n infirmiers (1). | Distribution des aliments, vérification et contrôle des feuilles d'évacuation, écritures diverses. |
| b) Groupe hospitalier (fonctionne dans les locaux prévus pour cette installation). . . | 1 méd.-maj. 2° cl. <br> 2 méd. aides-maj. <br> 1 pharmacien. <br> 1 offic. d'administr. <br> n infirmiers. | Traite les malades ou blessés incapables de continuer et qui sont hospitalisés à la G. R. et ceux peu gravement atteints. |
| c) Groupe de triage (fonctionne à la gare à l'arrivée des trains d'évacuation). . . . . | Le médecin chef. <br> 2 méd. aides-maj. <br> n infirmiers. | Divise les blessés en trois catégories : à évacuer sur l'intérieur; à hospitaliser (blessés graves); à traiter sur place (blessés légèrement), ou à placer au dépôt de convalescents. |
| d) Groupe médico-chirurgical (fonctionne à la gare). . . . . . . . | 2 méd. aides-maj <br> 1 pharmacien. <br> n infirmiers. | Assure la réfection de certains pansements, les soins médicaux urgents, le remplacement des médicaments et objets de pansement consommés en cours de route. |

4° Demander au médecin de l'armée le renforcement du personnel de l'hôpital d'évacuation par prélèvement sur la réserve sanitaire de personnel si les évacuations annoncées sont trop nombreuses.

B) Comme médecin-chef du commandement d'étapes de G. R. :

1° Prendre les ordres et les instructions du commandant d'étapes pour l'organisation du service médical dans la place;

2° Faire toutes les propositions et demandes nécessaires à la mise en état des locaux requis pour l'hospitalisation sur place des blessés devenus incapables de continuer leur route, pour la réquisition des locaux utilisables, dans le voisinage immédiat de la gare, pour les opérations d'évacuation. S'il n'en existe pas, faire construire des baraques en planches, monter des baraques, des tentes;

_____

(1) Le nombre d'infirmiers sera déterminé d'après l'importance des trains d'évacuation, la qualité des blessés (trains sanitaires permanents amenant de grands blessés, par exemple), etc., renseignements fournis par le télégramme annonçant l'arrivée de l'évacuation.

faire toutes les réquisitions nécessaires pour le matériel et demander au médecin de l'armée les ressources supplémentaires à provenir de la réserve de matériel sanitaire;

3° Régler le service, désigner le personnel qui doit accompagner
le train de ravitaillement quotidien, donner les instructions au gestionnaire de la réserve de matériel sanitaire pour la remise à ce
personnel du matériel de réapprovisionnement quotidien;

4° Organiser le service médical du dépôt de convalescents et
éclopés qui est d'ordinaire annexé à l'hôpital d'évacuation à la
G. R. et dont la surveillance médicale est très importante;

5° Prévoir l'isolement des malades contagieux.

Ces diverses mesures sont complétées par celles que prend ou
propose le médecin-chef de l'hôpital d'évacuation à l'arrivée des
trains.

Il n'y a pas lieu de s'arrêter sur les dispositions à prendre à l'arrivée du train quotidien; le nombre restreint de malades ou blessés
qu'il amène est facilement classé et réparti entre les diverses catégories dont il vient d'être question; il n'en est pas de même au
moment des grandes évacuations succédant à la bataille et pour
lesquelles il y a lieu de distinguer suivant que les trains passent
à la G. R. sans subir de modifications jusqu'à leur destination,
doivent au contraire donner lieu à des transbordements ou des
reconstitutions, ou sont organisés de toutes pièces à la G. R. lorsque celle-ci fonctionne, par exemple, dans une localité siège d'un
*port de rassemblement* où aboutissent des convois d'évacuation par
eau qui doivent continuer par voie ferrée.

Lorsque les trains d'évacuation passent en transit, le médecin-
chef de l'hôpital d'évacuation, avisé par le commissaire militaire
de la gare, prend ses dispositions pour assurer les soins et l'alimentation des blessés et du personnel sanitaire, l'hospitalisation
des intransportables, la vérification et le contrôle des feuilles d'évacuation.

Au départ des trains, le médecin-chef de l'infirmerie de gare la
plus proche est informé télégraphiquement du nombre des blessés
et de l'heure de leur arrivée.

En cas de modifications à apporter à la composition des trains,
les diverses opérations indiquées plus haut sont exécutées après
entente avec le commandant d'étapes et le commissaire militaire
de la G. R.

Si les trains sont constitués à la G. R. même, toutes les dispositions peuvent être aisément prises pour l'armement des wagons.
le transport des blessés et leur embarquement; le médecin-chef
règle le détail des opérations d'après les ordres du commandant
d'étapes et les instructions du commissaire militaire.

III

**Le médecin-chef de l'hôpital ou d'une section d'hôpital
d'évacuation à une gare d'évacuation.**

Le médecin-chef de l'hôpital ou d'une section d'hôpital d'évacuation, envoyé à une gare d'évacuation, n'a pas à se préoccuper
du personnel et du matériel de ses quatre trains sanitaires, qu'il
laisse à la gare régulatrice. Sa formation est appelée à fonctionner

u point de contact des convois sur route ou éventuellement par
au, avec la voie ferrée; il aura donc à organiser les trains d'éva-
uation qui lui arriveront tout aménagés et prêts à être chargés.

Il sera renseigné sur les marches de ces trains par le commissaire militaire de la gare, qui lui fera connaître également les
heures d'arrivée et l'importance des convois de blessés.

Le fonctionnement de son service sera déterminé par les conditions locales, soit que les embarquements dussent être subordonnés
à l'arrivée des convois, soit qu'il ait été organisé ou prévu un
centre d'évacuation (1) qui permettra de régler les embarquements
d'une façon plus précise.

Ce qui vient d'être dit du rôle du médecin-chef de l'hôpital à son
arrivée à la G. R. et du fonctionnement de son service s'applique
à ce cas d'espèce; il fixera plus particulièrement son attention par
une reconnaissance minutieuse de la gare sur les facilités d'accès
et d'embarquement et le rendement comme rapidité de chargement.

## IV
### Le médecin-chef de l'hôpital ou d'une section d'hôpital d'évacuation à une tête d'étapes.

Il ne s'agit plus ici que de l'organisation de convois d'évacuation
par route ou par eau.

Le médecin-chef n'est plus limité, pour la constitution de ses
convois, par la présence et le rendement du rail. Il peut multiplier
les points de chargement des voitures en fonction du nombre
d'équipes dont il dispose. Les facilités d'accès et l'étendue du port
d'embarquement, le nombre de bateaux mis à sa disposition con-
ditionneront, le cas échéant, la rapidité des embarquements.

Il recevra des convois de l'avant et les réorganisera pour les
diriger sur l'arrière après avoir sélectionné les blessés; de toute
façon, avant de les remettre en route, il aura dû pourvoir à leur
couchage, à leur alimentation, à leurs soins médico-chirurgicaux.

Dans ce but, après entente avec le commandant d'étapes, il organisera les locaux d'hospitalisation, les abris provisoires (tentes,
baraques, etc.), réglera le fonctionnement des divers groupes de
son personnel d'après les principes énoncés plus haut.

Pour l'organisation des convois, il déterminera, suivant la nature
et le nombre des moyens de transport (convoi auxiliaire, éventuel,
automobile, etc.), les procédés d'aménagement, en demandera de
supplémentaires au médecin-chef du service de santé des étapes si
les siens sont insuffisants; il fixera les centres et les heures de
chargement, le personnel qui accompagnera les convois. Dans
l'impossibilité d'emprunter ce personnel à sa formation, il récla-
mera du médecin-chef du service de santé des étapes les ressources
nécessaires à provenir soit du personnel des trains sanitaires improvisés, soit de la réserve du personnel.

Au départ des convois, il avisera télégraphiquement l'infirmerie
de gîte d'étapes ou de port la plus proche du nombre et de l'heure
d'arrivée des blessés.

_____

(1) Voir, pour l'organisation d'un *centre d'évacuation*, le chapitre du *Médecin-chef du service de santé des étapes*.

# TITRE IV

## Le médecin-chef de corps de troupe.

---

### I

**Le médecin-chef de corps de troupe à la mobilisation.**

Le médecin-chef d'un corps de troupe se mobilise dans les conditions indiquées par le journal de mobilisation du corps auquel il appartient, où sont prévues les diverses opérations concernant le service de santé. Il devra :

1° Procéder à la sélection rigoureuse, non seulement des malades et malingres de l'armée active, mais surtout des hommes des réserves parmi lesquels certains auront négligé de faire valoir, avant la mobilisation, leurs motifs d'incapacité, tandis que d'autres en invoqueront sans fondement suffisant. Ce sera la partie la plus délicate du rôle du médecin-chef de corps de troupe; il ne devra pas se reposer sur ses aides du soin de procéder aux éliminations nécessaires, d'autant que ceux-ci, appartenant également à la réserve, n'auront pas une connaissance suffisante de l'instruction sur l'aptitude physique;

2° Revoir le matériel de mobilisation du service de santé, le compléter par l'achat sur place des substances non entretenues pendant le temps de paix;

3° Distribuer les brassards de la Convention de Genève au personnel médical, aux infirmiers, aux brancardiers des compagnies ou des batteries (les musiciens continuent à porter le brassard avec la croix de Malte);

4° S'assurer de l'instruction médico-militaire des médecins des réserves; leur donner les indications utiles sur le fonctionnement du service et leur rôle, leur équipement en campagne;

5° Vérifier l'instruction des infirmiers et brancardiers réservistes; faire quelques théories et démonstrations pratiques du matériel de mobilisation et du chargement de la voiture médicale. Les médecins aides-majors et auxiliaires devront assister à ces exercices.

(Voir Annexe, pour personnel et matériel sanitaires dans les corps de troupe.)

### II

**Le médecin-chef de corps de troupe pendant les transports stratégiques.**

En prévision des accidents ou des malades en cours de route :
Constituer un service de garde quotidien composé dans l'infanterie de la façon suivante :

1 médecin aide-major,
1 médecin auxiliaire,      } du bataillon de jour.
1 infirmier avec un sac d'ambulance, )

Ce dernier prendra place dans le même wagon que les homme de la garde de police et reconnaîtra les voitures où se trouvent 1 médecin aide-major, le médecin auxiliaire de garde et le médecin chef.

Dans la cavalerie :

Le médecin aide-major;
1 infirmier avec une paire de sacoches, avec la garde de police.

Dans l'artillerie :

Le médecin aide-major;
1 infirmier muni d'un sac d'ambulance avec la garde de police.

Laisser les malades graves au commissaire militaire de la gare la plus voisine ou, de préférence, au commissaire militaire d'une infirmerie de gare.

A l'arrivée à la gare de débarquement, laisser au *dépôt de malades* les hommes incapables de continuer et qu'il y a intérêt à ne point emmener dans les cantonnements. Ils seront reconduits à la gare régulatrice par les trains de retour.

Le médecin-chef devra se rendre compte personnellement, pendant les arrêts de longue durée, des conditions hygiéniques dans lesquelles s'effectue le voyage, de l'état des hommes, des événements pathologiques survenus et dont la solution nécessitera sa décision. Il signalera au chef de corps les desiderata constatés et lui fera les propositions nécessaires.

### III
### Le médecin-chef de corps de troupe pendant le stationnement.

Le médecin-chef de corps de troupe pendant le stationnement doit s'astreindre à une surveillance rigoureuse et personnelle de tous les détails de l'hygiène relatifs au cantonnement pour éclairer son chef de corps et le mettre en garde contre :

Le péril de l'eau;
Le péril du sol;
Le péril fécal.

Visiter le cantonnement tout entier dès que l'installation est terminée; voir immédiatement les locaux signalés comme insalubres par les unités. Rendre compte verbalement au chef de corps de ces visites.

L'attention du médecin-chef de corps de troupe doit être fixée par les trois points suivants :

#### 1° Hygiène du cantonnement.

a) Surveillance des eaux et des denrées alimentaires. Demander au médecin divisionnaire l'expertise chimique de l'eau par le groupe de brancardiers divisionnaire (1). Demander l'analyse bactériologique au groupe de brancardiers de corps. Pour les médecins-chefs des éléments non endivisionnés, c'est le directeur du service de santé du corps d'armée qui fait procéder à l'expertise chimique et bactériologique par la section d'hygiène et de prophylaxie.

*b*) Surveillance du cantonnement au point de vue de l'encombrement et de la propreté des locaux habités (cantonnement resserré).

*c*) Surveillance des feuillées, éloignement des ordures, désinfection des premières, incinération des secondes chaque fois que cela sera possible.

*d*) Maladies épidémiques dans la population civile (consigner les maisons contaminées) ou dans le corps de troupe (hospitalisation immédiate). Demander la désinfection des locaux et des effets par la section d'hygiène et de prophylaxie.

*e*) Signaler au chef de corps et à la commission de salubrité les desiderata appelant une solution rapide.

### 2° Soins à donner aux malades et blessés.

Organiser le service médical quotidien de la façon suivante :

*a*) Dans les cantonnements passagers :

Demander un local à portée du poste de police pour y placer les malades désignés au moment de la visite, qui seront mis sous la surveillance du service de garde commandé chaque jour et composé :

Pour un régiment d'infanterie, de : 1 médecin aide-major, 1 médecin auxiliaire et 2 infirmiers, ces trois derniers restant en permanence au poste de police;
Pour un régiment de cavalerie : 1 infirmier au poste de police;
Pour un groupe d'artillerie : 1 infirmier au poste de police;
Pour un bataillon de chasseurs : 1 médecin auxiliaire et 1 infirmier au poste de police.

*b*) Dans les cantonnements prolongés :

Installer une infirmerie de cantonnement, réquisitionner les locaux, le matériel de couchage et d'exploitation nécessaire, y organiser le service de garde comme il vient d'être dit et faire contribuer au service normal le personnel médical et tout le personnel infirmier du corps.

Si le commandement prescrit l'organisation d'une infirmerie commune à plusieurs corps dans les cantonnements occupés par des troupes diverses, le médecin divisionnaire donnera les ordres pour l'organisation et le fonctionnement du service.

Dans le cas où le groupe de l'infirmerie (infirmiers et malades) serait assez éloigné pour ne pouvoir vivre à la section ou au peloton hors rang, établir et signer des bons de vivres au titre de la section et percevoir les prestations en nature dans les mêmes conditions que les unités administratives du corps.

---

(1) Le matériel du groupe de brancardiers divisionnaire comprend un nécessaire pour l'expertise chimique rapide de l'eau.

### 3ᵉ Evacuations.

Les évacuations ont lieu, soit sur l'ambulance, soit directement sur la gare de ravitaillement.

Les évacuations sur l'ambulance se feront d'ordinaire à l'aide de la grande voiture pour blessés mise à la disposition du corps par le groupe de brancardiers divisionnaire dans l'infanterie, à l'aide des petites voitures pour blessés des régiments dans la cavalerie; le médecin-chef, dans l'artillerie, provoquera des ordres du commandement pour avoir les moyens de transport nécessaires. La voiture médicale régimentaire, débarrassée de son chargement, peut être facilement disposée pour servir au transport d'un malade.

Les évacuations sur la gare de ravitaillement se feront dans les conditions indiquées par le commandement et à l'aide de moyens de transport normaux ou requis. On aura toujours avantage à utiliser les voitures de transport pour blessés des corps ou des groupes de brancardiers lorsque la durée du stationnement et la distance aux points de ravitaillement en permettront l'emploi.

Le médecin-chef d'un corps de troupe s'assurera toujours, avant de quitter le cantonnement, qu'aucun homme n'est resté pour cause de maladie. Il prescrira à chaque médecin aide-major :

Dans l'infanterie, de lui rendre compte, avant le départ, des événements pathologiques survenus depuis la veille dans leur bataillon et se fera présenter ou visitera les hommes qui se déclarent malades;

Dans la cavalerie, ce compte rendu sera fait par le médecin aide-major;

Dans l'artillerie, le médecin verra lui-même les malades au lieu de rassemblement du groupe.

De toutes façons, les médecins-chefs de corps de troupe devront adopter, pour les malades incapables de suivre, l'une des deux solutions suivantes :

Laisser à la municipalité les malades intransportables;

Faire diriger les évacuables sur la gare de ravitaillement par la section sanitaire automobile.

## IV

## Le médecin-chef de corps de troupe pendant les marches.

Dans la cavalerie et l'artillerie, les médecins marchent à la queue de la colonne et, à moins d'accident grave imposant des mesures spéciales, possèdent assez de moyens de transport pour leur permettre d'amener les malades ou blessés jusqu'à leurs cantonnements.

Dans l'infanterie, le chef de service s'inspirera de ce principe « qu'aucun homme isolé, éclopé ou malade ne doit être laissé derrière la colonne ».

Le service est réglé de la façon suivante :

Chaque bataillon est suivi de son personnel médical, médecin aide-major, médecin auxiliaire, 4 infirmiers et de la voiture médicale régimentaire. Le médecin-chef marche derrière le bataillon de gauche avec le sergent brancardier et suivi de la grande voiture pour transport de blessés. « Il reçoit les malades et les éclopés munis d'un billet du médecin de bataillon et décide s'ils seront admis dans la voiture ou simplement allégés de leur sac. » (Art. 47, R. S. S. C.) Cette prescription du règlement montre la nécessité de munir à l'avance les médecins de bataillon de billets de couleur différente permettant de distinguer à première vue qu'il s'agit d'un éclopé ou d'un malade, avec l'indication : « Sac à la voiture », « Homme à la voiture », de telle sorte que l'on n'ait point à faire stationner la voiture et exposer la troupe qui marche derrière à s'arrêter. Le médecin-chef, pour infirmer ou confirmer la décision prise par le médecin de bataillon, fera tout d'abord monter l'intéressé et montera avec lui dans la voiture qui continuera sa route. Il aura ainsi tout loisir de faire son examen pendant la marche même et de décider si l'homme doit rester ou continuer avec les autres éclopés groupés devant la voiture, sous la conduite du sergent brancardier.

Les conditions de température doivent dicter certaines précautions que le médecin-chef de service est qualifié pour proposer au chef de corps. Il lui faudra auparavant se rendre compte de l'état des hommes, qui se traduit, pour un œil exercé, par des apparences non trompeuses. Dans ce but, il se portera en tête de la colonne, au moment de la reprise de la marche, après une halte horaire, et regardera attentivement le visage et l'attitude des marcheurs. Si la température est élevée, humide et par ciel couvert, se défier des coups de chaleur, demander l'écartement des files de chaque côté de la route, le milieu restant vide, l'ouverture des capotes et des cravates, le relèvement des manches, le ralentissement de l'allure, au besoin une voiture de réquisition par bataillon pour décharger alternativement les unités.

Si la colonne est surprise par un coup de chaleur qui immobilise en quelques minutes un grand nombre d'hommes, constituer, dans un endroit abrité, un poste sanitaire, sous la direction d'un médecin aide-major assisté du personnel suffisant, dans le cas où le régiment est obligé de continuer sa marche; sinon, le médecin-chef en prendra lui-même la direction. Par temps froid avec pluie et vent ou neige, avoir l'œil sur les files extérieures et proposer leur alternance avec les files intérieures tous les quarts d'heures, afin d'éviter les accidents causés par le froid.

Dans tous les cas, chaleur ou froid, recommander à son personnel et avoir soi-même sur soi, pour ranimer les malades, un cordial puissant dont il sera bon de constituer, au moment du départ, un approvisionnement à l'aide des ressources pécuniaires de la masse d'infirmerie.

Certains chefs de corps ont adopté la mesure très utile qui mérite d'être généralisée et consiste en un signal convenu avec le médecin-chef de service pour indiquer qu'il se passe quelque chose d'anormal à la queue de la colonne.

A l'arrivée au cantonnement, la visite médicale est passée, dans chaque bataillon, par le médecin du bataillon en présence du chef de service, si tout le régiment cantonne dans la même localité; le médecin-chef centralise les situations sanitaires des bataillons détachés, dans le cas contraire, et passe la visite de la portion cantonnée avec l'état-major.

## V

**Le médecin-chef d'un corps de troupe pendant le combat.**

Le médecin-chef d'un corps de troupe (1) qui veut être sûr de se rendre utile à son corps pendant le combat ne doit pas perdre le contact de son chef de corps, car il est à peu près certain, pour peu que l'action se déroule avec violence, de ne plus savoir, au bout de peu de temps, où seront les diverses unités ni même ce que sera devenu son régiment.

Aussi le nouveau règlement a-t-il fort sagement prescrit au médecin chef de service, une fois les dispositions préparatoires prises, de se tenir « auprès du colonel pour recevoir ou provoquer en temps utile les ordres nécessaires au fonctionnement de son service » (art. 52, R. S. S. C.).

Ce même règlement s'est inspiré des conditions nouvelles créées par la bataille moderne en instituant les deux échelons du service de santé régimentaire.

Le médecin-chef de corps de troupe doit se guider, dans leur organisation, sur les considérations suivantes : ne pas sacrifier inutilement son personnel et son matériel, en l'amenant au combat dans le voisinage immédiat des troupes, alors que tout se dissimule et se cache sur le champ de bataille, que chacun escompte pour sa sauvegarde la protection des moindres accidents de terrain ou se crée un abri protecteur. Un groupement quelconque devenant immédiatement un objectif tout désigné au tir de l'artillerie, les postes sanitaires de quelque importance doivent être reportés beaucoup plus en arrière qu'autrefois. Mais la difficulté qui résulte pour eux de trouver, dans les accidents du terrain, les éléments de protection nécessaires, cesse pour les petits groupes sanitaires, qui, multipliés, disséminés, découvrent plus aisément au contact de leurs unités les abris suffisants, et la nécessité s'impose de la création, derrière chaque compagnie, des *refuges de blessés* desservis par le personnel sanitaire qui compte dans son effectif, sortes de places de pansement rudimentaires, prolongements avancés de l'organe régimentaire central d'assistance.

Il faut au contact immédiat des troupes, pour le réconfort moral, un véritable rideau de secours léger, mobile, constitué par les *refuges de blessés*, capable de les suivre dans tous leurs mouvements, dissimulé comme elles, utilisant comme elles tous les éléments de protection du terrain, qui apporteront le secours immédiat sans préjudice de ce qui devra être fait, au moment opportun, par une installation plus complète, 2ᵉ échelon du service de santé de première ligne, le *poste de secours du régiment*.

Le médecin-chef de corps de troupe devra donc, dès que l'ordre d'engagement est parvenu, après avoir pris les instructions de son chef de corps :

---

(1) Ces considérations s'appliquent principalement à l'infanterie. Pour l'artillerie, la stabilité plus grande expose à moins d'aléa, et, dans la cavalerie, il ne peut être question du rôle du service de santé pendant l'action.

Grouper tout le personnel et le matériel sanitaires du corps;

Désigner le personnel appelé à marcher dans chaque bataillon avec les compagnies. En principe : 1" compagnie, 1 médecin auxiliaire, 1 infirmier; 2° compagnie, 2 brancardiers; 3° compagnie, 1 infirmier, 1 brancardier; 4° compagnie, 2 brancardiers.

Ces hommes laissent leurs sacs sur la voiture médicale du bataillon et sont munis des brancards, musettes et bidons.

Conserver le personnel restant : 3 médecins aides-majors, 10 infirmiers, 33 brancardiers, pour l'installation du poste de secours. Tout bataillon détaché emmène son personnel et son matériel.

D'après les ordres du colonel, les indications de la carte, ce qu'il sait ou voit du terrain, le médecin-chef de corps de troupe fixera l'itinéraire du groupe du poste de secours, qui doit suivre les réserves du régiment d'aussi près que possible en demeurant défilé complètement des vues de l'ennemi. Il est impossible de donner ici des précisions, chaque cas d'espèce comportant sa solution ou des solutions différentes.

L'installation des *refuges de blessés* échappe à l'action immédiate du médecin-chef; bien souvent ils se constitueront automatiquement par le groupement de blessés ayant trouvé un abri; dans d'autres circonstances, et suivant la nature du combat défensif ou offensif, le choix, l'utilisation et l'aménagement des couverts seront laissés aux soins de l'équipe sanitaire. Au point de vue technique, il n'y sera donné que les soins de première urgence aux blessés qui s'y rendront spontanément ou pourront, dans des circonstances favorables et rares sous le feu, y être transportés pendant l'action.

Si l'installation et le fonctionnement du 1" échelon sanitaire échappent à l'action directe du médecin-chef, il n'en est plus de même du 2° échelon, le *poste de secours*. L'article 54 du R. S. S. C. a si nettement fixé les directives capables de guider le médecin-chef qu'il mérite d'être ici intégralement reproduit :

« *Composition du poste de secours.* — Le poste de secours régimentaire est constitué par le groupement du personnel sanitaire resté à la disposition du médecin-chef de service et par la réunion du matériel roulant (voitures médicales).

» Si le poste de secours doit s'installer en plein champ assez loin des routes, sur un terrain ne permettant pas l'accès facile des voitures, le matériel est déchargé au bord d'un chemin et transporté à bras par les brancardiers sur l'emplacement choisi. Les voitures restent sous la surveillance du sergent brancardier.

» *Installation du poste.* — Le médecin-chef doit éviter d'installer son poste prématurément. A cet effet, il attend que l'action soit nettement engagée, que les progrès de la première ligne soient arrêtés, ou, en tout cas, que les pertes deviennent sérieuses. Comme la circulation méthodique de brancardiers transportant des blessés n'est possible que si le feu n'atteint pas une trop grande intensité, il y aura souvent intérêt à ne déployer un poste de secours en arrière d'un point qu'à partir du moment où l'effort principal du combat s'en est détourné.

» Le poste sera défilé aux coups de l'infanterie et autant que possible de l'artillerie ennemies; il ne sera signalé, non plus que les chemins d'accès, par aucun fanion apparent ou autre signe visible de la position adverse. Des flèches à la craie, au charbon, ou mieux à la peinture, indiqueront les itinéraires les plus favorables pour s'y rendre. Tout mouvement de voiture visible sera interdit pendant l'action.

» Les circonstances de la lutte, la distance, le nombre, l'importance et la dispersion des refuges pour blessés peuvent amener le médecin chef de service à établir plusieurs postes de secours.

» *Fonctionnement du poste*. — L'action chirurgicale est limitée :

» 1° Au pansement des plaies;

» 2° Aux secours immédiats;

» 3° A l'application d'appareils simples et provisoires pour les fractures.

» Les blessés qui peuvent combattre sont renvoyés à leur unité après pansement; les blessés capables de marcher sont, dans le plus bref délai possible, formés en détachements successifs commandés par le plus ancien gradé et dirigés sur le point de rassemblement des blessés de cette catégorie désigné par le commandement; les autres blessés sont normalement évacués sur une formation sanitaire par les moyens de transport des groupes de brancardiers, mais le médecin-chef ne devra pas attendre l'entrée en action de ces groupes si les ressources dont il dispose lui permettent de commencer l'évacuation de ses blessés.

» Les pansements qui doivent être refaits sont marqués d'un trait de crayon rouge.

» Le billet d'hôpital annexé au livret individuel reçoit, au poste de secours, les indications techniques nécessaires pour tous les hommes évacués sur une formation sanitaire.

» *Mouvement en avant*. — Lorsque, par suite du mouvement en avant du régiment, la zone des refuges pour blessés devient trop éloignée du poste de secours, le médecin-chef décide de l'opportunité de l'installation d'un nouveau poste. Le personnel et le matériel laissés en arrière rejoignent dès que les blessés du premier poste ont été évacués ou passés à une formation sanitaire.

» *Mouvement rétrograde*. — En cas de mouvement rétrograde, les blessés sont évacués en commençant par les moins gravement atteints. Si l'évacuation du poste ne peut être achevée avant l'arrivée de l'ennemi, un médecin et quelques infirmiers restent auprès des blessés, sous la protection de la Convention de Genève. Il en est rendu compte au chef de corps. »

Pendant toute cette période, le médecin-chef pourra recevoir des communications du médecin divisionnaire, qui se tiendra en liaison avec lui et auquel il pourra ainsi demander le secours utile, soit qu'il entrevoie l'utilisation possible d'une section du groupe de brancardiers ou l'installation profitable d'une ambulance à sa portée. Cette dernière éventualité aura chance de se réaliser plus souvent avec les conditions de la guerre moderne, qui impose l'installation tardive et l'éloignement du poste de secours et favorise le rapprochement des ambulances.

## VI
### Le médecin-chef de corps de troupe après le combat.

D'une manière générale, tout ce qui est fait par le service de santé régimentaire pendant l'action n'est que le préambule plus ou moins actif de l'œuvre sanitaire, qui battra son plein après la cessation du feu.

A ce moment, le médecin-chef aura pu, dans les circonstances heureuses, amorcer le transport des blessés entre les *refuges* et le deuxième échelon; il sera bien rare, surtout dans une action défensive, que le relèvement des blessés restés sur le terrain soit commencé. Cette opération, en effet, n'a chance d'aboutir, pendant les accalmies prolongées du feu, que grâce à des défilements et couverts favorables ou lorsqu'elle s'effectue dans une zone devenue abordable parce que l'action s'en est détournée.

Le médecin-chef devra donc organiser « méthodiquement » le relèvement des blessés à l'aide des équipes de brancardiers et de musiciens, ceux-ci sous la conduite de leur chef et sous-chef. (Art. 56, R. S. S. C.) Pour ce faire, il constituera des groupes d'équipes, sous le commandement des médecins auxiliaires, du chef et du sous-chef de musique, du sergent brancardier; il assignera à chaque groupe la zone de terrain qu'il doit battre et rappellera à son chef les dispositifs les meilleurs à adopter, pour cette battue, suivant la topographie du terrain.

Documenté par le médecin divisionnaire sur les emplacements des ambulances, il les indiquera aux chefs de groupe, de façon à pouvoir y faire transporter directement les blessés sans passer par le poste de secours.

Il provoquera également le concours du groupe de brancardiers pour le relèvement des blessés et l'évacuation de son poste de secours sur les formations voisines.

Il rendra compte des pertes au chef de corps et au médecin divisionnaire.

Il provoquera le remplacement du matériel et des pansements utilisés ou consommés.

Le poste de secours sera libéré le plus rapidement possible pour être prêt à suivre le mouvement.

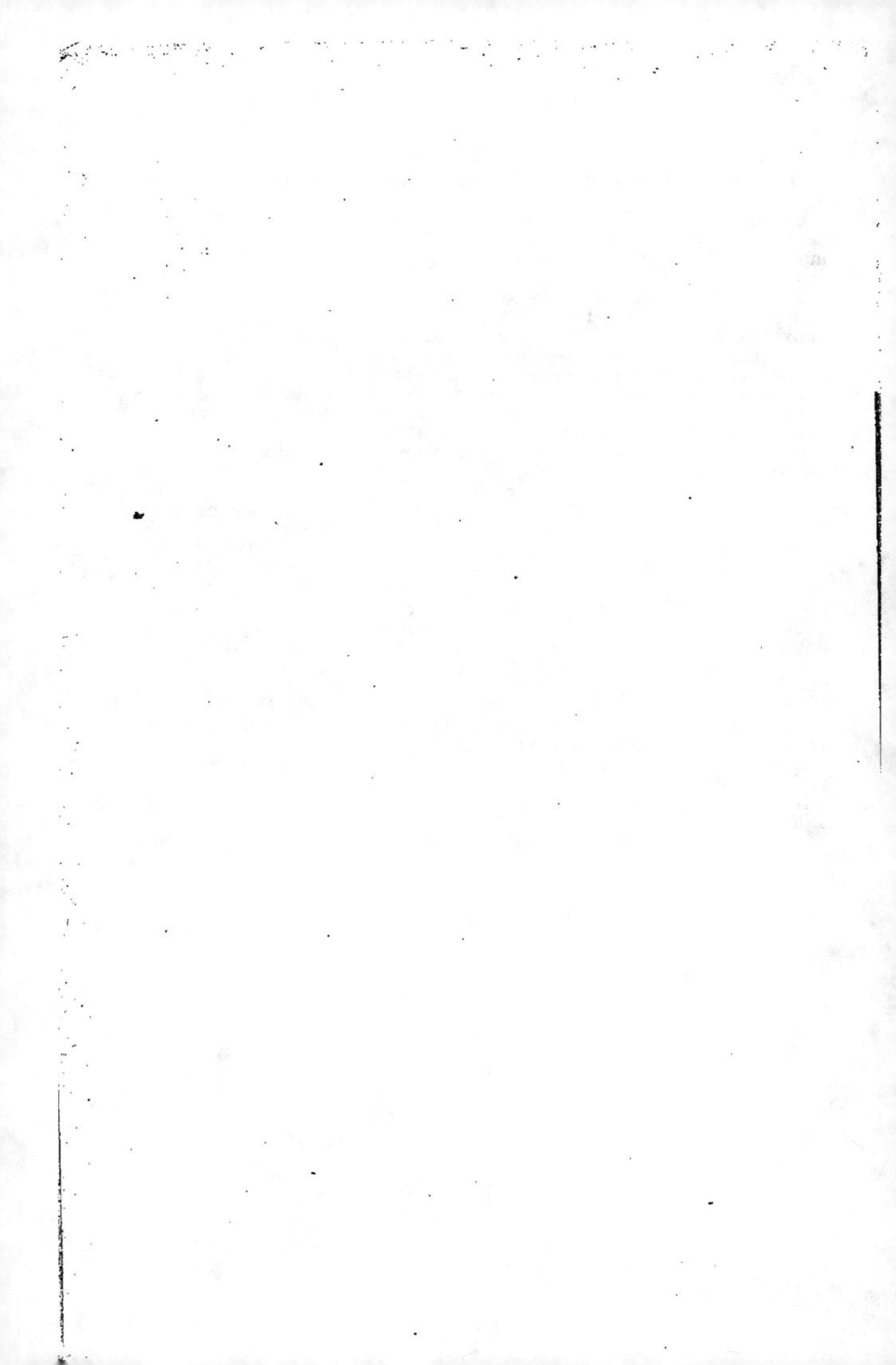

# TITRE V

Résumé des principales données statistiques et numériques intéressant le service de santé en campagne.

TABLEAU 1

Pertes à prévoir

| PENDANT LE PREMIER MOIS de la mobilisation. | EN STATION. | EN MARCHE. | AU COMBAT. | | | | SUR LE CHAMP DE BATAILLE sur 100 hommes touchés. | DANS LES FORMATIONS SANITAIRES pour 100 hommes blessés. |
|---|---|---|---|---|---|---|---|---|
| | | | RÉGIMENT. | DIVISION. | CORPS D'ARMÉE. | ARMÉE. | | |
| 1/5ᵉ de l'effectif.

Soit 43 hommes par régiment, chaque jour, pendant la première semaine, et 13 hommes par régiment, chaque jour, pendant les 2ᵉ, 3ᵉ, 4ᵉ semaines (régiments à 3 bataillons). | 2,5 à 3 ⁰/₀₀, grands malades à évacuer chaque jour. | 9,5 à 3 ⁰/₀₀ grands malades plus 5 à 6 ⁰/₀₀ éclopés. Marches forcées, 10 à 30 % éclopés. | isolé : 30 à 60 %.

enondré : 12 à 15 %. | isolée : 25 à 30 %

encadrée 12 à 15 % | isolé : 15 à 25 %.

encadré 7 à 12 %. | isolée : 10 à 15 %.

encadrée 5 à 7 %. | Tués, 15 % (en Mandchourie 33 %, 1 tué : 3 blessés). Blessés, 85 %, dont 5 % blessés légers pouvant rejoindre leur corps après pansement. 40 % blessés pouvant se rendre à pied aux ambulances ou postes de secours. 20 % blessés à transporter assis. 20 % blessés à transporter couchés. | Blessés intransportables, 25 %, dont 10 % succombent dans les vingt-quatre premières heures. Blessés évacuables, 75 %, dont 20 % blessés peuvent marcher; 35 % blessés à transporter assis; 20 % blessés à transporter couchés. L'évaluation des moyens de transport nécessaires aux évacuations jusqu'à la voie ferrée ne comporte que 55 % des blessés. |

TABLEAU Nº 2

Données statistiques relatives au siège des blessures

| TÊTE ET COU. | | | TRONC. | | | | | MEMBRES SUPÉRIEURS. | | | MEMBRES INFÉRIEURS. | | |
|---|---|---|---|---|---|---|---|---|---|---|---|---|---|
| Pour 1000 blessés | POUR 100 BLESSURES de la tête et du cou. | | Pour 1000 blessés. | POUR 100 BLESSURES DU TRONC. | | | | Pour 1000 blessés | POUR 100 BLESSURES des membres supérieurs. | | Pour 1000 blessés | POUR 100 BLESSURES des membres inférieurs. | |
| | Parties molles. | Os et articulations. | | Parties molles. | Os et articulations. | Cavités splanchniques | Bassin. | | Parties molles. | Os et articulations. | | Parties molles. | Os et articulations. |
| 108 ⁰/₀₀ | 65 % | 32 % | 184 ⁰/₀₀ | 64 %. | 2 %. | 26 %. | 8 %. | 337 ⁰/₀₀ | 62 %. | 38 %. | 351 ⁰/₀₀ | 68 %. | 32 %. |

Tableau 3

**Données de marche relatives aux divers formations sanitaires. (Règl. du 26 avril 1910.)**

| DÉSIGNATION DES FORMATIONS. | LONGUEUR de COLONNE. | DURÉE d'écoulement | NOMBRE de wagons nécessaires au transport | DURÉE d'embarque-ment. | Exigences do cantonnement. | OBSERVATIONS. |
|---|---|---|---|---|---|---|
| Ambulance. . . . . . . . . . . . . . . . . . . . . . . . . . . . | 100 m. | 1′ 15″ | 8 wagons | 2 heures pour 4 ambulances. | » | 4 ambulances par train. 2 trains pour les 8 ambulances du C. A. |
| Section d'hospitalisation. . . . . . . . . . . . . . . | 30 m. | 0′ 30″ | 2 w. 1/2 | 2 heures pour les 6 sections. | » | 17 wagons pour les 6 sections d'hospitalisation du C. A. |
| Groupe divisionnaire de brancardiers. . . . . . | 280 m. | 3′ | 29 w. | 2 heures | 1 compagnie. | |
| Groupe de brancardiers de corps. . . . . . . . . . | 450 m. | 6′ | 37 w. | 2 heures. | 1/2 bataillon. | |
| Ambulance de division de cavalerie. . . . . . . | 80 m. | 1′ | 5 w. | 1 heure. | » | |

Tableau N° 4.

**Ressources en pansements des troupes et unités sanitaires d'un corps d'armée (1).**

*Régiments à 3 bataillons.*

| Cavalerie. | Artillerie et sections de munitions. | Infanterie 2 divisions. | 8 ambulances | 6 sections d'infanterie. | 3 groupes de brancardiers. | Génie. | TOTAL GÉNÉRAL. | OBSERVATIONS. |
|---|---|---|---|---|---|---|---|---|
| 586 | 6,368 | 14,304 | 17,184 | 2,796 | 2,616 | 250 | 44,004 | L'ambulance divisionnaire de cavalerie : 476 pansements. (1) Indépendamment des pansements individuels portés par chaque individualité. |

La zone dangereuse.

16 % des projectiles tombent entre 0ᵐ et 750ᵐ de la ligne de feu. 50 % des projectiles tombent entre 900ᵐ et 2.100ᵐ de la ligne de feu.
9 % — — 750ᵐ et 900ᵐ — 25 % — — 2.100ᵐ et 3.000ᵐ —

# Données numériques relatives au relèvement et au transport des blessés.

### Transport à bras.

Brancardiers........ : Vitesse : 2 k. 500 à l'heure (équipe de 4 brancardiers) ; réduire de 50 °/₀ avec l'équipe de 2 brancardiers.

### Transport par voitures, animaux de bât, brouettes porte-brancards.

Voitures d'ambulance . . à 4 roues. { 4 blessés couchés. } { Vitesse. { 3 kil. à l'heure, chargée. } { Durée de charge-ment et de décharge-ment. } 1/4 d'heure.
— à 2 roues. { 2 blessés couchés. 4 blessés assis. } { 6 kil. à l'heure, vide. }

Le tableau ci-dessous donne la capacité de transport globale des groupes de brancardiers, suivant que les voitures sont affectées aux blessés couchés ou aux blessés assis.

| | VOITURES AFFECTÉES EXCLUSIVEMENT AUX BLESSÉS COUCHÉS. | | | VOITURES AFFECTÉES EXCLUSIVEMENT AUX BLESSÉS ASSIS. | | |
|---|---|---|---|---|---|---|
| | | Couchés. | Assis. | | Couchés. | Assis. |
| Un groupe de branc. div. ..... | 5 voitures à 4 roues...... | 20 | » | 5 voitures à 4 roues...... | » | 50 |
| | 6 — à 2 ...... | 12 | » | 6 — à 2 ...... | » | 24 |
| *Pour les 2 groupes :* | 30 brouettes branc......... | 30 | » | 30 brouettes branc......... | 30 | » |
| | 16 paires cacolets......... | » | 32 | 16 paires cacolets......... | » | 32 |
| 94 × 2 = 188 blessés | | 62 | 32 | | 30 | 106 |
| ou 136 × 2 = 272 blessés. | | | 94 | | | 136 |
| Groupe de branc. de corps ..... | 6 voitures à 4 roues...... | 24 | » | 6 voitures à 4 roues...... | » | 60 |
| | 8 — à 2 ...... | 16 | » | 8 — à 2 ...... | » | 32 |
| | 45 brouettes branc......... | 45 | » | 45 brouettes branc ......... | 45 | » |
| | 20 paires cacolets......... | » | 40 | 20 paires cacolets......... | » | 40 |
| | | 85 | 40 | | 45 | 132 |
| | | | 125 | | | 177 |

Pour l'ensemble des 3 groupes du C. d'A. : 313 blessés. si les voitures sont exclusivement affectées aux blessés couchés (188 + 125) et 449 (272 + 177) si elles le sont aux blessés assis. Vitesse horaire des cacolets et des brouettes-brancards : 3 kilom.

## Données numériques relatives à la durée des pansements à l'ambulance.

Dans une division d'infanterie ayant de 25 p. 100 à 30 p. 100 de pertes, soit environ 4.000 blessés, si l'on admet que 50 p. 100 des pansements faits au poste de secours n'auront pas à être refaits, il reste 2.000 pansements à revoir ou à exécuter par les 12 médecins composant le personnel des deux ambulances affectées à la division. Il leur faudrait 28 heures, à raison de six pansements à l'heure et par médecin, pour achever l'œuvre technique.

---

## Données relatives aux évacuations sur route par les sections sanitaires automobiles.

Les 18 à 24 voitures dont se compose une section sont organisées pour transporter :

40 blessés assis et 80 blessés couchés.

Si elles ne transportent que des blessés assis, leur capacité est de 200 évacués.

Vitesse horaire moyenne : 20 kilomètres.

Limites de parcours quotidien : 120 kilomètres.

Données numériques relati[aux] évacuations sur les routes.

3 kilomètres à l'heure.

| PAR LES MOYENS DE TRANSPORT des groupes de brancardiers. | PAR LES VOITURES de réquisition. | SECTIONS VIDES [DES] TRAINS RÉGIMENTAIRES. | | CONVOI ADMINISTRATIF 1 section. | CONVOI AUXILIAIRE 1 section. | VOITURES VIDES des sections de munitions. |
|---|---|---|---|---|---|---|
| | | infanterie. | artillerie. | | | |
| Par groupe divisionnaire : 62 blessés couchés; 32 blessés assis; ——— 94 blessés. ou 30 blessés couchés; 106 blessés assis; ——— 136 blessés. Pour les 2 groupes divisionnaires : 188 ou 272. Pour le groupe de brancardiers de corps : 85 blessés couchés; 40 blessés assis; ——— 125 blessés. ou 45 blessés couchés, 132 blessés assis; ——— 177 blessés. Pour l'ensemble des 3 groupes du C. A. : 313 ou 449 | Voitures à 2 roues: 2 blessés couchés; 4 blessés assis. Voitures à 4 roues: 4 blessés couchés; 8 blessés assis. | 6 voitures par régiment. 6 × 4 = 24 × 8 ré[g]iments du C. [A.] = 192 blessés. | 100 blessés. | 164 × 4 = 656 bl. | 180 × 4 = 720 bl. | 300 blessés. |

Données numériques relatives aux évacuations sur les voies ferrées.

| NATURE DES TRAINS. | NOMBRE de VOITURES pour blessés. | DURÉE D'AMÉNAGEMENT. | DURÉE de CHARGEMENT. | NOMBRE des ÉVACUÉS. | OBSERVATIONS. |
|---|---|---|---|---|---|
| *Trains sanitaires permanents.* | | | | | |
| Type P.-L.-M. . . . . . . . . . . . . . . | 16 | " | 2 h. 1/2 | 256 blessés couchés. | |
| Type P.-O. . . . . . . . . . . . . . . . | 16 | " | 2 h. 1/2 | 128 blessés couchés. | 5 trains pour la France. |
| Type O.-E. . . . . . . . . . . . . . | 16 | " | 2 h. 1/2 | 128 blessés couchés. | |
| Train sanitaire improvisé . . . . . . . | 33 | 5 heures | 2 heures | 390 blessés couchés ou 1.500 blessés assis. | 12 blessés par wagon sur quatre appareils Bréchot-Desprez-Ameline ou Bry-Ameline. Wagons aménagés |
| Trains facultatifs . . . . . . . . . . . . . | 33 chaque | 5 heures chaque | 2 heures chaque | Variable. | Prévus pour les évacuations exceptionnelles. |
| Train quotidien régulier . . . . . . . | Variable | " | | 100 blessés ou malades. | En prévision des évacuations quotidiennes à raison de 2,5 p. 1.000 blessés ou malades. Dans le train journalier prennent place : 1 médecin, 1 officier d'administration, 5 infirmiers, 10 brancardiers + 16 appareils Bréchot-Desprez-Ameline, 48 brancards et le matériel de réapprovisionnement comprenant 500 pansements divers, les médicaments et objets demandés par les corps ou les formations sanitaires. |

### Données relatives aux évacuations par eau

Les convois d'évacuation par eau (flûtes ou péniches) ne doivent pas comprendre plus de quatre bateaux au maximum.

Capacité de transport : 100 blessés couchés, avec 30 ou 33 appareils Bréchot-Desprez-Ameline, ou 30 blessés couchés sur brancards sans appareils à suspension.

### Données relatives aux inhumations.

Un homme enterre un cadavre en huit heures.

Si l'on admet le chiffre de 800 tués par corps d'armée, il faudrait 800 travailleurs pour achever les inhumations en une journée.

Pour les travailleurs requis, calculer sur 4 p. 100 de la population civile.

Outils : ceux des corps d'infanterie, plus : par compagnie du génie, 180 pelles, 116 pioches; par le parc du génie du C. A., 2.494 pelles, 995 pioches; par le parc du génie d'armée, 5.582 pelles, 2.413 pioches.

Désinfectants : chaux : 5 kilogrammes par cadavre, 30 kilogrammes par cadavre de contagieux, 10 kilogrammes par cadavre d'animal; acide sulfurique : 10 litres par cadavre (fosse commune); goudron : 5 à 6 hectolitres; pétrole : 5 à 6 litres, pour l'incinération de 250 à 300 corps (Créteur).

### Hospitalisation sur place.

Nombre d'ambulances à immobiliser sur le champ de bataille : calculer à raison de 1 médecin pour 150 blessés ou mieux 100 blessés, ce qui donne, dans cette dernière hypothèse, 600 blessés par formation immobilisée et 4 à 5 ambulances pour un corps d'armée ayant subi 10 p. 100 de pertes.

Matériel d'hospitalisation sur place : contenance :

Tente Tortoise, 15 blessés couchés ou 30 blessés abrités en substituant des piquets au fourgon qui supporte la tente;

Tente Tollet : grande, 28 blessés couchés; petite, 12 blessés couchés;

Tente Herbet, 25 blessés couchés;

Tente Bessonneau : abrite 24 blessés;

Baraque Decker : grande, 20 blessés couchés; petite, 12 blessés couchés;

Baraques improvisées (longueur, 33m,50; largeur, 8 mètres; hauteur, 4m,50), 30 blessés couchés.

# RENSEIGNEMENTS

### relatifs aux unités et formations sanitaires du Règlement de 1892.

**Donnés POUR MÉMOIRE jusqu'à la substitution complète des formations type 1910 à celles de 1912.**

---

*Pour les dispositions transitoires permettant d'utiliser le matériel 1892 d'après les principes du Règlement de 1910, voir les instruction et circulaire du 23 mai 1912 et du 29 octobre 1912.*

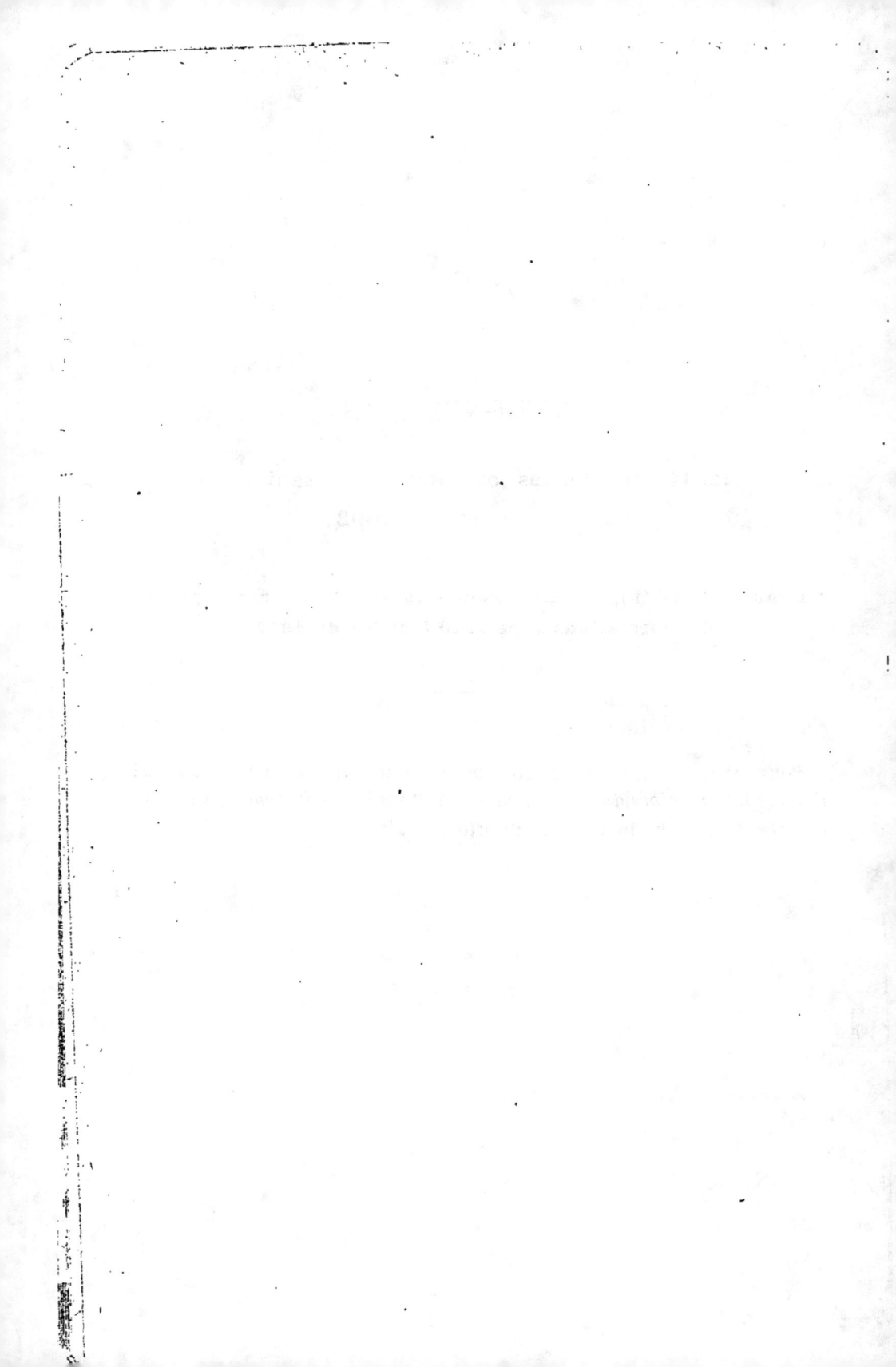

### 1· Organisation générale du Service de santé.

A l'avant :

Service de santé régimentaire;
Ambulances de cavalerie (brigade, division);
Ambulances divisionnaires (2 par corps d'armée);
Ambulance de corps (1 par corps d'armée).
Hôpitaux de campagne (8 par corps d'armée).

A l'arrière ·

Hôpitaux de campagne d'armée (4 par corps d'armée);
Hôpitaux de campagne temporaires immobilisés;
Hôpitaux temporaires ou permanents de la zone des étapes;
Hôpitaux de campagne auxiliaires des sociétés d'assistance;
Hôpitaux d'évacuation (1 par corps d'armée);
Infirmeries de gare;
Infirmeries d'étapes;
Dépôts de convalescents;
Transports d'évacuation (trains sanitaires);
Station-magasin.

### 2· Les ressources en matériel de pansement des formations de l'avant.

*Corps de troupe.* — *Infanterie*, par bataillon : 580 pansements; *artillerie*, par groupe : 500 pansements; *cavalerie*, par régiment : 200 pansements; par brigade : 300; *génie*, par compagnie : 100 pansements.

*Ambulance divisionnaire de cavalerie* : 800 pansements.
*Ambulance de brigade de cavalerie* : 800 pansements.
*Ambulance divisionnaire d'infanterie* : 7.000 pansements ancien modèle ou 4.572 pansements tout préparés.
*Ambulance de corps* : 8.400 pansements.
*Hôpital de campagne* : 1.850 pansements.

### 3· Capacité et rendement des moyens de transport des ambulances.

*Ambulance divisionnaire :*

Sur ses voitures : 24 blessés couchés ou 56 assis.
Sur ses mulets : 60 blessés.

*Ambulance de corps :*

Sur ses voitures : 60 blessés couchés ou 138 assis.
Sur ses mulets : 90 blessés.

*Ambulance de brigade de cavalerie :*

Sur ses voitures : 18 blessés couchés ou 32 assis.

### 4· Composition de l'ambulance divisionnaire.
#### (Divisible en deux sections.)

*Personnel :* 10 médecins; 4 médecins auxiliaires; 4 officiers d'administration; 1 aumônier; 1 officier du train; 1 vétérinaire; 36 infirmiers, dont 4 sous-officiers, 3 commis; 132 brancardiers, dont 3 sous-officiers, 1 vélocipédiste; 77 hommes du train, dont 2 sous-officiers.

*Matériel :* 2 voitures chirurgicales; 2 voitures d'administration; 6 fourgons du service de santé; 2 fourgons ordinaires; 1 voiture de personnel; 4 voitures à 4 roues; 4 voitures à 2 roues pour blessés; 2 chariots de parc (brouettes porte-brancards); 20 paires de cacolets; 2 tentes tortoises; 132 brancards.

7.000 pansements ancien modèle ou 4.572 tout préparés.

### 5' Composition de l'ambulance de corps.

#### (Divisible en 3 sections.)

*Personnel :* 12 médecins; 4 médecins auxiliaires; 4 officiers d'administration; 3 aumôniers; 2 officiers du train; 239 brancardiers et infirmiers, gradés compris; 125 hommes du train, gradés compris. 154 chevaux ou mulets.

*Matériel :* 3 voitures de chirurgie; 3 voitures d'administration; 9 fourgons du service de santé; 3 fourgons à vivres; 1 voiture du personnel; 9 voitures à 4 roues pour blessés; 12 voitures à 2 roues pour blessés; 3 chariots de parc (brouettes porte-brancards); 1 forge; 1 fourragère; 22 paires de cacolets; 3 tentes tortoise; 210 brancards.

8.400 pansements ancien modèle ou 7.610 pansements tout préparés.

### 6' Composition de l'hôpital de campagne.

*Personnel :* 4 médecins; 1 pharmacien; 2 officiers d'administration; 33 infirmiers, dont 2 sous-officiers, 3 commis.

*Matériel :* 4 fourgons du service de santé; 1 voiture de personnel ou à bagages; 5 brancards.

1.850 pansements anciens; 1.122 pansements tout préparés; matériel de couchage.

### 7° Composition de l'hôpital d'évacuation

(Divisible en deux sections égales correspondant, chacune, au personnel et au matériel d'un hôpital de campagne, plus les approvisionnements de réserve d'ambulance et d'hôpitaux de campagne et le personnel et le matériel de quatre trains sanitaires improvisés.)

*Personnel :* 1 médecin-major; 5 médecins aides-majors; 2 pharmaciens; 2 officiers d'administration; 48 infirmiers, dont 4 sous-officiers.

*Par train sanitaire :* 1 médecin aide-major; 1 pharmacien; 1 officier d'administration; 45 infirmiers, dont 3 sous-officiers.

*Matériel.* — Approvisionnements de deux hôpitaux de campagne : 100 brancards; 100 supports-brancards; un approvisionnement spécial pour réapprovisionnement de corps de troupe (40 brancards); quatre approvisionnements de réserve de pansements pour ambulance (25 brancards par approvisionnement);

Deux approvisionnements de réserve de pansements pour hôpitaux de campagne.

*Par train sanitaire :*

132 appareils à suspension de brancards;
400 brancards;
400 couvertures;
1 paire de cantines médicales.
Nombre de pansements, y compris les réserves : 9.590.
23 wagons ou 38 voitures pour le transport.
Durée de l'embarquement : 2 h. 30.

TABLEAU 11 (1).

Données de marche relatives aux diverses formations sanitaires du règlement de 1892.

| DESIGNATION DES FORMATIONS SANITAIRES. | LONGUEUR en COLONNE. | DURÉE D'ÉCOULEMENT. | NOMBRE DE WAGONS nécessaires au transport. | DURÉE D'AMÉNAGEMENT. | DURÉE D'EMBARQUEMENT | EXIGENCES DE CANTONNEMENT. | OBSERVATIONS. |
|---|---|---|---|---|---|---|---|
| Ambulance divisionnaire. . . . . . . | 420ᵐ | 4' | 40 (un train) | » | 1 h. 30' | 1 bataillon | |
| Ambulance de corps............ | 700ᵐ | 7' | 71 (2 trains) | » | 4 h. | 1 bataillon 1/2 | |
| Ambulance de brigade ou de division de cavalerie............ | 200ᵐ | 2'30'' | 7 | » | » | » | |
| Hôpital de campagne.......... | 60ᵐ | 0'45'' | (1) | » | (1) | » | (1) 36 wagons (1 train par groupe de 4 H. C. |
| Hôpital d'évacuation. . . . . . . . . | » | » | 38 (1 train) | » | 2 h. 30' | » | 4 heures pour leur embarquement. |

Tableau récapitulatif des ressources en pansements tout préparés des diverses unités sanitaires d'un corps d'armée à 2 divisions, régiments à 3 bataillons, 8 H.C. (Règlement de 1892.)

| CAVALERIE. | ARTILLERIE ET SECTIONS de munitions. | 2 DIVISIONS INFANTERIE. | 2 AMBULANCES DIVISIONNAIRES. | 1 AMBULANCE DE CORPS. | AMBULANCE de brigade DE CAVALERIE. | 8 HOPITAUX DE CAMPAGNE. | GÉNIE. | TOTAL GÉNÉRAL. |
|---|---|---|---|---|---|---|---|---|
| 446 | 5.642 | 8.800 | 9.144 | 7.610 | 390 | 8.576 | 96 | 41.004 |

# 3ᴱ PARTIE

---

# ANNEXE

---

Le personnel et le matériel des organes et formations
du service de santé en campagne.

(Règlement du 26 avril 1910.)

---

# I. — LE PERSONNEL

## CHAPITRE Ier

## LE SERVICE DE SANTÉ RÉGIMENTAIRE

**Personnel et matériel. — Le matériel non détaillé.**

(Voir, pour ce dernier, le Chapitre III.)

# I. — SERVICE RÉGIMENTAIRE.

### 1° Bataillon d'infanterie.

Médecin aide-major. . . . . . . . . . . . . . . . . . . . . . . . . . . . . . . . 1
Médecin auxiliaire (non monté). . . . . . . . . . . . . . . . . . . . . . . 1
Infirmiers (dont 1 caporal). . . . . . . . . . . . . . . . . . . . . . . 4
Brancardiers (dont 1 caporal) . . . . . . . . . . . . . . . . . . . . . 17

Voiture médicale. . . . . . . . . . . . . . . . . . . . . . . . . . . . . . . 1
Sac d'ambulance (avec rouleau de secours). . . . . . . . . . . . . . . 1
Musettes à pansements. . . . . . . . . . . . . . . . . . . . . . . . . . . 13
Trousse d'infirmier. . . . . . . . . . . . . . . . . . . . . . . . . . . . 4
Brancard à bretelles. . . . . . . . . . . . . . . . . . . . . . . . . . . 8
Nombre de pansements. . . . . . . . . . . . . . . . . . . . . . . . . . 656

> Par compagnie : 1 infirmier, 4 brancardiers; 3 musettes à
> pansements (soit 60 pansements) et 1 trousse d'infirmier.

### 2° Régiment d'infanterie à trois bataillons.

Médecin-major. . . . . . . . . . . . . . . . . . . . . . . . . . . . . . . 1
Médecins aides-majors. . . . . . . . . . . . . . . . . . . . . . . . . . 3
Médecins auxiliaires (non montés). . . . . . . . . . . . . . . . . . 3

Infirmiers (dont 3 caporaux). . . . . . . . . . . . . . . . . . . . . . 12
Brancardiers (dont 1 sergent et 3 caporaux). . . . . . . . . . . . . . 52

> Nota. — Même personnel pour les régiments d'infanterie
> affectés aux Alpes. Pour mémoire : 1 chef de musique,
> 1 sous-chef de musique, 38 musiciens.

Voitures médicales. . . . . . . . . . . . . . . . . . . . . . . . . . . . 3
> (Voir la 2ᵉ partie des annexes pour la composition dé-
> taillée des unités et sous-unités collectives.)
Sacs d'ambulance. . . . . . . . . . . . . . . . . . . . . . . . . . . . 3
Musettes. . . . . . . . . . . . . . . . . . . . . . . . . . . . . . . . . 40
Trousses d'infirmiers. . . . . . . . . . . . . . . . . . . . . . . . . . 12
Brancards à bretelles. . . . . . . . . . . . . . . . . . . . . . . . . . 24
Grande voiture pour blessés. . . . . . . . . . . . . . . . . . . . . . 1
> (mise à la disposition du régiment par le groupe de
> brancardiers de corps).

> Nota. — Les régiments affectés aux Alpes ont, en plus.
> 12 sacs d'ambulance (1 par compagnie) et 1 mulet porteur
> de cantines médicales.

> Total des pansements :

Régiments d'infanterie affectés aux Alpes. . . . . . . . . . 2.108
Autres régiments d'infanterie. . . . . . . . . . . . . . . . . . . . 1.988

### 3° Bataillon de chasseurs à 6 compagnies.

| | |
|---|---|
| Médecin-major. . . . . . . . . . . . . . . . . . . . . . . . . . . . . . . . . . . . . . . . . . . . | 1 |
| Médecin aide-major. . . . . . . . . . . . . . . . . . . . . . . . . . . . . . . . . . . . . . . . | 1 |
| Médecin auxiliaire (non monté). . . . . . . . . . . . . . . . . . . . . . . . . . . | 1 |
| Infirmiers (dont 1 caporal). . . . . . . . . . . . . . . . . . . . . . . . . . . . . . | 7 |
| Brancardiers (dont 1 caporal). . . . . . . . . . . . . . . . . . . . . . . . . . . . . | 25 |
| 1 chef de fanfare, fanfaristes. | |
| Voiture médicale. . . . . . . . . . . . . . . . . . . . . . . . . . . . . . . . . . . . . . . . . | 1 |
| Sacs d'ambulance. . . . . . . . . . . . . . . . . . . . . . . . . . . . . . . . . . . . . . . . | 7 |
| Musettes. . . . . . . . . . . . . . . . . . . . . . . . . . . . . . . . . . . . . . . . . . . . . . . | 20 |
| Trousses d'infirmier. . . . . . . . . . . . . . . . . . . . . . . . . . . . . . . . . . . . | 7 |
| Brancards à bretelles. . . . . . . . . . . . . . . . . . . . . . . . . . . . . . . . . . . | 12 |
| Petite voiture pour blessés. . . . . . . . . . . . . . . . . . . . . . . . . . . . . . . | 1 |

(appartient au groupe de brancardiers de corps, qui la met, chaque jour, à la disposition du bataillon).

Par compagnie : 1 infirmier, 4 brancardiers; 3 musettes à pansements (soit 60 pansements) et 1 trousse d'infirmier.

### 4° Bataillon de chasseurs alpins à 6 compagnies.

| | |
|---|---|
| Médecin-major. . . . . . . . . . . . . . . . . . . . . . . . . . . . . . . . . . . . . . . . . | 1 |
| Médecin aide-major. . . . . . . . . . . . . . . . . . . . . . . . . . . . . . . . . . . . . | 1 |
| Médecin auxiliaire (non monté). . . . . . . . . . . . . . . . . . . . . . . . . . . | 1 |
| Infirmiers (dont 1 caporal). . . . . . . . . . . . . . . . . . . . . . . . . . . . . . | 7 |
| Brancardiers (dont 1 caporal). . . . . . . . . . . . . . . . . . . . . . . . . . . . . | 25 |
| Voiture médicale. . . . . . . . . . . . . . . . . . . . . . . . . . . . . . . . . . . . . . . . | 1 |
| Sacs d'ambulance. . . . . . . . . . . . . . . . . . . . . . . . . . . . . . . . . . . . . . . . | 7 |
| Musettes. . . . . . . . . . . . . . . . . . . . . . . . . . . . . . . . . . . . . . . . . . . . . . . | 20 |
| Trousses d'infirmier. . . . . . . . . . . . . . . . . . . . . . . . . . . . . . . . . . . . | 7 |
| Brancards à bretelles. . . . . . . . . . . . . . . . . . . . . . . . . . . . . . . . . . . | 12 |
| Mulets porteurs de cantines médicales. . . . . . . . . . . . . . . . . . . | 3 |
| Total des pansements. . . . . . . . . . . . . . . . . . . . . . . . . . . | 856 |

Par compagnie : 1 infirmier, 4 brancardiers; 3 musettes (soit 60 pansements) et 1 trousse d'infirmier. Eventuellement, 1 mulet porteur de cantines médicales.

### 5° Compagnie cycliste.

| | |
|---|---|
| Infirmier. . . . . . . . . . . . . . . . . . . . . . . . . . . . . . . . . . . . . . . . . . . . . . | 1 |
| Trousse d'infirmier. . . . . . . . . . . . . . . . . . . . . . . . . . . . . . . . . . . . | 1 |

### 6° Artillerie.

A. — ÉTAT-MAJOR D'UN GROUPE DE COLONNE LÉGÈRE DE MUNITIONS DE 155 C. T. R.

| | |
|---|---|
| Médecin de réserve. . . . . . . . . . . . . . . . . . . . . . . . . . . . . . . . . . . . | 1 |
| Médecin auxiliaire. . . . . . . . . . . . . . . . . . . . . . . . . . . . . . . . . . . . . | 1 |

Brigadier infirmier. . . . . . . . . . . . . . . . . . . . . . . . . . . . . . . . . . . . . . 1
Brigadier brancardier. . . . . . . . . . . . . . . . . . . . . . . . . . . . . . . . . . . 1

Voiture médicale. . . . . . . . . . . . . . . . . . . . . . . . . . . . . . . . . . . . . . . . 1
Sac d'ambulance. . . . . . . . . . . . . . . . . . . . . . . . . . . . . . . . . . . . . . . . 1
Musette à pansements. . . . . . . . . . . . . . . . . . . . . . . . . . . . . . . . . . . 2
Trousse d'infirmier. . . . . . . . . . . . . . . . . . . . . . . . . . . . . . . . . . . . . . 1
Total des pansements. . . . . . . . . . . . . . . . . . . . . . . . . . . . . . . . . . . 436

### B. — ÉTAT-MAJOR D'UN GROUPE DE BATTERIES A CHEVAL.

Médecin aide-major (active). . . . . . . . . . . . . . . . . . . . . . . . . . . . . . 1
Médecin auxiliaire. . . . . . . . . . . . . . . . . . . . . . . . . . . . . . . . . . . . . . 1
Brigadier infirmier. . . . . . . . . . . . . . . . . . . . . . . . . . . . . . . . . . . . . . 1

Petite voiture pour blessés. . . . . . . . . . . . . . . . . . . . . . . . . . . . . . . 1
Panier n° 6. . . . . . . . . . . . . . . . . . . . . . . . . . . . . . . . . . . . . . . . . . . . 1
Musette à pansements. . . . . . . . . . . . . . . . . . . . . . . . . . . . . . . . . . . 1
Trousse d'infirmier. . . . . . . . . . . . . . . . . . . . . . . . . . . . . . . . . . . . . . 1
Nombre de pansements. . . . . . . . . . . . . . . . . . . . . . . . . . . . . . . . . . 70

### C. — ÉTAT-MAJOR D'UN ÉCHELON DE PARC D'ARTILLERIE DE CORPS D'ARMÉE.

Médecin (du cadre auxiliaire). . . . . . . . . . . . . . . . . . . . . . . . . . . . . 1
Médecin auxiliaire. . . . . . . . . . . . . . . . . . . . . . . . . . . . . . . . . . . . . . 1
Infirmier. . . . . . . . . . . . . . . . . . . . . . . . . . . . . . . . . . . . . . . . . . . . . . 1

Voiture médicale. . . . . . . . . . . . . . . . . . . . . . . . . . . . . . . . . . . . . . . . 1
Musette à pansements. . . . . . . . . . . . . . . . . . . . . . . . . . . . . . . . . . . 1
Trousse d'infirmier . . . . . . . . . . . . . . . . . . . . . . . . . . . . . . . . . . . . . 1
Nombre de pansements. . . . . . . . . . . . . . . . . . . . . . . . . . . . . . . . . . 400

### D. — ÉTAT-MAJOR D'UN PARC D'ARTILLERIE D'UNE DIVISION ISOLÉE OU D'UNE DIVISION DE RÉSERVE; ÉTAT-MAJOR D'UN GROUPE DE SECTIONS DE MUNITIONS DE 155 C. T. R.

Même personnel et même matériel qu'à l'état-major d'un échelon de parc d'artillerie de corps d'armée (voir ci-dessus).

### E. — BATTERIE MONTÉE DE 75. — BATTERIE MONTÉE OU COLONNE LÉGÈRE DE MUNITIONS DE 155 C. T. R.

Infirmier. . . . . . . . . . . . . . . . . . . . . . . . . . . . . . . . . . . . . . . . . . . . . . 1
Brancardiers. . . . . . . . . . . . . . . . . . . . . . . . . . . . . . . . . . . . . . . . . . . 4

Musettes à pansements. . . . . . . . . . . . . . . . . . . . . . . . . . . . . . . . . . 3
Trousse d'infirmier. . . . . . . . . . . . . . . . . . . . . . . . . . . . . . . . . . . . . . 1
Nombre de pansements. . . . . . . . . . . . . . . . . . . . . . . . . . . . . . . . . . 60

### F. — BATTERIE A CHEVAL DE 75.

Infirmier. . . . . . . . . . . . . . . . . . . . . . . . . . . . . . . . . . . . . . . . . . . . . . 1
Paire de sacoches. . . . . . . . . . . . . . . . . . . . . . . . . . . . . . . . . . . . . . . 1

Musette à pansements . . . . . . . . . . . . . . . . . . . . . . . . . . . . . . . . . . . . . . . 1
Trousse d'infirmier. . . . . . . . . . . . . . . . . . . . . . . . . . . . . . . . . . . . . . . . . 1
Nombre de pansements. . . . . . . . . . . . . . . . . . . . . . . . . . . . . . . . . . . . . . 26

### G. — BATTERIE DE SORTIE DE 75.

Infirmier. . . . . . . . . . . . . . . . . . . . . . . . . . . . . . . . . . . . . . . . . . . . . . . . . . . 1

Musette à pansements. . . . . . . . . . . . . . . . . . . . . . . . . . . . . . . . . . . . . . . 1
Trousse d'infirmier. . . . . . . . . . . . . . . . . . . . . . . . . . . . . . . . . . . . . . . . . . 1

### H. — BATTERIE DE MONTAGNE DE 65.

Médecin auxiliaire. . . . . . . . . . . . . . . . . . . . . . . . . . . . . . . . . . . . . . . . . . 1
Infirmier. . . . . . . . . . . . . . . . . . . . . . . . . . . . . . . . . . . . . . . . . . . . . . . . . . . 1
Brancardiers. . . . . . . . . . . . . . . . . . . . . . . . . . . . . . . . . . . . . . . . . . . . . . . . 4

Musettes à pansements. . . . . . . . . . . . . . . . . . . . . . . . . . . . . . . . . . . . . . 3
Trousse d'infirmier. . . . . . . . . . . . . . . . . . . . . . . . . . . . . . . . . . . . . . . . . . 1
Nombre de pansements. . . . . . . . . . . . . . . . . . . . . . . . . . . . . . . . . . . . . . 60

### I. — BATTERIE DE MONTAGNE DE SORTIE DE 65.

Infirmier. . . . . . . . . . . . . . . . . . . . . . . . . . . . . . . . . . . . . . . . . . . . . . . . . . . 1

Musette à pansements. . . . . . . . . . . . . . . . . . . . . . . . . . . . . . . . . . . . . . . 1
Trousse d'infirmier. . . . . . . . . . . . . . . . . . . . . . . . . . . . . . . . . . . . . . . . . . 1
Nombre de pansements. . . . . . . . . . . . . . . . . . . . . . . . . . . . . . . . . . . . . . 20

### J. — SECTION DE MUNITIONS DE 75; SECTION DE MUNITIONS D'INFANTERIE; SECTION DE MUNITIONS DE 155 C. T. R.; SECTION MIXTE DE MUNITIONS DE 65 DE MONTAGNE; SECTION DE PARC DE CAMPAGNE; SECTION DE GRAND PARC D'ARMÉE; SECTION DE GRAND PARC DE GROUPE DE DIVISIONS DE RÉSERVE; SECTION DE PARC AFFECTÉE AUX PLACES OU DISPONIBLE.

Infirmier. . . . . . . . . . . . . . . . . . . . . . . . . . . . . . . . . . . . . . . . . . . . . . . . . . . 1

Musette à pansements. . . . . . . . . . . . . . . . . . . . . . . . . . . . . . . . . . . . . . . 1
Trousse d'infirmier. . . . . . . . . . . . . . . . . . . . . . . . . . . . . . . . . . . . . . . . . . 1
Nombre de pansements. . . . . . . . . . . . . . . . . . . . . . . . . . . . . . . . . . . . . . 20

### K. — BATTERIE A PIED (PLACE ET COTES).

Infirmier. . . . . . . . . . . . . . . . . . . . . . . . . . . . . . . . . . . . . . . . . . . . . . . . . . . 1
Brancardiers. . . . . . . . . . . . . . . . . . . . . . . . . . . . . . . . . . . . . . . . . . . . . . . . 4

Musettes à pansements. . . . . . . . . . . . . . . . . . . . . . . . . . . . . . . . . . . . . . 3
Trousse d'infirmier. . . . . . . . . . . . . . . . . . . . . . . . . . . . . . . . . . . . . . . . . . 1
Nombre de pansements. . . . . . . . . . . . . . . . . . . . . . . . . . . . . . . . . . . . . . 20

### L. — BATTERIE A PIED (DE GRAND PARC).

Infirmier. . . . . . . . . . . . . . . . . . . . . . . . . . . . . . . . . . . . . . . . . . . . . . . . . . . 1

M. — ÉTAT-MAJOR D'UN GROUPE DE 3 BATTERIES DE 120 OU DE 220
D'ÉQUIPAGE SPÉCIAL D'ARTILLERIE LOURDE MOBILE.

| | |
|---|---|
| Médecin | 1 |
| Voiture médicale | 1 |
| Nombre de pansements | 386 |

*Par batterie de ce groupe :*

| | |
|---|---|
| Infirmier | 1 |
| Brancardiers | 2 |
| Musettes à pansements | 2 |
| Trousse d'infirmier | 1 |
| Nombre de pansements | 40 |

N. — ÉTAT-MAJOR D'UNE ARTILLERIE LOURDE.

| | |
|---|---|
| Médecin | 1 |
| Médecin auxiliaire | 1 |
| Brigadier infirmier | 1 |
| Brigadier brancardier | 1 |
| Voiture médicale | 1 |
| Sac d'ambulance | 1 |
| Musettes à pansements | 2 |
| Trousse d'infirmier | 1 |
| Nombre de pansements | 436 |

## 7° Cavalerie.

### A. — UN ESCADRON.

| | |
|---|---|
| Infirmier monté | 1 |
| Musette à pansements | 1 |
| Paire de sacoches | 1 |
| Trousse d'infirmier | 1 |
| Nombre de pansements | 26 |

### B. — RÉGIMENT A 3 ESCADRONS.

| | |
|---|---|
| Médecin-major de 2ᵉ classe (2 chevaux) | 1 |
| Médecin aide-major de réserve (1 cheval) | 1 |
| Brigadier d'infirmerie (monté) | 1 |
| Infirmiers (montés) | 3 |
| Paniers n° 6 (passe-partout) (dans la voiture à deux roues) | 2 |
| Paires de sacoches | 3 |
| Musettes à pansements (1 à l'état-major) | 4 |
| Voitures pour blessés, à deux roues | 2 |
| Brancards | 4 |
| Nombre de pansements | 198 |

Chaque brigade de cavalerie a comme dotations supplémentaires :

Voiture médicale. . . . . . . . . . . . . . . . . . . . . . . . . . . . . . . . . . . . . . . . . . 1
Brancards. . . . . . . . . . . . . . . . . . . . . . . . . . . . . . . . . . . . . . . . . . . . . . . 8

(La brigade de cavalerie de corps étant appelée à disparaître, on demandera l'affectation de la voiture médicale au régiment de cavalerie de corps).

## 8° Génie.

### A. — COMPAGNIE DE CORPS; COMPAGNIE DIVISIONNAIRE OU COMPAGNIE DE PLACE; COMPAGNIE DE SAPEURS DE CHEMINS DE FER.

Médecin auxiliaire. . . . . . . . . . . . . . . . . . . . . . . . . . . . . . . . . . . . . . . . 1
Infirmier. . . . . . . . . . . . . . . . . . . . . . . . . . . . . . . . . . . . . . . . . . . . . . . . . 1
Brancardiers. . . . . . . . . . . . . . . . . . . . . . . . . . . . . . . . . . . . . . . . . . . . . . 4
Sac d'ambulance avec rouleau de secours. . . . . . . . . . . . . . . . . . . 1
Musettes à pansements. . . . . . . . . . . . . . . . . . . . . . . . . . . . . . . . . . . 3
Trousse d'infirmier. . . . . . . . . . . . . . . . . . . . . . . . . . . . . . . . . . . . . . . 1
Brancards. . . . . . . . . . . . . . . . . . . . . . . . . . . . . . . . . . . . . . . . . . . . . . . 2
Nombre de pansements. . . . . . . . . . . . . . . . . . . . . . . . . . . . . . . . . . . 70

### B. — COMPAGNIE D'ÉQUIPAGE DE PONT; COMPAGNIE DE PARC DU GÉNIE.

Médecin auxiliaire. . . . . . . . . . . . . . . . . . . . . . . . . . . . . . . . . . . . . . . 1
Infirmier. . . . . . . . . . . . . . . . . . . . . . . . . . . . . . . . . . . . . . . . . . . . . . . . 1
Sac d'ambulance avec rouleau. . . . . . . . . . . . . . . . . . . . . . . . . . . . . . 1
Musette à pansements. . . . . . . . . . . . . . . . . . . . . . . . . . . . . . . . . . . . 1
Trousse d'infirmier. . . . . . . . . . . . . . . . . . . . . . . . . . . . . . . . . . . . . . . 1
Nombre de pansements. . . . . . . . . . . . . . . . . . . . . . . . . . . . . . . . . . . 30

### C. — PARC DU GÉNIE D'ARMÉE AVEC COMPAGNIE TERRITORIALE DE SAPEURS CONDUCTEURS.

Médecin aide-major de réserve. . . . . . . . . . . . . . . . . . . . . . . . . . . . . 1
Infirmier. . . . . . . . . . . . . . . . . . . . . . . . . . . . . . . . . . . . . . . . . . . . . . . . 1
Panier n° 6 (passe-partout). . . . . . . . . . . . . . . . . . . . . . . . . . . . . . . . 1
Musettes à pansements. . . . . . . . . . . . . . . . . . . . . . . . . . . . . . . . . . . 2
Trousses d'infirmiers. . . . . . . . . . . . . . . . . . . . . . . . . . . . . . . . . . . . . . 2
Nombre de pansements. . . . . . . . . . . . . . . . . . . . . . . . . . . . . . . . . . . 90

### D. — POUR LES EFFECTIFS DE MOINDRE IMPORTANCE.

Infirmier. . . . . . . . . . . . . . . . . . . . . . . . . . . . . . . . . . . . . . . . . . . . . . . . 1
Musettes à pansements. . . . . . . . . . . . . . . . . . . . . . . . . . . . . . . . 1 à 2
Trousse d'infirmier. . . . . . . . . . . . . . . . . . . . . . . . . . . . . . . . . . . . . . . 1

Serv. de santé.                 13

## 9° Aéronautique.

### A. — AÉROSTATION.

a) *Compagnie de fort d'attache.*
b) *Compagnie d'aérostiers.*

| | |
|---|---|
| Médecin auxiliaire. | 1 |
| Infirmiers. | 2 |
| Sac d'ambulance. | 1 |
| Musettes à pansements. | 2 |
| Trousses d'infirmier. | 2 |
| Nombre de pansements. | 50 |

### B. — AVIATION.

a) *Escadrille d'avions.*

| | |
|---|---|
| Infirmier. | 1 |
| Sac d'ambulance. | 1 |
| Musette à pansements. | 1 |
| Nombre de pansements. | 30 |

b) *Parc d'aviation d'armée.*

| | |
|---|---|
| Médecin-major. | 1 |
| Infirmier. | 1 |
| Panier n° 6 (passe-partout). | 1 |
| Musette à pansements. | 1 |
| Trousse d'infirmier. | 1 |
| Nombre de pansements. | 70 |

c) *Groupe de première réserve de ravitaillement.*

| | |
|---|---|
| Infirmier. | 1 |
| Musette à pansements. | 1 |
| Trousse d'infirmier. | 1 |
| Nombre de pansements. | 20 |

# CHAPITRE II

## LES FORMATIONS SANITAIRES

I. — Le personnel.

II. — Données générales statistiques ou numériques.

## II. — Ambulances.

### 1° Ambulance du type 1910.

#### 1° PERSONNEL.

| | OFFICIERS. | S.-OFFICIERS. | TROUPE. | CHEVAUX. |
|---|---|---|---|---|
| Médecin major, chef de service .................. | 1 | » | » | 1 |
| Médecins aides-majors ..... | 5 | » | » | 1 |
| Pharmacien ............. | 1 | » | » | » |
| Officiers d'administration (1 monté comme officier d'approvisionnement) ... | 2 | » | » | 1 |
| Infirmiers (4 caporaux).... | » | 2 | 36 | » |
| Train des équipages : | | | | |
| Sous-officier ............. | » | 1 | » | 1 |
| Brigadier ............... | » | » | 1 | 1 |
| Conducteurs ............. | » | » | 8 | » |
| Ordonnances d'officiers montés ............... | » | » | 3 | » |
| TOTAUX .......... | 9 | 3 | 48 | 5 |

#### 2° VOITURES ET ATTELAGES.

| | NOMBRE. | CHEVAUX. |
|---|---|---|
| Voiture pour personnel non monté. | 1 | 2 |
| Fourgons du service de santé.... | 5 | 10 |
| Attelage haut le-pied ........... | » | 2 |
| TOTAUX .......... | 6 | 14 |

#### 3° MATÉRIEL.

(Voir chapitre IV )

#### 4° PARTICULARITÉS DIVERSES.

| | |
|---|---|
| Longueur de colonne.... ... | 100ᵐ |
| Durée d'écoulement........ | 1'15" |
| Nombre de wagons nécessaires pour le transport d'une ambulance (1 train pour 4 ambulances) ............. | 8 |
| Durée de débarquement pour ces 4 ambulances........ | 2 heures |
| Poids du matériel, environ.. | 3.500k. |
| Cube..................... | 11m3 750 |
| Nombre de pansements..... | 2.148 |

(Contenus dans 30 paniers, dont 4 paniers n° 3, 18 paniers n° 4, 8 paniers n° 5.)

Arsenal chirurgical ; appareils d'immobilisation ; objets de pharmacie ; linge, couvertures ; matériel de cuisine (Voir chap. IV).

| | |
|---|---|
| Brancards avec bretelles .......... | 20 |
| Tentes tortoises ................. | 2 |

## 2° Ambulance de division de cavalerie.

| 1° PERSONNEL. | OFFICIERS. | TROUPE. | CHEVAUX. |
|---|---|---|---|
| (Le médecin-chef est, en même temps, médecin divisionnaire) | | | |
| Médecin-major de 1<sup>re</sup> classe, médecin-chef (cadre actif)... | » | » | 2 |
| Médecin aide-major (cadre actif) | 1 | » | 1 |
| Médecin aide-major (cadre auxiliaire) ...................... | 1 | » | 1 |
| Officier d'administration (cadre actif) ...................... | 1 | » | 1 |
| Aumônier...................... | 1 | » | » |
| Infirmiers (dont 1 caporal).... | » | 8 | » |
| Train des équipages : | » | » | 14 |
| Brigadier.................... | » | 1 | » |
| Conducteurs.................. | » | 8 | » |
| Ordonnances ................ | » | 4 | » |
| TOTAUX.......... | 5 | 21 | 19 |

### 2° VOITURES.

Petites voitures pour blessés.... 6
Fourgons du service de santé.... 2

### 3° PARTICULARITÉS DIVERSES.

Longueur de colonne.......... 70<sup>m</sup>
Durée d'écoulement .......... 1'
Wagons nécessaires pour le transport en chemin de fer.. 7
Durée d'embarquement ...... 30'
Nombre de pansements....... 800
Brancards.................. 20
(dont 12 dans les petites voitures).

### 4° MATÉRIEL.

(Voir chapitre IV.)

Poids du matériel........... 1.175k.
Cube ...................... 3m3 214

### 3° Ambulance de montagne (à l'état de projet).

| 1° PERSONNEL. | OFFICIERS. | S.-OFFICIERS. | CAPORAUX. | SOLDATS. |
|---|---|---|---|---|
| Médecin-major, chef de service............ | 1 | » | » | » |
| Médecin aide major......... | 1 | » | » | » |
| Officier d'administration... | 1 | » | » | » |
| Médecin auxiliaire......... | » | 1 | » | » |
| | | | | |
| Détachement d'infirmiers : | | | | |
| Sous-officiers............. | » | 2 | » | » |
| Caporaux.............. | » | » | 3 | » |
| Soldats (dont 33 brancardiers)............. | » | » | » | 37 |
| | | | | |
| Détachement du train : | | | | |
| Sous-officier............. | » | 2 | » | » |
| Brigadiers............. | » | » | 3 | » |
| Conducteurs........... | » | » | » | 54 |

**2° MATÉRIEL.**

Ne fait pas l'objet d'un renvoi au chapitre IV, la composition de cette ambulance n'ayant pas été encore établie définitivement.

Les renseignements ci-dessous s'appliquent à une organisation projetée :

Les pansements préparés, les appareils à fractures, les imprimés et les objets d'administration sont transportés dans des cantines, au nombre de 10.

Les cantines et les autres parties du matériel de l'ambulance (tonnelets, brancards, supports-brancards, tentes, sacs de couchage, couvertures, bagages, vivres, outils, etc.), sont transportés par des mulets dont le chiffre serait de 31.

Si on ajoute les cacolets (14 paires), et les litières (4 paires), on a un chiffre global de 49 mulets.

Chevaux de selle de troupe............ 4

## III. — Section d'hospitalisation.

| 1° PERSONNEL. | CAPORAUX ou brigadiers. | SOLDATS. | CHEVAUX. |
|---|---|---|---|
| Infirmiers................. | 1 | 3 | » |
| Conducteurs............... | 1 | 3 | 1 |
| Chevaux de trait........... | » | » | 6 |
| TOTAUX..... | 2 | 6 | 7 |

**2° VOITURES.**

Fourgons du Service de Santé.. 3

**3° PARTICULARITÉS DIVERSES.**

| | |
|---|---|
| Longueur de colonne........ | 30 mètres. |
| Durée d'écoulement............ | 30' |
| Wagons nécessaires pour le transport des 6 sections d'hospitalisation du corps d'armée ................ | 17 |
| Durée de leur embarquement.. | 2 heures. |
| Poids du matériel........... | 1.827k. |
| Cube du matériel........... | 4m3. |

**4° MATÉRIEL.**

(Voir chap. IV.)

## Gestion des sections d'hospitalisation du corps d'armée non encore affectées aux ambulances.

| PERSONNEL. | OFFICIERS. | S.-OFFICIERS. | TROUPE. | CHEVAUX. |
|---|---|---|---|---|
| Officier d'administration gestionnaire chef du groupe (peut être du cadre actif). | 1 | » | » | 1 |
| Infirmiers................. | » | 2 | » | » |
| Ordonnance du train...... | » | » | 1 | » |

## Ambulance du Maroc (organisation projetée).

| PERSONNEL. | OFFICIERS. | S.-OFFICIERS. | C. OU BRIGAD. | INFIRMIERS. | CHEVAUX. | MULETS. | MATÉRIEL. | |
|---|---|---|---|---|---|---|---|---|
| | | | | | | | Cantines ........... | 12 |
| | | | | | | | Caisses............ | 2 |
| | | | | | | | Ballots............ | 4 |
| Médecin-major de 2° classe | 1 | | | | 1 | | Sacs (Orge).......... | 8 |
| Médecin aide-major ...... | 1 | | | | 1 | | Renferment sensiblement le contenu d'une ambulance de cavalerie. | |
| Officier d'administration de 2° classe............. | 1 | | | | 1 | | | |
| Infirmiers................ | | 1 | 1 | 8 | | | Tonnelets, 50¹.......... | 2 |
| Détachement du train.... | | | 2 | 24+x (1) | | | » 30¹........ | 1 |
| Ordonnances ........... | | | | 3 | | | Support-brancard ..... | 1 |
| Train de combat......... | | | | | | 18 | Tentes (tortoise, bivouac)............. | 3 |
| Train régimentaire....... | | | | | | 6 | | |
| Transport des malades et blessés.............. | | | | | | 10+y (2) | Capacité hospitalière.. | 20 |
| | | | | | | | Pansements préparés.. | 200 |
| | | | | | | | Brancards........... | 10 |
| | | | | | | | Cacolets (paires de)... | 6 |
| | | | | | | | Litières (paires de).... | 4 |
| | | | | | | | (Plus les cacolets et litières, en chiffre variable, de l'équipage léger). | |
| | | | | | | | Poids......... 1.800 kil. | |

(1) Dont 1 cuisinier et 1 maréchal ferrant.

(2) Dont 6 de cacolet et 4 de litière.

*x*. Nombre variable de conducteurs de l'équipage léger.

*y*. Mulets de l'équipage léger à raison de 1 mulet de cacolet par compagnie et de 1 de litière par bataillon entrant dans la composition de la colonne.

## Section d'hospitalisation du Maroc (organisation projetée).

| PERSONNEL. | CAPORAL. | INFIRMIERS. | MATÉRIEL. | |
|---|---|---|---|---|
| Infirmiers.............................. | 1 | 4 | Tente tortoise avec taud | 2 |
| La section d'hospitalisation en s'accolant à l'ambulance allégée du personnel et du matériel de transport, la transforme en formation hospitalière sédentaire (infirmerie-ambulance). | | | Taud pour tente tor-tortoise-bivouac..... | 3 |
| | | | Lits brancards......... | 30 |
| La section d'hospitalisation est transportée sur 4 arabas ou 18 chameaux. | | | Fournitures de couchage.................. | 30 |
| | | | Instruments d'éclairage; ustensiles de cuisine ; filtre pour l'épuration de l'eau: baignoires en toile (6); produits alimentaires (lait, sucre, café, thé, champagne, etc.) | |
| | | | La fusion de la section d'hospitalisation et de l'ambulance donne une capacité hospitalière de ....... | 30 |
| | | | Poids........ 1.600 kil. | |

NOTA. — Le matériel détaillé des deux formations n'a pas fait l'objet d'un renvoi au chapitre IV, leur organisation ne présentant pas encore de caractère définitif.

# IV. — Groupe divisionnaire de brancardiers.

### (2 sections.)

| 1° PERSONNEL. | OFFICIERS. | S.-OFFICIERS. | TROUPE. | CHEVAUX. |
|---|---|---|---|---|
| Médecin-major de 1re ou 2e classe............. | 1 | » | » | 1 |
| Médecin aide-major...... | 1 | » | » | 1 |
| Officiers d'administration.. | 2 | » | » | 2 |
| Officier du train......... | 1 | » | » | 1 |
| Ministre des cultes...... | 1 | » | » | » |
| Médecins auxiliaires .... | » | 4 | » | » |
| Détachement d'infirmiers.. | » | 6 | 132 | » |
| Détachement du train des équipages............. | » | 4 | 58 | 9 |
| Chevaux de trait et mulets de bât.............. | » | » | » | 59 |
| TOTAUX...... | 6 | 14 | 190 | 73 |

### 2° VOITURES ET ATTELAGES.

| | |
|---|---|
| Voiture médicale à 1 cheval...... | 2 |
| Voiture pour blessés, à 2 roues .... | 6 |
| —      —      à 4 roues..... | 5 |
| Fourgons du service de santé, à 2 chevaux................. | 2 |
| Fourgons à vivres à 2 chevaux.... | 2 |
| Chariots de parc à 3 chevaux (pour brouettes porte-brancards)...... | 2 |
| Fourgon-forge à 4 chevaux........ | 1 |
| Cuisine roulante............... | 1 |
| TOTAL.............. | 21 |

### 3° PARTICULARITÉS DIVERSES.

| | |
|---|---|
| Longueur de colonne........ | 280m |
| Durée d'écoulement........ | 3' |
| Nombre de wagons nécessaires pour le transport...... | 29 |
| Durée d'embarquement...... | 2 heures. |
| Cantonnement (celui d'une batterie). | |
| Nombre de brouettes-brancards................ | 30 |
| Nombre de cacolets........ | 16 |

Capacité de transport :

Blessés couchés : 62 (voitures et brancards roulants) ;
Blessés assis : 32 (cacolets).

Si les voitures ne transportent que des blessés assis, elle est de :

Blessés couchés : 30 (brancards roulants) ;
— assis : 106 (voitures et cacolets).

### 4° MATÉRIEL.

(Voir chapitre IV.)

## V. — Groupe de brancardiers de corps.

(2 sections dont la 1re s'augmente de la section d'hygiène et de prophylaxie).

### 1° PERSONNEL.

| | OFFICIERS. | S.-OFFICIERS. | TROUPE. | CHEVAUX. |
|---|---|---|---|---|
| Médecin-major de 1re classe médecin-chef du groupe. | 1 | » | » | 1 |
| Médecin-major de 2e classe (bactériologie) ......... | 1 | » | » | 1 |
| Médecin aide-major....... | 1 | » | » | 1 |
| Officiers d'administration (dont 1 officier d'approvisionnement)........... | 2 | » | » | 2 |
| Officier du train.......... | 1 | » | » | 1 |
| Vétérinaire.............. | 1 | » | » | 1 |
| Ministres des cultes...... | 4 | » | » | » |
| Médecins auxiliaires...... | » | 6 | » | » |
| Détachement d'infirmiers : | | | | |
| Sous-officiers ........ | » | 10 | » | » |
| Caporaux et soldats (dont 1 bicycliste. 24 désinfecteurs. 45 conducteurs de brancards roulants et 20 caporaux). | » | » | 205 | » |
| Détachement du train des équipages : | | | | |
| Sous-officiers montés... | » | 5 | » | 5 |
| Brigadiers et soldats (dont 5 ordonnances et 7 brigadiers montés). | » | » | 78 | 7 |
| Chevaux de trait et mulets. | » | » | » | 79 |
| Totaux ...... | 11 | 21 | 283 | 96 |

### 2° VOITURES.

| | |
|---|---|
| Voitures médicales à 2 roues..... | 2 |
| Voitures pour blessés, à 2 roues.. | 8 |
| — à 4 roues.. | 6 |
| Fourgons du service de santé..... | 3 |
| Fourgons à vivres.............. | 2 |
| Chariots de parc (15 brouettes porte-brancards par chariot).......... | 3 |
| Fourgon-forge ................. | 1 |
| Cuisine roulante............... | 1 |
| Voiture de personnel........... | 1 |
| Total............. | 27 |

### 3° PARTICULARITÉS DIVERSES.

| | |
|---|---|
| Longueur de colonne........ | 450m |
| Durée d'écoulement........ | 6' |
| Nombre de wagons nécessaires pour le transport...... | 37 |
| Durée d'embarquement...... | 2 heures. |
| Cantonnement : celui d'une batterie et demie. | |
| Nombre de brouettes-brancards.................. | 45 |
| Nombre de cacolets......... | 20 |

Capacité de transport :

Blessés couchés : 85 (voitures et brancards roulants).

Blessés assis : 40 (cacolets).

Si les voitures ne transportent que des blessés assis, elle est de :

Blessés couchés : 45 (brancards roulants).

Blessés assis : 132 (voitures et cacolets).

### 4° MATÉRIEL.

(Voir chap. IV.)

## VI. — Hôpital d'évacuation.

| 1° PERSONNEL. | OFFICIERS. | S.-OFFICIERS. | CAPORAUX. | TROUPE. | CHEVAUX. |
|---|---|---|---|---|---|
| Médecin principal ou major de 1re classe (active) | 1 | » | » | » | 1 |
| Médecin-major de 2e classe (territoriale)... | 1 | » | » | » | 1 |
| Médecins aides-majors (territoriale)......... | 6 | » | » | » | » |
| Pharmaciens .......... | 2 | » | » | » | » |
| Officiers d'administration............... | 2 | » | » | » | » |
| Infirmiers : | | | | | |
| Commis........... | » | » | 2 | 6 | » |
| De visite........... | » | 2 | 2 | 4 | » |
| D'exploitation....... | » | 2 | 4 | 30 | » |
| Ordonnances du train des équipages.......... | » | » | » | 2 | » |
| Totaux.......... | 12 | 4 | 8 | 42 | 2 |

**2° MATÉRIEL.**

(Voir chap. IV).

L'hôpital d'évacuation est organisé de façon à pouvoir fonctionner en deux sections séparées, susceptibles de traiter chacune 100 malades.

Il existe, par armée, autant d'hôpitaux d'évacuation qu'il entre de corps d'armée dans la composition de l'armée.

A relever, parmi le matériel, les objets suivants :

| | |
|---|---|
| Tentes tortoises..... .......... | 4 |
| Supports pour lits-brancards..... | 40 |
| Brancards ................... | 200 |
| Appareils de suspension pour aménagement de voitures auxiliaires................... | 100 |

## VII. — Train sanitaire improvisé.

Le train sanitaire improvisé fonctionne comme formation annexe de l'hôpital d'évacuation.

| 1° PERSONNEL. | OFFICIERS. | S.-OFFICIERS. | CAPORAUX. | SOLDATS. |
|---|---|---|---|---|
| Médecin (cadre auxiliaire) | 1 | » | › | » |
| Pharmacien (cadre auxiliaire) | 1 | » | ‹ | » |
| Officier d'administration (cadre auxiliaire) | 1 | » | » | » |
| Médecin auxiliaire | » | 1 | » | » |
| Infirmiers | » | 2 | 3 | 39 |
| TOTAUX | 3 | 3 | 3 | 39 |

2° MATÉRIEL (à la G. R.).

(Voir chapitre IV.)

Le chapitre IV donne le détail du matériel. A rappeler, ici, que ce matériel comprend, en particulier :

Appareils à suspension Bréchot-Amoline-Desprez .................. 132
Brancards .................. 400
Couvertures .................. 400

Les trains sanitaires sont aménagés à la gare régulatrice.

Nombre de wagons .......... 40
— de wagons pour blessés .............. 33
— de wagons pour le personnel ....... 7
Durée d'aménagement ....... 5 heures
Durée de chargement ........ 2 heures.
Nombre de blessés transportés. 400
(exactement 396).
Vitesse horaire : 24 à 30 kilomètres.

## VIII. — Infirmerie de gîte d'étapes.

| 1° PERSONNEL. | OFFICIERS. | CAPORAUX. | SOLDATS. |
|---|---|---|---|
| Médecin aide-major.......... | 1 | » | » |
| Infirmiers................ | » | 1 | 4 |

Personnel à prélever sur la réserve de personnel sanitaire d'armée.

**2° MATÉRIEL.**

(Voir chap. IV.)

Matériel à prélever sur les dotations de la réserve de matériel sanitaire d'armée ou de la station-magasin.

## IX. — Convoi d'évacuation par eau.

(Convoi de 4 bateaux).

| 1° PERSONNEL. | OFFICIERS. | S.-OFFICIERS. | CAPORAUX. | SOLDATS. |
|---|---|---|---|---|
| Médecin aide-major........ | 1 | » | » | » |
| Officier d'administration.... | 1 | » | » | » |
| Sous-officier............. | » | 1 | » | » |
| Caporaux............... | » | » | 2 | » |
| Infirmiers (4 par bateau).. | » | » | » | 16 |

Personnel à prélever sur la réserve de personnel sanitaire d'armée.

**2° MATÉRIEL.**

(Voir au chap. IV : trains sanitaires improvisés )

Matériel à prélever sur les dotations des trains sanitaires ou de la réserve de matériel sanitaire d'armée ou de la station-magasin.

Le convoi fonctionne comme formation annexe de l'hôpital d'évacuation.

## X. — Dépôt de convalescents et d'éclopés.

| 1° PERSONNEL. | OFFICIERS. | CAPORAUX. | SOLDATS. |
|---|---|---|---|
| Médecin aide-major .......... | 1 | » | » |
| Caporal....:................... | » | 1 | » |
| Infirmiers ............... .... | » | » | 4 |

Personnel à prélever sur la réserve de personnel sanitaire d'armée.

**2° MATÉRIEL.**

(Voir chap. IV.)

Le matériel est à prélever sur les dotations de la réserve de matériel sanitaire d'armée ou de la station-magasin.

Le matériel de couchage et de service général sera réquisitionné par les soins de l'officier commandant.

## XI. — Réserve de personnel sanitaire d'armée.

La réserve de personnel est formée d'autant de groupes qu'il entre de corps d'armée dans la composition de l'armée.

Chaque groupe a la composition suivante :

| COMPOSITION. | OFFICIERS. | S.-OFFICIERS. | CAPORAUX. | SOLDATS. |
|---|---|---|---|---|
| Médecins.....'........... | 5 | » | » | » |
| Pharmaciens ............. | 2 | » | » | » |
| Officiers d'administration... | 3 | » | » | » |
| Médecins auxiliaires....... | » | 4 | » | » |
| Infirmiers : | | | | |
| Sous-officiers .......... | » | 4 | » | » |
| Caporaux ....... .... | » | » | 8 | » |
| Soldats ..... .......... | » | » | » | 74 |

Cette réserve de personnel est constituée à la gare régulatrice. Elle est reconstituée par les éléments d'un 2° groupe mobilisé dans les régions de corps d'armée.

Les divisions isolées et les divisions de réserve ot une réserve de personnel de type réduit.

## XII. — Réserve de matériel sanitaire d'armée.

| | OFFICIERS. | S.-OFFICIERS. | CAPORAUX. | SOLDATS. |
|---|---|---|---|---|
| **1° PERSONNEL.** (Par corps d'armée.) | | | | |
| Officier d'administration.... (peut être du cadre actif. Ordonnance prélevé sur les troupes du commandement d'étapes de la G. R.). | 1 | » | » | » |
| Sous-officier............. | » | 1 | » | » |
| Caporal........ .. ...... | » | » | 1 | » |
| Soldats................. | » | » | » | 2 |

**2° MATÉRIEL.**

(Voir chap. IV.)

Ce matériel est constitué en autant d'unités collectives qu'il entre de corps d'armée dans la composition de l'armée.

Les divisions isolées et les divisions de réserve ont une réserve de matériel sanitaire de type réduit.

## XIII. — Station-magasin.

| | OFFICIERS. | S.-OFFICIERS. | CAPORAUX. | SOLDATS. |
|---|---|---|---|---|
| **1° PERSONNEL.** | | | | |
| Officier d'administration gestionnaire........... | 1 | » | » | » |
| Pharmacien.............. | 1 | » | » | » |
| Infirmiers : | | | | |
| Sous-officier........... | » | 1 | » | » |
| Caporal................ | » | » | 1 | » |
| Soldats................ | » | » | » | 5 |

**2° MATÉRIEL.**

(Voir chap. IV.)

Les divisions isolées et les divisions de réserve ont un approvisionnement de station-magasin de type réduit.

# II. — LE MATÉRIEL DÉTAILLÉ

## CHAPITRE III

## LE SERVICE DE SANTÉ RÉGIMENTAIRE

**Composition détaillée du matériel et des unités collectives.**

# Tableau sommaire indiquant la composition du chargement de voiture médicale.

| DÉSIGNATION DES MATIÈRES ET OBJETS. | QUANTITÉS. | EMPLACEMENT. | OBSERVATIONS. |
|---|---|---|---|
| Panier n° 1. — Opérations et bandages. . . . . . . . . . . . . . | 1 | Dans la voiture. | Chaque panier renferme le tableau indiquant son contenu. |
| — n° 2. — Médicaments. . . . . . . | 1 | Id. | |
| — n° 3. — Pansements petits et individuels. . . . . . . . . . . . . | 1 | Id. | |
| — n° 4T. — Pansements moyens. | 2 | Id. | |
| — n° 5. — Pansements grands. | 1 | Id. | |
| Sac à paille. . . . . . . . . . . . . . . | 1 | Compartiment de la voiture, case milieu. | |
| Boîte d'emballage n° 7. . . . . . . . | 1 | Case de gauche. | |
| Bidon de 10 litres. . . . . . . . . . . . | 1 | Id. | |
| — de 1 litre avec courroie et enveloppe. . . . . . . . . . . . . . | 20 | Id. | |
| — pour l'huile de pétrole, en fer battu, de 2 litres. . . . . . | 1 | Id. | Forme estagnon. |
| Brancards avec bretelles. . . . . . . | 8 | Coffre dans la voiture. | |
| Cadenas en cuivre à vis. . . . . . . . | 1 | Caisse de règlements, objets de bureau et imprimés. | |
| Ciseaux à lampe, petits. . . . . . . | 2 | Compartiment voiture. | 2 dans les caisses lanternes marines. |
| Fanion de neutralité. . . . . . . . . . | 1 | Id. | Dans 1 sac à paille |
| — tricolore. . . . . . . . . . . . . . . | 1 | Case du milieu. | |
| Hampe pour fanion et lanterne marine. . . . . . . . . . . . . . . | 2 | Coffre sous la voiture. | |
| Lanterne avec réflecteur et souche. . . . | 1 | Compartiment de la voiture, case du milieu. | Dans 1 boîte d'emballage. |
| — marine verre blanc. . . . . . . . . | 1 | | |
| — — rouge. . . . . . . . . . . . . | 1 | | |
| Lampe à acétylène pour la recherche des blessés. . . . . . . . . . . | 1 | Dans une caisse. | Dans 1 boîte d'emballage n° 7. |
| Robinet en métal blanc pour tonneau. . . . . . . . . . . . . . . | 1 | En vrac dans la voiture. | |
| Support brancard, syst. Dujardin-Beaumetz-Strauss, grand modèle pour table d'opérations. | 1 | En vrac sur les paniers | |
| Tonneau cerclé en fer de 30 litres sans chaînettes. . . . . . | 1 | En vrac dans la voiture. | |
| Boîte pour mèches. . . . . . . . . . . | 1 | Compartiment de la voiture. { Case milieu. | |
| Caisse pour règlements, objets de bureaux et imprimés. . . | 1 | { Case de droite. | |
| — pour lanterne marine. . . . . . | 2 | { Case milieu. | |
| Mèche plate ou ronde. . . . . . . . . | 0k130 | | |
| Huile de pétrole (1). . . . . . . . . . . | 12ʳ | | (1) L'huile de pétrole sera achetée au moment de la mobilisation. |
| Boîtes de carbure de calcium de 250 grammes. . . . . . . . . . . | 8 | | |
| Appareils d'immobilisation. { Attelles en bois, diverses . . . . . . . . . | 10 | | |
| { Gouttières en fil de fer. . . . . . . . . | 8 | | |
| { Coussin matelassé. | 8 | | |
| { Toile métallique (paquet). . . . . . | 1 | | |

POUR MÉMOIRE :

Collection de règlements, d'objets de bureau et d'imprimés.

| DÉSIGNATION DES MATIÈRES ET OBJETS. | QUANTITÉS. | OBSERVATIONS. |
|---|---|---|
| *Dans une caisse marquée H.* | | Cette caisse est placée dans le compartiment antérieur de la voiture (case de droite). |
| Règlement sur le service de santé en campagne (vol. 82) et collection de manuels de l'infirmier et du brancardier. . . . . . . . . . . . . . . | 1 | |
| Canif. . . . . . . . . . . . . . . . . . . . . | 1 | |
| Crayon ordinaire. . . . . . . . . . . | 6 | |
| — de couleur. . . . . . . . . . . . . . | 6 | |
| Encre noire (cruchon de 100 grammes). . . . . . . . . . . . . . | 1 | L'encre nécessaire pour le cruchon et l'encrier ne sera mise dans ces récipients qu'à la mobilisation. |
| Encrier. . . . . . . . . . . . . . . . . . . | 1 | |
| Enveloppes diverses. . . . . . . . . | 50 | |
| Etui à aiguilles avec bobine garnie. . . . . . . . . . . . . . . . | 1 | |
| Papier enveloppe (main). . . . . . | 1 | |
| — écolier (main) . . . . . . . . . . . | 2 | |
| Plumes métalliques (boîte de). . | 1 | |
| Porte-plume. . . . . . . . . . . . . . . | 2 | |
| Feuille à température. . . . . . . . . | 50 | |
| Billet d'hôpital. . . . . . . . . . . . . | 100 | |
| Certificat de visite pour admission d'urgence à l'hôpital. | 50 | |
| Journal de marche des opérations. . . . . . . . . . . . . . . . . . | 1 | Ces imprimés constituent une réserve et sont indépendants de ceux à fournir par le Trésorier ou l'officier payeur. |
| Carnet médical. . . . . . . . . . . . . | 1 | |
| Situation-rapport des malades (corps de troupe). . . . . . . . . | 300 | |
| POUR MÉMOIRE : | | |
| Tableau indiquant la composition du chargement. . . . . . . | | |

*Objets à placer dans le compartiment antérieur de la voiture en quantités variables suivant l'arme et le corps et ne faisant pas partie du chargement :*

| | |
|---|---|
| Musette à pansement complète. . . . . . . . . | |
| Brassard de neutralité pour sous-officiers et soldats. . . . . . . . . . . . . . . . . . . . . . . | Compartiment de la voiture (case du milieu les brassards dans le sac à paille. |
| Trousse d'infirmier. . . . . . . . . . . . . . . . . | |

# Tableau indiquant la composition du chargement de grande voiture pour blessés.

Poids approximatif de la voiture : vide, 970 kilogr., chargée, 1.030 kilogr.
Cube : 20m3 175 (longueur, 3m70 ; largeur, 1m88 ; hauteur, 2m90).

| DÉNOMINATION DES MATIÈRES ET OBJETS. | QUANTITÉS. | PLACEMENT DU MATÉRIEL. | OBSERVATIONS |
|---|---|---|---|
| Torchon. . . . . . . . . . . . . . . . . . . . | 2 | Coffre sous le siège du conducteur. | |
| Brancard avec bretelles. . . . . . . | 4 | Dans l'intérieur de la voiture. | |
| Fanion de neutralité. . . . . . . . . . | 1 | Coffre sous le siège du conducteur. | Croix rouge sur fond blanc. |
| — tricolore. . . . . . . . . . . . . . | 1 | Id. | |
| Réservoir à eau, en tôle galvanisée, de 25 litres. . . . . . . . . | 2 | Compartiments spéciaux, l'un à droite, l'autre à gauche, en avant de la voiture. | |
| Urinal en étain. . . . . . . . . . . . . . | 1 | Coffre sous le siège du conducteur. | |
| POUR MÉMOIRE : | | | |
| Tableau indiquant la composition du chargement de la grande voiture pour blessés. . . . . . . . . . . . . . . . . . . . | 1 | Coffre sous le siège du conducteur. | |

## Tableau indiquant la composition du chargement de petite voiture pour blessés.

Poids approximatif de la voiture : vide, 500 kilogr. ; chargée, 526 kilogr.
Cube : 13m3.536 (Longueur, 3m ; largeur, 1m88 ; hauteur, 2m40).

| DÉSIGNATION DES MATIÈRES ET OBJETS. | QUANTITÉS. | PLACEMENT DU MATÉRIEL. | OBSERVATIONS. |
|---|---|---|---|
| Torchon. . . . . . . . . . . . . . . . . . . . . | 2 | Coffre situé à l'arrière. | |
| Brancard avec bretelles. . . . . . . . | 2 | Dans l'intérieur de la voiture. | |
| Fanion de neutralité. . . . . . . . . . | 1 | Coffre situé à l'arrière. | Croix rouge sur fond blanc. |
| — tricolore. . . . . . . . . . . . . . . . | 1 | Id. | |
| Réservoir à eau, en tôle galvanisée, de 8 litres. . . . . . . . . . | 1 | Dans l'intérieur de la voiture. | |
| Urinal en étain. . . . . . . . . . . . . . | 1 | Coffre situé à l'arrière. | |
| POUR MÉMOIRE : | | | |
| Tableau indiquant la composition de la chargement de la petite voiture pour blessés. | 1 | Coffre situé à l'arrière. | |

## Tableau indiquant la composition de la musette à pansement.

Poids approximatif : 2 kilogr. — Cube : 0m3006.

| DÉSIGNATION DES MATIÈRES ET OBJETS. | QUANTITÉS. | EMPLACEMENT. | OBSERVATIONS. |
|---|---|---|---|
| Bande hémostatique en tricot de coton, petite. . . . . . . . . . | 1 | Compartiment de gauche. | |
| Boîte en fer blanc, avec ou sans compartiments. . . . . | 1 | — de droite | |
| Flacon carré, ouverture ordinaire de 0l,12. . . . . . . . . . . . . | 1 | — de droite. | |
| Musette à pansement vide. . . . . . | 1 | — de droite. | 10 paquets. |
| Pansement individuel. . . . . . . . . | 20 | — de droite. — de gauche. | 10 paquets. |
| Alcoolat de mélisse composé. . . | 0k100 | — de droite. | Dans 1 flacon carré, ouverture ordinaire, de 0l 12. |
| Sucre blanc. . . . . . . . . . . . . . . . . | 0k100 | — de droite. | Dans 1 boîte en fer blanc. |
| Sacs en treillis avec boucle. . . . | 6 | — de gauche. | |
| POUR MÉMOIRE : | | | |
| Tableau indiquant la composition de la musette à pansement. . . . . . . . . . . . | 1 | | |

# Tableau indiquant la composition du sac d'ambulance.

Poids approximatif: 11kil 500. — Cube : 0m3,036.

| DÉNOMINATION DES MATIÈRES ET OBJETS | QUANTITÉS. | EMPLACE-MENT. | OBSERVATIONS. |
|---|---|---|---|
| Bande hémostatique en tricot de coton, petite........... | 1 | Compartiment E. | Compartimentage du sac. |
| Seringue stérilisable pour injections hypodermiques de 2 c c... | 1 | — C. | |
| Thermomètre médical à maxima. . . ................ | 1 | — B. | |
| Cuvette à pansement, en fer battu étamé, grande. ...... | 1 | Sur la patelette. | |
| Serviette de coton pour la toilette. . . ................ | 2 | Dans la patelette. | |
| Lampe à alcool, avec bouilloire en métal nickelé. ........ | 1 | Compartiment E. | |
| Boîte en fer blanc, avec ou sans compartiments. . .... | 2 | — A. | |
| — en maillechort, avec compartiments, pour sac d'ambulance. . . ............ | 1 | — E. | |
| Cadenas en cuivre pour sac et sacoche d'ambulance. . ... | 1 | | Fermeture du sac. |
| Flacon carré, ouverture ordinaire, de 0,06. ........... | 2 | — E. | |
| — — — — de 0,03. ........... | 2 | — E. | |
| — — bouché à l'émeri, de 0,03.. | 3 | — E. | |
| Pansement individuel. . . ...... | 10 | — D. | |
| Sac d'ambulance, vide......... | 1 | — E. | |
| Alcool à 95°..................... | 0,030 | E. | Dans un flacon carré, ouverture ordin^re, de 0,06. |
| Alcool dénaturé. . . .......... | 0,035 | — E. | Idem. |
| Comprimés d'extrait d'opium.. | 0,0375 | — | En 10 tubes de 30 comprimés, dans une boîte en carton. |
| — de quinine. . . ............. | 0.075 | — B. | Idem. |
| — d'antipyrine. . . ............. | 0,120 | — B. | En 10 tubes de 20 comprimés, dans une boîte en carton. |
| Ether éthylique pur........... | 0,020 | — E. | Dans un flacon carré, ouverture ordin^re, de 0,03. |
| Formol. . . ................ | 0,035 | — E. | Idem. |
| Tablette de sulfate de sodium desséché. . . ............ | 0,300 | — A. | En 20 tablettes de 15 grammes, dans 1 boîte en fer blanc. |
| Sucre. . . ................ | 0,030 | — A. | Dans 1 boîte en fer blanc. |
| Teinture d'iode. . . ......,..... | 0,090 | — E. | Dans 3 flacons carrés, ouverture ordinaire, bouchés émeri de 0,03. |
| Thé. . . ................ | 0,025 | — A. | Dans 1 boîte en fer-blanc. |
| Ampoule de caféïne........... | 20 | — E. | Dans 1 boîte métallique pour ampoules. |
| Ampoule de chlorure d'éthyle à 15 grammes............ | 4 | — B. | Ou ampoule de 10 grammes avec 1 clapet pour 4 ampoules sans modification de prix, dans 1 boîte en carton. |

| DENOMINATION DES MATIÈRES ET OBJETS | QUANTITÉS. | EMPLACE- MENT. | OBSERVATIONS. |
|---|---|---|---|
| Ampoules de morphine, à 1 cent. | 20 | Compartiment E. | Dans 1 boîte métallique pour ampoules. |
| Tube de vaseline, à 20 gr...... | 3 | — B. | |
| Boîte métallique pour ampoules. | 2 | — E. | |
| Bouchon de liège, petit........ | 6 | — E. | |
| Bandage de corps............. | 1 | Dans la patelette. | |
| Bande roulée en toile de 3×0,05. . . ............. | 10 | Compartim. C-E. | |
| — — — — de 4,50×0,085. . . .. | 4 | — A. | |
| Compresse en toile moyenne... | 2 | — B. | |
| Coton cardé supérieur (paquet de 0,050). . . ............. | 5 | — A. | |
| — hydrophile (paquet de 0,025). | 5 | — A-E. | |
| Echarpe triangulaire en toile . | 1 | — E. | |
| Epingles de sûreté (boîte de 12). | 1 | — C. | |
| Gaze à pansement non apprêtée en 0,70 de large (paquet de 5 mètres).............. | 3 | — C. | |
| Suspensoir en toile........... | 1 | — E. | |
| Carton (bandes de)............ | 4 | Dans la patelette. | |
| Allumettes amorphes (boîte).. | 1 | Compartiment E. | |
| Bougie petite pour sac et sacoche d'ambulance. . . .... | 2 | — E. | |
| Savonnette. . . ............... | 1 | — E. | |
| POUR MÉMOIRE : | | | |
| Tableau indiquant la composition du sac d'ambulance.. | 1 | | |

## Tableau indiquant la composition des sacoches d'ambulance (paire de).

Poids approximatif : 11 kil. 500. — Cube : 0m3 023.

| DÉSIGNATION DES MATIÈRES ET OBJETS | QUANTITÉS. | EMPLACEMENT. | OBSERVATIONS. |
|---|---|---|---|
| Bande hémostatique en tricot de coton, petite............. | 1 | Boite en maillechort Sacoche de droite. | |
| Seringue stérilisable pour injections hypodermiques de 2 centimètres cubes........ | 1 | — de gauche. | |
| Thermomètre médical à maxima. . . . ................ | 1 | — — | |
| Serviette de coton pour toilette. . . ............... | 1 | — — | |
| Lampe à alcool avec bouilloire en métal nickelé......... | 1 | — — | |
| Boîte en fer blanc avec ou sans compartiments. . ....... | 2 | | |
| Boîte en maillechort, avec compartiments pour sacoches. | 1 | — de droite. | |
| — — sans compartiments pour sacoches. . ............. | 1 | — de gauche. | |
| Cadenas en cuivre pour sac et sacoche. . . ............. | 2 | » | Fermeture des sacoches. |
| Flacon carré, ouverture ordinaire, de 0,06............. | 2 | — de droite. | |
| — — de 0,03........... | 2 | — — | |
| — — bouché à l'émeri de 0,03.. | 2 | — — | |
| Pansement individuel. . . ...... | 6 | — de gauche. | |
| Sacoches d'ambulance vides (paire de). . ............. | 1 | » | |
| Alcool à 95°. . . ............. | 0,030 | — de droite. | Dans 1 flacon carré, ouvert. ordinaire, de 0,06. |
| Alcool dénaturé. . . .......... | 0,035 | — — | Id. |
| Comprimés d'extrait d'opium.. | 0,019 | — — | En 5 tubes de 30 comprimés dans 1 boite en carton. |
| — de quinine. . . ............. | 0,025 | — — | En 5 tubes de 20 comprimés dans 1 boite en carton. |
| — d'antipyrine. . . .......... | 0,045 | — — | En 5 tubes de 15 comprimés dans 1 boite en carton. |
| Ether éthylique pur........... | 0,020 | — — | Dans un flacon carré, ouvert ordinaire, de 0,03. |
| Formol. . . ................. | 0,035 | — — | Id. |
| Tablettes de sulfate de sodium desséché. . . ............. | 0,300 | — de gauche. | En 20 tablette de 15 gr. dans 1 boite en fer blanc. |
| Sucre. . . ................... | 0,030 | — — | Dans 1 boite en fer blanc. |
| Teinture d'iode. . . .......... | 0,060 | — de droite. | Dans 2 flacons carrés, ouvert, ordinaire, bouchés émeri, de 0,03. |
| Thé (feuilles). . . ........... | 0,025 | — de gauche. | Dans 1 boite en fer blanc. |
| Ampoule de caféine. . ........ | 20 | — — | Dans 1 boite métallique pour ampoules. |

| DÉSIGNATION DES MATIÈRES ET OBJETS. | QUANTITÉS. | EMPLACEMENT. | OBSERVATIONS. |
|---|---|---|---|
| Ampoule de chlorure d'éthyle à 15 gr. ..................... | 3 | Sacoche de droite. | Ou ampoule de 10 gr. avec un clapet pour 3 ampoules, sans modification de prix, dans 1 boîte en carton. |
| — de morphine à 1 centigr... | 20 | — de gauche. | Dans 1 boîte métallique pour ampoules. |
| Tube de vaseline à 15 gr....... | 1 | — de droite. | |
| Boîte métallique pour ampoules. | 2 | — de gauche. | |
| Bouchon de liège, petit........ | 6 | — de droite. | |
| Bandage de corps............. | 1 | — — | |
| Bande roulée en toile de 3×0,05. . . ............... | 9 | — de gauche. | 4 bandes. 5 bandes. |
| Compresse en toile moyenne... | 2 | — — | |
| Coton cardé supérieur (paquet de 0,050). . . ............. | 2 | — de droite. | |
| — hydrophile (paquet de 0,025). | 1 | — — | |
| Epingles de sûreté (boîte de 12). | 1 | — de gauche. | |
| Gaze à pansement non apprêtée en 0,70 (paquet de 5 mètres). . . . ............... | 1 | — — | |
| Suspensoir en toile............. | 1 | — de droite. | |
| Carton (bande de)............. | 4 | » | 2 dans chaque sacoche. |
| Allumettes amorphes (boîte d'). | 1 | — de gauche. | |
| Bougie, petite, pour sac et sacoche d'ambulance. . . .... | 2 | — de droite. | |
| Savonnette. . . ............. | 1 | — — | |
| POUR MÉMOIRE : | | | |
| Tableau indiquant la composition de la sacoche d'ambulance. . . . ............. | 1 | » | |

# CHAPITRE IV

## LES FORMATIONS SANITAIRES — LE MATÉRIEL
## LES UNITÉS COLLECTIVES

---

Nota. — La composition détaillée des sous-unités collectives fait
l'objet du chapitre V.

## Tableau sommaire indiquant la composition de l'approvisionnement d'ambulance de cavalerie.

Poids approximatif : 1.175 kilogr. — Cube : 3m3214.

| DÉNOMINATION DES MATIÈRES ET OBJETS. | QUANTITÉS 1 fourgon A. | OBSERVATIONS. |
|---|---|---|
| **1° Unités collectives secondaires et sous-unités collectives.** | | |
| Chargement de petite voiture pour blessés. | 6 | |
| Panier n° 2. Médicaments.................. | 1 | |
| — n° 3. Pansements petits et individuels. | 2 | |
| — n° 4A. Pansements moyens pour ambulance. | 2 | |
| — n° 5. Pansements grands. | 1 | |
| — n° 7. Appareils de lavage.............. | 1 | |
| — n° 9. Accessoires de pansement. | 1 | |
| — n° 12. Médicaments (complémentaire du panier n° 2)..................... | 1 | |
| — n° 15. Linge, sarraux, tabliers......... | 1 | |
| — n° 16. Petit arsenal chirurgical......... | 1 | |
| Caisse n° 1. Appareils à fractures........ | 1 | |
| — n° 12. Matériel d'administration pour ambulance de cavalerie.................. | 1 | |
| Ballot n° 2. Couvertures de laine.......... | 1 | |
| **2° Matériel isolé.** | | |
| Brancard avec bretelles.................. | 8 | |
| Cadenas en cuivre à vis................. | 2 | Pour les caisses d'approvisionnement. |
| Hampes pour fanions et lanternes marines.. | 2 | |
| Robinet en métal blanc pour tonneau...... | 1 | Fixé au tonneau. |
| Sac d'outils complet.................... | 1 | Comprenant : 1 ciseau à froid, 1 paire de grands ciseaux, 1 petite clef anglaise, 1 marteau à panne fendue, 1 tenaille de menuisier, 1 tierspoint, 1 tire-fond de tonnelier, 2 tournevis assortis, 2 vrilles assorties, 2 kg. de clous assortis, 500 gr. de vis assorties, 1 sac vide. |
| Support-brancard pour table à pansements. | 2 | |
| Tonneau cerclé en fer de 30 litres sans chaînettes. | 1 | |
| Caisse d'approvisionnement. | 2 | Marquée : B, de comptabilité vide. Marquée : G, règlements, imprimés, objets de bureau. |
| Huile de pétrole..................... | 5 | En bidon d'origine, à constituer au moment de la mobilisation. |

| DÉNOMINATION DES MATIÈRES ET OBJETS. | QUANTITÉS 1 fourgon A. | OBSERVATIONS. |
|---|---|---|
| POUR MÉMOIRE : | | |
| Tableau indiquant la composition de l'approvisionnement de l'ambulance de cavalerie. . . . . . . . . . . . . . . . . . . . . . . | 2 | Dans la caisse G. |
| Collection de règlements, objets de bureau et imprimés. . . . . . . . . . . . . . . . . . . . | 2 | Dans la caisse G. La nomenclature de cette collection est placée dans ladite caisse. |
| POUR MÉMOIRE : | | |
| Matériel ressortissant ou à provenir d'autres services du Département de la guerre. . . . . . . . . . . . . . . . . . . . . | | |
| Vivres de distribution journalière, vivres de réserve du détachement, avoine des chevaux. . . . . . . . . . . . . . . . . . . . | q s | Dans 1 fourgon B. |
| Cantine à vivres. . . . . . . . . . . . . . . . . . . | 1 | |
| Caisses à bagages. . . . . . . . . . . . . . . . . . | q s | |

# Tableau sommaire indiquant la composition de l'approvisionnement d'ambulance d'Infanterie.

Poids approximatif : 3.497 kilogr. — Cube : 11m3750.

| DÉSIGNATION DES MATIÈRES ET OBJETS | QUANTITÉS. | RÉPARTITION. | | | | | à vivres. | Voiture du personnel. | OBSERVATIONS. |
|---|---|---|---|---|---|---|---|---|---|
| | | FOURGONS. | | | | | | | |
| | | A | B | C | D | | | | |
| **1° Sous-unités collectives.** | | | | | | | | | |
| Panier n° 2. Médicaments...... | 1 | 1 | | | | | | | |
| — n° 3. Pansements petits et individuels. . . . ......... | 4 | 2 | 2 | | | | | | |
| — n° 4A. Pansements moyens pour ambulance. . . | 18 | 9 | 9 | | | | | | |
| — n° 5. Pansements grands. . .. | 8 | 4 | 4 | | | | | | |
| — n° 7. Appareils de lavage.... | 2 | 1 | 1 | | | | | | |
| — n° 8. Appareils de lavage (compl⁰ du panier 7)..... | 2 | 1 | 1 | | | | | | |
| — n° 9. Accessoires de pansement. . . ............. | 2 | 1 | 1 | | | | | | |
| — n° 10. Arsenal chirurgical. . . | 1 | 1 | | | | | | | |
| — n° 10 bis. Id............. | 1 | | 1 | | | | | | |
| — n° 11. Appareils plâtrés. . .. | 2 | 1 | 1 | | | | | | |
| — n° 12. Médicaments (compl⁰ du panier 2). . . .......... | 1 | | 1 | | | | | | |
| — n° 13. Objets de propreté.... | 2 | 1 | 1 | | | | | | |
| — n° 14. Chemises, brassards, fanions, etc. . . .......... | 1 | | 1 | | | | | | |
| Caisse n° 1. Appareils à fractures. . . ................. | 1 | 1 | | | | | | | |
| — n°° 2 et 2 bis. Matériel d'éclairage. . . ............. | 1 | | | 1 | | | | | |
| — n° 3. Ustensiles pour la cuisine et les repas.......... | 1 | | | 1 | | | | | |
| — n° 4. Denrées. . . .......... | 1 | | | 1 | | | | | |
| — n° 5. Denrées. . . ......... | 1 | | | | 1 | | | | |
| Ballot n° 1. Gouttières en fil de fer. . . ................ | 2 | 1 | 1 | | | | | | |
| — n° 2. Couverture de laine.... | 2 | | | | 2 | | | | |
| — n° 3. Sacs à denrées, torchons | 1 | | | | 1 | | | | |
| — n° 4. Drap de lit......... | 1 | | | | 1 | | | | |
| Paquet de toile métallique..... | 1 | | | 1 | | | | | |
| **Objets isolés.** | | | | | | | | | |
| Hache. . . ............... | 1 | | | | 1 | | | | |
| Scie à bûches................. | 1 | | | | 1 | | | | |
| Pelle de terrassier............. | 1 | | | | 1 | | | | |
| Pioche. . . ............... | 1 | | | | 1 | | | | |
| Tente Tortoise. . . ......... | 2 | | | 1 | 1 | | | | |
| Brancard avec bretelles........ | 20 | 5 | 5 | 5 | 5 | | | | |
| Cadenas en cuivre à vis........ | 5 | | 1 | 1 | 1 | | 2 | | |
| Hampe pour fanion et lanterne marine. . . ................ | 2 | | | 2 | | | | | |

| DÉSIGNATION DES MATIÈRES ET OBJETS | QUANTITÉS. | RÉPARTITION. | | | | à vivres | Voiture du personnel. | OBSERVATIONS. |
|---|---|---|---|---|---|---|---|---|
| | | FOURGONS. | | | | | | |
| | | A | B | C | D | | | |
| Réservoir à eau en tôle galvanisée, de 50 litres........ | 1 | | | 1 | | | | |
| — — — — de 25 litres........ | 2 | | | 2 | | | | |
| — à tisane, en fer battu étamé, de 10 litres............. | 1 | | | 1 | | | | |
| — — — — de 5 litres........ | 1 | | | 1 | | | | |
| Robinet en métal blanc pour tonneau. . . ............ | 1 | | 1 | | | | | |
| Seau en toile................. | 12 | 6 | 6 | | | | | |
| Supports-brancards pour table à pansements. . . ........ | 4 | 2 | 2 | | | | | |
| Table articulée avec pieds en X. | 1 | | | 1 | | | | |
| — métallique pour opérations.. | 1 | | | 1 | | | | |
| Tonneau cerclé en fer, de 50 l. | 1 | | 1 | | | | | |
| Trépied en fer, rond, pour ambulance. . . ............. | 3 | | | 3 | | | | |
| Corbeille pour la viande........ | 2 | | | | | 2 | | |
| Caisse d'approvisionnement. . | 4 | | 1 | 1 | | | 2 | Marquées : A, succession et fonds. B, comptabilité. |
| — pour table métallique pour opérations. . . ............. | 1 | 1 | | | | | | |
| — en osier, mod. B............ | 2 | | | 2 | | | | Vides. |
| Huile de pétrole.............. | 10¹ | | | 10 | | | | En 2 bidons d'origine de 5 litres, à constituer au moment de la mobilisation. |
| POUR MÉMOIRE : | | | | | | | | |
| Tableau indiquant la composition de l'approvisionnement d'ambulance d'infanterie. . | 2 | | | 2 | | | | Caisse C. |
| Collection de règlements, registres et objets de bureau.. | 1 | | | 1 | | | | Caisse C. |
| Collection d'imprimés. . ...... | 1 | | | 1 | | | | Caisse C. |
| NOTA. — La nomenclature de chaque collection est placée dans la caisse qui contient cette collection. | | | | | | | | |
| POUR MÉMOIRE : | | | | | | | | |
| Matériel ressortissant ou à provenir d'autres services du Département de la guerre. | | | | | | | | |
| Cantines à vivres:........... | 2 | | | 2 | | | | |
| Caisses à bagages............ | q. s | | | | | | q. s. | |

| DÉSIGNATION DES MATIÈRES ET OBJETS | QUANTITÉS | RÉPARTITION | | | | | | OBSERVATIONS |
|---|---|---|---|---|---|---|---|---|
| | | FOURGONS | | | | à vivres | Voiture du personnel | |
| | | A | B | C | D | | | |
| Petit outillage à distribution pour officier d'approvisionnement. . . . . . . . . . . . . . . | 1 | | | | | 1 | | |
| Collection d'imprimés pour officier d'approvisionnement. . | 1 | | | 1 | | | | Caisse C. |
| Vivres de distribution journalière. . . . . . . . . . . . . . | q. s. | | | | | q. s. | | |
| Vivres de réserve du détachement. . . . . . . . . . . . | q. s. | | | | | q. s. | | |
| Avoine pour les chevaux. . . . . . . | q. s. | | | | | q. s. | | |
| Collection d'attaches pour les chevaux. . . . . . . . . . . . | 1 | | | | | 1 | | |

## Tableau sommaire indiquant la composition de l'approvisionnement de la section d'hospitalisation.

Poids approximatif : 1.827 kilogr. — Cube : 4m3025.

| DÉSIGNATION DES MATIÈRES ET OBJETS. | QUANTITÉS | RÉPARTITION | | | OBSERVATIONS |
|---|---|---|---|---|---|
| | | Fourgons | | | |
| | | A | B | C | |
| Panier n° 3. Pansements petits et individuels. . . . . . . | 1 | | | 1 | |
| — n° 4A Pansements moyens pour ambulance. | 4 | | | 4 | |
| — n° 5. Pansements grands. . . . . . . . . . . . | 1 | | | 1 | |
| — n° 9. Accessoires de pansement. . . . . . . . . | 1 | | | 1 | |
| Caisse n° 1. Appareils à fractures. . . . . . . . . | 1 | 1 | | | |
| — n° 6. Ustensiles et objets du service général. . . | 1 | 1 | | | |
| — n° 7. Idem. . . . . . . . . . . . . . . . | 1 | 1 | | | |
| — n° 8. Idem. . . . . . . . . . . . . . | 1 | 1 | | | |
| — n° 9. Denrées. . . . . . . . . . . . . . . . | 1 | 1 | | | |
| — n° 10. Denrées. . . . . . . . . . . . . . | 1 | 1 | | | |
| — n° 11. Plâtre à mouler. . . . . . . . . | 1 | 1 | | | |
| Ballot n° 1. Gouttières en fil de fer. . . . . . . . | 1 | 1 | | | |
| — n° 2. Couvertures de laine. . . . . . . . . . | 8 | | | 8 | |
| — n° 4. Draps de lit. . . . . . . . . . . . . | 4 | | 4 | | |
| — n° 5. Paillasses. . . . . . . | 2 | | 2 | | |
| — n° 6. Paillasses et sacs à paille. . . . . . . . | 1 | | 1 | | |
| — n° 7. Chemises. . . . . . . . . . . . . . | 2 | | 2 | | |
| — n° 8. Effets divers. . . . . . . . . . . . . | 1 | | 1 | | |
| POUR MÉMOIRE : | | | | | |
| Tableau indiquant la composition de la section d'hospitalisation. . . . . . . . . . . . . | 2 | ? | | | Dans la caisse n° 1. |

## Tableau sommaire indiquant la composition de l'approvisionnement de groupe divisionnaire de brancardiers.

Poids approximatif : 3.928 kilog. — Cube : 0m3510.

| DÉSIGNATION DES MATIÈRES ET OBJETS. | QUANTITÉS. | 2 voitures médicales 1re sect. | 2e sect. | 5 grandes voitures p' blessés 1re | 2e | 3e | 6 petites voitures p' blessés 1re sect. | 2e sect. | 2 fourgons du service de santé A | B | 2 fourgons à vivres 1re sect. | 2e sect. | 1 cuisine roulante 1re sect. | 2 chariots de parc 1re sect. | 2e sect. | OBSERVATIONS. |
|---|---|---|---|---|---|---|---|---|---|---|---|---|---|---|---|---|
| **1° Unités collectives secondaires.** | | | | | | | | | | | | | | | | | |
| Chargement de voitures médicales | 2 | 1 | 1 | | | | | | | | | | | | | | |
| — de grandes voitures pour blessés | 5 | | | 3 | 2 | | | | | | | | | | | | |
| — de petites voitures pour blessés | 6 | | | | | | 3 | 3 | | | | | | | | | |
| Musettes à pansement | 140 | | | | | | 3 | 3 | 70 | 70 | | | | | | | |
| Nécessaire pour analyse d'eau d'alimentation | 1 | | | | | | | | | 1 | | | | | | | |
| **2° Sous-unités collectives.** | | | | | | | | | | | | | | | | | |
| Panier n° 6, passe-partout | 2 | | | | | | | | | | | | | | | | |
| Caisse n° 3, ustensiles pour la cuisine et les repas | 2 | | | | | | | | 1 | 1 | | | | | | | |
| Caisse d'appareils d'éclairage | 2 | | | | | | | | 1 | 1 | | | 1 | 1 | | | |
| **3° Matériel isolé.** | | | | | | | | | | | | | | | | | |
| Trousse d'infirmier | 40 | | | | | | | | 20 | 20 | | | | | | | |
| Torchons | 50 | | | | | | | | 25 | 25 | | | | | | | A placer dans des sacs à denrées. |
| Sac à denrées ordinaire | 14 | | | | | | | | 2 | 2 | 5 | 5 | | | | | |
| Hache | 2 | | | | | | | | 1 | 1 | | | | | | | Emmanchée. |
| Marteau ordinaire, grand | 2 | | | | | | | | 1 | 1 | | | | | | | Id. |
| Scie à bûcher | 2 | | | | | | | | 1 | 1 | | | | | | | |
| Pelle de terrassier | 4 | | | | | | | | 2 | 2 | | | | | | | Id. |
| Pioche | 4 | | | | | | | | 2 | 2 | | | | | | | Id. |
| Appareils de suspension de brancards pour voiture auxiliaire | 20 | | | | | | | | 10 | 10 | | | | | | | Chaque appareil se compose de 4 chaînes avec ressort et crochet. |
| Brancards avec bretelles | 54 | | | | | | | | 12 | 12 | | | | | | | |
| Brassards de neutralité pour officier | 10 | 5 | 5 | | | | | | | | | | | | | | |
| — pour sous-officier et soldat | 300 | 150 | 150 | | | | | | | | | | | | | | |
| Cadenas en cuivre à vis | 3 | | | | | | | | | | | | | | | | Ou, sans modification de prix, 3 cadenas en fer, petits pour les caisses d'approvisionnement. |
| Fanion de neutralité | 8 | 4 | 4 | | | | | | 3 | | | | | | | | |
| — tricolore | 8 | 4 | 4 | | | | | | | | | | | | | | |
| Seau en toile | 10 | | | | | | | | | | | | | | | | |
| Corbeille pour la viande | 2 | | | | | | | | 5 | 5 | | | | | | | |
| Caisse d'approvisionnement | 3 | | | | | | | | | | | | 1 | 1 | | | Marquées { B comptabilité. E objets de bureau. F règlements et imprimés. |
| Corde pour suspension de brancards | 8k | | | | | | | | 3 | | | | | | | | |
| **POUR MÉMOIRE :** | | | | | | | | | | | | | | | | | |
| Tableau indiquant la composition de l'approvisionnement de groupe de brancardiers | 2 | | | | | | | | 4k | 4k | | | | | | | Dans la caisse F. |
| Collection d'objets de bureau | | | | | | | | | | | | | | | | | Dans 1 caisse d'approvisionnement marquée E. |
| Collection de règlements et imprimés | 1 | | | | | | | | 2 | 1 | | | | | | | — — F. |

NOTA. — La nomenclature de chaque collection est placée dans la caisse qui contient cette collection.

Brancards de la formation :
Voitures médicales ......... 16
Grandes voitures pour blessés ......... 20
Petites voitures pour blessés ......... 12
Fourgons du service de santé ......... 24
Chariots de parc ......... 30

TOTAL ......... 102

| DESIGNATION DES MATIÈRES ET OBJETS. | QUANTITÉS. | 2 voitures médicales | | 5 grandes voitures p' blessés | | RÉPARTITION | | | | | | | | | OBSERVATIONS. |
|---|---|---|---|---|---|---|---|---|---|---|---|---|---|---|---|
| | | | | | | 6 petites voitures p' blessés | | 2 fourgons du service de santé | | 2 fourgons à vivres | | 1 cuisine roulante | 2 chariots de parc | | |
| | | | | | | | | A | B | | | | | | |
| | | 1re sect. | 2e sect. | 1re sect. | 5e sect. | 1re sect. | 2e sect. | 1re sect. | 2e sect. | 1re sect. | 2e sect. | 1re sect. | 1re sect. | 2e sect. | |
| **POUR MÉMOIRE :** | | | | | | | | | | | | | | | |
| *Matériel ressortissant ou à provenir d'autres services du Département de la guerre.* | | | | | | | | | | | | | | | |
| Caisse à bagages............................... | q. s. | | | | | | | q.s. | q. s. | | | | | | |
| Cantine à vivres............................... | 1 | | | | | | | | | 1 | | | | | Dans la caisse F |
| Petit outillage à distribution pour officier d'approvisionnement............................ | 1 | | | | | | | | | | 1 | | | | |
| Collection d'imprimés pour officier d'approvisionnement............................ | 1 | | | | | | | | 1 | | | | | | |
| Vivres de distribution journalière; vivres de réserve du détachement; avoine des chevaux............ | q. s. | | | | | | | | | q. s. | q. s | 1 | 13 | 15 | |
| Brouettes porte-brancards...................... | 30 | | | | | | | | | | | | | | |
| Cuisine roulante............................... | 1 | | | | | | | | | 2 | 2 | | | | |
| Collection d'attaches pour les chevaux.......... | 1 | | | | | | | | | 1 | 1 | | | | 1re section, 8 ; 2e section, 8. |
| — de fers, d'outils de maréchal et de bourrelier....... | 2 | | | | | | | | | | | | | | |
| Cacolets (paire de)............................. | 16 | | | | | | | | | | | | | | |

Tableau sommaire indiquant la composition de l'approvisionnement de Groupe de brancardiers de corps.

Poids approximatif : 5.0 kilogr. — Cube : 13m3071.

| DÉSIGNATION DES MATIÈRES ET OBJETS. | QUANTITÉS. | 1 voitures médicales | | 8 grandes voitures p' blessés | | 6 petites voitures p' blessés | | 3 fourgons du service de Santé | | | | 2 fourgons à vivres | | 1 cuisine roulante | 3 chariots de parc | | OBSERVATIONS. |
|---|---|---|---|---|---|---|---|---|---|---|---|---|---|---|---|---|---|
| | | 1re sect. | 2e sect. | 1re sect. | 2e sect. | 1re sect. | 2e sect. | A | B | C | 2e sect. | 1re sect. | 2e sect. | 1re sect. | 1re sect. | 2e sect. | |
| | | | | | | | | 1re section | | | | | | | | | |
| _1° Unités collectives secondaires._ | | | | | | | | | | | | | | | | | _Brancards de la formation :_ |
| Chargement de voiture médicale | 2 | 1 | 1 | | | | | | | | | | | | | | Voitures médicales...... 16 |
| — de grande voiture pour blessés | 8 | | | 4 | 4 | | | | | | | | | | | | Grandes voitures pour blessés... 32 |
| — de petite voiture pour blessés | 6 | | | | | 3 | 3 | | | | | | | | | | Petites voitures pour blessés..... 12 |
| Musette à pansement | 210 | | | | | | | 70 | 70 | 70 | | | | | | | Fourgons du service de santé..... 36 |
| Nécessaire pour analyse d'eau d'alimentation | 1 | | | | | | | | 1 | | | | | | | | Chariots de parc............ 45 |
| Laboratoire portatif de bactériologie | 1 | | | | | | | 1 | | 1 | | | | | | | |
| Chapelle de campagne | 2 | | | | | 1 | | | 1 | | | | | | | | TOTAL............. 141 |
| _2° Sous-unités collectives._ | | | | | | | | | | | | | | | | | |
| Panier n° 6, passe-partout | 3 | | | | | | | 1 | 1 | 1 | | | | | | | |
| Caisse n° 6, ustensiles pour la cuisine et les repas | 2 | | | | | | | | | | | 1 | 1 | | | | |
| — n° 13, substances désinfectantes | 1 | | | | | | | | 1 | | | | | | | | |
| — n° 15, cartouches fumigator | 2 | | | | | | | 1 | 2 | | | | | | | | |
| Caisse d'appareils d'éclairage | 3 | | | | | 1 | | 1 | 1 | 1 | | | | | | | |
| _3° Matériel isolé._ | | | | | | | | | | | | | | | | | |
| Trousse d'infirmier | 60 | | | | | | | 20 | 20 | 20 | | | | | | | |
| Appareil à désinfection par pulvérisation modèle 1889 | 1 | | | | | | | | 1 | | | | | | | | |
| Blouse de corvée | 20 | | | | | | | | 20 | | | | | | | | |
| Forchon | 50 | | | | | | | 25 | | 25 | | | | | | | A placer dans des sacs à denrées. |
| Sac à denrées ordinaire | 19 | | | | | | | 2 | | 2 | 10 | 5 | | | | | |
| Hache | 2 | | | | | | | 1 | | 1 | | | | | | | Emmanchée. |
| Marteau ordinaire, grand | 2 | | | | | | | 1 | | 1 | | | | | | | Id. |
| Scie à bûches | 2 | | | | | | | 1 | | 1 | | | | | | | |
| Pelle de terrassier | 4 | | | | | | | 2 | | 2 | | | | | | | Id. |
| Pioche | 4 | | | | | | | 2 | | 2 | | | | | | | Id. |
| Appareil de suspension de brancards pour voiture auxiliaire | 30 | | | | | | | | | | | | | | | | Chaque appareil se compose de 4 chaînes avec ressort et crochet. |
| Brancard avec bretelles | 81 | | | | | | | 10 | 10 | 10 | | | | | | | |
| Brassard de neutralité pour officier | 20 | 12 | 8 | | | | | 12 | 12 | 12 | | | 30 | 15 | | | |
| — — pour sous-officier et soldat | 450 | 250 | 200 | | | | | | | | | | | | | | |
| Cadenas en cuivre à vis | 3 | | | | | | | 3 | | | | | | | | | Ou, sans modification de prix, 3 cadenas en fer petits, par la caisse d'approvisionnement. |
| Fanion de neutralité | 10 | 5 | 5 | | | | | | | | | | | | | | |
| Fanion tricolore | 10 | 5 | 5 | | | | | | | | | | | | | | |
| Seau en toile | 15 | | | | | | | 5 | 5 | 5 | 2 | 1 | | | | | |
| Corbeille pour la viande | 3 | | | | | | | | | | | | | | | | |
| Caisse d'approvisionnement | 3 | | | | | | | 3 | | | | | | | | | Marquées B comptabilité, E objets de bureaux, F règlements et imprimés. |
| Corde pour suspension de brancards | 12 | | | | | | | 4 | 4 | 4 | | | | | | | |

| DESIGNATION DES MATIÈRES ET OBJETS. | QUANTITÉS. | 3 voitures médicales | | 8 grandes voitures p' blessés | | | | 6 petites voitures p' blessés | | 3 fourgons du service de Santé. | | | 2 fourgons à vivres. | | 1 cuisine roulante. | 3 chariots de parc. | | OBSERVATIONS. |
|---|---|---|---|---|---|---|---|---|---|---|---|---|---|---|---|---|---|---|
| | | | | | | | | | | A | B | C | | | | | | |
| | | 1" sect. | 2' sect. | 1' sect. | 2' sect. | 3' sect. | | 1" sect. | 2' sect. | 1" section | | 2' sect. | 1" sect. | 2' sect. | 1' sect. | 1' sect. | 2' sect. | |
| **POUR MÉMOIRE :** | | | | | | | | | | | | | | | | | | |
| Tableau indiquant la composition du groupe de brancardiers de corps................... | 2 | | | | | | | | | 2 | | | | | | | | Dans la caisse F. |
| Collection d'objets de bureau.................. | 1 | | | | | | | | | 1 | | | | | | | | Dans 1 caisse d'approvision. marquée E. |
| Collection de règlements et d'imprimés........... | 1 | | | | | | | | | 1 | | | | | | | | E. |
| **POUR MÉMOIRE :** | | | | | | | | | | | | | | | | | | |
| *Matériel ressortissant ou à provenir d'autres services du Département de la guerre.* | | | | | | | | | | | | | | | | | | |
| Caisse à bagages.................................... | q. s. | | | | | | | | | | | | | | | | | |
| Cantines à vivres.................................. | 2 | | | | | | | q. s. | | q. s. | | | 1 | 1 | | | | |
| Petit outillage à distribution pour officier d'approvisionnement.................................. | 1 | | | | | | | | | | | | 1 | | | | | |
| Collection d'imprimés pour officier d'approvisionnement. | 1 | | | | | | | | | 1 | | | | | | | | Dans la caisse F. |
| Vivres de distribution journalière; vivres de réserve du détachement; avoine des chevaux............... | q. s. | | | | | | | | | | | | | | | | | |
| Brouettes porte-brancard.......................... | 45 | | | | | | | | | | | | q. s. | q. s. | | 30 | 15 | |
| Cuisine roulante................................... | 1 | | | | | | | | | | | | | | 1 | | | |
| Collection d'attaches pour les chevaux............. | 4 | | | | | | | | | | | | 2 | 2 | | | | |
| — de fers, d'outils de maréchal et de bourrelier........ | q. s. | | | | | | | | | | | | q. s. | q. s. | | | | |
| Cacolets (paire de)................................ | 20 | | | | | | | | | | | | | | | | | 1" section 10 ; 2' section 10. |

# Tableau indiquant la composition de l'approvisionnement d'hôpital d'évacuation.

Poids approximatif : 12.674 kil. — Cube : 36m3 876.

| DÉSIGNATION DES MATIÈRES ET OBJETS. | QUANTITÉS. | RÉPARTITION. | | OBSERVATIONS. |
|---|---|---|---|---|
| | | 1re section. | 2e section. | |
| **1° Unités collectives principales.** | | | | |
| Approvisionnement d'ambulance d'infanterie. | 2 | 1 | 1 | |
| — de section d'hospitalisation............... | 2 | 1 | 1 | |
| **2° Sous-unités collectives.** | | | | |
| Caisse n° 13. Substances désinfectantes..... | 2 | 1 | 1 | |
| — n° 15. Cartouches de fumigator.......... | 2 | 1 | 1 | |
| **3° Matériel isolé.** | | | | |
| Appareil à désinfection par pulvérisation.. | 2 | 1 | 1 | |
| Blouse de corvée......................... | 10 | 5 | 5 | |
| Appareil de suspension de brancards pour voiture auxiliaire. . . ................. | 100 | 50 | 50 | Chaque appareil se compose de 4 chaînes avec ressort et crochet. |
| Support-brancard petit modèle.............. | 100 | 50 | 50 | |
| Table articulée avec pied en X............ | 2 | 1 | 1 | |
| POUR MÉMOIRE : | | | | |
| Tableau indiquant la composition de l'approvisionnement d'hôpital d'évacuation... | 4 | 2 | 2 | Dans la caisse C de règlements, registres et objets de bureau de l'approvisionnement d'ambulance d'infanterie. |

# Tableau sommaire indiquant la composition de l'approvisionnement de Train sanitaire improvisé.

Poids approximatif : 16,927 kilogr. — Cube : 77 m3 895.

| DÉSIGNATION DES MÁTIÈRES ET OBJETS. | QUANTITÉS. | OBSERVATIONS. |
|---|---|---|
| **1° Sous-unités collectives.** | | |
| Panier n° 4A. Pansements moyens pour ambulance. . . . . . . . . . . . . . . . . . . . . . | 1 | |
| — n° 6. Passe-partout. . . . . . . . . . . . . . . . | 1 | |
| **2° Approvisionnements compris dans l'unité collective XIII de la nomenclature générale (du 13 août 1899).** | | |
| Caisse A. Matériel pour wagons de malades. | 17 | |
| — n° 1. Objets divers. . . . . . . . . . . . . . . . | 1 | |
| — n° 2. Jeu d'outils pour le montage des appareils de suspension. . . . . . . . . . . . . | 1 | |
| — n° 3. Plaque de neutralité complète. . . . . | 1 | |
| Ballot n° 1. Couvertures et toile d'emballage. | 1 | |
| — n°s 2 et 3. Draps de lit. . . . . . . . . . . . | 2 | |
| — n° 4. Chemises, tabliers, serviettes, torchons. . . . . . . . . . . . . . . . . . . . . . . . | 1 | |
| — n° 5. Brancards, hampes pour fanions. . . | 1 | |
| — n° 6. Enveloppes à matelas. . . . . . . . . . . | 1 | |
| — A. Appareils de suspension de brancards modèle 1891. . . . . . . . . . . . . . . . . . . . | 26 | 2 montants |
| — A¹. Appareils de suspension de brancards modèle 1891. . . . . . . . . . . . . . . . | | 1 traverses. |
| — B. Appareils de suspension de brancards modèle 1874-89. . . . . . . . . . . . . . . . . . | 53 | |
| — C. Brancards. . . . . . . . . . . . . . . . . . . . | 66 | |
| — D. Couvertures, draps, enveloppes à matelas, traversins. . . . . . . . . . . . . . | 36 | |
| — E. Couvertures, enveloppes de paillasses, sacs à paille. . . . . . . . . . . . . . . . . . . | 30 | |
| Bâche de 5 couvertures. . . . . . . . . . . . . . . | 10 | |
| **3° Matériel isolé.** | | |
| Baquet cerclé en bois. . . . . . . . . . . . . . . . | 1 | On, sans modification de prix, un cadenas en fer petit. |
| Cadenas en cuivre à vis. . . . . . . . . . . . . . . | 1 | |
| Caisse d'approvisionnement. . . . . . . . . . . . | 1 | Marquée J, contenant les imprimés et objets de bureau. |
| Varech. . . . . . . . . . . . . . . . . . . . . . . . . | 880k | |
| POUR MÉMOIRE : | | |
| Tableau indiquant la composition du train sanitaire improvisé. . . . . . . . . . . . . . . | 2 | |
| Collection de règlements, objets de bureau et imprimés. . . . . . . . . . . . . . . . . . . . | 1 | |

**Tableau indiquant la composition des caisses, ballots et matériel isolé de l'approvisionnement de Train sanitaire improvisé (moins la cantine médicale n° 1). N° XIII de la nomenclature générale du 13 août 1899.**

| DÉSIGNATION DES MATIÈRES ET OBJETS. | QUANTITÉS. | OBSERVATIONS. |
|---|---|---|
| CAISSE A. — *Matériel pour wagons de malades.* | | |
| Cuiller à distribuer les tisanes, en fer battu étamé. . . . . . . . . . . . . . . . . . . . . . . . . . | 2 | |
| Tablier d'infirmier· . · . . . . . . . . . . . . . . . . . . . | 4 | |
| Torchons. · · . . . . . . . . . . . . . . . . . . . . . . . . . . . | 2 | |
| Seau d'aisance inodore en cuivre. . . . . . . . . . . | 2 | |
| Seau à bouillon avec couvercle, en fer battu étamé de 15 litres. . . . . . . . . . . . . . . . . . | 2 | |
| Cadenas en fer, petit. . . . . . . . . . . . . . . . . . . . | 2 | |
| Bassin de lit en étain. . . . . . . . . . . . . . . . . . . | 2 | |
| Crachoir en fer battu étamé. . . . . . . . . . . . . . | 2 | |
| Fanion tricolore. . . . . . . . . . . . . . . . . . . . . . . | 2 | 1 par wagon de malades. |
| Gobelet de 30 centilitres en fer battu étamé. | 24 | |
| Pliant de campement. . . . . . . . . . . . . . . . . . . . | 2 | |
| Pot à tisane en fer battu étamé, de 1 litre. | 4 | Avec anses en fil de fer se rabattant sur les côtés. |
| Réservoir à tisane en fer battu étamé, de 10 litres. · · . . . . . . . . . . . . . . . . . . . . . . . . | 2 | |
| Urinal en étain. . . . . . . . . . . . . . . . . . . . . . . . | 4 | |
| Caisse assemblée et ferrée. . . . . . . . . . . . . . . | 1 | Dans les wagons de malades impairs. |
| CAISSE N° 1. — *Objets divers.* | | |
| Trousse d'infirmier. . . . . . . . . . . . . . . . . . . . | 5 | |
| Canule pour lavement en gomme. . . . . . . . . . | 2 | Bout olivaire, 1 longue, 1 courte. |
| Sonde en caoutchouc rouge de 0m,32, de Nélaton. · . . . . . . . . . . . . . . . . . . . . . . . . . . . | 6 | |
| Cuvette à pansement en fer battu étamé, petite. · . . . . . . . . . . . . . . . . . . . . . . . . . . . | 1 | |
| Irrigateur Eguisier de 1 litre. . . . . . . . . . . . | 1 | Avec 1 tube et 1 canule de rechange. |
| Bol en porcelaine. . . . . . . . . . . . . . . . . . . . . . | 20 | |
| Cuiller à soupe en fer battu étamé. . . . . . . . | 25 | |
| Fourchette ordinaire en fer battu étamé. . . . | 25 | |
| Verre à boire ordinaire. . . . . . . . . . . . . . . . . | 6 | |
| Aiguille à emballer. . . . . . . . . . . . . . . . . . . . . | 4 | |
| Bougeoir en cuivre. . . . . . . . . . . . . . . . . . . . . | 4 | |
| Lampe à alcool avec sa bouilloire. . . . . . . . . | 1 | |
| Lanterne carrée portative avec lampe et porte-bougie. . . . . . . . . . . . . . . . . . . . . . . | 2 | Avec 2 verres de rechange. |
| Cadenas en fer, petit. . . . . . . . . . . . . . . . . . . | 10 | Dont 8 en réserve. |
| Ciseaux moyens (paire de). . . . . . . . . . . . . . . | 2 | |
| Boîte d'emballage n° 11. . . . . . . . . . . . . . . . . | 1 | |
| Assiette en fer battu étamé. . . . . . . . . . . . . . | 25 | |
| Biberon en étain. . . . . . . . . . . . . . . . . . . . . . | 6 | |
| Brassards de neutralité pour sous-officier et soldat. . . . . . . . . . . . . . . . . . . . . . . . . . | 100 | |

| DÉSIGNATION DES MATIÈRES ET OBJETS. | QUANTITÉS. | OBSERVATIONS. |
|---|---|---|
| Ciseaux à lampe, petits...................... | 2 | |
| Fanion de neutralité........................ | 6 | 4 pour les premier et deuxiè-me wagons à freins ; 2 pour les hampes. |
| — tricolore. . . ........................... | 6 | 1 par wagon de malades. |
| Flacon carré ouverture ordinaire, de 1 litre. | 2 | |
| Gaze non inflammable en 1ᵐ,20 de large (paquet de 20 mètres)................. | 10 | Pour être clouée. |
| Lanterne marine à verre blanc............. | 1 | Dans la caisse pour lanterne marine. |
| — — — rouge. . . ................... | 1 | Id. |
| Marmite de campagne en fer battu, de 30 litres. . . ........................ | 1 | |
| Plaque de neutralité pour wagon.......... | 5 | |
| Réservoir à tisane en fer battu étamé, de 30 litres. . . ...................... | 1 | |
| Sac d'outils complet...................... | 1 | |
| Table d'opérations à dossier avec pieds en X. | 2 | |
| Tire-bouchon articulé................... | 1 | |
| Caisse assemblée et ferrée................ | 1 | Dans le wagon à frein nᵒ 3. |
| — pour lanterne marine.................. | 2 | |
| Alcool dénaturé......................... | 0k.800 | Dans 1 flacon carré de 1 litre. |
| Fiole (verre blanc ou jaune) de 0 l. 12...... | 10 | Dont 6 verre jaune. |
| Tissu imperméable pour alèzes en 0ᵐ,80.... | 7ᵐ,20 | En pièces de 1ᵐ,20. |
| — — pour pansement en 1ᵐ,20............. | 1ᵐ,25 | — de 1ᵐ,25. |
| Crésyl. . . ............................. | 20k | En 2 bidons d'origine. |
| Balais en paille de riz.................... | 2 | |
| Mèche plate. . . ........................ | 0k,060 | Dans les caisses pour lanter-nes marines; ne sera consti-tuée qu'à la mobilisation. |
| Huile de pétrole......................... | 6ˡ | En bidon d'origine ; ne sera constitué qu'à la mobilisation. |
| Eau-de-vie. . . .......................... | 1ˡ | |

### Caisse Nᵒ 2.

| | | |
|---|---|---|
| Jeu d'outils pour le montage des appareils de suspension. . . ................... | 1 | |

### Caisse Nᵒ 3.

| | | |
|---|---|---|
| Plaque de neutralité (caisse complète)...... | 1 | |

### Ballot Nᵒ 1. — *Couvertures et toile d'emballage.*

| | | |
|---|---|---|
| Couverture de laine grise.................. | 4 | |
| Toile d'emballage en 1ᵐ,04................. | 30ᵐ | |
| — — en 0ᵐ,89. . . ..................... | 52ᵐ,65 | |
| Ficelle d'emballage....................... | 5k | |

### Ballots Nᵒˢ 2 et 3. — *Draps de lit.*

| | | |
|---|---|---|
| Drap de lit.............................. | 42 | |
| Toile d'emballage en 1ᵐ,04................. | 4ᵐ | |

| DÉSIGNATION DES MATIÈRES ET OBJETS. | QUANTITÉS. | OBSERVATIONS. |
|---|---|---|
| BALLOT N° 4. — *Chemises, tabliers, etc.* | | |
| Chemise de coton.......................... | 20 | |
| Tablier d'infirmier. . . ..................... | 16 | |
| — de médecin. . . ..................... | 2 | |
| Serviette de coton pour la toilette.......... | 50 | |
| Torchon. . . ............................. | 66 | |
| Toile d'emballage en 1ᵐ,04................. | 3ᵐ,20 | |
| BALLOT N° 5. — *Brancards, hampes.* | | |
| Toile d'emballage en 0ᵐ,89................. | 2ᵐ,75 | |
| Brancards avec bretelles................... | 4 | |
| Hampe pour fanion et lanterne marine.... | 2 | |
| BALLOT N° 6. — *Enveloppes à matelas et traversins.* | | |
| Toile d'emballage en 0ᵐ,89................. | 4ᵐ,85 | |
| Enveloppe à matelas pour brancard........ | 4 | |
| — pour traversin de brancard.............. | 4 | |
| BALLOT A. — *Appareils de suspension de brancards modèle 1891.* | | |
| Appareils de suspension de brancards modèle 1891 (2 montants)................. | 1 | |
| BALLOT A . — *Appareils de suspension de brancards modèle 1891.* | | |
| Appareils de suspension de brancards modèle 1891 (4 traverses)................. | 1 | Forme cage pour 3 brancard |
| BALLOT B. — *Appareils de suspension de brancards modèle 1874-89.* | | |
| Toile d'emballage en 1ᵐ,04................. | 3ᵐ | |
| Appareil de suspension de brancards modèle 1874-89. . . ..................... | 1 | |
| BALLOT C. — *Brancards.* | | |
| Toile d'emballage en 0ᵐ,89................. | 2ᵐ,70 | |
| Brancards avec bretelles................... | 6 | |
| BALLOT D. — *Couvertures, draps, etc.* | | |
| Couverture de laine grise.................. | 6 | |
| Drap de lit en toile...................... | 6 | |
| Toile d'emballage en 1ᵐ,04................. | 4ᵐ,70 | |
| — — en 0ᵐ,89. . . ..................... | 4ᵐ,70 | |
| Enveloppe à matelas en toile pour brancards. . . ..................... | 6 | |
| — de traversin de brancard................ | 6 | |

| DÉSIGNATION DES MATIÈRES ET OBJETS. | QUANTITÉS. | OBSERVATIONS. |
|---|---|---|
| BALLOT E. — *Couvertures, enveloppes, etc.* | | |
| Couverture de laine grise................... | 6 | |
| Toile d'emballage en 0ᵐ,89................... | 2ᵐ,40 | |
| Enveloppe pour paillasse de brancard...... | 6 | |
| Sac à paille pour brancard................ | 6 | |
| *Bâche pour cinq couvertures.* | | |
| Couvertures de laine grise................. | 5 | |
| Bâche pour couverture en toile ordinaire.. | 1 | |
| *Matériel isolé.* | | |
| Baquet cerclé en bois.................... | 1 | |
| Cadenas en cuivre à vis.................. | 1 | Ou, sans modification de prix un cadenas en fer petit. |
| Caisse d'approvisionnement. . . .......... | 1 | Marquée J et comprenant la collection d'imprimés et objets de bureau. |
| Varech. . . ............................. | 880ᵏ | |

## Convoi d'évacuation par eau.

L'approvisionnement d'un convoi d'évacuation par eau est constitué sur les mêmes bases que celui d'un train sanitaire improvisé. (Voir page 425).

Toutefois, l'importance du matériel de transport et de couchage des blessés est subordonné à la contenance des bateaux à aménager.

En principe, le convoi fonctionne comme formation annexe de l'hôpital d'évacuation.

## Tableau sommaire indiquant la composition
### de l'approvisionnement d'infirmerie de gîte d'étapes.

Poids approximatif : 103 kilogr. — Cube : 0m3360.

| DÉSIGNATION DES MATIÈRES ET OBJETS. | QUANTITÉS. | OBSERVATIONS. |
|---|---|---|
| 1° *Sous-unités collectives.* | | |
| Panier n° 4ᴀ. Pansements moyens pour ambulance. · · | 1 | |
| Panier n° 6 dit « passe-partout ».......... | 1 | |
| 2° *Matériel isolé.* | | |
| Brancards avec bretelles................... | 5 | |
| POUR MÉMOIRE : | | |
| Tableau indiquant la composition de l'approvisionnement d'infirmerie de gîte d'étapes. . . . . | 2 | Dans le panier n° 4 A. |

## Tableau sommaire indiquant la composition de l'approvision-
### nement du Dépôt de convalescents et d'éclopés.

Poids approximatif : 143 kilogr. — Cube : 0m3403.

| DÉSIGNATION DES MATIÈRES ET OBJETS. | QUANTITÉS. | OBSERVATIONS. |
|---|---|---|
| 1° *Sous-unités collectives.* | | |
| Panier n° 1. Opérations, bandages........ | 1 | |
| — n° 2. Médicaments. · . . | 1 | |
| — n° 3. Pansements petits et individuels... | 1 | |
| — n° 4ᴀ. Pansements moyens pour ambulance. · · | 1 | |
| — n° 5. Pansements grands. . . . . . . . . . . | 1 | |
| 2° *Matériel isolé.* | | |
| Boîte d'emballage n° 11.................... | 2 | |
| Pansement individuel (paquet de).......... | 300 | Dans les boîtes d'emballage. |
| POUR MÉMOIRE : | | |
| Tableau indiquant la composition de l'approvisionnement du dépôt de convalescents. . . . . | 2 | Dans une boîte d'emballage. |

## Tableau sommaire indiquant la composition
## de l'approvisionnement de réserve sanitaire de matériel.

Poids approximatif : 3.230 kilogr. — Cube : 10m3716.

| DÉSIGNATION DES MATIÈRES ET OBJETS. | QUANTITÉS. | OBSERVATIONS. |
|---|---|---|
| **1° *Unités collectives secondaires.*** | | |
| Musette à pansement....................... | 50 | |
| Sac d'ambulance. . . ..................... | 4 | |
| Sacoches d'ambulance. . . ................. | 2 | |
| Nécessaire pour analyse d'eau d'alimentation. . . ............................ | 1 | |
| **2° *Sous-unités collectives.*** | | |
| Panier n° 1. Opérations et bandages........ | 2 | |
| — n° 2. Médicaments. . . ................ | 4 | |
| — n° 3. Pansements petits et individuels.. | 10 | |
| — n° 4A. — moyens pour ambulance....... | 10 | |
| — n° 4T. — moyens pour corps de troupe. | 10 | |
| — n° 5. — grands. . . ................... | 10 | |
| — n° 6. Dit « passe-partout »............. | 6 | |
| — n° 7. Appareils de lavage............. | 3 | |
| — n° 8. — complémentaire du panier n° 7. | 3 | |
| — n° 9. Accessoires de pansement........ | 3 | |
| — n° 10. Arsenal chirurgical. . ........... | 1 | |
| — n° 10. *bis.* Arsenal chirurgical........... | 1 | |
| — n° 11. Appareils plâtrés. . ............ | 4 | |
| — n° 12. Médicaments, complémentaire du panier n° 2..:........................ | 3 | |
| — n° 13. Objets de propreté........... | 3 | |
| — n° 14. Chemises, brassards, fanions, etc. | 3 | |
| — n° 15. Linge, sarraux, tabliers........... | 1 | |
| Caisse n° 11. Plâtre à mouler............. | 1 | |
| — n° 13. Substances désinfectantes. . . ... | 3 | |
| — n° 14. Matériel de complément et de réapprovisionnement pour laboratoire de bactériologie. . . ................... | 1 | |
| — n° 15. Cartouches de fumigator......... | 1 | |
| Ballot n° 1. Gouttières en fil de fer....... | 3 | |
| — n° 7. Chemises................... | 3 | |
| **3° *Matériel isolé.*** | | |
| Boîte d'emballage n° 1.................... | 1 | |
| Brancards avec bretelles.................. | 25 | |
| Support-brancard pour table à pansements. | 6 | |
| Pulpe vaccinale glycérinée (tube de 1 gr.). | 10 | Dans 1 boîte d'emballage n° 1 |
| Étuve à désinfection, système locomobile... | 1 | |
| POUR MÉMOIRE : | | |
| Tableau indiquant la composition de l'approvisionnement de réserve sanitaire de matériel. . . ......................... | 2 | Dans la caisse n° 11 |

## Tableau sommaire indiquant la composition de l'approvisionnement de station-magasin.

Poids approximatif : 10.167 kilogr. — Cube : 50m3795.

| DÉSIGNATION DES MATIÈRES ET OBJETS. | QUANTITÉS. | OBSERVATIONS. |
|---|---|---|
| **1° Unités collectives secondaires.** | | |
| Musette à pansement...................... | 100 | |
| Sac d'ambulance. . ...................... | 4 | |
| Sacoche d'ambulance. . . ................ | 2 | |
| Réserve spéciale de matériel de chirurgie pour centre hospitalier................... | 1 | |
| **2° Sous-unités collectives.** | | |
| Panier n° 1. Opérations et bandages........ | 2 | |
| — n° 2. Médicaments. . . ................ | 4 | |
| — n° 3. Pansements petits et individuels... | 10 | |
| — n° 4A. Pansements moyens pour ambulance. . . ....................... | 10 | |
| — n° 4T. Pansements moyens pour corps de troupe. . . . ...................... | 10 | |
| — n° 5. Pansements grands. . ............ | 10 | |
| — n° 6. Dit « passe-partout »............. | 6 | |
| — n° 7. Appareils de lavage............... | 3 | |
| — n° 8. Appareils de lavage (complémentaire du panier n° 7)................... | 3 | |
| — n° 11. Appareils plâtrés. . ............ | 4 | |
| — n° 12. Médicaments (complémentaire du panier n° 2)................... | 3 | |
| — n° 13. Objets de propreté............. | 3 | |
| — n° 14. Chemises, brassards, fanions, etc. | 3 | |
| — n° 15. Linge, sarraux, tabliers.......... | 1 | |
| Caisse n° 11. Plâtre à mouler............. | 1 | |
| — n° 13. Substances désinfectantes. . ..... | 3 | |
| — n° 14. Matériel de complément et de réapprovisionnement pour laboratoire de bactériologie. . . ................. | 1 | |
| — n° 15. Cartouches de fumigator.......... | 2 | |
| Ballot n° 1. Gouttières en fil de fer........ | 4 | |
| — n° 2. Couvertures de laine.............. | 20 | |
| — n° 4. Draps de lit..................... | 10 | |
| — n° 5. Paillasses..................... | 4 | |
| — n° 6. Paillasses et sac à paille.......... | 2 | |
| — n° 7. Chemises. . . .................. | 4 | |
| — n° 8. Effets divers. . ................. | 2 | |
| **3° Matériel isolé (boîtes de l'arsenal chirurgical).** | | |
| Boîte n° 1. Chirurgie générale............. | 2 | |
| — n° 2. Chirurgie générale (complémentaire de la boîte n° 1)................. | 2 | |
| — n° 3. Instruments de rechange.......... | 2 | |

| DÉSIGNATION DES MATIÈRES ET OBJETS. | QUANTITÉS. | OBSERVATIONS. |
|---|---|---|
| Boîte n° 4. Réunions et sutures.............. | 4 | |
| — n° 5. Hémostase. . . .................. | 4 | |
| — n° 10. Trachéotomie. . . ............... | 2 | |
| — n° 13. Aspirateur Potain (arsenal 1894). | 2 | |
| — n° 14. Thermocautère pour hôpital....... | 2 | |
| — n° 15. Service régimentaire. . ........... | 10 | |
| Appareil à désinfection par pulvérisation... | 1 | |
| Appareil de suspension de brancards pour voiture auxiliaire. . , .................. | 100 | |
| Brancards avec bretelles................... | 100 | |
| Brassards de neutralité pour officiers....... | 50 | |
| — — pour sous-officiers et soldats........ | 200 | |
| Fanion de neutralité..................... | 50 | |
| — tricolore. . . ...................... | 50 | |
| Support-brancard pour table à pansements. | 8 | |
| Support-brancard, petit modèle............. | 20 | |
| Caisse assemblée et ferrée................. | 2 | Dimensions : 0,91 × 0,55 × 0,57. |
| Conserves de lait........................ | 200 kg | Dans les caisses assemblées et ferrées. |
| POUR MÉMOIRE : | | |
| Tentes et baraques....................... | (A) | (A) Ce matériel ne fait pas partie de l'unité collective. Le nombre et la nature de ces abris seront déterminés d'après les types et les ressources des approvisionnements existants. |
| Laboratoire de radiographie............... | 1 | |

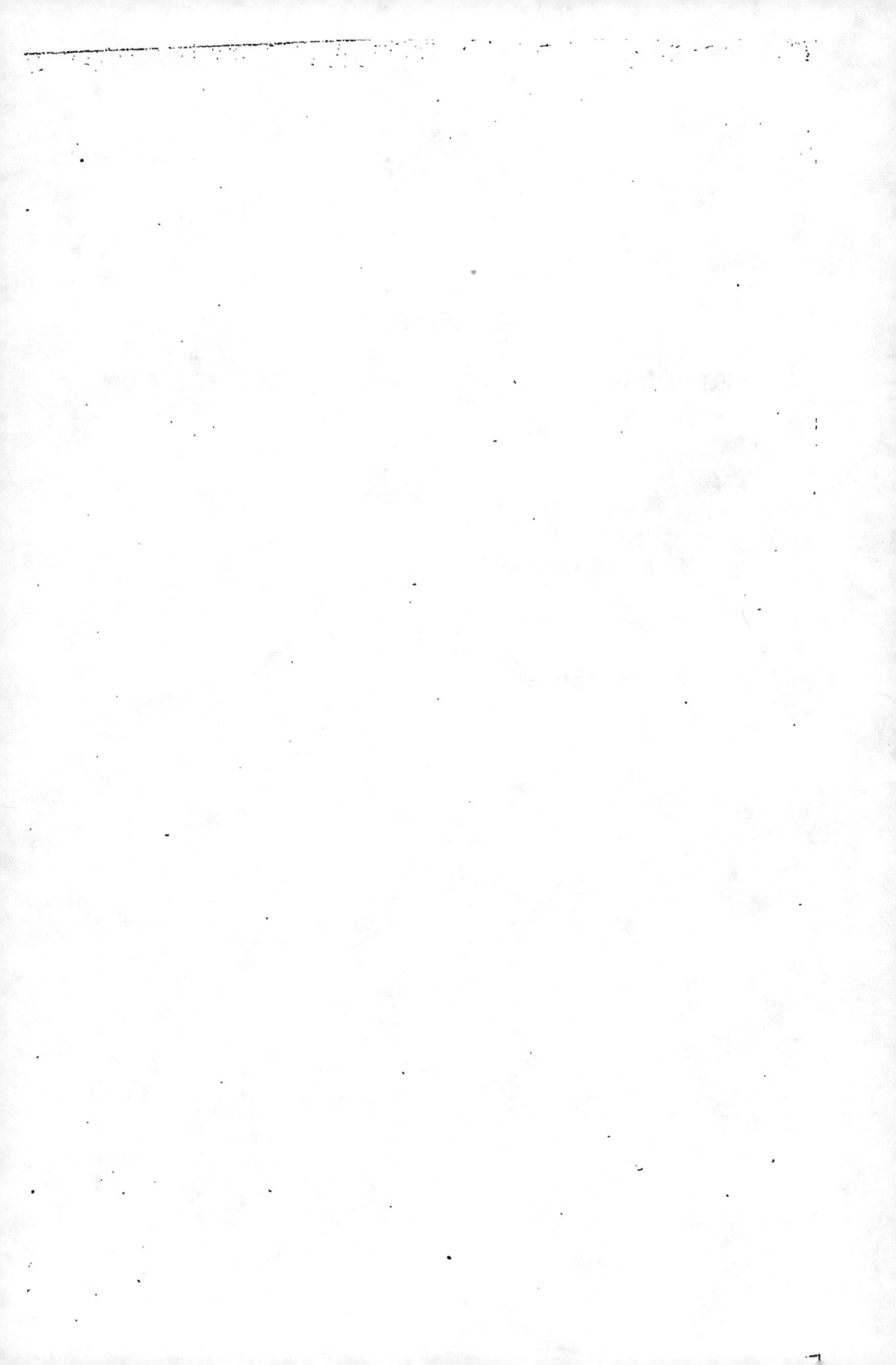

# CHAPITRE V

## LES SOUS-UNITÉS COLLECTIVES — COMPOSITION DÉTAILLÉE

---

1" Les Paniers;

2" Les Caisses;

3' Les Ballots.

---

# 1° LES PANIERS

## Tableau indiquant la composition du panier n° 1 (opérations et bandages).

Poids approximatif : 24 kilogr. — Cube : 0m3064.

| DÉNOMINATION DES MATIÈRES ET OBJETS. | QUANTITÉS | OBSERVATIONS. |
|---|---|---|
| Boîte n° 15, régimentaire.................. | 1 | |
| Bande hémostatique en tricot de coton grande. . . ........................ | 1 | |
| — en tricot de coton moyenne.......... | 1 | |
| Seringue stérilisable pour injection hypodermique de 2 c. c..................... | 1 | |
| Thermomètre médical à maxima........... | 2 | |
| Irrigateur pour pansement et lavage de plaies à 1 l. 1/2..................... | 1 | Avec tube en caoutchouc et robinet susceptible de recevoir une canule. |
| Capsule en tôle émaillée de 0m,125.......... | 1 | |
| Flacon goulot de 0l,75.................. | 1 | |
| Sarrau pour officier.................... | 6 | Pour visite. |
| Serviette en coton pour la toilette......... | 4 | |
| Lampe à alcool avec bouilloire en métal nickelé. . . ..................... | 1 | |
| Bassin rectangulaire en tôle émaillée n° 4. | 1 | |
| Cadenas en cuivre à vis................. | 1 | |
| Cuvette à pansement réniforme en tôle émaillée. . . ...................... | 2 | |
| Panier en osier (modèle C)................. | 1 | |
| Alcool dénaturé. . . ................... | 0k,600 | Dans 1 flacon goulot de 0l75 |
| Savon blanc (dit de Marseille)............ | 1k | |
| Coton cardé supérieur (paquet de 500 gr.).. | 2 | |
| — hydrophile (paquet de 250 gr.).......... | 1 | |
| Soie tressée plate pour ligatures ou pour sutures (bobine). . . ................. | 5 | Grosse..................... 1 Moyenne.................. 3 Fine...................... 1 Bobine de 20 mètres. |
| Tube à drainage en caoutchouc de 1 mètre de long. . . ...................... | 2 | N°s 12 et 14. |
| Tissu imperméable pour alèze en 0m,80..... | 1m,20 | |
| Brosse à antisepsie..................... | 2 | |
| Crayon de couleur...................... | 6 | Rouge. |
| Etui à aiguilles avec bobine garnie......... | 1 | 5 gr. fil blanc ou bis; 5 gr. fil rouge ; 10 aiguilles assorties. |
| POUR MÉMOIRE : | | |
| Tableau indiquant la composition du panier n° 1. . . ...................... | 1 | |

## Tableau indiquant la composition du panier n° 2
## (Médicaments).

Poids approximatif : 35 kilogr. — Cube : 0m3,061.

| DÉNOMINATION DES MATIÈRES ET OBJETS. | QUANTITÉS. | OBSERVATIONS. |
|---|---|---|
| Boîte d'appareil carrée............... | 2 | |
| Compte-goutte normal.............. | 2 | 2 étuis en carton. |
| Éprouvette à pied graduée de 20 c. c....... | 1 | Étui en carton. |
| — — — de 10 c. c............... | 1 | |
| Flacon dit poudrier de 0l,06.......... | 2 | |
| — — de 0l,03........ | 1 | Verre jaune. |
| — — de 0l,01........ | 2 | Verre jaune. |
| Spatule en fer à grain et à poudre........ | 1 | |
| Boîte d'emballage n° 2............... | 1 | |
| Cadenas en cuivre à vis........... | 1 | |
| Flacon carré, ouverture large, de 0l,25..... | 7 | Verre jaune. |
| — — ordinaire, de 0l,75...... | 3 | |
| — — — de 0l,25........ | 4 | |
| — — bouché, de 0l,25.......... | 3 | Verre jaune, bouchon forme écrasée. |
| — — — de 0l,75....... | 1 | |
| Panier en osier, modèle C ........... | 1 | |
| Alcool à 95°................. | 0k.700 | |
| Alcoolat de mélisse composé........... | 0,200 | 1 flacon carré o. o. de 0l25 |
| Bismuth azotate basique............ | 0,800 | 2 — o. l. de 0l25. |
| Comprimés d'acide tartrique.......... | 0.050 | |
| — d'antipyrine............. | 0,300 | |
| — d'extrait d'opium........... | 0,250 | |
| — d'oxycyanure de mercure à 0 gr. 25..... | 0,375 | En 50 tubes, v. j. en 6 boîtes carton. |
| — — à 0 gr 50............. | 0,420 | 1 flacon carré, ouv. large de 0l25 v. j. |
| — de protoiodure de mercure........ | 0.020 | 2 flacons poudriers de 0l01 v. j. |
| — de sulfonal............... | 0,060 | |
| — de quinine............... | 0.100 | 2 flacons poudriers de 0l06 |
| Crayon d'azotate d'argent........... | 0,020 | 1 flacon poudrier de 0l03 v. j. |
| Eau distillée............... | 0.250 | 1 flacon carré, o. o. de 0l25. |
| Éther éthylique pur.............. | 0,650 | |
| Formol................. | 0k.750 | 1 flacon carré o. o. de 0l75 |
| Glyzine................ | 0k.175 | 1 — o. l. de 0l25. |
| Poudre d'ipéca............... | 0k.125 | Id. |
| Sodium, sulfate desséché........... | 0k.300 | Id. |
| Solution alcoolique de chloral........ | 0k.250 | |
| Teinture d'iode............... | 1k. | |
| Thé.................. | 0k.250 | En 2 boîtes d'appareil carrées |
| Tablettes de chlorure de sodium pur de 10 gr. | 0k.900 | |
| — de sulfate de sodium desséché à 15 gr... | 0k.600 | Boîte n° 2. |
| Ampoule d'atropine............. | 10 | |
| — de caféine............... | 100 | |
| — de chloroforme à 30 gr.......... | 20 | v. j. en 5 boîtes carton. |
| — de chlorure d'éthyle à 15 gr........ | 36 | |
| — de cocaïne chlorhydrate, à 5 milligr..... | 150 | |
| — d'éther.............. | 100 | |

| DÉNOMINATION DES MATIÈRES ET OBJETS. | QUANTITÉ | OBSERVATIONS. |
|---|---|---|
| Ampoule d'huile camphrée. ................ | 40 | |
| — de morphine, chlorhydrate, à 1 centigr. | 150 | Ampoules de 1 cc v. j. en 6 boîtes métalliques. |
| Tube de vaseline de 50 grammes............ | 8 | En 2 boîtes carton. |
| Sparadrap de diachylon gommé............. | 1m,50 | |
| Liège en broche......................... | 0k,010 | |
| Boîte métallique pour ampoules........... | 23 | |
| Bouchons de liège grands................. | 10 | |
| — — petits. . ...................... | 20 | |
| Etiquettes passe-partout. . ............. | 50 | |
| — pour les poisons.................. | 25 | |
| Etui en fer-blanc, pour pilules et ampoules. | 4 | |
| Limes pour ampoules..................... | 5 | |
| Papier à filtrer ordinaire (main)........... | 1/2 | |
| — bulle à enveloppe (main).............. | 1/2 | |
| Agitateur en verre....................... | 3 | 1 étui en carton. |
| POUR MÉMOIRE : | | |
| Tableau indiquant la composition du panier n° 2................................ | 1 | |

## Tableau indiquant la composition du panier n° 3
### (Pansements petits et individuels).

Poids approximatif : 22 kilogr. — Cube : 0m3, 061.

| DÉNOMINATION DES MATIÈRES ET OBJETS. | QUANTITÉ | OBSERVATIONS. |
|---|---|---|
| Cadenas en cuivre à vis.................... | | |
| Pansement individuel. . .................. | 1 | |
| Pansement complet, petit.................. | 50 | |
| Panier en osier, modèle C................. | 100 | |
| Tampons (paquet de 10)................. | 1 | |
| | 5 | |
| POUR MÉMOIRE : | | |
| Tableau indiquant la composition du panier n° 3.............................. | 1 | |

## Tableau indiquant la composition du panier nᵒ 4ᵀ
### (Pansements moyens pour corps de troupe).
Poids approximatif : 37 kilogr. — Cube : 0m3144.

| DÉNOMINATION DES MATIÈRES ET OBJETS. | QUANTITÉS | OBSERVATIONS. |
|---|---|---|
| Pansement complet, moyen................ | 100 | |
| Panier en osier, modèle A................ | 1 | |
| Tampons (paquet de 10).................... | 10 | |
| POUR MÉMOIRE : | | |
| Tableau indiquant la composition du panier nᵒ 4ᵀ................ | 1 | |

## Tableau indiquant la composition du panier nᵒ 4ᴬ
### (Pansements moyens pour ambulance).
Poids approximatif : 27 kilogr. — Cube : 0m3100.

| DÉNOMINATION DES MATIÈRES ET OBJETS. | QUANTITÉS | OBSERVATIONS. |
|---|---|---|
| Pansement complet moyen................ | 70 | |
| Panier en osier, modèle B................ | 1 | |
| Tampons (paquet de 10).................... | 5 | |
| POUR MÉMOIRE : | | |
| Tableau indiquant la composition du panier nᵒ 4ᴬ................ | 1 | |

## Tableau indiquant la composition du panier nᵒ 5
### (Pansements grands).
Poids approximatif : 21 kilogr. — Cube : 0m3064.

| DÉNOMINATION DES MATIÈRES ET OBJETS. | QUANTITÉS | OBSERVATIONS. |
|---|---|---|
| Cadenas en cuivre, à vis.................... | 1 | |
| Pansements complets, grands.............. | 36 | |
| Panier en osier, modèle C................ | 1 | |
| POUR MÉMOIRE : | | |
| Tableau indiquant la composition du panier nᵒ 5................ | 1 | |

# Tableau indiquant la composition du panier N° 6 dit « passe-partout ».

Poids approximatif : 26 kilogr. — Cube : 0m3105.

| DÉNOMINATION DES MATIÈRES ET OBJETS. | QUANTITÉS | OBSERVATIONS. |
|---|---|---|
| Boîte n° 15 régimentaire.................... | 1 | |
| Seringue stérilisable pour injection hypodermique de 2 c. c...................... | 1 | |
| Thermomètre médical à maxima........... | 2 | |
| Bande hémostatique en tricot de coton, grande. . . ....................... | 1 | |
| — — — moyenne. . ................. | 1 | |
| — — — petite. . . ................. | 1 | |
| Cuvette à pansement en fer-battu étamé, petite. . . ....................... | 2 | |
| Flacon poudrier de 0¹,50.................... | 1 | |
| — — de 0¹,06. . ................... | 1 | |
| — — de 0¹,03. . ................... | 1 | |
| Sarrau pour officier.................... | 2 | Pour visite. |
| Lampe à alcool avec bouilloire en métal nickelé. . . ................... | 1 | |
| Bassin en tôle émaillée pour sac d'ambulance. . . ................... | 1 | |
| Cadenas en cuivre à vis.................... | 1 | |
| Flacon carré, ouverture large, de 0¹,12..... | 3 | |
| — — — de 0¹,06. ................... | 1 | |
| — — ordinaire, de 0¹,25.................... | 2 | |
| — — — de 0¹,12. . ................... | 1 | |
| — — — bouché à l'émeri, de 0¹,25....... | 3 | Dont 1 vide. |
| Lanterne avec réflecteur et souche.......... | 1 | |
| Pansement individuel. . ................... | 50 | |
| Panier en osier, modèle D.................... | 1 | |
| Alcool à 95°.................... | 0k,200 | 1 flacon carré 0. 0. de 0¹25. |
| — dénaturé. . . ................... | 0k,200 | 1 — — 0¹25. |
| Alcoolat de mélisse composé................... | 0k,100 | 1 — — 0¹12. |
| Azotate basique de bismuth................... | 0k,150 | 1 — 01. de 0¹12. |
| Comprimés d'extrait d'opium................... | 0k,100 | 1 — — 0¹12. v. jaune. |
| — de quinine. . ................... | 0k,025 | 1 flacon poudrier de 0¹03. |
| Poudre d'ipécacuanha. . ................... | 0k,040 | 1 flacon carré 01. de 0¹06. |
| Sodium, savon blanc................... | 0k,500 | |
| Sulfate de sodium desséché................... | 0k,600 | 1 flacon poudrier de 0¹30. |
| Teinture d'iode. . ................... | 0k,400 | |
| Comprimés d'antipyrine. . ................... | 0k 050 | 1 flacon poudrier de 0¹06. |
| — d'oxycyanure de mercure à 25 centigr... | 0k,200 | 1 flacon carré 01. de 0¹12. v. jaune. |
| Ampoule de caféine................... | 10 | 1 boîte métallique. |
| — de cocaïne à 5 milligr................... | 10 | 1 — — |
| — de chloroforme anesthés. à 30 gr........ | 4 | 1 boîte en carton. |
| — de morphine à 1 centigr................... | 10 | 1 boîte métallique. |
| — de chlorure d'éthyle à 15 gr............. | 4 | |

| DÉNOMINATION DES MATIÈRES ET OBJETS. | QUANTITÉS. | OBSERVATIONS. |
|---|---|---|
| Tube à vaseline à 50 gr..................... | 1 | |
| Boîte métallique pour ampoules............. | 3 | |
| Bande roulée en gaze à pansement apprê-<br>tée, de 5×0,07........................ | 10 | |
| Compresses en gaze à pansements, moyen-<br>nes (paquet de 50)..................... | 1 | |
| Coton cardé pour rembourrage (paquet de<br>0,500). . ............................ | 1 | |
| — hydrophile (paquet de 0,250)............. | 1 | |
| Echarpe triangulaire en toile................ | 2 | |
| Soie tressée plate pour ligatures ou sutures<br>(bobine de). . ........................ | 1 | |
| Tube à drainage caoutchouc, feuille macki n.<br>tosch de 1 mètre...................... | 2 | Nᵒˢ 12 et 14. |
| Tampons (paquet de 10).................... | 1 | |
| Brosse à antisepsie........................ | 2 | |
| Sacs en treillis avec boucle................ | 12 | |
| Bougie de 8 au paquet.................... | 8 | |
| POUR MÉMOIRE : | | |
| Canif. . . ................................ | 1 | |
| Crayon ordinaire. . . ..................... | 5 | |
| — de couleur. . . ........................ | 5 | Rouge. |
| Encre noire (cruchon de 100 grammes)..... | 1 | |
| Encrier. . . .............................. | 1 | |
| Plumes métalliques (boîte de)............... | 1 | |
| Porte-plume. . . .......................... | 1 | |
| Règlement sur le service de santé en cam-<br>pagne. . . ............................ | 1 | |
| Carnet médical. . . ....................... | 1 | |
| Billet d'hôpital. . . ....................... | 20 | |
| — d'admission d'urgence. . . .............. | 10 | |
| Tableau indiquant la composition du panier<br>nᵒ 6. . ............................... | 1 | |

## Tableau indiquant la composition du panier n° 7
### (Appareils de lavage).

Poids approximatif : 27 kilogr. — Cube : 0 m3,100.

| DÉNOMINATION DES MATIÈRES ET OBJETS. | QUANTITÉS. | OBSERVATIONS. |
|---|---|---|
| Trousse d'infirmier complète............... | 2 | |
| Cuvette à pansement en fer-battu étamé grande. . . .................... | 3 | |
| Irrigateur pour pansement et lavage de plaies de 1¹,50........................ | 1 | Avec tube en caoutchouc et robinet susceptible de recevoir 1 canule. |
| Flacon dit goulot, de 0,75.................. | 5 | |
| — poudrier, de 0¹,50................... | 1 | |
| Serviette de coton pour la toilette.......... | 8 | |
| Lampe à alcool avec bouilloire en métal nickelé. . . ..................... | 1 | |
| Flacon carré, ouverture large, de 0¹,12...... | 3 | |
| — — ordinaire, de 1 litre................ | 1 | |
| — — — de 0¹,50. . ................ | 1 | |
| Panier en osier, modèle B². .............. | 1 | Avec boîte à compartiments |
| Alcool à 95°................... | 0k,600 | Dans un flacon goulot de 0,75. |
| — dénaturé. . ................... | 0k,600 | Id. |
| Comprimés d'oxycyanure de mercure à 0 gr. 50....................... | 0k,600 | Dans 3 flacons carrés ouverture large, de 0,12, v. j. |
| Ether éthylique pur.................... | 0k,500 | Dans 1 flacon goulot de 0,75 |
| Ligroine. · ..................... | 0k,950 | Pour thermo-cautère : 0,650 dans 1 flacon carré ouverture ordinaire, de 1 litre. 0,300 dans 1 flacon carré, ouverture ordinaire, de 0,50. |
| Sodium, borate de sodium................. | 0k,500 | Dans 1 flacon poudrier de 0,50. |
| Teinture de savon. . . ................... | 1k,200 | Dans 2 flacons goulot de 0,75. |
| Bouchons de liège grands........................ | 6 | De rechange. |
| Compresses en toile grandes................ | 50 | |
| — — moyennes. . . ................... | 50 | |
| Brosse à antisepsie..................... | 6 | |
| POUR MÉMOIRE : | | |
| Tableau indiquant la composition du panier n° 7. . ....................... | 1 | |

## Tableau indiquant la composition du panier n° 8
### (Complémentaire du panier n° 7, appareils de lavage).

Poids approximatif : 25 kilogr — Cube : 0m3100.

| DÉNOMINATION DES MATIÈRES ET OBJETS. | Quantités | OBSERVATIONS. |
|---|---|---|
| Cuvette à pansement en fer battu étamé grande. | 3 | |
| Irrigateur pour pansem' et lavage de plaies de 1',50 | 1 | Avec tube en caoutchouc et robinet susceptible de recevoir une canule. |
| Bouilleur pour stériliser les instruments.... | 1 | |
| Serviette en coton pour la toilet e. | 10 | |
| Entonnoir ordinaire en fer-blanc de 0',50.. | 1 | |
| Lampe à alcool avec bouilloire en métal nickelé. | 1 | |
| Bassin rectangulaire en tôle émaillée n° 1.. | 1 | |
| — — — — n° 2. . . . . . . . . . . . . . . . . . . . . . | 1 | |
| — — — — n° 4. . . | 2 | |
| Bassine en tôle émaillée grande............ | 1 | |
| — — — moyenne. . . . . . . . . . . . . . . . . . | 1 | |
| — — — petite. . . . . . . . . . . . . . . . . . . . . . | 1 | |
| Panier en osier, modèle B............... | 1 | |
| Compresse en toile, grande............... | 20 | |
| — — moyenne. . . . . . . . . . . . . . . . . . | 20 | |
| Tube à drainage en caoutchouc, feuille makinstooh, de 1 mètre............... | 12 | (Assortis). |
| POUR MÉMOIRE : | | |
| Tableau indiquant la composition du panier n° 8.. | 1 | |

## Tableau indiquant la composition du panier n° 9
### (Accessoires de pansement).

Poids approximatif : 23 kil. — Cube : 0m3100

| DÉNOMINATION DES MATIÈRES ET OBJETS. | Quantités | OBSERVATIONS. |
|---|---|---|
| Bandage carré............... | 1 | |
| — de corps.................. | 3 | |
| — en T............... | 5 | |
| — triangulaire............... | 3 | |
| Bandes roulées en coton de 5/0,065............ | 3 | |
| — flanelle de 3/0,05.......... | 20 | |
| — — de 5/0,07................ | 3 | |
| Compresses en toile, grandes............... | 3 | |
| Coton cardé supérieur (paquet de 0,500)....... | 4 | |
| — en bande (p de 0,200).......: | 3 | |
| — en nappe (p. de 0,500)........... | 4 | |
| Coton hydrophile (paquet de 0,250)........... | 4 | |
| Echarpe quadrilatère................ | 3 | |
| — triangulaire............... | 5 | |
| Gaze à pansement non apprêtée en 0.70 de large (paquet de 5 m.)............... | 10 | |
| Suspensoir en toile............... | 5 | |
| Lacs en treillis avec boucles............... | 100 | |
| Carton (bande de)............... | 5 | |
| Bandage herniaire, inguinal, double........... | 1 | |
| Bandage herniaire, inguinal (droit)............ | 1 | |
| — — (gauche)........... | 1 | |
| Bandage herniaire, inguinal, simple, pelote triangulaire (droit)............... | 1 | |
| POUR MÉMOIRE : | | |
| Tableau indiquant la composition du panier n° 9 | 1 | |

### Tableau indiquant la composition du panier n° 10
### (Arsenal chirurgical).

| DÉNOMINATION DES MATIÈRES ET OBJETS. | QUANTITÉS. | OBSERVATIONS. |
|---|---|---|
| Boîte n° 1. Chirurgie générale ................ | 1 | |
| — n° 2. Chirurgie complémentaire .......... | 1 | |
| — n° 4. Réunion et sutures ............... | 1 | |
| — n° 5. Hémostaso....................... | 1 | |
| — n° 7. Craniectomie .................... | 1 | |
| — n° 8. Ophtalmologie ................... | 1 | |
| — n° 10. Trachéotomie...... ............ | 1 | |
| — n° 13. Aspirateur Potain................ | 1 | |
| — n° 14. Thermo-cautère................. | 1 | |
| Bande hémostatique en tricot de coton, grande.. | 1 | |
| — — moyenne. | 1 | |
| — — petite ... | 1 | |
| POUR MÉMOIRE : | | |
| Tableau indiquant la composition du panier n° 10. | 1 | |

### Tableau indiquant la composition du panier n° 10 *bis*
### (Arsenal chirurgical).

Poids approximatif : 47 kilogr. — Cube : 0m3100.

| DÉNOMINATION DES MATIÈRES ET OBJETS. | QUANTITÉS. | OBSERVATIONS. |
|---|---|---|
| Boîte n° 3. Instruments de rechange........ | 1 | |
| — n° 5. Hémostase. . . .................. | 1 | |
| — n° 6. Stomatologie. . . ............... | 1 | |
| — n° 9. Organes des sens, larynx, nez, oreilles. . . ............................... | 1 | |
| — n° 11. Appareil digestif. . ............. | 1 | |
| — n° 12. Voies urinaires. . ............. | 1 | |
| Bande hémostatique en tricot de coton, grande. . . ......................... | 1 | |
| — — — — moyenne. · · ............... | 1 | |
| — — — — petite. . . . ............... | 1 | |
| Panier en osier, modèle B.................. | 1 | |
| POUR MÉMOIRE : | | |
| Tableau indiquant la composition du panier n° 10 *bis*............................. | 1 | |

## Tableau indiquant la composition du panier n° 11
### (Appareils plâtrés).

Poids approximatif : 34 kilogr. — Cube : 0m3100.

| DÉNOMINATION DES MATIÈRES ET OBJETS. | QUANTITÉS. | OBSERVATIONS. |
|---|---|---|
| Trousse d'infirmier. . . . . . . . . . . . . . . . . . . . . . . . | 1 | |
| Cuvette à pansement en fer battu étamé, grande. . . . . . . . . . . . . . . . . . . . . . . . . . . . . | 2 | |
| Flacon dit poudrier de 1 litre. . . . . . . . . . . . . . . | 1 | |
| Torchon. . . . . . . . . . . . . . . . . . . . . . . . . . . . . . . . | 10 | |
| Gobelet de 30 centilitres en fer battu étamé. | 1 | |
| Seau en toile. . . . . . . . . . . . . . . . . . . . . . . . . . . | 1 | |
| Panier en osier, modèle B. . . . . . . . . . . . . . . . . | 1 | |
| Calcium, sulfate de calcium (plâtre à mouler). . . . . . . . . . . . . . . . . . . . . . . . . . . . . . . . . | 10k | |
| Sodium, chlorure de sodium ordinaire (sel blanc). . . . . . . . . . . . . . . . . . . . . . . . . . . . . . . | 1k | |
| Vaseline. . . . . . . . . . . . . . . . . . . . . . . . . . . . . . . . | 1k | |
| Bande roulée en gaze à pansement de 5×0,10 | 40 | |
| Coton cardé supérieur en nappe (paquet de 0,500). . . . . . . . . . . . . . . . . . . . . . . . . . . . . . . | 2 | |
| Gaze à pansement apprêtée de 0m,65 de large (paquet de 20 mètres). . . . . . . . . . . . . . . . . | 10 | |
| Sacs en treillis avec boucle. . . . . . . . . . . . . . . . | 50 | |
| Carton (bande de). . . . . . . . . . . . . . . . . . . . . . . . | 10 | |
| Etui à aiguilles avec bobine garnie. . . . . . . . | 1 | |
| POUR MÉMOIRE : | | |
| Tableau indiquant la composition du panier n° 11. . . . . . . . . . . . . . . . . . . . . . . . . . . . . | 1 | |

## Tableau indiquant la composition du panier n° 12.
### (Médicaments, complémentaire du panier n° 2.)
Poids approximatif: 38 kilog. — Cube: 0m3100.

| DÉNOMINATION DES MATIÈRES ET OBJETS. | QUANTITÉS. | OBSERVATIONS. |
|---|---|---|
| Capsule en tôle émaillée de 0m,125......... | 1 | Dans la boîte d'emballage n° 5 (matériel). |
| Pince en bois pour matras................ | 1 | |
| Compte-gouttes normal. . ................ | 2 | |
| Entonnoir verre double, de 0,12 et au-dessous. . . ................ | 2 | |
| Eprouvette graduée de 50 cent. cubes...... | 1 | Dans la boîte n° 5 (matériel). |
| — de 20 cent. cubes................ | 1 | Id. |
| Flacon bouché émeri, ouverture large, de 0l,03. . ................ | 3 | Verre jaune. |
| — dit poudrier de 0l,06.................... | 2 | |
| — de 0l,01. . . ................ | 1 | Verre jaune. |
| Spatule en os de 0l,16...................... | 1 | Boîte n° 5 (matériel). |
| — — de 0l,11. . . ................ | 1 | Id. |
| Mortier en porcelaine émaillée de 0l,25.... | 1 | Id. |
| Lampe à alcool avec bouilloire en métal nickelé. . ................ | 1 | — |
| Boîte d'emballage n° 3.................... | 1 | Contenant les fioles de médecine. |
| — — n° 5. . ................ | 2 | |
| Flacon carré, ouverture large, de 0l,50..... | 1 | |
| — — de 0l,25. . ................ | 3 | Verre jaune. |
| — ouverture ordinaire, bouché émeri, de 0l,25 | 1 | Verre jaune, bouchon forme écrasée. |
| — ouverture ordinaire, de 0l,80............. | 4 | |
| Trébuchet ordinaire à plateaux mobiles avec série de poids de 30 gr. divisés........ | 1 | |
| Panier en osier, modèle B2................. | 1 | Avec compartiments. |
| Alcool à 95°............................. | 1k,300 | |
| — dénaturé. . . ................ | 0k,650 | |
| Bismuth, azotate basique................. | 0k,800 | |
| Comprimés d'acide tartrique............... | 0k,050 | |
| — d'extrait d'opium. . . ................ | 0k,250 | |
| — de quinine. . ................ | 0k,100 | |
| Ether éthylique pur...................... | 0k,600 | |
| Iode. • . ................ | 0k,150 | |
| Ipéca (racine). . . ................ | 0k,250 | |
| Solution alcoolique de chloral............. | 0k,250 | |
| Tablettes de chlorure de sodium pur à 10 gr. | 1k. | Boîte n° 5, médicaments. |
| — de sulfate de sodium desséché à 15 gr.. | 0k,600 | Id. |
| Ampoule de caféine...................... | 50 | |
| — de chloroforme à 30 gr................ | 68 | |
| — de chlorure d'éthyle à 15 gr............ | 36 | |
| — de cocaïne chlorhydrate à 0 gr. 025...... | 60 | |
| — — — à 0 gr. 005................ | 50 | |
| — d'éther éthylique pur à 1 cent. cube...... | 50 | |
| — de morphine chlorhydrate à 0 gr. 01.... | 50 | |
| — de sérum gélatiné à 1/100............. | 12 | |

| DÉNOMINATION DES MATIÈRES ET OBJETS. | QUANTITÉS. | OBSERVATIONS. |
|---|---|---|
| Ampoule de strychnine-sulfate à 0 gr. 001.. | 100 | |
| Granule de digitaline cristallisée à 1/10ᵉ de milligramme. . . . . . . . . . . . . . . . . . . . . . . . . | 100 | 1 flacon poudrier v. j. |
| Tube de vaseline de 50 grammes. . . . . . . . . . . | 4 | 1 boîte carton. |
| Baudruche gommée de 0ᵐ,10 de largeur. . . . . . | 1ᵐ | Boîte d'emballage nº 5 (médicaments). |
| Sparadrap diachylon gommé de 0ᵐ,20. . . . . | 2ᵐ | |
| Boîte métallique pour ampoule. . . . . . . . . . . . | 12 | |
| Bouchon de liège grand. . . . . . . . . . . . . . . . . . | 10 | |
| Étiquette passe-partout. . . . . . . . . . . . . . . . . . | 50 | |
| — pour les poisons. . . . . . . . . . . . . . . . . . | 25 | |
| Étui en fer-blanc pour pilules et ampoules. . | 3 | |
| — — pour fioles à analyse d'eau. . . . | 1 | |
| Fiole verre blanc ou jaune de 0ˡ,06. . . . . . . . | 10 | |
| Lime pour ampoules. . . . . . . . . . . . . . . . . . . . | 5 | |
| Papier à filtrer ordinaire, blanc ou gris (la main). . . . . . . . . . . . . . . . . . . . . . . . | 1/2 | |
| — rond, de 0ᵐ,15 de diamètre (paquet de 100). . . . . . . . . . . . . . . . . . . . . . . . | 1 | |
| — à enveloppes. . . . . . . . . . . . . . . . . . . . . | 1/2 | |
| Agitateur en verre. . . . . . . . . . . . . . . . . . . . . | 6 | Boîte nº 5 (matériel). |
| Papier réactif (cahier de). . . . . . . . . . . . . . . | 2 | |
| Tube à essai de 0,16 × 0,015. . . . . . . . . . . . . | 6 | Dans 1 étui en fer blanc pour fiole d'analyse d'eau. |
| POUR MÉMOIRE : | | |
| Tableau indiquant la composition du panier nº 12. . . . . . . . . . . . . . . . . . . . . . . . . . . | 1 | |

## Tableau indiquant la composition du panier n° 13
### (Objets de propreté).

Poids approximatif: 29 kilogr. — Cube : 0m3100.

| DÉNOMINATION DES MATIÈRES ET OBJETS. | QUANTITÉS. | OBSERVATIONS. |
|---|---|---|
| Blouse de corvée............................ | 1 | |
| Sarrau d'officier. . ........................ | 6 | |
| Tablier d'infirmier. . ...................... | 20 | |
| — de médecin. . ........................ | 12 | |
| Serviette de coton pour la toilette.......... | 20 | |
| Panier en osier, modèle B................. | 1 | |
| POUR MÉMOIRE : | | |
| Tableau indiquant la composition du panier n° 13. . ........................... | 1 | |

## Tableau indiquant la composition du panier n° 14
### (Chemises, brassards, fanions).

Poids approximatif : 23 kilogr. — Cube : 0m3100.

| DÉNOMINATION DES MATIÈRES ET OBJETS. | QUANTITÉS. | OBSERVATIONS. |
|---|---|---|
| Chemises de coton........................ | 20 | |
| Ciseaux moyens (paire de)................. | 1 | |
| Brassard de neutralité pour officier........ | 12 | |
| — — pour sous-officier et soldat........... | 70 | |
| Fanion de neutralité...................... | 10 | |
| — tricolore. . ......................... | 10 | |
| Panier en osier, modèle B................. | 1 | |
| POUR MÉMOIRE : | | |
| Tableau indiquant la composition du panier n° 14........................... | 1 | |

## Tableau indiquant la composition du panier n° 15
### (chemises, sarraux, tabliers, etc.).
Poids approximatif : 32 kgr. — Cube : 0m3,100.

| DÉNOMINATION DES MATIÈRES ET OBJETS. | QUANTITÉS. | OBSERVATIONS. |
|---|---|---|
| Chemises de coton......................... | 15 | |
| Sarrau pour officier...................... | 6 | |
| Tabliers d'infirmiers. · ..................... | 10 | |
| — de médecin. . . .................... | 12 | |
| Serviettes de coton pour la toilette........ | 10 | |
| Brassards de neutralité pour officier.... .. | 5 | |
| — — pour sous-officier et soldat.......... | 30 | |
| Fanion de neutralité...................... | 3 | |
| — tricolore. · . .......................... | 3 | |
| Panier en osier, modèle B................ | 1 | |
| POUR MÉMOIRE : | | |
| Tableau indiquant la composition du panier n° 15............................ | 1 | |

## Tableau indiquant la composition du panier n° 16
### (Petit arsenal chirurgical).
Poids approximatif : 39 kilogr. — Cube : 0m3,100.

| DÉNOMINATION DES MATIÈRES ET OBJETS. | QUANTITÉS. | OBSERVATIONS. |
|---|---|---|
| Boîte n° 1. Chirurgie générale............ | 1 | |
| — n° 2. Chirurgie générale complémentaire | 1 | |
| — n° 4 Réunions et sutures............... | 1 | |
| — n° 5. Hémostase. · ..................... | 1 | |
| — n° 10. Trachéotomie. . . ............... | 1 | |
| Bande hémostatique en tricot de coton, grande. . . . ....................... | 1 | |
| — — — — moyenne. · . ................. | 1 | |
| — — — — petite. · . ................... | 1 | |
| Panier en osier, modèle B................ | 1 | |
| POUR MÉMOIRE : | | |
| Tableau indiquant la composition du panier n° 16............................ | 1 | |

# 2º LES CAISSES

### Tableau indiquant la composition de la caisse nº 1
#### (Appareils à fractures).
Poids approximatif : 50 kilogr. — Cube : 0m3090.

| DÉNOMINATION DES MATIÈRES ET OBJETS. | QUANTITÉS | OBSERVATIONS. |
|---|---|---|
| Attelle en tôle perforée de 0m,18 de long.... | 1 | Avec 2 rubans, série de 4. |
| — — — de 0m,25 de long................ | 1 | A coulisse, avec 3 rubans série de 3. |
| — — — de 0m,30 de long................ | 1 | A coulisses avec 3 rubans série de 4. |
| — — — de 0m,36 de long................ | 1 | A coulisses avec 3 rubans série de 5. |
| Gouttière en tôle perforée pour avant-bras et main. . . ................ | 2 | |
| — en tôle perforée pour coude de malade couché. . . ................ | 1 | |
| — en tôle perforée pour coude de malade debout. . . ................ | 1 | |
| — en tôle perforée pour bras côté gauche.. | 1 | |
| — — — pour bras côté droit..... | 1 | |
| — en tôle perforée pour la colonne vertébrale, côté droit................ | 2 | |
| — en tôle perforée pour la colonne vertébrale, côté gauche....................... | 2 | |
| — en tôle perforée pour la cuisse et le bassin, côté droit................ | 2 | |
| — en tôle perforée pour la cuisse et le bassin, côté gauche................ | 2 | |
| — en tôle perforée pour la jambe et le genou. . . ................ | 4 | |
| — en tôle perforée pour la partie inférieure de la jambe avec semelle démontante.. | 4 | |
| — en zinc pour la cuisse, côté droit........ | 4 | Avec ailerons, modèle Raoult Deslongchamps. |
| — en zinc pour la cuisse, côté gauche...... | 4 | id. |
| — — pour la jambe................ | 4 | id. |
| — — pour le coude, l'avant-bras et la main, côté droit................ | 2 | id. |
| — — pour le coude, l'avant-bras et la main, côté gauche................ | 2 | id |
| Cadenas en cuivre, à vis................ | 1 | |
| Caisse pour appareils à fractures.......... | 1 | |
| Sacs en treillis avec boucle................ | 200 | |
| Carton (bande de)................ | 10 | |
| Fil de fer à lier................ | 0.250 | |
| POUR MÉMOIRE : | | |
| Tableau indiquant la composition de la caisse d'appareils à fractures............ | 1 | |

## Tableau indiquant la composition de la caisse n° 2
### (Matériel d'éclairage, urinal, bassin de lit).

Poids approximatif : 64 kilogr. — Cube · 0m3293.

| DÉNOMINATION DES MATIÈRES ET OBJETS. | QUANTITÉS. | OBSERVATIONS. |
|---|---|---|
| Flacon dit goulot de 1¹,50.................... | 2 | |
| Bougeoir en cuivre......................... | 4 | |
| Lanterne carrée portative avec lampe et porte-bougie. · ..................... | 1 | Avec 2 verres de rechange. |
| Bassin de lit en étain.................... | 1 | |
| Cadenas en cuivre, à vis.................... | 1 | Ou, sans modification de prix. 1 cadenas en fer, petit. |
| Ciseaux à lampe, petits.................... | 2 | |
| Lampe pour opérations avec accessoires.... | 2 | En cuivre. |
| Lanterne avec réflecteur et souche.......... | 2 | |
| — marine, à verre blanc.................... | 1 | |
| — — à verre rouge.................... | 1 | |
| Urinal en étain.................... | 2 | |
| Verre de rechange pour lanterne marine, blanc. · · .................... | 1 | |
| — — — — rouge. · · .................... | 1 | |
| Boîte à compartiments.................... | 1 | A 2 compartiments pour flacons de ligroïne. |
| — pour mèches, grande.................... | 1 | |
| Caisse assemblée et ferrée.................... | 1 | Dimensions : 0,91 ×. 0,57 × 0,57. |
| — pour lampe à opérations.................... | 1 | |
| — pour lanterne marine.................... | 2 | |
| Ligroïne. · · ..................... | 2k | En 2 flacons dits « goulot » de 1¹50. |
| Bouchon de liège, grand.................... | 6 | De rechange. |
| Allumettes amorphes (boîtes de 50)........ | 10 | |
| Bougie de 8 au paquet.................... | 16 | |
| Mèches diverses. · · ..................... | 0k 400 | 0m200 de plate ; 0m200 de ronde |
| Huile de pétrole.................... | 10¹ | En 2 bidons d'origine de 5¹ à acheter au moment de la mobilisation. |
| POUR MÉMOIRE : | | |
| Tableau indiquant la composition de la caisse n° 2.................... | 1 | |

## Tableau indiquant la composition de la caisse n° 3
### (Ustensiles pour la cuisine et les repas).
Poids approximatif : 96 kilogr. — Cube : 0m3 385.

| DÉNOMINATION DES MATIÈRES ET OBJETS. | QUANTITÉS | OBSERVATIONS |
|---|---|---|
| Cafetière à filtre en fer-blanc, de 2 litres.. | 1 | |
| Couperet petit. . . | 1 | |
| Couteau de cuisine à abattre, grand........ | 1 | |
| — — à émincer, grand.................... | 1 | |
| — — — petit. . . | 1 | |
| Cuiller à bouillon en fer battu étamé, de 0¹,50 | 1 | |
| Ecumoire en fer battu étamé, petite........ | 1 | |
| Fourchette de cuisine en fer, moyenne..... | 1 | |
| — — — petite. . . | 1 | |
| Fusil de boucherie.................... | 1 | |
| Passoire de 3 litres en fer battu étamé..... | 1 | |
| Poêle à frire, moyenne.................... | 1 | |
| Entonnoir ordinaire en fer-blanc, de 0¹,50.. | 1 | |
| Couteau de table pour officier............. | 6 | |
| Cuiller à soupe en fer battu étamé......... | 40 | |
| Fourchette ordinaire en fer battu étamé... | 20 | |
| Hachette. . . . | 1 | |
| Marteau ordinaire grand................ | 1 | |
| Mesure en fer-blanc (litre)............. | 1 | |
| Mesure en fer-blanc pour distribuer le vin, de 0¹,25. . . | 1 | |
| Ciseaux moyens (paire de)................. | 1 | |
| Pelle à main en tôle forte................ | 1 | |
| Seau ordinaire sans couvercle en fer-battu, de 15 litres............. | 2 | |
| — — — — de 10 litres............. | 4 | |
| Tire-bouchon ordinaire. . . | 1 | |
| Assiette en fer battu étamé............. | 10 | |
| Bassine à distribution en fer battu étamé.. | 1 | A compartimnts. |
| Broc à vin de 2 litres................. | 1 | |
| Cadenas en cuivre, à vis................ | 1 | Ou, sans modification de prix, 1 cadenas en fer, petit. |
| Casserole à queue articulée, avec couvercle, de 4 litres. . . | 1 | |
| — — — — de 2 litres........... | 1 | |
| Gamelle de 1 litre, en fer battu étamé..... | 10 | |
| Gobelet de 30 centilitres, en fer battu étamé. | 10 | |
| Marmite de campagne, en fer battu étamé, de 50 litres............. | 1 | |
| — — — — de 30 litres............. | 1 | |
| Moulin à café.................... | 1 | |
| Pot à tisane, en fer battu étamé, de 1 litre. | 10 | |
| Sac d'outils complet.................. | 1 | |
| Caisse assemblée et ferrée................ | 1 | Dimensions : 1,10 × 0,70 × 0,50. |
| POUR MÉMOIRE : | | |
| Tableau indiquant la composition de la caisse n° 3..................... | 1 | |

## Tableau indiquant la composition de la caisse n° 4
### (Denrées de l'ambulance).

Poids approximatif: 110 kgr. — Cube: 0m3348.

| DÉNOMINATION DES MATIÈRES ET OBJETS. | QUANTITÉS. | OBSERVATIONS. |
|---|---|---|
| Sac à denrées de 12 kgr.................... | 4 | |
| — — de 9 kgr............................ | 1 | |
| — — de 6 kgr............................ | 2 | |
| — — ordinaire. . . ...................... | 3 | |
| Bouteille en verre ordinaire de 1 litre...... | 5 | Dans la boite à compartiments |
| Boîte d'emballage n° 3.................... | 2 | |
| Cadenas en cuivre à vis................. | 1 | Ou, sans modification de prix, un cadenas en fer. petit. |
| Marmite de camp. en fer battu de 50 litres. | 1 | |
| Boîte à compartiments.................... | 1 | A 6 comp. pour bouteilles de 1 l. à placer dans la marmite de campagne. |
| Caisse assemblée et ferrée.............. | 1 | Dim. : 1,11×0,55×0,57. |
| Thé (A). ............................... | 1 k | Dans 2 boites d'emballage n°3. |
| Eau-de-vie (A). . ...................... | 5¹ | Dans 5 bout. verre noir. |
| Haricots secs ou lentilles (A)............. | 20k | Dans 2 sacs à denr. de 12 kgr. |
| Graisse ou saindoux (A).................. | 5 | En boites d'origine de 1 kgr. |
| Riz (A). . ............................... | 15 | 9 kgr. dans 1 sac à denr. de 9 k 6 — 6 k |
| Sel gris (A)........................... | 5 | Dans 1 sac à denrées de 6 k. |
| Café (A). . ............................. | 5 | Dans 1 sac — 12 k. |
| Sucre scié (A)........................... | 5 | En boite d'origine de 1 k. |
| POUR MÉMOIRE : | | |
| Tableau indiquant la composition de la caisse n° 4........................... | 1 | |

(A) 1° Lorsqu'il existe un hôpital militaire dans la place où l'approvisionnement est entreposé, ces objets de consommation sont entretenus dans cet hôpital militaire et seront placés dans l'approvisionnement au moment de la mobilisation.

2° Lorsque l'approvisionnement est entreposé dans une place où il n'y a pas d'hôpital militaire, ces objets de consommation seront achetés au moment de la mobilisation par l'officier d'administration gestionnaire ayant l'approvisionnement en charge en temps de paix.

# Tableau indiquant la composition de la caisse n° 5.
## (Conserves).

Poids approximatif : 46 kilogr. — Cube : 0 m3 120.

| DENOMINATION DES MATIÈRES ET OBJETS. | QUANTITÉS. | OBSERVATIONS. |
|---|---|---|
| Cadenas en cuivre à vis.................... | 1 | |
| Caisse d'approvisionnement................ | 1 | |
| Conserve de lait (A)...................... | 10k. | |
| — de viande (B).......................... | 20 » | |
| POUR MÉMOIRE : | | |
| Tableau indiquant la composition de la caisse n° 5...................... | 1 | |

(A) L'étiquette de chaque boîte de conserve indique l'année et le trimestre de la fabrication ces conserves doivent être renouvelées tous les 2 ans.

(B) La conserve de viande, entretenue dans le magasin du service des vivres de la place, devra être placée dans le chargement, au moment de la mobilisation, par les soins de l'officier d'administration ayant l'approvisionnement en charge dans ses comptes en temps de paix.

## Tableau indiquant la composition de la caisse n° 6
(Ustensiles et objets du service général pour section d'hospitalisation.)

Poids approximatif : 114 kilogr. — Cube : 0m3418.

| DÉNOMINATION DES MATIÈRES ET OBJETS. | QUANTITÉS. | OBSERVATIONS. |
|---|---|---|
| Casserole en fer battu étamé avec couvercle, de 10 litres.................... | 1 | |
| — — — — de 5 litres.................... | 1 | |
| Entonnoir ordinaire en fer-blanc de 1 litre. | 1 | |
| Cuiller à soupe en fer battu étamé......... | 100 | |
| Fourchette ordinaire en fer battu étamé... | 100 | |
| Hache. · ·............................... | 1 | |
| Pelle de terrassier...................... | 1 | |
| Pioche. · ·............................. | 1 | |
| Seau ordinaire sans couvercle en fer battu étamé, de 15 litres.................... | 2 | |
| Assiette en fer battu étamé................. | 100 | |
| Cadenas en cuivre à vis.................... | 1 | |
| Crémaillère de campagne.................... | 2 | |
| Marmite de campagne en fer battu étamé de 50 litres.................... | 2 | |
| — — — — de 30 litres.................... | 1 | |
| Seau en toile.................... | 8 | |
| Caisse assemblée et ferrée.................... | 1 | Dimensions : 1,10×0,76×0,50. |
| POUR MÉMOIRE : | | |
| Tableau indiquant la composition de la caisse n° 6.................... | 1 | |

## Tableau indiquant la composition de la caisse n° 7
(Ustensiles et objets du service général pour section d'hospitalisation).

Poids approximatif : 52 kilogr. — Cube : 0m3223.

| DÉNOMINATION DES MATIÈRES ET OBJETS. | QUANTITÉS | OBSERVATIONS |
|---|---|---|
| Hachette. . . . . . . . . . . . . . . . . . . . . . . . . . . . . | 1 | |
| Seau ordinaire sans couvercle, en fer battu étamé, de 15 litres. . . . . . . . . . . . . . . . . . | 2 | |
| Cadenas en cuivre à vis. . . . . . . . . . . . . . . . . . | 1 | |
| Lampe pour opérations avec accessoires. . . | 2 | |
| Lanterne avec réflecteur et souche. . . . . . . . . | 2 | |
| Caisse assemblée et ferrée. . . . . . . . . . . . . . . | 1 | Dimensions 0,93 × 0,54 × 0,17. |
| — pour lampe à opérations. . . . . . . . . . . . . . | 1 | |
| Huile de pétrole. . . . . . . . . . . . . . . . . . . . . . . . | 5¹ | En bidon d'origine de 5 kil. à acheter au moment de la mobilisation. |
| **POUR MÉMOIRE :** | | |
| Tableau indiquant la composition de la caisse n° 7. . . . . . . . . . . . . . . . . . . . . . . . | 1 | |

## Tableau indiquant la composition de la caisse n° 8
### (Ustensiles et objets du service général pour section d'hospitalisation).
Poids approximatif : 83 kilogr. — Cube : 0m3,296.

| DÉNOMINATION DES MATIÈRES ET OBJETS. | QUAN- TITÉS. | OBSERVATIONS. |
|---|---|---|
| Casserole en fer battu étamé avec couvercle, de 5 litres.................... | 1 | |
| — — — — de 3 litres.................... | 1 | |
| Couperet, grand.......................... | 1 | |
| Couteau de boucherie..................... | 1 | |
| — de cuisine à abattre, grand............. | 1 | |
| — — à émincer, grand.................... | 2 | |
| — — — petit.......................... | 1 | |
| Crochet de boucherie à crans et à mailles.. | 2 | |
| Écumoire, petite......................... | 1 | |
| Égouttoir pour poêlon à friture........... | 1 | |
| Feuille de boucherie..................... | 1 | |
| Fusil de boucherie....................... | 1 | |
| Gril à côtelettes, moyen................... | 1 | |
| Poêle à frire, moyenne.................... | 1 | |
| Poêlon à friture, petit.................... | 1 | |
| Scie de boucherie........................ | 1 | |
| Couteau pour sous-officier et soldat........ | 6 | |
| Aiguille à emballer...................... | 1 | |
| — de matelassier........................ | 1 | |
| Cisaille de ferblantier, petite............. | 1 | |
| Ciseau ordinaire......................... | 1 | |
| Lime plate.............................. | 1 | |
| Marteau ordinaire, grand................. | 1 | |
| Mèche anglaise de vilebrequin............. | 2 | |
| Vilebrequin............................. | 1 | |
| Balance Roberval de la portée de 2 kgr.... | 1 | |
| Boîte de poids de 2 kgr. 001 en cuivre...... | 1 | |
| Mesure en fer-blanc, demi-litre........... | 1 | |
| — — décilitre.......................... | 1 | |
| — — pour le vin, de 0l,25................. | 2 | |
| — — — de 0l,20......................... | 2 | |
| Mètre articulé en cuivre.................. | 1 | |
| Seau ordinaire sans couvercle en fer battu de 15 litres............................. | 1 | |
| Tire-bouchon ordinaire................... | 1 | |
| Boîte d'emballage n° 10................... | 1 | Renfermant les couteaux, outils et la balance. |
| Bassine à distribuer en fer battu étamé.... | 2 | A compartiments. |
| Cadenas en cuivre à vis................... | 1 | |
| Pot à tisane en fer battu étamé de 1 litre. | 50 | |
| Sac d'outils complet...................... | 1 | Comprenant : 1 ciseau à froid, 1 paire de grands ciseaux, 1 petite clef anglaise, 1 marteau à panne fendue, 1 tenaille de menuisier, 1 tiers-point, 1 tire-fond de tonnelier, 2 tournevis assortis, 2 vrilles assorties, 1 sac vide, 2 kil. de clous assortis, 500 gr. vis assorties. |
| Caisse assemblée et ferrée................ | 1 | Dimensions : 0,91 ✕ 0,57 ✕ 0,57. |
| POUR MÉMOIRE : Tableau indiquant la composition de la caisse n° 8........................... | 1 | |

## Tableau indiquant la composition de la caisse n° 9.
### (Denrées pour la section d'hospitalisation).

Poids approximatif : 76 kil·gr. — Cube : 0m3223.

| DÉNOMINATION DES MATIÈRES ET OBJETS. | QUANTITÉS. | OBSERVATIONS. |
|---|---|---|
| Cadenas en cuivre à vis.................... | 1 | Dimensions : 0,88 × 0,54 × 0,47. |
| Caisse assemblée et ferrée................. | 1 | |
| Conserve de haricots verts (1)............. | 5 | |
| — de lait (1)........................ | 30 k | |
| — de petits pois (1)................ ......... | 5 » | |
| — de viande (2)................. ..... | 20 » | |
| | | |
| POUR MÉMOIRE : | | |
| Tableau indiquant la composition de la caisse n° 9..................... | 1 | |

(1) L'étiquette de chaque boîte de conserve indique l'année et le trimestre de la fabrication Ces conserves doivent être renouvelées tous les 2 ans.

(2) La conserve de viande entretenue dans les magasins du service des vivres de la place devra être placée dans le chargement, au moment de la mobilisation, par les soins de l'officier d'administration ayant l'approvisionnement en charge dans ses comptes en temps de paix.

## Tableau indiquant la composition de la caisse n° 10
### (Denrées pour la section d'hospitalisation)

Poids approximatif : 62 kilogr. — Cube : 0m3223.

| DÉNOMINATION DES MATIÈRES ET OBJETS. | QUANTITÉS. | OBSERVATIONS. |
|---|---|---|
| Sac à denrées de 6 kilogr.................. | 3 | |
| Boîte d'emballage n° 8..................... | 1 | |
| Cadenas en cuivre à vis................... | 1 | |
| Caisse assemblée et ferrée................ | 1 | Dimensions : 0,88 × 0,54 × 0,47. |
| Gelée de viande........................... | 10 » | En boîtes en fer blanc de 0 k.200 de gelée de viande. |
| Graisse ou saindoux (A).................. | 10 » | En boîtes d'origine de 1 kilogr. |
| Café (A). . .............................. | 5 » | Dans un sac à denrées de 6 kil. |
| Chocolat (A). . .......................... | 5 » | Dans 1 boîte d'emballage n° 8. |
| Sel (A). . ............................... | 5 » | Dans 1 sac à denrées de 6 kil. |
| Sucre scié (A)............................ | 5 » | En boîte d'origine de 1 kilogr. |
| POUR MÉMOIRE : | | |
| Tableau indiquant la composition de la caisse n° 10......................... | 1 | |

(A) Lorsqu'il existe un hôpital militaire dans la place où l'approvisionnement est entreposé, ces objets de consommation sont entretenus dans cet hôpital militaire et seront placés dans l'approvisionnement au moment de la mobilisation.
Lorsque l'approvisionnement est entreposé dans une place où il n'y a pas d'hôpital militaire, ces objets de consommation sont achetés au moment de la mobilisation par l'officier d'administration gestionnaire ayant l'approvisionnement en charge au temps de paix.

## Tableau indiquant la composition de la caisse n° 11
### (Plâtre à mouler).

Poids approximatif : 71 kilogr. — Cube : 0m3126.

| DÉNOMINATION DES MATIÈRES ET OBJETS. | QUANTITÉS. | OBSERVATIONS. |
|---|---|---|
| Cadenas en cuivre à vis................... | 1 | |
| Caisse assemblée et ferrée................ | 1 | Dimensions : 0,61 × 0,44 × 0,47. |
| Calcium, sulfate de calcium (plâtre à mouler). » ............................... | 50 » | En boîtes de 2 ou 5 kilogr. |
| Gaze à pansement apprêtée en 0m,70 de large (paquet de 10 mètres)................. | 15 | |
| POUR MÉMOIRE : | | |
| Tableau indiquant la composition de la caisse n° 11......................... | 1 | |

## Tableau indiquant la composition de la caisse n⁰ 12
(Matériel d'administration. Ambulance de cavalerie).

Poids approximatif : 66 kilogr. — Cube : $0^{m3}223$.

| DÉNOMINATION DES MATIÈRES ET OBJETS. | QUANTITÉS. | OBSERVATIONS. |
|---|---|---|
| Flacon dit goulot de $0^l,75$.................. | 1 | |
| Torchons. · · · ........................ | 10 | |
| Sac à denrées de 6 kilogr.................. | 4 | |
| — — de 3 kilogr........................ | 1 | |
| — — ordinaire. . . .................... | 2 | |
| Bouteille en verre ordinaire de 1 litre (forme litre). . .................... | 1 | |
| Hachette. · · · · ...................... | 1 | |
| Cuiller à distribution en fer battu de $0^l,40$. | 3 | |
| Mesure en fer-blanc pour distribuer le vin, de $0^l,25$. · · ...................... | 1 | |
| Lampe à alcool avec bouilloire en métal nickelé. . · .................... | 1 | |
| Boîte d'emballage n° 3.................. | 2 | |
| Bidon de 1 litre avec courroie et enveloppe. | 1 | |
| Cadenas en cuivre à vis.................. | 1 | |
| Casserole à queue articulée avec couvercle de 4 litres.................... | 1 | |
| Ciseaux à lampe, petits (paire de).......... | 2 | Dans les boîtes pour lanternes marines. |
| Gobelet en fer battu étamé de 30 centilitres. | 55 | |
| Lanterne avec réflecteur et souche.......... | 1 | |
| — marine à verre blanc.................... | 1 | |
| — — à verre rouge.................... | 1 | |
| Marmite de campagne en fer battu de 20 litres. · · · .................... | 1 | |
| Seau en toile.................... | 2 | |
| Caisse assemblée et ferrée.................. | 1 | Dimensions : 0,88 × 0,54 × 0,47. |
| — pour lanterne marine.................. | 2 | |
| Alcool dénaturé. . · .................... | 0k.600 | Dans 1 flacon dit goulot de $0^l,75$. |
| Thé. · · · ...................... | 1k. | Dans 2 boîtes d'emballage n° 3. |
| Mèches diverses. . · .................... | 0k.200 | 100 gr. de ronde et 100 gr. de plate. |
| Café. · · · ...................... | 1k. | |
| Eau-de-vie. . · .................... | 1l | Dans 1 bouteille en verre noir de 1 l. |
| Savon. · · · .................... | 2k. | |
| Sucre scié. · · .................... | 5k. | En boîte d'origine de 1 k. |
| **POUR MÉMOIRE :** | | |
| Tableau indiquant la composition de la caisse n° 12.................... | | |

## Tableau indiquant la composition de la caisse nº 13.
### (Substances désinfectantes).

Poids approximatif : 76 kilog. — Cube : 0m3193.

| DÉNOMINATION DES MATIÈRES ET OBJETS. | QUANTITÉS. | OBSERVATIONS. |
|---|---|---|
| Boîte d'emballage nº 2...................... | 1 | |
| — — nº 8. . . ............................ | 1 | |
| — — nº 10. . . ......................... | 1 | |
| Cadenas en cuivre à vis.................... | 1 | |
| Caisse assemblée et ferrée................. | 1 | Dimensions : 0,84×0,51×0,45. |
| Crésyl. . . . ............................. | 5k | En récipients d'origine. |
| Cuivre, sulfate de cuivre................. | 25 | Dans une boîte d'emballage nº 10. |
| Formol. . . ............................. | 5 | Bidon d'origine. |
| Potassium. Permanganate de potassium.... | 1 | Dans une boîte d'emballage nº 2 |
| — Savon mou de potasse.................. | 1 | Dans une boîte en fer blanc d'origine. |
| Soufre en canon........................... | 15 | Dans une boîte d'emballage nº 3 |
| Bouchons de liège grands................. | 6 | |
| POUR MÉMOIRE : | | |
| Tableau indiquant la composition de la caisse nº 13........................... | 1 | |

## Tableau indiquant la composition de la caisse n° 14.
### (Matériel de complément et de réapprovisionnement pour laboratoire portatif de bactériologie).

Poids approximatif : 29 kilogr. — Cube  0m3137.

| DÉNOMINATION DES MATIÈRES ET OBJETS. | QUANTITÉS. | OBSERVATIONS. |
|---|---|---|
| Boîte de Pétri............................ | 40 | Dans 1 boîte d'emballage n° 8 |
| Pipette graduée de 10 cent. cubes........... | 1 | Dans 1 boîte à compartiments B |
| — — de 5 et de 2 cent. cubes.............. | 2 | Id. |
| — — de 1 cent. cube.................... | 1 | Id. |
| Support pour 12 tubes à essais............. | 1 | Id. |
| Tube en verre pour le centrifugeur........... | 4 | Id. |
| Verre à expérience de 125, 60 et 30 cent. cub. | 5 | Dans 1 boîte à compartiments A |
| Entonnoir en verre double de 25 centilitres. | 2 | Dans 1 boîte d'emballage n° 8. |
| — — — de 6 centilitres................. | 5 | — à compartiments A |
| Flacon dit poudrier de 0',03............... | 2 | — — B |
| Boîte d'emballage n° 8.................... | 2 | |
| Cadenas en cuivre à vis.................... | 1 | |
| Boîte à compartiments.................... | 2 | |
| Caisse assemblée et ferrée................ | 1 | Dimensions : 0,56 × 0,51 × 0,46 |
| Violet de gentiane...................... | 0k,005 | Dans 1 flacon d'origine. |
| Fiole pour sérum de 50 centilitres (stérilisation à fermeture métallique)......... | 5 | Dans 1 boîte d'emballage n° 8. |
| Cristal violet. . . ...................... | 0k,010 | Dans 1 flacon poudrier de 0,03 |
| Gélose (agar-agar). . . .................... | 0k,500 | Dans 1 boîte à compartiments B |
| Rouge neutre. . . ...................... | 0k,010 | Dans 2 flacons d'origine. |
| Bleu de méthylène de Hochst.............. | 0k,010 | Dans 1 flacon poudrier de 0,03. |
| Extrait de viande....................... | 0k,100 | En pot d'origine dans une boîte à compartiments B. |
| Lame dite « porte-objets »................. | 100 | Dans 1 boîte à compartiments B |
| — carrée dite « couvre-objets », 22×22.... | 100 | Id. |
| Tube fermé pour essais de 0,10×0,008..... | 100 | Dans 1 boîte à compartiments A |
| **POUR MÉMOIRE :** | | |
| Tableau indiquant la composition de la caisse n° 14...................... | | |

## Tableau indiquant la composition de la caisse n° 15
### (Cartouche fumigator).

Poids approximatif : 62 kilogr. — Cube : 0m3206.

| DÉNOMINATION DES MATIÈRES ET OBJETS. | QUANTITÉS | OBSERVATIONS. |
|---|---|---|
| Cadenas en cuivre à vis.................... | 1 | |
| Caisse assemblée et ferrée................. | 1 | Dimensions : 0,75 × 0,50 × 0,55 |
| Cartouche fumigator. . . ................. | 100 | Et notice d'emploi. |
| POUR MÉMOIRE : | | |
| Tableau indiquant la composition de la caisse n° 15......................... | 1 | |

## Tableau indiquant la composition de la caisse C
### (Règlements, registres et objets de bureau) (Ambulance d'infanterie).

Poids approximatif : 55 kilogr. — Cube : 0m3120.

| DÉSIGNATION DES OBJETS. | QUANTITÉS. | OBSERVATIONS. |
|---|---|---|
| Règlement sur le service de santé à l'intérieur (décret, instructions, notices et modèles)..... | 1 | |
| Règlement sur le service de santé en campagne (décret, notices et comptabilité)............ | 2 | |
| Nomenclature générale du matériel du service de santé................................ | 1 | |
| Tableau indiquant la composition de l'ambulance d'infanterie........................ | 2 | |
| Manuels à l'usage des infirmiers et des brancardiers (collect. de)..................... | 2 | |
| Formulaire pharmaceutique................... | 1 | |
| Règlement sur le service des places.......... | 1 | |
| — — des armées en campagne............... | 1 | |
| — — intérieur des corps de troupe........... | 1 | |
| — — des subsistances en temps de guerre.... | 1 | |
| Instruction sur l'alimentation en campagne.... | 1 | |
| — sur le service de l'approvisionnement dans les corps et services.................... | 1 | |
| — sur les actes de l'état civil aux armées...... | 2 | |
| Code de justice militaire..................... | 1 | |
| Dictionnaire des communes................... | 1 | |
| SERVICE GÉNÉRAL | | |
| Registe de vaguemestre...................... | 1 | |
| Registre des certificats d'origine de blessure ou de maladies (50 feuillets)................ | 2 | |
| COMPTABILITÉ EN JOURNÉES | | |
| *Contrôles et effectifs (entrées et sorties).* | | |
| Registre des entrées des malades (200 feuillets). | 1 | |
| Carnet administratif..................... | 4 | |
| DÉCÈS | | |
| Registre des actes de l'état civil rédigés aux armées.......................... | 2 | |
| — des procès-verbaux de constatation de décès. | 2 | |
| SUCCESSIONS | | |
| Registre des dépôts...................... | 1 | |
| Carnet des successions................... | 1 | |
| COMPTABILITÉ-DENIERS ET CONSOMMATIONS | | |
| *Deniers.* | | |
| Journal de caisse........................ | 1 | |
| Carnet des achats sur place................. | 1 | |
| — à souche des factures quittancées........... | 2 | |

| DÉSIGNATION DES OBJETS. | QUANTITÉS. | OBSERVATIONS. |
|---|:---:|---|
| COMPTABILITÉ-MATIÈRES | | |
| Carnet du matériel............................. | 4 | |
| Boîte à tampon avec accessoires.............. | 1 | |
| Cachet du médecin-chef........................ | 1 | |
| Timbre humide pour dater les billets d'hôpital. | 1 | } Pour contenir les menus |
| Boîte d'emballage n° 5......................... | 1 | } objets de bureau. |
| Canif...........,.............................. | 4 | |
| Cire à cacheter............................... | 12 | |
| Crayon ordinaire.........,.................... | 24 | |
| — de couleur................................ | 12 | Rouge. |
| Cruchon d'encre noire de 250 grammes........ | 2 | |
| Encrier....................................... | 4 | |
| Enveloppes diverses........................... | 500 | |
| Épingles...................................... | 500 | |
| Étui à aiguilles avec bobine garnie........... | 2 | |
| Ficelle rouge (pelote de)..................... | 2 | |
| Grattoir...................................... | 2 | |
| Papier à enveloppes (main)................... | 4 | |
| — à lettres (main)......................... | 6 | |
| — buvard (main).......................... | 2 | |
| — écolier (main).......................... | 10 | |
| Plumes métalliques (boîte de)................. | 4 | |
| Porte-plume.................................. | 6 | |
| Registre réglé de 100 feuillets.............. | 2 | |
| Règle........................................ | 4 | |
| POUR MÉMOIRE : | | |
| Collection de règlements et imprimés pour officier d'approvisionnement................... | 1 | |
| Cadenas en cuivre à vis....................... | 1 | Ou cadenas en fer petit. |
| Caisse d'approvisionnement.................... | 1 | Marquée C. |

## Tableau indiquant la composition de la caisse D
### (Imprimés de l'ambulance d'infanterie).
Poids approximatif : 55 kilogr. — Cube : 0m3120.

| DÉSIGNATION DES IMPRIMÉS. | QUANTITÉS. | OBSERVATIONS. |
|---|---|---|
| **PERSONNEL** | | |
| *Solde et accessoires.* | | |
| Etat d'effectif et mutations des chevaux......... | 10 | |
| Etat mensuel des mutations des officiers sans troupe. . . . . .................... | 10 | |
| Bordereau des mandats présentés au paiement. | 20 | |
| **LÉGION D'HONNEUR** | | |
| Certificat de vie............................ | 10 | |
| **VIVRES** | | |
| Situation numérique faisant ressortir le droit aux vivres pour les officiers................... | 10 | |
| Etat nominatif des officiers sans troupe constatant le point de départ du droit aux prestations en nature........................ | 10 | |
| Bon partiel de distribution remboursable....... | 10 | |
| Carnet des bons de distributions (officiers sans troupe). . . . . ................... | 1 | |
| **MUTATIONS** | | |
| Bulletin des mutations survenues parmi les officiers. . . . . .................... | 10 | |
| **TRANSPORTS** | | |
| Procès-verbal de pertes et avaries.............. | 10 | |
| **SERVICE GÉNÉRAL** | | |
| Journal de marche et des opérations.......... | 1 | |
| Carnet médical...................,....... | 10 | |
| Ordre pour le cantonnement.................. | 100 | |
| Feuille de température...................... | 500 | |
| **COMPTABILITÉ EN JOURNÉES** | | |
| *Contrôles et effectifs (entrées et sorties).* | | |
| Billet d'hôpital............................. | 100 | |
| Certificat de visite pour l'admission d'urgence. | 100 | |
| Bulletin d'admission ou de sortie.............. | 200 | |
| Feuille d'évacuation.......... { feuille de tête.. | 100 | |
| { intercalaires.... | 100 | |
| Carnet de passage et des entrées (100 feuillets). | 5 | |
| Situation-rapport des malades (formations).... | 300 | |

| DÉSIGNATION DES IMPRIMÉS. | QUANTITÉS. | OBSERVATIONS. |
|---|---|---|
| Etat nominatif des mutations de malades...... | 100 | |
| — des malades sortant par guérison............ | 100 | |
| **PRISONNIERS DE GUERRE** | | |
| Etat nominatif des sous-offi- } feuilles de tête. | 10 | |
| ciers et soldats faits prison- { intercalaires.... | 20 | |
| niers de guerre............. } | | |
| **TESTAMENTS** | | |
| Testament authentique dressé aux armées...... | 20 | |
| Mémorial destiné à l'enregistrement des testa- | | |
| ments. . . . ............................. | 1 | |
| **DÉCÈS** | | |
| Expédition de l'acte de décès................... | 500 | |
| Extrait mensuel d'actes de décès.............. | 500 | |
| Expédition du procès-verbal de constatation de | | |
| décès. . . ................................. | 500 | |
| Extrait mensuel des procès-verbaux de consta- | | |
| tation de décès............................ | 500 | |
| Acte de disparition........................... | 50 | |
| **SUCCESSIONS** | | |
| Reçu de dépôt................................ | 500 | |
| Bordereau des sommes laissées { feuille de tête.. | 100 | |
| par les décédés............. } intercalaires.... | 100 | |
| Récépissés des mandats et bons de poste laissés | | |
| par les décédés............................ | 100 | |
| Relevé des successions........ { feuille de tête.. | 50 | |
| { intercalaires.... | 100 | |
| **COMPTABILITÉ EN DENIERS ET EN CONSOMMATIONS** | | |
| *Deniers.* | | |
| Demande d'avance de fonds.................... | 20 | |
| Compte des avances de fonds. { feuilles de tête. | 1 | |
| { intercalaires.... | 10 | |
| Bordereau des pièces et quittances remises au | | |
| payeur. . . . ............................. | 30 | |
| Facture modèle nº 2.......................... | 100 | Instruction sur la liqui- |
| | | dation des dépenses. |
| Carnet à souche des reçus délivrés............. | 1 | |
| — — bons délivrés........................ | 4 | |
| Relevé trimestriel décompté des bains et repas. | 10 | |
| Etat d'émargement des sommes payées......... | 30 | |
| Bordereau des achats sur place............... | 50 | |
| *Consommations.* | | |
| Certificat administratif des consommations jour- | | |
| nalières. . . ............................. | 200 | |
| Bon d'aliments et de médicaments............. | 200 | |

| DÉSIGNATION DES IMPRIMÉS. | QUANTITÉS. | OBSERVATIONS. |
|---|---|---|
| Cahier de visite............ { feuille de tête.. | 100 | |
| { intercalaires.... | 200 | |
| Minute de relevés particuliers.................. | 200 | |
| Relevé particulier des aliments.................. | 200 | |
| *Pharmacie.* | | |
| Livret mensuel des entrées et des sorties........ | .5 | |
| COMPTABILITÉ-MATIÈRES | | |
| Carnet à souche des bons d'objets de pansement. | 2 | |
| Demande de matériel............................ | 50 | |
| Facture d'achat (entrées)........................ | 20 | |
| — — (copie). ..... .................. | 10 | |
| Certificat administratif (entrée)................. | 10 | |
| Facture d'expédition (entrée)................... | 20 | |
| — de livraison (sortie)........................ | 20 | |
| Procès-verbal de recensement.................... | 10 | |
| Bordereau trimestriel des cessions faites à titre onéreux ou gratuit (feuille de tête).......... | 10 | |
| RÉQUISITIONS | | |
| Carnet d'ordres de réquisitions.................. | 3 | |
| Carnet des reçus de prestations................... | 6 | |
| POUR MÉMOIRE : | | |
| Collection d'imprimés pour l'administration du détachement d'infirmiers (détachement particulier). .... ..................... | 1 | Poids 5 kilogr. à recevoir du dépôt de la section au moment de la mobilisation. |
| Cadenas en cuivre à vis........................ | | Ou cadenas en fer petit. |
| Caisse d'approvisionnement.................... | 1 | Marquée D. |

## Tableau indiquant la composition de la caisse E
### (Objets de bureau du groupe de brancardiers).

Poids approximatif : { Gr. de br. de corps. 38 kilog. } — Cube : 0m3120.
{ Gr. de br. divis..... 33 kilog. }

| DÉSIGNATION DES OBJETS. | QUANTITÉS. | OBSERVATIONS. |
|---|---|---|
| Boîte à tampon avec accessoires................ | 1 | |
| Cachet du médecin-chef........................ | 1 | |
| Boîte d'emballage n° 5....................... | 1 | Pour contenir les menus objets de bureau. |
| Canif. . . ............................... | 4 | |
| Cire à cacheter (bâton de)..................... | 12 | |
| Crayon ordinaire............................. | 24 | |
| Crayon de couleur............................ | 12 | Rouge. |
| Cruchon d'encre noire (250 grammes)........... | 2 | L'encre ne sera mise dans les cruchons et encriers qu'à la mobilisation. |
| Encrier. . . .. ............................ | 4 | |
| Enveloppes diverses.......................... | 500 | |
| Epingles. . . ............................. | 500 | |
| Etui à aiguilles avec bobine garnie............ | 2 | |
| Ficelle rouge (pelote de)..................... | 2 | |
| Grattoir. . . .. ............................ | 2 | |
| Papier à enveloppes (main)................... | 4 | |
| — à lettres (main)........................... | 6 | |
| — buvard (main)............................. | 2 | |
| — écolier (main)............................. | 10 | |
| Plumes métalliques (boîte de)................. | 4 | |
| Porte-plume. . . .......................... | 6 | |
| Registre réglé de 100 feuillets................. | 2 | |
| Règle. . . ................................ | 4 | |
| POUR MÉMOIRE : | | |
| Collection d'imprimés pour l'administration du détachement d'infirmiers..................... | 1 | Gr. de br. de corps. 10 k. Gr. de br. divis... 5 k. |
| Cadenas en cuivre à vis....................... | 1 | Ou cadenas en fer, petit. |
| Caisse d'approvisionnement.................... | 1 | Marquée E. |

## Tableau indiquant la composition de la caisse F.
### (Règlements et imprimés du groupe de brancardiers).

Poids approximatif : 52 kilogr. — Cube : 0m3120.

| DÉTAIL<br><br>DES RÈGLEMENTS ET IMPRIMÉS. | QUANTITÉS. | OBSERVATIONS. |
|---|---|---|
| Règlement sur le service de santé à l'intérieur (décret, instructions, notices, modèles)....... | 2 | |
| — — en campagne (décret, notices et comptabilité). . . . . . . . . . . . . . . . . . . . . . . . . . . . . . | 2 | |
| Nomenclature générale du matériel du service de santé. . . . . . . . . . . . . . . . . . . . . . . . . | 1 | |
| Tableau indiquant la composition des groupes de brancardiers. . . . . . . . . . . . . . . . . . . | 2 | |
| Manuels à l'usage de l'infirmier et du brancardier (collection de). . . . . . . . . . . . . . . . . . | 10 | |
| Règlement sur le service des places. . . . . . . . . . | 1 | |
| — — des armées en campagne. . . . . . . . . . | 1 | |
| — — intérieur des corps de troupe. . . . . . . . . . | 1 | |
| — — des subsistances en temps de guerre. . . . . | 1 | |
| Instruction sur l'alimentation en campagne... | 1 | |
| — sur le service de l'approvisionnement dans les corps et services. . . . . . . . . . . . . . . . . . | 1 | |
| — sur les actes de l'état civil. . . . . . . . . . . . . . | 2 | |
| Dictionnaire des communes. . . . . . . . . . . . . . . . . | 1 | |
| Code de justice militaire. . . . . . . . . . . . . . . . . . | 1 | |
| PERSONNEL<br><br>*Soldes et accessoires.* | | |
| Etat d'effectif et de mutations des chevaux.... | 10 | |
| Etat mensuel de mutations d'officiers sans troupe. . . . . . . . . . . . . . . . . . . . . . . . . | 10 | |
| Bordereau des mandats présentés au paiement. | 20 | |
| *Légion d'honneur.* | | |
| Certificat de vie. . . . . . . . . . . . . . . . . . . . . . . . . . | 20 | |
| VIVRES<br><br>Situation numérique faisant ressortir le droit aux vivres pour les officiers. . . . . . . . . . . . . . . | 10 | |
| Etat nominatif des officiers sans troupe constatant le point de départ du droit aux prestations en nature. . . . . . . . . . . . . . . . . . . . . . | 10 | |
| Bon partiel de distribution remboursable...... | 10 | |
| Carnet des bons de distributions, officiers sans troupe. . . . . . . . . . . . . . . . . . . . . . . . . | 2 | |
| MUTATIONS<br><br>Bulletin des mutations survenues parmi les officiers. . . . . . . . . . . . . . . . . . . . . . . . . | 10 | |

| DÉTAIL<br><br>DES RÈGLEMENTS ET IMPRIMÉS. | QUANTITÉS. | OBSERVATIONS. |
|---|---|---|
| TRANSPORTS | | |
| Procès-verbal de pertes et avaries............ | 10 | |
| COMPTABILITÉ EN JOURNÉES | | |
| *Contrôles et effectifs (entrées et sorties).* | | |
| Journal de marche et opérations............. | 1 | |
| Ordre pour le cantonnement.................... | 100 | |
| Registre de vaguemestre.................·...... | 1 | |
| Feuille de température....................... | 100 | |
| Registre des certificats d'origine de blessures ou de maladies (50 feuillets)................. | 1 | |
| Billet d'hôpital............................ | 100 | |
| Certificat de visite pour l'admission d'urgence.. | 50 | |
| Feuille d'évacuation (feuille de tête)........... | 100 | |
| — — (intercalaires)..................... | 100 | |
| Carnet administratif...................... | 4 | |
| Situation-rapport des malades (formations).... | 300 | |
| *Testaments.* | | |
| Testament authentique dressé aux armées..... | 20 | |
| Mémorial destiné à l'enregistrement des testaments........................................ | 1 | |
| *Décès.* | | |
| Registre des actes de l'état civil rédigés aux armées....................................... | 1 | |
| Registre des procès-verbaux de constatation de décès........................................ | 1 | |
| Expédition de l'acte de décès................. | 200 | |
| Expédition du procès-verbal de constatation de décès........................................ | 200 | |
| Extrait mensuel d'actes de décès............. | 200 | |
| Extrait mensuel des procès-verbaux de constatation de décès............................... | 200 | |
| Acte de disparition......................... | 50 | |
| *Successions.* | | |
| Registre des dépôts......................... | 1 | |
| Reçu de dépôt.............................. | 500 | |
| COMPTABILITÉ-DENIERS ET CONSOMMATIONS | | |
| *Deniers.* | | |
| Journal de caisse........................... | 1 | |
| Carnet des achats sur place................... | 1 | |
| Demande d'avance de fonds................... | 10 | |
| Compte des avances de fonds (feuille de tête).. | 1 | |
| — — (intercalaires)................... | 5 | |
| Bordereau des pièces et quittances remise au payeur................................... | 20 | |

| DÉTAIL<br>DES OBJETS ET IMPRIMÉS. | QUANTITÉS. | OBSERVATIONS. |
|---|---|---|
| Carnet à souche des factures quittancées....... | 2 | |
| Facture modèle n° 2...................... | 20 | |
| Carnet à souche des bons délivrés............. | 2 | |
| Etat d'émargement des sommes payées........ | 10 | |
| Bordereau des achats sur place.............. | 10 | |
| COMPTABILITÉ-MATIÈRES | | |
| Carnet de matériel......................... | 4 | |
| Carnet à souche des bons d'objets de pansement. | 1 | |
| Demande de matériel........................ | 50 | |
| Facture d'achat (entrée)................... | 20 | |
| Facture d'achat (copie)..................... | 10 | |
| Certificat administratif (entrée)............. | 5 | |
| Facture d'expédition (entrée)............... | 10 | |
| Facture de livraison (sortie)................. | 10 | |
| Procès-verbal de recensement............... | 10 | |
| Bordereau trimestriel des cessions faites à titre<br>  onéreux ou gratuit (feuilles de tête)......... | 5 | |
| Carnet d'ordres de réquisition................ | 2 | |
| Carnet de reçus de réquisition................ | 4 | |
| POUR MÉMOIRE : | | |
| Collection de règlements et imprimés pour offi-<br>  cier d'approvisionnement..................... | 1 | |
| Cadenas en cuivre à vis..................... | 1 | Ou cadenas en fer, petit. |
| Caisse d'approvisionnement.................. | 1 | Marquée F. |

## Tableau indiquant la composition de la caisse G
(Règlements, imprimés et objets de bureau de l'ambulance de cavalerie).

Poids approximatif : 47 kilogr. — Cube : 0m3120.

| DÉSIGNATION DES RÈGLEMENTS ET IMPRIMÉS. | QUANTITÉS. | OBSERVATIONS. |
|---|---|---|
| Règlement sur le service de santé à l'intérieur. | 1 | |
| — — en campagne............... | 1 | |
| Formulaire pharmaceutique.................. | 1 | |
| Manuels à l'usage des infirmiers et des brancardiers (collection)..................... | 1 | |
| Tableau indiquant la composition de l'ambulance de cavalerie..................... | 1 | |
| Nomenclature générale du service de santé.... | 1 | |
| Règlement sur le service des places............. | 1 | |
| — — des armées en campagne.............. | 1 | |
| — — intérieur des corps de troupe.......... | 1 | |
| Instruction sur l'alimentation en campagne.... | 1 | |
| — sur le service des subsistances en temps de guerre............................... | 1 | |
| — sur le service de l'approvisionnement....... | 1 | |
| — sur les actes de l'état civil aux armées...... | 1 | |
| Code de justice militaire................... | 1 | |
| Dictionnaire des communes................... | 1 | |
| PERSONNEL | | |
| *Soldes et accessoires.* | | |
| État d'effectif et de mutations des chevaux.... | 10 | |
| État mensuel des mutations des officiers sans troupe................................ | 10 | |
| Bordereau des mandats présentés au paiement.. | 10 | |
| LÉGION D'HONNEUR | | |
| Certificat de vie......................... | 10 | |
| VIVRES | | |
| Situation numérique faisant ressortir le droit aux vivres........................... | 10 | |
| État nominatif des officiers sans troupe constatant le point de départ des droits aux prestations............................ | 10 | |
| Bon partiel de distributions remboursables..... | 10 | |
| Carnet des bons de distribution (officiers sans troupe)............................. | 1 | |
| MUTATIONS | | |
| Bulletin des mutations survenues parmi les officiers............................... | 10 | |
| TRANSPORTS | | |
| Procès-verbal de pertes et avaries............. | 5 | |

| DÉSIGNATION DES IMPRIMÉS. | QUANTITÉS. | OBSERVATIONS. |
|---|---|---|
| SERVICE GÉNÉRAL | | |
| Journal de marche et des opérations........... | 1 | |
| Carnet médical.................... | 5 | |
| Ordre pour le cantonnement.................... | 50 | |
| Registre du vaguemestre...................... | 1 | |
| Feuille de température...................... | 100 | |
| Registre des certificats d'origine de blessures ou de maladies................ | 1 | |
| COMPTABILITÉ EN JOURNÉES (ENTRÉES ET SORTIES) | | |
| *Contrôles et effectifs.* | | |
| Billet d'hôpital............................. | 100 | Nouveau modèle. |
| Certificat de visite pour admission d'urgence.. | 50 | |
| Bulletin d'admission ou de sortie............. | 50 | |
| Feuille d'évacuation....... { feuille de tête.... | 50 | Nouveau modèle. |
| intercalaires....... | 20 | |
| Registres des entrées des malades (200 feuillets). | 1 | |
| Carnet de passage et des entrées (100 feuillets). | 2 | |
| — administratif.............. | 4 | |
| Situation-rapport des malades (formations)..... | 300 | |
| Etat nominatif des mutations des malades..... | 50 | |
| — des malades sortant par guérison........... | 50 | |
| *Prisonniers de guerre.* | | |
| Etat nominatif des sous-officiers et soldats prisonniers de guerre....... { feuille de tête.... | 5 | |
| intercalaires....... | 10 | |
| *Testaments.* | | |
| Testament authentique dressé aux armées...... | 10 | |
| Mémorial destiné à l'enregistrement des testaments................ | 1 | |
| *Décès.* | | |
| Registre des actes de l'état civil dressés aux armées...... | 1 | |
| Registre des procès-verbaux des constatations de décès...... | 1 | |
| Expédition de l'acte de décès.................. | 100 | |
| Extrait mensuel d'acte de décès.............. | 100 | |
| Expédition du procès-verbal de constatation de décès...... | 100 | |
| Extrait mensuel des procès-verbaux de constatation de décès.................... | 100 | |
| Acte de disparition.................... | 10 | |
| *Successions.* | | |
| Registre des dépôts.................... | 1 | |
| Reçu de dépôts.................... | 100 | |
| Carnet de successions.................... | 1 | |
| Bordereau des sommes laissées par les décédés..... { feuille de tête.... | 50 | |
| intercalaires....... | 50 | |

| DÉSIGNATION DES IMPRIMÉS. | QUANTITÉS. | OBSERVATIONS. |
|---|---|---|
| Récépissé des mandats et bons de poste laissés par les décédés.......................... | 50 | |
| Relevé des successions..... { feuille de tête.... | 20 | |
| { intercalaires....... | 20 | |

COMPTABILITÉ EN DENIERS ET EN CONSOMMATIONS

### Deniers.

| | | |
|---|---|---|
| Journal de caisse............................ | 1 | |
| Carnet des achats sur place.................. | 1 | |
| Demande d'avance de fonds................... | 10 | |
| Compte des avances de { feuille de tête.... | 1 | |
| fonds. . . . . . . . . . . . { intercalaires....... | 5 | |
| Bordereau des pièces et quittances remises au payeur. . . . . . . . . . . . . . . . . . . . . . . . . | 20 | |
| Carnet à souche des factures quittancées...... | 1 | |
| Facture modèle n° 2.......................... | 20 | |
| Carnet à souche des reçus délivrés............ | 1 | |
| Carnet à souche des bons délivrés............ | 1 | |
| Relevé trimestriel décompté des bains et repas. | 6 | |
| État d'émargement des sommes payées....... | 10 | |
| Bordereau des achats sur place................ | 10 | |

### Consommations.

| | | |
|---|---|---|
| Certificat administratif des consommations journalières. . . . . . . . . . . . . . . . . . . . . . . . | 100 | |
| Bon d'aliments et de médicaments............. | 100 | |
| Cahier de visite.......... { feuille de tête.... | 20 | |
| { intercalaires....... | 100 | |
| Minute de relevé particulier................... | 100 | |
| Relevé particulier des aliments............... | 100 | |

COMPTABILITÉ-MATIÈRES

| | | |
|---|---|---|
| Carnet de matériel............................ | 4 | |
| Carnet à souche des bons d'objets de pansement. | 1 | |
| Demande de matériel......................... | 10 | |
| Facture d'achat (entrée)...................... | 8 | |
| Facture d'achat (copie)....................... | 4 | |
| Certificat administratif (entrée).............. | 5 | |
| Facture d'expédition (entrée).................. | 10 | |
| Facture de livraison.......................... | 10 | |
| Procès-verbal de recensement................. | 5 | |
| Bordereau trimestriel des cessions faites à titre onéreux ou gratuit (feuille de tête).......... | 5 | |

RÉQUISITIONS

| | | |
|---|---|---|
| Carnet d'ordre de réquisition.................. | 1 | |
| Carnet de reçus de réquisition................ | 2 | |
| Boîte à tampon avec accessoires............... | 1 | |
| Cachet du médecin-chef....................... | 1 | |
| Timbre humide pour dater les billets d'hôpital.... | 1 | |
| Boîte d'emballage n° 5........................ | 1 | Pour contenir les menus objets de bureau. |

| DÉSIGNATION DES OBJETS. | QUANTITÉS. | OBSERVATIONS. |
|---|---|---|
| Canif................................ | 2 | |
| Cire à cacheter (bâton de).................... | 6 | |
| Crayon ordinaire............................ | 12 | |
| Crayon de couleur.......................... | 6 | Rouge. |
| Cruchon d'encre noire de 250 grammes........ | 1 | |
| Encrier.............................. | 2 | |
| Enveloppes diverses......................... | 100 | |
| Epingles.............................. | 100 | |
| Etui à aiguilles avec bobine garnie........... | 1 | |
| Ficelle rouge (pelote de)................... | 1 | |
| Grattoir.............................. | 1 | |
| Papier à enveloppes (main)................... | 2 | |
| — à lettres............................ | 3 | |
| — buvard............................. | 1 | |
| — écolier.............................. | 6 | |
| Plumes métalliques (boîte de)................ | 2 | |
| Porte-plume............................. | 3 | |
| Registre réglé de 100 feuillets................. | 1 | |
| Règle.............................. | 2 | |
| POUR MÉMOIRE : | | |
| Collection d'imprimés pour officier d'approvisionnement.......................... | 1 | |
| Collection d'imprimés pour l'administration du détachement.......................... | 1 | Poids : 5 k. à recevoir du dépôt de la section à la mobilisation. |
| Cadenas en cuivre......................... | 1 | Ou cadenas en fer petit. |
| Caisse d'approvisionnement.................... | 1 | N° G. |

# 3º LES BALLOTS

## Tableau indiquant la composition du ballot nº 1
### (Gouttières en fil de fer).

Poids approximatif : 12 kilogr. — Cube : 0m3130.

| DÉNOMINATION DES MATIÈRES ET OBJETS. | QUANTITÉS. | OBSERVATIONS. |
|---|---|---|
| Gouttière en fil de fer, pour bras et avant-bras, avec flexion, côté droit, grande................ | 1 | |
| Gouttière en fil de fer, pour bras et avant-bras, avec flexion, côté gauche, grande............ | 1 | |
| Gouttière en fil de fer, pour cuisse et jambe, côté droit, grande......................... | 2 | |
| Gouttière en fil de fer, pour cuisse et jambe, côté droit, petite...................... | 1 | |
| Gouttière en fil de fer, pour cuisse et jambe, côté gauche, grande..................... | 2 | |
| Gouttière en fil de fer, pour cuisse et jambe, côté gauche, petite.................... | 1 | |
| Gouttière en fil de fer pour jambe............. | 10 | |
| POUR MÉMOIRE : | | |
| Tableau indiquant la composition du paquet de gouttières............................. | 1 | |

## Tableau indiquant la composition du ballot nº 2
### (Couvertures).

Poids approximatif : 54 kgr. — Cube 0m3274 (longueur, 1m70 ; largeur, 0m55 ; hauteur, 0m29).

| DÉNOMINATION DES MATIÈRES ET OBJETS. | QUANTITÉS. | OBSERVATIONS. |
|---|---|---|
| Couverture de laine grise.................... | 10 | |
| Bâche pour couvertures...................... | 1 | |
| POUR MÉMOIRE : | | |
| Tableau indiquant la composition du ballot nº 2. | 1 | |

## Tableau indiquant la composition du ballot n° 3
### (Objets divers).

Poids approximatif : 22 kilogr. — Cube : 0m3090 (Longueur, 0m55, largeur, 0m55; hauteur, 0m30).

| DÉNOMINATION DES MATIÈRES ET OBJETS. | QUANTITÉS. | OBSERVATIONS. |
|---|---|---|
| Torchon. . . . . . . . . . . . . . . . . . . . . . . . . . . . . . . . . . | 50 | |
| Sac à denrées ordinaire. . . . . . . . . . . . . . . . . . . . . | 10 | |
| Sac en toile pour ballot de linge. . . . . . . . . . . . . | 1 | |
| POUR MÉMOIRE : | | |
| Tableau indiquant la composition du ballot n° 3. | 1 | |

## Tableau indiquant la composition du ballot n° 4
### (draps de lit).

Poids approximatif : 82 kilogr. — Cube : 0m3144. (Longueur : 0m60; largeur : 0m40 hauteur : 0m60.)

| DÉNOMINATION DES MATIÈRES ET OBJETS. | QUANTITÉS. | OBSERVATIONS. |
|---|---|---|
| Drap de lit en toile. . . . . . . . . . . . . . . . . . . . . . . . . | 40 | |
| Sac en toile pour ballot de linge. . . . . . . . . . . . . | 1 | |
| POUR MÉMOIRE : | | |
| Tableau indiquant la composition du ballot n° 4. | 1 | |

## Tableau indiquant la composition du ballot n° 5
### (Enveloppes pour paillasses).

Poids approximatif : 73 kilogr. — Cube : 0m3182 (Longueur, 0m65 ; largeur, 0m35 ; hauteur, 0m80).

| DÉNOMINATION DES MATIÈRES ET OBJETS. | QUANTITÉS. | OBSERVATIONS. |
|---|---|---|
| Enveloppe pour paillasse.................. ......... | 40 | |
| Sac en toile pour ballot de linge.............. | 1 | |
| POUR MÉMOIRE : | | |
| Tableau indiquant la composition du ballot n° 5. | 1 | |

## Tableau indiquant la composition du ballot n° 6
### (Sacs à paille et enveloppes pour paillasse).

Poids approximatif: 71 kil. — Cube : 0m3165 ; longueur, 0m55, largeur, 0m50 ; hauteur, 0m60).

| DÉNOMINATION DES MATIÈRES ET OBJETS. | QUANTITÉS. | OBSERVATIONS. |
|---|---|---|
| Enveloppe pour paillasses...................... | 20 | |
| Sac à paille..................................... | 160 | |
| Sac en toile pour ballot de linge.............. | 1 | |
| POUR MÉMOIRE : | | |
| Tableau indiquant la composition du ballot n° 6. | 1 | |

### Tableau indiquant la composition du ballot n° 7
### (Chemises).

Poids approximatif : 50 kilogr. — Cube : 0m3173 (Longueur, 0m55 ; largeur, 0m45 ; hauteur, 0m70).

| DÉNOMINATION DES MATIÈRES ET OBJETS. | QUANTITÉS. | OBSERVATIONS. |
|---|---|---|
| Chemise de coton............................. | 100 | |
| Sac en toile pour ballot de linge.............. | 1 | |
| POUR MÉMOIRE : | | |
| Tableau indiquant la composition du ballot n° 7. | 1 | |

### Tableau indiquant la composition du ballot n° 8.
### (Objets et effets divers).

Poids approximatif : 44 kilog. — Cube : 0m3149 (longueur, 0m60 ; largeur, 0m45 ; hauteur, 0m55).

| DÉNOMINATION DES MATIÈRES ET OBJETS. | QUANTITÉS. | OBSERVATIONS. |
|---|---|---|
| Ceinture de molleton........................... | 10 | |
| Sarrau de médecin............................. | 3 | Pour visite. |
| Tablier d'infirmier............................ | 10 | |
| — de médecin............................ | 6 | |
| Serviette en coton pour la toilette.............. | 20 | |
| Torchon. . . . .............................. | 100 | |
| Sac à denrées de 9 kilogrammes.............. | 2 | |
| — ordinaire. . . . . ......................... | 5 | |
| Fanion de neutralité........................... | 5 | |
| — tricolore. . . . . ........................ | 5 | |
| Sac en toile pour ballot de linge.............. | 1 | |
| POUR MÉMOIRE : | | |
| Tableau indiquant la composition du ballot n° 8. | 1 | |

## Tableau indiquant la composition de la Réserve spéciale de matériel de chirurgie pour centre hospitalier.

Poids approximatif : 135 kilogr. — Cube : 1m3060.

| DÉNOMINATION DES MATIÈRES ET OBJETS. | QUANTITÉS. | OBSERVATIONS. |
|---|---|---|
| Bouton de Murphy......................... | 13 | |
| Ecartour abdominal à 3 branches, modèle Luër. | 1 | |
| Perforateur à main avec forets.............. | 1 | |
| Pince écrasante de Doyen, petit modèle....... | 1 | |
| Table à opérations......................... | 1 | |
| Boîte d'emballage n° 4..................... | 1 | Renfermant les instruments de chirurgie. |
| Cadenas en cuivre à vis................... | 1 | |
| Caisse assemblée et ferrée pour table d'opérations ....\..................... | 1 | Pour table du n° 4.345. Dimensions : { longueur, 1m36 ; largeur, 0m81 ; hauteur, 0m96. |
| POUR MÉMOIRE : | | |
| Tableau indiquant la composition de la réserve spéciale de matériel de chirurgie pour centre hospitalier............................ | 1 | Dans la boîte d'emballage. |

# TABLE DES MATIÈRES

## TITRE III

**Notions générales d'ordre technique spéciales au service de santé nécessaires à tous les directeurs et chefs de service.**

## DEUXIÈME PARTIE

**Les directeurs et chefs de service dans les principales situations de guerre depuis la mobilisation jusque après la bataille.**

### TITRE I<sup>er</sup>

**Les directeurs du service de santé.**

### TITRE II

**Les chefs du service de santé.**

## TITRE III

### Les médecins chefs de formations sanitaires.

## TITRE IV

### Le médecin chef de service dans les corps de troupe....

## TITRE V

### Principales données statistiques et numériques intéressant le service de santé en campagne.

## TROISIÈME PARTIE

### ANNEXE

### I

### Le personnel et le matériel non détaillé.

## II

### Le matériel détaillé.

# TABLE ALPHABÉTIQUE

## D

## E

## F

## G

# R

# S

# T

Pages.

## U

## V

## Z

Paris et Limoges. — Imp. milit. Henri CHARLES-LAVAUZELLE.

## Librairie Militaire Henri CHARLES-LAVAUZELLE
### PARIS & LIMOGES